Die Arbeit des Gelehrten

Beate Wagner-Hasel ist Professorin für Alte Geschichte an der Universität Hannover.

Beate Wagner-Hasel

Die Arbeit des Gelehrten

Der Nationalökonom Karl Bücher (1847–1930)

Campus Verlag
Frankfurt/New York

Gedruckt mit Unterstützung der Gerda Henkel Stiftung, Düsseldorf

Bibliografische Information der Deutschen Nationalbibliothek:
Die Deutsche Nationalbibliothek verzeichnet diese Publikation in der Deutschen Nationalbibliografie.
Detaillierte bibliografische Daten sind im Internet unter http://dnb.d-nb.de abrufbar.
ISBN 978-3-593-39433-6

Umschlaggestaltung: Campus Verlag GmbH, Frankfurt am Main
Umschlagmotiv: Hintergrundbild: Augustusplatz um 1930. Stadtarchiv Leipzig. BA 1977/1646. Aufnahme Junkers, Leipzig N21 Flughafen Mockau. Kleines Bild: Altersporträt von Karl Bücher. Ölgemälde von Freidank Schulz. PB Lauth. Aufnahme K. Hasel.
Satz: Campus Verlag GmbH, Frankfurt am Main
Gedruckt auf Papier aus zertifizierten Rohstoffen (FSC/PEFC).
Printed in Germany

Besuchen Sie uns im Internet: www.campus.de

Gewidmet Dr. Luise Lauth,
geb. Bücher

Inhalt

Einleitung: Lebenswelt und Wissenschaft im Kaiserreich

Karl Bücher: Ein streitbarer Gelehrter

»Wohlmeinende Freunde haben mich manchmal gebeten, Erinnerungen aus meinem Leben niederzuschreiben; aber ich habe lange nicht einsehen können, für wen das notwendig und nützlich sein sollte. Über Vergangenes zu grübeln, habe ich nie viel Zeit übrig gehabt, und das Werdende mit dem Schwergewicht des Gewesenen zu belasten, konnte mir erst recht nicht gefallen. Aber jüngst ist mir in der Presse gesagt worden, ich sei immer ein schwerfälliges Menschenkind geblieben, und da ist mir erst bewußt geworden, wie dornig einem solchen der lange Weg vom ehemaligen Bauernjungen zum jetzigen Leipziger Universitätsprofessor werden mußte, und es ist mir ein Erlebnis aus meiner Jugend eingefallen, das ich fast vergessen hatte. Als der alte Pfarrer Feller in Dauborn meinem Vater gesagt hatte, er müsse mich studieren lassen, meinte die Mutter zu mir: ›Du sollst Beamter werden. Armer Bub, wie wird dir's gehen? Dazu eignest du dich ja gar nicht.‹ Die Mutter muß es wohl am besten gewußt haben und oft habe ich im späteren Leben daran denken müssen, daß Leute wie ich eigentlich dazu da sind, auf einem einsamen Bauernhofe den Acker zu bestellen und sich ihres Viehs zu erbarmen, während sie in der großen Welt sich nicht leicht zurechtfinden. Aber dazu fehlte eben das Nötigste, und so habe ich hinausziehen und mich durch vieles hindurchwinden müssen, obwohl es mir an der dazu erforderlichen Schmiegsamkeit gebrach. Wie es geschehen ist, mit schlichter Offenheit zu sagen, mag vielleicht nicht ohne Wert sein, zumal bei einer Wallfahrt, die über mehr Stationen ging als die meisten anderen Leben.«[1]

Als Karl Bücher diese Zeilen im September 1918 in seinem Haus im thüringischen Bad Liebenstein niederschrieb, lag die Entpflichtung von seinem nationalökonomischen Lehrstuhl an der Universität Leipzig gerade zwei Jahre zurück. Sein Lebensweg, auf den er zurückblickte, hatte ihn von dem kleinen Marktflecken Kirberg im Taunus, wo er 1847 geboren wurde, an eine der bedeutendsten Universitäten der damaligen Zeit geführt. Nach dem Stu-

1 Bücher, *Lebenserinnerungen* 1919, III (im Folgenden mit »L« abgekürzt).

1. Büchers Alterssitz in Bad Liebenstein

dium der Klassischen Philologie und Geschichtswissenschaft in Göttingen und Bonn wurde er 1870 in Bonn mit einer althistorischen Arbeit promoviert (L 19);[2] dort legte er auch das Lehrerexamen ab. Nach mehrjähriger Tätigkeit als Lehrer an einem Realgymnasium in Frankfurt und einem Intermezzo als Journalist bei der *Frankfurter Zeitung*, das ihn in Kontakt mit führenden Repräsentanten des *Vereins für Socialpolitik* brachte, gelang ihm der Sprung in die Wissenschaft. An der Universität München habilitierte er sich 1881 für das Fach Nationalökonomie und lehrte zunächst in Dorpat, Basel, Karlsruhe, ab 1892 dann in Leipzig als ordentlicher Professor für Nationalökonomie, Sozialstatistik und Finanzwissenschaft. Auch wenn Bücher keinem bäuerlichen Haushalt entstammt, sondern einem Gewerbebetrieb,[3] so unterscheidet er sich mit seiner Herkunft und seinem Lebensweg von der Mehrheit der damaligen deutschen Professorenschaft. Die meisten Gelehrten des Kaiserreichs stammten aus Pfarrhäusern und aus Beamtenhaushalten, also aus dem staatsorientierten protestantischen Bildungsbürgertum sowie aus dem Industriellenmilieu. Der Anteil von Gelehrten aus dem ländlichen Milieu war gering und es waren vor allem die evangelischen Pfarrer,

2 Bücher, *de gente Aetolica amphictyoniae participe* 1870.

3 Zur Selbstdeutung Büchers als Bauer vgl. die nachfolgenden Bemerkungen zur »Selbststilisierung in den *Lebenserinnerungen*« und zur »Bilanz eines Gelehrtenlebens«.

die dem einen oder anderen ihrer Zöglinge aus diesen ärmeren Schichten ein Stipendium verschafften und ihnen den Weg in die Wissenschaft bahnten.[4]

Der Bescheidenheitsgestus seiner einleitenden Bemerkungen in den *Lebenserinnerungen* steht im Widerspruch zu der Berühmtheit, die Bücher spätestens seit den 1890er Jahren erlangt hatte. Zum Zeitpunkt des Erscheinens der Autobiographie zählte er zu den profiliertesten Köpfen der jüngeren historischen Schule der Nationalökonomie. Mit einer Reihe von Kollegen teilte er zwar nicht die soziale, wohl aber die wissenschaftliche Herkunft. Viele Nationalökonomen jener Zeit arbeiteten zunächst auf dem Gebiet der Geschichts- bzw. Altertumswissenschaften oder des Römischen Rechts, ehe sie sich dem Studium der Ökonomie zuwandten.[5] Am bekanntesten dürfte der fast eine Generation jüngere Max Weber sein, der sich mit einer Studie über die römische Agrargeschichte für Römisches und Handelsrecht habilitierte und auch nach seiner Berufung auf nationalökonomische Lehrstühle noch Studien zum römischen Agrarwesen verfasste.[6] Ebenso wie Max Weber hat auch Karl Bücher dieses Feld der Alten Geschichte nie ganz verlassen. So spielen sowohl in seiner berühmten Sammlung von Arbeitsliedern, die 1896 unter dem Titel *Arbeit & Rhythmus* publiziert wurde, als auch in seiner Schrift über die *Entstehung der Volkswirtschaft* von 1893 antike Befunde eine gewichtige Rolle. Sein ökonomisches Stufenschema von der geschlossenen Hauswirtschaft, Stadtwirtschaft und Volkswirtschaft ist an den Großepochen Altertum, Mittelalter und Neuzeit orientiert; die antike Wirtschaft wird als geschlossene Hauswirtschaft charakterisiert.[7] Eduard Meyer, der damals Ordinarius für Alte Geschichte an der Universität Halle war, hat auf dieses, später als »primitivistisch« bezeichnete, Konzept der geschlossenen Hauswirtschaft mit beißender Kritik reagiert und auf dem dritten Histori-

---

4 Weber, *Priester der Klio* 1987, 74ff., 183ff. Zur Staatsnähe des deutschen Gelehrtentums im 19. Jahrhundert vgl. Ringer, *Die Gelehrten* 1983, insb. 12–47. Unter denjenigen, die sich zwischen 1860 und 1889 habilitierten, waren etwa 65 Prozent Söhne von höheren Beamten, Professoren, Gymnasiallehrern, Offizieren und Freiberuflern mit Universitätsbildung.

5 Vgl. etwa die Studie von Büchers Vorgänger in Leipzig, Wilhelm Roscher, *Leben, Werk und Zeitalter des Thukydides* (1842), Ndr. 2003. Der Kollege Ferdinand Tönnies wurde 1877 mit einer Arbeit über das Orakel des Ammon in der Oase Siwa (*De jove Ammone questionum specimen*) in Tübingen zum Dr. phil. promoviert. Eberhard Gothein, Büchers Vorgänger auf dem Karlsruher Lehrstuhl, hatte Geschichte, Philosophie und Geographie studiert. Maurer, *Gothein* 2007, 23–27.

6 Weber, *Die römische Agrargeschichte in ihrer Bedeutung für das Staats- und Privatrecht*, 1891, Ndr. 1988. Zu Webers Berufsbiographie vgl. jetzt Radkau, *Max Weber* 2005.

7 Bücher, *Die Entstehung der Volkswirtschaft* 1893, 3–78.

kertag von 1895 in Frankfurt a. M. das Diktum von der »Modernität« der antiken Wirtschaft dagegen gesetzt.[8] Es handelt sich um die erste fachwissenschaftliche Kontroverse, die auf einem Historikertag ausgetragen wurde. Karl Bücher hat in einer späteren Schrift auf die in den *Jahrbüchern für Nationalökonomie und Statistik* veröffentlichten Vorwürfe ebenso scharf geantwortet und zwar nicht die Existenz von Handel geleugnet, wohl aber das von Meyer behauptete Fabriksystem und die Exportorientierung der antiken Ökonomie ins Reich der Fabel verwiesen.[9] Der Streit ist als Meyer-Bücher-Kontroverse in die altertumswissenschaftliche Forschung eingegangen.

Dieser Streit bildete den Ausgangspunkt meiner Beschäftigung mit Karl Bücher. Seitdem in den 1970er Jahren in der angelsächsischen und französischsprachigen Forschung wieder an Büchers antimodernistische Position angeknüpft wurde,[10] hat auch das Interesse an den Protagonisten der Debatte zugenommen und eine historiographische Aufarbeitung der Bücher-Meyer-Kontroverse begonnen. Seit den 1990er Jahren liegen Untersuchungen zum wissenschaftshistorischen und politischen Umfeld der Debatte vor.[11] Die Aufmerksamkeit richtete sich dabei zunächst auf die Klärung der wissenschaftspolitischen Position von Eduard Meyer.[12] Dieses Interesse lässt sich nicht zuletzt aus Meyers prägender Rolle innerhalb der deutschsprachigen Altertumswissenschaften erklären. Mit seinem Primat der Politikgeschichte gegenüber der »Ökonomisierung aller Gesellschaftsbilder« durch die Nationalökonomen[13] hat er die deutschsprachige Altertumswissenschaft über lange Jahre stark beeinflusst. Daneben konzentriert sich das historiographische Interesse der Althistoriker auf Max Weber,[14] an dessen Sicht auf die

---

8 Meyer, Die wirtschaftliche Entwicklung des Altertums 1895/1910.

9 Bücher, Zur griechischen Wirtschaftsgeschichte 1901, 193–254 = *Beiträge zur Wirtschaftsgeschichte* 1922, Teil A, Kap. I.

10 Ein erstes Resümee zog Will, Trois quarts de siècle de recherches 1954, 7–22. Einen Überblick über die Kontroverse und ihre Rezeption bieten Austin/Vidal-Naquet, *Économies* 1972, dt.: *Gesellschaft und Wirtschaft* 1984 sowie neuerdings Bang, *The Roman Baazar* 2008, Kap. 1; Wagner-Hasel, Hundert Jahre Gelehrtenstreit 2009. Vgl. ausführlich Kap. IV: Epilog: Antike Wirtschaftsgeschichte im 21. Jahrhundert.

11 Mazza, Meyer vs Bücher 1985, 507–546; Schneider, Die Bücher-Meyer Kontroverse 1990, 417–445; Wagner-Hasel, Le regard de Karl Bücher sur l'économie antique 2003, 159–183; dies., Hundert Jahre Gelehrtenstreit 2009.

12 Vgl. etwa Näf, Eduard Meyers Geschichtstheorie 1990, 285–310; Nippel, Prolegomena zu Eduard Meyers *Anthropologie* 1990, 311–328.

13 Hübinger, *Gelehrte* 2006, 95.

14 Die Auseinandersetzung der Althistoriker mit Max Weber begann in den 1960er und 1970er Jahren mit Alfred Heuß (Max Webers Bedeutung 1965, 529–556) und Arnaldo Momigliano (Max Weber und die Althistoriker 1981/2000). Seitdem haben sich vor allem

antike Stadt gerade in jüngster Zeit wieder angeknüpft wird.[15] Dass Webers Definition der antiken Stadt als Konsumentenstadt jedoch auf Karl Bücher zurückgeht, ist nahezu unbekannt.[16] Zu sehr ist Büchers Sicht auf die Antike in der althistorischen Rückschau mit dem als überholt geltenden Konzept der geschlossenen Hauswirtschaft verknüpft. Darüber hinaus weisende Konzepte Büchers finden allein am Rande der Weber-Forschung Beachtung.[17] Ohnehin konzentriert sich das historiographische Interesse inzwischen auf die Entwicklung, die die wirtschaftshistorische Debatte seit ihrer Wiederbelebung durch Moses I. Finley in den 1970er Jahren genommen hat.[18] Finley hat nicht nur eine Dokumentation der Debatte vorgelegt, sondern auch selbst deutlich Position bezogen und eine ganze Historikergeneration geprägt.[19] Soweit die wissenschaftlichen Traditionen untersucht werden, auf denen Finleys Konzepte beruhen, stehen Max Weber sowie der Wirtschafts-

---

Jürgen Deininger, der die althistorischen Schriften Webers in der Max-Weber-Gesamtausgabe herausgibt, und Christian Meier (Max Weber und die Antike 1988, 11–24) sowie dessen Schüler Wilfried Nippel und Hinnerk Bruhns mit Webers Einfluß auf die Altertumswissenschaft beschäftigt. Vgl. auswahlweise Nippel, Methodenentwicklung 1990, 355–374; ders., Max Weber's »The City« Revisited 1991, 19–30; ders., Max Weber, Eduard Meyer und die »Kulturgeschichte« 1991, 323–330; ders., Max Weber und die Althistorie seiner Zeit 1993, 3–24; ders., Max Weber, »Nationalökonom und Politiker« 1994, 274–298; ders., Max Weber zwischen Althistorie und Universalgeschichte 1994, 35–57; ders., From agrarian history to cross-cultural comparisons 2000; ders., Marx, Weber und die Sklaverei 2005, 317–45; Bruhns, La cité antique de Max Weber 1987–1989, 2–42; ders., Verwandtschaftsstrukturen 1994, 59–94; ders., Max Weber, L'économie et l'histoire, 1996, 1259–1287; ders., À propos de l'histoire ancienne 1998, 43–52; Bruhns/Nippel, *Max Weber und die Stadt im Kulturvergleich* 2000. Vgl. daneben auch Winterling, Die römische Republik im Werk Max Webers 2001, 597–635.

15 Vgl. u. a. Pleket, Wirtschaft 1990, 35; Parkins, The ›consumer city‹ domesticated? 1997, 83–11; Morley, Cities in context 1997, 42–58; Erdkamp, Beyond the limits of the ›consumer city‹ 2001.

16 Vgl. dazu Kap. *Büchers Städteaufsatz: Die antike Stadt als Konsumtionszentrum.*

17 Spahn, Max Weber et la typologie des modes d'activités industrielles de Karl Bücher (mit Kommentar von Dominic Rathbone: Weber et la comptabilité, Bücher et l'industrie) 2004, 115–142; Wagner-Hasel, Le regard de Karl Bücher sur l'économie antique 2003, 159–183.

18 Andreau/Etienne, Vingt ans de recherches sur l'archaïsme et la modernité des sociétés antiques 1984, 55–83; Andreau, Vingt ans après *L'économie antique* de M. I. Finley 1995, 947–960; Mattingly/Salmon, *Economies Beyond Agriculture* 2001, 1–11; Bang, *The Roman Bazaar* 2008, 17–60.

19 Finley, *The Bücher-Meyer-Controversy* 1979; ders., *The Ancient Economy* 1973 (dt.: 1977). Zu seinen Schülern zählen u. a. Garnsey/Whittaker, *Trade in the Ancient Economy* 1983; Millett, *Lending and Borrowing in Ancient Athens* 1991; Whittaker, *Land, City and Trade in the Roman Empire* 1993.

anthropologe Karl Polanyi im Vordergrund der Betrachtung.[20] Diese sowohl wissenschaftsräumliche als auch personelle Verschiebung der Debatte ist bemerkenswert und bislang nicht untersucht.

Es sind eher Ökonomen,[21] sowie zunehmend Medienwissenschaftler und Ethnologen, die sich um eine historiographische Auseinandersetzung mit dem Werk und der Person Büchers bemühen. Ein wichtiges Resultat dieses neu erwachten Interesses ist eine Bibliographie der Schriften Büchers.[22] Steht die Beachtung Büchers durch die Kommunikationswissenschaftler im Zusammenhang der Neugründung des von ihm eingerichteten Instituts für Zeitungskunde an der Universität Leipzig,[23] so gilt das Interesse der Ethnologen dem Wirtschaftsanthropologen Karl Bücher, der mit seiner Studie über Arbeitsgesänge die Anthropologie der Arbeit begründet hat.[24]

Wissenschaftsgeschichte und Gelehrtenbiographien

Wenn nun Karl Bücher zum Gegenstand einer historiographischen Untersuchung aus althistorischer Perspektive gewählt wird, dann steht dahinter in erster Linie das Interesse am Wirtschaftshistoriker Karl Bücher. Dabei geht es mir weniger darum, seine Urheberschaft an heute noch in der Alten Geschichte benutzten theoretischen Konzepten richtig zu stellen, als vielmehr um die Klärung der Entstehungsbedingungen einer neuen Sicht auf die antike Wirtschaft, die weit folgenreicher war, als der vordergründige Erfolg Eduard Meyers Glauben macht. Karl Bücher steht mit seiner Charakterisierung der antiken Wirtschaft als geschlossener Hauswirtschaft am Beginn einer Traditionslinie, die über die althistorische Rezeption hinaus in die Wirtschaftsethnologie reicht. Sein Konzept hat auf lange Sicht nicht nur das Verständnis von der antiken Ökonomie entscheidend beeinflusst, sondern darüber hinaus auch wegweisend auf die wirtschaftsanthropologische Theo-

20 So Nafissi, *Ancient Athens & Modern Ideology* 2005.

21 Schefold, Karl Bücher und der Historismus der Deutschen Nationalökonomie 1988, 239–267; Backhaus, *Karl Bücher* 2000.

22 Kutsch, *Schriftenverzeichnis* 2000.

23 Koszyk, Karl Büchers Weg zur Zeitungskunde 1993, 24–36; Kutsch, Der Krieg und die Presse 1995, 8–10; Haase, Karl Bücher und der Akademische Schutzverein 2001/02.

24 So die Einschätzung von Spittler, *Founders of the Anthropology of Work* 2008.

riebildung eingewirkt.[25] Diese Traditionslinien aufzudecken und die Hintergründe für die Anfänge einer theoriegeleiteten Auseinandersetzung mit der antiken Wirtschaft näher in Augenschein zu nehmen, ist nicht nur von althistorischer Relevanz. Bücher gehört zusammen mit dem Historiker Karl Lamprecht und dem Geographen Friedrich Ratzel zum Leipziger Positivistenkreis, der zwischen 1892 und 1905 wirkte und eine Einlassstelle empirisch-naturwissenschaftlicher Methoden in die Geisteswissenschaften bildete. Auch wenn die Suche nach Gesetzmäßigkeiten in der Geschichte, wie sie etwa Lamprecht betrieb, auf den Widerstand der Historikerzunft stieß, so wirkten die neuen Themenstellungen, die damit verbunden waren, jedoch nach. Während der Lamprechtstreit und die Resonanz seiner Kulturgeschichte in der Geschichtswissenschaft gut untersucht sind und mit dem »spatial turn« auch Ratzels Einfluss auf die Entstehung der Historischen Geographie zunehmend ins Blickfeld der Forschung gerät,[26] liegen die Einflüsse der Werke Büchers auf die wissenschaftliche Schulenbildung noch weitgehend im Dunkeln. Es geht im Blick auf die Person Büchers, dessen wissenschaftliche Schaffensperiode in die entscheidende Phase der Umgestaltung des wissenschaftlichen Wissens und des Strukturwandels der Öffentlichkeit von der liberalen Bürgergesellschaft zur demokratischen Massengesellschaft fällt,[27] daher auch ein Stück weit um die Rekonstruktion der Wissenschaftslandschaft des Kaiserreichs.

Wissenschaftsgeschichtliche Untersuchungen dieser Umbruchsphase zwischen 1880 und 1930 nehmen längst nicht mehr nur das Werk der ›Heroen‹ der Sozial- und Geschichtswissenschaft in den Blick, zumal Wissenschaftshistoriker wie Gangolf Hübinger nur sechs wirklich originelle Köpfe dieser Zeit auszumachen meinen: den Theologen Ernst Troeltsch, die Nationalökonomen Max Weber, Georg Simmel und Werner Sombart sowie den Philosophen Ernst Cassirer und den Kunsthistoriker Aby Warburg.[28] Derartige Untersuchungen beziehen inzwischen sehr viel stärker die institutionellen

25 Dieser Weg ist in Bezug auf Büchers Vorstellungen von reziproken Formen des Austauschs nachgezeichnet in: Wagner-Hasel, *Der Stoff der Gaben* 2000, Kap. I. Vgl. jetzt auch Spittler, *Founders* 2008.

26 Vgl. Schorn-Schütte, Nachwirkungen der Lamprechtschen Geschichtsschreibung 1993; Raphael, Historikerkontroverse 1990, 325–363 (zum Lamprechtstreit und parallelen Entwicklungen in Frankreich); Schöttler, Das Annales Paradigma 1995; Osterhammel, Raumerfassung und Universalgeschichte 2001, 158–169 (zu Ratzels Wirkung vor allem auf die frz. Annales-Schule).

27 Hübinger, *Gelehrte* 2006, 14ff.

28 Ebd. 17.

Rahmenbedingungen mit ein,[29] die um 1900 einem gravierenden Wandel unterworfen waren und die auch den Streitwert der Meyer-Bücher-Debatte mitbestimmen.

Der biographische Zugang, der in wissenschaftshistorischen Untersuchungen inzwischen dominiert, dient weder einer Selbstvergewisserung der Fachgeschichte, noch zielt er auf eine psychologische oder ideologiekritische Werkdeutung, wie dies etwa Fritz Stern für altertumswissenschaftliche Vordenker des Nationalsozialismus versucht hat.[30] In erster Linie geht es bei der Einbeziehung des lebensweltlichen Hintergrundes und der Anwendung biographischer Methoden darum, im Fokus einer Person die Veränderungen in der Wissenschaftslandschaft zu erfassen und Aufschluss über die Genese der Moderne zu gewinnen.[31] Wenn Gangolf Hübinger seine Intellektuellengeschichte der Kaiserzeit als eine Untersuchung des Anteils der Gelehrten-Intellektuellen an der polarisierenden Ausgestaltung moderner Öffentlichkeit verstanden wissen will,[32] so bietet sich eine Beschäftigung mit einem streitbaren Geist wie Karl Bücher, der in seiner wissenschaftlichen Karriere mehr als nur eine Kontroverse ausgelöst hat,[33] geradezu paradigmatisch an. Zugleich eröffnet eine personengeschichtliche Orientierung Möglichkeiten, Einblick in die Hinterbühne der Veranstaltung »Wissenschaft« zu nehmen, in die Reproduktionsbedingungen des Gelehrtenlebens.[34] Diesen Weg einer Verbindung von Biographik, Wissenschafts- und Gesellschaftsgeschichte hat

29 Szöllösi-Janze, Lebens-Geschichte – Wissenschafts-Geschichte 2000, 17–35; dies., *Fritz Haber* 1998, 9–15. Vgl. auch die Bemerkungen von Hübinger, *Gelehrte* 2006, 17, dem es mit seiner Intellektuellengeschichte um die Erhellung von Prozessen kultureller Vergesellschaftung geht.

30 So hat Stern (*Kulturpessimismus als politische Gefahr* 1963) u. a. das Werk des Altorientalisten Paul de Lagarde untersucht.

31 Einen guten Einblick in den Wandel der Fragestellungen bietet Bödeker, Biographie 2003, 9–63. Zur Genese des Perspektivenwechsels vgl. die Arbeiten von LeGoff, Wie schreibt man eine Biographie? 1990, 103–112; Mitzmann, Historische Identität und die Identität des Historikers 1993, 90; Shortland/Yeo, *Telling lives in science* 1996; Klein, Einleitung: Biographik zwischen Theorie und Praxis 2002, 1–22; Raulff, Das Leben – buchstäblich. Über neuere Biographik und Geschichtswissenschaft 2002, 55–56. Vgl. zuletzt Lässig, Die historische Biographie auf neuen Wegen 2009.

32 Hübinger, *Gelehrte* 2006, 20.

33 Verwiesen sei nur auf den Streit mit dem Börsenverein von 1903, der in der Medienwissenschaft als »Bücher-Streit« firmiert. Ausgelöst wurde er durch Büchers Schrift *Der deutsche Buchhandel und die Wissenschaft*, in dem es um die Verteidigung der Rechte der Autoren an ihrem Werk ging. Dazu: Haase, Karl Bücher und der Akademische Schutzverein 2001/2002, 141–235.

34 Daston, Die wissenschaftliche Persona 2003, 109–136.

in den 1990er Jahren Friedrich Lenger mit seiner Biographie des Nationalökonomen Werner Sombart beschritten, der der Generation Webers angehört. Lengers Studie zielt auf eine Sozialgeschichte des Gelehrtentums zwischen wilhelminischem Kaiserreich und nationalsozialistischer Diktatur und stellt eine umfassende Analyse der sozialen, politischen und wissenschaftlichen Bedingungen dar, unter denen sich das Werk Sombarts entfaltete.[35] Seit ihrem Erscheinen ist in den letzten Jahren eine Reihe von Gelehrtenbiographien veröffentlicht worden, die in ähnlicher Weise Lebenswelt und Wissenschaft miteinander verknüpfen.[36]

Das hier verfolgte Anliegen ist bescheidener. Dies liegt nicht nur daran, dass die Schaffensperiode Karl Büchers, der der Vorgängergeneration Sombarts und Webers angehört, mit dem Ende des Kaiserreichs ausklingt, so dass die politischen Verwerfungen der Weimarer Republik und des Nationalsozialismus nicht mehr im Werk ihren Niederschlag gefunden haben. Sein Lebensweg verläuft trotz aller beruflichen Brüche, die er erlebt hat, gradliniger und kohärenter als die Karrieren seiner Nachfolger. Den Reiz der Beschäftigung macht vor allem seine Interdisziplinarität aus. Die Professionalisierung akademischer Berufe, die Formalisierung akademischer Karrieren, hatte zu seiner Zeit gerade erst eingesetzt; zugleich differenzierte sich das wissenschaftliche Fächerspektrum zunehmend weiter aus. Mit seinen althistorischen Schriften zur antiken Wirtschaft gehört Bücher den Altertumswissenschaften an; seine Archivstudien zum mittelalterlichen Handwerk und zur Stadtgeschichte Frankfurts machten ihn zum Mediävisten; mit seinen statistischen Untersuchungen, so mit seiner berühmten Basler Wohnungs-Enquete, wurde er zum Pionier der empirischen Sozialwissenschaft; als Gründer eines Instituts für Zeitungskunde gilt er als Ahnvater der Zeitungswissenschaft. Seine althistorischen, mediävistischen, nationalökonomischen und kultur- und wirtschaftshistorischen sowie zeitungswissenschaftlichen Forschungen angemessen zu würdigen, ist auch im Zeitalter der Transdisziplinarität keine Aufgabe, die von nur einer Person zu leisten ist. Auch ist ein Teil des Nachlasses von Karl Bücher noch im ungeordneten Zustand und wird zurzeit unter der Leitung des Kommunikationswissenschaftlers Arnulf

35 Lenger, *Werner Sombart* 1995; ders., *Sozialwissenschaft* 2009.

36 Vgl. z. B. Friedrich, *Erich Brandenburg* 1998; Etzemüller, *Sozialgeschichte als politische Geschichte: Werner Conze* 2001; Cornelißen, *Gerhard Ritter* 2001; Keßler, *Arthur Rosenberg* 2003; Nordalm, *Historismus und moderne Welt: Erich Marcks* 2003; Sassenberg, *Selma Stern* 2004; Maurer, *Eberhard Gothein* 2007; Reichert, *Karl Hampe* 2009.

Kutsch aufgearbeitet.[37] Eine umfassende biographische Würdigung müsste diese Quellen einbeziehen. Ich konzentriere mich daher für die Werkanalyse auf die althistorischen Arbeiten Büchers und werde die anderen Facetten des wissenschaftlichen Œuvres Büchers nur streifen. Dass dennoch der biographische Zugang möglich wurde, verdankt sich einer besonderen Fundlage.

Mit seinen *Lebenserinnerungen*, die er im Alter von 72 Jahren veröffentlichte, hat Bücher selbst eine Deutung seines Lebensweges vorgelegt und somit eine wichtige Voraussetzung für die Ermittlung eines Zusammenhangs von Lebenswelt und Wissenschaft hinterlassen.[38] Mit seinem biographischen Rückblick schrieb er sich in eine Tradition der Selbstverständigung über den bürgerlichen Werte- und Tugendkatalog ein und gab seiner Biographie eine Kohärenz, die im Rückgriff auf Pierre Bourdieu heute zwar gerne als »biographische Illusion«[39] bezeichnet wird, die aber dennoch nicht ohne wissenschaftliche Aussagekraft ist. Da Biographie nicht nur Lebenszeit, sondern eine »komplexe soziale Konstruktion im Spannungsfeld von Struktur und Handeln« ist,[40] ist es möglich, den individuellen Prozess der Wahrnehmung, Deutung und Verarbeitung von zeitgenössischen Konfliktlagen zu greifen und die Bücher'sche Selbstverortung im Wissenschaftsdiskurs seiner Zeit zu ermitteln. Bücher schildert in seinen Erinnerungen genau den Teil seines Lebensweges, der ihn von einem ländlichen Milieu ins städtische Bildungsbürgertum führte, nicht aber den Lebensabschnitt, der ihn auf der Höhe seines wissenschaftlichen Ruhmes zeigt, seine Zeit als Leipziger Professor der Nationalökonomie. Allein über die Berufungsverhandlungen mit dem Sächsischen Ministerium gibt Bücher im Schlusskapitel seiner *Lebenserinnerungen* Auskunft. Einen breiten Raum nimmt die Schilderung seiner Kindheit und Schulzeit im hessischen Kirberg, Dauborn und Hadamar ein. Die dieser Phase gewidmeten Kapitel, die sich wie ein ethnographischer Bericht über

37 Neben dem sortierten Nachlass, der sich in der Sondersammlung der Universitätsbibliothek Leipzig sowie im Universitätsarchiv befindet, existiert ein umfangreiches Konvolut ungeordneter Briefe und Schriften, das ich nur punktell einsehen konnte.

38 Lebenswelt ist ein Begriff, der der Philosophie von Alfred Schütz entlehnt ist und dem Bedürfnis nach Anerkennung des subjektiven Faktors Rechnung trägt. Seine Prägung ist ein Reflex auf den Perspektivenwechsel von der Struktur- zur Mentalitätsgeschichte, von den objektiven Bedingungen menschlichen Lebens zu den subjektiven Wahrnehmungsmustern, kurz zur »erfahrenen Welt«. Vgl. Gehrke/Möller, *Vergangenheit und Lebenswelt* 1996, 2–7; Raphael, Diskurse, Lebenswelten und Felder 1995, 174–178.

39 Bourdieu, Die biographische Illusion 1990, 75–81; dazu Niethammer, Kommentar 1990; Bödeker, Biographie 2003, 25. Zum Quellenwert von Autobiographien vgl. Depkat, Autobiographie und die soziale Konstruktion von Wirklichkeit 2003.

40 Dausien, Die biographische Konstruktion 1998, 265.

das dörflich-kleinstädtische Leben aus der Mitte des 19. Jahrhunderts lesen, wurden denn auch separat veröffentlicht. Bereits 1918, ein Jahr vor Erscheinen der Biographie, war das erste Kapitel im *Altnassauischen Kalender* veröffentlicht worden.[41] Erweitert um das zweite Kapitel erschien dieser Teil fünf Jahre später als eigenständige Schrift unter dem Titel *Nassauisches Dorfleben*.[42] Die übrigen Kapitel beschreiben den Weg hinaus in die ›akademische‹ Welt, der vom Gefühl der Fremdheit beschwert ist: seine Studienzeit in Bonn und Göttingen, seine Tätigkeit als Lehrer und Redakteur in Dortmund und Frankfurt, schließlich den Eintritt in den Wissenschaftsbetrieb an der Universität München und die Phase der Konsolidierung in dem neuen ›Lebensumfeld‹, die Tätigkeit an den Universitäten Dorpat, Basel und Karlsruhe. Auch das Kapitel über die Zeit an der deutsch-russischen Universität Dorpat ist stark ethnographisch geprägt und wurde vor nicht allzu langer Zeit in estnischer Sprache gesondert publiziert.[43] Seine Zeit als Professor an der Universität Leipzig, wo er ein von innovativen sozialwissenschaftlichen Ansätzen geprägtes wissenschaftliches Umfeld vorfand, bleibt ausgespart. Es ist dies eine stark vom sozialen Aufstieg geprägte Lebensgeschichte, die Bücher in seinen *Lebenserinnerungen* entfaltet, weniger eine Milieustudie der akademischen Welt, in der er seinen Lebensunterhalt und Lebenssinn erfährt. Dass Bücher sich im Rückblick auf sein Leben als Bauer stilisiert, ist angesichts einer wissenschaftlichen Karriere, die auf einen Lehrstuhl einer der bedeutendsten Universitäten im damaligen Deutschen Reich führte, überraschend und erklärungsbedürftig. Rückblickend lässt sich diese Selbstdarstellung als (unbewusster) Versuch lesen, eine Einheit zwischen seiner Person und dem Lebenswerk herzustellen, insofern er sowohl in seinen Stufentheorien als auch in seiner berühmten Studie über *Arbeit & Rhythmus* den körperlichen Mühen, die sich im Bild des Bauern aufdrängen, einen gebührenden Platz in der Geschichte einräumte. Faktisch aber war seine Herkunft weniger vom bäuerlichen als vom gewerblichen Leben geprägt.

Das Selbstbild, das Bücher in seinen Lebenserinnerungen bietet, steht in scharfem Kontrast zu seinem damaligen Lebensumfeld und zu der Berühmtheit, die er im Feld der Wissenschaft zum Zeitpunkt der Veröffentlichung seiner *Lebenserinnerungen* erlangt hatte. Dieses wissenschaftliche Bezugssystem, in dem Bücher stand, erschließt sich über seine eigenen biographischen Auskünfte hinaus über die fachliche und private Korrespondenz mit Freun-

41 Schellenberg – Wiesbaden 1918, 32–57.
42 Hessen-Nassauische Bücherei, Heft 4/5, 1924.
43 *Mälestuded* 1986, 318–331.

den, Kollegen, Schülern und Verlagen, die sich in seinem Nachlass an der Universität Leipzig befindet. In diesen Briefen eröffnet sich ein Gelehrtenkosmos um 1900, der weit über den Rahmen hinausführt, den Bücher in seinen *Lebenserinnerungen* spannt, die mit dem Wechsel nach Leipzig im Jahre 1892 abbrechen. Hinzu kommen die Schriften zum *Verein für Socialpolitik*, als dessen Mitglied Bücher sich an zahlreichen wirtschafts- und sozialpolitischen Debatten seiner Zeit beteiligt und zu wesentlichen Reformen der Gewerbe-, Kartell- und Schulpolitik Stellung bezogen hat. Bietet diese Korrespondenz Aufschluss über Büchers wissenschaftliche Vernetzung innerhalb der nationalökonomischen Kollegenschaft, so geben die Briefe an seinen Freund Aloys Schulte, die Max Braubach, ein Schüler Schultes, in den 1960er Jahren ausgewertet hat, Auskunft über Büchers eigene Einschätzung von Kollegen und Entwicklungen der Leipziger Jahre.[44]

Zur Hinterbühne der Gelehrtenexistenz: Emilie Büchers Briefe

Die bürgerliche Alltagswelt jener Jahre allerdings, die Hinterbühne seiner Gelehrtenexistenz, leuchten diese Briefe von Kollegen nicht aus. Zu ihr fand ich Zugang über die Briefe der Ehefrau an ihre Eltern und Schwester, die mir die Enkelin Dr. Luise Lauth zur Verfügung gestellt hat. Die Briefe setzen genau im Jahre 1892 ein, dem Jahr des Wechsels von Karlsruhe nach Leipzig, und enden im Jahre 1907, zwei Jahre vor ihrem Tod. In heiterem, ja belustigtem Ton, immer darauf bedacht, den Eltern oder der Schwester etwas Neues zu bieten, lässt Emilie Bücher ihre Familie an ihrem Alltag teilnehmen. Detailgetreu gibt sie Auskunft über alle universitären Ereignisse, über die Antrittsvorlesung, über die Inauguration des Rektors, über den finanziellen Ertrag der Bleibeverhandlungen in Leipzig, nachdem Bücher 1896 einen Ruf nach Heidelberg erhalten hatte. Überhaupt nimmt sie regen Anteil am Gelehrtenalltag und informiert Eltern und Schwester mit spitzer Feder über viele Alltagsquerelen: über die Konkurrenz der Kollegen um Hörer(geld), über die Rücksichtslosigkeit von Kollegenfrauen, die dem ungeliebten Leipzig den Rücken kehrten und ihre Ehemänner mit den Belastungen des Alltags allein ließen, über die regelmäßig stattfindenden ›Gesellschaften‹ mit Speisenfolge und Kosten für die Forellen. Die Briefe stellen eine unschätzbare Quelle für die Rekonstruktion des Gelehrtenalltags um 1900 dar. Lassen

44 Braubach, Aus Briefen 1965, 374–402.

Büchers Lebenserinnerungen ethnographische Einblicke in die handwerklich-bäuerliche Welt um 1850 zu, so bieten die Briefe seiner Ehefrau reichlich Stoff für eine Ethnographie des bildungsbürgerlichen Lebens am Ende des 19. Jahrhunderts. Zugleich bilden sie ein wichtiges Korrektiv zu dem Selbstbild, das Bücher in seinen Lebenserinnerungen entworfen hat. Ihre Schilderungen des bürgerlichen Lebensalltags fungieren als eine deutliche Kontrastfolie zu dem Panorama der bäuerlichen Alltagswelt, das Bücher in seiner Autobiographie entfaltet. Diese Spannung zwischen männlichem und weiblichem Blick sowie zwischen ländlichem und städtischem, handwerklich-bäuerlichem und bürgerlichem Milieu, die zugleich sein Werk durchzieht, macht einen nicht geringen Reiz der Beschäftigung mit diesem ungewöhnlichen Karriereverlauf aus.

Privatbriefe sind in den letzten Jahren zunehmend für die Rekonstruktion bürgerlicher Lebenswelten herangezogen worden.[45] Nicht anders als autobiographische Schriften dienen Briefe der Selbstverständigung und Inszenierung spezifisch bürgerlicher Werte. Auch wenn Briefe vordergründig weniger geformt erscheinen als die für die Öffentlichkeit bestimmten Biographien – seit dem 18. Jahrhundert galt in bürgerlichen Kreisen der Brief als privilegiertes Ausdrucksmedium für natürliche und unmittelbare Gefühle –, so unterlag diese Schreibform doch bestimmten Konventionen, die eine rein dokumentarische Lesart der Briefe verbieten.[46] Gerade für Frauenbriefe galt ein natürlicher, aufrichtiger und einfacher Stil als Norm.[47] Briefe wurden nicht nur nach ästhetischen Kriterien verfasst, die diese Natürlichkeit und Authentizität überzeugend zu vermitteln hatten. Auch in der Auswahl mitteilenswerter Informationen und im Aussparen von Themen drücken sich bewusste und unbewusste Strategien der Selbstdarstellung aus.[48] Dienen gerade Briefe wie die Emilie Büchers dem gezielten Informationsaustausch über Alltagserfahrungen, so sind in ihnen darüber hinaus auch unbewusste Empfindungen und Wahrnehmensweisen zu greifen, die eine vielschichtige und differenzierte Auswertung erforderlich machen. Da die Antwortbriefe nicht vorliegen, ist es in diesem Fall nicht möglich, ihre Sichtweise über kontrastierende Perspektiven ihrer Briefpartner zu brechen. Diese Brechung

45 Joris, Gemeinschaft der Gefühle 2007, 47–64; Habermas, *Frauen und Männer des Bürgertums* 2000, insb. 23–27; Baasner, *Briefkultur im 19. Jahrhundert* 1999, 1–36; Hämmerle/ Saurer, *Briefkulturen und ihr Geschlecht* 2003. Zur neueren Gefühlsforschung vgl. den Überblick bei Gohrisch, *Bürgerliche Gefühlsdispositionen* 2005, 25–49.

46 Habermas, *Frauen und Männer des Bürgertums* 2000, 24.

47 Saurer, *Briefkulturen* 2003, 21.

48 Habermas, *Frauen und Männer des Bürgertums* 2000, 24ff.

geschieht vielmehr in der Kontrastierung mit der Selbstkonstruktion im autobiographischen Werk des Ehemanns. Auch lassen Vergleiche mit Selbstzeugnissen anderer Gelehrtenfrauen, so mit den Briefen Marianne Webers an ihre Schwiegermutter und an Max Weber, eine mehrdimensionale Lesart der Briefe Emilie Büchers zu und erlauben eine Einordnung ihrer spezifischen Sichtweise.

Gemeinsam ist diesen Frauenbriefen, dass über sie ein weit gespanntes verwandtschaftliches und freundschaftliches Beziehungsnetz geflochten wird, wie dies Elisabeth Joris anhand der Briefe der Schweizer Landarztgattin Emilie Paravicini-Blumer herausgearbeitet hat. Der Briefwechsel dient hier dazu, sich der gegenseitigen Verbundenheit zu vergewissern, ein emotionales Eingebundensein in ein breites Beziehungsnetz zu bestätigen und zu erneuern sowie einen Beitrag zur Stabilisierung des Status der eigenen Familie zu leisten. Dies geschieht zu einem großen Teil über die Mitteilung von Krankheitsfällen und des damit verbundenen Leids, über die sich eine Gemeinschaft der Gefühle herstellen lässt.[49] Diese Zwecksetzung bestätigen sowohl die Briefe Emilie Büchers als auch Marianne Webers. Trifft die letztere Beobachtung in besonderer Weise den Inhalt der Briefe Marianne Webers, die neben ihren eigenen Aktivitäten in der Frauenbewegung kaum Haushaltsfragen,[50] wohl aber in zum Teil pathetisch überhöhter Weise das Leiden anderer anspricht, so zeichnen sich die Themen, die in den Briefen Emilie Büchers zu Wort kommen, durch eine außerordentliche Vielfalt aus, die von Reiseerfahrungen, Lektüren, Theaterbesuchen über Alltagspflichten, repräsentative Geselligkeiten bis hin zu Darlegungen der Arbeiten des Ehemannes reichen. Alle diese Informationen werden in einem unprätentiösen und teilweise selbstironischen Stil ausgebreitet. Repräsentiert sie gegenüber der jüngeren Marianne Weber in vielerlei Hinsicht die konservative Spielart der Gelehrtenfrau, so steht sie in ihrem Schreibstil und in ihrer Fähigkeit zur Selbstdistanzierung dem Typus der modernen Frau der Neuen Sachlichkeit der 1920er Jahre näher.

Der Aufbau dieser Studie folgt einem chronologischen Schema und gliedert sich in vier Teile. Zunächst geht es um eine Rekonstruktion des Karriereweges Büchers von der Altertumswissenschaft zur Nationalökonomie, für die mir seine *Lebenserinnerungen* die Leitlinie bilden (I. Karrierewege: Von der Altertumswissenschaft zur Nationalökonomie). Ziel ist es, die lebens-

---

49 Joris, Gemeinschaft der Gefühle 2007, 47–64; Reulecke, Die Nase der Lady Hester 1993, 121f.

50 Vgl. auch die Einschätzung von Radkau, *Max Weber* 2005, 88.

weltlichen und wissenschaftlichen Prägungen zu ermitteln, die Einfluss auf Büchers Sichtweise auf die Antike besaßen. Daher sind Exkurse zum *Verein für Socialpolitik* und zur Historischen Schule der Nationalökonomie eingeflochten, die mit der rein chronologischen Vorgehensweise brechen. Im zweiten Teil (II. Gelehrtenleben in Leipzig) erfolgt eine Rekonstruktion des Leipziger Gelehrtenalltags, der weniger chronologisch als vielmehr systematisch angelegt ist. Die erzählenden Passagen basieren weitgehend auf der Korrespondenz Emilie Büchers mit ihren Eltern und ihrer unverheiratet gebliebenen Schwester Mathilde Mittermaier. Die Darstellung des wissenschaftlichen Werkes Büchers in diesen Jahren konzentriert sich auf seine Beiträge zur antiken Wirtschaft, die den Streit mit Eduard Meyer auslösten. Andere Schriften sind nur insoweit einbezogen, als sie den Perspektivenwechsel erklären helfen, den Bücher in seiner Beurteilung der antiken Wirtschaft vorgenommen hat. Der dritte Teil ist der Wirkungsgeschichte Büchers gewidmet. Hier werden die Rezeption seiner Schriften in der Nationalökonomie, in der Alten Geschichte und in der Ethnologie beleuchtet und der Versuch unternommen, seinen politischen Standort in der Wissenschaftslandschaft der Kaiserzeit und Weimarer Republik zu fassen (III. Wissenschaftliche und politische Wirksamkeit). Die Studie endet mit einem Ausblick auf die aktuelle Debatte über die antike Wirtschaft (IV. Epilog: Antike Wirtschaftsgeschichte im 21. Jahrhundert), der sich speziell an eine althistorische Leserschaft wendet, während die übrigen Teile vorwiegend WissenschaftshistorikerInnen und BürgertumsforscherInnen interessieren dürften. Angesprochen sind darüber hinaus all jene, die Gefallen an einer ethnographischen Reise in das Innere eines Leipziger Gelehrtenhaushalts um 1900 finden.

I. Karrierewege: Von der Altertumswissenschaft zur Nationalökonomie

Die Schilderung der Herkunft: Das ländliche Milieu

Karl Bücher wurde am 16. Februar 1847 in Kirberg am nördlichen Taunusrand bei Limburg geboren. Er war das fünfte Kind und daher als Erbe des väterlichen Betriebes nicht vorgesehen.[1] Sein Vater, der aus Wehen bei Wiesbaden stammte, war gelernter Schreiner, hatte aber ursprünglich den Lehrerberuf angestrebt, den später der Sohn Karl ergreifen sollte. Nach der Wanderschaft als Geselle machte er sich 1835 mit einem Bürstenmachergeschäft in der Kurstadt Wiesbaden selbständig. Möglicherweise war wegen der Zunftbindung eine Selbständigkeit als Schreinermeister nicht möglich gewesen. Auf Anraten seines Schwiegervaters, der neben der Landwirtschaft eine

1 Nur ein zwölf Jahre älterer Bruder Friedrich Theodor (1835–1912), der den Hof und das Gewerbe des Vaters übernahm, und eine acht Jahre ältere Schwester Friederike (verh. Poths 1838–1907), die einen Handwerker (Schlosser) heiratete und vier Kinder bekam, hatten bis dahin überlebt. Zwei Jahre später (1849) kam ein jüngerer Bruder Adolf Wilhelm hinzu, der aber schon 1889 starb (L 372). Als Bücher seine *Lebenserinnerungen* schrieb, war keines der Geschwister mehr am Leben, aber zahlreiche Neffen und Nichten. Der ältere Bruder Friedrich Theodor hatte acht Kinder, von denen drei (Theodor, Christian und Hermann) mit Unterstützung ihres Onkels Karl Bücher studierten. Theodor (geb. 1875) wurde später Chef der Elektrizitätswerke in Meiningen, Christian (1878–1949) trat 1902 in den Dienst der Stadt Wiesbaden und widmete sich der Wasserwirtschaft, Hermann (geb. 1882) wurde Direktor der AEG. In der nachfolgenden Generation studierten nicht nur die Söhne, sondern auch die Töchter, so Magdalena Bücher (geb. 1906), einzige Tochter von Christian Bücher, sowie Maria Bücher (geb. 1909), die älteste Tochter von Hermann Bücher, die Ärztin wurde. – Karl Büchers einziger Sohn Friedrich (1883–1983) wurde Jurist und heiratete Frieda Bücher (1880–1953). Frieda Bücher geb. Bücher war Krankenschwester und hatte Emilie Bücher geb. Mittermaier, Büchers Ehefrau, während ihrer langen Leidenszeit gepflegt. Ihre gemeinsame Tochter Marie-Luise (geb. 1922) studierte ebenfalls und wurde Ärztin. Der älteste Sohn Karl Friedrich (geb. 1915) erkrankte an einer Gehirnhautentzündung, die eine lebenslange Behinderung hinterließ und verstarb 1940; der jüngere Sohn Hans Helmut (geb. 1918) fiel im Zweiten Weltkrieg. Mitteilung Dr. Luise Lauth am 7. September 2000 in Bad Liebenstein.

2. Das Elternhaus in Kirberg

Bäckerei, Bierbrauerei und Essigsiederei betrieb und damit sicherlich nicht unvermögend gewesen sein kann, verlagerte er die Bürstenfabrikation aufs Land nach Kirberg. Obwohl der Absatz der Bürsten im Ort selbst geringer war als in Wiesbaden (L 2f.), schien die Verlagerung keinen wirtschaftlichen Nachteil zu bringen. Dies lag vermutlich an der verkehrsgünstigen Lage. Auch wenn der Ort, der seit 1355 Stadtrechte besaß, sich nie zu einem Handelszentrum entwickelt hatte, so profitierte er doch vom Handel. Kirberg liegt an der Landstraße, die vom Westerwald über den Marktort Limburg – dorthin brachten die Bauern aus Kirberg den Überschuss der Getreideernte zum Wochenmarkt – (L 26), zur Landeshauptstadt Wiesbaden führt und über die vor Einführung der Eisenbahn ein »lebhafter Post- und Frachtwagenverkehr« verlief (L 6). Der größte Teil der Bewohner – zur Zeit Büchers hatte Kirberg 1400 Einwohner – ernährte sich von der Landwirtschaft, bezog aber aus Vorspanndiensten einen Nebenverdienst. In Kirberg, in einer Talfalte gelegen, »pflegten die Fuhrleute Vorspann zu nehmen bis auf den Zugmantel, wo der Nordabhang des Taunus in der Hauptsache überwunden war. Wer ein Pferd hatte oder zwei, konnte damit manchen Gulden nebenher verdienen« (L 6). Der größte Teil des Absatzes der väterlichen Bürstenfabrikation ging an sogenannte Ausfuhrkaufleute in Remscheid und Hamburg, die die Kirberger Bürsten nach Spanien und Südamerika exportierten. Daneben betrieb Büchers Vater eine »bescheidene Landwirtschaft für den Hausverbrauch« und für den Unterhalt der Arbeiter in der Werkstatt. Trotz der Exportorientierung stilisiert Bücher seinen Vater als Dorfhandwerker, für den der Segen in der kleinen Landwirtschaft lag (L 3), und lobt den Rückhalt, den der eigene Boden bot: »Wer aber einmal auf eignem Grund sitzt, der hat einen festen Stand, von dem aus er den Hebel ansetzen kann, um die schwersten Lasten zu bewegen« (L 4).

Haus- und Erwerbswirtschaft gingen ihm zufolge im elterlichen Hauswesen ineinander über, wobei er es aber unterlässt, die Erwerbsseite, die väterliche Bürstenfabrikation, zu beschreiben. In der Darstellung der Kindheit in Kirberg nimmt vielmehr die Beschreibung des dörflichen und bäuerlichen Lebens den größten Raum ein: Bücher schildert die agrarischen Besitzverhältnisse, die Anbaumethoden (Dreifelderwirtschaft), die dörflichen Gemeinschaftsarbeiten (L 48), die häusliche Vorratswirtschaft. Die Erinnerungen kreisen mit Vorliebe um die Vorratswirtschaft, um die Äpfel auf dem Gerüst, um das Fass Sauerkraut, um den Ständer mit Bohnen, um das eingepökelte Schweinefleisch und um die Aufbereitung zum Gebrauch (L 33). Im Kontext der häuslichen Vorratswirtschaft erwähnt er auch die Bittarbeit, die er in seinen wirtschaftshistorischen Schriften neben dem Geschenktausch und der Leihe als eine für die Stufe der geschlossenen Hauswirtschaft typische Austauschform erachtet.[2] Beim Auskernen der Zwetschgen und beim Schälen der Birnen für die Musherstellung wird auf die freiwillige Nachbarschaftshilfe gezählt (L 32). Gebrauchsleihe betreiben die Bäuerinnen, die ihre Blechformen für Weihnachtsgebäck verleihen (L 41). Mit Behagen erinnert Bücher sich an das Schnurren der Spinnräder in der elterlichen Wohnstube, das vom Geschichtenvorlesen begleitet war. Hier wurde das Leinengarn hergestellt, das dann – als Lohnwerk – zum Leinenweber und dann zum Schneider gegeben wurde (L 34). Der im Ort angebaute Flachs bildete den Rohstoff für die blauen Kittel, die die Bauern und auch die Kinder der Familie Bücher alltäglich trugen.[3]

Auch wenn er meint, dass er in ein »Leben voll Sorge und voll Arbeit« hineingeboren worden sei (L 3), so hatte die Familie wohl mehr als ihr »Auskommen«. Sonntags gab es Rindfleisch; in der Woche ein- bis zweimal geräuchertes Schweinefleisch, ansonsten viel Gemüse. Das war kein ärmliches Essen. In der dörflichen Ökonomie zählen Bürstenfabrikanten zu den besonders vermögenden Handwerkern, so dass die Familie Bücher in Kirberg nicht zu den Armen gezählt haben wird.[4]

Ob ein »Auskommen« erzielt werden kann (L 8), daran misst Bücher ein gelungenes Leben. Dieses Auskommen hängt vom Arbeitseinsatz des einzel-

2 Bücher, Schenkung, Leihe und Bittarbeit 1918, 3–34.

3 Erst als er die Dorfschule verlässt und im Nachbardorf vom Pfarrer auf den Besuch des Gymnasiums vorbereitet wird, empfindet Bücher dieses Kleidungsstück als Stigma des Außenseitertums (L 65). Die falsche Kleidung habe ihn zum unbeholfenen, gedrückten Menschenkind gemacht, meint er rückblickend (L 65).

4 Zur ländlichen Armut vgl. Troßbach/Zimmermann, *Die Geschichte des Dorfes* 2006, 167–199.

nen ab. Mit Stolz berichtet er von seinem eigenen Arbeitsvermögen. Er lernt mit 14 Jahren das Pflügen; als Student hat er noch Hafer mähen gelernt (L 4/5). Die üble Nachrede, die demjenigen droht, der wenig Ertrag hat, stellt für ihn ein sinnvolles System der öffentlichen Kontrolle und des Arbeitszwangs dar (L 6f.). Das Lob der unglaublichen Arbeitsenergie des Kleinbauern und die Wertschätzung des Kleinbesitzes gehen Hand in Hand (L 11). Trotz Realteilung und Streulage sei durch Heirat und Zukauf die notwendige Größe erhalten geblieben. Ein Besitz von 30 bis 40 Morgen macht für ihn den Wohlhabenden aus (L 11). Solche reichen Bauern können zur Ernte Schnitter und Schnitterinnen aus dem Westerwald einstellen (L 17), deren Arbeitslieder die Grundlage für sein späteres Werk *Arbeit & Rhythmus* bilden sollten; die anderen sind auf das eigene Arbeitsvermögen angewiesen. Eigenproduktion ist ein hoher Wert; dass der Bedarf in der Stadt die Geldform durchläuft, darum kreist immer wieder seine Kritik (L 12). Das ländliche Kreditwesen geißelt er, soweit es dem Bauern zum Konsum diene und ihn auf Dauer zum Schuldner mache (L 49ff.). Für ihn glich die Wirtschaft seiner Kindheit einem »Naturgebilde«, »während sie jetzt [nach dem Ersten Weltkrieg] dem Prinzip der ›Rationalisierung‹ unterworfen« sei (L 36).

Nicht Umsatz, sondern Langlebigkeit der einmal erzeugten Güter ist ein wichtiges Kriterium. Die im Haus produzierten langlebigen Güter, Textilien und Schreinerarbeiten, bilden den Stolz der Familie – so der Weißzeugvorrat der Mutter in der Kiste hinter dem Esstisch oder das täglich benutzte Zinngeschirr, der »blinkende Schatz der Mutter« – und stellen für ihn Gefühlswerte dar. »Noch jetzt verwahre ich in meinem Hause ein Tafeltuch mit der Jahreszahl 1786, die in das Gebild kunstvoll eingewebt ist. Es stammt von meiner Urgroßmutter, und ich bin in den Gedanken glücklich, daß ich benutzen darf, was ihre fleißigen Hände für eine nachkommende Generation geschaffen haben« (L 36).[5] Dass das Zinngeschirr durch Fayence und Steingut ersetzt wurde, bedauert er (L 36f.) Zu diesen Gefühlswerten zählen auch die selbstgebauten Möbel des Vaters, ein Schreibpult und die Bücherregale, die sich zur Zeit der Abfassung der *Lebenserinnerungen* ebenfalls in seinem Besitz befinden (L 52).

Das Lob der Vorbildhaftigkeit des ländlichen Haushalts, der alles Lebensnotwendige selbst produziert, gegenüber dem Stadthaushalt setzt sich fort in der Postulierung einer geistigen Überlegenheit des Knaben vom Lande gegenüber dem Stadtkind. »Es kennt alles durch Beobachtung, während

5 Die Leinentücher sind auch heute noch in einem Kirberger Bauernschrank im Liebensteiner Haus, dem Altersruhesitz Büchers, gut verwahrt.

3. Der Stein'sche Hof in Kirberg

das Stadtkind zwar vielseitiger angeregt ist, aber nichts gründlich gesehen, oft überhaupt nicht sehen gelernt hat« (L 51).

Es ist ein nostalgisches Licht, in das Bücher das ländliche Leben seiner Kindheit getaucht sieht. Er imaginiert eine untergegangene Welt und thematisiert eine Verlusterfahrung, die eine doppelte, eine persönliche und eine strukturelle, ist. Der Welt seiner Kindheit ist er vom Lebensalter und Lebensweg ins städtisch-akademische Milieu her gesehen längst entwachsen; zugleich hat sich im ländlichen Raum in dieser Zeit ein Strukturwandel vollzogen, der ihn über Briefe und Besuche des älteren Bruders Theodor Bücher, der die väterliche Bürstenfabrikation und Landwirtschaft weiterführte, persönlich berührte.[6] Die Bürstenfabrikation ging zurück und wurde schließlich ganz aufgegeben; statt Landwirtschaft betreibt die jetzt lebende Generation der Urgroßneffen im Nebenerwerb eine Ponyzucht und verdient den Lebensunterhalt in der Fabrik.[7] Aus dieser Verlustperspektive Büchers entsteht ein statisches Bild vom ländlichen Leben Kirbergs. Die konfliktreiche Geschichte des Ortes, die Differenzen zwischen Bauern und den Besitzern der in Kirberg ansässigen Adelshöfe, vor allem aber das Wirken des Freiherrn von Stein, der in Kirberg ein Gut besaß und erste Maßnahmen zur Bauernbefreiung ergriff, bleibt ausgespart.[8] Dennoch ist sein Bild nicht als

6 Der Nachlass Karl Büchers im Universitätsarchiv Leipzig (NL Bücher 1868–1929) enthält einige Briefe vom Bruder Theodor (3 Briefe) und dessen Söhnen Theodor (6 Briefe), Friedrich (1 Brief), Christian (2 Briefe) und Hermann (5 Briefe), die ihn über die Kirberger Verhältnisse auf dem Laufenden halten. Von den Sendungen vom Kirberger Hof und regelmäßigen Besuchen in Kirberg erzählt Emilie Bücher noch in den Briefen aus Leipzig an ihre Eltern. Vgl. Kap. II.

7 Gespräch mit Theo Bücher, Urenkel des ältesten Bruders von Karl Bücher, der den Betrieb übernommen hatte, am 3. August 2000 in Kirberg.

8 Ein Sechstel der Steinschen Einkünfte kamen aus dem Kirberger Besitz. Stein setzte sich mehrfach (1819, 1826 u. 1847) für die Geldablösung der Straßenbaudienste ein – Jérôme von Westfalen hatte zu Beginn des 19. Jahrhunderts die persönliche Hörigkeit, nicht aber

romantisch zu bewerten. Vielmehr handelt es sich um eine von wirtschaftswissenschaftlichen und historischen Kategorien geprägte Beschreibung einer ländlichen Ökonomie, die er im Zuge seiner althistorischen Ausbildung und wissenschaftlichen Tätigkeit als Nationalökonom entwickelt hat: Handwerk grenzt er von Lohnwerk ab, Gebrauchsvermögen von Kapital (L 31), Hauswirtschaft von Erwerbswirtschaft. Spinnrad, Rechen, Sense, Kelter, Butterfass, die Mittel der Verarbeitung der landwirtschaftlichen Produkte, stellen das Gebrauchsvermögen dar. Diese Kategorien machen den ethnographischen Quellenwert seiner Darstellung der ländlichen Lebenswelt um die Mitte des 19. Jahrhunderts aus und stellen die Brücke zu seinem wissenschaftlichen Werk her.

Die altertumswissenschaftliche Prägung

Der Weg, den das »Landkind«, als das sich Bücher sieht, in den Beruf und damit in die Stadt nehmen sollte, war zunächst vom Vater vorgezeichnet: »Exportkaufmann«. Das spricht für Expansionspläne, die der Vater zu diesem Zeitpunkt für die Bürstenfabrikation hegt. Der Schritt ins Bürgertum ist anvisiert. Aus diesem Grund schickte er den Sohn in das Privatinstitut des Pfarrers Feller in Dauborn; dort sollte der Junge die notwendigen Sprachen, Französisch und Englisch, lernen. Der Pfarrer aber wollte es anders: Er empfahl, den Jungen studieren zu lassen. Das bedeutete nunmehr Latein und Griechisch. Nach eineinhalb Jahren Vorbereitung wird Bücher 1863 in die Sekunda des katholischen Gymnasiums von Hadamar aufgenommen. Die für einen Protestanten ungewöhnliche Wahl eines katholischen Gymnasiums erfolgte wegen des vergleichsweise geringen Schulgeldes, das zu zahlen war (L 66).[9] Bücher wird Klassenprimus und legt auf Antrag ein halbes Jahr vor dem offiziellen Termin die Maturitätsprüfung ab. Über die Kosten für

die dinglichen Verbindlichkeiten abgeschafft –, ließ aber die Geldpacht wieder in Naturalabgaben verwandeln. Eimer, *Steinscher Hof Kirberg* 1982, 28 u. 80–108. Für diesen Hinweis danke ich Inge Hack, die mir auch die Studie zur Verfügung gestellt hat.

9 Um 1885 beliefen sich die Kosten für die höhere Schulbildung auf eine Summe zwischen 4000 und 8000 Mark. Zum Vergleich: Ein Volksschullehrer bezog ein Jahreseinkommen von 1500 Mark, das war etwa soviel, wie ein Privatdozent verdienen konnte. Außerordentliche Professoren und Lehrer an Gymnasien hatten etwa 5000 Mark verfügbares Jahreseinkommen, ordentliche Professoren erheblich mehr (zwischen 6000 und 12 000 Mark). Vgl. Ringer, *Die Gelehrten* 1983, 37 u. 43.

die Schuljahre in Dauborn und Hadamar hat er genau Buch geführt: 1022 Gulden und 26 Kronen (d. h. 1738 Mark) rechnet er aus; davon hatte er ein Zehntel, 96 Gulden, aus eigenen Einnahmen – er gab Nachhilfeunterricht – beigesteuert (L 88).[10]

Bei der Wahl des Studiums zeigt er sich merkwürdig unentschlossen. Seine Vorliebe gilt der Mathematik, aber da er sich von niemandem ermutigt fühlt, wählt er Klassische Philologie und Geschichte. Das schien ihm am billigsten (L 89). Für seine späteren statistischen Untersuchungen wird ihm seine Liebe zu den Zahlen nützlich sein. Sein Startkapital sind 40 Taler, die ihm der Vater gibt; das reicht für die Fahrt zum Studienort nach Bonn sowie für das Begleichen der Kollegiengelder und der ersten Monatsmiete (L 92). Mit heimatlichen Nahrungsmittelsendungen und Nachhilfestunden kommt er über die Runden und kann sich den Mittagstisch in einem örtlichen Speiselokal für vier Silbergroschen leisten. Dass es keine Einrichtung wie das Leipziger Konvikt gibt, das etwa 100 Studenten Mittags- und Abendtisch bot, bedauert er (L 94).

In die Darstellung des Studiums schleicht sich ein leicht schwermütiger Ton (L 99), der erst mit der Schilderung des letzten Studienjahrs in Bonn wieder schwindet. Neben der kärglichen Versorgung mit Nahrung stößt ihm Mangel an geselligem Verkehr auf, der ihn daran gehindert habe, »sich den geläufigen sozialen Schliff anzueignen« (L 99). Für diese Jahre sind in seinem Nachlass nur Briefe an die Eltern und den Bruder überliefert; erst 1870 tauchen Briefe an Freunde auf.[11] Auch fühlt er sich von der akademischen Freiheit überfordert, eigenständig aus dem Vorlesungsverzeichnis seinen Stundenplan zusammenzustellen, und bedauert den Mangel an autoritärer Führung, womit er manchem modernen Studenten aus der Seele gesprochen haben mag. »Ob man einen Gegenstand zweckmäßig im ersten oder letzten Semester betreiben sollte, wurde einem von niemandem gesagt. Ein Lehrgang war nicht vorgeschrieben.« (L 96) Wessen Autorität er bei der Wahl des Studienortes folgt, verrät er nicht. Er verweist nur auf vorhandene Informationen über den Ruf der Gelehrten des Faches, die seine Entscheidung für Bonn als Studienort bestimmten, wo er zum Wintersemester 1866/67 sein Studium aufnimmt. 1868 wechselt er für ein Jahr nach Göttingen, wo ihm

10 Bücher stützt sich für die Darstellung dieser Jahre explizit auf Briefe an seinen Vater (L 161). Für die ersten beiden Studienjahre 1867 und 1868 sind im Nachlass des Universitätsarchivs Leipzig 6 Briefe an die Eltern und den Bruder Adolph nachgewiesen.

11 Vgl. den nach Jahren sortierten Nachlass Büchers im Universitätsarchiv Leipzig, der im Unterschied zum alphabetisch geordneten Nachlass der Sondersammlung der Universitätsbibliothek Leipzig mehr private Korrespondenz enthält.

die antipreußischen Ressentiments auffallen, die er aus dem preußenfreundlich gesinnten Nassau nicht kennt (L 82, 115). Politische Interessen, so bekennt er, hat er zu diesem Zeitpunkt noch nicht entwickelt. Die Bismarck'schen Einigungskriege jener Jahre bewegen ihn nicht.

Seine Lehrer in Geschichte sind Arnold Schäfer (1819–1883), Heinrich von Sybel (1817–1895) und Georg Waitz (1813–1886); Klassische Philologie studiert er bei Otto Jahn (1813–1869), Jacob Bernays (1824–1881) und Hermann Usener (1834–1905) sowie Gustav Sauppe (1802–1870) und Ernst Curtius (1814–1896). Bei Schäfer lernt er Quellenkritik (L 96f.); Gustav Sauppe weckt in ihm die Vorliebe für Epigraphik, die ihn »das Leben der Alten von einer Seite kennen« lernen lässt, »über welche die Schriftsteller schwiegen« (L 111). Das materielle Leben der Alten, nicht das Studium der Literatur als Selbstzweck, bestimmt sein Studieninteresse. Textkritik im Sinne der »Befreiung der alten Texte von Fehlern, welche früheren Abschreibern zugeschrieben wurden«, wie sie seit Georg Barthold Niebuhr zum Credo der altertumswissenschaftlichen Forschung erhoben worden war und nun den Studierenden der Klassischen Philologie abverlangt wurde, habe er stets »sachlich statt formalistisch« zu begründen versucht. Er beruft sich dabei auf Otto Jahn, der ihn auf »die Bedeutung der Realien für die Lektüre der Alten aufmerksam« gemacht habe (L 120). So gering er den didaktischen Gewinn von Vorlesungen einschätzt (L 101) und sich vor allem über Sybels Vorlesungen mokiert, der zeitweise nur 5 Hörer gehabt habe,[12] so begeistert fällt sein Urteil über die Vorlesungen des damaligen Göttinger Privatdozenten für Sprachwissenschaft (Slawistik) und späteren Leipziger Kollegen August Leskien (1840–1916) aus, der zur Homerischen Frage und zur »Charakteristik und ethnographischen Verteilung der Sprachen Europas« las (L 114), sowie über die Vorlesungen des Philosophen Hermann Lotze (1817–1881). Jede von ihnen, hält er fest, »war mir wie ein Fest« (L 115).

Zwischendurch unterbricht er sein Studium, um als Hauslehrer in Heppenheim bei dem dortigen Direktor der Irrenanstalt Geld für das Studium zu verdienen. Dem Vater fehlt es in dieser Zeit – 1868 – an Bestellungen; er muss auf Vorrat arbeiten lassen (L 109). Heppenheim wird Büchers zweite Heimat werden. Als Dank für »so manche[n] schönen Sonntag«, an dem er

12 So die Mitteilung an Heinrich Kucker vom 19. Juli 1870. UAL, NL Bücher 1868–1929, Mappe Jg. 1870.

»in Heppenheim ausspannen durfte«, widmet er der Hausmutter seine in den 1880er Jahren verfasste Schrift über die »Frauenfrage im Mittelalter«.[13]

Das Studium schließt Bücher 1870 in Bonn ab. Im letzten Studienjahr (1869/70) erhält Bücher als Mitglied des Philologischen und Historischen Seminars von Arnold Schäfer und Otto Jahn ein Stipendium in Höhe von 20 Talern pro Semester. Ein Darlehen von 300 Gulden, das ihm sein Freund Georg Schäfer von der Dauborner Mühle vermittelt, ermöglicht es ihm, die Gebühren für die Promotion aufzubringen. Drei Jahre später zahlt er das Darlehen wieder zurück (L 121). Im philologischen Seminar, das aus neun bis zehn Mitgliedern besteht,[14] genießt er den fachlichen Austausch. Seine Kommilitonen sind Ulrich von Wilamowitz-Moellendorff (1848–1931) und Hermann Diels (1848–1922), »die heute berühmte Berliner Professoren sind«, wie er anfügt (L 119); im Historischen Seminar begegnet er Hans Delbrück (1848–1929) und Max Lenz (1850–1932), die ebenfalls die Universitätslaufbahn einschlagen werden (L 122). Zusammen mit Studierenden des Historischen Seminars gründet er einen historischen Studentenverein und gewinnt dabei zahlreiche Freunde, darunter den späteren Greifswalder Germanisten Alexander Heinrich Max Reifferscheid (1847–1909), den Göttinger Philologen Georg Kaibel (1849–1901) und den Bonner Historiker Philipp Woker (1847–1924), mit denen er auch nach Abschluss des Studiums noch einige Jahre Kontakt hält (L 122). Seine Studienzeit beendet er 1870 mit einer althistorischen Dissertation über die Aitolische Amphiktyonie (L 124), die von Arnold Schäfer betreut wird. Die Doktorprüfung legt er am 13. Dezember 1870 ab. Das Staatsexamen, das ihm den Lehrerberuf eröffnet, folgt erst im Frühjahr 1872 (L 137). Der Militärdienst, zu dem er im Sommer 1870 kurz vor Ausbruch des deutsch-französischen Krieges eingezogen werden soll, bleibt ihm wegen körperlicher Untauglichkeit erspart (L 123).[15] Bewertende Äußerungen über den Krieg von 1870/71 gegen Frankreich macht er nicht. Möglicherweise steht diese Zurückhaltung im Zusammenhang mit der väterlichen Haltung. Der Vater, den er oft als meinungsbildend darstellt, äußert in einem Brief vom 11. September 1870, dass er nicht wisse,

13 Bücher, *Die Frauenfrage im Mittelalter* 1910, III. Die erste Auflage erschien 1882. Kutsch, *Schriftenverzeichnis* 2000, 34.

14 So die Angabe in einem Brief von Heinrich Kucker vom 19. Mai 1870 an Karl Bücher. UAL, NL Bücher 1868–1929, Mappe Jg. 1870.

15 Die Musterung findet am 20.8.1870 in Diez statt. Brief von Theodor Bücher an seinen Bruder Karl vom 15. August 1870. UAL, NL Bücher 1868–1929, Mappe Jg. 1870.

was er über den Krieg denken solle.[16] Nationale Begeisterung verspürte die ländliche Bevölkerung in Hessen Nassau offensichtlich nicht.

Von 1871 bis 1878 ist Bücher als Lehrer tätig. Die Zeit bis zum Abschluss des Staatsexamens im Frühjahr 1872 verbringt er zunächst als Lehrer an einer Privatschule in Bad Godesberg. Die Stelle ist schlecht besoldet und verlangt weitere geldliche Unterstützung vom Vater, der dem Sohn Vorwürfe macht, dass die Eltern Besseres verdient hätten.[17] Er selbst bezeichnet den Tod der Mutter am 15. Juli 1871 und eines seiner Ziehkinder aus dem Heppenheimer Direktorenhaushalt am 22. Juli 1871 als Einschnitt für seine weitere Lebensplanung, was wahrscheinlich nichts anderes meint, als dass er sich auf den Lehrerberuf einlässt und »wissenschaftliche Spezialstudien« hintanstellt (L 140). Jedenfalls fordert ihn der Vater auf, das Staatsexamen zu absolvieren.[18] Den Winter 1871/72 verbringt er als Hauslehrer bei einer deutschen Kaufmannsfamilie in Amsterdam und bereitet sich nebenbei auf das Staatsexamen vor. Bei der Schilderung des Aufenthalts im Ausland, den er genießt, überrascht ein eigentümliches Überlegenheitsdenken, das der mangelnden Weltläufigkeit Büchers jener Jahre, aber auch den zeittypischen Ressentiments seiner Arbeitgeber nach dem deutsch-französischen Krieg geschuldet sein mag. Die Spärlichkeit des Bartwuchses der männlichen Bevölkerung faßt er als »Entartung« auf;[19] in ihrem Geschäftssinn betrachtet er die Holländer als den Deutschen unterlegen (L 140). Seine Jahrzehnte später verfassten Schriften zur Pressepropaganda im Ersten Weltkrieg zeichnen sich ebenfalls durch solche Vorstellungen vom Nationalcharakter aus.

Nach dem Staatsexamen, das er am 13. März 1872 ablegt (L 147), nimmt er in Dortmund für 500 Taler Jahresgehalt (L 157) an einem städtischen Gymnasium mit Realschulzweig eine Stelle als wissenschaftlicher Hilfslehrer an, wo er den Herausgeber der Werke des Thukydides, Gottfried Böhme, kennenlernt, der an der Schule als Prorektor wirkt. Das Lehrdeputat von 24 Stunden, das Lehrern damals wie heute abverlangt wird, empfindet er als belastend hoch (L 151), zumal er auch fachfremd Religion und Geographie unterrichten muss und keinerlei didaktische Unterweisung erfährt. Wirtschaftlich sieht er sich mit seinen 40 Talern Monatsgehalt schlechter gestellt

16 UAL, NL Bücher 1868–1929, Mappe Jg. 1870.

17 Brief des Vaters vom 29. Juni 1871. Fünf Taler schickt er dem Sohn am 21. Mai 1871. UAL, NL Bücher 1868–1929, Mappe Jg. 1871.

18 Brief des Vaters vom 29. Juni 1871. UAL, NL Bücher 1868–1929, Mappe Jg. 1871.

19 Allerdings sind solche Dekadenzvorstellungen, die sich an körperlichen Merkmalen festmachen, nicht ungewöhnlich. Vgl. etwa Picks, *Faces of Degeneration* 1989, der dieses Phänomen aus englischer, französischer und italienischer Perspektive beschreibt.

als ein gewöhnlicher Eisenarbeiter. Zwölf Taler, rechnet er, kostet ihn das Zimmer mit Frühstück; ebensoviel der Mittagstisch (L 158).

Trotz seiner Ausbildung als Klassischer Philologe distanziert er sich von Latein als erster Fremdsprache und bedauert die »armen unberatenen Jungen«, denen mit dem Erlernen einer lebenden Sprache besser gedient wäre (L 154/5). Als Vertreter einer Gleichsetzung des humanistischen Gymnasiums mit dem Realgymnasium, wie sie 1900 erfolgen sollte, stellt er sich jedoch nicht dar. Ein expliziter Verfechter des wirtschaftlichen Fortschritts und der Gründerzeiteuphorie ist er auch nicht. Im Gegenteil, das nostalgische Licht, in das die Verhältnisse der Kindheit getaucht sind, schimmert auch in der Schilderung der Lebensverhältnisse der rheinisch-westfälischen Industrieregion und der Umgestaltungen durch, die die Gründerjahre mit sich brachten. Das gilt vor allem für sein Urteil über die »Ingenieure und Glücksritter«, mit denen er beim Mittagstisch sitzt. Sie hatten ihm »die neue Welt gezeigt mit ihrer Jagd nach dem Gewinn, ihrer leichtsinnigen Geldverschwendung und ihrem Mangel an soliden Lebensgrundsätzen.« (L 161) Gleichwohl aber wird der Einblick in die aufstrebende Industrie- und Handelsregion die Wirkung auf seine nationalökonomische Bildung nicht verfehlt haben.

Auch die nächste Station seiner schulischen Laufbahn, wo sich seine finanziellen Verhältnisse besser gestalten, verstärkte diese Tendenz in Richtung Nationalökonomie (L 164–213). Am 1. April 1873 beginnt er seine Tätigkeit als Lehrer an der Frankfurter Gewerbeschule, der Wöhlerschule, die auf den Besuch der Höheren Gewerbeschule und der Handelsschule vorbereitete und auf die reiche Frankfurter Kaufleute ihre Söhne schickten. Erstere ermöglichte dann das Studium technisch-physikalischer Fächer an einer Technischen Hochschule. Noch während seiner Dienstzeit wurde die von der Polytechnischen Gesellschaft gegründete Schule in ein staatliches Realgymnasium überführt (L 164f., 213). Bücher nennt sie eine »private Bourgeois-Schule« (L 175). Sein Jahresgehalt beträgt hier zunächst 1400 Gulden, 1875 wird es auf 3000 Mark festgesetzt.[20] Die Möglichkeit eines Wechsels an ein traditionelles Gymnasium nach Bensheim an der Bergstraße verwirft er wegen der unzureichenden Besoldung (L 195). Möglicherweise war das Umfeld, das ihm eine von der Polytechnischen Gesellschaft eingerichtete Gewerbeschule bot, trotz zunehmender Konflikte mit der Schulleitung seinen

20 Schreiben der polytechnischen Gesellschaft Frankfurt a. M. vom 7. Januar 1873 und Auszug des Protokolls der Schulverwaltung der höheren Gewerbe-, Sonntags- und Abendschule Nr. 42 vom 10. Dezember 1874. UAL, NL Bücher 1868–1929, Mappe Jg. 1873 u. 1874. Bei der Frankfurter Zeitung wird er dann 5000 Mark verdienen. Vgl. das Schreiben von Leopold Sonnemann vom 21. Januar 1880. Ebd. Jg. 1880.

Neigungen angemessener. Er unterrichtet neben Latein auch das Fach Geographie, dessen Stoff er zum Teil aus der Perspektive der »Bürgerkunde« aufbereitet und die Schüler die Reichsverfassung, die Stellung des Bundesrats und Reichstags sowie des Wahlrechts lernen lässt (L 172 f.). Aber auch das intellektuelle Umfeld Frankfurts wird eine Rolle für den Verbleib an der Wöhlerschule gespielt haben. In Bensheim hätte ihn ein kleinstädtischer Honoratiorenkreis erwartet. In Frankfurt dagegen eröffnet sich ihm der Zugang zu Wirtschaftsfachleuten. Hier legt er den Grundstein für seine Kontakte zu gewerblichen Unternehmen und Buchhändlern. Der Inhaber des Antiquariats Bär & Co. wird noch in Basel und Leipzig zum Aufbau der Seminarbibliothek herangezogen (L 188). Am Junggesellen-Stammtisch im Bierhaus »Taunus« pflegt Bücher Kontakt mit »Männern der städtischen Verwaltung, Geschäftsleuten, Architekten, Ingenieuren«; »nicht leicht entging ein wichtiger Vorgang des Tageslebens ihrer Aufmerksamkeit« (L 182). Namentlich nennt er den Sammler prähistorischer Steingeräte Gottwerth und den Präzisionsmechaniker Christian Schröder, dessen Lehrlingswesen ihn beeindruckt (L 183). Bücher verfolgt auch neben der belastenden Lehrtätigkeit – er muss zeitweise 28 Stunden unterrichten – wissenschaftliche Interessen, unternimmt Ausflüge zu den Altertümern der Umgebung, beginnt mit der Sammlung von Volksliedern, »diesen wilden Kirschen des Volkstums« (L 189), und sinnt über eine Habilitation in Geschichte nach (L 195). Daneben beginnt er seine nationalökonomischen Interessen zu entfalten und tritt auch bald – 1874 – in den *Verein für Socialpolitik* ein (L 193), über dessen Jahresversammlung vom 11. und 12. Oktober 1874 in Eisenach er erstmals für die *Frankfurter Zeitung* berichtet.

Der *Verein für Socialpolitik* und die Historische Schule der Nationalökonomie

Der *Verein für Socialpolitik* war 1872 unter Führung von Adolph Wagner, Gustav Schmoller und Lujo Brentano gegründet worden und bildete ein Sammelbecken sozial engagierter Akademiker, die sozialpolitische Reformen unterstützten. Ein Sechstel der Mitglieder der Gründungsversammlung bestand aus Nationalökonomen, die vornehmlich der historischen Schule der

Nationalökonomie angehörten.[21] Von dem *Verein für Socialpolitik* gingen in der Folge zahlreiche empirische Studien zu wirtschaftlichen und sozialen Fragen wie etwa zu den Lebensverhältnissen der Industrie- und Landarbeiterschaft aus, an denen sich auch Bücher beteiligen sollte. Die Nationalökonomen reagierten mit diesen Studien auf die sozialen Folgen der industriellen Revolution, die in Deutschland mit der Errichtung des Kaiserreichs 1871 eine neue Dynamik entfaltet hatte, und auf die Krisenjahre von 1873–1878. Mit ihnen kam es zur anti-liberalen Wende, da das freihändlerische Laisser-faire in Misskredit geraten war. In der Politik vollzog sich der Übergang vom Freihandel zur Schutzzollpolitik und zur verstärkten Staatsintervention.[22] Die reformwilligen Nationalökonomen setzten sich im *Verein für Socialpolitik* für wirtschaftspolitische Regelungen, für die Förderung der Arbeiterbildung und für die Bildung von Gewerkschaften ein. Hier wurden die empirischen Grundlagen für Bismarcks Sozialreformen erarbeitet und der Grundstein für empirische Sozialforschung gelegt.[23] Auch Bücher beteiligte sich mit mehreren Untersuchungen an dieser Vereinsarbeit.[24] »Wenn wir heute über die industrielle Organisation, die Lebensverhältnisse der Arbeiterklasse, die Wirksamkeit der sozialen Verwaltung usw. verhältnismäßig so gut orientiert sind, so danken wir das dieser Richtung und besonders ihrem Brennpunkt in Deutschland, dem Verein für Sozialpolitik«, urteilte nach dem Ersten Weltkrieg Joseph Schumpeter in seinem Beitrag zum *Grundriß der Sozialökonomik*.[25] Bis 1890 waren 47 Bände historischer, deskriptiver und statistischer Untersuchungen erschienen; 150 Schriften des Vereins zählte Bücher zum Zeitpunkt der Abfassung seiner Lebenserinnerungen im Jahre 1919 (L 354). »Bismarcks bahnbrechende Sozialgesetzgebung wäre ohne die Ar-

21 Vgl. die Aufstellung bei Plessen, *Die Wirksamkeit des Vereins für Socialpolitik* 1975, 49. Zu den Anfängen vgl. Lindenlaub, *Richtungskämpfe* 1967, 1ff.; Boese, *Geschichte des Vereins* 1939; zur Entwicklung der Mitgliederstruktur bis zum Ersten Weltkrieg vgl. Gorges, *Sozialforschung in Deutschland* 1986, 67ff.; 155ff.; 216ff.; 276ff.; 335ff.; 413ff. Vgl. ansonsten Winkel, *Die historische Schule der Nationalökonomie* 1977, 164ff.; Krüger, *Nationalökonomen* 1983. Einen knappen Überblick bietet Ringer, *Die Gelehrten* 1983, 134–152.

22 Vgl. Schäfer, *Historische Nationalökonomie und Sozialstatistik* 1991, 13–21. Die noch von Hans Rosenberg (*Große Depression und Bismarckzeit* 1967) vertretene Position, dass es sich bei den Krisenjahren, die nach dem Gründerboom von 1873 eintraten, um eine große Depression handelt, wird heute verworfen und statt dessen von einer Phase der Deflation und Stagnation gesprochen. Vgl. dazu den Überblick bei Berghahn, *Das Kaiserreich* 2006, 54–61; Nipperdey, *Deutsche Geschichte* I, 1990, 283–287.

23 Plessen, *Wirksamkeit* 1975, 10.

24 Vgl. dazu Kap. *Weibliche Wohltätigkeit und moderne Sozialpolitik*.

25 Schumpeter, *Epochen der Dogmen- und Methodengeschichte* 1924, 98.

beiten des Vereins für Socialpolitik nicht möglich gewesen«, lautet heute das Urteil der Sozialwissenschaftler.[26]

Die theoretische Untermauerung dieses sozialpolitischen Engagements im *Verein für Socialpolitik* erfolgte über die Geschichte. Wirtschaftsgeschichte und Statistik wurden als wichtige Teildisziplinen anerkannt. Indem man die Geschichtlichkeit aktueller wirtschaftlicher Verhältnisse nachwies, konnte auch der Anspruch auf universelle Geltung der klassischen liberalen Theorie erschüttert werden. Die klassische Nationalökonomie galt als bloße Mechanik des wirtschaftlichen Egoismus, als eine reine Bereicherungslehre, wie Lujo Brentano formulierte.[27] Büchers historisch-philologische Ausbildung entsprach diesem Interesse der historischen Schule an geschichtlichen Verhältnissen. Gerade seine Kenntnisse der materiellen Seite der antiken Kultur sollten ihm dienlich sein, wesentliche Theoreme der klassischen liberalen Theorie zu erschüttern.

Aufstände der unfreien Arbeiter in der Antike

In die Zeit des Vereinsbeitritts fallen die ersten wirtschaftshistorischen und sozialpolitischen Veröffentlichungen Büchers, die noch auf seinen althistorischen Kenntnissen fußen. 1874 entsteht die althistorische Schrift *Die Aufstände der unfreien Arbeiter 143–129 v. Chr.* (L 122 u. 193), in der er die Aufstände der Sklaven im Lichte der modernen Arbeiterbewegung betrachtet.[28] Sie geht auf eine Seminararbeit zu Diodors Schilderung der Sizilischen Sklavenaufstände des zweiten vorchristlichen Jahrhunderts zurück, die er im Wintersemester 1869/70 bei Arnold Schäfer in Bonn angefertigt hatte. Hier deutet sich an, was für seine wirtschaftshistorischen Schriften ebenfalls gilt:

26 Plessen, *Wirksamkeit* 1975, 127. Zur Entwicklung der empirischen Sozialforschung vgl. Gorges, The social surveys in Germany 1991, 316–339.

27 So Brentano, *Mein Leben* 1931, 5, 45ff.; Winkel, *Nationalökonomie* 1977, 163; zur liberalen Haltung Brentanos vgl. Krüger, *Nationalökonomen* 1983, 177–180. Zu den Forschungen zur Historischen Schule der Nationalökonomie vgl. Nau, *Von der historischen Nationalökonomie zur Wirtschaftswissenschaft* 1993, 71–77; Priddat, *Theoriegeschichte der Wirtschaft* 2002, 99–117.

28 Bücher, *Aufstände* 1874, 115 (im Folgenden mit »A« abgekürzt). Sie wird gelegentlich mit der Dissertation verwechselt (so etwa von Goetz, *Historiker meiner Zeit* 1957, 278), die von der Aetolischen Amphiktyonie handelt und den Geflogenheiten der Zeit folgend auf Latein verfasst ist.

Ausgangspunkt bildet stets die zeitgenössische soziale Frage. Die Studie zu den Sklavenaufständen versteht er denn explizit als »Beitrag zur Naturgeschichte sozialer Krankheiten« (A 77), ein Anliegen, das er während seiner wissenschaftlichen Laufbahn nie aus den Augen verliert. In einer bildreichen Sprache, die an Mommsens *Römische Geschichte* erinnert, führt Bücher dem Leser die niederdrückende Lage der depravierten, ihrer »Menschenwürde« beraubten unfreien Arbeiterschaft vor Augen, die von einer »blutsaugerischen Geldoligarchie« ausgepresst und deshalb fast zwangsläufig zum Aufruhr getrieben wird. Anders als in seinen späteren Studien zur antiken Wirtschaftsgeschichte betont Bücher nicht die Unterschiede, sondern die Gemeinsamkeiten zwischen antikem und modernem Wirtschaftssystem und benutzt zur Beschreibung der antiken Verhältnisse eben jene Schlagworte, die in seiner Zeit kursierten, um soziale Gegensätze zu charakterisieren: Pauperismus, Geldoligarchie. Sein Beitrag endet mit dem warnenden Ausblick: »Wie verwandt jene antike Wirtschaftsepoche der unseren ist, wie nahe insbesondere das unfreie Arbeiterverhältnis dem heutigen ›ehernen Lohngesetze‹ steht, wie die durch Erpressungen der Provinzialverwaltung und das Steuerpachtsystem hervorgebrachte kolossale Güteranhäufung wirthschaftlich und sittlich dem durch das Grossschuldenunwesen und den Aktienschwindel emporgetriebenen Börsenspiele gleich zu achten ist, das hätte sich noch des Weiteren ausführen lassen, wenn ich statt derartiger Vergleiche nicht lieber die Thatsachen hätte sprechen lassen wollen« (A 132). Auch wenn Bücher die expliziten Ausführungen zu den Gemeinsamkeiten gering halten und statt dessen die »Thatsachen« sprechen lassen will, womit er die Ereignisabfolge der Aufstände meint, die er detailliert und mit großer Emphase vor dem Leser ausbreitet, so beherrschen die zeitgenössischen Verhältnisse dennoch implizit seinen Darstellungsduktus. Bücher folgt ohne quellenkritische Bedenken der moralisierenden, Mitleid heischenden Darstellungsweise seiner antiken Gewährsmänner, die das Leiden der von den Aufständischen getöteten Frauen und Kinder der Herren vor Augen führen, aber auch der schlechten Behandlung der Sklaven durch ihre Herren gedenken. »Wüstes Schreien und Morden überall. Kinder wurden aus den Armen der Mütter gerissen, an den Frauen empörende Gewalttat verübt vor den Augen der Männer. […] Gar mancher Sklavenhalter büsste seine frevelhafte Unmenschlichkeit mit dem Tode.« (A 56)

Sein Verständnis für die Gegenwehr impliziert keineswegs eine uneingeschränkte Parteinahme für die Aufständischen. Vor allem für »das verkommene städtische Bettelproletariat«, das sich den aufständischen Sklaven angeschlossen habe, findet er kein gutes Wort (A 61). Sympathie äußert er für all jene, die »den alten Klassenstaat in zeitgemässer Weise umzubauen« streben (A 119), allen voran die Gracchen, denen er ebensolche sozialreformerischen Absichten unterstellt, wie er sie für sich in Anspruch nimmt. Sein eigener »Klassenstandpunkt« ist der des mittleren Besitzbürgertums, das die »wohlthätige Brücke« zwischen dem »Proletariat« und der »Geldoligarchie, ein hochmüthiges, herrschsüchtiges, üppiges Weib«, hätte bilden können, aber in der Antike zu wenig ausgebildet gewesen sei, was den selbstzerstörerischen Gegensatz zwischen Geldoligarchie und »Pauperismus« (A 9) verursacht habe. Darüber hinaus spricht er von der »kapitalistischen Durchdringung aller Lebensgebiete« im antiken Rom,[29] womit er sich vermutlich auf Theodor Mommsen bezieht, der in seiner *Römische[n] Geschichte* von 1852 ein ähnliches Bild gezeichnet hatte, was ihm dessen Basler Kollege Johann Jakob Bachofen als unangemessene Modernisierung antiker Verhältnisse vorhielt.[30]

Es ist der Standpunkt des mittleren Besitzbürgertums, von dem aus Bücher die antiken und modernen Klassengegensätze beurteilt. Die Strukturkategorien, mit denen er diese sozialen Gegensätze erfasst, unterscheiden sich anders als in seinen späteren Schriften nicht von denen, mit denen Zeitgenossen wie etwa Wilhelm Roscher die sozialen Verhältnisse im Kaiserreich beschrieben.[31]

---

29 Bücher, *Aufstände* 1874, 115: »Selbst die Verbreitung des Christenthums hat nicht so plötzlich, so unmittelbar und in solcher räumlichen Ausdehnung die Gemüther ergriffen, als diese erste internationale Arbeiterbewegung, der nothwendige Rückschlag jenes Systems der grossen Kapital- und Sklavenwirthschaft, welches die Römer in Sicilien und Karthago, in Griechenland und den hellenistischen Monarchien bereits ausgebildet vorgefunden hatten. Mit ihm hatte die antike Volkswirthschaft ihren Höhepunkt erreicht, jenen Höhepunkt kapitalistischer Durchdringung aller Lebensgebiete, auf dem es keinen Ausgleich mehr zu geben scheint, wo die Vermögensunterschiede fortwährend zunehmen, die Reichen immer reicher, die Armen immer ärmer werden und der Mittelstand in chronischer Atrophie dahinschwindet.«

30 Bachofen, *Gesammelte Werke* X, 1967, 262: Brief vom 13. Dezember 1862 an Heinrich Meyer-Ochsner. Vgl. dazu Gossman, Basel, Bachofen and the Critique of Modernity 1984, 141ff. »Sie können sich das alte Rom gar nicht modern genug vorstellen«, weiß Moszkowski (*Vom Wirtschaftsleben der primitiven Völker* 1911, 3) als ständige Rede Mommsens in dessen Seminaren zu erinnern. Den Einfluss von Marx auf Bücher betont Lindenlaub, *Richtungskämpfe* 1967, 285.

31 Vgl. etwa Roschers Gegenwartsanalyse *Politik. Geschichtliche Naturlehre der Monarchie, Aristokratie und Demokratie* von 1892, in der dieser den ungelösten Konflikt von kapitalistischer Plutokratie und proletarischer Besitzlosigkeit auf den Verfall bürgerlicher Institutionen zurückführt (473ff.). Hübinger, *Gelehrte* 2006, 62.

Förderer und zukünftige Kollegen: Gustav Schmoller, Adolph Wagner, Lujo Brentano

Büchers Schrift über die Aufstände der unfreien Arbeiter wird vor allem von Nationalökonomen rezipiert. Gustav Schmoller, der langjährige Vorsitzende des *Vereins für Socialpolitik*, schreibt eine Rezension,[32] und Bruno Hildebrand (1812–1878) schlägt Bücher die Mitarbeit an den *Jahrbüchern für Nationalökonomie und Statistik* vor (L 193 u. 198). Im Rückblick ist diese Schrift für Bücher die Ursache für seinen Übertritt zur Nationalökonomie (L 121).

Vor allem zu Gustav Schmoller, der ihn später bei Bewerbungen unterstützen sollte, entspinnt sich ein reger Kontakt. Mit Schmoller teilt Bücher seine wirtschaftshistorischen Interessen. Schmoller, einer der führenden »Kathedersozialisten«, stand noch in der Tradition der staatsnahen Kameralwissenschaften. Als Sohn eines Kameralverwalters in Heilbronn war er mit der zunehmenden Ablösung der bäuerlichen Naturallasten zugunsten von Geldsteuern vertraut. In der Kanzlei des Vaters war er in die praktische Anwendung von Finanz- und Verwaltungsrecht eingeführt worden, ehe er das Studium der Kameralwissenschaften in Tübingen aufnahm. Er arbeitete bereits im Studium wirtschaftshistorisch und wurde mit einer historischen Arbeit über die *Untersuchung der volkswirtschaftlichen Anschauungen zur Reformationszeit* promoviert. Eine kritische Stellungnahme gegen die süddeutsche Zollpolitik verhinderte eine Beamtenlaufbahn im Württembergischen Staatsdienst, brachte ihm aber die Sympathie des preußischen Handelsministers Rudolf Delbrück und 1864 einen Ruf nach Halle ein, wo er eine Enkelin Georg Barthold Niebuhrs heiratete. Seine *Geschichte der deutschen Kleingewerbe im 19. Jahrhundert* (1870) fiel in die Schlussphase der Beseitigung der letzten Zunftschranken in Deutschland – 1869 wurde die Gewerbefreiheit in der Gewerbeordnung des Norddeutschen Bundes verankert – und enthielt einige Kritikpunkte an der liberalen Politik. Die Forderung nach Berücksichtigung des Gemeinwohls und nach sozialpolitischen Maßnahmen des Staates, die Bücher mit ihm teilte, brachte ihm Angriffe der Manchester-Liberalen und Smithianer und die Klassifizierung als »Kathedersozialist« ein. Für Schmoller war Nationalökonomie eine ethische Wissenschaft und zielte auf Sozialpolitik. 1872, im Jahr der Vereinsgründung, wurde er an die neugegründete Reichsuniversität Straßburg berufen. Den Ruf nach einem sozial-

32 *Jahrbücher für Nationalökonomie und Statistik* 23, 1874, 147–150.

politisch tätigen Staat fundierte er mit der Schrift *Die soziale Frage und der Preußische Staat* von 1874. 1882 folgte ein Ruf nach Berlin. Als sich 1905 eine Opposition zur Vereinsführung von Schmoller bildete, hielt Max Weber den inzwischen in Leipzig lehrenden Kollegen Bücher neben Lujo Brentano für einen geeigneten Nachfolger Schmollers.[33] Zu diesem Wechsel kam es allerdings nicht. Den Vereinsvorsitz behielt Schmoller bis zu seinem Tod im Jahre 1917.[34]

Noch enger gestaltete sich in der Folge der Kontakt zu Adolph Wagner (1835–1917), Schmollers Kollegen an der Berliner Universität, mit dem Bücher sich auch über familiäre Angelegenheiten austauschte.[35] Wagner lehnte für sich zwar die Bezeichnung »Kathedersozialist« ab, vertrat aber faktisch deren sozialpolitische Positionen und gilt heute als Mitbegründer des modernen Wohlfahrtsstaates. Sein Feld war die Finanzwissenschaft und die Analyse der finanzpolitischen Steuerungsinstrumente des Staates. Nach dem Studium der Jurisprudenz und Politischen Ökonomie in Heidelberg und Göttingen war er 1857 bei Georg Hanssen mit einer Arbeit über Bankwirtschaft promoviert worden und hatte schnell Karriere gemacht. Bereits mit 23 Jahren war der Sohn aus einer süddeutschen Professorenfamilie selbst Professor geworden und an die Wiener Handelsakademie (1858–1863) berufen worden. Die darauf folgende Universitätslaufbahn hatte ihn über den Lehrstuhl für Statistik, Ethnographie und Geographie in Dorpat (1865–1868) und Freiburg (1868–1870) schon im Alter von 35 Jahren an die angesehene Universität nach Berlin geführt, wo er 1870 den Lehrstuhl für Staatswissenschaft übernahm. Wagners Position ähnelt in vielem den Auffassungen von Büchers späterem Mentor Albert Schäffle, die Schmoller beide zu den Begründern des »Staatssozialismus« zählt. Wagners wirtschaftspolitische Position ist vor allem in seinem Hauptwerk *Grundlegung der politischen Ökonomie* zu greifen, das in mehreren Auflagen erschienen ist und heute zu den Klassikern der Nationalökonomie zählt. Sein politischer Impetus richtete sich gegen das unproduktive Rentiersdasein, so auch gegen die »Bauplatzspeculation« und die damit einhergehende »Steigerung in den Wohnungsmiethen«,

33 Lindenlaub, *Richtungskämpfe* 1967, 422, Anm. 1 (Bundesarchiv Koblenz, Nachlass Brentano, Max Weber an Brentano, 23. Oktober 1905).

34 Vgl. Winkel, Gustav von Schmoller 1989, 97–118; vom Bruch, *Kultur* 1989, 219–238; ders., Gustav Schmoller: 2006, 230–249; Plumpe, Gustav Schmoller und der Institutionalismus 1999, 252–275; Priddat, *Theoriegeschichte der Wirtschaft* 2002, 102–117.

35 Vgl. die Briefe Wagners an Bücher, die zwischen dem 25. Oktober 1881 und dem 2. Juni 1912 datieren. UBL, Sondersammlung, NL 181 (Karl Bücher). Ein Großteil ist abgedruckt in: Wagner, *Briefe* 1978.

von der er sich selbst betroffen sah.[36] Sie betrachtete er als einen »ökonomisch ungerechtfertigte[n] und sittlich unerlaubte[n] Mißbrauch des Grundeigenthumsrechts«, dem er mit Vorschlägen zu finanzpolitischen Maßnahmen (Progressivbesteuerung) entgegenzuwirken suchte. Die Nationalisierung wichtiger Dienstleistungsindustrien, so die Verstaatlichung der Eisenbahn, gehörte zu seinem Programm. Mit seiner Wertschätzung des Staates als Gestalter des Wirtschafts- und Gesellschaftslebens und der Hintanstellung des Selbstinteresses des Individuums gegenüber den Ansprüchen des Kollektivs stand er Schmoller nahe; in seiner stärker systematisch und weniger am historischen Einzelfall ausgerichteten Arbeitsweise hatte er Gemeinsamkeiten mit Karl Bücher.[37]

Im Unterschied zu Adolph Wagner, der für Schutzzölle für Großagrarier und für eine expansive Kolonialpolitik eintrat, gehört Lujo Brentano (1844–1931)[38] zu den liberalen Vertretern des *Vereins für Socialpolitik*. Die größtmögliche Entfaltung aller Anlagen und Fähigkeiten des Einzelnen war in seinen Augen das Ziel einer ethisch orientierten Sozialpolitik. Aus einer weltläufigen Offenbacher Handelsfamilie stammend, waren dem Moralisten und Individualisten Freihandel und internationale Zusammenarbeit selbstverständliche Anliegen. Brentano kann als der modernste Denker unter den

36 Zu Wagners Klagen über die hohen Mietkosten für seine große Familie – er hatte acht Kinder aus insgesamt drei Ehen – vgl. die Bemerkungen seines Kollegen Lujo Brentano, der bei Adolph Wagner studiert und ihn als ehrgeizigen und leicht kränkbaren Gelehrten kennen gelernt hat. Aus Brentanos Perspektive, der einer nicht unvermögenden Handelsfamilie entstammt, besitzt Wagner die typischen Attribute eines sozialen Aufsteigers. Brentano, *Mein Leben* 1931, 71f. Die Beurteilung Brentanos ist abgedruckt in: Wagner, *Briefe* 1978, 97.

37 Eine differenzierte Würdigung Wagners findet sich in dem Beiheft zum Nachdruck der ersten Auflage seines Werkes *Allgemeine oder theoretische Volkswirtschaftslehre. Erster Theil: Grundlegung* von 1876 (Vademecum zu einem Klassiker der Finanzwissenschaft), Düsseldorf 1991 (Kommentar: Bertram Schefold, Einleitung zu Adolph Wagners ›Grundlegung‹; Karl Häuser, Adolph Wagner – Leben und Werk; Karl-Dieter Grüske, Robert K. von Weizsäcker, Wagners ›Grundlegung‹ im Spannungsfeld zwischen Liberalismus und Sozialismus). Vgl. daneben Plessen, *Wirksamkeit* 1975, 54, Krüger, *Nationalökonomen* 1983, 13. Einen knappen Überblick des Werdegangs bietet das *Deutsche Zeitgenossenlexikon* 1905, Sp. 1522/23.

38 Vgl. die Selbstcharakterisierung in Brentano, *Mein Leben* 1931, 72–78. Zum Werdegang vgl. *Deutsches Zeitgenossenlexikon* 1905, Sp. 177/8. Eine kurze Charakterisierung Brentanos findet sich bei Ringer, *Die Gelehrten* 1983, 139/40. Die Weltoffenheit und das Weltmännische an Brentanos Auftreten beeindruckte den Archäologen Ludwig Curtius (*Deutsche und Antike Welt* 1950, 83–86), der um 1895 bei Brentano in München und Gustav Schmoller in Berlin Volkswirtschaft studierte, bevor er sich dem Studium der Archäologie zuwandte.

drei Führungsfiguren des *Vereins für Socialpolitik* gelten, insofern es ihm darum ging, den Ausgleich zwischen den Faktoren Kapital und Arbeit herzustellen und mit der Bildung von Gewerkschaften nach angelsächsischem Vorbild und Sozialversicherungen rechtliche und soziale Rahmenbedingungen für das industrielle Wachstum zu schaffen. Im *Verein für Socialpolitik* vertraten Bücher und Brentano oft ähnliche Auffassungen; in seinen wirtschaftshistorischen Arbeiten nahm Brentano jedoch eine eher modernistische Position ein.[39]

Die Hinwendung zur Nationalökonomie

Büchers Lehrerdasein ist trotz der hohen Lehrbelastung von einer regen Vortragstätigkeit geprägt. Im Verein für Geschichte und Altertumskunde trägt er über die *Arbeiterbewegung zur Zeit der Gracchen* und über den *Ackerbau bei den Germanen* vor (L 190). Hinzu kommen Vorträge im Verein für Geographie und Statistik (L 198) über das *Gesamteigentum bei den Naturvölkern*. Diese Studien stehen im Kontext seiner Übersetzung von Emile Laveleyes Studie über archaische Eigentumsformen (*De la propriété et de ses formes primitives*), die 1879 bei Brockhaus unter dem Titel »Das Ureigenthum« erscheint (L 198–206). Er versteht seine Aufgabe nicht nur als Übersetzer, sondern auch als Autor und nimmt in Absprache mit Laveleye, den er 1875 auf der Jahresversammlung des *Vereins für Socialpolitik* kennen gelernt hatte, Ergänzungen »zu Gemeinde-Allmenden in Hessen, Baden, Württemberg, den hohenzollernschen Landen und Elsaß-Lothringen vor, die Laveleye entgangen waren.« Denn dieser hatte nur die Schweizerischen Verhältnisse berücksichtigt.[40] »Ich verwandte meine damaligen Ferien dazu, an Ort und Stelle bei den Bauern Erkundigungen einzuziehen, Allmendeordnungen zu sammeln, von Gemeindevorstehern und Kreisräten mich belehren zu lassen«, schreibt er in seinen Erinnerungen (L 201). Ihm sei daran gelegen, wie er im Vorwort formuliert, entgegen der »herkömmlichen individualistischen Be-

39 Vgl. Kap. III: Wissenschaftliche und politische Wirksamkeit.

40 Emile de Laveleye, *Das Ureigenthum*. Hg. und vervollständigt von Dr. Karl Bücher, Leipzig (F. A. Brockhaus) 1879. Ergänzt sind die Kapitel VI und IX zu den »Überresten der alten Agrarverfassung in Deutschland« bzw. »Die Allmende im südwestlichen Deutschland« sowie das Kap. XV »Das Eigenthum bei den Urbewohnern Amerikas« und in Teilen das Kap. XIV über die »Feldgemeinschaft bei Völkern verschiedener Erdtheile«.

trachtung der Volkswirtschaft« einer »socialpolitischen Betrachtungsweise« den Weg zu bahnen.[41] Er folgt damit der Position von Adolph Wagner, der privates Eigentum entgegen der Auffassung von Wilhelm Roscher nicht zu den wirtschaftlichen Notwendigkeiten zählte.[42] Die Arbeit bringt ihm ein Honorar von 1000 Mark ein, das er aber nur erhält, weil er einen Teil der Auflage über ein Antiquariat selbst erwirbt und weiterverkaufen lässt, da die Auszahlung an einen Mindestabsatz gebunden war (L 206). Wirtschaftlich übertölpeln, so zeigen seine immer wieder akribisch aufgeführten Berechnungen von Honorar und Einkünften, lässt er sich nicht. Als Erzeuger seiner geistigen Produkte ist er zugleich auch Buchhalter seines Gewerbes.

Nebenbei verfasst Bücher Artikel für die *Frankfurter Zeitung*, die seine nächste Wirkungsstätte sein wird. Die journalistische Tätigkeit verbessert seine Einkunftssituation erheblich. Es sind vor allem nationalökonomische Artikel über die großen Wirtschaftsfragen der Zeit, über die Zollfrage (L 226), über Agrar- und Gewerbepolitik (L 227f.), über die Arbeiterversicherung (L 229).[43] Über seinen Schulfreund Moritz Oppenheimer, mit dem er das Privatinstitut von Pfarrer Feller besuchte (L 59 u. 63) und der nun als Prokurist in einem Leinengeschäft tätig ist, lässt er sich in den internationalen Handel einweisen (L 185). Auch besucht er nun regelmäßig die Kongresse der Nationalökonomen (L 196) und berichtet darüber. Im Winter 1877/78 unternimmt er erste erfolglose Anläufe, sich im Fach Nationalökonomie zu habilitieren. Wilhelm Roscher, an den er sich wendet, schickt keine ermunternde Antwort (L 210). Sein Traum ist, wie er seinem Vater schreibt, eine Stelle, die ihm »ein bescheidenes Auskommen« gewährt, aber auch Zeit lässt für wissenschaftliches Arbeiten (L 210). In der Aussicht auf eine Stelle als Redakteur bei der *Frankfurter Zeitung* kündigt er zum Herbst 1878 seine Stelle als Lehrer an der Wöhlerschule.[44]

Als Leiter des sozial- und wirtschaftspolitischen Teils der Redaktion verdient Bücher nun zum ersten Mal richtig gut. 5000 Mark Jahresgehalt bewilligt ihm der Eigentümer der *Frankfurter Zeitung* Leopold Sonnemann; hinzu kommen Honorare für die geschriebenen Artikel. Für das Jahr 1879 bestehen seine Einkünfte aus 4200 Mark Gehalt, 2700 Mark Honorar und 420 Mark Einmalzahlungen, so dass er auf ein Jahreseinkommen von 7320 Mark kommt, das er in den ersten Jahren seiner Professur nicht wieder er-

41 Ebd. IX.

42 Ebd. 526.

43 Eine Zusammenstellung der Artikel dieser Jahre befindet sich in Kutsch, *Schriftenverzeichnis* 2000, 19–33.

44 Näheres bei Koszyk, Karl Büchers Weg zur Zeitungskunde 1993, 28–30.

reicht.[45] Die Tätigkeit bei der Frankfurter Zeitung schärft Büchers politischen Sinn, wobei sein Interesse über Sozial- und Wirtschaftspolitik nicht hinausgeht. Auch lässt sie ihm Zeit für die Erweiterung seiner nationalökonomischen Kenntnisse. Parteipolitik wird seine Sache nicht.

Der Mentor Albert Schäffle

Auch diese Tätigkeit als Redakteur der *Frankfurter Zeitung* endet aufgrund eines Zerwürfnisses mit dem Eigentümer, der einen Privatbrief Büchers geöffnet hatte. Aus der Wöhlerschule »herausgeekelt«, wie er schreibt (L 212), und von der *Frankfurter Zeitung* gekündigt (L 248), sucht Bücher im Alter von 34 Jahren ein neues Auskommen und findet dieses in der Wissenschaft. Eine Habilitation in Geschichte, die er als zu kostspielig verworfen hatte, zumal er sich in der Pflicht sieht, die Familie – vor allem die Schwester – zu unterstützen (L 195), kommt nicht mehr in Frage. Für ein jahrelanges Quellenstudium fehlen ihm die finanziellen Mittel. Das gesparte Geld reicht höchstens für eineinhalb Jahre, wie er meint (L 249). Auch liegen seine Interessen inzwischen auf anderen Gebieten. Von Albert Schäffle (1831–1903) ermutigt,[46] dem ehemaligen österreichischen Handelsminister und Herausgeber der *Zeitschrift für die gesamte Staatswissenschaft*, der seit 1878 die *Frankfurter Zeitung* mit Artikeln zur sozialen Frage beliefert hatte,[47] wagt Bücher den Sprung in die Wirtschaftswissenschaft.[48] Der Vater, mit dem er seine beruflichen Pläne zu besprechen pflegte, war 1880 gestorben (L 273). Möglicherweise ist Schäffle an diese Stelle getreten und hat ihm mit seiner Autorität die Entscheidung für eine unsichere Zukunft erleichtert. Bemerkungen, die die Autorität der Vaterfiguren anzweifeln, findet man bei Bücher

45 Schreiben von Leopold Sonnemann an Karl Bücher vom 28. Januar 1880. UAL, NL Bücher, Mappe Jg. 1880.

46 Schäffle lobt laut Bücher seine Kenntnisse in Gewerbe- und Handelspolitik; die fehlenden Theoriekenntnisse traut er ihm zu, zusätzlich zu erwerben (L 250).

47 Bücher nennt Artikel zur österreichischen Frage, zu den Gebieten der höheren Politik und zu sachlichen Tagesfragen (L 231f.). Vgl. auch Winkel, *Nationalökonomie* 1977, 128. Ab 1901 war Bücher dann Mitherausgeber der *Zeitschrift für die gesamte Staatswissenschaft* (L 387), nach Schäffles Tod leitete er von 1904 bis 1922/23 die Zeitung allein. Sein Nachfolger wurde Georg Brodnitz, der die Zeitschrift bis 1933 herausgab. Vgl. dazu Kap. *Vortragstätigkeit und Herausgeberschaft der Zeitschrift für die gesamte Staatswissenschaft.*

48 Auch überlegte Bücher (L 209) damals, ob er nach Berlin ins Statistische Seminar von Ernst Engels gehen solle. »Aber woher hätte ich die Mittel dazu nehmen sollen?«

nicht. Seine Brüder tauchen niemals in der Rolle der Berater auf. Die persönlichen Beziehungen zur Kirberger Familie, zu den Geschwistern und vor allem Brüdern, bleiben auf eine merkwürdige Art schemenhaft. Ob ihm die Brüder die Karriere neiden, sagt er nicht. Konkurrenz ist kein Thema. Auffallend aber ist, dass Bücher seine wissenschaftlichen Kontroversen und universitären Grabenkämpfe aus der Generationenperspektive betrachtet mit den ›Brüdern‹ führen wird, mit den Kollegen gleichen Jahrgangs, August von Miaskowski (1838–1899), Wilhelm Stieda (1852–1933). Die ›Vätergeneration‹, Albert Schäffle, Wilhelm Roscher (1817–1874), und auch die Generation der ›älteren Brüder‹, Gustav Schmoller (1838–1917) und Adolph Wagner (1835–1917), werden mit Hochachtung bedacht, während diese den jüngeren Bücher in ihren eigenen biographischen Rückblicken, soweit diese vorliegen, kaum bedenken.

Ein Grund für die Förderung durch Albert Schäffle mag in gemeinsamen Lebenserfahrungen gelegen haben. Ähnlich wie Bücher entstammte er einem handwerklich-bäuerlichen Milieu. Der Großvater war Kleinbierbrauer und Bauer gewesen, der Vater hatte es zum Realschullehrer gebracht. Auch Schäffle hatte mit Hilfe des Pfarrers, der wiederum von seinem Vater gefördert worden war, eine akademische Laufbahn eingeschlagen.[49] Mehr noch als Bücher war Schäffle Autodidakt. Sein Lebensweg beleuchtet den noch wenig reglementierten Zugang zum Hochschullehrerdasein. Denn die Habilitation hatte sich erst in den 1870er Jahren als Zugangsvoraussetzung zur akademischen Karriere durchgesetzt.[50] Nach der Ausbildung zum Lehrer, womit er in die Fußstapfen des früh verstorbenen Vaters trat, war Schäffle zunächst als Redakteur beim Schwäbischen Merkur tätig. Nach dem Selbststudium in Staatsrecht, Politik und Nationalökonomie machte er die höhere Staatsprüfung und knüpfte freundschaftliche Bande zu dem Stuttgarter Großbuchhändler Johann Georg Cotta, dem Herausgeber der *Deutschen Vierteljahrsschrift*, der ihn dort publizieren ließ.[51] Auch pflegte er Kontakt zu Wilhelm Roscher, »dem Altmeister der historischen Schule der Nationalökonomie«, der ihn 1860 als Nachfolger Helferichs in Tübingen empfahl.[52] Erst 1867 erschien sein großes Werk *Das gesellschaftliche System der menschlichen Wirtschaft*, eine Kritik an den Modellkonstruktionen der klassischen liberalen Theorie, in der ihm Bücher folgen sollte. Bis 1868 lehrte Schäffle an der

49 Schäffle, *Aus meinem Leben* I, 1905, 3–13.

50 Jansen, *Vom Gelehrten zum Beamten* 1992, 9. Zur »Verlaufbahnung« des Hochschullehrerberufs vgl. Paletschek, *Die permanente Erfindung einer Tradition* 2001, 226ff.

51 Schäffle, *Aus meinem Leben* I, 1905, 51–54.

52 Ebd. 73–77.

4. Der Mentor Albert Schäffle

dortigen staatswissenschaftlichen Fakultät Nationalökonomie, Politik, Polizeiwissenschaft und Staatswissenschaft. Von der Universität Tübingen führte ihn seine akademische Karriere dann nach Wien (1868–1871), wo er zeitweise in die Politik einstieg und Handelsminister im Kabinett Hohenwart wurde.[53] Das große Thema Schäffles bildeten die physischen Mechanismen des »sozialen Körpers«. In seinen Lebenserinnerungen schildert er seinen Kampf für einen Mittelweg zwischen Kapitalismus und Sozialismus. Seine Studie über *Kapitalismus und Sozialismus* von 1870 stellt den Versuch der Synthese der »liberalen kapitalistischen Auffassung« mit »einer freiheitlich-genossenschaftlich-korporativen« Haltung dar. In den Fabrikvorstädten, so schreibt er, gewann er eine »lebendige Anschauung des Elends«, dessen Überwindung

53 Ebd. 146–150; 224ff. Zeitweise (1861) wirkte er auch als Abgeordneter in der württembergisch-bayrischen Abgeordnetenkammer (77).

er »in einem ökonomisch sogenannten ›Föderalismus‹ oder ›Sozietarismus‹« suchte, »welcher längst unabhängig von Marx in mir gekeimt hatte.«[54]

Habilitation und Heirat

Mit Hilfe von Schäffles wissenschaftlichem Netzwerk nimmt Bücher den nächsten Karriereschritt. Im Januar 1881 schreibt Bücher an Alphons Renatus Helferich[55] und bietet als Habilitationsschrift gedruckte Arbeiten aus seiner Frankfurter Zeit an, eine Studie »Zur mittelalterlichen Bevölkerungsstatistik mit besonderer Rücksicht auf Frankfurt a. M.«, die noch im selben Jahr in der *Zeitschrift für die gesamte Staatswissenschaft* (Bd. 37, 535–580) erscheint.[56] Helferich, ein Vertreter der »englisch-individualistischen Nationalökonomie«, wie Bücher urteilt, unterstützt das Habilitationsbegehren des ehemaligen Redakteurs, obwohl dieser der historischen Schule der Nationalökonomie zuneigt, die eben diese individualistische Sicht geißelt. Noch im selben Jahr kann sich Bücher an der »Staatswirtschaftlichen Fakultät« der Universität München für Nationalökonomie habilitieren. Seine Vorlesung hält er *Ueber Versuche, neue Innungen zu errichten* (L 252).

Drei Semester lang lehrt Bücher als Privatdozent in München (L 277). Das Hörergeld ermöglicht ihm zwar ein Auskommen; den Lebensstandard der vergangenen Jahre aber kann er nicht halten. In den beiden Münchner Jahren bearbeitet er seine Vorträge *Die Frauenfrage im Mittelalter* (Tübingen 1882) und *Die Arbeiterfrage im Kaufmannsstande* (Berlin 1883) für den Druck. Bereits 1882 erhält er – vermutlich auf Empfehlung von Helferich und Schäffle[57] – einen Ruf an die deutsch-russische Universität im estländi-

54 Ebd. 167.

55 UBL, Sondersammlung NL 181 (Karl Bücher), Bücher an Helferich, 8. Januar 1881.

56 Kutsch, *Schriftenverzeichnis* 2000, 33. 1877 hatte Bücher die Schrift *Die gewerbliche Bildungsfrage und der industrielle Rückgang* (Wien – Leipzig) geschrieben (L 200).

57 Dies vermuten Drechsler/Kattel, Karl Bücher in Dorpat 2000, 29f. aufgrund einer Anfrage bei Helferich und Schäffle, als es um den Vorgänger Wilhelm Stieda ging, der 1877 berufen worden war. Bücher selbst nennt in seinen *Lebenserinnerungen* (L 280) Ad. Wagner, G. Schanz und Helferich, die um Auskunft gebeten worden seien, sowie einen alten Zeitungskollegen Sewigh aus Fellin in Livland, der »seine alten Dorpater Verbindungen für mich in Bewegung gesetzt« hatte. Als Berufungshindernis, so erfuhr er später, galt seine Tätigkeit bei der *Frankfurter Zeitung*. Aber die Dorpater Kollegen werteten diese Tätigkeit als Zeichen der Courage des Kandidaten, die ihnen – wegen der Russifizierungskonflikte, vermuten Drechsler und Kattel (2000, 30) – gelegen kam (L 281).

schen Dorpat (heute: Tartu, Estland), die ursprünglich vom schwedischen König Gustav Adolf (1632) eingerichtet und 1802 vom russischen Zar Alexander I. wiederbegründet worden war. Die Unterrichtssprache war trotz der Zugehörigkeit zum Zarenreich bis 1893 Deutsch. Dorpat galt unter den 30 deutschsprachigen Universitäten als Einstiegsuniversität für junge Gelehrte, die in der Regel nach kurzer Zeit an eine »reichsdeutsche« Universität berufen wurden (L 280). Fünf Jahre blieb sein unmittelbarer Vorgänger Wilhelm Stieda, den er später als Kollegen nach Leipzig holen sollte. Adolph Wagner lehrte drei Jahre lang, von 1865 bis 1868, in Dorpat.[58] Bücher selbst bleibt nur knapp drei Semester, vom 6. September 1882 bis zum 8. November 1883, an der kaiserlichen Universität.[59]

5. Das Mittermaierpalais in Heidelberg

58 Drechsler/Kattel, Karl Bücher in Dorpat 2000, 18 u. 22–26. Zur Geschichte der Universität Dorpat vgl. auch Pistohlkors, *Die Universitäten Dorpat/Tartu, Riga und Wilna/Vilnius 1579–1979*; Garleff, *Die baltischen Länder* 2001, 66–70.

59 So die Angaben in seinen *Lebenserinnerungen*. Das erste Semester, das Bücher in Dorpat verbrachte, dauerte von Anfang September bis zum 2. Dezember, sein zweites Semester endete Anfang Juni. Um seinen Prüfungsverpflichtungen nachzukommen, lehrte er ein verkürztes drittes Semester, das normalerweise von Anfang September bis Ende November dauerte. In der Berufungsurkunde vom 27. Juli 1882 steht als Berufungsdatum der 25. August 1882; entlassen wurde er der Entlassungsurkunde vom 21. Dezember 1883 zufolge zum 1. November 1883. UBL, Sondersammlung, NL 181 (Karl Bücher).

Die Münchner Jahre und die Zeit in Dorpat erscheinen im Rückblick als die glücklichste Zeit (L 292/3 u. 319). In München, »ein kostbares Stück Heimat« (L 279), genießt er den geselligen Austausch mit anderen Privatdozenten und lernt seine Frau Emilie Mittermaier (geb. am 11. August 1853) kennen, die Tochter des großherzoglichen badischen Baurats Philipp Mittermaier und Enkelin des »berühmten Heidelberger Juristen«.[60] Carl Joseph Anton Mittermaier (1787–1867) war in Heidelberg Professor für Strafrecht und hatte 1848 als Abgeordneter an der Nationalversammlung teilgenommen. Sein repräsentatives Wohnhaus, ein kleines Palais am Karlsplatz in Heidelberg, direkt unterhalb des Heidelberger Schlosses gelegen, war bis 1958 im Besitz der Familie Mittermaier und dient heute als Verbindungshaus.[61] Der Vater der Braut, Philipp Mittermaier, war wegen eines Lungenleidens frühzeitig in den Ruhestand getreten und hatte mit seiner Familie zunächst in Genf und Stuttgart gelebt, ehe er nach München zog, wo ihn Bücher aufsuchte. In den 1890er Jahren siedelte der Baurat mit Frau und Tochter Mathilde nach Graz um, verbrachte aber die Wintermonate im Tessin in Lugano (L 274). Emilie Mittermaier war die mittlere von drei Töchtern; die jüngste Schwester Alma heiratete Bernhard Kirsch und zog nach Wien; die ältere Schwester Mathilde, ihre Briefpartnerin in den Leipziger Jahren, blieb unverheiratet. Die beiden Söhne Arthur und Alfred Mittermaier ergriffen den Beruf des Kaufmanns bzw. Tiefbau-Ingenieurs (L 293 und 372).

Am 26. August 1882, zwei Wochen nach dem 29. Geburtstag der Braut, findet die Hochzeit statt (L 276/283). Beide haben zu diesem Zeitpunkt das übliche Heiratsalter der gebildeten Schicht bereits überschritten, das für

60 Friedrich Bücher, *Vorbei.* o. J., 6 u. 11; Schroeder, *Eine Universität für Juristen* 2010, 133–142; 189ff.

61 Carl Joseph Anton Mittermaier hatte das im 16. Jahrhundert errichtete und immer wieder umgebaute Gebäude im Jahre 1822 erworben, nachdem er einen Ruf an die Heidelberger Universität erhalten hatte; nach seinem Tod wurde der Besitz im Zuge von Erbauseinandersetzungen versteigert und das Gebäude von seinem jüngeren Sohn Franz erworben, der es wiederum an seine Frau Marie geb. Joppert (1891) weitervererbte. Ab 1909 ist der gemeinsame Sohn, der Landgerichtsrat Karl Mittermaier, als Eigentümer im Grundbuch eingetragen. So Gramer/Schepers, *Das Mittermaiersche Haus* 1973, 8–10 u. 22–24. Nach dem Tod von Karl Mittermaier im Jahre 1945 fiel das Erbe an den Bruder Wolfgang Mittermaier und dessen Kinder. 1958 verkaufte die Erbengemeinschaft das Gebäude an die Turnerschaft Ghibellinia. Zu Lebzeiten von Franz Mittermaier wohnte in dem Haus auch die Familie seines Bruders Karl Mittermaier, der entgegen der Familientradition Arzt geworden war. Zu den Wohnverhältnissen der Familie Mittermaier und den Karriereverläufen der Juristen unter den Familienmitgliedern vgl. auch die Angaben bei Wolf, *Das Leben und das strafrechtliche Werk Wolfgang Mittermaiers* 1997, 1–10 (Carl Joseph Anton Mittermaier), 10–16 (Franz Mittermaier), 16–49 (Wolfgang Mittermaier).

6. Emilie Mittermaier

Männer im 19. Jahrhundert zwischen 31 und 33 Jahren, für Frauen zwischen 22 und 27 Jahren liegt.[62] Sowohl für Karl Bücher als auch für Emilie Mittermaier muss die späte Heirat als glückliche Wendung ihres Lebensweges empfunden worden sein. Dem Einfluss seiner Frau schreibt Bücher es zu, nun den Anforderungen genügen zu können, die der soziale Verkehr der Gebildeten an ihn stellte (L 102). In der Tat ist sie es, die, wie aus ihrem Briefwech-

62 Vgl. Hausen, »[…] eine Ulme für das schwankende Efeu« 1988, 95f.

sel mit den Eltern hervorgeht, die zahllosen Gesellschaften mit Professorenkollegen organisiert und das symbolische Kapital ihrer Herkunft zu nutzen weiß: »Als Enkelin von Großvater (Mittermaier) bin ich bei den Juristen gut angeschrieben«, schreibt sie über die ersten Antrittsbesuche in Leipzig an die Eltern; »mich freut nur, daß der gute Großvater noch nicht vergessen ist. Wenn es angeht, bringe ich den Leuten bei, daß ich noch einen berühmten Großvater (Bekk) habe, den kennen sie natürlich auch.«[63] Der Großvater mütterlicherseits ist der badische Staatsminister Johann Baptist Bekk (1797–1855), dessen Ansehen auch der Ehemann in seinen Karlsruher Jahren zu schätzen weiß (L 525). Bekk, 1797 in Triberg im Schwarzwald geboren, trat 1829, nach dem juristischen Studium in Freiburg, in den Staatsdienst ein und war von 1846 bis 1849 Innenminister; von 1851 bis zu seinem Tode im Jahr 1855 war er dann als Präsident des Hofgerichts in Bruchsal tätig.[64]

Die Ehe vollendet also den sozialen Aufstieg Büchers, verankert ihn aber auch stärker im süddeutsch-katholischen Milieu.[65] Mit dem Schwiegervater, ursprünglich katholisch, dann freireligiös, teilt Bücher das Interesse an sozialpolitischen und stadthygienischen Fragen. Er schildert Philipp Mittermaier (1817–1899) als einen vehementen Vertreter der »Tonnenabfuhr«, die dieser zusammen mit seinem ärztlichen Bruder Dr. Karl Mittermaier (1823–1917) in Heidelberg eingerichtet habe,[66] und Gegner der in vielen Großstädten präferierten Schwemmkanalisation »mit dem reinlichen W. C.« (L 275). Die gemeinsame Bekanntschaft mit dem Frankfurter Schatzmeister des *Vereins zur Reinhaltung des Wassers, des Bodens und der Luft*, in dem die Gegner der Schwemmkanalisation organisiert waren, hatte die beiden zusammengeführt. Mit einem Empfehlungsschreiben dieses Schatzmeisters an Mitstreiter in München ausgestattet, hatte Bücher zu Beginn seiner Münchner Jahre den Baurat mit dem berühmten Namen aufgesucht (L 275). Diese gemeinsamen Interessen erklären auch, warum in den Briefen Emilie Büchers an

63 Emilie Bücher am 24. November 1892 an ihre Eltern. PB Lauth

64 von Weech, *Badische Biographien* 1875, Bd. 1, 61–69 (zu Johann Baptist Bekk); Bd. 2, 80–87 (zu Carl Joseph Anton Mittermaier).

65 Hinzu kommt der langjährige Aufenthalt im Süden. Nach den Jahren in Basel und Karlsruhe meint Bücher: »Wir rechneten uns beide als Süddeutsche« (L 425).

66 Philipp Franz Mittermaier hatte sechs Geschwister, von denen zu diesem Zeitpunkt nur noch sein Bruder Karl (1823–1917), der Arzt geworden war, und Franz Ludwig (1826–1891), ebenfalls Jurist, lebten. Der älteste Bruder Philipp Martin Joseph (1813–1840) war bereits in jungen Jahren gestorben, eine seiner drei Schwestern starb im Säuglingsalter (Franziska Katharina Theresia 1819), Luise Katharina Theolinde (1815–1872) wurde 58, Clara Antonia Carolina 35 Jahre alt. Wolf, *Mittermaier* 1997, 10.

den Vater aus den Leipziger Jahren so ausführliche Informationen über das Berufsleben des Ehemannes zu finden sind.

Von der Peripherie ins Zentrum: Die Hochschullaufbahn

Nach Dorpat auf den Lehrstuhl für Geographie, Ethnographie und Statistik geht Bücher 1882 als frisch gebackener Ehemann und hat zum ersten Mal ein »eigenes Heim«, was ihn mit »unsagbarer Freude« erfüllt (L 287). Hier wird am 17. August 1883 der Sohn Friedrich geboren, der im September 1918, als Bücher im thüringischen Bad Liebenstein, seinem Alterssitz, das Vorwort zu seinen *Lebenserinnerungen* schreibt, im Felde steht. Keine andere Station seines Lebensweges – mit Ausnahme der Kinderjahre in Kirberg – ist mit einer so ausführlichen Schilderung der persönlichen Lebensverhältnisse bedacht wie die Dorpater Zeit: Das Einrichten der Wohnung und ihre Sicherung für den Winter, das Einsetzen der Vorfenster als Schutz gegen den Frost und das Heizen mit Birkenscheiten in den aus Feldsteinen errichteten und mit Schwarzblechen beschlagenen zylinderförmigen Öfen, die in die Zwischenwände eingelassen waren, beschreibt er mit der Freude eines Pioniers und preist die so erzielten 15 Grad Wärme im Zimmer angesichts von 17 Minusgraden im Freien. Sein Tagesablauf ist streng geregelt. Um sechs Uhr steht er, um halb sieben seine Frau auf, um 7 Uhr trifft man sich beim Frühstück, bis 12 Uhr bereitet er das Kolleg vor, »während Emilie geschäftig in den Zimmern und in der Küche herumwirtschaftet« (L 291).[67] Nach dem Kolleg, um 14 Uhr, wird gegessen; danach brechen beide zum Spaziergang in winterlicher Kälte auf, »dann sitzen wir bei der Lampe arbeitend einander gegenüber« (L 292). Um halb acht ist Abendbrotzeit; um zehn, halb elf wird das Bett aufgesucht. Auch wenn er Theater, Bälle und Stammtischgeselligkeit, die im winterlichen Dorpat fehlen, nicht vermisst, so lässt er sich doch auf das eine oder andre »Tänzchen« mit seiner Frau ein, die ihm, »der früher nie das Tanzbein geschwungen«, Lehrmeisterin ist (L 291/2) und auch später den Besuch der Tanzstunde für den Sohn durchsetzen wird, wie Friedrich Bücher in seinen Erinnerungen festhält.[68]

Mit dem Sommer treten die Erfordernisse des geselligen Verkehrs an das Ehepaar heran, dessen Umfang Bücher zwar einerseits belastend findet –

67 Bücher zitiert hier seine eigenen Worte aus einem Brief an den Schwiegervater.

68 Friedrich Bücher, *Vorbei* o. J., 13.

»Wir hatten uns durch etwa vierzig Häuser durchzuessen und Entschuldigungen ließ man kaum gelten« (L 303) –, dessen »demokratischer Zug« ihn aber andererseits versöhnt. »Die Geselligkeit bewegte sich auf der gleichen Höhenlinie, was wohl damit zusammenhängen mochte, dass die Gleichheit der Gehälter unter Professoren auch eine Gleichheit der wirtschaftlichen Verhältnisse hervorbrachte« (L 303). Der Chemiker Wilhelm Ostwald, Büchers späterer Kollege in Leipzig, beklagt in seinem autobiographischen Rückblick eben diesen Mangel an Gleichheit im lettischen Riga, wo die wohlhabende Kaufmannschaft die Meßlatte für den Aufwand an Bewirtungen unerreichbar hoch gehängt habe.[69] Möglicherweise war für das Wirtschaftsbürgertum Rigas die Geselligkeitskultur des baltischen Adels prägend, mit dessen repräsentativem Aufwand das Bildungsbürgertum nicht mithalten konnte. Der adeligen Herrenschicht Estlands steht Bücher äußerst distanziert gegenüber; ihre Gewohnheiten bieten ihm im Universitätsalltag keinerlei Orientierung. Vielmehr begrüßt er den Verzicht auf den Gebrauch von Titeln und Adelsprädikaten unter den Kollegen (L 303). Umso anachronistischer erscheint ihm die vom russischen Staat auferlegte Verpflichtung zur Uniformierung, die ihm allerdings nicht absonderlicher vorkommt als das Tragen von Talaren an ›reichsdeutschen‹ Universitäten. Die Dorpater Professorenschaft war bei feierlichen Anlässen gehalten, »einen dunkelgrünen Waffenrock im Schnitt des napoleonischen Zeitalters mit hohem goldbestickten Kragen und Degen« zu tragen, den die Kollegen samt Mottenspuren einander zu vererben pflegten (L 300/1). Auch Bücher erwirbt eine solche Uniform, allerdings ohne Kopfbedeckung. Nicht ohne Sinn für Situationskomik schildert er die missliche Lage, als ihm bei der Vorstellung der Professorenschaft beim Petersburger Senator Menassëin der zur Uniform gehörige dreispitzige Hut fehlte (L 301). Die »bürgerliche Kopfbedeckung« ersatzweise unter den Arm geklemmt, spürte er plötzlich, wie ihm »von der Rückseite der Hut unter dem Arme weggezogen und dafür ein vorschriftsmäßiger Dreispitz eingeschoben wurde«. Der freundliche Helfer war der Anatom Ludwig Stieda, dessen Bruder Wilhelm Stieda später sein Kollege in Leipzig wird. Stieda hatte den hohen Gast in standesgemäßer Aufmachung bereits begrüßt und deshalb seine Kopfbedeckung entbehren können (L 301).[70]

69 Ostwald, *Lebenslinien* II, 1927, 5.

70 Ludwig Stieda (1837–1918) war als Anatom auch an antiken Befunden interessiert. In der Gießener Universität befindet sich eine ergiebige Sammlung von Terrakotten, die Körperteile darstellen. Für diese Information danke ich Matthias Recke, der diese Sammlung bearbeitet und erste Ergebnisse auf der Berner Tagung »Do ut des – Ich gebe, damit Du gibst« vom 30. Juli 2009 vorgestellt hat.

Wie er es in den Kapiteln hält, die seine Jugend schildern, so flicht Bücher auch in die Darstellung dieses Lebensabschnitts ethnographische Beobachtungen ein, die jedoch rudimentär bleiben.[71] Den Wochenmarkt hätte er gerne näher studiert; es bleibt nur die Beobachtung und Erfahrung, dass die Vorratshaltung im täglichen Leben der Einwohner eine größere Rolle spielte als in reichsdeutschen Städten (L 315). Denn kaum in Dorpat eingerichtet, muss er selbst Hand anlegen bei der Anlage der Vorräte für den Winter: »Weißkraut wurde gehobelt und eingestampft, ein halbes Schwein auf dem Wochenmarkt erstanden, zerlegt, eingesalzen und geräuchert, Grünzeug im Keller eingeschlagen« (L 288). Zu eigentlichen Forschungsarbeiten kommt er aufgrund der hohen Belastung mit Vorlesungen kaum. Er liest über *Gewerbepolitik,* über *Geschichte, Theorie und Technik der Statistik* sowie über *Bevölkerungs-, Wirtschafts- und Kulturstatistik* (L 295). In den Sommerferien beginnt er zwar die wissenschaftliche Beschäftigung mit dem Zeitungswesen (L 299), die am Ende seines Gelehrtenlebens in die Gründung eines Instituts für Zeitungskunde an der Universität Leipzig münden sollte, muss sie aber nach kurzer Zeit wieder aufgeben. Einen Aufsatz über die russische Fabrikgesetzgebung, eine Frucht seiner Vorlesung über Gewerbepolitik, nennt er als einzigen Ertrag (L 322).

Im Gegensatz zu der Idylle, die er von seinen universitären und häuslichen Lebensverhältnissen in Dorpat zeichnet, das als das »nordische Heidelberg« galt,[72] stehen die politischen und sozialen Umstände, in denen er sich bewegt. Entsetzt zeigt er sich über die »elenden Dörfer mit ihren halbzerfallenen Hütten und vom Wind zerzausten Strohdächern« in russischen Siedlungsgebieten um Pleskau (L 298), als er zu einer Gewerbeausstellung nach Riga reist. Das unter deutschbaltischen Intellektuellen verbreite Überlegenheitsdenken gegenüber allem Russischen und Estnischen geißelt er (L 305). Für die strikte Abwehrhaltung gegenüber der Benutzung der russischen Sprache von Seiten seiner baltischen Kollegen, »die als Kinder russische Ammen gehabt hatten« und das Russische beherrschten, zeigt er kein Verständnis (L 305/6).[73] Er selbst beginnt, Russisch zu lernen, da es, wie er schreibt, zu seinen Amtspflichten gehörte, »eine Vorlesung über die Statistik Ruß-

71 Ebenso wie die ersten beiden Kapitel seiner Biographie erscheint das Dorpat-Kapitel, allerdings erst viel später, als eigenständige Schrift in estnischer Übersetzung: *Mälestuded* 1986, 318–331. Drechsler/Kattel, Karl Bücher in Dorpat 2000, 69, Anm. 88.

72 Garleff, *Die baltischen Länder* 2001, 66, im Verweis auf den Publizisten Julius Eckardt (1836–1908).

73 Zur Haltung der deutschbaltischen Intellektuellen, die sich in ihrem Verhalten am Adel orientierten, vgl. Donnert, *Die Universität Dorpat-Jurév* 2007, 55 u. 86; zum Verhältnis

lands zu halten«, um »die Originalquellen in der Landessprache benutzen« zu können (L 305). Auf die Einführung des Russischen als Lehrsprache an der Universität, die 1895 erfolgte, wäre er vorbereitet gewesen.[74] Seine Frau ist derweilen bemüht, sich estnische Sprachkenntnisse anzueignen, um »ihre Haushaltungs-Einkäufe« selbst besorgen zu können (L 310). Das Bemühen baltischer Kollegen, russische Amtspersonen, so den Kurator Michail Kapustin, unter dessen Ägide mit der Russifizierung des deutschen Schulwesens begonnen wurde,[75] gesellschaftlich zu isolieren, stößt ihn ab. Verständnis zeigt er sowohl für die Interessen der russischen Staatsmacht als auch der einheimischen Bevölkerung, der Esten. Dorpat bildete in den Jahren, als Bücher dort lehrte, das Zentrum der estnischen Nationalbewegung; die Söhne estnischer und lettischer Gutsangestellter studierten an der Universität.[76] Erbost äußert er sich über das Ansinnen, wissenschaftliche Untersuchungen, die die baltischen Agrarverhältnisse nicht im allerbesten Licht erscheinen ließen, zu torpedieren (L 306/7). Er setzt sich für Johannes von Keußler ein, der mit einem vierbändigen Werk über den russischen Gemeindebesitz in Dorpat die Doktorprüfung absolviert und von einem baltischen Kollegen »niedergeprüft« wird. Längst in Leipzig, promoviert er Adolf Agthe aus Riga mit einer Studie *Über den Ursprung und über die Lage der Landarbeiter in Livland*[77] und verwahrt sich gegen den heftigen Widerspruch, den die Veröffentlichung bei der baltischen Ritterschaft erregt (L 307).[78]

Nach nur einem Jahr wird Bücher an die Universität Basel berufen, wo er vom Wintersemester 1883 bis zum Sommersemester 1890 bleibt. Seine Schrift zu den Arbeiteraufständen in der Antike, seine Übersetzung von

von Balten, Reichsdeutschen und Russen vgl. auch Drechsler/Kattel, Karl Bücher in Dorpat 2000, 35–46.

74 Donnert, *Die Universität Dorpat-Jurév* 2007, 63.

75 Ebd. 59.

76 Ebd. 56.

77 Die Schrift erscheint 1909 als Ergänzungsheft in der von Bücher herausgegebenen *Zeitschrift für die gesamte Staatswissenschaft*. Auch räumt er Agthe eine Erwiderung auf eine kritische Rezension von Al(exander) Tobien in der Zeitschrift (*ZfGS* 66, 1910, 157–177) ein: Adolf Agthe, Zur Kritik des Herrn Tobien über »Ursprung und Lage der Landarbeiter in Livland«, in: ebd., 396–407. Auch ergreift er selbst das Wort zur Verteidigung der strikten Wissenschaftlichkeit der Schrift seines Schülers: Ein letztes Wort zur livländischen Agrarfrage, in: ebd. 762–765. Vgl. dazu auch die Korrespondenz mit Adolf Agthe zwischen November 1908 und Mai 1910. UBL, Sondersammlung NL 181 (Karl Bücher).

78 In Büchers Nachlass befinden sich noch die Polemiken aus der *Rigaschen Rundschau*, den *Rigaschen Neuesten Nachrichten* und aus der *Kreuzzeitung* Nr. 217 vom 11. Mai 1909, überschrieben mit »Eine Schmähschrift auf den deutschen Adel Livlands«, verfasst von Joseph Girgensohn. Zur Agrarfrage vgl. Garleff, *Die baltischen Länder* 2001, 73–75.

Laveleyes Studie zum Ureigentum, die Arbeiten über die Frauenfrage und die Bevölkerung der Stadt Frankfurt, Gutachten über das gewerbliche Bildungswesen und die Schriften des *Vereins für Socialpolitik* werden bei der Entscheidung für ihn in Anschlag gebracht.[79] Rufe, die ihn unmittelbar nach dem Wechsel nach Basel erreichen, so 1884 nach Marburg und an das Polytechnikum nach Zürich, lehnt er ab (L 405). 1884 hatte ihn Adolph Wagner in einem Gutachten dem Universitätsreferenten im Berliner Kultusministerium, Friedrich Althoff (1839–1908),[80] aufgrund seiner »Reife, Vielseitigkeit und Gediegenheit« als Spitzenkandidat für den Greifswalder Lehrstuhl empfohlen.[81] Aber als ehemaliger Redakteur der *Frankfurter Zeitung* sei eine Berufung an eine Preußische Universität »schlechterdings unmöglich gewesen«, schreibt Bücher in seinen *Lebenserinnerungen* (L 406). Denn ihr Herausgeber Leopold Sonnemann, der zwischen 1871 und 1884 für die linksliberal-demokratische Volkspartei im Reichstag saß, hatte gegen die Annexion von Elsass-Lothringen gestimmt und sich auch gegen Bismarcks Sozialistengesetze gewandt.[82] Sieben Jahre später, 1890, geht Bücher für zwei Jahre nach Karlsruhe, ehe er 1892 in Leipzig endgültig sesshaft wird. Seine Vorgänger in Basel sind August von Miaskowski, der 1881 nach Breslau berufen worden war und in Leipzig sein Kollege sein wird, sowie Alfons Thun, der 1883 einem Ruf nach Freiburg gefolgt war.[83] Die deutsch-russische Universität und die Stadt, in der er sich glücklich fühlte, verlassen zu müssen,

79 Schreiben der Curatel der Universität des Kantons Basel-Stadt vom 11. September 1883 an den Rat der Stadt. Staatsarchiv Basel-Stadt, Erziehungsakten der Phil. Fak. CC 21: Professur Nationalökonomie 1855–1927. Bereits im Juli 1883 war Bücher von seinem Vorgänger Alphons Thun gefragt worden, ob er die Nachfolge in Basel antreten wolle; Anfang September sei der Ruf der Basler Universitätskuratel an ihn ergangen (L 316).

80 Die Tätigkeit hatte Althoff seit 1882 inne. 1897 wurde er zum Ministerialdirektor in der preußischen Hochschulverwaltung im Ministerium für Unterricht und geistliche Angelegenheiten berufen und förderte in dieser Funktion den Ausbau des Hochschulwesens zu einem zentral gelenkten organisierten System. Von der geringen Formalisierung der Hochschulkarrieren vor dieser Zeit hatte er allerdings selbst profitiert. Der ehemalige Justitiar und Dezernent in der Verwaltung von Elsass-Lothringen wurde 1872 ohne Promotion und Habilitation in Straßburg außerordentlicher, 1880 ordentlicher Professor. Vom Brocke, Hochschul- und Wissenschaftspolitik 1980, 9–118; ders., Friedrich Althoff 1987, 200ff.; Koch, *Die Universität* 2008, 159.

81 Wagner, *Briefe* 1978, 219 (Gutachten vom 14. Februar 1884).

82 An die Vorgänge, in die auch Bücher als leitender Redakteur involviert war, erinnert Hans-Christof Kraus, Gefährliche Bestrebungen, in: *Frankfurter Allgemeine Zeitung* Nr. 207 vom 4.9.2008, S. 7.

83 Vgl. das Schreiben der Curatel der Universität Basel vom 25. Juni 1881 (Miaskowski) und vom 11. September 1883 (Thun). Staatsarchiv Basel-Stadt, Erziehungsakten der Phil. Fak. CC 21: Professur Nationalökonomie 1855–1927.

erscheint ihm als eine Herausforderung des Schicksals (L 316). Beim Abschied aus der Wohnung, den er am 7. November 1883 nimmt, verliert er die Fassung und muss, so gibt er zu, »laut weinen« (L 319). »Kaum läßt sich ein größerer Gegensatz denken«, kommentiert Georg Brodnitz in seinem Nachruf auf Bücher den Wechsel nach Basel: »Hatte er dort im weiten Lande des Absolutismus inmitten einer Herrenschicht gewirkt, die sich ihrer gefährdeten Stellung gar nicht bewußt war, hieß es jetzt, sich in die Enge einer kleinen Demokratie einzuleben.«[84]

Mit der Annahme des Rufes nach Basel nimmt Bücher Rücksicht auf die familiären Bindungen seiner Frau, die in Baden aufgewachsen war. Finanziell stellt der Wechsel keine Verbesserung der Lebensbedingungen dar (L 324). Bücher hat offensichtlich auch keine großen Forderungen gestellt. Denn im Schreiben der Curatel der Universität vom 11. September 1883 heißt es, dass Bücher ohne Erhöhung des Gehalts aus persönlichen Gründen an eine südliche Universität wolle. 6000 Franken Besoldung, die den 2400 Rubeln in Dorpat entsprechen, werden ihm bewilligt, 1200 Franken Umzugsentschädigung kommen aus dem Etat des Kirchen & Schulguts Basel hinzu.[85] Das sind 500 Franken weniger, als August von Miaskowski 1876 als Besoldung erhalten hatte, aber immerhin 1500 Franken mehr, als seinem Nachfolger Theophil Kozak zugestanden werden.[86] Das Hörergeld war gering. Die Universität Basel war klein und hatte um 1880 insgesamt 250 eingeschriebene Studenten.[87] Bücher hat daher nur wenige Hörer, zumal die Nationalökonomie kein Pflicht- oder Prüfungsfach für die Juristen war wie an anderen Universitäten. Fritz Mangold, ein Basler Schüler Büchers, zählt sieben Hörer im Hauptkolleg und fünf bis sieben im Seminar.[88] In Dorpat

84 Brodnitz, Karl Bücher. Worte zu seinem Gedächtnis 1931, 3.

85 Diese Summe wurde am 14. September 1883 vom Erziehungs-Department bestätigt. Staatsarchiv Basel-Stadt, Erziehungsakten der Phil. Fak. CC 21: Professur Nationalökonomie 1855–1927.

86 Protokoll des Erziehungs-Collegiums vom 23. November 1876. Allerdings erreichte Miaskowski diese Summer erst, nachdem er einen auswärtigen Ruf nachweisen konnte. Bei seiner Berufung im Jahre 1874 wurden ihm auf Beschluss des kleinen Raths des Kantons Basel-Stadt vom 21. März 1874 nur 4000 Franken bewilligt. Dies entsprach der Summe, die Büchers Nachfolger Theophil Kozak bei seiner Ernennung durch die Curatel der Universität des Kantons Basel-Stadt am 9. Juli 1890 zugesprochen wurde. Miaskowskis Nachfolger Alphons Thun bekam – so der Beschluss des Regierungsraths des Kantons Basel-Stadt vom 2. Juli 1881 – immerhin 5000 Franken Besoldung. Staatsarchiv Basel-Stadt, Erziehungsakten der Phil. Fak. CC 21: Professur Nationalökonomie 1855–1927.

87 Gossman, *Basel in der Zeit Jakob Burckhardts* 2005, 58–60 (18. Jh.), 99ff. (19. Jh.), 133 (Studentenzahlen).

88 Mangold, *Die Statistisch-Volkswirtschaftliche Gesellschaft* 1931, 133.

hatte Bücher in statistischen Seminaren mit bis zu 50 Teilnehmern rechnen können (L 324/5) und damit vermutlich über ein höheres Hörergeld verfügt. Im Vergleich zu den Arbeitern in den städtischen Bandfabriken, deren Wohnverhältnisse er in seiner Basler Zeit untersuchen ließ – diese verdienten in dieser Zeit zwischen 800 und 1000 Franken –, hatte Bücher in Basel ein gutes Auskommen. Der Abstand zu den Basler Seidenbandherren und Großkaufleuten aber, die bis zu 480 000 Franken Einkommen im Jahr versteuerten, war enorm.[89]

Die Familie wohnt in Basel, einer Stadt mit etwa 50.000 Einwohnern (L 324), zunächst in der Thiersteiner Allee 7, vier Jahre später dann in der Augustiner Gasse 8 in der Nähe der Universität (L 326).[90] Dass das Gebäude aus dem Besitz der Akademischen Gesellschaft, in das Bücher mit seiner Familie zieht, in unmittelbarer Nachbarschaft zum Gebäude »Zur St. Johann Capelle« am Münsterplatz steht, in dem seit 1860 Johann Jakob Bachofen (1815–1887) lebte, der Verfasser des »Mutterrechts« (1861),[91] erwähnt er in seinen Erinnerungen nicht. Seine Vorlesungsmanuskripte und Bibliotheksbestände belegen zwar die Kenntnis der in den 1880er Jahren von Rechtshistorikern und Nationalökonomen breit rezipierten Mutterrechtstheorie des Basler Rechtshistorikers. Auch argumentiert Bücher in seiner Studie über die Frauenfrage im Mittelalter mit der Idee eines ursprünglichen Mutterrechts, das alle Völker durchlaufen hätten. Allerdings geht er nicht auf Bachofens Konzept ein, sondern bezieht sich auf Lewis Henry Morgans Studie zur Urgesellschaft (*Ancient Society*, 1877), auf die sich auch Friedrich Engels in seiner Darlegung des *Ursprungs der Familie, des Privateigentums und des Staats* von 1884 stützte.[92] Morgans Sicht kam Bücher insofern entgegen, als dieser den Hebel der Entwicklung von einer mutterrechtlichen Urphase zum Vaterrecht in den Eigentumsverhältnissen ansetzte, die Bücher seit der Übersetzung von Laveleyes Studie interessierte, während Bachofen der Religion einen entscheidenden Stellenwert zuschrieb. Von der Gelehrtenprominenz jener Jahre in Basel räumt Bücher nur Jakob Burckhardt (1818–1897), dem

89 Sarasin, Basel 1987, 37.

90 Das Basler Adressbuch weist erst ab 1889 die Augustinergasse 8 als Adresse aus. Hier ist Bücher im Übrigen entsprechend den Geflogenheiten des Basler Stadtpatriziats mit dem Familiennamen seiner Frau als »Bücher-Mittermaier« verzeichnet.

91 Sarasin, Basel 1987, 36.

92 Auf Morgan beruht das nachgelassene Vorlesungsmanuskript »Geschichte der Familie.« PB Lauth. In seiner Bibliothek befanden sich sowohl das Buch von Morgan als auch das von Engels. Bücher, *Katalog* 1970, 276/7. Zur Matriarchatsdiskussion jener Jahre vgl. Wagner-Hasel, Rationalitätskritik und Weiblichkeitskonzeptionen 1992, 298–309.

Verfasser der griechischen Kulturgeschichte, einen gewichtigen Platz ein. Mit ihm trifft er sich des Öfteren mittags in der Lesegesellschaft am Münsterplatz und »erfreut« sich an dessen »treffenden Bemerkungen über Politisches und Soziales« (L 328).

Die Schilderung des neuen Lebensabschnitts, seiner Tätigkeiten an den Universitäten Basel und Karlsruhe, ist geprägt von den Arbeitsvorhaben, die ihn nun beschäftigten, sowie von den gesellschaftlichen und beruflichen Kontakten. Das persönliche Empfinden, das Leben in der Familie, treten in der Darstellung zurück. In die Basler Zeit fällt seine statistische Pionierarbeit, die europaweite erste Wohnungszählung aus dem Jahre 1889, die er im Auftrage des Regierungsrates des Kantons Basel-Stadt anfertigt (L 360–369).[93] Sie ist mit der Grund, dass der Kontakt zu Basel auch später, als er die Stadt längst verlassen hat, nicht abbricht. Für nachfolgende Zählungen ist seine Kompetenz immer wieder gefragt.[94] In Basel und in Karlsruhe arbeitet er über die Bevölkerung Frankfurts (L 375ff.) und über die Entwicklung des Gewerbes (L 379ff.; 433) sowie über die Forstpolitik (L 435f.). An der Basler Universität liest er u. a. über das Zeitungswesen, über die Geschichte des Sozialismus seit 1789, über die Geschichte der Volkswirtschaft und der sozialen Theorie, über volkswirtschaftliche Zeitfragen und über die Schweizerische Wirtschaftsgesetzgebung (L 391). Allerdings enthält auch diese Schilderung der Basler Jahre ethnographische Beobachtungen zur Mentalität seiner Bewohner, vor allem der Landbevölkerung, deren wirtschaftliche Verhältnisse er auf seinen sommerlichen Reisen »erforscht«.

Den Sommer verbringt er in seiner Basler Zeit meist mit der Familie auf dem Lande und studiert dabei das Allmendewesen und die Sennerei (L 372,

93 1890 erscheint die Studie über die *Bevölkerung des Kantons Basel-Stadt am 1. Dezember 1888.* Im Auftrage des Regierungsrates bearbeitet. Mit acht Karten (zur Relevanz für historische Analysen vgl. Gossman, *Basel* 2005, 11 u. 121); die Fertigstellung der *Wohnungs-Enquete in der Stadt Basel vom 1.-19. Februar 1889* fällt in die Zeit seines Wechsels nach Karlsruhe; sie erscheint 1891.

94 Noch in Leipzig erreichen ihn Anfragen um Ratschläge zu nachfolgenden Wohnungszählungen und Gesetzesvorhaben. Vgl. vor allem die Korrespondenz mit Stephan Bauer, der mit der Bearbeitung der Volkszählung von 1900 in Basel und Zürich betraut wird. Vom 20. Februar 1923 datiert ein Schreiben des Statistischen Amtes der Stadt Bern, in dem der Bitte um Besprechung der Studie über ›Die Wohnverhältnisse in der Stadt Bern auf Grund der Wohnungszählung vom 1. Dezember 1920‹ in der *Zeitschrift für die gesamte Staatswissenschaft* mit dem Verweis auf Büchers Pionierarbeit Nachdruck verliehen wird: »Die Anlage der Arbeit ist stark beeinflusst von der unter Ihrer so meisterhaften Leistung entstandenen Basler Wohnungsenquête«. UBL, Sondersammlung, NL 181 (Karl Bücher), S-T. Zur Entwicklung der Wohnungszählung im 19. Jh. vgl. Busset/Le Dinh, Les enquêtes sociales 2001, 57–69, die auf den Modellcharakter von Büchers Studie verweisen.

392 ff.). Er folgt damit den Gepflogenheiten seiner Frau, die einen Sommeraufenthalt auf dem Lande »von jeher gewohnt gewesen war« (L 392), und lernt mit den Jahren die »Schweizerischen Sommerfrischen« als »Beigabe der Basler Professur« schätzen (L 404). »Meine Frau verfolgte dabei den Grundsatz, niemals zum zweiten Male denselben Ort zu wählen. Mir lag daran, daß ich dort für meinen Beruf etwas lernen könnte. Ich war zu unruhig, um untätig still zu sitzen« (L 392). In Diemtigen im Berner Oberland studiert er im August 1885 die Viehwirtschaft und Sennerei, ein Jahr später in Ober-Yberg in der Nähe des Zürcher Sees das Allmendewesen und die hausindustrielle Seidenspinnerei (L 394ff.). Die klassischen Fremdenverkehrsorte meidet er. Nur einmal, bei einem Aufenthalt mit der Familie seiner Frau in Emmetten, »oberhalb Beckenried am Vierwaldstätter See [...] nahe der Brennpunkte des Fremdenverkehrs«, hat er »nichts besonderes zu studieren«, höchstens »daß ich die eigentliche Fremdenindustrie kennen lernte« (L 403). Der Sohn erinnert sich an eben diese Reise an den Vierwaldstättersee, von der ein Foto existiere: »[D]er Vater mit professoralem Schlapphut, der ihn durch das ganze Leben begleitete, und Schaftstiefeln, die Mutter barhäuptig, Tante Alma, ihre jüngere Schwester, mit Tiroler Hütel, ich, etwa fünfjährig im Pelerinenmantel [...]. Wir wanderten nach einem Steilhang über dem Südostzipfel des Vierwaldstättersees.«[95]

Eine völlig neue Gewohnheit stellen diese Ferienaufenthalte jedoch nicht dar. So hatte Bücher seine Alpenwanderungen bereits während seiner Tätigkeit als Lehrer in Frankfurt begonnen und war 1873 in den Alpenverein eingetreten (L 182). Schon damals wie auch in den Jahren der Basler Professur interessierte ihn vornehmlich das Archaische der noch nicht von der industriellen Produktionsweise erreichten Ökonomie an den Ferienorten, während für seine Frau Emilie die Sommerfrische bereits zu den selbstverständlichen Gepflogenheiten eines bürgerlichen Lebenszuschnitts gehörten. Sie nahm daher auch gerne touristisch erschlossene Gebiete in den Blick, wie deutlich aus ihrer Korrespondenz mit den Eltern aus den Leipziger Jahren hervorgeht (vgl. Kap. *Arbeitshetze und Erholungsreisen.*). Zu den Sommerfrischen hinzu kommen Archivreisen nach Frankfurt (L 375, 402) für Büchers Studie über die Bevölkerung Frankfurts.[96] 1889 besucht er zusammen mit dem ehemaligen Dorpater Kollegen Ludwig Stieda die Pariser Weltausstellung (L 329, 371ff.).

95 Friedrich Bücher, *Vorbei* o. J., 4/5.

96 Diese Forschungen weckten vor allem das Interesse der Mediävisten. Vgl. das Vorwort von Henri Pirenne zur französischen Ausgabe der *Entstehung der Volkswirtschaft*, VIII und IX.

In Basel werden die Grundlagen für langjährige Freundschaften und Bekanntschaften gelegt: Mit dem Juristen und ehemaligen Leiter des Polizeiwesens im Kanton Thurgau Eugen Huber (1849–1923), der 1881 eine Professur für Zivilrecht an der Universität Basel annahm und zur Zeit der Abfassung seiner Erinnerungen noch an der Universität Bern lehrte, freundet er sich an.[97] Besonders nah standen ihm, wie er bekennt, auch der Theologe Franz Overbeck (1837–1905), der aus St. Petersburg stammte und bereits seit 1870 in Basel lehrte,[98] sowie der Philosoph Johannes Volkelt (1848–1930), (L 330ff.), der in Leipzig sein Kollege wurde. Auch zu den Kollegen in der Nationalökonomie der umliegenden Universitäten, Georg Friedrich Knapp (1842–1926) in Straßburg und Eugen von Philippovich (1858–1917) in Freiburg, einem Vertreter der Menger-Schule, pflegt er Kontakt. Mit den Schweizer Fachkollegen, August Oncken (1844–1911), der seit 1878 in Bern Nationalökonomie lehrte, und dem Südtiroler Julius Platter (1844–1923), der sich in Karlsruhe für Nationalökonomie und Statistik habilitiert hatte und seit 1879 den Zürcher Lehrstuhl inne hatte,[99] gibt es gelegentlich Treffen. Dennoch fühlt er sich im Fach isoliert und empfindet nur den brieflichen Gedankenaustausch mit Adolph Wagner als befriedigend (L 353). Eine Ausflucht aus der empfundenen Isolation bieten ihm die Besuche der Ausschusssitzungen des *Vereins für Socialpolitik* in Berlin, wo er die »reichsdeutschen« Kollegen trifft. Wertvoll seien ihm die Treffen aber auch immer wegen der Begegnung mit Praktikern der Verwaltung und des Geschäftslebens gewesen (L 354).

---

97 Eugen Huber gilt als Schöpfer des Schweizer Zivilgesetzbuches, das 1912 in Kraft trat. Er war von 1975 bis 1877 als Redakteur an der *Neuen Zürcher Zeitung* tätig und teilte mit Bücher die journalistische Erfahrung. *Historisch-Biographisches Lexikon der Schweiz* 4, hg. v. Heinrich Türler, Victor Atteniger, Marcel Godet, Neuenburg 1927, 305. Huber wurde ein Duzfreund Büchers und korrespondierte mit ihm noch in den Leipziger Jahren. Angesprochen werden in den Briefen, die von 1897 bis 1916 datieren, nicht nur fachliche, sondern auch persönliche Probleme wie Krankheit und Tod der Ehefrau. UBL Sondersammlung, NL 181 (Karl Bücher).

98 Franz Overbeck schreibt dem Kollegen in Leipzig mehrere Briefe, die sowohl um wissenschaftliche Fragen als auch um das persönliche Befinden kreisen und die Familien einschließen. So klagt er am 10. November 1901 über Augenprobleme, die ihm keine Arbeit bei künstlichem Licht erlaubten; am 8. Mai 1902 erbittet er Auskunft über einen Buchhändler, der in Leipzig seine theologischen Schriften vertreibt und dankt am 28. Juli 1902 für die Auskunft. Auch Feriengrüße schickt Overbeck an die Büchers. UBL, Sondersammlung, NL 181 (Karl Bücher). Zu Overbeck vgl. Gossman, *Basel* 2005, 531–559.

99 Noch in Leipzig korrespondiert Bücher mit dem Freund und Kollegen Julius Platter ausführlich über Berufungsfragen. Die Briefe datieren vom 5. Mai 1892 bis zum 5. Oktober 1903. UBL, Sondersammlung, NL 181 (Karl Bücher).

In Karlsruhe lernt Bücher dann seinen späteren Freund Aloys Schulte (1857–1941) kennen, der zu diesem Zeitpunkt Großherzoglicher Archivrat am badischen Generallandesarchiv ist (L 441ff.) und später die Hochschullaufbahn einschlägt.[100] Mit Schulte, der sich für alte Handelsstraßen interessiert, macht er im Sommer 1892 eine gemeinsame Alpenwanderung in der Schweiz (L 441); ein Jahr später wandern sie in Tirol.[101] Vergeblich setzt er sich im selben Jahr in Leipzig für die Berufung des Freundes – Schulte lehrt inzwischen in Freiburg Mittelalterliche Geschichte – an die Leipziger Universität ein. »Katholiken, die frei denken wie Schulte [...]«, so kommentiert Emilie Bücher den Vorgang in einem Brief an ihre Eltern, »wollen sie nicht.«[102]

Nach Karlsruhe an die neu gegründete Technische Hochschule geht Bücher der Familie wegen (L 423), wie er an den hohen Regierungsrath des Kantons Basel schreibt,[103] aber auch, weil andere Rufe ausgeblieben waren. In Karlsruhe lebt die Schwester der Schwiegermutter, Eugenie Tröger, als Witwe eines Ministerialdirektors (L 444), und ihr pensionierter Bruder Cäsar Bekk, ehemals Bergwerksdirektor in Schweden. Auch ist die zahlreiche Heidelberger Verwandtschaft leicht erreichbar, der Bruder seines Schwiegervaters, Dr. Karl Mittermaier, der das Palais am Karlsplatz bewohnt, und die Nichten und Neffen. »So saßen wir warm, auch ohne die vielen Beziehungen, die das Amt mit sich gebracht hat« (L 445). Über die Stadt, die damals trotz zunehmender Gewerbeansiedlung noch das beschauliche Gepräge einer großherzoglichen Residenzstadt besaß,[104] schreibt Bücher nichts; auch

100 Schulte wurde 1893 Professor für Geschichte an der Universität Freiburg, von wo er 1896 nach Breslau und 1903 nach Bonn wechselte. Zwischen 1901 und 1903 verwaltete er zugleich das Amt des Direktors des preußischen historischen Instituts in Rom. *Deutsches Zeitgenossenlexikon* 1905, Sp. 1319/20. In Bonn lehrte Schulte bis 1928. Mit seinem Werk über den mittelalterlichen Handel zwischen Deutschland und Italien gilt er als Wegbereiter der Wirtschaftsgeschichte. Kaller, Aloys Schulte 1995; Braubach, Aloys Schulte 1968, 299–310. Zur Büchers Versuchen, Schulte nach Leipzig zu holen, vgl. Kap. *Hochschulpolitik und Nachfolgefrage.*

101 Brauchbach, Aus Briefen 1965, 378.

102 Emilie Bücher am 24. November 1892 an ihre Eltern. PB Lauth.

103 Schreiben vom 18. Mai und 23. Juni 1890. Staatsarchiv des Kantons Basel Stadt, Erziehungsakten CC 21.

104 Die Ansiedlung von Gewerbe- und Industriebetrieben hatte nach Einführung der Gewerbefreiheit im Jahre 1862 begonnen und zu einem Bevölkerungsanstieg (zwischen 1865 und 1890 wuchs die Bevölkerung der Stadt von 30.367 auf 73.496 Einwohner) geführt. Die neuen Stadtteile für die anwachsende Zahl von Arbeitern entstanden fern vom Zentrum jenseits des neuen Bahnhofs. Brunner-Schubert »... aus verschiedenen Ständen ...« 1990, 165.

7. Der Freund Aloys Schulte

bleibt das rege Kulturleben unerwähnt, das sein Vorgänger Eberhard Gothein (1853–1923) sehr genossen hatte. Theater und Oper hatten einen weit über Baden hinausreichenden Ruf.[105] Immerhin erhält Bücher das Doppelte der Bezüge von Gothein, der 1890 einem Ruf nach Bonn gefolgt war und 1903 Nachfolger von Max Weber in Heidelberg werden sollte, 4500 statt 2200 Mark Gehalt sowie ein Wohngeld von 760 Mark.[106] Man wohnt südwestlich des Schlosses in der Leopoldstraße 59, »in damals stadtauswärts noch freier Umgebung«, wie sich der Sohn erinnert,[107] »doch hielt die Wohnung den Vergleich mit der Basler Augustinergasse nicht aus« (L 431). Die Antrittsbesuche bei den Kollegen, die in fußläufiger Entfernung wohnen, macht Bücher allein; seine Frau ist erkrankt und erleidet im Winter 1890 eine Fehlgeburt (L 423f.).

Adolph Wagner gratuliert dem Kollegen am 15. Juni 1890 zur »Berufung und Rückkehr nach Deutschland« und meint bedauernd, dass in Preußen leider noch Vorurteile gegen ihn bestünden, die er auszuräumen hoffe. »Göttingen, Breslau, Bonn sind Ihnen schon mit Unrecht entgangen.«[108] Bücher selbst klagt, dass seine Karriere stockt; er kommt sich wie »jemand vor, der die Treppe hinuntergefallen ist« (L 423). Aber er lässt sich auf Erfordernisse der neuen Wirkungsstätte ein. In Abgrenzung zu dem kulturhistorisch interessierten Gothein betont Bücher, dass er sich in der Lehre an den Bedürfnissen der Techniker orientiert habe, die an der Karlsruher Hochschule studierten (L 432). Auch unterstreicht er seine Mitgliedschaft in der Prüfungskommission für Straßen- und Wasserbau-Ingenieure (L 429). Die Gründung des Karlsruher Polytechnikums, das erst 1885 den Status der Technischen Hochschule erhielt, war 1825 eben wegen des Bedarfs an Was-

105 Maurer, *Gothein* 2007, 99.

106 Maurer, *Gothein* 2007, 101 mit Anm. 21; Daniel, *Hoftheater* 1995, 398–404.

107 Friedrich Bücher, *Vorbei* o. J., 7.

108 Wagner, *Briefe* 1978, 28 (Brief vom 15. Juni 1890 an Karl Bücher).

serbauingenieuren für die großherzoglichen Maßnahmen zur Rheinregulierung erfolgt.[109] Dieser Ausbau der Technischen Hochschulen, der auch an anderen Orten stattfand, war Ausdruck einer bewussten anwendungsorientierten Wissenschaftsförderung im Kaiserreich, die im Ausland große Aufmerksamkeit erregte: Um die Jahrhundertwende studierte bereits ein Viertel der Studentenschaft, insgesamt 11 000 Studenten, an solchen Technischen Hochschulen, 33 000 dagegen an den traditionellen Universitäten.[110] Bücher sieht es als Chance, die Beziehung zwischen Wirtschaft und Technik, »die an den Universitäten nur zu oft zu kurz kommt«, nunmehr stärker zu berücksichtigen (L 429). Das Resultat kann sich sehen lassen. In den beiden Karlsruher Jahren legt er mit seinen Studien zu den Wirtschaftsstufen und zur Typologie der Gewerbe den Grundstein für seine spätere Berühmtheit.

Der gewendete Blick auf die Vergangenheit: Das Wirtschaftsstufenmodell und die Typologie der Gewerbe

Die Karlsruher Antrittsrede hält Bücher über die Wirtschaftsstufenlehre, die drei Jahre später in dem gleichnamigen Sammelband *Die Entstehung der Volkswirtschaft* erscheint und die den Streit mit den Altertumswissenschaften auslösen sollte. Mit ihr sucht er Anschluss an aktuelle nationalökonomische Konzepte der Historischen Schule, wie sie etwa Wilhelm Roscher oder Gustav Schmoller vertraten. Auch wenn einfache Stufenmodelle wie etwa die Unterteilung von Jäger-, Hirten- und Ackerbaukulturen, deren sich schon die antiken Agrarschriftsteller bedienten,[111] bis weit ins 18. Jahrhundert verbreitet waren, so gehört die Blüte- und Verfallszeit der Wirtschaftsstufenmodelle in die Zeit zwischen 1840 und 1930. Unter Moralphilosophen und Universalhistorikern des 18. und frühen 19. Jahrhunderts war es üblich, zwi-

109 Koch, *Die Universität* 2008, 164; Paletschek, *Die permanente Erfindung einer Tradition* 2001, 28; Maurer, *Gothein* 2007, 100–102.

110 Einen knappen Überblick über die Entwicklung bieten Berghahn, *Das Kaiserreich* 2006, 85–91; Nipperdey, *Deutsche Geschichte* I, 1990, 568–590.

111 Bei ihnen handelt es sich im Übrigen um Verfallstheorien. Vgl. etwa Varro, *res rusticae* II, 3–5: »[…] muß die höchste Stufe die natürliche gewesen sein, als die Menschen von Dingen lebten, welche die Erde, unversehrt, wie sie noch war, von sich aus trug. Von dieser Lebensweise müssen sie zu der nächstfolgenden, dem Hirtendasein, herabgestiegen sein […]. Auf der dritten Stufe schließlich gingen sie vom Hirtenleben zum Ackerbau über […]«. Übers. D. Flach.

schen Wildheit, Barbarei und Zivilisation zu unterscheiden. Die frühen Ethnologen, die Klassifikationen von Familien- und Verwandtschaftsbeziehungen aufstellten, wie etwa Lewis Henry Morgan (1818–1881) in seinem Werk *Ancient Society* von 1877, übernahmen dieses Schema.[112] Ökonomen, so der von Bücher geschätzte Friedrich List (1789–1846), schrieben das antike Modell der Trennung zwischen Jägern, Hirten und Ackerbauern einfach fort und ergänzten es um die Phasen der Manufaktur und des Handels, also just um jene Perioden, die im Kernland der Industrialisierung, in Großbritannien, zur Geschichte geworden waren. Nach Meinung von Bruno Hildebrand (1812–1878) war das List'sche Modell aus der Geschichte Großbritanniens abstrahiert und konnte deshalb nie universelle Anwendbarkeit beanspruchen.[113] Er selbst ging von Umsatzarten aus und unterschied zwischen Natural-, Geld- und Kreditwirtschaft,[114] womit auch er auf zeitgenössische Entwicklungen reagierte. Büchers Stufenmodell von der geschlossenen Hauswirtschaft, Stadtwirtschaft und Volkswirtschaft stellt eine Modifikation von Schmollers Stufenmodell dar. Hatte Schmoller zwischen Haus-, Dorf-, Stadt-, und Nationalwirtschaft unterschieden,[115] so entwirft Bücher eine Reihung, die an dem Weg orientiert ist, den das Produkt vom Hersteller zum Verbraucher nimmt. Existiert auf der ersten Stufe der geschlossenen Hauswirtschaft eine strukturelle Einheit von Konsumtion und Produktion, so sind die nachfolgenden Stufen der Stadt- und Volkswirtschaft von einer zunehmenden Trennung der Produktions- und Konsumtionssphäre geprägt. Daher unterscheidet er auch zwischen »tauschloser Wirtschaft«, »Wirtschaft mit direktem Austausch« und »Wirtschaft mit Güterumlauf« sowie zwischen »Eigenproduktion«, »Kundenproduktion« und »Warenproduktion«, eine Unterteilung, auf die später Werner Sombart zurückgreifen sollte.[116]

112 Dt.: Morgan, *Die Urgesellschaft* 1908, Ndr. 1979.

113 Hildebrand, Naturalwirthschaft 1864, 2.

114 Hildebrand, Naturalwirthschaft 1864, 4.

115 Daher kam es zwischen beiden zu einer Kontroverse über die Urheberschaft des Stufenmodells. Vgl. Kap. *Historikertag in Leipzig: Streit um die Priorität der Stufenmodelle.*

116 Vgl. dazu Weiß, Otto Brunner 2001, 356 u. 363 im Verweis auf Sombarts Hauptwerk *Der moderne Kapitalismus* von 1903 bzw. 1916 (2. Aufl.). Sombart (Bd. I/1, 2. Aufl. München – Leipzig 1916, 26ff., 31ff. u. 54) entwickelte hier weitere Subkategorien und differenzierte zwischen bäuerlicher und seigneurialer Eigenwirtschaft. Den Typus der Warenproduktion unterteilte er in die »geschlossene Staatswirtschaft« und in die »kapitalistische Wirtschaft«, wobei er als entscheidendes Prinzip für die Unterteilung die Zielsetzung des Wirtschaftens ansah: Diente sie der Bedarfsdeckung oder war sie vom Erwerbsprinzip gesteuert? Vor allem für seine Ausführungen zur Stadtwirtschaft und zum Handwerk bilden Büchers Studien eine wichtige Referenzliteratur. Vgl. u. a. Bd. I/1, 94; 137: »Den

Die Antike wird in diesem Stufenmodell Büchers nun mit einer frühen Stufe der wirtschaftlichen Entwicklung in Verbindung gebracht und von der Gegenwart abgekoppelt. Mit seiner Zuordnung der Antike zum System der geschlossenen Hauswirtschaft lehnt er sich zwar an Vorgänger wie Carl Rodbertus an, der für die Antike von der Oikenwirtschaft spricht,[117] geht aber stärker typologisierend vor. Bezugspunkt der Beurteilung antiker Verhältnisse bilden nicht mehr zeitgenössische Erscheinungen wie Pauperismus oder kapitalistisches Gewinnstreben wie in seiner Schrift über die Sklavenaufstände von 1874, sondern gegenteilige Praktiken wie die vermeintlich altruistische Sitte der Beschenkung, aus der auf eine mangelnde Gewinnorientierung im ökonomischen Denken früherer Zeiten geschlossen werden konnte. Für diese Praktiken findet er sowohl bei den »Naturvölkern« als auch bei den Griechen und Römern Belege.[118]

Gleichwohl fehlen auch in dieser Studie zur *Entstehung der Volkswirtschaft* aktuelle Bezüge nicht. Den Ausgangspunkt seiner Überlegungen bilden die »tiefgreifenden Umwälzungen der letzten dreißig Jahre« (V 3), die in der 2. Auflage gestrichen werden. Sein Erkenntnisziel ist es, die gegenwärtige Wirtschaftsordnung als Phase in einer Gesamtentwicklung der Völker zu begreifen. Damit wendet er sich einerseits gegen die klassische liberale Theorie von Adam Smith, die er für die Einschätzung der Gegenwart zwar gelten lässt, nicht aber für die Vergangenheit. Als Alternative kommt für ihn andererseits aber auch nicht der moderne Sozialismus in Frage, den er auf dem gleichen wirtschaftlichen Boden ansiedelt wie das Manchestertum. Als Leistung von Karl Marx erkennt er allerdings an, dass er die gegenwärtige Wirtschaftsorganisation als eine historische nachgewiesen habe (V 4–7).[119] An der liberalen Theorie von Adam Smith bemängelt er, dass es sich um eine Verkehrstheorie handele und Produktion und Konsumtion stiefmütterlich behandelt worden seien (V 12). Im Gegensatz zu den Vertretern der klassi-

---

tiefsten Einblick in die ökonomische Struktur der mittelalterlichen (Mittel-)Stadt gewährt uns immer noch Karl Büchers Werk: Die Bevölkerung von Frankfurt a. M. im 14. und 15. Jahrhundert Bd. 1, 1896.« So übernimmt er auch Büchers Begriff »Stör« für hausgewerbliche Tätigkeiten (224, Anm. 3: »B. hat den ›Störer‹ für die Wissenschaft wieder entdeckt«).

117 Rodbertus, Untersuchungen auf dem Gebiet der Nationalökonomie des klassischen Alterthums 1865, 341–427. Auf ihn verweist Bücher, Beiträge 1922, 2. Einflüsse von List und Hildebrand betont Schneider, Kontroverse 1990, 419. Zu List, der als Vorläufer der historischen Schule gilt, vgl. Kolb, *Geschichte der Volkswirtschaftslehre* 2004, 105–110.

118 Vgl. dazu Kap. *Büchers Typologie vormoderner Tauschformen: »Schenkung, Leihe, Bittarbeit«*.

119 Bücher, *Die Entstehung der Volkswirthschaft* 1893 (im Folgenden »V« abgekürzt).

schen liberalen Theorie hält er Tausch und gesellschaftliche Arbeitsteilung nicht für natürlich gegeben (V 13). Die Entstehung der Volkswirtschaft ebenso wie die des modernen Staates betrachtet er als das Resultat einer historischen Entwicklung (V 14).

Eigenproduktion, die Einheit von Erwerbs- und Hauswirtschaft, Bodenabhängigkeit, Arbeitsteilung nach Alter, Geschlecht und individueller Anlage – all dies kennzeichnet ihm zufolge die Phase der geschlossenen Hauswirtschaft. »In die innere Ordnung der Einzelwirtschaft drang demgemäß auch der Tauschwert nicht bestimmend ein; diese kannte nur Bedarfsproduktion und wo solche nicht ausreichte, das Geschenk, die freiwillige Gabe, nötigenfalls auch den Raub. Die Ausbildung der Gastfreundschaft, die Legitimierung des Bettelns, die Verbindung des Nomadenlebens und des ältesten Seehandels mit dem Raub, die außerordentliche Verbreitung des Feld- und Viehdiebstahls bei rohen Ackerbauvölkern sind darum gewöhnliche Begleiterscheinungen der geschlossenen Hauswirtschaft« (V 39/40).

Der vor allem in Rom weit verbreitete Einsatz von Sklaven ist für ihn Indiz, dass es in der Antike keine »Industrie« außerhalb der Hauswirtschaft gegeben habe. Den Einsatzort der Sklaven bildete das Haus eines römischen Aristokraten, sei es die städtische *domus*, sei es die ländliche *villa*. Die Leistungsfähigkeit der römischen ›Hausindustrie‹ hält er jedoch für vergleichbar mit den Geschäften einer Großstadt seiner Zeit. Die zahlreichen Spezialisten, die in einem römischen Hauswesen tätig waren, Tafeldecker, Vorkoster, Saalwärter, Möbelbewahrer, Miethausverwalter, belegen eine »raffinierte Arbeitsgliederung«, nicht aber eine volkswirtschaftliche Arbeitsteilung im Sinne der Ausbildung von Berufsständen (V 25–27). Industrie-, Handels-, Leih- und Nutzkapital gibt es für ihn auf der Stufe der geschlossenen Hauswirtschaft ebenso wenig wie Berufsstände, Unternehmungen und eine volkswirtschaftliche Arbeitsteilung. Umlaufendes Kapital ist nach Bücher in der Antike allein »Gebrauchsvermögen« (V 40). Das Einkommen besteht in der Summe der »Gebrauchsgüter«, die zum Teil in Kasten, Truhen und Kellern lagern und dort eine Art »Versicherungsfond« bilden (V 42). Darin, in der Wertaufbewahrung, liegt für ihn auch die Hauptfunktion des Geldes in der Antike. Tauschvermittlung betrachtet er als untergeordnet.

Es ist dies ein idealtypisches Modell. Bücher leugnet keineswegs Abweichungen, so die Anfänge einer Stadtwirtschaft, die Wirtschaft des direkten Austauschs, die auf dem Produktionsvorteil des Wohnortes (Weinanbau, Salzgewinnung etc.) basiert. Kultfeste und sonstige Volksversammlungen seien Orte gewesen, wo Produzent und Konsument hätten zusammentreffen können (V 44). »Gewerbe aber als selbständige Berufsart«, d. h. die Ausbildung eines von der Agrarwirtschaft losgelösten, mit eigenem Kapital wirtschaftenden Handwerker- oder Unternehmertums, habe es nicht gegeben; Stoffumwandlung ist für ihn das Resultat bloßen »Hausfleißes« (V 80). Die hier implizit angesprochene Maschinisierung der Stoffformung (Formveränderung von Werkstoffen) als die große Neuerung der industriellen Produktionsweise, die heute von Technikhistorikern als ein wesentliches Periodisierungskriterium genutzt wird,[120] ist für Bücher weit weniger wichtig als die Form des Güterumlaufs und der Arbeitsorganisation. Die Bedeutung der Marktorientierung des Güteraustauschs, die seit der Rezeption der Bücher'schen Position durch Karl Polanyi zum entscheidenden Kriterium erhoben wird, deutet sich hier an (vgl. Kap. IV). Die einzelnen Argumente, die Bücher aufbietet, um den hauswirtschaftlichen Charakter der antiken Ökonomie darzulegen, entstammen dem nationalökonomischen Begriffsrepertoire. Mit seinen Hinweisen auf die fehlende Ausbildung von Berufsständen bzw. einer volkswirtschaftlichen Arbeitsteilung, auf die geringe Kapitalakkumulation und auf das Fehlen von Industrie-, Handels-, Leih- und Nutzkapital stellte er Kriterien bereit, an denen sich auch heute noch die Vertreter ›modernistischer‹ wie ›primitivistischer‹ Positionen abarbeiten.[121]

Methodisch neu ist auch die ethnologisch-vergleichende Perspektive. Bücher, der sich bislang mit dem Mittelalter und der Antike beschäftigt hatte, nimmt nun die außereuropäische Welt in den Blick. In welchem Umfang er sich der vorhandenen rechts- und wirtschaftsethnologischen Literatur bediente, ist nur schwer zu ermitteln, da er in dem 1893 erschienenen Beitrag kaum Literaturangaben macht. Erst in der 2. und 3. Auflage von 1898 und 1901 trägt er Literaturangaben nach: Emile de Laveleyes *Ureigentum*, das er selbst aus dem Französischen übersetzt hatte, E. Grosses *Formen der Familie und die Formen der Wirtschaft* oder Spezialstudien wie M. Büchners *Kamerun* sowie Parkinsons *Bismarck Archipel* und Kubarys *Ethnographische Beiträge*

120 Vgl. Paulinyi, Die Entwicklung der Stofformungstechnik als Periodisierungskriterium 1990, 306: »Die industrielle Revolution ist technologisch nichts mehr als der Übergang von soziotechnischen Systemen der Hand-Werkzeug-Technik zum System der Maschinen-Werkzeug-Technik. Was bis dahin in der Formveränderung von Stoffen punktuell schon längst vorhanden war, wurde in der industriellen Revolution massenhaft, und gemessen an der Epoche der Hand-Werkzeug-Technik, in kurzer Zeit in entscheidenden Bereichen technischen Handelns eingeführt.«

121 Hinzu kommen Bemerkungen über den Mangel von Rentabilitätsberechnungen, der die Entwicklung von gewinnorientierten Unternehmen verunmöglicht habe. Vgl. dazu ausführlich Kap. IV.

zur Kenntnis des Karolinen-Archipels. Keine von ihnen ist im Katalog von Büchers Bibliothek verzeichnet.[122] Von den Klassikern der frühen Ethnologie befinden sich in Büchers Bibliothek neben Morgans *Ancient Society* (1877) u. a. Herbert Spencers *Studium der Soziologie* (dt. 1875) und Henry Sumner Maines *Village communities in the East and the West* (1872) sowie C. N. Starkes *Die primitive Familie in ihrer Entstehung u. Entwicklung dargestellt* (1888).[123] Für die antiken Befunde verweist er auf Denis Fustel de Coulanges *La cité antique* (1864) sowie auf die einschlägigen Studien zu den Privataltertümern, die zu dieser Zeit ausführliche Bemerkungen zur Wirtschaft enthalten.[124]

Bereits in Basel hatte Bücher Fragebögen entwickelt, die eben diesen Weg der Rohstoffe vom Erzeuger zum Konsumenten erfragten, und über die Basler Missionsgesellschaft in alle Welt verschickt. In seinem Nachlass befindet sich ein ausgefülltes Exemplar aus den Händen eines Missionars, der 1900 über die Verhältnisse in Leh im heutigen indischen Bundesstaat Ladakh (West-Tibet) präzise Auskunft gibt.[125] Bücher erfragt hier zum einen das Ausmaß der Produktion für den eigenen Bedarf als auch den Umfang des Zukaufs- und Verkaufs von Gütern, unterscheidet in der Formulierung der Fragestellung jedoch nicht nach Geschlecht oder Status. Aus den Antworten des Missionars geht die eigenwirtschaftliche Orientierung der meisten ladakhischen Haushalte hervor, insofern nur für Wolle ein Zukauf berichtet wird. Bäckerei, Weberei, Spinnerei, Brauerei, Gerberei, Schumacherei, Schneiderei, Strohflechterei zählt sein Gewährsmann zu den im Rahmen der Hauswirtschaft erbrachten Verrichtungen, ohne diese einzelnen Personengruppen genauer zuzuordnen. Verkauft werden »Webereien aus Ziegenhaar [...] nach

---

122 Büchers Bibliothek wurde nach seinem Tod an die Universität Kyoto verkauft, die den Bestand in einem Katalog erfaßte. *Katalog der Karl Bücher Bibliothek in der wirtschaftswissenschaftlichen Fakultät der Universität Kyoto*, Kyoto 1970.

123 Von den späteren sozio-ethnologischen Arbeiten, die einen ebenso weiten ethnologisch-vergleichenden Blick haben bzw. rein wirtschaftsethnologisch ausgerichtet sind, rezipiert er Felix Somlós Werk *Zur Gründung einer beschreibenden Soziologie* (1909) und P. W. Koppers Studie zur ethnologischen Wirtschaftsforschung (1917). Bücher, *Katalog* 1970, 8, 272, 274, 276f.

124 Bücher nennt K. F. Hermanns Studie zu den griechischen Privataltertümern sowie Hugo Blümners Studie zu den römischen Privataltertümern. Zur Einschätzung der Privataltertümer vgl. Wagner-Hasel, Le privé n'existe pas 1998, 25–35; Momigliano, Alte Geschichte und antiquarische Forschung 1999, 1–32.

125 Andere Fragebögen, die sich in den ungeordneten Teilen des Nachlasses Büchers in der Sondersammlung der Universitätsbibliothek Leipzig befanden, waren weit weniger genau ausgefüllt.

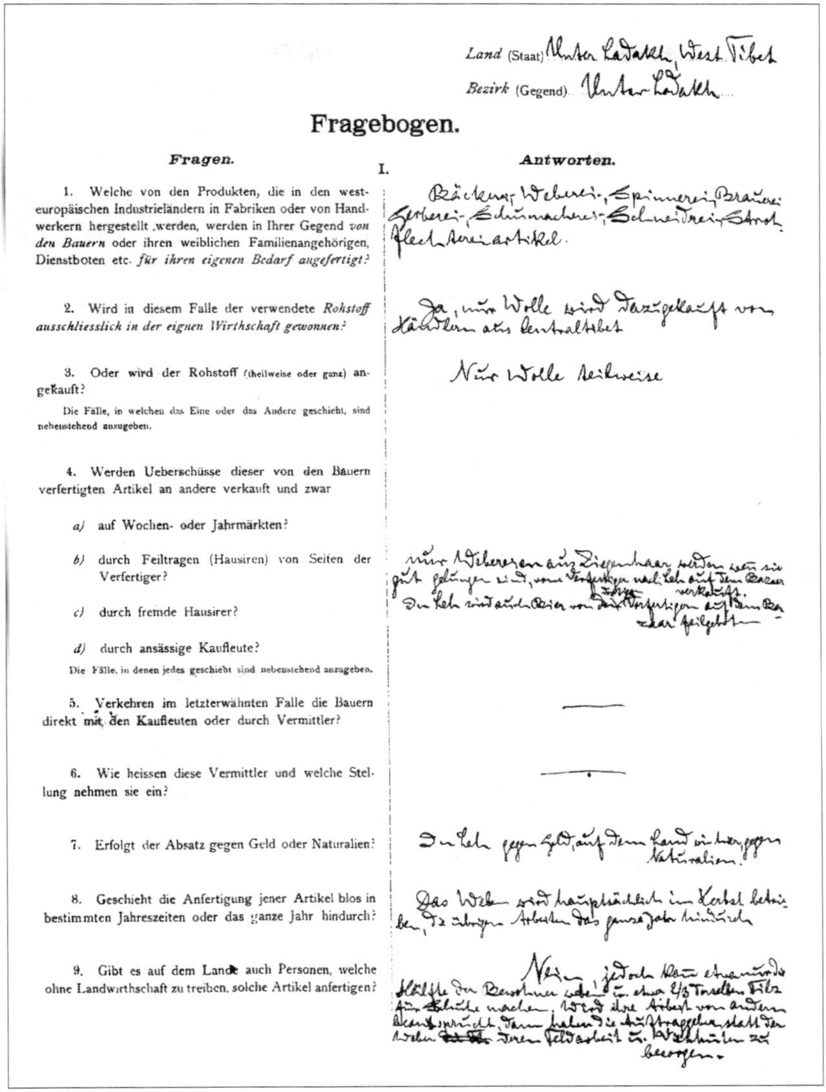

Land (Staat) Unter Ladakh, West Tibet

Bezirk (Gegend) Unter Ladakh

Fragebogen.

I.

Fragen.	Antworten.
1. Welche von den Produkten, die in den westeuropäischen Industrieländern in Fabriken oder von Handwerkern hergestellt werden, werden in Ihrer Gegend *von den Bauern* oder ihren weiblichen Familienangehörigen, Dienstboten etc. *für ihren eigenen Bedarf angefertigt?*	Bäckerei, Weberei, Spinnerei, Brauerei, Gerberei, Schuhmacherei, Schneiderei, Strohflechtereiartikel.
2. Wird in diesem Falle der verwendete *Rohstoff ausschliesslich in der eignen Wirthschaft gewonnen?*	Ja, nur Wolle wird dazugekauft von Händlern aus Centraltibet
3. Oder wird der Rohstoff (theilweise oder ganz) angekauft? Die Fälle, in welchen das Eine oder das Andere geschieht, sind nebenstehend anzugeben.	Nur Wolle teilweise
4. Werden Ueberschüsse dieser von den Bauern verfertigten Artikel an andere verkauft und zwar	
a) auf Wochen- oder Jahrmärkten?	
b) durch Feiltragen (Hausiren) von Seiten der Verfertiger?	nur Webereien aus Ziegenhaar werden wenn sie gut gelungen sind, vom Verfertiger nach Leh auf dem Bazaar verkauft. In Leh wird auch Bier von den Verfertigern auf dem Bazaar feilgeboten.
c) durch fremde Hausirer?	
d) durch ansässige Kaufleute? Die Fälle, in denen jedes geschieht sind nebenstehend anzugeben.	
5. Verkehren im letzterwähnten Falle die Bauern direkt mit den Kaufleuten oder durch Vermittler?	—
6. Wie heissen diese Vermittler und welche Stellung nehmen sie ein?	—
7. Erfolgt der Absatz gegen Geld oder Naturalien?	In Leh gegen Geld, auf dem Land in der Regel gegen Naturalien.
8. Geschieht die Anfertigung jener Artikel blos in bestimmten Jahreszeiten oder das ganze Jahr hindurch?	Das Weben wird hauptsächlich im Herbst betrieben, die übrigen Arbeiten das ganze Jahr hindurch
9. Gibt es auf dem Lande auch Personen, welche ohne Landwirthschaft zu treiben, solche Artikel anfertigen?	Nein, jedoch kann etwa mehr als die Hälfte der Bewohner weben und etwa 4/5 derselben Filz für Schuhe machen. Wird ihre Arbeit von anderen beansprucht, dann haben die Auftraggeber statt der Arbeiter deren Feldarbeit zu Erntezeiten zu besorgen.

8. Fragebogen

Leh auf dem Bazaar«, die im Herbst angefertigt werden, ob von Frauen oder Männern, wird nicht erwähnt. In Leh erfolgt der Absatz gegen Geld, auf dem Lande gegen Naturalien bzw. Dienstleistungen auf den Feldern derjenigen, die diese Handwerksprodukte herstellen. Mit diesem Konzept der geschlossenen Hauswirtschaft und der damit verbundenen Methode des ethnologischen Vergleichs werden die antiken Verhältnisse nun aus ihrem ereignisgeschichtlichen Zusammenhang herausgelöst und einer rein strukturgeschichtlichen Betrachtung unterzogen.

Noch in die Karlsruher Zeit fällt auch die Abfassung des Gewerbeartikels, der 1892 erstmals im *Handwörterbuch für Staatswissenschaft* erscheint[126] und in der Folge immer wieder Anfragen nach ähnlichen Beiträgen in anderen Handbüchern nach sich zieht, denen Bücher jedoch nur selten nachkommt.[127] Die Untersuchung erscheint in modifizierter Form unter dem Titel »Die gewerblichen Betriebssysteme in ihrer geschichtlichen Entwicklung« auch als Kapitel IV in seiner *Entstehung der Volkswirtschaft* von 1893.[128] Der Gewerbeartikel bringt Bücher die uneingeschränkte Anerkennung der Kollegen ein. Für Eugen von Philippovich stellt der Artikel »einen der wenigen Fortschritte dar, welche die Wissenschaft seit dem Marx'schen Kapital gemacht hat«, wie er in einem Brief an Bücher festhält: »Das ist doch wirklich endlich einmal eine historische Untersuchung, die das Typische und nicht den schillernden Flitter der Erscheinungen erfasst, und sich zugleich freihält von Sentimentalität.«[129] Von den Ökonomen wird das dort entwickelte Begriffsinstrumentarium in die Fachsprache integriert. Auch Max Weber übernimmt die Terminologie Büchers,[130] die für ihn die argumentative Grundlage für die Ablehnung des Fabrikbegriffs zur Kennzeichnung antiker Produktionsstätten bilden wird.[131]

Die Gewerbetypologie bildet das Herzstück der Bücher'schen wirtschaftshistorischen Theorie. Er unterscheidet zwischen einem engeren Begriff des Gewerbes als »jenen Teil der Produktion, welcher in der Formveränderung von Rohstoffen besteht«, und einem weiteren Begriff, demzufolge Gewerbe

126 Bücher, Gewerbe, in: *Handwörterbuch für Staatswissenschaften* Bd. 3, 1892, 922–950. Der Artikel wurde zweimal umgearbeitet und erweitert. Vgl. Bd. 4, 1898, 360–393 u. Bd. 5, 1909, 847–880. Vgl. auch ders., Gewerbe, in: *Wörterbuch der Volkswirtschaft in zwei Bänden*, hg. v. Ludwig Elster, Jena 1898, Bd. 1, 850–864; 2. Aufl. 1906, Bd. 1, 1002–1017 u. 3. Aufl. 1911, Bd. 1, 1066–1082.

127 So fragt der Kollege Wagner (*Briefe* 1978, 338 u. 346) über Jahre immer wieder an (vgl. die Briefe vom 28. Februar 1898 u. 2. Juli 1899), wann Bücher den versprochenen Beitrag zur Handels- oder Gewerbepolitik für sein *Lehrbuch der Politischen Ökonomie* liefere.

128 1893, 369–396.

129 UBL, Sondersammlung, NL 181 (Karl Bücher), Philippovich an Bücher, 5. Juni 1892.

130 Nach Deininger (Einleitung 2006, 12) hat dieser Artikel Webers Verständnis von der antiken Wirtschaft maßgeblich beeinflusst: »Was Bücher Max Weber damit vor allem bieten konnte, war eine systematisch begründete, spezifisch nationalökonomische Konzeption der Wirtschaft des Altertums.«

131 Ebd. 40.

die »berufsmäßig ausgeübte Thätigkeit zum Zwecke des Gütererwerbs« meint, die eine berufsmäßige Gliederung der Bevölkerung und verkehrsmäßigen Gütererwerb voraussetzt.[132] Nicht die gewerbliche Technik, die technologische Entwicklung in der Formveränderung von Rohstoffen, sondern die gewerbliche Organisation beschäftigt ihn. Sollte es Max Weber später um die Typologisierung von Organisationsformen von Herrschaft gehen, so kreist Büchers Denken um die Arbeitsorganisation. Er entwirft eine fünfstufige Entwicklung von Hausfleiß, Lohnwerk, Handwerk, Verlag, Fabrik. »Hausfleiß ist zentralisierte Eigenproduktion, Lohnwerk ist zerstreute gewerbliche Kundenarbeit, Handwerk ist gewerbliche Kundenproduktion, Verlag ist dezentralisierte und Fabrik zentralisierte gewerbliche Warenproduktion.«[133]

Im Vergleich zu seinem Beitrag zu den Wirtschaftsstufen geht er stärker systematisch als historisch vor und koppelt die einzelnen gewerblichen Betriebsformen nicht so eng an historische Epochen. Für nahezu jeden Typus bezieht er seine Beispiele sowohl aus der Antike als auch aus dem Mittelalter und der Neuzeit, wenngleich er für Antike und Mittelalter das System der geschlossenen Hauswirtschaft als typisch erachtet. Allerdings scheut er sich nicht, vom klassischen Athen als von einer »Zeit der hoch entwickelten [...] Volkswirtschaft« zu sprechen. Geschlossene Hauswirtschaft und gewerbliche Warenproduktion können in diesem Artikel nebeneinander stehen.[134] Die Herausarbeitung der Struktureigentümlichkeiten der handwerklich-gewerblichen Produktion gegenüber dem neuzeitlichen Fabriksystem, das auf freier Lohnarbeit und selbständigem Unternehmertum beruht, muss als der wesentliche wissenschaftliche Ertrag dieses Artikels angesehen werden. Die Übertragung dieses Fabriksystems auf antike Produktionsstätten, wie dies in Hugo Blümners Schriften zu antiken Gewerben auffällt, war nach diesem Beitrag Büchers wissenschaftlich nicht mehr tragbar. Büchers spätere Studie über *Die Diokletianische Taxordnung* ist denn auch trotz expliziter Wertschätzung der technologischen Kenntnisse Blümners von einer deutlichen Kritik an dessen ökonomischer Analyse des antiken Gewerbes geprägt.[135]

---

132 Bücher, Gewerbe 1892, 922.

133 Ebd., 949.

134 Ebd., 927 u. 929.

135 Bücher, Die Diokletianische Taxordnung 1894, 214: »Freie Lohnarbeiter auf eigene Kost – in der Tat ist Blümner nicht vor dieser Ungeheuerlichkeit zurückgeschreckt und hat damit den Typus des modernen Fabrikarbeiters bereits im Altertum entdeckt [...]«. Erzeugnisse des »Hauswerkes der dem römischen Reich unterworfenen Völker« und »Überschüsse der Naturalsteuern« und kaiserlicher Betriebe »bilden die Grundlage der umfang-

Ist es die Beschäftigung mit den sozialpolitischen Fragen seiner Zeit, die Büchers Umorientierung von der Altertumswissenschaft zur Nationalökonomie bestimmt hat, so entfernt er sich doch nicht vollständig von seinem ursprünglichen Fachgebiet. Für seine nationalökonomischen Forschungen greift er, wie diese beiden Beiträge zeigen, immer wieder auf seine althistorischen Kenntnisse zurück. Die nationalökonomischen Traditionen des Denkens in Stufenmodellen, auf die er sich bezieht, führen einerseits dazu, dass sich sein ursprünglich relativ modernistisches Bild von der Antike sukzessive »archaisiert«. Dabei geht es ihm nicht darum, Entwicklungsprozesse von der Antike bis zur Moderne zu beschreiben, sondern Typen zu bilden. Dafür spricht auch sein diachroner Strukturvergleich, den er immer wieder zieht. Andererseits ist eine Konstante in seinen wirtschaftshistorischen Betrachtungen von den Anfängen bis hin zu den Karlsruher Arbeiten zu beobachten. Im Fokus seiner wirtschaftshistorischen Modelle steht in erster Linie die gewerbliche Produktion. Erfasst das Konzept der geschlossenen Hauswirtschaft vordergründig die Strukturmerkmale der bäuerlichen Eigenwirtschaft, so ist die Orientierung am Weg, den das Produkt zum Konsumenten nimmt, im Grunde einer gewerblichen Perspektive entwachsen. Mit ihr geht zugleich eine Reflexion der räumlichen Verflechtung ökonomischer Prozesse einher, auf die sich in jüngster Zeit das Interesse der Forschung richtet.[136] In dieser Ausrichtung seines Stufenmodells am Gewerbe spiegelt sich Büchers Mittelstandsperspektive, die er bereits in seiner rein althistorischen Schrift über die Aufstände der unfreien Arbeiter eingenommen hatte. Büchers Studie über die Berufe der Stadt Frankfurt im Mittelalter und auch seine späteren Einlassungen zur antiken Wirtschaft knüpfen daran an.

Die Anfänge der althistorischen Wirtschaftsgeschichte: Von der merkantilen zur gewerblichen Perspektive

Das Bücher'sche Konzept der geschlossenen Hauswirtschaft steht in der Tradition der adeligen Hausväterliteratur des 18. Jahrhunderts, die die Basis für ein nicht minder einflußreiches Stufenmodell bot. Gemeint ist das Mitte des

reichsten Abschnitte des Tarifs der Manufakte, nicht Produkte privater Unternehmungen, wie Mommsen und Blümner zu glauben scheinen« (220). Auf den Tributcharakter der ›Handelsgüter‹ verweist neuerdings auch Bang, *The Roman Baazar* 2008.

136 Vgl. Kap. IV.

19. Jahrhunderts von Wilhelm Heinrich Riehl entwickelte Konzept des Ganzen Hauses, das auf der Annahme eines Wandels der Familienstrukturen von der Großfamilie zur Kleinfamilie basiert. Während in der Verwandtschaftsethnologie solche evolutionären Konzepte im 19. Jahrhundert weite Verbreitung fanden, machte das Modell des Ganzen Hauses über die Rezeption von Otto Brunner vor allem in der Geschichtswissenschaft Karriere, wo es bis in die jüngste Zeit geradezu kanonische Geltung besaß.[137]

Auch in Darstellungen des Wirtschaftslebens der Antike, wie sie in den zahlreichen Studien zu den Privataltertümern aus dem 19. Jahrhundert zu finden sind, ist diese Vorstellung vom Haushalt als einem geschlossenen sozialen und wirtschaftlichen Gebilde zu greifen.[138] Selbst August Boeckh (1785–1867), der mit seiner Monographie über die *Staatshaushaltung der Athener* von 1817 als Begründer der althistorischen Wirtschaftsgeschichte gilt,[139] war dieser Sichtweise verpflichtet. So hat er in seinen Vorlesungen der Jahre 1809 bis 1865, die unter dem Titel *Darstellung der materiellen Diszipline der Alterthumslehre* veröffentlicht wurden, die Wirtschaft dem Privatleben zugeordnet, das er wiederum in einen äußeren und einen inneren Teil schied. Das äußere Privatleben handelt von der Wirtschaft: vom Landbau, vom Gewerbe und von der Hauswirtschaft, das innere Privatleben umfasst das soziale Leben: den geselligen Verkehr, die Erziehung, die Familienbeziehungen, den Totenkult.[140] Diese Boekh'sche Aufteilung des Privatlebens in einen inneren und äußeren Teil setzt die Vorstellung von einem Ganzen voraus, wie sie für die Hausväterliteratur bestimmend ist. Die Hinwendung zum Finanzgebaren des Gemeinwesens, die Boekh in seinem Werk *Staatshaushaltung der Athener* von 1817 vollzog, bedeutete einen Perspektivenwechsel von der Ökonomie des (fürstlichen) Hauswesens zum Staatswesen, das aufgrund der

137 Riehl, Die Familie 1855; Brunner, Die alteuropäische Ökonomik 1950/52, 114–139. Zum wissenschaftshistorischen Hintergrund des Konzepts und jüngsten Revisionen vgl. u. a. Opitz, Neue Wege der Sozialgeschichte 1994, 88–98 sowie Derks, Über die Faszination des »Ganzen Hauses« 1996, 221–242; Weiß, Otto Brunner und das Ganze Haus 2001, 335–339. Weiß verweist auf die Nähe zum Bücher'schen Konzept der geschlossenen Hauswirtschaft und sieht im Brunner'schen Konzept des Ganzen Hauses eher eine »Verschlimmbesserung« als einen Fortschritt. Dass es unter Historikern breitere Resonanz fand als das Konzept der geschlossenen Hauswirtschaft erklärt Weiß mit der Nähe zu Ganzheitsideologien und den im Begriff des Hauses enthaltenen Idealisierungsmöglichkeiten.

138 Dazu: Wagner-Hasel, Le privé n'existe pas 1998.

139 Schneider, August Boeckh 1989, 37–53. Vgl. auch Musiolek, August Boeckh und die antike Wirtschaftsgeschichte 1987, 26–28.

140 *Encyclopädie und Methodologie der philologischen Wissenschaften*, hg. v. E. Bratuschek u. R. Klussmann, Leipzig 1886, 376–427.

Trennung zwischen staatlichem und privatem fürstlichen Budget seit dem frühen 18. Jahrhundert Gegenstand politischer Überlegungen der Staatstheoretiker geworden war.[141]

Die Neuerung Büchers liegt darin, dass er die antike Wirtschaft nicht mehr aus der fiskalischen Perspektive des Staates, sondern aus der Perspektive des Produzenten betrachtete und sich dabei konsequenterweise der vorgängigen Tradition der Hausväterliteratur bediente, die aus der Zeit vor der Herausbildung des modernen Staatswesens stammt. Ebenso wie diese früheren Konzepte enthält auch Büchers Modell einen Bezug zur Wirtschaft der Gegenwart, insofern es den grundlegenden strukturellen Wandel reflektiert, dem der Haushalt im Zuge der Industrialisierung unterworfen war. Besaß im 18. Jahrhundert auch der städtische Haushalt noch Merkmale des Produktionshaushaltes, so entwickelte sich dieser im Laufe des 19. Jahrhunderts zunehmend zu einem Ort der Konsumtion.[142] Dieser Wandel von der häus-

141 In diesem Sinne argumentiert Warnke, Warum hat August Boeckh die ›Staatshaushaltung der Athener‹ geschrieben? 1987, 36, die auf die biographische Dimension dieses Perspektivenwechsels aufmerksam macht. Der ältere Bruder August Boeckhs war 1828 badischer Finanzminister, 1844 wurde er Ministerpräsident. Allerdings war diese Sichtweise nicht völlig neu. Bereits Arnold H. L. Heeren hatte in den 1790er Jahren in seinem Werk *Ideen über Politik, Verkehr und Handel der hervorragenden Völker der Welt* (Berlin 1793–1796, 4. Aufl. 1824–1826) eine solche merkantile Perspektive angemahnt und gefordert, sich der antiken Wirtschaft zuzuwenden und die merkantilen Verhältnisse der Geschichte stärker zu berücksichtigen.

142 Die Entwicklung, die sich auf dem Lande und in der Stadt ungleichzeitig vollzog, hat Margarete Freudenthal in den 1930er Jahren im Rückgriff auf Büchers Modell der geschlossenen Hauswirtschaft mit statistischen Erhebungen zu greifen versucht. Freudenthal, *Gestaltwandel der städtischen, bürgerlichen und proletarischen Hauswirtschaft zwischen 1760 und 1910* (1934), 1986. Die Verhältnisse, die Bücher für den Kirberger Bürstenmacher-Haushalt um 1860 beschreibt, rekonstruiert sie in ähnlicher Weise für die städtischen Beamten- und Pfarrhaushalte des späten 18. und frühen 19. Jahrhunderts. Zwischen 1865 und 1890 zeigte der Haushalt auf dem Lande – 1/3 der Haushalte waren Ende des Jahrhunderts bäuerlich – noch viele Merkmale des Produktionshaushalts, wie sie meint (ebd. 95). Vgl. insb. ihre Beschreibung des Pfarrhaushalts von Beucha bei Leipzig um 1870/79 (ebd. 107–113). Sieben Äcker lieferten Brotgetreide, Kraut und Kartoffeln sowie das Futter für die Pferde. Der Pfarrwald lieferte das Brennholz. An Vieh wurden Schweine, Ziegen (für die Milch) und Feldtauben gehalten. Das Getreide wurde allerdings verkauft; den eigenen Mehlbedarf deckte man über den Markt. 1814 waren die Pfarrgrundstücke gegen Naturallieferungen verpachtet; ein ausgedehnter Obst-, Gemüse- und Blumengarten bot alles, was der Haushalt brauchte, wurde aber oft zum Verkauf auf dem Markte verwandt (ebd. 27f.). »Dieser Haushalt stellt sich uns fast noch ganz als geschlossene Hauswirtschaft, d. h. als Naturalwirtschaft dar und ist noch kaum in den Zustand der Geldwirtschaft übergegangen«, resümiert Freudenthal (ebd. 28/29). – Zur zunehmenden Markteinbindung ländlicher Haushalte und zu ihrer Verwandlung in marktorientierte Familienbetrie-

lichen Vorratswirtschaft zu einer marktwirtschaftlichen Versorgung ist, wie noch zu zeigen sein wird, in Büchers Erfahrungshaushalt eingeschrieben.[143] Lassen sich in der Darstellung des gewerblichen Haushalts seiner Kindheit Elemente des Produktionshaushaltes finden, so geben die Briefe der Ehefrau aus den Leipziger Jahren Einblick in einen bereits stark von der industriellen Fertigung von Konsumgütern abhängigen Haushalt. Eben darin, in dieser Reflexion des sich wandelnden Verhältnisses von Konsumtion und Produktion, sahen die Zeitgenossen die Leistung Büchers.[144]

Allerdings wäre es verfehlt, wollte man Büchers Modell der geschlossenen Hauswirtschaft als Abbild der Hauswirtschaft seiner Kindheit deuten. Weder der vorindustrielle Haushalt noch der von Bücher selbst erfahrene ländliche Gewerbehaushalt hatten je den autarken Charakter, den er mit dem Modell der geschlossenen Hauswirtschaft verbindet.[145] Ohnehin nimmt Bücher erst nach seiner Hinwendung zur Nationalökonomie diese explizite Zu-

---

be vgl. Troßbach/Zimmermann, *Die Geschichte des Dorfes* 2006, 177. Das Nebeneinander von Marktaustausch, Redistribution und Reziprozität betont indes Georg Fertig, *Acker, Wirte, Gaben* 2007, 226f. in seiner Detailstudie der ländlichen Verhältnisse in Westfalen im 19. Jahrhundert. Von einer »gebremsten Modernisierung« in der Landwirtschaft spricht Nipperdey, *Deutsche Geschichte* I, 1990, 208.

143 So sieht es Schefold, Bücher 1988, 244, der meint, dass die Verknüpfung, die Bücher zwischen der Schilderung der griechischen Polis durch Jacob Burckhardt und dessen Erfahrungen in der kleinen Schweizerischen Republik herstellt, »mit gewissem Recht in Analogie auf des Autors bäuerliche Herkunft bezogen werden mag.«

144 Vgl. die Rezension von Stephan Bauer zur *Entstehung der Volkswirtschaft*, in: *Zeitschrift für Social- und Wirtschaftsgeschichte* 4, 1896, 146–152. Bauer sieht darin die Leistung Büchers, während er »in Bezug auf Product, Geld und Kapital« lediglich das rezipiert habe, was Marx und Rodbertus gelehrt hätten (150). – Inwiefern die Auseinandersetzungen um Schutzzoll und Kartellwesen, bei denen es »im Kern um einen Interessengegensatz zwischen Produzenten und Konsumenten« ging, bei der Entwicklung des Konzepts eine Rolle gespielt hat, wäre zu prüfen. Ihn habe Max Weber als bedeutender als den klassenspezifischen Gegensatz von Kapital und Arbeit eingeschätzt, meint Joachim Radkau (*Max Weber* 2005, 165).

145 Das konstatiert auch Freudenthal, *Gestaltwandel* 1986, 29, wenn sie auf den Zukauf von Spitzen, Hüten, Handschuhen, Gewürzen selbst in solchen Haushalten verweist, in denen ein Teil der Produktion von Konsumgütern im Haus stattfand, sei es, dass der auswärts gekaufte Flachs im Haus gesponnen wurde, sei es, dass der Kaffee in einer großen Esse im Hause gebrannt wurde. – In neueren Studien wird insgesamt die Markteinbindung selbst mittelalterlicher und frühneuzeitlicher Haushalte betont. Vgl. etwa Demade, Grundrente, Jahreszyklus und monetarisierte Zirkulation 2009, 222–244. Für ärmere Bevölkerungsschichten gelten ohnehin andere Maßstäbe. Vgl. dazu Groebner, *Ökonomie ohne Haus* 1993. Auch lassen neuere Studien Zweifel aufkommen ob es einen einheitlichen Pfad weg von der Familienwirtschaft hin zum Markt gibt, den jede Gesellschaft gehen müsse. So Fertig, *Äcker* 2007, 227.

ordnung der antiken Wirtschaft zur Stufe der geschlossenen Hauswirtschaft vor. Vorher spricht er, so in seiner Studie über die *Aufstände der unfreien Arbeiter* von 1874, noch unbefangen von antiker Volkswirtschaft und kapitalistischer Wirtschaft der Römer. Selbst in der nur ein Jahr nach der *Entstehung der Volkswirtschaft* erschienenen Schrift über *Die Diokletianische Taxordnung* von 1894 ist noch von der römischen Volkswirtschaft die Rede. Allerdings nutzt er hier die in seinem Gewerbeartikel entwickelten Kategorien, um aus den Preisvorschriften Diokletians für einzelne Güter und Arbeitsleistungen den Charakter des römischen Gewerbes als Lohnwerk abzuleiten und von der modernen Lohnarbeit abzugrenzen.[146] Erst in der Verknüpfung von wissenschaftlicher Theoriebildung und sozialisationsbedingtem Erfahrungswissen kommt Bücher zu dieser neuen Zuordnung der antiken Wirtschaft zum Typus der geschlossenen Hauswirtschaft, ohne sie jedoch konsequent einzuhalten. Da es ihm zum Zeitpunkt der Abfassung der *Entstehung der Volkswirtschaft* nicht um eine Geschichte der antiken Wirtschaft, sondern um ökonomische Systematisierungen geht, die er mit Hilfe seiner althistorischen Kenntnisse betreibt, kümmern ihn diese Widersprüche in der Charakterisierung der antiken Wirtschaft als Volkswirtschaft und Hauswirtschaft zugleich nicht. Ein kohärentes Bild der antiken Wirtschaft zu entwickeln, ist sein Ziel nicht.

Die Selbststilisierung in den Lebenserinnerungen

Mit der Schilderung der Karlsruher Professur und der Begründung seiner Entscheidung für Leipzig brechen Büchers *Lebenserinnerungen* ab. Bücher ist zum Zeitpunkt seiner Berufung nach Leipzig 45 Jahre alt. Zwar war ein zweiter Band geplant, der die Zeit der Leipziger Professur hätte behandeln sollen, aber dieser erscheint nie. Das mag lebensgeschichtliche Gründe haben und dem Rückgang der Schaffenskraft geschuldet sein. Immerhin stand Bücher beim Erscheinen der *Lebenserinnerungen* jenseits des siebten Lebensjahrzehnts. Vom Selbstbild als Bauer her betrachtet, das Bücher in seinen Erinnerungen darbietet, ist dieser Verzicht nur konsequent. Mit der Karlsruher Professur war Büchers wissenschaftliche Neuorientierung zu einem Abschluss gekommen, seine soziale und berufliche Situation hatte sich nicht nur konsolidiert, sondern erheblich verbessert. Die Berufung nach Leipzig

146 Bücher, Die Diokletianische Taxordnung 1894, 189–219, 627–717.

vollendete den sozialen Aufstieg des Kirberger »Landkindes«, als das er sich sieht. Für die Schilderung der Leipziger Jahre hätte sich die Perspektive wenden müssen; der bürgerliche Lebenszuschnitt in der weltläufigen Messestadt und die gesellschaftlichen Kontakte mit den Leipziger Kollegen wären in den Vordergrund getreten. Die Modernität des eigenen Lebens zu schildern aber hätte seinem Selbstentwurf als Bauern widersprochen.

9. Karl Bücher um 1894

II. Gelehrtenleben in Leipzig

Die Berufung an die Universität Leipzig

Zum Wintersemester 1892 übernimmt Bücher an der Universität Leipzig den neu geschaffenen zweiten Lehrstuhl für Nationalökonomie und Statistik,[1] den er bis zum Jahre 1916 innehat.[2] Mit dem Ruf an die Universität Leipzig steht Bücher auf dem Höhepunkt seiner Karriere. In der Rangfolge der deutschsprachigen Universitätsstädte nahm Leipzig damals hinter Berlin und München den dritten Platz ein.[3] Die Universität konnte sich auf eine bis ins Mittelalter reichende Tradition berufen und gehörte zu den vermögendsten Universitäten des damaligen Deutschen Reiches; der Ausbau der heute immer noch imponierenden Universitätsbibliothek zeugt von diesem Reichtum.[4] Büchers Kollege ist der Balte August von Miaskowski, mit dem er in den vorhergehenden Jahren oft um Lehrstühle konkurriert hatte. Miaskowski war ihm auch bei der Besetzung des ehemaligen Leipziger Lehrstuhls von Wilhelm Roscher vorgezogen worden, eines Vertre-

1 Am 4. Mai 1892 bewilligt das Ministerium des Kultus und öffentlichen Unterrichts der philosophischen Fakultät in Leipzig den zweiten nationalökonomischen Lehrstuhl im Staatshaushalt 1892/93 und genehmigt die Berufung Karl Büchers auf eine ordentliche Professur für Statistik und Nationalökonomie zum 1. Oktober 1892. UAL, Personalakte Karl Bücher (PA 362).

2 Am 20. Mai 1916 wird Bücher wunschgemäß von seinen Lehrverpflichtungen entbunden. Die Emeritierung erfolgt aber erst am 30. September 1920. UAL, PA 362 (Karl Bücher). Vgl. auch Troeltsch, Zum siebzigsten Geburtstag von Karl Bücher 1917, 1–6; Braubach, Aus Briefen 1965, 375ff.

3 Für Naturwissenschaftler bildete Berlin den Gipfel der Karriere; auch Leipzig und München waren Verbleibuniversitäten; Professoren beendeten hier ihre Laufbahn. Baumgarten, *Professoren und Universitäten im 19. Jahrhundert* 1997, 262–265 u. 160ff. (zu den Geisteswissenschaften). Zur Weltgeltung der Leipziger Universität im Wilhelminischen Zeitalter vgl. Krause, *Alma Mater Lipsiensis* 2003, 161–242.

4 Czok, Der Höhepunkt der bürgerlichen Wissenschaftsentwicklung 1984, 191ff.; Haase, Karl Bücher und der Akademische Schutzverein 2001/2002, 160f., Schäfer, *Bürgertum in der Krise* 2003, 26.

ters der älteren Historischen Schule der Nationalökonomie, dessen unmittelbarer Nachfolger Lujo Brentano war. Als Brentano 1891, nach nur zwei Jahren Lehrtätigkeit, Leipzig wieder verließ,[5] stand Bücher mit August von Miaskowski zwar ranggleich auf einer Liste, war aber vom Kultusminister Carl Friedrich Wilhelm von Gerber (1823–1891)[6] – so seine Vermutung – »wegen sozialistischer Gesinnung« verdächtigt und deshalb zunächst abgelehnt worden (L 446).[7] Gleichzeitig war Bücher als Nachfolger Helferichs für den Münchner Lehrstuhl im Gespräch (L 446). Über seine Bemühungen, Bücher in München zu platzieren, berichtet Albert Schäffle in einem Brief vom 26. Februar 1891, als er Bücher zum Ruf nach Karlsruhe gratuliert. »[...] daß Ihnen Karlsruhe nicht mißfällt, freut mich darum umso mehr. München wäre freilich noch viel besser. Ich habe inzwischen für Sie gethan, was ich nur konnte; [...]. Als er [Helferich] [...] mich hier aufsuchte, um die Berufungssache zu besprechen, waren wir darin einig, daß G. v. Mayr und Sie anscheinend primo loco in Frage kämen. Nachdem der Minister G. v.

10. Das Augusteum

5 Seine Leipziger Zeit beschreibt Brentano in seinen Erinnerungen *Mein Leben im Kampf um die soziale Entwicklung Deutschlands* von 1931, 147–165.

6 Zur Berufungspolitik von Carl Friedrich Wilhelm von Gerber, der ursprünglich Jurisprudenz in Leipzig gelehrt hatte, ehe er Minister wurde, vgl. Krause, *Alma Mater Lipsiensis* 2003, 152ff.

7 Winkel, *Nationalökonomie* 1977, 93ff.

Mayr brüsk abgelehnt hatte, hoffte ich um so mehr für Sie.«[8] Den Lehrstuhl in München erhielt indessen Lujo Brentano, der deshalb Leipzig verließ. Auch in Wien hatte Bücher in Konkurrenz mit Miaskowski gestanden. Hier hatte ihn Gustav Schmoller unterstützt, allerdings ebenfalls ohne Erfolg, denn der Ruf war an Miaskowski ergangen.[9] Allerdings hatten ihn 1891 zwei weitere Rufe erreicht: Im Juni 1891 kam eine Anfrage von der Universität Czernowitz, im Oktober von der Technischen Universität Aachen (L 446).

Die Schaffung des zweiten Lehrstuhls für Nationalökonomie und Statistik an der Leipziger Universität war Ausdruck des staatlichen Interesses am Ausbau der Wirtschaftswissenschaften, die sich allerdings erst nach dem Ersten Weltkrieg von den juristisch dominierten Staatswissenschaften emanzipieren und eine eigene Fakultät bilden sollten. Leipzig selbst hatte sich gegen Ende des 19. Jahrhunderts zur wirtschaftlichen Hauptstadt des Königreichs Sachsen entwickelt. Als Bücher in Leipzig seinen Dienst antritt, darf er zwar ein eigenes Seminar mit der Bezeichnung »Volkswirthschaftlich-Statistisches Seminar« errichten; das Prüfungsrecht bei den Staatsexamina der Juristen wird ihm aber vorenthalten, was sein Kollege Adolph Wagner »unerhört« findet.[10] Dieses erhält er erst im Zuge von Bleibeverhandlungen vier Jahre später.[11] Im Wintersemester 1894/95 gelingt ihm die Erweiterung des Volkswirtschaftlich-Statistischen Seminars um eine Abteilung für Öffentliches Recht und 1897/98 dann die Zusammenlegung des Volkswirtschaftlichen mit dem Staatswissenschaftlichen Seminar, dessen Leitung er bereits bei der Berufung angestrebt hatte (L 451f.).[12] 1892 besteht das neue Seminar Büchers aus einer Bibliothek, einem Raum mit 30 Arbeitsplätzen und einem eigenen Direktorzimmer, »[d]as ist bei dem Umbau des Universitätsgebäudes, wo für vieles Raum geschaffen werden mußte, mehr, als ich erwarten durfte«, vermeldet Bücher zufrieden an den Freund Aloys Schulte.[13]

8 UBL, Sondersammlung, NL 181 (Karl Bücher). An Brentanos Wirken in Leipzig erinnert Walter Goetz in seinem Nachruf auf Karl Bücher, 1932/33, 10. Vgl. ansonsten Wilhelm Stiedas Nachruf auf Brentano 1931.

9 Dazu Lindenlaub, *Richtungskämpfe* 1967, 130.

10 Wagner, *Briefe* 1978, 269 (8. Mai 1892).

11 UAL, PA 362 (Karl Bücher).

12 Stieda, *Die Universität Leipzig* 1909, 137.

13 Braubach, Aus Briefen 1965, 379.

Die Stadt Leipzig

Für einen Nationalökonomen war Leipzig[14] im Vergleich zu der beschaulichen Residenzstadt Karlsruhe auch als Stadt ein attraktiver Studienort. Seit dem 18. Jahrhundert war Leipzig, einer der wichtigsten mitteleuropäischen Messestandorte, zu einem Zentrum des Groß- und Fernhandels aufgestiegen. Zur Zeit der Berufung Büchers bildete die Messestadt die Drehscheibe des deutschen Buchhandels und Buchdrucks und erlebte gerade einen zweiten Industrialisierungsschub, für den die nahe gelegenen Braunkohlegebiete bei Halle und Merseburg ideale Voraussetzungen boten. Hatte Leipzig um 1800 rund 30 000 Einwohner, so waren es in den späten 1880er Jahren bereits 180 000, bis 1914 verdreifachte sich die Zahl der Einwohner auf 625 000. 1891, kurz vor Büchers Wechsel nach Leipzig, hatte die Stadt 260 000 Einwohner. Neben Zuwanderungen waren die zahlreichen Eingemeindungen umliegender Dörfer für diesen Bevölkerungszuwachs verantwortlich. Östlich der inneren Stadt, die bereits in den 1860er Jahren mit der Gemeinde Reudnitz zusammengewachsen war, lagen die zahlreichen Druck- und Verlagsunternehmen. Die anschließenden Dörfer Anger-Crottendorf, Sellerhausen und Volkmarsdorf, die alle 1889/90 eingemeindet wurden, nahmen die wachsende Industriearbeiterschaft auf, die um 1907 rund 60 Prozent der Erwerbstätigen ausmachte. Um die Ortskerne der im Westen gelegenen Dörfer Plagwitz, Lindenau und Kleinzschocher – ab 1922 auch Leutzsch und Großzschocher – siedelten sich die neu entstandene Maschinenbau- und Textilindustrie und ihre Arbeiterschaft an. Die bürgerlichen Wohnquartiere entstanden westlich der Altstadt um den Albertpark und den Johannapark herum, im sogenannten Musikviertel, wo vor allem das Großbürgertum seine Villen errichtete – dies ist auch die Wohngegend, die Friedrich Ratzel dem neu berufenen Bücher empfiehlt[15]– sowie am nördlichen

14 Die folgenden Ausführungen basieren auf Schäfer, *Bürgertum in der Krise* 2003, 25–37 (Stadtentwicklung), 117–130 (kulturelle Entwicklung). Zur Messestadt Leipzig vgl. den Sammelband von Zwahr, *Leipzigs Messen* I, 1999.

15 UBL, Sondersammlung, NL 181 (Karl Bücher), Ratzel an Bücher, 14. April 1892: »Im Augenblick gibt es schöne Wohnungen in unserer Westgegend, 500 Schritt vom Wald. Wenn Sie hierherkommen, benachrichtigen Sie uns einige Tage vorher, damit ich auch in diesem Betreff Ihnen dienen kann. Glückliche Ostern Ihnen allen wünschen die Meinigen und ich. F. Ratzel.« Brief vom 9. Mai 1892: »Soll ich Ihnen einmal einen Wohnungsanzeiger schicken? In unserer Nähe, die eleganteste Lage nahe beim Markt, Bibliothek u. Gewandhaus gibt es einen Ueberfluß an neuen, schönen Wohnungen, die jetzt aber in wenigen Wochen fertig sind. 6–7 Zimmer, comfortabelst, erhalten Sie für 1600–1800 M. Vielleicht wäre es gut, ich sammelte Offerten und Sie kommen dann auf 2 oder 3 Tage.«

11. Gewandhaus und Universitätsbibliothek Leipzig

Altstadtrand rund um das Rosental (das heutige Waldstraßenviertel), für das sich Bücher entscheiden sollte. Auch die 1890 eingemeindeten Orte Gohlis und Eutritzsch zählten dazu. Ein weiteres bürgerliches Wohnviertel entwickelte sich im Süden im Gebiet zwischen Elster- und Pleißeauen und dem Bayrischen Bahnhof bis zum Vorort Connewitz hin. Sichtbar war diese Verwandlung der alten Universitäts- und Messestadt in eine moderne Industriestadt sowie in ein überregionales Dienstleistungs-, Handels- und Verwaltungszentrum in repräsentativen Baumaßnahmen, die der Stadt das ihr eigene Gepräge gaben. Dem wachsenden Verwaltungsbedarf trug die Errichtung des Neuen Rathauses auf dem Areal des alten militärischen Festungswerks, der Pleißenburg, Rechnung, die zwischen 1899 und 1905 erfolgte. Überregionale Verwaltungsfunktionen erfüllte das Reichsgerichtsgebäude, das zwischen 1888 und 1895 im Stil der italienischen Renaissance erbaut wurde und im großbürgerlichen Musikviertel lag. Hier befanden sich auch die neue Universitätsbibliothek, die 1891, kurz vor Büchers Wechsel nach Leipzig, ihre Pforten geöffnet hatte, und das 1884 errichtete Neue Gewandhaus, ein berühmtes Konzerthaus, das den Ruhm Leipzigs als Kulturstadt begründen sollte und dem Kunstgenuss des gehobenen Leipziger Bürgertums diente. Der wachsenden Bedeutung Leipzigs als Verkehrsknotenpunkt trug der Bau des Leipziger Hauptbahnhofs Rechnung, der unweit des Rosentales am nördlichen Altstadtrand lag und 1915 eingeweiht wurde. Die Probleme der industriellen Umgestaltung mit all ihren sozialen und kulturellen Begleiterscheinungen konnten also in Leipzig vor Ort ›studiert‹ werden. Umso erstaunlicher ist es, dass Bücher dieser Erfahrung in seinen *Lebenserinnerungen* keinen Raum gewährt hat.

Die Antrittsvorlesung: Eine Typologie der Arbeitsteilung

Die Universität selbst lag im Osten der Altstadt am Augustusplatz, »einem der größten und schönsten innerstädtischen Plätze Deutschlands, der im Bombenhagel des Zweiten Weltkrieges unterging«.[16] In der dortigen Aula wird Bücher am 5. November 1892 vereidigt; dort hält er auch seine Antrittsvorlesung über »Arbeitsteilung und soziale Klassenbildung«, die ein weiteres Kernstück seiner nationalökonomischen Theorie bilden wird. Bücher entfaltet hier ein differenziertes Modell der gesellschaftlichen Arbeitsteilung und unterscheidet zwischen Arbeitszerlegung, Produktionsteilung, Berufsspaltung, Berufsbildung und Arbeitsverschiebung. Arbeitszerlegung meint die Aufteilung von Arbeitsschritten bei der Herstellung von einzelnen Produkten; Produktionsteilung bedeutet, dass es zur Herstellung eines Produkts verschiedener Arbeitsvorgänge an unterschiedlichen Standorten bedarf, des Häuteproduzenten, des Gerbers, des Lederers. Unter Berufsspaltung oder Spezialisation versteht er die Ausbildung von Spezialhandwerken, z. B. des Sattlers, des Schumachers, die alle mit Leder arbeiten. Als vierte und fünfte Form nennt er die Berufsbildung, unter der die Herauslösung des Handwerks aus der Hauswirtschaft und die Ausbildung von Vollzeitspezialisten zu verstehen ist, und die Arbeitsverschiebung. Letztere tritt dann auf, wenn eine teilweise Verlegung einer Arbeitsleistung aus einer Produktionsstätte in eine andere stattfindet, wie dies infolge des Einsatzes von Maschinen erforderlich wurde. Bücher verwahrt sich mit seinem Konzept gegen biologistische Erklärungsansätze zur Entstehung der Arbeitsteilung, wie sie etwa Schmoller vorgelegt hatte, der von der Vererbung beruflicher Fähigkeiten ausging. Demgegenüber argumentiert Bücher konsequent ökonomisch und sieht in der Eigentumsverteilung den Hebel für die Ausdifferenzierung der »beruflichen Bildung«. Er kommt damit bei seinen neuen Kollegen gut an, wie Emilie Bücher, die dem Vortrag von der Galerie der Aula aus folgt, ihren Eltern stolz

16 Calov, *Leipzig* 2000, 18/19.

12. Augustusplatz

berichtet.[17] Ein Jahr später wird der Vortrag im Rahmen seiner Aufsatzsammlung über *Die Entstehung der Volkswirtschaft* gedruckt (L 452).[18] Bücher selbst äußert sich gegenüber dem Freund Aloys Schulte verhaltener und schränkt die positive Resonanz auf diejenigen ein, auf deren Urteil er Wert lege.[19] Seine präzise Bestimmung der Arbeitsteilung, mit der er Taylors »scientific management« vorweggenommen habe, zählt Bertram Schefold

17 Emilie Bücher an ihre Eltern, 24. November 1892: »Die Antrittsrede über ›Arbeitstheilung‹ fiel sehr gut aus. Ich habe meinen Mann wirklich bewundert – so frisch u. laut u. frei hat er gesprochen. Ich war mit einigen Damen oben auf der Gallerie der Aula. Frau Roscher war auch da. Man sagte vorher, man höre schlecht in dem Saal, ich hatte ja auch den neuen Rektor absolut nicht verstanden [*E. B. bezieht sich auf die Rektorwahl am 31. Oktober, an der sie teilgenommen hatte*]. Um so größer war die Ehre, daß Karl so gut verstanden wurde. Mit dem Schluß waren die Herren theilweise nicht einverstanden.« PB Lauth. – Das Vereidigungsprotokoll vom 5. November 1892 befindet sich in der Personalakte Bücher (PA 362) im UAL (Bl. 7–9, Aufn. 195–197).

18 Bücher, Arbeitsteilung und soziale Klassenbildung 1893, 119–168. Zu nachfolgenden Publikationen vgl. Kutsch, *Schriftenverzeichnis* 2000, 43 (Nr. 118).

19 Braubach, Aus Briefen 1965, 380.

13. Wandelhalle des Augusteums

neben der Darstellung und Herleitung des Gesetzes der Massenproduktion zu den bleibenden Verdiensten Büchers für die wirtschaftswissenschaftliche Forschung.[20] In den Altertumswissenschaften wurde dieses Modell selbst unter denjenigen, die Büchers Konzept von der geschlossenen Hauswirtschaft aufgriffen, nicht rezipiert.

20 Schefold, Bücher 1988, 263f. Vgl. auch Winkel, *Nationalökonomie* 1977, 107ff.

Die Kollegen: Friedrich Ratzel, Karl Lamprecht, Wilhelm Roscher und August von Miaskowski

Für Büchers Kommen hatten sich der Historiker Karl Lamprecht (1856–1915) und der Geograph Friedrich Ratzel (1844–1904) eingesetzt. Mit beiden teilt er sein Interesse an Systematisierungen und Klassifikationen von Phänomenen; mit Ratzel verbinden ihn darüber hinaus auch Gemeinsamkeiten im Karriereverlauf. Ratzel, der aus dem Badischen stammte und in den 1860er Jahren in Karlsruhe und Heidelberg Zoologie, Geologie und vergleichende Anatomie studiert hatte,[21] war Ende der 1880er Jahre Nachfolger von Ferdinand Freiherr von Richthofen geworden. Seine Berufung fiel in die Zeit des Ausbaus der Hochschulgeographie im Deutschen Reich, die wiederum im Kontext der Großmachtbestrebungen im Deutschen Reich stand und auf eine bessere Ausbildung von Geographielehrern zielte. Diese sollten ein zeitgemäßes Wissen »über die Beziehungen des Menschen zur Natur, über die ganze Erde sowie über ihre verschiedenen Kontinente, Länder und Landschaften« vermitteln.[22] Berufen wurden zunächst vielfach geographische Autodidakten. Auch Ratzel hatte nie einen formalen Ausbildungsgang durchlaufen. Er war erst über den Umweg der Pharmazie zur Geographie gekommen und hatte ebenso wie Bücher eine Zeit lang als Journalist gearbeitet. Ratzel kannte die Welt, die er in seinen geographischen Werken beschrieb: Bevor er die Universitätslaufbahn ein-

14. Friedrich Ratzel

21 Haushofer, Friedrich Ratzel im raumpolitischen Umbruch seiner und unserer Zeit 1944, 81–87. So wie Bücher in seiner Jugend Arbeitslieder aufschrieb, die er von Westerwälder Schnittern hörte, sammelte Ratzel in jungen Jahren Pflanzen seiner Umgebung und legte sich ein Herbarium von siebenhundert selbstgesammelten Phanerogamen an. Ratzel, *Jugenderinnerungen* 1966, 151–160 (Nachwort von Friedhelm Kemp).

22 Wargenda, Die Erde im Buch 2004, 122/123.

schlug, hatte er Europa sowie Nord- und Mittelamerika bereist (1873–1875) und über diese Reiseerfahrungen in Zeitschriften berichtet. Als Reisejournalist faszinierte ihn zudem die Ethnographie, deren Ergebnisse Eingang in seine anthropogeographischen Schriften fanden. Unter dem Eindruck des deutsch-französischen Krieges von 1870/71 hatte er sich, so das spätere Urteil seines Schülers Karl Haushofer, für die politische Geographie entschieden.[23] Allerdings besteht Ratzels Geographie nicht aus Staatenkunde, sondern stellt den Versuch dar, die zeitgenössischen Ansätze, die Geographie zu einer Naturwissenschaft zu entwickeln und nach Gesetzen und ursächlichen Zusammenhängen zu suchen, auch auf Kulturerscheinungen zu beziehen und die Zusammenhänge zwischen Raumverhältnissen und gesellschaftlichen Charakterbildungen zu erforschen. Sein 1878/80 erschienenes Werk über *Die Vereinigten Staaten von Nord-Amerika* bezieht nicht nur physikalisch-geographische Erscheinungen, sondern auch Phänomene des Kulturlebens ein.[24] Mit der Entwicklung eines abstrakten Raumbegriffs, der sich nicht nur auf die konkrete Landschaft mit ihren Oberflächenformen, klimatischen Verhältnissen und ihrer Vegetation bezieht, sondern auch die Lage eines Raumes in Bezug auf andere meint, sowie mit seinem Interesse an Bewegungen und Beziehungen wie Migrationen oder wirtschaftlichen Erschließungs- und Kolonisationsvorgängen gehört er zu den Vorläufern einer globalen Verflechtungsgeschichte, wie sie seit einigen Jahren gefordert wird.[25]

Sowohl Lamprecht als auch Ratzel verkehren später im Hause Bücher als Freunde, wie der Sohn Friedrich in seinen nach dem Zweiten Weltkrieg für die Familie verfassten *Erinnerungen* berichtet. Er erinnert Ratzel als eine besonders einprägsame und zugleich liebenswürdige Persönlichkeit, die bei einer sonntäglichen Tischgesellschaft den anwesenden Kindern »im Wül-

23 So die Sicht Haushofers in einer Würdigung seines Lehrers im Jahre 1944, die trotz aller Zugeständnisse an den damaligen Zeitgeist eine verhaltene Warnung vor der zeitgenössischen Eroberungspolitik enthält. Vgl. etwa Haushofers Zitat aus Ratzels Schriften: »Die Weltpolitik wird nicht mit Grobheiten gemacht und ein Volk, das ohne Not Haß erregt, handelt höchst unklug.« Haushofer folgert daraus: »Das galt wohl all den vielen, die gegen Talleyrands weisen Erfahrungsrat glaubten, daß man auf Bayonetten, mit denen man sonst Alles machen könne, auch auf Dauer zu sitzen vermöge.« Haushofer, Ratzel 1944, 86. Zu Haushofers Ratzel-Bild vgl. Kost, *Die Einflüsse der Geopolitik auf Forschung und Theorie* 1988, 34–42.

24 Wargenda, Die Erde im Buch 2004, 127.

25 So Osterhammel, Raumerfassung und Universalgeschichte 2001, 159–162. Nach Osterhammel ruht auch die Weltssystem-Theorie von Immanuel Wallerstein, nach der Weltgeschichte als ein Prozess der Herausbildung und Verschiebung von Zentren und Peripherien zu verstehen ist, auf Ratzel'schen Fundamenten. Ebd. 160.

ker'schen Garten in Gohlis auf einem Barren sitzen[d]« von einer amerikanischen Reise erzählte.[26] Die gemeinsame Arbeit mit Ratzel währt nur ein gutes Jahrzehnt. Bereits 1904, mit dem frühen Herztod, den Ratzel während eines Ferienaufenthaltes in Ammerland am Starnberger See überraschend erleidet, endet ihre Zusammenarbeit.[27]

Ratzel ist es auch, der Bücher detailliert bei den Verhandlungen in Leipzig berät. Strittig ist vor allem das Prüfungsrecht bei den Juristen, das August von Miaskowski zunächst allein behält, und die Aufteilung der Verantwortlichkeiten in der Lehre zwischen den beiden Lehrstühlen. Das Prüfungsrecht war insofern relevant, als die Nationalökonomen vorwiegend Juristen ausbildeten. Die Ausbildung der Wirtschaftswissenschaften zu einer eigenständigen Disziplin mit einem eigenen Curriculum stand noch in den Anfängen. Den Kollegen von der Jurisprudenz war daran gelegen, den Einfluss der Nationalökonomen auf die Examinierung zukünftiger Juristen möglichst gering zu halten. Deshalb verwahrten sie sich gegen das Ansinnen Büchers, das Prüfungsrecht bei ihnen zu erhalten. Am 9. April 1892 teilt Ratzel dem Kollegen die Vorbehalte der Juristen gegen die Erteilung des Prüfungsrechts mit: »Von Roscher ist, wie zu erwarten, nichts über die juristischen Prüfungen zu erfahren. L[amprecht] theilt m[eine] Ansicht, daß Sie sich darüber beim Minister Informationen ausbitten sollten, da die Prüfungs=Commissionen von der Universität ganz unabhängig sind. Die Juristen meinen wahrscheinlich alle, Ein Nationalökonom sei genug. Der Minister und später eventuell der Vorsitzende der Prüfungs-Commission sind die Leute, an die Sie sich wenden können.«[28] Am 30. April 1892 gibt er dann die Meinung der Juristen weiter: »Lieber Herr College! Binding[29] bittet mich, Ihnen Folgendes als seine Ansicht zu sagen. Was sich auf die Jurist[ische] Prüfungs-Commision bezieht, meint er für alle seine juristischen Collegen aussprechen zu können: Die Juristen halten die Nationalökonomie in der ersten Prüfung für einen schädlichen Ueberfluß und haben längst den Gebrauch eingeführt, daß das Ministerium in diesem Fach nicht den Ausgang der Prüfung beeinflußt. [...] Sie ersehen daraus, daß es sich da mehr um eine Formsache handelt. [...] Sollten Sie vom Ministerium neben M[iaskowski] in die Commission geru-

26 Friedrich Bücher, *Vorbei* o. J., 3.

27 Friedhelm Kemp, Nachwort, in: Ratzel, *Jugenderinnerungen* 1966, 155.

28 UBL, Sondersammlung, NL 181 (Karl Bücher), Ratzel an Bücher, 9. April 1892.

29 Zum Juristen Karl Binding (1841–1920) vgl. von Hehl, Stand der Leipziger Universitäts- und Wissenschaftsgeschichte 2005, 35/6. Friedrich Bücher, der später bei ihm studiert, schildert ihn als einen »Feuergeist, dessen mit großem Schwung vorgetragenes Kolleg die Hörer zu fesseln wußte.« *Vorbei* o. J., 19.

fen werden, so würde diese, meint B[inding] den Anlaß ergreifen, nun überhaupt die Nationalökonomie hinauszudrängen. Vom Alternieren hält er nicht viel, da nun einmal M. sich das Recht erworben habe. Der Grundton ist: Ihre Thätigkeit wird hier ein so weites Feld finden, daß Ihre Erfolge von ihr und Ihrer Persönlichkeit abhängen werden, nicht aber von der Stellung in der Prüf[ungs]=Com[mission]. Lamprecht, mit dem ich die Sache noch einmal durchsprach, ist derselben Meinung. Wir alle hatten geglaubt, daß Sie die P[rüfungs]=C[ommission] weniger kümmern werde als das Seminar.«[30]

Lamprecht und Ratzel können zwar das Prüfungsrecht bei den Juristen nicht durchsetzen, unterstützen aber Büchers Absicht, »praktische und theoretische Nationalökonomie« mit unterschiedlicher Schwerpunktsetzung abwechselnd zu lesen, und raten, Finanzwissenschaft Miaskowski zu überlassen und dafür die Statistik zu übernehmen. Büchers Forschungen auf dem Gebiet der Statistik waren offensichtlich ein wesentlicher Grund für seine Berufung nach Leipzig. »Lehnen Sie die Statistik nicht ganz ab«, meint Ratzel in seinem Schreiben vom 9. April 1892, »Roscher wird dasselbe sagen, sie ist bei Ihrer Berufung immer mit in Betracht gewesen. Aber sichern Sie sich freilich, das ist das Erste, die Gleichheit in den nationalökonomischen Hauptfächern und besonders auch im Seminar. Sie können von der sicheren Voraussetzung ausgehen, daß M[iaskowski] einen geringen Lehrerfolg hat, daß Ihnen also ein weites Feld eröffnet ist, ganz besonders Ihrer Wirksamkeit in den Vorlesungen. Sie sind lange genug Professor, um zu wissen, daß die Berufung Ihnen die Möglichkeit eröffnet, alles zu erreichen, was man bieten kann. Später kehrt die schöne Gelegenheit nicht wieder. [...] Auch L[amprecht], der Miaskowski etwas näher getreten ist als ich, räth zum ernsten Versuch, ihm offen und ohne Argwohn entgegenzukommen. Wir haben unsere Erinnerungen an die Commission erneuert und fanden, daß Ihr Grundgedanke bezügl[ich] der Theilung der Fächer zwischen Ihnen und M[iaskowski] gewesen sei, daß praktische und theoretische Nationalökonomie von Ihnen und M. abwechselnd gehalten werden solle, wobei auf die mehr agrarische Richtung M. und die mehr industrie- und handelswissenschaftliche bei Ihnen Rücksicht genommen werde. Dann sollte M. die Finanzwissenschaft und Sie die Statistik als mehr eigene [...] Sache behandeln. [...] ich vermuthe, daß Roscher Ihnen dasselbe sagen wird.«[31] Erst bei den

30 UBL, Sondersammlung, NL 181 (Karl Bücher), Ratzel an Bücher, 30. April 1892.
31 UBL, Sondersammlung, NL 181 (Karl Bücher), Ratzel an Bücher, 9. April 1892.

Bleibeverhandlungen vier Jahre später wird Bücher das Prüfungsrecht bei den Juristen zugesprochen.

Ratzel selbst erwartet sich von Bücher Anregungen und Zusammenarbeit bei der Betreuung von Doktoranden. Auf Büchers Mitteilung hin, er habe den Ruf angenommen, schreibt Ratzel Anfang Mai 1892: »Ich kann Ihnen nur wiederholen, daß ich persönlich mich nicht bloß freue, sondern dankbar bin für Ihren Entschluß [...]. Ich stelle kein egoistisches Interesse in den Vordergrund, sondern die Theilnahme an dem Gedeihen unserer Hochschule. Aber selbstverständlich freue ich mich auch für mich und für mein Fach und hoffe viel Anregung von Ihnen. Eine Promotionsarbeit eines Lieblingsschülers von mir, eine Reihe von geographischen Karten der Bevölkerungsentwicklung in Sachsen, harrt schon jetzt Ihres Coreferates [...]. Lamprecht, der einen schönen Erfolg hat und sich ganz hier heimisch fühlt, empfindet über Ihr Kommen ganz wie ich.«[32] Die Kooperation mit Ratzel bewährt sich und nach dem frühen Tode Ratzels im Jahre 1904 ist es Bücher, der mit der Interimsleitung des geographischen Seminars betraut wird,[33] ehe der Ruf an Joseph Partsch (1851–1925) aus Breslau ergeht,[34] mit dem sich ebenfalls ein freundschaftlicher Verkehr entwickelt.[35]

Karl Lamprecht, der neben Ratzel Büchers Berufung unterstützt hatte, lehrte erst seit 1891 in Leipzig und teilte mit Bücher das Interesse an der Wirtschaftsgeschichte.[36] Bereits in seiner Dorpater Zeit hatte Bücher mit

32 UBL, Sondersammlung, NL 181 (Karl Bücher), Ratzel an Bücher, 9. Mai 1892.

33 UAL, PA 362 (Karl Bücher), Schreiben der Universitätsleitung vom 20. Oktober 1904.

34 Auch Partsch kam wie Bücher von den Altertumswissenschaften her. Er hatte Klassische Philologie, Alte Geschichte und Geographie studiert und sich mit einer wissenschaftsgeschichtlichen Arbeit über die Darstellung Europas im Werk Agrippas habilitiert. Einen Forschungsschwerpunkt bildete die Geographie Griechenlands. *Deutsches Zeitgenossenlexikon* 1905, Sp. 1067/8. Zusammen mit Carl Neumann veröffentlichte Partsch 1885 eine *Physikalische Geographie von Griechenland unter besonderer Berücksichtigung auf das Alterthum*, die bei ihrem Erscheinen hoch gelobt wurde. Belege bei Wargenda, Die Erde im Buch 2004, 128.

35 Emilie Bücher an ihre Schwester Mathilde, 6. Januar 1905: »Mir ging es gesundheitlich stets gut, heute habe ich aber einen scheußlichen Schnupfen, würde lieber schlafen gehen als Tischdecken für Prof. P. aus Breslau, der Nachfolger von Ratzel, er ist Wohnungssuche halber mit seiner Frau hier und wird heute Abend bei uns zu Abend speisen: 1. roastbeef u. Büchsengemüse, 2. Schinken und Blumenkohlsalat, 3. Kuchen.« Am 25. August 1905 erwähnt sie ein Gespräch mit Frau Partsch und am 6. Januar 1907 eine Teegesellschaft: »Gesellig haben wir eigentlich nicht sehr gelebt, wir waren 2x eingeladen zu Tisch, haben aber abgesagt. Einmal waren Conrady's u. Partsch's zum Thee Nachmittags da.« PB Lauth.

36 Lamprecht war 1891 mit Unterstützung von Wilhelm Maurenbrecher als Nachfolger von Georg Voigt nach Leipzig berufen worden; Wilhelm Roscher, Lamprechts Doktorvater, hatte sich dagegen vergeblich für Eberhard Gothein eingesetzt. Diesener, Karl Lamprecht

Lamprecht korrespondiert.[37] Im *Archiv für Soziale Gesetzgebung und Statistik* hatte er 1888 Büchers Studie über die *Bevölkerung der Stadt Frankfurt am Main im 14. und 15. Jahrhundert* (1886) rezensiert und ihre Neuartigkeit hervorgehoben.[38] Auch bezog er sich in seinen eigenen Arbeiten zur mittelalterlichen Wirtschaft gerne auf Büchers Mentor Albert Schäffle, dessen Vorstellungen von Staat und Gesellschaft als sozialem Organismus er folgte.[39] Mit Karl Lamprecht verband Bücher trotz wissenschaftlicher Vorbehalte und Kontroversen um Berufungen[40] nach Auskunft des Sohnes eine lebenslange Freundschaft.[41] In

15. Karl Lamprecht

und die Leipziger Universität 1993, 18/9. Schorn-Schütte, Wegbereiter 1989, 153ff.; Middell, *Weltgeschichtsschreibung* 2005.

37 UBL, Sondersammlung, NL 181 (Karl Bücher), Lamprecht an Bücher, 6. Juni 1883. Hier bittet Lamprecht den Kollegen um einen Beitrag für die 1882 neugegründete *Westdeutsche Zeitschrift für Geschichte und Kunst.*

38 Lamprecht, Zur Sozialstatistik der dt. Stadt im Mittelalter 1888, 485–532. Vgl. dazu Schorn-Schütte, Stadt und Staat 1983, 235f.

39 Schorn-Schütte, Wegbereiter 1989, 163f.

40 Vgl. Braubach, Aus Briefen 1965, 385 sowie Kap. *Hochschulpolitik und Nachfolgefrage.* Gegenüber seinem Freund Schulte äußert sich Bücher in den Anfangsjahren auch kritisch über Lamprechts Charakter und beklagt dessen »Hinterhältigkeit« und »Professorenhochmut«, den er mit dem »Caesarenwahn« vergleicht (Brief vom 23. Dezember 1893).

41 »Dagegen verband meinen Vater eine bis zum Ende währende Freundschaft mit dem damals viel genannten Historiker Karl Lamprecht« (Friedrich Bücher, *Vorbei* o. J., 3). Auch aus der Korrespondenz Emilie Büchers mit ihren Eltern und ihrer Schwester geht ein freundschaftlicher Kontakt hervor, der auch Besuche bei den Eltern in Graz einschließt. Sie nimmt vor allem Anteil an persönlichen Schicksalsschlägen des Kollegen ihres Gatten. So schreibt sie am 31. August 1894 an ihre Eltern: »Ihr schreibt nichts von Prof. Lamprecht. Er schrieb von Graz aus, daß er Euch besucht hat. Karl hatte ihm die Adresse gegeben, der arme Mensch hat ja das Unglück, daß seine Frau im Irrenhaus ist. Die böse Welt sagt, sie sei schon als Mädchen krank gewesen, er hätte sie doch geheirathet, da sie keine weiteren Vorzüge hatte als vermögend zu sein, sagt die böse Welt: ›Nun sei ihm recht geschehen, er hätte sie nur des Geldes wegen gemocht.‹ Mich dauert er namenlos, er hat zwei reizende kl. Mädchen u. Frau B., eine Freundin seiner Frau, besorgt den Haushalt.« PB

seinen unveröffentlichten Erinnerungen schildert Friedrich Bücher Lamprecht als »geistvolle Persönlichkeit trotz aller Vorwürfe, die gegen seine wissenschaftliche Betätigung erhoben wurden (›er husche über die Probleme nur so hin‹). Trotz schweren eigenen Schicksals (Frau unheilbar langjährig in Heilanstalt) war kennzeichnend für ihn sein helles fröhliches Lachen im Gespräch mit anderen, losbrechend bei zurückgelegtem Kopfe. Sogar ein Leipziger Künstler hat ihn so einmal im Bilde festgehalten. Als einmal mein Vater an Grippe (damals sagte man Influenza) zu Bett lag, besuchte er ihn mit dem aufmunternden Ausrufe: ›Drei Tage war der Frosch so krank, nun raucht er wieder, Gott sei Dank!‹ In viel späterer Zeit, als ich ihm einmal Sonntag Nachmittags – die Brille auf der Nase – die Tür öffnete, meinte er, ich müsse nun wohl auch schon gehörig heran. Als ich dies bejahte, sagte er lachend: ›Na trösten Sie sich, es wird immer schlimmer!‹ Als Student habe ich bei Lamprecht nicht gehört. Wohl aber wurde ich als Oberprimaner in ein Mittwoch Nachmittags *publice* von ihm gelesenes Kolleg mitgenommen, worin er uns u. a. die Gleichartigkeit der Zeichnungen des urgeschichtlichen Höhlenmenschen mit denen aus dem Malhefte des kleinen Moritz – letztere an der Tafel entwerfend – demonstrierte. Von diesem fast *per nefas* erfolgten Kollegbesuch hatte Lamprecht erfahren und schenkte mir einen damals herausgekommenen Ergänzungsband zu seiner Deutschen Geschichte, aus der mir noch erinnerlich ist die Unterscheidung einer Epoche der Empfindsamkeit (das Biedermeier) und einer Epoche der Reizsamkeit, nämlich der Zeit um 1900 herum. Welche allgemeine Kennzeichnung würde er jetzt für die Mitte des zwanzigsten Jahrhunderts gewählt haben?«[42]

Friedrich Bücher weiß um die kritische Haltung seines Vaters gegenüber Lamprechts Arbeitsweise und Gedankenarbeit und wird wohl auch die fachwissenschaftlichen Auseinandersetzungen um Lamprechts neue Kulturgeschichte zur Kenntnis genommen haben.[43] Obwohl selbst ein Verfechter von Stufenmodellen, mochte Bücher Lamprechts Konstruktion von Kulturzeitaltern (Symbolismus, Typismus, Konventionalismus, Individualismus, Subjektivismus) nur bedingt folgen. In seiner Gedächtnisrede an Karl Lamprecht vom 14. November 1915 streicht er einerseits dessen wirtschaftshistorische Orientierung heraus, distanziert sich andererseits jedoch von den kul-

Lauth. Von einer stets gewahrten Distanz Büchers zu Lamprecht, von der Cymorek (*Georg von Below* 1998, 141) ausgeht, kann daher nicht die Rede sein.

42 Friedrich Bücher, *Vorbei* o. J., 3.

43 Zum Lamprechtstreit vgl. u. a. Schorn-Schütte, *Karl Lamprecht* 1984; Chickering, *Karl Lamprecht* 1993. Zur institutionellen Seite vgl. jetzt Middell, *Weltgeschichtsschreibung* 2005, Bd. 1.

turhistorischen Betrachtungen. Zwar will er dem Kollegen Lamprecht »eine gewisse Großartigkeit« solcher gedanklichen Entwürfe nicht absprechen, lehnt aber gerade das Konzept der »sozialpsychisch fundierten Kulturgeschichte« ab. Bücher stößt sich vor allem an dem Anspruch auf universelle Gültigkeit der aus der deutschen Geschichte abgeleiteten Kulturzeitalter: »Gibt es einen Geist, der so universell entwickelt wäre, daß er alle Zweige der geistigen und materiellen Kultur bis hinauf zu den einzelnen Künsten und Wissenschaften dergestalt zu beherrschen wüßte, daß er für jeden nicht bloß den inneren Entwicklungsgang, sondern auch seinen Niederschlag in der nationalen Psyche und seine Beeinflussung von dieser her zu ermessen vermöchte, und dies gleich für eine Mehrzahl von Völkern? Fehlt es nicht für die Konstruktion der Entwicklungsstufen an jedem absoluten Maßstab? Und wird nicht der Geschichte, deren von Haus aus induktives Verfahren durch die angenommene Möglichkeit eines deduktiven Vorgehens ergänzt wird, mehr von der Geschlossenheit und Zuverlässigkeit ihrer Methode genommen, als ihr auf der anderen Seite gegeben wird? Ist das ihr zugedachte Geschenk nicht vielleicht ein Danaergeschenk?«[44] Die Analogien aber, die Lamprecht zwischen der Entwicklung des Individuums und der Völker gegeben sieht, seine Vergleiche zwischen Kinderzeichnungen und Höhlenmalereien aus der Steinzeit, hält Bücher für eine in der »Ethnographie längst anerkannte Tatsache«.[45] Bücher sieht in dem Kollegen einen großen »Anreger«; Lamprecht ist für ihn »stets ein Werdender, nie ein Fertiger« gewesen: »Die Fülle und Raschheit seiner literarischen Produktion brachte es mit sich, daß seine Gedanken nicht überall ausgereift, seine sprachlichen Formulierungen nicht klar und durchsichtig genug erscheinen. Es ist wie in einer neu bezogenen Wohnung, in welcher der reiche Hausrat oberflächlich gesondert und in Eile hingestellt ist in der Erwartung, daß eine längere Zeit und Muse [sic!] die Ordnung und Behaglichkeit dauernder Anpassung an Zweck und Raumverhältnisse bringen könnte.«[46] Die Kritik Büchers zielt weniger auf die Inhalte als auf die mangelnde Systematik des Denkens; einzelne inhaltliche Positionen wie z. B. die Annahme einer ursprünglichen mutterrechtlichen Phase in der Menschheitsgeschichte hat er anders als die nachfolgende Generation der Nationalökonomen – ich denke hier an Max Weber – geteilt.[47]

44 Karl Bücher, Karl Lamprecht 1916, 9/10.

45 Ebd. 10.

46 Ebd. 7. u. 11.

47 Radkau, *Max Weber* 2005, 310 meint, daß sich Max Webers Ausfälle gegen den »Unhold des Mutterrechts« auf Lamprecht beziehen. Weber habe das Konzept des Mutterrechts vor allem wegen der damit verbundenen Idee einer ursprünglichen Promiskuität gehaßt.

Auch der Vorgänger Brentanos und Miaskowskis auf dem nationalökonomischen Lehrstuhl, Wilhelm Roscher (1817–1894), der ein Habilitationsgesuch Büchers einst abgelehnt hatte, begrüßt nun Büchers Kommen.[48] Die Familien freunden sich an und man trifft sich »en famille«, wie Emilie an ihre Eltern schreibt.[49] Roscher gehörte zur Gründergeneration der Historischen Schule der Nationalökonomie. Er hatte bei Georg Gottfried Gervinus und Leopold von Ranke studiert, sich in Göttingen in Geschichte und Staatswissenschaft habilitiert und war 1848 einem Ruf auf den nationalökonomischen Lehrstuhl nach Leipzig gefolgt.[50] Anders als seine Nachfolger betrieb Roscher noch politische Ökonomie. In seinem Verständnis war die Staatswirtschaft, die er lehrte, »nicht bloß eine Chrematistik, eine Kunst, reich zu werden, sondern eine politische Wissenschaft, wo es darauf ankommt, Menschen zu beurtheilen, Menschen zu beherrschen«, wie Bücher in seinem Nachruf auf Roscher urteilt.[51] 1892, als Bücher nach Leipzig kam, war gerade Roschers Alterswerk *Geschichtliche Naturlehre der Monarchie, Aristokratie und Demokratie* erschienen, eine »Meisterleistung historistischer Geschichtsschreibung«, wie Gangolf Hübinger urteilt, die »auf eine sittlich-politische Option« zielt, »auf die harmonisierende Kraft des monarchischen Prinzips angesichts der Labilität der industriebürgerlichen Gesellschaftsordnung.« Nur wählte Roscher anders als seine Kollegen von der Geschichtswissenschaft nicht politische Faktoren, sondern »den *Wirtschaftsfaktor* zur Tragachse seiner historisch-politischen Prozeßanalyse.«[52] In den Augen Büchers fußte Roschers wirtschaftshistorische Analyse noch auf dem Boden der liberalen Theorie von Adam Smith. Sie ist für ihn eine aus »Erfahrungsthatsachen« gewonnene »Theorie der Verkehrserscheinungen«, die von ihren Vertretern »in letzter Linie immer auf die dem Menschen angeborenen Triebe und Neigungen« zurückgeführt werde.[53] In seiner Würdigung von Roschers Lebenswerk in den *Preußischen Jahrbüchern* bescheinigt er dem Altmeister, er habe diese Theorie nur auf »eine festere Grundlage stellen« wollen, »indem

48 UBL, Sondersammlung, NL 181 (Karl Bücher), Roscher an Bücher, 11. Mai 1892: »Lieber und verehrter Herr College! Ihr [...] Schreiben vom 8. d. M. hat mich im hohen Grade erfreut, da ich bei meinem lebhaften Wunsche, daß Sie der Unsere werden möchten, lange die Besorgnis hegte, es könnte noch etwas dazwischen kommen. Gottlob, daß meine Besorgnis unbegründet gewesen ist!«

49 So die Formulierung Emilie Büchers am 24. November 1892 an ihre Eltern. PB Lauth.

50 Hübinger, *Gelehrte* 2006, 48–51; 62–65. Weber lehnte indes Roscher ab. Radkau, *Max Weber* 2005, 399–407.

51 Bücher, Roscher 1894, 105.

52 Hübinger, *Gelehrte* 2006, 62.

53 Bücher, Roscher 1894, 106.

er ihr Beobachtungsgebiet auf alle Völker und Zeiten ausdehnte, er wollte ihren Abstraktionen größere Sicherheit verleihen, indem er das Wesentliche an den Erscheinungen auf vergleichendem Wege zu ermitteln suchte.«[54] Für Roschers vergleichende und ganzheitliche Sichtweise, für seine Betrachtung der Wirtschaftsgeschichte im engsten Zusammenhang mit Rechts-, Staats- und Kulturgeschichte findet Bücher anerkennende Worte. In der Indienstnahme der historischen Erfahrung für die Wirtschaftspolitik sieht er den entscheidenden Unterschied zur »englischen Verkehrstheorie«. Ansonsten aber sei der »ganze reiche historische Stoff in das alte System hineingearbeitet worden«, moniert er und bedient sich zur Veranschaulichung der beiden gegensätzlichen Elemente in Roschers Theorie der Webmetaphorik. Die englische Theorie habe für Roscher »gleichsam den einfachen Zettel des Gewebes« gebildet, »die auf dem Wege der historischen Methode erforschten Thatsachen und Wahrheiten lieferten dazu den buntfarbenen Einschlag.«[55] Für Bücher boten die auf dem Wege der historischen Methode erarbeiteten Tatsachen hingegen den Anlass, die »englische Verkehrstheorie« von Adam Smith umzustoßen.

Mit dem Kollegen August von Miaskowski, der sich im Ministerium warm für Bücher ausgesprochen haben soll,[56] pflegt Bücher ein eher distanziertes Verhältnis. Der Freiburger Kollege Eugen von Philippovich, der ihm am 13. April 1892 zum Ruf nach Leipzig gratuliert, charakterisiert Miaskowski als einen zwar »kunstsinnigen«, aber keineswegs »angenehme[n] Mensch[en]« und prophezeit, dass Bücher »dadurch einen bedeutenden Einfluß auf die nächste Generation unserer Beamten, Politiker u.s.w. gewinnen« werde.[57] Man konkurriert um Hörerzahlen und Prüfungsrechte, die mit finanziellen Gratifikationen einhergingen. Gegenüber dem Freund Aloys Schulte beschwert Bücher sich über den »Stachelzaun von Schutzzollmaßnahmen«, den Miaskowski um sich gelegt habe.[58] Diese »offenbare Zurücksetzung« (L 451) gegenüber Miaskowski, die Bücher noch in seinen *Lebenserinnerungen* beklagt, muss ein ständiges Gesprächsthema im Hause Bücher gewesen sein. Emilie Bücher, die in ihren Briefen regelmäßig Auskunft über die prekäre Stimmung zwischen den beiden gibt, beschreibt ihrer Schwester den ersten Besuch bei Miaskowski: »Meine liebe Mathilde, […] bei Miaskowski's mußten wir gleich Thee trinken, die Frau scheint durch Lie-

54 Ebd. 107.
55 Ebd. 114.
56 UBL, Sondersammlung, NL 181 (Karl Bücher), Ratzel an Bücher, 14. April 1892.
57 UBL, Sondersammlung, NL 181 (Karl Bücher), Philippovich an Bücher, 13. April 1882.
58 Braubach, Aus Briefen 1965, 380.

benswürdigkeit u. Zuvorkommenheit jeden Mißton übertäuben zu wollen. Möge es ihr immer gelingen!« [59] Kurze Zeit später, am 25. November 1892, heißt es dann über die Hörerzahlen: »Mit Miaskowski geht es bis jetzt gut; Karl hat schon ebenso viel Hörer wie er, was, da jener das Examensmonopol besitzt, ein großer Erfolg ist.« 150 Hörer im Hauptkolleg über Nationalökonomie, jeweils 10 bzw. 12 im Kolleg über Statistik und im Seminar vermeldet Bücher an seinen Freund Aloys Schulte für das erste Semester; 40 Hörer im Seminar werden es dann in den nächsten Jahren.[60] Auch im Sommersemester 1893 hat er »wieder eine stattliche Zahl Hörer, hätte aber viel mehr«, bedauert Emilie Bücher im April 1893 gegenüber ihren Eltern, die sich in Lugano aufhalten, »wenn er auch Examinator bei den Juristen wäre.«[61] Als Roscher im Sommer 1894 stirbt, mokiert sich Emilie Bücher über die Rede Miaskowskis und gibt vermutlich das Urteil ihres Mannes wieder: »Denkt Euch, der gute l[iebe] alte Prof. Roscher ist gestorben. 77 J[ahre] alt, tiefbetrauert von s[einer] Familie u. seinen Freunden u. Collegen. Ich wohnte der feierlichen Trauerfeier in der Kirche bei. Es war sehr schön, nur die Rede von Miaskowski nicht, die war weder geistreich noch herzlich [...]. [...] nach Miask[owskis] Rede, von der sie natürlich gar nicht befriedigt waren, fragte der Schwiegersohn Prof. Windisch[62] ganz entsetzt, ob Roscher denn auf s[einem] Gebiet nicht sehr Gutes geleistet habe, daß Niemand auf seine Bedeutung als Gelehrter eingegangen sei.«[63] Dennoch zeigt sie sich im Januar 1896 erfreut über die Versöhnung zwischen ihrem Mann und Miaskowski und äußert Verständnis für den Kollegen, der für seine Familie, drei Söhne, eine Tochter, das Geld benötige, unterlässt es aber nicht hinzuzufügen: »Karl hat trotz der schlimmen Examensgeschichte viel mehr Hörer als M. in diesem Winter. Es ist seinerseits ein glänzender Sieg.«[64] Als Miaskowski dann im November 1899 stirbt, wird Karl Bücher von der Familie sogar um die Gedenkrede gebeten. »So drehen sich die Dinge manchmal im Leben«, urteilt er gegenüber dem Freund Aloys Schulte. »Mich hat die Aufgabe zwar

59 Emilie Bücher an ihre Schwester Mathilde, 21. Oktober 1892. PB Lauth.

60 Braubach, Aus Briefen 1965, 380.

61 Emilie Bücher an ihre Eltern, 27. April 1893. PB Lauth.

62 Gemeint ist der Sanskritforscher und Keltologe Ernst Windisch (1844–1918), der seit 1877 in Leipzig lehrte. 1873 hatte er Berta Roscher, die Tochter Wilhelm Roschers, geheiratet. *Deutsches Zeitgenossenlexikon* 1905, Sp. 1581.

63 Emilie Bücher an die Eltern, 14. Juni 1894. PB Lauth.

64 Emilie Bücher an ihre Eltern, 27. Januar 1896. PB Lauth.

drei Tage gekostet, aber zuletzt hatte der Mann mein volles Interesse gewonnen – nicht als Individuum, sondern als Typus.«[65]

Auch das Verhältnis zum Duzfreund Wilhelm Stieda (1852–1933), der 1898 Nachfolger des Kollegen Miaskowski wird und Bücher von der Pflicht entlastet, Finanzwissenschaft zu lehren,[66] kühlt sich mit der Zeit ab. »Bei dem neuen Mitkollegen Stieda beißen [die Hörer] noch nicht so an, es geht aber auch gut im Allgemeinen«, kommentiert Emilie das Verhältnis noch am 28. Oktober 1898.[67] In späteren Briefen geht sie anders als in der Affäre Miaskoswki auf die Beziehung kaum mehr ein, auch als sich die Kollegen in Habilitationsangelegenheiten uneins sind und es wegen der Leitung des Staatswissenschaftlichen Seminars zum Streit kommt, der zur Teilung des Instituts führt.[68] Allein die vorgebliche Freude des Kollegen über eine vermeintliche Berufung Büchers nach Berlin ist ihr am 25. November 1905 eine Nachricht an ihre Schwester Mathilde wert: »Wir hatten in letzter Zeit großen Spaß an einem Geschwätz, das wie ein Lauffeuer unter den Professoren

65 Braubach, Aus Briefen 1965, 381.

66 UAL, PA 362 (Karl Bücher), Bescheinigung vom 13. April 1898. – Wie aus den Briefen an Aloys Schulte hervorgeht, protegierte Bücher Stieda auch vor der Berufung des Kollegen nach Leipzig, zog aber, als es um die Besetzung des Freiburger Lehrstuhls ging, Sering aus Berlin Wilhelm Stieda vor. Braubach, Aus Briefen 1965, 389. – Emilie Bücher berichtet vom Besuch Stiedas anlässlich des 2. Historikertages 1894 in Leipzig (6. April 1894) und vermeldet in einem Brief, der undatiert ist und vermutlich im April 1898 verfasst wurde, ihren Eltern die Berufung Stiedas, den sie bei der Wohnungssuche unterstützt: »Für die Professur von Miaskowski war an erster Stelle […] v. Mayr vorgeschlagen, der nahm aber eine Professur nach München an Riehls Stelle an. Jetzt hat die Regierung den Bruder von dem Dorpater Stieda, Wilhelm Stieda, berufen. Der ist jetzt in Rostock, freut sich natürlich sehr hierher zu können […]. Stieda bat mich etwas über Wohnung in Erfahrung zu bringen. Das thue ich sehr gern.« Kurze Zeit später, am 11. Mai 1898, heißt es: »Prof. Stieda ist mit Familie hier, da werden wir zuweilen auch in Anspruch genommen, es sind nette Leute.« PB Lauth.

67 PB Lauth. Zu diesem Zeitpunkt hat Bücher 200 Hörer, 50 weitere erwartet sie zusätzlich.

68 Seit 1905 hatte Stieda die Leitung des Volkswirtschaftlichen Seminars inne, das neben den Vereinigten Staatswissenschaftlichen Seminaren existierte. Das Staatswissenschaftliche Seminar hatte Lujo Brentano 1889 gegründet. Krause, *Alma mater Lipsiensis* 2003, 186 u. 273. So distanziert sich Bücher in einem Brief an den Kollegen Graf Du Moulin-Eckart vom 30. Mai 1907 von Wilhelm Eduard Biermann, einem Schüler Stiedas, als es um die Listenfähigkeit Biermanns geht (BayrHStA München, MK 19565) Allerdings hat er als Mitglied der Kommission, die 1904 die Habilitationsschrift Biermanns zu begutachten hatte, Biermann zwar kritisiert, die Habilitation aber passieren lassen. UAL, PA 317 (Personalakte Biermann). Aus Weber, *Briefe 1906–1908* (MWG II/5, 1990, 289). – Spricht Stieda Bücher in seinen Briefen in den 1890er Jahren als »Freund« an, so wechselt er nach dem Zerwürfnis in die distanzierende Anrede »Lieber Kollege«. UBL, Sondersammlung, NL 181 (Karl Bücher).

umging. Karl sei nach Berlin berufen als Organisator einer neuen Handelshochschule, als vortragender Rath beim Ministerium des Unterrichts u.s.w. Ich hätte in einer Kaffeevisite die Sache nicht erwähnt, selbst sei es gewiß so. Nun wurde ich in keiner Kaffeevisite danach gefragt. Karl hat von der Geschichte kein Wort je gehört von Berlin, also alles Gerücht! St[ieda] hat sich umsonst gefreut, Karl los zu sein!« [69]

Bürgerlicher Lebenszuschnitt und großstädtischer Wohnkomfort

Der Umzug nach Leipzig fällt der Familie schwer.[70] Der Sohn charakterisiert Leipzig als »Stadt der ewigen Fremde« und meint, dass »man dort – aus dem gemütlichen Südwesten kommend – schwer heimisch wird«.[71] Alfred Philippson, der in den 1880er Jahren (1883–1886) in Leipzig bei Ratzels Vorgänger Richthofen Geographie studierte, beschreibt in seinen Erinnerungen Leipzig als eine »Mittelstadt mit grosstädtischen Allüren« mit der wohl »reizlosesten« Umgebung, »die irgendeine grössere Stadt in Deutschland aufzuweisen« habe.[72] Friedrich Ratzel, der seinen Kollegen Bücher bei der Wohnungssuche berät, weiß aus eigener Erfahrung um die Umstellung, die für die Familie ein Wechsel von Süddeutschland nach Leipzig bedeutet. Nur kurz zuvor hatte Brentano dem landschaftlich reizvolleren München den Vorzug gegeben, angeblich, weil seiner Frau das Klima in Leipzig nicht bekommen war.[73] »Aber ich bin überzeugt, Sie finden hier einen Lebensboden

69 PB Lauth. Von den Zerwürfnissen berichtet auch Friedrich Bücher, *Vorbei* o. J., 3. Möglicherweise haben auch politische Kontroversen eine Rolle gespielt. In seinem Nachruf auf Brentano distanziert sich Stieda von Brentanos liberaler und demokratischer Grundhaltung, die auch der Büchers entsprochen haben muß. Nach Bräuer (Wilhelm Stieda 1937, 1–42) hat Stieda 1933 »mit jubelnder Begeisterung« die nationalsozialistische Machtergreifung, für ihn gleichbedeutend mit dem »Erwachen der deutschen Nation«, begrüßt (3). Während Bräuer ausführlich auf Stiedas Verhältnis zu Schmoller eingeht, den er bewundert habe, wird die Beziehung zu Bücher nicht thematisiert.

70 Emilie Bücher an ihre Schwester Mathilde, 21. Oktober 1892. PB Lauth.

71 Friedrich Bücher, *Vorbei* o. J., 8.

72 Philippson, *Wie ich zum Geographen wurde* 2000, 241.

73 Dieses Argument führt Wilhelm Stieda in seinem Nachruf auf Brentano von 1931, 18 an. In seinen Erinnerungen nennt Brentano eben diese gesundheitlichen Probleme als Motiv für die Entscheidung, dem Ruf nach München zu folgen. Brentano, *Mein Leben* 1931, 164. – Auch andere Gelehrte, so der Historiker Walter Goetz, der Nachfolger von Karl Lamprecht, mögen die Stadt Leipzig nicht. Der sozial eingestellte Goetz fühlt sich vor allem

und wir wollen alles thun, nun auch Ihrer Gattin und Ihrem Söhnchen das Einleben zu erleichtern«, schreibt Ratzel an Bücher, als dieser seine Entscheidung für Leipzig mitteilt.[74] Gerade Ratzels Frau kehrte dem »gräßlichen Leipzig« gern den Rücken, eine Haltung, für die Emilie Bücher trotz der Trauer, »aus der süddeutschen Welt« herausgerissen zu sein, jedoch wenig Verständnis zeigt.[75] Auch Karl Bücher löst sich nicht gern aus dem süddeutschen Milieu, lässt sich aber von der Größe und Rangstufe der Universität Leipzig gegenüber Karlsruhe verführen, wie er selbstkritisch in seinen Erinnerungen festhält (L 453). Dem Freund Aloys Schulte gegenüber äußert er sich verhalten positiv über den »Übertritt vom Großherzogtum Baden nach dem Königreich Sachsen« (L 453): »Das Leben hat einen großen Zuschnitt; die Menschen sind freundlich und von jener menschlichen Duldsamkeit und Rücksichtnahme, welche das Menschengewimmel der Großstadt allein erträglich macht.«[76]

Auch in Leipzig zieht man – wie zuvor in Karlsruhe – an den Stadtrand, ins Grüne. Die in der Nähe des Rosentals gelegene Wohnung in der Gustav-Adolf-Straße 3/III mit Glasveranda und Blick auf Gärten wird 16 Jahre lang die dreiköpfige Familie beherbergen, ehe im Sommer 1908 der Umzug in die Auenstraße 2 erfolgen sollte. Während die Wohnung in der Gustav-Adolf-Straße nur eine geschlossene Veranda bot, besaß die Mietwohnung in der Auenstraße einen offenen Balkon, der Emilie Bücher, zu diesem Zeitpunkt an den Rollstuhl gefesselt, den Ausblick in die grüne Welt des Rosentals ermöglichen sollte.[77] 1912 dann zieht Bücher in eine universitätseigene Wohnung, ins sogenannte Preußenhaus der Goethestraße vis à vis vom Theater am Augustusplatz. Dorthin folgt ihm in den Kriegsjahren die Familie des

---

vom »Elend modernen Arbeiterlebens« abgestoßen, dem er in den Vorstädten begegnet. Weigand, *Walter Wilhelm Goetz* 1992, 53.

74 UBL, Sondersammlung, NL 181 (Karl Bücher), Ratzel an Bücher, 9. Mai 1892. Ratzel selbst habe es nach den Aussagen von Wilhelm Ostwald (*Lebenslinien* II, 1927, 96) immer bereut, »seine frühere Tätigkeit an der Technischen Hochschule in München mit der äußerlich viel glänzenderen Leipziger Stellung vertauscht zu haben.«

75 Emilie Bücher an ihre Eltern, 8. Mai 1895. Im Brief vom 6. Juli 1894 an ihre Eltern heißt es: »Heute Abend kommt H. Ratzel ganz einfach mit uns zu Nacht zu essen; seine Frau hat natürlich dem ihr so gräßlichen Leipzig schon den Rücken gekehrt. Um 9 Uhr gehen wir dann mit H. Ratzel in das Rosenthal, da ist jeden Freitag Abend Zusammentrunk von Professorenfamilien.« PB Lauth.

76 Braubach, Aus Briefen 1965, 379.

77 Friedrich Bücher, *Vorbei* o. J., 26.

Sohnes, mit der er bis zu seinem Tode im Jahre 1930 zusammenlebt.[78] Die Fenster der im 3. Stock gelegenen Wohnung gingen zum Hintereingang des Theaters hinaus, von wo die 1922 geborene Enkelin Luise später das Treiben der Ballettmädchen während der Pausen mit Neugierde verfolgen sollte.[79]

Zum ersten Mal erlebt die Familie in der neuen Wohnung in der Gustav-Adolf-Straße den Komfort eines Badezimmers mit Badeofen. »Der zylindrische Badeofen mit Zulauf in die Wanne« war erst Ende des 19. Jahrhunderts erfunden worden. Bis 1900 besaßen die meisten Häuser vor allem in kleineren Städten »noch kein fließendes Wasser, so daß das Wasser im Hof oder beim öffentlichen Brunnen in Eimern geholt werden mußte. Es wurde dann in die sogenannte Wasserbank neben den Spülstein in der Küche eingestellt.«[80] Für den gegenüber allen zeitgenössischen Fragen der Kanalisation und städtischen Hygiene aufgeschlossenen Schwiegervater Büchers muss die Mitteilung über die neuen technischen Errungenschaften der Leipziger Stadtwohnung von besonderem Interesse gewesen sein. Kurz nach dem Einzug, am 31. Oktober 1892, notiert Emilie Bücher stolz: »Unser Bad macht uns wirklich Freude, es ist bequem u. kolossal, für Karl gerade recht, für Friedi fast zum Schwimmen.«[81] Das Duschen und Baden, sei es als Therapie gegen Erkältung oder gegen Rückenschmerzen, wird gerade in den ersten Jahren immer wieder in den Briefen erwähnt.[82] Auch ein »closet« gehört zur neuen Woh-

78 Für diese Universitätswohnung im 3. Obergeschoß des sogenannten Preußischen Hauses bezahlt Bücher einem Schreiben des Universitätsrentenamtes vom 27. März 1912 zufolge 1800 Mark Jahresmiete. UBL, Sondersammlung, NL 181 (Karl Bücher), P.

79 Gespräch mit Dr. Luise Lauth im November 2009. Vgl. auch die Angaben in: Erinnerungen an Karl Bücher. Peter Ufer im Gespräch mit Luise Lauth und Kurt Koszyk, in: *Unser Jahrhundert in den Medien* 1993, 38.

80 Benker, *Bürgerliches Wohnen* 1984, 75 u. 68.

81 PB Lauth. Der Schwester Mathilde, die beim Umzug geholfen hatte, schreibt sie am 21. Oktober 1892: »In Gedanken erzählte ich dir bereits jede Kleinigkeit, die vorkam, so z. B. daß wir Mückenpapier kauften, was ausgezeichnet wirkt, die Plagegeister liegen nun mausetodt am Boden. Dann habe ich mir das Bad erklären lassen, morgen soll Friedi gebadet werden. Die Sache scheint mir sehr einfach und praktisch.« PB Lauth.

82 Emilie Bücher an Mathilde, 11. März 1893: »Ich hatte Samstag Nachmittag mit Friedi einen Spaziergang gemacht u. fror in meinem Cèpe, ich hatte versäumt nach dem Thermometer zu schauen. Abends habe gebadet, dann [den] Kopf geduscht, u. da Nachtessenszeit war, denselben statt tüchtig trocken zu reiben nur eingewickelt. Den anderen Tag, also Sonntag, kam ich mir wie verprügelt vor.« Am 27. April 1895 schreibt sie ihr: »Meine liebe sorella, heute erhielt ich deine l. Karte [...]. An demselben Tag kam Karl Abends von Kirberg zurück. Er hatte dort zwei Tage im Bett gelegen wegen seinen Rückenschmerzen; es hat aber nichts geholfen. Dann Freitag u. heute Sonntag hat er Morgens 7 Uhr ein heißes 33° Bad genommen, dann ins Bett gelegen, geschlafen u. furchtbar geschwitzt [...]. Das hat ihm gut gethan, er hofft, Montag lesen zu können.« PB Lauth.

nung, »nämlich so eines wie in Hôtels, weißt Du«, berichtet sie Jahre später ihrer Schwester Mathilde anlässlich der Renovierung dieses Raumes, »dazu ließ Karl tapezieren, nun ist auch dieser Raum standesgemäß!«[83] Über den Einzug weiterer technischer Errungenschaften dieser Jahre, Gasbeleuchtung und elektrisches Licht, hält Emilie Bücher Eltern und Schwester ebenfalls auf dem Laufenden. Im Esszimmer und Salon werden bereits im ersten Jahr des Leipziger Aufenthaltes Gaslüster angeschafft;[84] in der Küche steht ein Gaskocher.[85] Der Sohn bekommt Weihnachten 1897 elektrisches Spielzeug,[86] in seinem Zimmer baumelt die erste elektrische Glühbirne: »Was Friedi's Glühlampe betrifft«, antwortet Emilie Bücher auf Nachfragen der Eltern am 12. November 1898, »so ist sie elektrisch, vielleicht von 2 Kerzenstärken. Den Akkumulator muß er immer von Zeit zu Zeit füllen lassen, das sind die Betriebskosten!« Durchgängig elektrisches Licht hat die Wohnung nicht. Darin ist ihr zu Beginn des neuen Jahrhunderts die ältere Schwester Mathilde voraus, die in ihrer Münchner Wohnung über elektrisches Licht und Zentralheizung verfügt, um die Emilie sie beneidet. »Elektr. Licht, Centralheizung, bequem habt Ihr's«, schreibt sie am 13. Oktober 1903 und klagt über den Aufwand des Heizens der Öfen: »Wie viel Zeit verlieren ich u. meine Donna damit. Ich habe ganz häßliche Hände davon, freilich noch mehr vom Wasserplantschen.«[87]

Auch wenn dem frisch Berufenen eigene Räumlichkeiten an der Universität zugewiesen werden und Bücher täglich zur Universität geht, so besitzt er in seiner Mietwohnung in der Gustav-Adolf-Straße selbstverständlich ein Arbeitszimmer. Es gehört zu jenen »halbdurchlässigen« oder halböffentlichen Räumen einer bürgerlichen Wohnung, die eine Rückzugsmöglichkeit von der Unruhe des Haushalts boten, aber auch offiziellen Besuchern zugänglich waren. So wird das Arbeitszimmer vier Jahre später Ort der Bleibeverhandlungen mit der Sächsischen Ministerialbürokratie sein.[88] Es grenzt an die Küche und gehört zusammen mit Salon und Esszimmer zu den größ-

83 Emilie Bücher an Mathilde, 16. April 1902. PB Lauth.

84 Emilie Bücher an Mathilde, 25. November 1892. PB Lauth.

85 Emilie Bücher an die Eltern, 27. Dezember 1892: »Nach einem Gaskochapparat-Grossisten will ich baldigst nachfragen. Ich bin ungemein zufrieden mit dem unsrigen, der […] hat […] einen kl. conzentrierten Brenner u. noch ein[en]Kranz außen herum, wenn man große Töpfe darauf stellt. Meist brennt nur ersterer u. genügt vollständig. Wir kochen Frühstücks-, Abendessen u. Nachmittagskaffee darauf.« PB Lauth.

86 Emilie Bücher an die Eltern, 27. Dezember 1897. PB Lauth.

87 Vgl. Schivelbusch, *Lichtblicke* 1986, 61ff. u. 149ff.

88 Vgl. Kap. *Der Ruf nach Heidelberg und erfolgreiche Bleibeverhandlungen*. Zum halbdurchlässigen Charakter vgl. Daston, Die wissenschaftliche Persona 203, 126, die als Beispiel das

ten Räumen der Fünfzimmerwohnung. Die Nähe zur Küche garantiert dem »[W]ärmeliebende[n]« ein behagliches Klima auch an kühlen Tagen der Sommermonate.[89] Der Sorge um ausreichende Wärme vor allem in »Karls Zimmer« gilt die besondere Aufmerksamkeit der Hausfrau. Wenn sich der Winter ankündigt, werden zunächst das Studierzimmer und in der Übergangszeit auch die Veranda geheizt. »Wir heizen schon tüchtig in Karl's Z[immer] u. in der Veranda. Damit sind die 4 großen Räume für m[eine] Begriffe angenehm warm.«[90] Wenn es ganz kalt wird, wird auch der Ofen im Zimmer des Sohnes angemacht, »damit er seine Aufgaben darin machen kann«,[91] und im Esszimmer. Fünfzehn Grad Celsius werden schon als warm empfunden, wie aus dem Bericht an die Eltern hervorgeht, die sie später beim Kauf eines Ofens für die Veranda beraten: »Von einer Füllung Morgens in Karls u. Eßzimmer haben die 3 großen Stuben (ich rechne Salon in der Mitte dazu) wenigstens immer 15°.«[92] Der Salon wird nur zu besonderen Ereignissen geheizt. Er hat vorwiegend repräsentative Funktionen; in ihm hält sich die Familie, wie dies typisch für die bürgerliche Wohnkultur dieser Jahre ist, nach den Aussagen Emilies kaum auf.[93] Kommen die Kollegen ins Haus, werden der ans Arbeitszimmer grenzende Salon und das Esszimmer okkupiert; die Familie weicht in diesen Fällen zum Essen ins Studierzimmer aus, wenn die Veranda nicht benutzbar ist.[94]

Das häusliche Familienleben spielt sich vornehmlich in der Veranda ab, die Emilie Bücher dem »düsteren Eßzimmer« vorzieht.[95] Eine Photographie aus der Zeit um 1905 zeigt die Familie bei der nachmittäglichen Tee-

---

Arbeitszimmer von Theodor Mommsen heranzieht, wie es in den Erinnerungen der Tochter Adelheid dargestellt wird.

89 Emilie Bücher an die Eltern, 14. Juni 1894: »Karls Zimmer, vielleicht weil neben der Küche, ist immer wie geheizt, für ein wärmeliebendes Männlein gerade recht.« PB Lauth.

90 So Emilie Bücher an die Eltern, 12. November 1898. PB Lauth.

91 Emilie Bücher an die Eltern, 28. Oktober 1898. PB Lauth.

92 Emilie Bücher an die Eltern, 14. Februar 1893. PB Lauth.

93 Benker, *Bürgerliches Wohnen* 1984, 67.

94 Emilie Bücher an Mathilde, 19. Mai 1904. PB Lauth.

95 Emilie Bücher an ihre Schwester, 31. Mai 1903: »Draußen ist's wunderschön, die Straßen voll geputzter Menschen, hell sonnig freundlich mit 21 Grad nicht einmal so schrecklich heiß, ich sitze aber in unserem düsteren Eßzimmer, in der Veranda ist's zur Zeit zu luftlos, das Manndi arbeitet in s[einer] Stube an der Buchhändlerschrift [...] Morgen Nachmittag soll das Kränzchen bei mir sein, das ist auch ein Unsinn, u. wollte ich, ich hätte abgesagt. In der Veranda können wir nicht sein von wegen Hitze, falls es nicht ein Gewitter gibt.« PB Lauth.

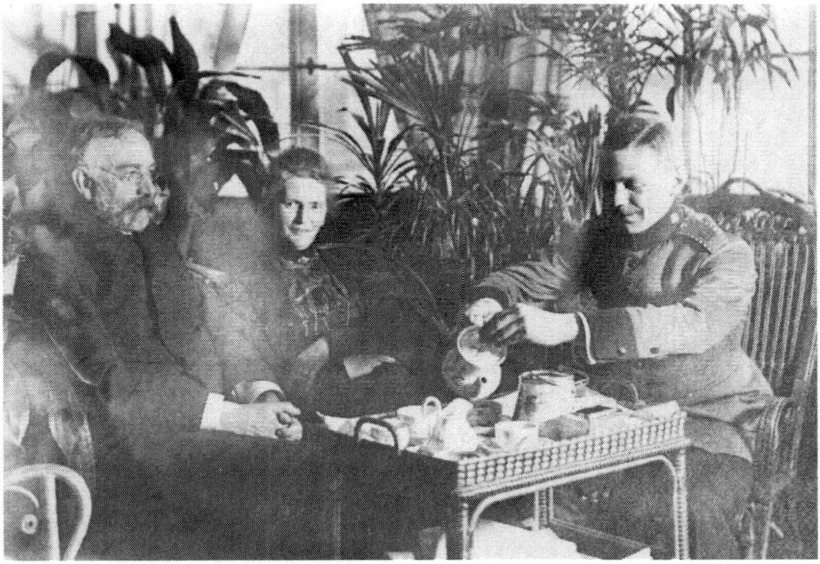

16. Karl, Emilie und Friedrich Bücher auf der Veranda

stunde. Hier wird auch das Frühstück eingenommen;[96] hier spielt der Sohn mit seinen Freunden und genießt den Zeichenunterricht;[97] hier schreibt Emilie ihre Briefe an die Eltern; hier empfängt sie die Kollegenfrauen.[98] Als 1897 ein neuer Ofen für die Veranda gekauft wird,[99] ist der verglaste Raum auch ganzjährig nutzbar. Für Emilie ist die Veranda ästhetisierter Naturraum und Gartenersatz, ausgestattet mit »freundliche[n] gelben[n] Vorhänge[n] mit altdeutschen aufgedruckten rothen Streifen«, die immer mal wieder gegen andere Gardinen ausgetauscht werden,[100] »Gartenbank« und »Blumenständer«, »so, daß man sich mit etwas Phantasie in einem Garten sitzen vor-

96 Emilie Bücher an die Eltern, 15. August 1893. »Das Wetter ist trüb, für meine Veranda das rechte Wetter. Ich sitze eben darin, habe erst gefrühstückt, nun geschrieben.« PB Lauth.

97 Emilie Bücher an die Eltern, 16. November 1896 u. 20. November 1897. PB Lauth.

98 Emilie Bücher an ihre Schwester, 7. Januar 1901: »Frau Chun kam neulich wieder mal, wir tranken Thee zusammen in der Veranda.« PB Lauth.

99 Emilie Bücher an die Eltern, 20. November 1897: »Der Winter'sche Ofen, der unsere Veranda nun schon seit einer Woche schmückt, hat m[eine] Gedanken ordentlich in Anspruch genommen. Soll od. soll man keinen nehmen? Schließlich kaufte ich doch einen [...] 50 M[ark] ohne Ofenrohr.« PB Lauth.

100 Emilie Bücher an die Eltern, 31. Oktober 1892. Am 28. Oktober 1898 heißt es: »An Karl's Fenstern sind nun schöne dunkelgrüne Portièren u. zum Ziehen crème[farbige]Vorhänge, die sind doch zu hübsch. In der Veranda hänge ich einfache Nesselvorhänge auf mit rothen Böllchenfransen, das wird gewiß auch hübsch aussehen.« 12. August 1905: »Ich habe zu m.

stellen kann.«[101] Diesen nutzt sie vor allem an trüben Tagen.[102] An heißen Sommertagen, so klagt sie oft, sei der Aufenthalt in der Veranda nicht erträglich.[103] An ihren Traum von einer Terrasse, »welche Seeligkeit, welches Glück«, den sich 1903 die Ziehtochter ihrer Schwester Mathilde in München erfüllt, reicht die Wirklichkeit des Lebens auf der Veranda nie heran.[104] Immer wieder träumt sie in den folgenden Jahren vom eigenen Haus mit Garten, dessen Realisierung der Gatte ablehnt, der in fußläufiger Entfernung zur Universität wohnen bleiben will, die er zwei- bis dreimal am Tag aufsucht.[105] Für den Gelehrten hat die Veranda den Vorzug, dass sie weit genug entfernt von seiner Studierstube liegt und er ungestört arbeiten kann. Als wegen der sommerlichen Hitze der Aufenthalt auf der Veranda nicht möglich ist, muss die Einladung der Damen zum Kränzchen entfallen, da ihr Gerede im angrenzenden Salon die Konzentration gestört hätte.[106]

Fehlt Emilie Bücher mit den Jahren zunehmend ein richtiger Garten, so genießt sie in den Anfangsjahren die Nähe zum Rosental. Diese nur wenige Kilometer lange Auenebene der Elster und Pleiße mit Wiesen und alten Baumbeständen im Nordwesten der Stadt war »die einzige angenehme Unterbrechung dieser tödlich langweiligen Gegend«, wie der Geograph Alfred Phi-

Geburtstag wieder mal Wohnungsverschönerungen gewünscht, hatte Vorhänge mit rothen Streifen in die Veranda, u. eine neue Plüschdecke auf die chaise longue.« PB Lauth.

101 Emilie Bücher an die Eltern, 12. November 1898. PB Lauth.

102 Emilie Bücher an die Eltern, 12. Mai 1894: »Meiner fatalen Veranda wegen liebe ich, wenn der Himmel bedeckt ist, dann ist es ganz hübsch da.« PB Lauth.

103 Emilie Bücher an Mathilde, 11. Juni 1902: »Freilich, die Hauptsache ist Wärme, die bis jetzt fehlte, heute scheint sie eben zu kommen. Die gönne ich Dir von Herzen, überhaupt auf dem Lande hat sie mich noch selten geniert, hier aber ist sie unausstehlich. Als ich heimkam, ging's gerade damit los, so daß wir von Sonntag auf Mittwoch die Veranda nicht benutzen konnten. Acht Tage war es dann aber ganz hübsch kalt, gerade so wie bei Euch. Jetzt 10 Uhr hat es 15° Wärme.« 18. April 1904: »Mir ist alles Vergnügen wurscht im Vergleich zu einer guten Luft im Freien. Wir hatten furchtbar warme Tage 22 Gr. reaumur [d. h. ca. 28 Grad Celsius], in der Veranda große Hitze, wie Du Dir denken kannst.« PB Lauth.

104 Emilie Bücher an Mathilde, 13. Oktober 1903. PB Lauth.

105 Anlässlich eines Hauskaufes ihres Bruders Alfred schreibt sie am 30. Juni 1903 an die Schwester Mathilde: »Alfreds Haus muß recht hübsch sein, ja wenn man so was hier haben könnte! Höchstens vielleicht irgendwo weit draußen, u. selbst da wäre es viel theurer u. unmöglich mit Karl's Beruf, der ihn oft 2 x am Tag, ja oft 3 x in die Stadt nöthigt. Ja der Häuserkauf schmerzt wieder mal.« PB Lauth.

106 Emilie Bücher an ihre Schwester Mathilde, 31. Mai 1903: »[…] die Kränzchen's Damen zu Karte abbestellen, dann schlafen. Karl wünschte es so, da es ihn gestört hätte, wenn wir im Salon säßen. Es muß irgendwo gewittert haben. Denn zur Noth könnte man heute in der Veranda sitzen. Nun kommen die Damen in 8 Tagen.« PB Lauth.

17. Rosentalgasse mit Rosentaltor, 1910

lippson in seinen Erinnerungen urteilt.[107] Die Parkanlage, von der Bücher'schen Wohnung nur wenige Schritte entfernt, lockt zum täglichen Spaziergang.[108] Auch der Palmengarten in der Nähe des Elsterwehres im Westen Leipzigs bietet Vergnügen aller Art und wird vor allem Besuchern gerne gezeigt.[109] Daneben werden von Anfang an auch die Nachteile des Großstadtlebens moniert, der Staub, die schlechte Luft: »Mit Staub u. Ruß ist es wirklich schauderhaft hier«, klagt sie, »Frau Geh. Rath. Wach geb. Mendelssohn-Bartholdy, eine sehr feine Dame, sagte neulich, man bekäme hier einen ganz anderen Maßstab für

107 Philippson, *Wie ich zum Geographen wurde* 2000, 241.

108 Emilie Bücher an die Eltern, 31. Oktober 1892 (Reformationstag): »Die Nähe des Rosenthals ist doch reizend, es lohnt sich auch nur für eine Stunde sich darin zu ergehen.« Am 7. Juni 1901 an die Schwester: »Ich wollte gern in den Palmengarten mit dem Mannerl gehen, er hat aber keine Zeit dazu, da werden wir halt wie immer im Rosenthal unsere Stunde ablaufen.« PB Lauth.

109 Dem Bruder Alfred zeigt sie bei einem Besuch den Zoologischen Garten und den »Palmengarten. Das lebendige Treiben in der Stadt, die sich fortwährend kreuzenden Tram's, alles gefiel ihm sehr«, schreibt sie am 14. September 1901 an Mathilde. Auch an ihrem Geburtstag geht sie gerne in den Palmengarten, wie sie der Schwester am 25. August 1905 berichtet: »Trotzdem hat man so eine Herbstahnung, einzelne Blätter fallen von den Bäumen, morgens ist es in der Frühe so windig, manchmal neblich, gestern setzten sich die Leute gerne in die Sonne im Palmengarten. Ich war gegen Abend mit Friedi ein wenig dort, um m. Geburtstag würdig zu beschließen.« PB Lauth.

Sauberkeit. Es ist einfach unmöglich wie anderswo sauber zu halten. Es ist alles mit einer Rußschicht überzogen.«[110] Aber über die Heizkraft der Braunkohle, die zum Teil für diesen Ruß verantwortlich ist, gerät sie ins Schwärmen. »Die Braunkohlen sind ausgezeichnet, das Zeug brennt wie Holz.«[111] Zugleich gewinnt sie dem geschäftigen Treiben der Messestadt und dem kulturellen Leben positive Züge ab. »Draußen in der Stadt geht es lebhaft zu, 4 Wochen dauert die Messe. Auf dem Markt, dem Fleischer- und Augustusplatz sowie Roß- u. Königsplatz sowie in den kl. Läden, dann die gemietheten Läden, es ist eine unglaubliche Menge. Wenn man noch nicht weiß, was Handel ist, hier kann man's lernen. Ich habe mein Porzellan u. Glas vervollständigt und kam im Vergleich zu Läden entschieden billig[er] weg [...]«, schreibt sie stolz nach ihrem ersten Messebesuch im Frühjahr 1893.[112]

Regelmäßig berichtet sie in den folgenden Jahren über Konzertbesuche im damals bereits berühmten Gewandhaus und über den Besuch von Theateraufführungen. Nach nur wenigen Wochen ihres Leipziger Daseins vermeldet sie den bereits dritten Besuch im »Gewandhausconzert. Unsere Plätze sind wunderschön, ganz vorn u. außen. Der Saal ist mit fabelhafter Pracht ausgestattet. Ein wahrer Musentempel.« [113] Den Platz im Gewandhaus erbt sie vermutlich von dem gerade verstorbenen Pandektisten Bernhard Windscheid. Am 31. Oktober 1892, im ersten Brief aus Leipzig an die Eltern, berichtet sie stolz, dass sie »Karten für Konzerte im Gewandhaus von Prof. Windscheid übernommen haben. Karl biß nicht gern in den sauren Apfel, ich freue mich aber königlich darüber.« Denn »80 bis 90 Prozent der 1700 Plätze des Großen Saales wurden von Leipziger Bürgerfamilien gehalten und fortan von einer Generation in die nächste vererbt. Im großen Gewandhaussaal«, so urteilt Michael Schäfer in seiner Studie des Leipziger Bürgertums, »inszenierte sich das Leipziger Großbürgertum selbst, die Großkaufleute, die Fabrikanten, die Verleger und die mit ihnen verwandten und gesellschaftlich verbundenen Bildungsbürger.«[114] Seit dem 18. Jahrhundert besaß gerade das Konzertwesen für die Herausbildung des bürgerlichen Selbstbewusstseins eine zentrale Rolle.[115] Bei der Wahl ihres Ehemannes zum Rektor im Jahre

110 Emilie Bücher an Mathilde, 25. November 1892. PB Lauth.

111 Emilie Bücher an die Eltern, 24. November 1892. PB Lauth.

112 Emilie Bücher an die Eltern, 27. April 1893. PB Lauth.

113 Emilie Bücher an die Eltern, 13. Dezember 1892. PB Lauth.

114 Schäfer, *Bürgertum* 2003, 123.

115 Blanning, *Das Alte Europa* 2006, 156–173. Nach Daniel (*Hoftheater* 1995, 39ff.) besaßen Oper, Musik, Theater und Ballett bereits im 19. Jahrhundert alle Kriterien der Massenunterhaltungskultur.

18. Das Gewandhaus. Innenaufnahme um 1910

1903 sitzt Emilie Bücher in der Königsloge, die für Spitzen der staatlichen und kommunalen Verwaltung reserviert war.[116] »Letzte Woche haben wir schon einmal Rector gespielt. Wir waren im Gewandhausconzert [...]. Weißt ganz vorn auf dem Mittelbalkon die Zielscheibe aller Blicke. Man muß die Plätze mit 90 M[ark bezahlen], hat aber das Vorrecht auf diesen himmlischen Platz, neben dem Höchstcommandierenden u. Gattin, dem Oberreichsanwalt etc.«[117]

Theater- und Konzertbesuche bilden das spezielle Vergnügen der Ehefrau, das sie selbst im Krankheitsfall nicht missen möchte. Nach einem Zahnarztbesuch geht sie »lila angelaufen ins Conzert«, wie sie der Schwester gesteht, und ist dennoch »sehr vergnügt.«[118] Der Ehemann schätzt den bürgerlichen Kunstgenuss weniger. Im Januar 1894 erzählt Emilie Bücher von einer Theateraufführung mit Eleonora Duse, die sie sehr schön, der Gatte aber »polizeiwidrig« gefunden habe, und bekennt: »Ich höre aber so gerne italienisch, daß es mir ein großer Genuß war.«[119] Außerhalb offizieller Anläs-

116 Schäfer, *Bürgertum* 2003, 123.
117 Emilie Bücher an Mathilde, 13. Oktober 1903. PB Lauth.
118 Emilie Bücher an Mathilde, 11. März 1893. PB Lauth.
119 Emilie Bücher an die Eltern, 17. Januar 1894. PB Lauth.

se gelingt es ihr nur selten, den Ehemann ins Theater »zu lotsen«. Im September 1896 schreibt sie stolz, dass sie »in letzter Zeit wirklich u. wahrhaftig 2 x im Theater« gewesen sei. »Einmal habe ich Karl mitgelotst, der auch befriedigt war. Tartuffe von Moliere [...]. Das zweite Mal war ich im Central-Theater allein (geschenktes Billett). Die Schüler des Conservatoriums spielten u. sangen die Zauberflöte, ganz reizend.«[120] Eine Ausnahme bilden Familienfeiern, so der 46. Geburtstag Karl Büchers, der mit einem Besuch im Gewandhaus begangen wird.[121] Meist aber sind es Kollegenfrauen, die sie ins Theater oder ins Konzert begleiten, so die Ehefrau des Theologen Frants Buhl oder Gertrud Lang, die Ehefrau des Anglisten Richard Wülker.[122]

Zum bürgerlichen Lebenszuschnitt gehörte neben Theaterbesuch und Musikgenuss auch der Gang ins Museum. Mitte des 19. Jahrhunderts waren in vielen Städten Kunstvereine gegründet worden, auf deren Initiative hin es zu Museumsgründungen kam. In Basel hatte der 1839 gegründete Kunstverein den Bau des städtischen Museums in der Augustinergasse durchgesetzt.[123] Auch in Leipzig war es auf Initiative des dortigen Kunstvereins zur Gründung eines Museums der bildenden Künste und weiterer Museen wie des Kunstgewerbe- und Völkerkundemuseums gekommen.[124] Dem Vorstand des Kunstvereins gehörten nicht nur namhafte Künstler an wie etwa der Bildhauer und Maler Max Klinger, dessen Werke die Webers als Vermögensanlage sammelten,[125] sondern auch Hochschullehrer. Der Jurist Adolf Wach war lange Jahre stellvertretender Vorsitzender des Kunstvereins, von 1903 bis 1919 hatte er sogar die Leitung inne.[126] Im Frühjahr 1893 meldet Emilie Bücher erfreut an die Eltern, dass sie nun nach Jahren der Entbehrung wieder Mitglied eines Kunstvereins sei.[127] Dieser organisierte neben (Verkaufs-) Ausstellungen auch Vorträge, die sie gerne besucht.[128] Auch abonniert sie die

120 Emilie Bücher an die Eltern, 30. September 1896. PB Lauth.

121 Am 14. Februar 1893 schreibt Emilie Bücher ihren Eltern »Donnerstag ist Karls Geburtstag, wir werden ihn im Gewandhaus feiern, d. h. eben unser Konzert anhören.« PB Lauth.

122 Vgl. Kap. *Leipziger Gelehrtennetzwerk und Damenkränzchen.*

123 Gossman, *Basel* 2005, 35, 75, 115.

124 Schäfer, *Bürgertum* 2003, 119.

125 Zeitweise bestritt Max Weber seinen Lebensunterhalt vom Verkauf seiner Klingersammlung. Belege bei Radkau, *Max Weber* 2005, 451.

126 Unger, *Wach* 2003, 123f.

127 Emilie Bücher an die Eltern, 14. Februar 1893. PB Lauth.

128 Emilie Bücher an die Mutter, 12. März 1896: »Die kunstgeschichtlichen Vorträge werden im Kunstverein gehalten für die Mitglieder. Mein Gatte hat mir zum Geburtstag 2 kleine Bilder ›Abend- und Morgenstimmung‹, letzteres in leuchtenden Herbstfarben, gekauft.« PB Lauth.

19. Emilie Bücher. Kreidezeichnung von Mathilde Mittermaier

Zeitschrift »Kunst für alle«,[129] ein zweiwöchentlich erscheinendes, illustriertes Blatt für zeitgenössische Kunst, das 1885 der Münchner Verleger Fried-

129 »Hast Du in der Kunstmappe auch ›Kunst für Alle‹?«, fragt sie ihre Schwester Mathilde, 28. November 1902. PB Lauth.

rich Bruckmann gegründet hatte.[130] Gerade mit ihrer Schwester Mathilde, die sich nach dem Tod der Eltern als Malerin in München niederlässt, tauscht sie sich regelmäßig über Kunstausstellungen und über die ästhetische Qualität einzelner Werke aus. »Heute«, so schreibt sie im Frühjahr 1895, »sah ich im Kunstverein eine ganze Sammlung Bilder von H. Thoma. [...] Die Leute sind ganz närrisch, ich erlaube mir, das Wenigste davon schön zu finden. Eine duftige saftige Malerei ist mir lieber als diese braunen Töne.«[131] Im Hause der Enkelin in Bad Liebenstein hängen zwei kleine Porträts, die Mathilde Mittermaier von ihrer Schwester gemalt hat. Geldgeschenke des kunstsinnigen Vaters, der ebenfalls zum Pinsel greift, nutzt sie für den Erwerb eigener Bilder.[132] Daneben setzt sie sich für befreundete Malerinnen ihrer Schwester Mathilde ein, dass deren Bilder im Kunstverein ausgestellt werden.[133] Auch diese Leidenschaft pflegt sie zunächst allein, später lässt sich der Sohn Friedrich für den Kunstgenuss gewinnen. Von dem 18jährigen, den sie spöttisch »Friedi den Großen« nennt, berichtet sie der Schwester stolz, dass er »jetzt bei den Studenten Gesellschaften« mitesse, »u. jeden Sonntag rasiert er sich u. wandert in den Kunstverein u. zur Platzmusike.«[134] Von einer Anteilnahme des Ehemannes an diesen Vergnügungen ist in den Briefen an keiner Stelle die Rede. Die Anpassung an den bildungsbürgerlichen Hintergrund der Ehefrau hat ihre Grenzen. Kunst als Medium und Ausweis von Bildung[135] bleibt das Ressort Emilie Büchers.

130 Vgl. die Besprechung der Ausstellung zur Zeitschrift im Haus der Kunst in München (arthistoricum.net) von Andreas Strobel, In der Grauzone der Kunstgeschichte. Eine Archäologie des Geschmacks anhand der Zeitschrift »Kunst für alle«, in: *FAZ* vom 16.8.2006.

131 Emilie Bücher an die Schwester, 27. April 1895. PB Lauth.

132 Emilie Bücher an die Eltern, 27. September 1897: »In den Kunstverein gehe ich so alle Woche einmal, fand aber kein Bild für den gedachten Preis, das Dein Bild, l[ieber]Vater, ersetzen könnte.« Am 23. Januar 1899 schreibt sie der Mutter: »für Vaters freundl[iche] Worte danke ich sehr, das Geld ist gut aufbewahrt u. unberührt, ich denke immer im Kunstverein daran ans Kaufen, sehe aber noch nichts Passendes. Fritz Bär hat einen Sonnenaufgang u. den Bogen. Der l. Gott macht's aber sauberer, ich meine hat reinere Farben.« PB Lauth.

133 Emilie Bücher an die Schwester, 31. Januar 1902: »In nächster Zeit werden 3 Bilder von Hanna im Kunstverein ausgestellt. Sie bat mich, dies zu bewirken, man hatte ihr geschrieben, es sei kein Platz vor Sommer. Ich ging zum Direktor u. zeigte die Photographien von Hanna's betender Italienerin. Das wirkte [...]«. PB Lauth.

134 Emilie Bücher an die Schwester, 21. Dezember 1901. PB Lauth.

135 Bollenbeck, *Bildung und Kultur* 1996, 262f.

Finanzielle Prosperität und Sparsamkeitsethos

Auch in finanzieller Hinsicht bedeutete der Wechsel nach Leipzig einen Aufstieg. Hatte Bücher in Karlsruhe 4500 Mark Jahresgehalt,[136] so empfiehlt ihm Ratzel, in Leipzig 9000 Mark zu fordern.[137] Eben diese Summe wird ihm nach den Angaben seiner Frau auch bewilligt. Hinzu kommen 3000 Mark Kolleggelder.[138] Mit diesem Jahreseinkommen von 12 000 Mark steht Bücher im Vergleich zu anderen Gelehrten gut da. Otto von Zwiedineck (1871–1957) beispielsweise, der spätere Nachfolger Lujo Brentanos und Max Webers auf dem Münchner Lehrstuhl, berichtet im März 1902 von seinen Verhandlungen mit Karlsruhe und teilt mit, dass er 4850 Mark Jahreseinkommen ausgehandelt habe. An Kolleggeldern rechne er mit 1100 bis 1400 Mark.[139] Etwa zur gleichen Zeit hatte Werner Sombart als Breslauer Extraordinarius ca. 6000–7000 verfügbares Jahreseinkommen, Kolleggelder eingeschlossen, das durch zusätzliche Finanzspritzen des vermögenden Vaters um 1500 bis 2500 Mark aufgestockt wurde. Als Sombart 1906 an die Berliner Handelshochschule ging, erzielte er ein Jahresgehalt von 15 000 Mark. Das war ungewöhnlich hoch. Etwa 12 000 Mark machte in dieser Zeit das Höchstgehalt eines ordentlichen Professors aus.[140] 12 900 Mark wurden beispielsweise dem Kollegen Adolf Wach 1886 von der Berliner Universität ge-

136 Seinem Nachfolger Heinrich Herkner in Karlsruhe, dem 3300 geboten werden, empfiehlt Bücher, 4000 Mark zu fordern. UBL, Sondersammlung, NL 181 (Karl Bücher), Herkner an Bücher, 24. Juni 1892. Am 28. Juni 1892 teilt ihm Herkner mit, daß er 3500 Mark ausgehandelt habe.

137 UBL, Sondersammlung, NL 181 (Karl Bücher), Ratzel an Bücher, 9. April 1892: »Ich rathe Ihnen 9000 M zu fordern; das ist das Durchschnittsgehalt der Ordinarien, wie ich zufällig im Decanatsjahr erfuhr. Sie dürfen nicht zu tief unter M[iaskowski] stehen. Kann man Ihnen die 1500 nicht gleich zusagen, so bedingen Sie sich die Erhöhung für den Fall des Abgangs Roschers. Der Professor wird nur auf seinen Wunsch pensioniert.«

138 Emilie Bücher an die Schwester, 25. November 1892: »Das Collegiengeld kann man etwa auf 3000 Mark bis jetzt rechnen im Jahr, dazu 9000.« PB Lauth.

139 UBL, Sondersammlung, NL 181 (Karl Bücher), Zwiedineck an Bücher, 26. März 1902. Otto von Zwiedineck habilitierte sich 1901 und erhielt 1903 den Ruf an die TH Karlsruhe. 1920 wechselte er nach Breslau, 1921 dann nach München. 1938, im Alter von 67 Jahren, wurde er emeritiert, hielt aber nach dem Krieg wieder Vorlesungen. *Deutsches Zeitgenossenlexikon* 1905, Sp. 1625/6.

140 Lenger, *Werner Sombart* 1995, 61–63, 177; ders., *Sozialwissenschaft* 2009, 23ff. Nach Ringer (*Die Gelehrten* 1987, 43) hatten außerordentliche Professoren und Lehrer an Gymnasien gegen Ende des Jahrhunderts etwa 5000 Mark verfügbares Jahreseinkommen, ordentliche Professoren dagegen bis zu 12 000 Mark und mehr. Nach dem Ersten Weltkrieg betrug ein Spitzeneinkommen, wie es etwa der Historiker Gerhard Ritter erhielt, 10 000 bis 14 000 Mark. Cornelißen, *Ritter* 2001, 114–118.

boten, der bereits 1875 an der Universität Leipzig ein festes Jahresgehalt von 8040 Mark bezog.[141] Diese Summe von 12 000 Mark erreicht Bücher erst nach den Bleibeverhandlungen im Jahre 1896, als er einen Ruf nach Heidelberg ablehnt. Max Weber, der anstelle von Bücher nach Heidelberg ging, erhielt nur ein Jahresgehalt von 6000 Mark – hinzu kam ein Wohngeld in Höhe von 760 Mark –, verbesserte sich gegenüber seiner ersten Stelle in Freiburg aber immerhin um 2000 Mark.[142]

Eine reichsweit einheitliche Hochschullehrerbesoldung gab es nicht.[143] Es lag am Renommee und Geschick des Einzelnen, wie hoch sein Gehalt ausfiel. Zu den am besten bezahlten Professoren gehörte in dieser Zeit Ulrich von Wilamowitz-Moellendorff, der ähnlich gut dastand wie Werner Sombart.[144] Adolph Wagners Jahresgehalt an der Berliner Universität und dem Königlich statistischen Bureau fällt in den 1880er Jahren nicht höher aus als das von Karl Bücher 1892 in Leipzig: 9500 Mark inklusive Wohnungsgeld macht er im Jahre 1885 steuerlich geltend. Jedoch kommt in Berlin noch einmal so viel an Hörergeld zusammen, für das er keine volle Gemeindesteuer abführen müsse, wie er in einem Schreiben vom 18. Juni 1885 an den Magistrat von Charlottenburg ausführt.[145]

Trotz der Verdoppelung des Jahreseinkommens und eines eigenen kleinen Vermögens meint Emilie sparen zu müssen. »Keine Wagen nehmen, die Tram summiert sich schon so! Mit dem Sofa lassen wir es vorerst sein. Dagegen wollen wir Gaslüster für Eßz[immer] u. Salon anschaffen. Ich freue mich sehr darauf.«[146] Als sie die ersten Antrittsbesuche absolviert hat – insgesamt 31 zählt sie im November, alle »per pedes« – erklärt sie ihrem Karl, dass sie, »wenn wir wieder die Stadt d. h. Universität wechseln, […] die Besuche en

141 Unger, *Wach* 2003, 62–64. Ursprünglich waren Wach bei seiner Berufung nach Leipzig im Jahre 1876 nur 6000 Mark geboten worden; da er aber bereits in Bonn mehr verdiente, wurde ihm dieses hohe Grundgehalt zugestanden.

142 Radkau, *Max Weber* 2005, 449.

143 Das Einkommen der Hochschullehrer bestand vor der reichsweiten Vereinheitlichung der Beamtenbesoldung von 1920 aus einem festen Grundgehalt mit Zuschlägen. Zu den Zuschlägen gehörten Kolleggelder, Prüfungsgebühren, Lehrauftragshonorare, Aufwandsentschädigungen für Dekanat und Rektorat, Wohnungsgeld. Jansen, *Vom Gelehrten zum Beamten* 1992, 36f.; ders, Die soziale Lage der Hochschullehrerschaft im Kaiserreich und in der Weimarer Republik im Vergleich 2004, 95–114; Paletschek, *Die permanente Erfindung einer Tradition* 2001, 476–483.

144 Lenger, *Werner Sombart* 1995, 177.

145 Wagner, *Briefe* 1978, 241–243.

146 Emilie Bücher an Mathilde, 25. November 1892. PB Lauth.

voiture zu machen gedenke.«[147] Nach den Aussagen des Sohnes entsprangen diese Fußmärsche nicht nur dem verbreiteten bürgerlichen Sparsamkeitsdenken,[148] sondern scheinen ein Charakterzug des Vaters gewesen zu sein, der sich und andere körperlich nicht schonte. »Hat sie unter diesen Verhältnissen, die sich wirtschaftlich in Leipzig immer günstiger gestalteten, nicht gedarbt, so fehlte ihr doch – trotz vorhandenen eigenen mäßigen Vermögens – die Möglichkeit, sich Dinge zu gönnen, die nicht gerade zum Luxus gehören, wenn auch ihre unbedingte Notwendigkeit verneint werden muß. Ihr schwacher Körper sehnte sich ab und zu nach einer Wagenfahrt; selten ward sie ihr, manchmal an Erholungsorten zuteil. [...] So sehe ich uns auch noch zu Fuße nach einer Nachtfahrt – die nicht sonderlich kräftige Mutter eingeschlossen – vom Bayrischen Bahnhofe nach unserer in der Leipziger Westvorstadt gelegenen Wohnung pilgern.«[149] Die Vorteile des nahegelegenen Hauptbahnhofes, der erst 1915, sechs Jahre nach ihrem Tod, eingeweiht wird, sollte sie nicht mehr erleben. »Zwei Arten von Menschen gehen einmal nicht hinter meinem Sarge her: die Gastwirte und die Droschkenkutscher«, gehört zu den Aussprüchen des Großvaters Karl Bücher, die noch im Gedächtnis der Enkelin haften geblieben sind.[150]

Ausbildungskosten

An Ausbildungskosten für den Sohn, die in vergleichbaren Haushalten vor allem dann einen verhältnismäßig hohen Anteil an den Lebenshaltungskosten einnahmen, wenn das Studium mehrerer Kinder finanziert werden

147 Ebd.

148 Vgl. etwa die Schilderung von Adelheid Mommsen (*Mein Vater* 1992, 72–76) über die anerzogene Anspruchslosigkeit bei der Kleidung und beim Essen im Hause Theodor Mommsens. Allerdings weiß sie auch von den kleinen Genüssen zu berichten, die sich der Vater gönnt. So durften »echt italienische Makkaroni nie ausgehen.« Ebd. 15.

149 Friedrich Bücher, *Vorbei* o. J., 5.

150 Gespräch mit Dr. Luise Lauth im September 2000 in Bad Liebenstein.

musste,[151] wurde im Hause Bücher nicht gespart.[152] Der Sohn Friedrich Bücher studiert zeitweise in Tübingen, so dass nicht nur Kolleggeld, sondern auch Kosten für Unterkunft und Verpflegung anfallen. Neben dem Studium des eigenen Sohnes finanziert Bücher die Ausbildung von drei Söhnen seines ältesten Bruders, die ihm dies später mit der Unterstützung des Medizinstudiums seiner Enkelin vergelten werden.[153] 1897 nimmt er den mit seinem Sohn fast gleichaltrigen Neffen Hermann Bücher (1882–1951) in seinen Haushalt auf, »ein energischer Mensch«, wie die Tante urteilt, der wegen seiner »ungenügenden Kirberger Vorbildung […] viel nachzuholen« habe und »oft um 12 zu Bett« gehe, aber damit erreiche, »was er wirklich will.«[154] 1902 kehrt der Neffe zum Studium der Wirtschafts- und Naturwissenschaften nach Leipzig zurück und wohnt zunächst im Zimmer des Sohnes, der zu diesem Zeitpunkt in Tübingen studiert, ein Jahr später wird im Hinterhaus ein Zimmer für Hermann gemietet.[155] Tatsächlich machte dieser Neffe Karriere. 1906 wurde Hermann Bücher mit einer Arbeit über »Anatomische Veränderungen bei gewaltsamer Krümmung und geotropischer Induktion« promoviert, die ihn für den Kolonialdienst prädestinierte. Nur ein Jahr später erlangte er eine Leitungsfunktion in der Versuchsanstalt für Landeskultur in Victoria in Kamerun, wo er in verschiedenen Positionen bis 1913 blieb.[156]

151 Vgl. die Berechnungen bei Meyer-Pollack, *Der Haushalt eines höheren Beamten in den Jahren 1880–1906, untersucht an Hand von Wirtschaftsrechnungen* 1915, 55–57. Für den von Meyer-Pollack untersuchten Haushalt eines Justizbeamten, der drei Söhne studieren lässt, betragen die Ausbildungskosten im Durchschnitt 7 Prozent des Jahresbudgets, manchmal sogar 12 Prozent. Pro Semester und pro Sohn werden 190 Mark aufgewendet; teuer sind vor allem die Prüfungsgebühren in Höhe von bis zu 2000 Mark.

152 Mommsen, *Mein Vater* 1992, 73: »Was wirklich notwendig war, vor allem für die Gesundheit, die Ausbildung, an Unterricht und Bücher war immer da; aber im kleinen wurde bis zum äußersten gespart.«

153 So wurde die Enkelin Luise, die nach dem Zweiten Weltkrieg in Marburg ihr in Leipzig begonnenes Medizinstudium fortsetzte, von ihrem Onkel Christian Bücher unterstützt. Gespräch mit Dr. Luise Lauth im November 2009.

154 Emilie Bücher an die Eltern, 20. November 1897. PB Lauth.

155 Emilie Bücher an Mathilde, 16. April 1902. Am 24. September 1903 schreibt sie ihr: »Friedi bleibt diesen Winter u. noch länger hier; für Hermann ist ein Zimmer gemiethet im Rückgebäude nebenan.« Die Mahlzeiten nimmt der Neffe im Hause Bücher ein, teilt sie am 13. Oktober 1903 der Schwester Mathilde mit. PB Lauth.

156 Am 2. März 1906 unterrichtet Emilie Bücher ihre Schwester Mathilde, daß sie das Buch »von Scholl«, das die Verhältnisse in Kamerun schildert, von ihrem Bruder Alfred erhalten und an den Neffen Hermann geschickt habe. »Wenn man es liest, hat man das Gefühl, als müsste man ihn vor Kamerun bewahren. Hermann ist allerdings fester als Scholl es gewesen zu sein scheint, aber wenn auch, wir hoffen nun, dass er eine Stellung im Osten [des Landes] bekommt.« Vermutlich beziehen sich die Aussagen auf die Unruhen, die im Zu-

Im Haus der Enkelin Karl Büchers findet sich heute noch eine umfangreiche Sammlung afrikanischer Kunst, die Hermann Bücher seinem Onkel übereignet hat. Nach einem Ausflug in den diplomatischen Dienst wechselte Hermann Bücher nach dem Ersten Weltkrieg in die Privatwirtschaft und beendete seine Karriere in den 1950er Jahren als Aufsichtsratsvorsitzender der AEG. Hinterlassen hat er auch eine wirtschaftswissenschaftliche Arbeit über die »Finanz- und Wirtschaftsentwicklung Deutschlands« (1925).[157] Die akademische Tradition, die Karl Bücher begründete, riss also auch in der nächsten Generation nicht ab, wenngleich weder die Neffen noch der Sohn die universitäre Laufbahn einschlugen. Nicht theoretische Reflexion, sondern praktische Anwendung prägt das Karriereverhalten der nachfolgenden Generation. Ist Hermann Bücher in der Industrie tätig, so wenden sich die Neffen Christian und Theodor Bücher den Ingenieurwissenschaften zu, während der Sohn Friedrich Jurist am Leipziger Landgericht bzw. Oberlandesgericht wird. Urheberrecht und gewerblicher Rechtsschutz bilden seine Spezialgebiete, womit er indirekt in die Fußstapfen des Vaters trat, der sich in seiner Schrift zum Buchhandel von 1903 für die Rechte der Geistesarbeiter an ihren Produkten einsetzte. Friedrich Bücher selbst verstand seinen Beruf als Erziehungsarbeit; der Richterspruch sei notwendig, um soziale Zustände zu befrieden.[158] Auch der Neffe Christian Bücher (1877–1949) folgte in indirekter Weise den sozialpolitischen Interessen seines Onkels, insofern er sich um die Stadthygiene kümmerte. Von 1902 bis 1948 war er als Wasserbauingenieur im Dienst der Stadt Wiesbaden tätig. Er veranlasste 1930 die Gründung der »Wasser-, Gas- und Elektrizitätswerke, Wiesbaden AG« (spä-

---

sammenhang mit der Ausdehnung des Kautschukanbaus und der Kautschukkontrollen auftraten. Die 1905 gegründete »Versuchsanstalt für Landeskultur«, an der Hermann Bücher tätig wurde, war aus dem 1891 gegründeten Botanischen Garten in Victoria hervorgegangen und diente u. a. der Ausbildung der im Kolonialdienst tätigen Gärtner und Landwirte sowie von Afrikanern zu landwirtschaftlichen Hilfsbeamten. Eine gewichtige Rolle spielte auch die Kontrolle der Kautschukpflanzungen zur Verhinderung von Raubbau im Süden Kameruns. Eine im Oktober 1906 erlassene Verordnung zur Bekämpfung des Gummiraubbaus und das Einfuhrverbot für Waffen brachten die Kaufleute gegen die Kolonialverwaltung auf. Zugleich führte die Ausdehnung des Kautschukanbaus zu Widerstandsaktionen der einheimischen Bevölkerung im Süden Kameruns. Rudin, *Germans in the Cameroons* 1938, 174f., 252–255 (zur botanischen Versuchsanstalt in Victoria); Hausen, *Deutsche Kolonialherrschaft in Afrika* 1970, 83–85, 261–274.

157 Die Informationen über die Karriere sind der *Deutschen Biographischen Enzyclopädie* Bd. 12 entnommen, die Hermann Bücher als Sohn eines Bürstenfabrikanten bezeichnet, sowie Renkhoff, *Nassauische Biographie* 1992, 91.

158 Friedrich Bücher, *Vorbei* o. J., 58.

ter: Stadtwerke), deren Generaldirektor er wurde und setzte sich mit zahlreichen Maßnahmen für die Verbesserung der Wasserqualität ein.[159]

Städtische Haushaltsführung und Abendgesellschaften

Auch wenn Emilie Bücher am eigenen Komfort ungern spart, so erscheinen ihr die Kosten des gesellschaftlichen Lebens, die in Leipzig im Vergleich zu Karlsruhe steigen, als hoch. »Gerade die städtische Bürger-Gesellschaft der Zeit vor 1914 übte eine enorme soziale Kontrolle aus, der sich der Einzelne kaum entziehen konnte, ohne Gefahr zu laufen, gesellschaftlich, beruflich und geschäftlich ins Abseits zu geraten«, meint Schäfer im Hinblick auf die Leipziger Verhältnisse.[160] Die Zugehörigkeit zur bürgerlichen Welt musste auch in der Bildungselite, der die Büchers angehörten, »regelmäßig einem mehr oder minder umfangreichen Kreis von Gleichgestellten demonstriert« werden.[161] Dies geschah über Einladungen zu festlichen Abendessen in der eigenen Wohnung, die eine repräsentative Ausstattung verlangte, um diese Funktion der Inszenierung bürgerlicher Häuslichkeit erfüllen zu können. Die Gewährleistung einer solchen bürgerlichen Statusdemonstration fiel in den Aufgabenbereich der Ehefrauen, die über eine entsprechende geschmackliche und ästhetische Bildung verfügen mussten.[162]

Nicht ohne Sinn für Humor schildert Emilie Bücher in ihren Briefen gegenüber Eltern und Schwester ihre vielfältigen Aufgaben als Gastgeberin. In den Anfangsjahren beschreibt sie detailliert den Aufwand für Köchin, Servierfrau und Speisen für die Abendgesellschaften. Sie unterscheidet zwischen »Reformgesellschaften« mit jüngeren Kollegen und Gesellschaften für ältere Geheimräte. Für Abendgesellschaften mit Geheimräthen werden eine Köchin und eine Servierfrau eingestellt, die dem fest angestellten Dienstmädchen zur Seite stehen; bei den Reformgesellschaften kocht die Magd. Emilies Schilderungen zeigen, wie weit dieses Leben von der ländlichen Eigenwirtschaft der Jugendjahre Büchers entfernt ist: »Nächsten Donnerstag 31st. ha-

159 Vgl. dazu den Nachruf auf Christian Bücher in: *Das Gas- und Wasserfach*, 91. Jg., Heft 4, 28. Februar 1950. – Christian, Hermann und Theodor Bücher hatten drei Brüder; der Bruder Karl übernahm den Kirberger Betrieb, der Bruder Friedrich besaß eine Gärtnerei, der Bruder Adolf verstarb noch als Kind. Auskunft Dr. Luise Lauth im November 2009.

160 Schäfer, *Bürgertum* 2003, 135.

161 Ebd. 133.

162 Ebd.

ben wir unsere 6te Einladung«, schreibt sie im Frühsommer 1894 an Mutter und Schwester, »4x ohne Köchin. Das nächste mal, weil es fast lauter Geh[eim]Räthe sind, wird wieder ein Küchendrache draußen regieren, den Kochlöffel schwingen!« Die Einstellung von zusätzlichem Küchenpersonal empfindet sie als Entlastung. »Wißt ihr – mühsam ist die Geschichte auf diese Weise nicht, Karl richtet das Geschirr etc., die Servierfrau deckt den Tisch, holt die dessert u. compotteller, Tassen etc. aus dem Schrank heraus, ich übersehe das Ganze, Karl zahlt's. Wie gesagt, es geht ganz gut, ist aber theuer. Namentlich die Kochmadame.« Die Speisenfolge umfasst mehrere Fleisch- und Fischgerichte, die heute einem Gourmetessen im Drei-Sterne-Restaurant entsprechen. »Erst will sie«, so berichtet Emilie, »ein ragoût aus 6 Kalbszungen, 4 Barschen mit 24 Krebsen« kochen. Dann folgen »Rehrücken, Salat. Eis. Butter. Käse.« Wiederholt betont sie die Entlastung durch das Personal. »Den Thee erst u. den Kaffee zuletzt besorgt auch die Dienerschaft, ich brauche mich nicht darum zu bekümmern.« Nur wenn es um die Kosten geht, offenbart sich Emilies sparsamer Sinn. »Wie gesagt, das Geld reut mich, eine solche Gesellschaft von 19 Pers. kommt bald auf 100 M. mit Wein etc. Die jüngeren Damen haben ausgemacht, die Geschichte viel einfacher zu machen. Ich habe auch schon eine solche Reformgesellschaft gegeben. Ohne Köchin etc. Werde es auch immer thun, wenn es jüngere Leute sind. Bei den Alten will Karl keine Experimente. Einladen muß sein. Ich glaube, ich habe es Euch schon mündlich erklärt.«[163]

Da die Büchers nicht nur eine Abendgesellschaft pro Semester geben, müssen die Kosten für die Geselligkeit beachtlich gewesen sein. Ausgaben in Höhe von 400 Mark hat Erna Meyer-Pollack für den Haushalt eines Berliner Justizbeamten für das Jahr 1888, dem Jahr seines Umzuges nach Berlin, ermittelt, in dem viele Antrittsbesuche und Gegeneinladungen anfielen.[164] Etwa drei bis fünf Prozent des verfügbaren Jahresbudgets wurde in der Regel für derartige Geselligkeiten ausgegeben.[165] Das Budget für Geselligkeiten im Bücher'schen Haus wird kaum darunter gelegen haben. Im nächsten Sommer rapportiert Emilie Bücher wieder über die unangemessenen Kosten: »Also unsere Gesellschaft ist recht gut und hübsch abgelaufen, aber theuer kommt es mit der Kochfrau, diese bekommt 8 Mark u. spart natürlich gar nicht, der Abend mit 16 eingeladenen Personen – mit uns 18 – kommt un-

163 Emilie Bücher an ihre Mutter und an ihre Schwester Mathilde, 27. Mai 1894. PB Lauth.

164 Meyer-Pollack, Der Haushalt eines höheren Beamten 1915, 61–64. Vor dem Hintergrund ihrer Untersuchungen müssen die Kosten von 100 Mark pro Abend tatsächlich als extrem hoch angesehen werden.

165 Wierling, *Mädchen für alles* 1987, 102.

gefähr mit Wein und allem auf 100 Mark. Das ist vielleicht für viele Leute nicht zu hoch, für meine bisherigen Begriffe jedoch viel zu viel.« Die Köchin findet sie »sehr bequem, denn sie macht alles, richtet die Speisen her, kocht auch den Thee u. Kaffee. Ich kam mir selbst wie eine Eingeladene vor.« Die Speisenfolge ist wieder aufwendig: »Wir hatten erst Filet mit Trüffel u. Kartoffeln u. Spargelgemüse garniert, 2. Forellen (20 Stück 25 Mark) mit Butterküglein, [...] dann Käse, zuletzt Dessert. Umständlich ist es, daß man vorher Thee geben muß, zuletzt im Salon Kaffee, dann Sodawasser u. Bier.« Die Forellen will sie nie mehr geben, »das ist sündhaft theuer, ein anderer Fisch thut's auch.« Auf eine Köchin kann sie dagegen nicht verzichten, da »lauter Geheimräthe« geladen sind, »d. h. nur Roschers sind wirklich Geheimrath, die anderen alle Geh. Hofrath u. lassen sich doch der Abkürzung wegen Geheimrath schimpfen.« Wenn »einfachere kleinere Leute« kommen, müssen diese »Karolines Kocherei essen«.[166] Als auf einer Gesellschaft, zu der die Büchers geladen sind, Champagner serviert wird, meint Emilie, dass eine arme Familie davon das ganze Jahr leben könne.[167] Von den Bewirtungskosten in Höhe von 100 Mark hätte sie sich selbst zusammen mit Sohn und Ehemann eine Woche Urlaub in einer kleinen Pension leisten können.[168]

Gesellschaften für Studenten gestalten sich preisgünstiger und machen der Hausfrau mehr Vergnügen. Am 26. Februar 1904 hält sie im Brief an die Schwester Mathilde fest: »Morgen ist letztes Winterprofessorium. Dienstags Gesellschaft bei uns. Lauter alte Geheimräthe, so daß es mir ein bisserl unbehaglicher ist als sonst, ich mache nicht gerne gr. Umstände, weiß aber nicht, ob diese meine Einfachheit nicht krumm auffassen. Die Studentengesellschaft fiel gut aus. Es ist immer ein Vergnügen, den guten Appetit zu sehen!«[169] Meist serviert sie Bohnen, Kalbsschlegel oder Hammelkeulen sowie Käse, Obst und Kuchen. »Wenn es nicht die Mühe wäre«, schreibt sie ihren Eltern im Dezember 1894, »sollte man diese armen jungen Leute wirklich öfter einladen; sie scheinen es sehr zu schätzen, die meisten, wenn nicht

166 Emilie Bücher an ihre Mutter, 8. Mai 1895. PB Lauth.

167 Emilie Bücher an Mathilde, 20. Januar 1905: »Sonst war ich noch in schönen Gesellschaften. Üppig, so daß eine arme Familie bald ein Jahr davon leben könnte. Mit Champagner wird angefangen u. aufgehört. In der Mitte viele Weine!« PB Lauth.

168 Zwischen 4 und 5 Mark belaufen sich nach den Aussagen von Emilie Bücher die Pensionskosten. So bemerkt sie am 19. Mai 1904 im Brief an ihre Schwester Mathilde: »Samstag wollen wir nach Thüringen [...] Hotel Falkenstein, alle zus. Ich freue mich sehr. Endlich hat Karl eingesehen, daß er fort muß, mir wie gesagt, thut es auch etwas noth. Eine einfache, doch gute pension für 4 M[ark].« PB Lauth.

169 PB Lauth.

Leipziger, sind ja ohne Familie hier. Die Kosten sind, da man es einfach macht, nicht allzu groß. Das erste Mal hatten wir einen großen Kalbsschlegel 16 Pfund, 12 Pfund nach Entnahme aller Knochen, dazu 5 Pfund Büchsenbohnen u. Kartoffeln. Dann Apfelkuchen (Hefeteig vom Bäcker), dann Käse u. Butter – aus ist's. Das zweite Mal dasselbe nur 2 Hammelkeulen [...]. Jetzt kommen sie gelaufen, die Jünglinge u. machen Besuche, die Einen lange, die Anderen nur kurze; Einer wechselte auf der Treppe seinen kl. Filzhut mit dem *chapeau longue*, den er in der Schachtel mitgebracht hatte. Karl hatte es natürlich ganz und gar vom Hausfenster aus beobachtet. – So gibt's immer was zu lachen mit u. über diese Studenten. – Karl, der eben immer viel zu thun hat, macht meist ein etwas unglückliches Gesicht bei diesen Verdauungsvisiten, weil sie ihm seine kostbare Zeit nehmen.«[170]

Aus den Schilderungen der Speisenfolge an den Abendgesellschaften, die mit den Jahren knapper werden, geht immer wieder die Vorliebe Emilies für industriell gefertigte Nahrungsmittel wie Büchsengemüse hervor, das sie am Anfang nur Studenten, nachdem es aber in den Haushalt der inzwischen allein stehenden Schwester Eingang findet,[171] auch den Kollegen ihres Mannes serviert. Spargel in Büchsen findet sie sogar geschmacklich besser als frischen Spargel, den sie trotz Dienstmädchen selbst schälen muss.[172] Dass Gemüsekonserven teurer waren als frisches Gemüse, spielt in den Überlegungen über die Kosten der Geselligkeiten keine Rolle.[173] Ihr scheint die

170 Emilie Bücher an die Eltern, 5. Dezember 1894. Ihrer Schwester meldet sie am 21. Dezember 1901: »Zur dritten Gesellschaft waren 16 Studenten geladen. Wir kochten alles selbst [...]. 2 gr. Zungen mit 8 Büchsen Wachsbohnen, dazu 2 gr. Hammelkeulen, die in Milch gelegt waren. Mit Kartoffeln u. grünen Salat, Compot, 2 Baisétorten, Butter, Käse. Es war eine Freude, wie es den jungen Leuten schmeckte.« Über ein Abendessen mit älteren Studenten heißt es am 2. März 1902: »Wir haben nun 2 Gesellschaften wieder abgemacht. Eine [mit] Studenten u. eine gemischte. Beide fielen gut aus. Bei der ersten musste ich die 16 meist älteren Studenten empfangen. Karl hatte Sitzung u. kam erst ½ Stunde später. Da ich die Herren nicht kannte, war das nicht ganz leicht. Sie bekamen einen ganzen Schinken mit Bohnen u. einen Kalbsschlegel mit Salat, Torte, Käse, Butter, Orangen.« PB Lauth.

171 Emilie Bücher an Mathilde, 30. März 1901: »Wie köstlich Dein kl. Mittagessen! Ja mit dem Büchsengemüse hat man's gut.« PB Lauth.

172 Emilie Bücher an Mathilde, 7. Mai 1901: »Meine liebe Tildema, Dein letzter Brief kam allerdings gerade am Freitag an, wo ich 8 Pfund Spargel schälen wollte, also keine Zeit hatte [...] dann 8 Pfund frischen Spargel, die leider etwas bitter schmeckten, die Büchsenspargel das vorige mal waren weit besser.« Spargel in Büchsen bzw. Büchsengemüse serviert sie, wie sie ihrer Schwester Mathilde berichtet, anlässlich von Einladungen der Kollegen Kittel und Partsch. 31. Mai 1903 und 6. Januar 1905. PB Lauth.

173 Wierling, *Mädchen für alles* 1987, 125. Einen zunehmenden Gebrauch von Gemüsekonserven ab den 1890er Jahren ermittelt auch Meyer-Pollack (Haushalt 1915, 26) für den von ihr untersuchten Haushalt eines Berliner Justizbeamten, den sie für typisch großstädtisch hält.

Arbeitsersparnis wichtiger zu sein. Überhaupt tritt aus den Bemerkungen der Hausfrau die Marktabhängigkeit des Bücher'schen Haushalts deutlich hervor. Die Vorratswirtschaft beschränkt sich in Leipzig nur noch auf das Einlagern von Äpfeln, Kartoffeln und Kohlen. Kartoffeln und Kohlen sind im Keller, der Winter kann kommen, vermeldet Emilie regelmäßig im Herbst.[174] Auch erwähnt sie die Lieferungen aus der Kirberger Landwirtschaft: Kartoffeln, Stachelbeerwein, eine Gans, Obst.[175] Zugleich geht aus dem Umfang, den diese Schilderungen ihrer Gastgeberrolle in den Briefen einnehmen, die Bedeutung der »Gesellschaften« für die Statusvergewisserung als kompetente Hausfrau hervor.

Einen beträchtlichen Anteil an den Kosten für eine standesgemäße Lebensführung werden auch die Ausgaben für die Garderobe gehabt haben, zumal der beschleunigte Wandel der Mode seit den 1890er Jahren einen Anpassungsdruck erzeugte,[176] dem sich auch Emilie Bücher nicht entzieht. Regelmäßig im Herbst und Frühjahr berichtet sie ihrer Schwester Mathilde von den Plänen für die Umarbeitung und Anfertigung der Sommer- und Wintergarderobe und bittet sie um Rat bei der Wahl des Stoffes und der Farben.[177] Auf Konfektionskleidung lässt sie sich nur in geringem Maße ein, sondern nimmt lieber die Dienste einer Schneiderin, manchmal auch die ihrer Schwester in Anspruch. Auch hier spielen Kostenerwägungen eine Rolle. Als sie sich im Frühjahr 1893 von der Schwester ein Lodenkleid schnei-

174 Emilie Bücher an Mathilde, 21. Oktober 1892: »Unser Keller ist nun nicht nur mit Kohlen, sondern auch mit Kartoffeln und Äpfeln, die schwere Menge geschmückt. Alles aus Kirberg.« Zehn Jahre später, am 20. Oktober 1902 schreibt sie ihr: »Jetzt wäre die Wohnung in Ordnung, Kartoffel, Äpfel u. Kohlen sind im Keller.« PB Lauth.

175 Den Eltern meldet Emilie Bücher am 26. Dezember 1894: »Neulich schickten die Kirberger eine köstliche Gans.« Am 16. November 1896 schreibt sie ihnen: »Heute bekamen wir aus Kirberg eine Kiste mit 10? Fl. Stachelbeerwein, 3 große Töpfe mit Gelee. Die Schwägerin ist gar geschickt in solchen Dingen, z. B. aus unreifem Fallobst, Äpfel, Birnen weiß sie gutes Gelee zu machen. Obst hatten sie fast keines, wie wir hier ja auch keines haben. An guten jedoch gewöhnlichen Äpfeln und Birnen war sonst keine Noth, dieses Jahr aber verlangen sie 25, ja 30 Pf. für das Pfund Äpfel.« PB Lauth.

176 Meyer-Pollack, *Haushalt* 1915, 50ff.

177 Emilie Bücher an Mathilde, 28. Januar 1901: »Meine Hausschneiderin hat wieder mal mein schwarzseidenes Kleid in Angriff genommen [...]. Was anderes trage ich natürlich noch nicht, aber wenn im März, April so warme Tage sind, da hätte ich gerne etwas Gutes, was zugleich ein feines gesellsch. Sommer- u. Winterkleid wäre. Beiliegendes Pröbchen crêpe ca. 1,80 haben sie auch in lila im Laden, geben etwas zu, da es abschießen wird [...]. Glaubst Du nicht, Foulard Seide wird nicht abschießen, das könnte ich nehmen. Oder gibt es etwas Anderes?« Ein anderes mal, am 24. September 1903, fragt sie die Schwester: »Nun habe ich auch noch Schneidersorgen. Was würdest du mir rathen. Ich muß noch ein seid. Kleid haben. Welche Farbe roth od. lila? Empire gemacht, aber wie?« PB Lauth.

dern lässt, meint sie, dass sie für die veranschlagten 33 Mark auf keinen Fall etwas Vergleichbares in Leipzig bekäme. »Dein Anerbieten ist gar zu verlockend.«[178] »Fertige Kleider« aber, die »billig zu kaufen« seien, passen ihr, wie sie meint, leider nicht.[179]

Das Tagewerk der Ehefrau und die Dienstmädchenfrage

Das Tagewerk im Hause Bücher beginnt um sieben Uhr. »Karl liest jeden Tag von 7–9 Uhr«, rapportiert Emilie an die Eltern am 17. Mai 1897. Der Umfang der Lehrverpflichtung war ebenso wenig wie die Besoldung reichsweit geregelt. Allerdings gab es seit 1829 eine Festlegung, dass Ordinarien bis auf den *dies academicus* zwei Stunden zu lehren hatten, wobei unklar ist, ob fünf oder sechs Arbeitstage zugrunde gelegt wurden. Das bedeutet eine Lehrverpflichtung von 8 bis 10 Stunden. Für die staatswissenschaftliche Fakultät der Universität Tübingen hat Sylvia Paletschek zwischen 1870 und 1930 im Durchschnitt ein Lehrdeputat von 8 Stunden ermittelt.[180] Adolph Wagner lehrte in Berlin ebenfalls acht Stunden, hinzu kommen zwei Stunden Vorlesung an der Gewerbe-Akademie, die gesondert vergütet wurden.[181] Um sieben Uhr fängt auch für den Sohn der Tag an, der ab Ostern 1893 zusammen mit Hjalmar Buhl, dem Sohn des Kollegen Frants Buhl,[182] das in der Nähe des Zoologischen Gartens gelegene König-Albert-Gymnasium besucht.[183] Die Hausfrau steht dagegen erst um sieben Uhr auf und verbringt den Vormittag mit ihren »täglichen Geschäften«. »Jetzt ist's 11 Uhr Morgens«, schreibt Emilie Bücher im Januar 1901 an ihre Schwester Mathilde, »u. ich bin erst fertig mit meinen Morgengeschäften, die da sind: Lampenputzen, abstauben, hier u. dort nachsehen, im Keller die Äpfel nach faulen Brüdern absuchen.«[184] Zusammen mit dem Dienstmädchen versorgt sie im Winter die vier Öfen in den Zimmern; den Küchenherd bedient das Dienstmädchen allein, das auch

178 Emilie Bücher an Mathilde, 11. März 1893. PB Lauth.

179 Emilie Bücher an Mathilde, 9. Februar 1906, PB Lauth.

180 Paletschek, *Die permanente Erfindung einer Tradition* 2001, 416. Ein Vorlesungsdeputat von acht bis elf Stunden hatte Eberhard Gothein, Büchers Vorgänger in Karlsruhe. Maurer, *Gothein* 2007, 212.

181 Adolph Wagner an seinen Schwager Otto Benndorf, 1. Mai 1870. Wagner, *Briefe* 1978, 75.

182 Zu Frants Buhl vgl. Kap. *Leipziger Gelehrtennetzwerk und Damenkränzchen.*

183 Friedrich Bücher, *Vorbei* o. J., 8.

184 Emilie Bücher an Mathilde, 7. Januar 1901. PB Lauth.

das Kochen übernimmt. Das Abendessen richtet Emilie selbst, wenn die »Donna«, wie sie ihren dienstbaren Geist zu nennen pflegt, Ausgang hat. [185]

Die Auswahl und Anleitung des Dienstmädchens ist eine Quelle dauernden Verdrusses und ein in den Briefen breit traktiertes Thema. Meist bleiben die Dienstmädchen nur ein Jahr, manchmal zwei Jahre. Als das erste Dienstmädchen, mit dem sich Emilie Bücher gut versteht, heiratet, muss sie im Winter 1895 eine neue Magd einstellen, deren »muffiges Wesen« sie trübselig mache, wie sie ihren Eltern klagt.[186] Mehr Glück hat sie mit einer Verwandten des ersten Dienstmädchens, Karoline, »die hier verheirathet ist u. mir das Mädchen empfohlen hat«, »groß, kräftig, willig, aber im Kochen noch ungeschickt [...]. Wir hoffen, daß es sich mit dem Kochen noch macht [...]. Es ist heut zu Tage schwer, was Gutes zu bekommen, wenn man ein Mädchen für Alles will.«[187] Völlig verzweifelt ist sie im Januar 1905, als nach der Kündigung der Magd noch kein Ersatz gefunden ist und sie alle Arbeit, »Stiefel wichsen, Feuer machen u. kochen«, selbst tun muß. »Mein lieb Schwesterlein, Nix, Nix, denken kann ich als Magdsuchen, schrecklich, erst nahm ich es ganz leicht, nun ist der 1te Feb. aber doch so nah, da scheint es mir brenzlich, im Winter kann man mit dem besten Willen nicht ohne Dienstmädchen sein!«[188] Auch die Not, die Kollegenfrauen mit dem Dienstmädchen haben, ist berichtenswert. In einem Brief an die Schwester Mathilde erwähnt sie ein Abendessen mit dem Assistenten ihres Mannes Johannes Plenge und dem Kollegen Carl Chun, dessen Frau nicht kommen konnte: »Ihre verh. Tochter mit Mann, Kind u. Pflegerin sind bei Ch. einquartiert, weil die junge Frau plötzlich schwer krank wurde. Ihr Mädchen hatte ihr gekündigt, was sie so aufregte, daß sie sogar Fieber bekam. Frau Ch. ist daraufhin ebenso in Anspruch genommen u. müde, daß sie nicht kommen konnte. Sie haben eine famose Pflegerin, die die Kranke pflegt u. das Kind versorgt.«[189]

Hilfe von Seiten des Ehemannes und des Sohnes erwartet Emilie Bücher nicht. Die Nichten aber, die zu Besuch kommen, zieht sie ohne Scheu zu Hausarbeiten heran. Als im Frühjahr 1898 Frieda Bücher, die Tochter von

185 Emilie Bücher an ihre Schwester Mathilde, 21. Dezember 1901. PB Lauth. Zu den Leipziger Dienstboten, die in Leipzig um diese Zeit etwa 2,7 Prozent der Wohnbevölkerung ausmachten und in 10 Prozent der Leipziger Haushalte tätig waren, vgl. Schäfer, *Bürgertum* 2003, 132f. Allgemein: Wierling, *Mädchen für alles* 1987, insb. 103–130; Budde, »Stützen« der Bürgergesellschaft 1995, 255–284.

186 Emilie Bücher an ihre Eltern, 16. Dezember 1894. PB Lauth.

187 Emilie Bücher an ihre Eltern, 11. Mai 1898. PB Lauth.

188 Emilie Bücher an Mathilde, 6. Januar 1905. PB Lauth.

189 Emilie Bücher an Mathilde, 7. April 1906. PB Lauth.

Büchers ältestem Bruder, zu ihnen zieht, zeigt sie sich von derem Arbeitseifer erfreut. Gleichzeitig bedauert sie die »Dummheit«, ihre nicht so tüchtige Magd durch eine neue Magd ersetzt zu haben, »hätte die andere ruhig behalten sollen, während die Nichte hier ist, diese will auch noch was schaffen, kochen, da kommen sie fast einander ins Gehege.«[190] Einige Jahre später, als Frieda erneut für längere Zeit im Hause Bücher weilt, nutzt sie ihre Chance zu Einladungen: »Jetzt möchte ich noch vor Weihnachten junge Leute einladen«, schreibt sie im November 1905 an ihre Schwester, »da kann Frieda ihre Kochkunst wie neulich schon, erproben. Mit dem neuen Jahre wird sie wohl weggehen, denke ich, wir könnten sie natürlich noch länger brauchen, denn sie hilft u. näht viel, aber für sie scheint es besser, wenn sie einmal mit dem ›Beruf‹ anfängt. Ein Lebensberuf ist's halt bei uns nicht! – Sie weiß noch nicht recht, was sie will, aber uns scheint, es sei fast richtiger, wenn sie Krankenschwester wird.«[191] Auch die Nichte Martha, eine Verwandte aus der Mittermaier-Familie, erweist sich einsetzbar, als im Mai 1904 das Dienstmädchen erkrankt: »Dienstag früh wurde es donna Martha, also dem Mädchen, schlecht, sie spuckte sogar etwas Blut, was beweist, daß sie eine kranke Stelle am Magen hat, die durch Schonung vergehen kann, aber auch zu einem Geschwür werden kann. Sie mußte natürlich gleich zu Bett. Heute erlaubte ihr der Arzt ein wenig aufzustehen, wir hatten natürlich sehr viel zu thun. Schwerer aber ist die Person zu hüten, wenn sie auf ist. Es wird überhaupt eine fatale Geschichte, so lange Nichte Martha da ist u. hilft, geht es ja, wenn ich aber wieder allein bin, habe ich ein Mädchen das hinten u. vorne geschont werden muß, das ist eine fatale Sache! Nichte Martha ist sehr tüchtig, das muß ihr sogar ihr Feind lassen. Sie kocht u. fegt, steht um ½ 6 Uhr auf u. bin ich recht froh, sie hier zu haben.«[192]

Anders als aus den Briefen der sozialpolitisch engagierten Marianne Weber an ihre Schwiegermutter Helene Weber hervorgeht, zeigt Emilie Bücher nur geringes Einfühlungsvermögen in die Schattenseite der Dienstbotenexistenz. Im Frühjahr 1908, als die Dienstbotenfrage Thema der Vereinsversammlungen der Heidelberger Sektion »Frauenstudium – Frauenbildung« ist, äußert Marianne Weber ihr Befremden über das ›Klassenbewusstsein‹ ihrer Vereinskolleginnen: »Es ist merkwürdig, daß selbst sozial gesinnte Frauen gegenüber den Dienstboten von einem so starken Klassenbewußtsein beherrscht werden u. gar nicht unbefangen Rechte u. Pflichten von Herrschaft

190 Emilie Bücher an ihre Eltern, 11. Mai 1898. PB Lauth.
191 Emilie Bücher an Mathilde, 25. November 1905. PB Lauth.
192 Emilie Bücher an Mathilde, 19. Mai 1904. PB Lauth.

u. Dienstmädchen gegeneinander abwiegen können.«[193] Im Juni 1908 klagt sie gar: »Wie kraß klassenegoistisch unsre Kreise noch sind, wenn's an ihre eigenen Interessen geht, hat unsere Erörterung über die Dienstbotenfrage gezeigt.« Die Leute seien »erbost«, »daß unser Verein die Dienstboten aufsässig macht etc.«[194] Gefordert wurde von der Referentin nach Aussagen der Heidelberger Zeitung vom 12. März 1908 pro Tag mindestens eine Stunde Freizeit im Freien und eine Rentenversicherung für Dienstmädchen.[195] Von der Haltung der Ehefrau Georg Simmels gegenüber ihrer Waschfrau zeigt sich Marianne Weber beeindruckt: Frau Simmel sei wie »die delphische Sybille, die aber von ihrem Thron herabgestiegen u. ganz menschlich liebend mit den Menschen ist. Ihre Waschfrau hat sie beim Abschied (nach Straßburg) geküßt mit den Worten: ›Ach Jotte, was sind Sie doch für ne jute Frau!‹«[196] Sie selbst betrachtet es gerade in den Jahren des Ersten Weltkriegs, als sie stärker als zuvor mit häuslicher Arbeit belastet ist, als »ein Vorrecht, daß man sich doch für relativ so wenig Geld von andern Menschen diese Sorge für die Notdurft abnehmen lassen kann! Daß es Dienstboten giebt und daß man dabei glücklich sein kann wie z. B. unsre Berta und das Linchen! [...]. Ich begreife jetzt mehr als je, daß die brave Hausfrau, deren Zeit und Kraft dauernd von diesem Dienst am Alltag beansprucht ist [,] einfach verlernt, ihre Gedanken auf Objektives zu konzentrieren.«[197]

Mit ihrer Klage über den mangelnden Arbeitseifer der Dienstmädchen erweist sich Emilie Bücher als eine typische Vertreterin ihrer sozialen Klasse. Im bürgerlichen Haushalt mit aristokratischer Orientierung galt es als unangemessen, »daß sich die Dame des Hauses mit körperlicher Arbeit befaßte« oder bei Besuchen »die Haustüre selbst öffnete«.[198] Das Dienstmädchen machte den bürgerlichen Lebensstil erst möglich und war unentbehrlich für den Haushalt des verbeamteten Bürgertums jener Jahre. Lebensgeschichtlich handelt es sich um einen Übergangsberuf. Es waren vor allem unverheiratete junge Mädchen vom Lande, die sich mit der Dienstbotentätigkeit eine Aussteuer verdienten.

193 Marianne Weber an Helene Weber, 5. März 1908 u. 19. Mai 1908. Max-Weber-Gesamtausgabe, Arbeitsstelle Heidelberg.

194 Marianne Weber an Helene Weber, 26. Juni 1908. Max-Weber-Gesamtausgabe, Arbeitsstelle Heidelberg.

195 Gilcher-Holtey, Modelle 2004, 45.

196 Marianne Weber an Helene Weber, 10. Juli 1914. Max-Weber-Gesamtausgabe, Arbeitsstelle Heidelberg.

197 Marianne Weber an Max Weber, 21. Juli 1917. Max-Weber-Gesamtausgabe, Arbeitsstelle Heidelberg.

198 Benker, *Bürgerliches Wohnen* 1984, 65; Wierling, *Mädchen für alles* 1987, 15.

Das erste Dienstmädchen Karoline, das die Büchers in Leipzig beschäftigen, gibt ihre Stellung denn auch mit der Heirat auf. Von den knapp 1,5 Millionen Dienstboten, die im Deutschen Reich zwischen 1882 und 1895 statistisch erfasst wurden, waren 96 bis 98 Prozent weiblichen Geschlechts. Historisch gehört die Hochphase des Dienstmädchenberufs in die Zeit des prosperierenden Kaiserreichs.[199] Die Kosten waren relativ gering. Etwa drei Prozent des Jahresbudgets eines Beamtenhaushalts mussten nach den Untersuchungen von Erna Meyer-Pollack in den 1890er Jahren für zwei Dienstmädchen aufgewendet werden, etwa 325 Mark im Jahr 1881 und 523 Mark im Jahr 1906.[200]

Zu den Aufgaben des Dienstmädchens gehörte die Versorgung der Öfen, das Reinigen der Wohnung, oft auch, wie im Hause Bücher, das Kochen des Mittagessens, welches das Servieren, Abräumen und Reinigen des Geschirrs einschloss. Hinzu kamen das Waschen und Plätten und das tägliche Bürsten und Ausklopfen der Kleidung sowie das Putzen der Schuhe, eine Arbeit, über die Emilie besonders klagt. Fenster wurden in der Regel alle drei bis sechs Wochen geputzt. Besonders mühevoll war das Waschen der repräsentativ gestalteten Vorhänge und Gardinen. »O dies Leipzig. Das ist hier eine große Mühe, dies ewige Vorhangwaschen«, entfährt es Emilie Bücher in einem Frühjahrsbrief an ihre Schwester Mathilde.[201] Das Tagewerk eines Dienstmädchens konnte bis zu 18 Stunden umfassen. Allein der Zeitaufwand für die tägliche Pflege einer Fünfzimmerwohnung, wie sie die Büchers bewohnten, war beträchtlich und konnte den ganzen Vormittag in Anspruch nehmen.[202] »Im Kampf gegen die Masse an Stoff, Nippes und anderen Staubfängern standen«, wie Dorothee Wierling in ihrer Studie über das Dienstmädchen festhält, »nur äußerst dürftige Hilfsmittel zur Verfügung [...], Piassavebesen [Palmzweige] für Teppiche, Haarbesen für Böden, [...] Schmierseife, die grüne und weiße Seife, [...] Asche, Putzsand [...], Salmiak.«[203] Über Reinigungsmittel weiß Emilie gut Bescheid. »Also der famose Tisch«, den sie von ihren Eltern für die Leipziger Wohnung erhält, wird von der Hausfrau selbst »von oben bis unten gewaschen, erst mit Seife u. Wasser, dann mit Petrol, was bekanntlich allen Schmutz wegnimmt von

199 Wierling, *Mädchen für alles* 1987, 12–15 u. 76ff.

200 Meyer-Pollack, *Haushalt* 1915, 67f., 87. Dreißig Mark als Weihnachtsgeschenk für das Dienstmädchen ist die einzige Angabe über die Kosten des Dienstmädchens in Emilie Büchers Briefen (23. November 1900) PB Lauth.

201 Emilie Bücher am 7. Mai 1901 an ihre Schwester Mathilde. PB Lauth.

202 Zu den Arbeitsbereichen des Dienstmädchens und zum Zeitaufwand vgl. Wierling, *Mädchen für alles* 1987, 103–124.

203 Wierling, *Mädchen für alles* 1987, 106.

den Beinen«. Er »ist nun mit einer warmen comfortablen Decke belegt u. nimmt sich recht gut aus«, schreibt sie im November 1895.[204] Erst die 1920er Jahre brachten die Einführung von technischen Haushaltsgeräten, die die Hausarbeit revolutionieren und das Dienstmädchen entbehrlich machen sollten, zumal in den Inflationsjahren großen Teilen des Bürgertums die finanziellen Mittel fehlten und den jungen Frauen nunmehr alternative Beschäftigungsmöglichkeiten als Krankenschwester, Sekretärin oder Telefonfräulein in neuen Angestelltenberufen offen standen.

Die Beschäftigung des Dienstmädchens erlaubte der Hausfrau nicht nur eine Befreiung von manchen körperlichen Arbeiten; im Gegenzug hatte sie »zu herrschen«: Anweisungen zu erteilen, die geleistete Arbeit zu kontrollieren, überhaupt das Dienstmädchen anzulernen. Dieses Geschäft des »Drillens«, wie sie diese Tätigkeit nennt, beherrscht Emilie Bücher, wie aus ihren Klagen hervorgeht, nicht gut. Auch das Kochen liegt der Hausfrau weniger, das Anlernen des Dienstmädchens in der Küche übernimmt sie ausgesprochen ungern.[205] Die Arbeit des Dienstmädchens war, so klingt es aus allen Briefen heraus, für die Hausfrau existentiell. Das lag nicht nur an der Allgegenwart der Etikette, die einen Lebenszuschnitt verlangte, der um »Cultur«, nicht um körperliche Tüchtigkeit kreiste. Wahrscheinlich hätte sie dem Verdikt von Heinrich Treitschke zugestimmt, »keine Kultur ohne Dienstmädchen«.[206] Unabhängig davon hätte sie auch alleine die Hauswirtschaft nicht bewerkstelligen können. Zwei Dienstmädchen arbeiten im Hause Bücher, als der inzwischen verwitwete Gelehrte 1912 in die universitätseigene Wohnung in der Goethestraße mit ihren 13 Zimmern zieht.[207] Emilie Bücher hat insofern mit ihrer Arbeitskraft ein Dienstmädchen ersetzt. Nach den Erinnerungen der Enkelin, die eine andere Sozialisation erfahren hat und bereits auf das Ergreifen eines Berufs hin erzogen wurde, haftet der Großmutter Emilie indes der Ruf an, im Haushalt nicht sehr tüchtig gewesen zu sein.[208] Das Urteil hätte Emilie Bücher vermutlich nicht gestört. Tüchtigkeit ist ein Wert, der das Selbstbild des Dienstmädchens bestimmte, nicht das der Herrschaft.[209] Hinter dieser mangelnden Wertschätzung der

204 Emilie Bücher an ihre Eltern, 15. November 1895. PB Lauth.

205 So ihre Klage gegenüber der Schwester Mathilde in einem Brief vom 23. November 1901 und in ihrem Weihnachtsbrief von 1900. PB Lauth.

206 Zitiert bei Bollenbeck, *Bildung und Kultur* 1996, 241.

207 Friedrich Bücher, *Vorbei* o. J., 59.

208 Gespräch mit Dr. Luise Lauth im September 2000.

209 Zur Tüchtigkeit als zentralem Wert vgl. die Auswertung der Selbstzeugnisse von Dienstmädchen bei Wierling, *Mädchen für alles* 1987, 138.

haushälterischen Fähigkeit Emilies steht sicher das Urteil der Nichte Frieda, die im Bücher'schen Haushalt zeitweise eben solche Dienstmädchenarbeiten verrichtete und nach dem Tode Emilie Büchers den Sohn Friedrich heiratete. In dieser Einschätzung der haushälterischen Leistung der Großmutter drückt sich die Werthaltung des dienstbaren Geistes aus, die um Tüchtigkeit kreist und den Wert der Bildung, über die Emilie Bücher verfügte, dem familiären Vergessen überantwortet hat.

»Cultur« und Humanistische Bildung

Sowohl der Nichte und späteren Schwiegertochter Frieda als auch dem Neffen Theodor Bücher,[210] die regelmäßig nach Leipzig eingeladen werden, mangelt es in den Augen Emilie Büchers an »Cultur«. Über die 18jährige Frieda Bücher, die im Frühjahr 1898 längere Zeit bei ihnen wohnt, äußert sie gegenüber den Eltern, dass diese »sich recht gut eingelebt« habe, aber »in manchen Dingen noch so wie ein junger Hund« sei, »ich meine, tollpatschig, aber im Arbeiten ist sie doch bei ihrer tüchtigen Mutter durch eine gute Schule gegangen, dabei ist sie ein hübsches Mädchen, wird von näheren Bekannten eingeladen u. macht täglich Fortschritte in der Cultur.«[211] Mit »Cultur« ist nach Emilies eigenen Worten die Fähigkeit zur »small talk Unterhaltung« gemeint. Diese vermisst sie auch an ihrem Karl, der selbst an Feiertagen lieber arbeite oder für sich lese, anstatt sich mit ihr zu unterhalten, wie sie klagt. Theodor Bücher ist für sie zwar ein »lieber, aber grenzenlos stiller, deshalb langweiliger

20. Die Nichte Frieda Bücher um 1901

210 Emilie Bücher an ihre Eltern, 26. Dezember 1894. PB Lauth.
211 Emilie Bücher an die Eltern, 11. Mai 1898. PB Lauth.

Mensch.«[212] »Er spricht fast kein Wort, hat natürlich umso mehr Ideen im Kopf«, lautet noch nach zwei Jahren kultureller Beeinflussung durch Emilie Bücher das Urteil gegenüber den Eltern, »die Welt verlangt aber savoir vivre, savoir faire. Das geht ihm noch ganz ab. Er wird es aber lernen müssen!«[213] Diese Fähigkeit zur gebildeten Konversation basiert auf einer ausgeprägten Leseleidenschaft, mit der sich Emilie Bücher als eine typische Repräsentantin des gebildeten Bürgertums erweist.[214] In den Weihnachtsbriefen an die Eltern gibt sie ausführlich Auskunft über ihre Buchgeschenke und erste Leseeindrücke. Zu ihren Lektüren gehören die Werke von Emile Zola, Peter Rosegger, Hermann Sudermann, August Sperl, Theodor Fontane, »Bismarcks Briefe an s. Braut u. Gattin«.[215] Vor allem vom »Stechlin« zeigt sie sich begeistert; »Effi Briest« findet sie wundervoll geschrieben; an Zolas Rom-Roman schätzt sie die antikatholischen Ressentiments.[216]

Die humanistische Bildung, Latein und Griechisch, fällt nicht in das »Culturressort« der Ehefrau. Emilie Bücher spricht moderne Sprachen. Italienische, englische, französische Redewendungen flicht sie immer wieder in ihre Briefe ein. Ihre Distanz zur humanistischen Bildung geht jedoch nicht so weit, dem Sohn den Besuch des vorhandenen Realgymnasiums[217] anstelle des humanistischen Gymnasiums zu wünschen. Im April 1893 berichtet sie stolz von der erfolgreich absolvierten Aufnahmeprüfung des Sohnes ins König-Albert-Gymnasium. »Ich war wieder einmal kleinmüthig und habe befürchtet, der Jockele werde wieder nicht aufgenommen werden. Man wünschte eben hier 4 Schuljahre vorher u. Friedi hat nur 3 hinter sich. Der Rektor sagte selbst, der Andrang sei so groß, daß sie die Aufnahmeprüfung sehr streng nehmen wollten, 20 etwa würden abgewiesen werden, sie hätten keinen Platz etc. Mit klopfenden Herzen saßen dann Frau Buhl u. ich in der mündlichen Prüfung, waren aber bald beruhigt, die 2 Professorenbuben machten ihre Sache, Friedis dicke Patschhand u. Hjalmars schlanke Finger waren stets in der Luft. Dabei hatten sie stets Glück, was sie nicht wußten, wurden sie auch nicht gefragt. Mögen sie immer solch unverschämtes Glück im Leben haben! [...] Zu Hause geht es auch ganz lateinisch zu, die ersten

212 Emilie Bücher an ihre Eltern, 30. Dezember 1894. PB Lauth.

213 Emilie Bücher an ihre Eltern, 29. Dezember 1896. PB Lauth.

214 Hausen, Ehepaare im Bildungsbürgertum 1988, 102 ff.

215 Diese Angaben macht Emilie Bücher in ihren Briefen an ihre Eltern (13. Juli 1895; 26. Dezember 1895; 27. Dezember 1897; 2. März 1899) und an ihre Schwester Mathilde (Weihnachten 1900; 20. März 1901). PB Lauth.

216 Emile Zola, *Rom*, Leipzig 1891.

217 Schäfer, *Bürgertum* 2003, 141.

Thränen sind auch bereits darüber vergossen. Mir gegenüber macht sich Friedi sehr stolz, daß er etwas kann, was die Mamma nicht kann.«[218] Während die Söhne Latein lernen, parlieren die Mütter gemeinsam französisch: »Einmal die Woche gehe ich mit Frau Buhl franz. plaudernd spazieren«, berichtet sie zum selben Zeitpunkt ihren Eltern.[219] Drei Jahre später äußert sie sich zum unzeitgemäßen Charakter des Lateinunterrichts und gibt damit auch die Meinung des Gatten wieder, dessen Beschäftigung mit den Sklavenaufständen immerhin eine Distanz zum weit verbreiteten Glauben an der Vorbildhaftigkeit der Antike bezeugt. »Es wird den Kindern auch gar zu viel zugemuthet«, klagt die besorgte Mutter angesichts des mit Latein gefüllten Stundenplans, »4 Stunden nacheinander, einmal sogar 5. Nachmittags meist noch 2 Stunden. Dazu viele Aufgaben! Wann werden diese Schulmeister einmal menschlicher fühlen. Karl sagt auch, der Cäsar u. all das Zeugs, das hätte sich überlebt, aber in Norwegen sollen sie Griechisch u. Latein ganz gestrichen haben, bin begierig, ob man's auch macht bei uns, gerade wie man doch ihre Literatur nachmachte. Den Friedi hat zwar sein Lebensmuth noch nicht verlassen, er ist unberufen gesund u. frisch u. nimmt die Lernerei [nicht schwer].«[220] Keine Scheu hat die des Französischen und Italienischen kundige Mutter, sich über die auf Lateinisch gehaltenen Elogen der Schüler am Geburtstag des Kaisers zu mokieren: »Ein Primaner hielt eine endlose lateinische Rede, wobei ich bald einen Lachkrampf bekommen hätte, denn außer rex imperator, Germania u. so ein paar Brocken verstand ich natürlich nichts.«[221] Zu ihrem Selbstbild als kulturbeflissene Dame, das sie gerade gegenüber der Kirberger Verwandtschaft des Ehemanns hochhält, gehören die Alten Sprachen nicht. Sie ist damit sowohl eine Vertreterin der traditionellen Mädchenbildung, die für die gehobene Konversation ausgebildet wird, als auch der modernen Bestrebungen, die humanistische Ausbildung zugunsten des Erlernens moderner Sprachen und der Naturwissenschaften zurückzudrängen.[222] In der Familientradition wird indes die humanistische Bildung dominieren. Nicht nur der Sohn, auch die Enkelgeneration lernt Griechisch und Latein.[223]

---

218 Emilie Bücher an ihre Eltern, 27. April 1893. PB Lauth.

219 Emilie Bücher an ihre Eltern, 14. Februar 1893. PB Lauth.

220 Emilie Bücher an ihre Eltern, 16. November 1896. PB Lauth.

221 Emilie Bücher an ihre Eltern, 28. Januar 1897. PB Lauth.

222 Vgl. Kap. *Der Kampf der Disziplinen um Deutungsmacht.*

223 Gespräch mit Dr. Luise Lauth im September 2000 in Bad Liebenstein.

Leipziger Gelehrtennetzwerk und Damenkränzchen: Das symbolische Kapital der Ehefrau

Anders als es Friedrich Lenger für die Ehefrauen von Werner Sombart und Ferdinand Tönnies beschreibt,[224] nimmt Emilie Bücher regen Anteil an Gelehrtengeselligkeiten und übernimmt die repräsentativen Aufgaben klaglos. Regelmäßig gibt sie Eltern und Schwester Auskunft über die Gesellschaften, zu denen sie einladen und eingeladen werden, und denen sie aufgrund ihrer Herkunft einen eigenen Prestigegewinn abzuringen vermag.[225] »Sonntag kamen viele Besucher«, schreibt sie kurz nach ihrem Umzug nach Leipzig an

224 Lenger, *Werner Sombart* 1995, 67 f.: »So war Tönnies bereits fast zehn Jahre mit Sombart befreundet, als er ihm schrieb: ›Ob unsere Frauen zusammen passen würden, weiß ich nicht, die meine ist gescheidt genug, aber sonst keine Professorin grad‹ [...]. Daß die professorale Geselligkeit Frauen weitgehend ausschloß, war weder auf den Urlaub beschränkt noch ein Spezifikum von Sombart und Tönnies, dem ›die geistreichen Gespräche mit Professoren und ihren Frauen [...] nur ein Unbehagen‹ bereiteten.« Allerdings gilt diese Aussage nicht für die zweite Ehefrau von Sombart, Corina Sombart, deren Salon der Sohn Nicolaus Sombart in seinen Jugenderinnerungen (*Jugend in Berlin* 1986, 57–71) schildert und die noch nach dem Zweiten Weltkrieg den Altgermanisten Peter Wapnewski mit ihrer »kultivierten Exotik« und »orientalische[n] Erzählkunst« in den Bann zog. Wapnewski, *Mit dem anderen Auge* 2006, 36f.

225 Die Mitteilung über Einladungen zu Gesellschaften gehört wie Geburtstagsglückwünsche zu den stereotyp wiederkehrenden Nachrichten. Am 13. Dezember 1892 schreibt Emilie Bücher den Eltern: »Die Gesellschaften rufen jetzt, letzten Sonntag waren wir zu Tisch eingeladen, wohl für eine Weile zum letzten mal.« Am 29. Januar 1893 berichtet sie ihrer Mutter: »Morgen abend ist große Gesellschaft bei Roschers. Das sind sehr liebenswürdige Menschen.« In den Semesterferien wird es ruhiger. Am 11. März 1893 teilt sie der Schwester mit: »Im Allgemeinen leben wir eben sehr ruhig, Karl hat Ferien; es gibt keine Gesellschaften, u. gab überhaupt wenig in letzter Zeit.« Im darauffolgenden Jahr heißt es am 17. Januar 1894 an die Eltern: »Wir leben eben in der Gesellschaftssaison, waren 5mal von Freitag bis Dienstag nacheinander eingeladen, haben natürlich einige Einladungen abgesagt. Man geht hier meist um ½ 12 od. 12 wieder fort.« Am 27. Mai 1894 zählt sie ihrer Mutter und der Schwester die Gesellschaften auf: »Nächsten Donnerstag 31st. haben wir unsere 6te Einladung. 4x ohne Köchin.« Auch nach dem Tod der Eltern bleibt sie bei der Gewohnheit, die Zahl der Gesellschaften mitzuteilen. Am 27. Februar 1901 berichtet sie der Schwester: »Nun haben wir 2 schöne Gesellschaften mittwochs, heute die dritte. Das erste mal war's mir wirklich schwer, weil ich gänzlich entwöhnt.« Am 26. April 1901 heißt es dann: »Nächste Woche haben wir Dienstag u. Freitag je eine Gesellschaft von 18 Personen, obwohl wir nur 8 Tage vorher einluden, haben alle angenommen. Wieder mal ein Beweis, wie man nicht alles dumme, ich meine das mit dem frühen Einladen nachmachen muß. Es graut uns ja ein wenig davor, so viel in einer Woche abzumachen, aber ich denke, es ist einfacher, man braucht seine sieben Sachen gar nicht ernstlich aufzuräumen, es kommt ja eine Köchin u. Servierfrau.« Am 7. Mai 1901 resümiert sie: »Also unsere Gesellschaften sind gut u. hübsch vorüber gegangen.« PB Lauth.

die Eltern. »Es ist zu nett, daß es eigentlich mit Jedem Anknüpfungspunkte gibt. Die meisten fragen auch, ob ich eine Verwandte vom Juristen Mittermaier bin. Viele waren früher auch in Basel gewesen, Manche in Dorpat, wieder andere haben Beziehungen mit München, Stuttgart od. Karlsruhe.«[226] So hatte beispielsweise der Kollege Adolf Wach in den 1860er Jahren in Heidelberg noch bei Emilies Großvater Carl Joseph Anton Mittermaier (1787–1867) dessen Vorlesungen über den Strafprozess gehört.[227] Zugleich weiß sie um den Unterhaltungswert der Berichte über derartige Gesellschaften. Als sie im November 1892 zum »*dîner* zu einem Juristen Prof. Friedberg[228] eingeladen« ist, an dem »fast lauter Reichsgerichtsräthe« teilnahmen, berichtet sie amüsiert über die »unglaubliche Fresserei«: »Zuletzt kam noch für jeden ein Schüsselchen (etwa große Glastasse), darin eine kl. Serviette, darauf ein Glas mit lauem Wasser. Die meisten haben sich nur die Fingerspitzen gewaschen u. getrocknet. Einige aber spukten nach der Mundspülung auch hinein. Etwas Unästhetischeres kann ich mir nicht denken!«[229]

Auch die gelegentlichen Besuche von auswärtigen Kollegen teilt sie ihren Eltern mit. Vor allem aber ist sie eine genaue Chronistin aller geselligen Ereignisse des Universitätslebens, an denen sie teilnimmt: Rectorwahl, Professorium, Königsbesuch. Als Bücher im Frühjahr 1897 für den Prinzen von Sachsen[230] ein Privatissimum abhält, ist sie sich des symbolischen Kapitals genau bewusst, das sie mit den ererbten Möbeln des Großvaters Mittermaier für diese Situation zur Verfügung stellen kann: »Nach den Ferien muß [Karl] dem Prinzen von Sachsen ein Privatkolleg halten. Er will dies im Seminar thun, worüber ich sehr froh bin. Ist es aber nicht nett, daß wir dabei Groß-

226 Emilie Bücher an die Eltern, 31. Oktober 1892. PB Lauth.

227 Unger, *Wach* 2003, 28.

228 Der Jurist Emil Friedberg (1837–1910), der zum Ehe-, Kirchen- und Handelsrecht publizierte, wirkte bereits seit 1869 an der Universität Leipzig. Als Rektor des Studienjahres 1897/98 unterstützte er Karl Bücher bei der Gründung der ersten deutschen Handelshochschule im Jahre 1898 und war selbst als Dozent bis zu seinem Tode im Jahre 1910 dort tätig. *Deutsches Zeitgenossenlexikon* 1905, Sp. 391 u. Haase, Schutzverein 2001/2, 163, Anm. 108. Friedrich Bücher, der bei ihm studiert, erinnert sich an seinen »trockenen, aber fesselnden, ab und zu mit Sarkasmen gewürzten Vortrag.« *Vorbei* o. J., 19.

229 Emilie Bücher an ihre Eltern, 24. November 1892. PB Lauth.

230 Gemeint ist vermutlich der spätere König Friedrich August III. (1865–1938), der in den Jahren 1894/95 und 1895/96 seinen militärischen Dienst durch Studienaufenthalte an den Universitäten Straßburg und Leipzig unterbrach und Lehrveranstaltungen in den Rechts- und Staatswissenschaften sowie in Geschichte belegte. Reiner Pommerin, Friedrich August III, in: *Sächsische Biographie*, hg. vom Institut für Sächsische Geschichte und Volkskunde e.V., bearb. v. Martina Schattkowsky, Online Ausgabe: http://www.isgv.de/saebi0 (28.11.2009).

vaters Stuhl brauchen können, d.h., daß S[eine] K[önigliche] M[ajestät] sich auf denselben Sessel setzen wird, auf dem einst der Großherzog gesessen hat beim Großvater.«[231] Der Sohn erinnert sich hingegen an die Pannen, dass nämlich dem Prinzen beim anschließenden Abendessen im Hause Bücher aus Versehen Nußschnaps aus Kirberg anstatt Rotwein eingeschenkt worden sei.[232]

Auch pflegt sie den engen Kontakt mit Kollegenfrauen. Parallel zur *Päonie*, einem Gesprächskreis auf Fakultätsebene,[233] treffen sich die Damen regelmäßig zum »Kränzchen«[234], einer informellen, aber nicht minder von Konventionen geprägten Teerunde wie die übrigen »Gesellschaften«. Tee war überhaupt das Getränk, das zum damaligen Zeitpunkt »häusliche Geselligkeit definierte«.[235] Hier streiten sie über Ibsens Theaterstücke oder ereifern sich nach dem Erscheinen »von einem garstigen Buch über die ›Inferiorität der Frauen‹ von Möbius (Nervenarzt)« über die Frauenfrage.[236] Ein unerschöpfliches Thema sind zudem die menschlichen Schicksalsschläge, ein Selbstmord in der Bekanntschaft, Gerüchte über Heiraten[237] oder die eigenen Reisen.[238] »Was Du von Frau Gmelin schreibst«, heißt es im Frühjahr 1895 an Mathilde, »thut mir recht leid. Sie soll sich ja mit Kohlengas umgebracht haben, ist das wahr? Welchem Leiden wollte sie hiermit entgehen? Wenn die Menschen doch bedenken wollten, was sie ihren Kindern mit solch gewaltsamen Tod anthun. Mit dem heutigen Vererbungstheoriegeschwätz ist das eine furchtbare Hinterlassenschaft! – Frau Seeliger hat die Nachricht in der Münchner Zeitung gelesen und erzählte es mir letzten Montag im Kränzchen.«[239]

---

231 Emilie Bücher an ihre Eltern, 29. Dezember 1896. PB Lauth.

232 Friedrich Bücher, *Vorbei* o. J., 14.

233 Chickering, *Lamprecht* 1993, 374. Vgl. Kap. *Leipziger Positivistenkreis.*

234 Die Erwähnung des Kränzchens setzt am 14. März 1898 ein und geht bis Januar 1905. Oft finden sich nur knappe Einträge wie folgende: 12. April 1901: »Gestern war Kränzchen bei Frau Wülker.« 7. Mai 1901: »Gestern war Kränzchen bei Frau Seeliger, leider hatte es stark geregnet, so daß wir nicht im nassen Garten sitzen konnten.« PB Lauth.

235 Mettele, Der private Raum als öffentlicher Ort 1996, 166.

236 Emilie Bücher an Mathilde, 31. Januar 1902. PB Lauth.

237 Emilie Bücher an Mathilde, 14. September 1901: »Wen hat Erika Lamprecht geheirathet? Hat sie Kinder? Lebt ihre Mutter noch? Ich wunderte (mich), daß Frau Seeliger nichts von ihr wußte?« PB Lauth.

238 Emilie Bücher an Mathilde, 26. April 1903: »Erst bekam Friedi [von der Italienreise] erzählt, dann Hermann, gestern Frau Volkelt, Montag das Kränzchen! Frau V. ist auch ganz entzückt von Paris.« PB Lauth.

239 Emilie Bücher an Mathilde, 6. Januar 1905. PB Lauth.

21. Emilie Bücher mit Sohn Friedrich um 1890

Auch ist das Kränzchen Forum für erste Auftritte in Reformkleidung, für die seit den 1890er Jahren in Zeitschriften und mittels Ausstellungen geworben wurde. Die im Jahre 1900 von dem Kunsthistoriker Friedrich Deneken organisierte Krefelder Ausstellung mit Damenkleiderentwürfen namhafter Künstler, unter denen sich Henry van de Velde und Paul Schultze-Naumburg befanden, wurde auch in Leipzig gezeigt[240] und bot Stoff für hitzige Debatten über das Für und Wider der neuen Mode. Emilie Bücher meint zunächst, dass diese sich nicht durchsetzen werde, begrüßt sie aber wegen der Abkehr von der »Corsettschnürerei«. Eine Photographie von 1890 zeigt sie noch im hoch geschlossenen, aber eng geschnürten Kleid. Im Detail hat sie viel an der neuen Mode auszusetzen: »Immer u. überall ist von Reformkleidern die Rede. Natürlich die Einen für, die Anderen contra. Es war eine ganze Ausstellung von Reformkleidern, leider habe ich sie nicht gesehen. Maler Schultze-Naumburg hat die meisten Entwürfe gemacht. Alles mit Schleppe u. so unpraktisch, ich glaube kaum, daß diese Art auf die Dauer Vertreterinnen findet. Ich sehe auch gar nicht ein, warum die Kleider alle von oben lose sein müssen, d. h. es ist mir schon recht, aber warum nicht ein loses breites Band etwa wie die Japanerinnen um die Taille schlingen, das wäre nichts gesundheitschädliches, ordentlicher u. vor allem praktischer. In einem weiten losen Kleid kann ich nicht arbeiten, man tritt ja immer darauf.« Das Korsett aber lehnt sie ab. »Wenn nur hübsche Frauen mit hübschen Figuren sich in der Frage entschlössen, das nützt mehr als garstige alte; gerade schöne wollen

240 Ellwanger/Meyer-Renschhausen, Kleidungsreform 1998, 95f.

aber noch nicht dran. […] Ich hoffe aber sehr, daß es doch auf die Corsettschnürerei einen großen Einfluß haben wird. Möchte man doch bald eine Geschnürte lächerlich finden.«[241] Ihre eigenen Versuche, sich die Reformkleidung anzueignen, misslingen ihr zunächst: Im Oktober 1902 berichtet sie der Schwester von ihren Plänen, ein Reformkleid nähen zu lassen: »Frl. Großmann will das schwarzseidene Kleid reform machen, hoffentlich schön. Festes Vertrauen habe ich leider nicht. […] Frau Reinshagen [die Vermieterin] trägt reform […]. Sie hat nämlich in Kolberg nicht schlafen können u. da sagte ihr ein Arzt, weg mit dem Corset u. eine Großmutter braucht keine schöne taille zu haben. Sie befolgte den Rath und konnte wieder frei athmen!«[242] Einige Wochen später meldet sie, dass das Reformkleid mißraten sei: »Mit meinem schwarzseid. Kleid bin ich nicht zufrieden. Es ist vor allen Dingen unpraktisch u. zu weit. Ich kann es nicht allein anziehen, weil oben geschlossen u. wenn ich es aufmachen möchte, hängt das Futter, hellblaue Halbseide mit plissé unten noch auf den Boden, weil es ein Unterkleid ist. Es war so weit, daß es bei Conrady, wie ich merkte, gar nicht gefallen hat. Hinten eine formlose breite Quetschfalte. Ich gab es der Schneiderin wieder u. jetzt ist's enger, lauter kl. Falten, die unter der Taille aufspringen.«[243] Aber Emilie Bücher passt sich an. Zwei Jahre später ist es ihr ganz selbstverständlich, dass das neue Kleid ohne Fischbein gefertigt wird.[244] Um 1910 wird das Korsett dann auch aus der Kleidung der »Haute Couture« verschwunden sein.[245]

Mit einigen Kollegenfrauen freundet sich Emilie Bücher näher an. Mit der Ehefrau des Anglisten und Goetheforschers Richard Wülker (1845–1910)[246], Gertrud Lange, reist sie im Sommer 1894 in den Harz nach Wernigerode, die Männer kommen nach. »Am 21. Juli fahren wir hin, am 18. August wieder zurück«, meldet sie im Frühjahr 1894 den Eltern. »Das ist schon bald. Frau Wülker hat vielleicht ¼ St[unde] davon Wohnung genommen. Die hat Kinder u. es ist nett für Friedi, der sonst so schwer zum Spazierenge-

241 Emilie Bücher an Mathilde, 4. März 1902. PB Lauth.

242 Emilie Bücher an Mathilde, 20. Oktober 1902. PB Lauth.

243 Emilie Bücher an Mathilde, 28. November 1902. PB Lauth.

244 Emilie Bücher an Mathilde, 11. Juni 1904: »[…] selbstverständlich muß es ohne Fischbein u. ganz weit sein.« PB Lauth.

245 Ellwanger/Meyer-Renschhausen, Kleidungsreform 1998, 98.

246 Wülker war seit 1873 in Leipzig tätig, wo er sich auch habilitierte. 1880 wurde er zum o. Professor ernannt, 1891 zum Direktor des neu gegründeten englischen Seminars der Universität bestimmt. *Deutsches Zeitgenossenlexikon* 1905, Sp. 1599. Krause, *Alma mater Lipsiensis* 2003, 148 u. 187.

hen zu bewegen ist.«[247] Lieber wäre sie zu den Eltern in die Steiermark nach Graz gereist, wo diese ein Haus erworben haben, aber die Kosten der Reise, vor allem aber die Spielgefährten für den Sohn bilden ein gewichtiges Argument für die Harzreise mit der Kollegenfrau: »Wenn es nun regnet od. zu heiß ist, läßt mich Frau W. nicht fort, da muß ich mit in ihre Wohnung kommen, das ist ganz nett, nimmt aber viel Zeit. Friedi ist bes. vergnügt mit den Kindern. Die spielen Räuberles im Freien, Schwarzen Peter im Zimmer etc. [...] Karl kommt Donnerstag Nachmittag wie H. Wülker an, da gibt es eine große Abholerei an der Eisenbahn.«[248] Die Kinder spielen nicht nur in den Ferien zusammen. Der Sohn wird oft nach Gohlis eingeladen, wo die Wülkers ein Haus mit Garten haben.[249] Die Mütter gehen gemeinsam ins Theater: »Zu Karl's Entsetzen bin ich auch so vergnügungssüchtig, heute wieder ins Theater zu gehen. ›Die versunkene Glocke‹ von Gerhart Hauptmann. Ich hab's schon lange ausgemacht mit Frau Wülker«, berichtet sie im Januar 1897 den Eltern.[250] Das Verhältnis ist locker, man besucht sich gegenseitig auch uneingeladen, was dem Ehemann offenbar schwer fällt, der sich einem strengen Zeitregiment unterwirft, das einen flexiblen Umgang mit Zeit und unge-

247 Emilie Bücher an ihre Eltern, 6. Juli 1894. PB Lauth. Auch Friedrich Bücher (*Vorbei* o. J., 3) erwähnt in seinen Erinnerungen diese Reise.

248 Emilie Bücher an ihre Eltern, 1. August 1894. Der Schwester Mathilde schreibt sie am 23. August 1894: »Am meisten freute mich aber, daß unser Friedi so nette Gesellschaft an Wülkers Kindern hatte. Es fehlte natürlich nicht an Neckereien, zuweilen Prügelei, aber auch dies schien nur harmlos, so daß weder Frau W. noch ich uns den Humor verderben ließen. Der 9jährige Gerhard war oft verdrießlich, daß die zwei Großen nämlich Friedi u. der 13jährige Ludwig ihre Geheimnisse vor ihm hatten, ihm davon liefen etc. Über die 11jährige Grete mußten wir oft lachen, die heult so leicht, wenn ihre Brüder sie unsanft anfaßten, von Friedi ließ sie sich alles gefallen, doch war er genau so derb mit ihr wie mit den Buben.« PB Lauth.

249 Emilie Bücher an die Eltern, 6. März 1893: »Friedi ließ ich seinen Tyroler (?) anziehen, als er zu Wülkers nach Gohlis eingeladen war. Dort waren die Kinder auch costumirt, das ist aber alles, sonst hörte u. sah ich nichts.« PB Lauth. Die Kinderfreundschaft zwischen Friedrich Bücher und Ludwig Wülker überdauert die Schulzeit. Friedrich Bücher, *Vorbei* o. J., 12. Am 20. April 1906, Friedrich ist inzwischen Gerichtsreferendar, schreibt Emilie Bücher der Schwester: »Sonntag, aß Herr Kittel mit uns zu Mittag u. Nachmittag kamen die ganze Familie Conrady, Frau Bruch u. Else Lamprecht, später noch beehrten uns Herr Dr. Wülker, Kittel u. Friedi nach ihrem Spaziergang.« PB Lauth.

250 Emilie Bücher an ihre Eltern, 28. Januar 1897. Bei dieser Gewohnheit bleibt es. So schreibt Emilie Bücher an ihre Schwester Mathilde am 6. Januar 1905: »Am 17ten tanzt die Theodora Chopin u. zwar in der Alberthalle [...], so nahm ich für 6 M. einen Platz, Frau Wülker für 4 M.« Nur wenige Wochen später, am 20. Januar 1905, heißt es: »Die kolossale Alberthalle [...] war voll Menschen. Trotzdem wollte der Zufall, daß gerade hinter mir Frau Wülker u. Schwester saßen.« PB Lauth.

plantem Müßiggang nicht erlaubt. »Gestern marschierte ich wie alle Tage mit Karl ins Rosenthal«, berichtet Emilie Bücher im Januar 1901 ihrer Schwester Mathilde, »dann ging's zu Wülkers, nur bis an die Thüre, ich wollte ihr ein paar geliehene Handschuhe wiederbringen. Dies hat sie zu einem reizenden Gedicht inspiriert, das sie mir heute schickte. Ich antwortete in theils soufflirten Knittelversen wie folgt: ›Gern wär' ich hineingekommen, hätt' was Liebes angenommen, wäre dann nicht vor der Thür' mein Gemahl erfroren mir. Diesen aber mitzubringen, wollt trotz Bitten nicht gelingen, warte am Abend noch so viel, Arbeit mit dem Federkiel. Tröste Dich mit dem Gedanken, unsere Freundschaft kann nicht wanken. Frör auch der Aequator ein, werd ich ungeniert doch sein. Ihre Sie warm liebende E.B.‹ Die hatte nämlich so angefangen: ›Träum ich, wird mein Auge trüber? Nebelt's mir ums Augenlicht? Die Frau Bücher geht vorüber, kommt herein zu Wülker's nicht. Meine Handschuhe warm gefüttert, schickt kalt lächelnd sie herein, Ach das hat mein Herz erschüttert. Und ich frage wie kann das sein.‹«[251]

Häufig ist Emilie Bücher zu Gast bei Luise Stölzel Seeliger, deren Mann Gerhard Seeliger (1860–1921) 1895 die Professur für Historische Hilfswissenschaften übernahm.[252] Für die Einrichtung dieses Lehrstuhls hatte sich Bücher eingesetzt, nachdem es bei der Besetzung des 1892 vakant gewordenen zweiten historischen Lehrstuhls zur Berufung von »Bismarckianern« gekommen war, wie er gegenüber dem Freund Aloys Schulte klagt. Als Seeliger 1901 einen Ruf nach Heidelberg erhält, gelingt es Bücher in seiner damaligen Funktion als Dekan, den Kollegen in Leipzig zu halten.[253] Man lädt sich gegenseitig zu »Abendgesellschaften«, »Theenachmittagen« und familiären

251 Emilie Bücher an Mathilde, 7. Januar 1901. Dass die Wülkers unangemeldete Besuche lockerer nahmen, geht aus einer Bemerkung Emilie Büchers aus den Anfangsjahren der Freundschaft hervor. So heißt es in einem Brief an die Eltern vom 31. August 1894: »Nachmittags kamen die Wülkers uneingeladen daher spaziert.« PB Lauth.

252 Gerhard Seeliger (1860–1921), der in Berlin und Wien sowohl Nationalökonomie als auch Geschichte studiert hatte, habilitierte sich 1887 an der Universität München im Fach Geschichte und erhielt 1895 den Ruf an die Universität Leipzig. *Deutsches Zeitgenossenlexikon* 1905, Sp. 1348. Der Berufung war ein mehrjähriger Streit um die Nachfolge von Karl Peter Wilhelm Maurenbrecher (1838–1892) vorhergegangen, der Karl Lamprecht 1891 nach Leipzig geholt und kurz danach, 1892, verstorben war. Auf den Lehrstuhl wurde auf Drängen von Lamprecht zunächst Max Lehmann (1845–1929) berufen, der bereits 1893 nach Streitigkeiten mit Lamprecht die Universität wieder verließ und einem Ruf nach Göttingen folgte. Ebd. Sp. 854/5. Ihm folgte nach einer Reihe von Absagen 1894 Erich Marcks (1861–1938), der 1901 nach Heidelberg ging. Ebd. Sp. 928/9 u. Nordalm, *Historismus und moderne Welt: Erich Marcks* 2003. Zu den Hintergründen der Berufungen vgl. Chickering, *Lamprecht* 1993, 116 (Maurenbrecher), 157–161 (Lehmann), 162 (Marcks), 163/4 (Seeliger).

253 Braubach, Aus Briefen 1965, 396.

Feiern wie Taufe und Konfirmation ein, geht zusammen ins Theater und hilft einander aus.[254] »Habe ich Dir schon geschrieben, daß ich für 35 M[ark] eine gebrauchte Singer Nähmaschine, mit Tisch z. treten gekauft habe«, heißt es im Frühjahr 1901 in einem Brief an die Schwester Mathilde. »Die geht ausgezeichnet [...]. Ich habe 2 Jahre Garantie, was schon beweist, daß sie noch sehr gut ist, eigentlich wenig gebraucht. Frau Seeliger war mit mir, als wir kauften, ich verstehe ja nicht genug davon. Die alte Kettelstich – wird an den Hort geschenkt.«[255]

Noch von Basel her ist ihr Meta Seeliger bekannt, die Ehefrau des Philosophen Johannes Volkelt (1848–1930).[256] Als Volkelt 1894 nach Leipzig berufen wird und in die nahe gelegene Auenstraße zieht, entwickelt sich ein reger nachbarschaftlicher Verkehr, der Teebesuche und Einladungen zum Mittagessen umfasst, als Ehemann und Sohn gleichzeitig verreisen und sie ihren hausfraulichen Pflichten nicht nachkommen muss.[257] Auch findet Friedrich Bücher in dem Sohn Hans Volkelt (1886–1964) einen Freund.[258]

---

254 Emilie Bücher an ihre Eltern, 2. November 1896: »Gestern Nachmittag waren wir zur Taufe des jüngsten Töchterchen's von Prof. Seeliger Stölzel eingeladen.« Am 5. Mai 1897 heißt es dann über ihren Aufenthalt auf dem Rochlitzerberg: »Frau Seeliger war letztes Jahr mit ihrer Kinderschar oben u. lobte den Aufenthalt sehr.« Am 2. März 1899 berichtet sie ihnen über den Krankenstand im Hause Seeliger: »Bei Frau Seeliger Stölzel hatten 2 Kinder den Scharlach.« Ihrer Schwester berichtet sie am 11. Juni 1902: »Frau Seeliger bekam gestern ein Mädchen. Auf die Bemerkung von Karl, die 3 Grazien seien jetzt überschritten, antwortete Herr Seeliger, ›Jetzt kommen die 9 Musen.‹ Ich fürchte, sie sind recht enttäuscht, obwohl mit Unrecht. So ein klein Madel verschwindet unter den andern, wogegen beim Bub eine ganze Familie u. ein Haushalt nach s. Lernerei u. Studiererei sich richten müssen.« Am 9. Februar 1906 heißt es an die Schwester: »Morgen geht Friedi zu Seeliger's. Unsere Gesellschaft ist recht ausgefallen. Forellen, aber theuer [...]. Die Damen hatten schon halbseidene Kleider an, das schmückt kolossal. Frau Seeliger sah sehr schön aus, ausgeschnitten fast ein bisserl zu viel.« PB Lauth.

255 Emilie Bücher an Mathilde, 5. Februar 1901. PB Lauth.

256 Volkelt wurde 1894 nach Leipzig berufen. Krause, *Alma mater Lipsiensis* 2003, 186ff. Zur Verortung Volkelts in der sogenannten »Leipziger Schule« vgl. Üner, Soziologie als »geistige Bewegung« 1992, 22f. Zum Werdegang Volkelts vgl. *Deutsches Zeitgenossenlexikon* 1905, Sp. 1511.

257 Am 14. Juni 1894 heißt es in einem Brief Emilie Büchers an die Eltern: »Gestern war ich zum Thee bei Frau Prof. Volkelt, die wir früher schon in Basel trafen, zuletzt waren dieselben in Würzburg.« Am 30. September 1901 schreibt sie der Schwester Mathilde: »Ich aß bei Frau Volkelt zu Mittag, denke nur, ich bin Strohwitwe u. Mutter. Freitag 3 Uhr Nachmittag fuhr Karl fort nach Pest, u. gestern, Samstag fünf Friedi nach Kirberg.« PB Lauth.

258 Friedrich Bücher, *Vorbei* o. J., 22. – Zu Hans Volkelt, der sich im Unterschied zu Friedrich Bücher im Ersten Weltkrieg als Kriegstreiber profilieren wird, vgl. Krause, *Alma mater Lipsiensis* 2003, 251; Flasch, *Geistige Mobilmachung* 2000, 286–289, der allerdings den Vater mit dem Sohn verwechselt.

Zu den in den Anfangsjahren häufig erwähnten Kontakten gehört auch die Beziehung zu der Familie des dänischen Theologen und Alttestamentlers Frants Buhl (1850–1932).[259] Buhl hatte in Kopenhagen und Leipzig studiert und war 1890 einem Ruf nach Leipzig gefolgt. Der Kontakt zu dem Kollegen bleibt auch nach der Rückkehr Buhls nach Kopenhagen im Jahr 1898 bestehen.[260] Seine Frau ist in den Leipziger Anfangsjahren stete Begleiterin Emilies. Mit ihr geht sie ins Theater und bewundert Eleonora Duses Schauspielkunst.[261] Beide Damen sitzen beim Rektorwechsel auf der Galerie der Aula.[262] Mit Frau Buhl genießt sie den Ausflug des »Professoriums«, einer geselligen Zusammenkunft von Universitätsangehörigen, nach Grimma, der einen Jahrmarktbesuch mit Karussellfahrt einschließt.[263] Auch helfen die Damen einander aus. Als sie selbst bei Roschers eingeladen ist, lässt Emilie Bücher ihr Dienstmädchen Karoline »zu Frau Prof. Buhl gehen, um da zu helfen, da sie auch Gesellschaft hatten« und amüsiert sich über die Schilderung, die diese »von dem Geschrei, Commandieren, Rennen machte, köstlich. Es sei jedes Geschirr u. jede Speise erst im letzten Augenblick geholt u. fabriziert worden. Daß Frau B. genial ist, merkte ich schon lange, daß sie aber so unpraktisch wäre, hätte ich nicht gedacht.«[264] Überhaupt ist das Unkonventionelle der Umgangsformen der dänischen Familie eine ständige Quelle der Heiterkeit. Im März 1893 schreibt sie an die malkundige Schwester Mathilde, die die Familie Buhl bei ihrem Aufenthalt im Herbst 1892 selbst kennengelernt hatte und deshalb später Ansprechpartnerin für Erkundungen im Schwabinger Künstlermilieu wird:[265] »Gestern Nachmittag als

259 Bautz, *Biographisch-Bibliographisches Kirchenlexikon*, Bd. 1, 1990, Sp. 807. Im Studienjahr 1893/94 war Buhl Dekan gewesen und von daher vermutlich ein wichtiger Ansprechpartner Büchers in allen Fragen des strittigen Prüfungsrechts.

260 Emilie Bücher an die Schwester Mathilde, 28. Januar 1901: »H. u. Frau Buhl waren 8 Tage hier, bei uns einmal zu Tisch, dann letzten Donnerstag hatte ich das Kränzchen Frau Buhl zu Ehren zusammengetrommelt. […] Kurz, ich dachte so 8 Tage lang nichts als ›Buhl und wieder Buhl‹. Alles geht vorüber, also auch die Buhlerei!« 31. Januar 1902: »Letzten Sonntag hatten wir einen Herrn zu Tisch, Prof. Buhl wäre auch beinahe gekommen.« 9. Dezember 1903: »Dienstag war ich so ziemlich den ganzen Tag auf, […] Frau Buhl ist da u. so wollte auch ich am Platze sein.« PB Lauth.

261 Emilie Bücher an die Eltern, 17. Januar 1894. PB Lauth.

262 Emilie Bücher an die Eltern, 31. Oktober 1892: »Ich war Vormittags mit Frau Buhl in der Aula der Universität, um mir die Feier des Rectorwechsels anzusehen. […] Friedi geht gerne in seine Schule. Mit Hjalmar Buhl kommt er zuweilen zusammen.« PB Lauth.

263 Emilie Bücher an die Eltern, 8. Juli 1895. PB Lauth. Vgl. dazu Kap. *Universitäre Ämter und Rektorwahl.*

264 Emilie Bücher an die Eltern, 24. November 1892. PB Lauth.

265 Emilie Bücher an Mathilde, 21. Oktober 1892. PB Lauth.

ich gerade ausgehen wollte, schreibt Frau Buhl, ich müßte doch zu ihr kommen, sie sei krank. Ich traf sie zu Bett, sie bat mich, ein gemaltes Tischchen, das heute fertig sein müßte [...], fertig zu machen. Sie habe Magenweh u. könne sich nicht über die Arbeit beugen. Ist das nicht köstlich! – Mir machte die Arbeit Spaß, es war nicht schwer, hauptsächlich Tupfen, Bänder etc. Buhl's sind eine köstliche Familie. Während ich neben dem Schlafz., in dem sie lag, in Ellens Stube (Ellen ist etwa 14 Jahre alt) saß u. malte, liefen natürlich immer die zwei herzigen kleinen Mädchen durch, ließen sich von ihrer Mutter etwas zeigen, erzählen. Dann hörte man sie im Kinderzimmer jubeln, schreien, krakeelen etc. H. Prof. wand sich auch ab und zu durch das unordentliche Zimmer im Frack hindurch. Er war schon im Begriff zu einer Sitzung zu gehen. Es war köstlich! Morgen Abend gehe ich mit Frau Buhl zum [Kunst-]Verein, bin begierig! Du meinst Frau Buhl hätte viel geist[ige] Ruhe [...]«.[266]

Zur Ehefrau von Friedrich Ratzel, die sie als nicht unliebenswürdig schildert, der sie »aber an Stelle von Anmuth [...] eine gouvernantenhafte Grandezza« bescheinigt,[267] wahrt sie bis auf gelegentliche Teebesuche eher Distanz. Berichte über Familientreffen fallen vor allem in die Anfangsjahre, als auch die Kinder noch miteinander spielen, und es gilt, Gemeinsamkeiten auszuloten.[268] In einem Geburtstagsbrief an die Mutter erkundigt sie sich im Januar 1893 nach einer Grazer Bekannten der Ratzels, von der sie bei einem Besuch der Familien Ratzel und Wülker erfahren hat: »An einem der letzten Sonntage waren Ratzels u. Wülkers Nachmittags bei uns zum Kaffee. Es war zu nett, die großen Leute im Salon, die Kinder – 6 an der Zahl – im Eßzimmer. Frau Ratzel sah die Grazer Bilder mit gr. Interesse an, weil sie selbst einige Zeit bei Frau Fischer [...] auf dem Ruckerlberg wohnte [dem Wohnort der Familie Mittermaier], früher natürlich. Sie fragte mich, ob Frau Fischer wohl noch oben wohne. Wißt Ihr etwas davon?«[269] Von der »Anmuth« der Frau des Strafrechtlers Adolf Wach (1843–1926), der jüngsten Tochter von Felix Mendelssohn-Bartholdy (geb. 1846), die einige Jahre älter als sie ist,

266 Emilie Bücher an Mathilde, 11. März 1893. PB Lauth.

267 Emilie Bücher an Mathilde, 25. November 1892. PB Lauth.

268 Emilie Bücher an die Eltern, 27. November 1892: »Sonntag Nachmittag waren wir zu Ratzels eingeladen. Friedi hat sich sehr befreundet mit den 2 Ratzeln.« Am 4. Januar 1893 heißt es: »Nächsten Sonntag Nachmittag kommen Ratzels mit 2 Kindern u. Karl Wülker mit 3 Bambini zu uns, das kann lustig werden. Friedi hat dadurch aber Kindermannsgang, was sehr wichtig ist.« Bemerkungen über »Theebesuche« fallen in das Jahr 1901. Emilie Bücher an Mathilde, 28. Januar u. 5. Februar 1901. PB Lauth.

269 Emilie Bücher an ihre Mutter, 29. Januar 1893. PB Lauth.

zeigt sie sich beeindruckt.[270] Von familiären Zusammenkünften erzählen ihre Briefe erstaunlich wenig – trotz der freundschaftlich-kollegialen Beziehung, die sich zwischen Bücher und Wach entspinnt,[271] und der Kontakte, die Wach mit Emilies Vetter Wolfgang Mittermaier pflegt.[272]

Regelmäßigen Kontakt pflegen die Büchers hingegen ab 1901 mit der Familie des Zoologen Carl Chun (1852–1914), der 1898 nach Leipzig berufen worden war und im selben Jahr die Deutsche Tiefseeexpedition leitete.[273] Vor allem während des Prokanzellariats und Rektorats Büchers intensiviert sich der Kontakt. Nachdem Bücher das Amt des Prokanzlers von Chun übernommen hat, vermeldet Emilie Bücher ein erstes *dîner* bei den Chuns, das im Juni 1902 stattfindet: »6 Uhr Sonntag, den 22., dîner bei Chun; es ist zufällig das erste mal, daß ich bei ihnen bin. Sie war auch noch nie bei uns.

270 Ebd.: »Gestern abend waren wir zu Geh. Wach eingeladen, die Frau ist eine Tochter von Felix Mendelssohn u. wirklich ein reizendes Geschöpf. Sie erinnert mich an Ida, dabei ist sie freilich klein u. blond u. viel schöner: die Anmuth ist aber dieselbe, sie hat 6 Kinder u. sieht nicht älter aus als 30jährig.« PB Lauth. – Diese Einschätzung teilt sie mit der englischen Komponistin Ethel Smyth (1858–1944), die sich Ende der 1870er Jahre zu Studienzwecken in Leipzig aufhielt *(Impressions that remained* 1919, 208: »She was one of the sweetest, most charming little women I ever saw, very pretty and gentle…« (Zitiert nach Unger, *Wach* 2003, 129). Ein Auszug der Schilderungen der Leipziger Jahre befindet sich in: Smyth, *Ein stürmischer Winter* 1988, 7–58. – Lili Wach wurde 1846, nur ein Jahr vor dem Tod ihres Vaters Felix Mendelssohn Bartholdy (1809–1847), geboren. Ihren Mann lernte sie über ihre Brüder Carl und Paul kennen, die sich während des Studiums in Heidelberg mit Adolf Wach anfreundeten. Lackmann, *Das Glück der Mendelssohns* 2007, 295 u. 311.

271 Auch der Sohn, der in seinen Erinnerungen ein Porträt des Strafrechtlers zeichnet, bei dem er studiert hat, erwähnt keine engen familiären Kontakte. Briefe von Adolf Wach an Bücher, die sich in Büchers Nachlass (181) in der Sondersammlung der Universitätsbibliothek Leipzig befinden, datieren von 1903 bis 1915. Vor allem im Kontext der 1903 erfolgten Gründung des Akademischen Schutzvereins haben Bücher und Wach eng zusammengearbeitet. Vgl. Haase, Schutzverein 2001/02, 179–185. Zu Wach vgl. Unger, *Wach* 2003.

272 So war Adolf Wach mit dem Juristen Wolfgang Mittermaier (1867–1956) befreundet (Unger, *Wach* 2003, 139), dessen Besuche Emilie gelegentlich in ihren Briefen erwähnt. Vor allem die Amerikareise Wolfgang Mittermaiers findet ihr Interesse, die sie in ihren Briefen vom 14. Februar 1893 und 17. Januar 1894 an die Eltern erwähnt. Wolfgang Mittermaier ist ein Vetter Emilies, der – wie bereits sein Vater Philipp Franz Mittermaier (1817–1899) – in die juristischen Fußstapfen des Großvaters Carl Joseph Anton Mittermaier trat und sich 1897 an der Juristischen Fakultät in Heidelberg habilitierte. 1900 wurde er nach Bern berufen, wo er den mit Karl Bücher befreundeten Eugen Huber kennen lernte. Von 1903 bis 1933 lehrte er in Gießen. Nach dem Zweiten Weltkrieg erhielt er in Heidelberg eine Honorarprofessur. Wolf, *Das Leben und das strafrechtliche Werk Wolfgang Mittermaiers* 1997, 23–32, 41. Vgl. auch Jansen, *Vom Gelehrten zum Beamten* 1992, 76.

273 Zur Person Chuns vgl. *Deutsches Zeitgenossenlexikon* 1905, Sp. 226; Krause, *Alma mater Lipsiensis* 2003, 179.

Die Männer hingegen waren schon oft in den Gesellschaften.«[274] Nach der Wahl Büchers zum Rektor kommt der Kollege und Vorgänger im Amt, »um zu sehen, ob wir noch leben.«[275] Während der Rektoratszeit Büchers dürfen die Chun-Töchter vom Rektoratszimmer die Königsparade beobachten.[276] In der Folge nehmen die gegenseitigen Einladungen zu »Theenachmittagen«, abendlichen Geselligkeiten und Familienfeiern zu.[277] Besonderen Anteil nimmt Emilie Bücher am Wohlergehen der jüngsten Chun-Tochter, Puppa genannt: »Am Palmsonntag vor der Confirmation von den 2 Chun's Mädchen, wir schickten einen schönen Camelienstock u. gingen am Abend selbst hin. Puppa ist immer dieselbe, sie flog Karl um den Hals u. küsste ihn. [...] Denke, gegenwärtig segeln sie auf dem Meere. Der Capitain der Valdivia, der nach Ostafrika fährt, hat sie aufgefordert, die Reise von Hamburg bis Genua mitzumachen. Von da reisen sie nach Genf.« [278] Als die jüngste Chun-Tochter im März 1907 heiratet, sind die Büchers zum Ball geladen und Karl Bücher hält eine Tischrede: »Der Ball bei Chuns war sehr schön, Puppa kam mir ganz ernst vor. Am 18ten ist ihre Hochzeit, die nur ganz klein sein soll. Während H. Chun einen Toast hielt, sagte Frau Chun Karl ins Ohr, nachher müssen Sie reden. Das that er dann auch, u. hat ihnen ein bisschen die Meinung gesagt, indem er sie ›moderne Menschen‹ nannte. Als er Frau Ch. nachfrug, ob sie es nicht übel genommen, gab sie ihm einen Kuß auf die Wange! Wir wollen dieser Tage hingehen u. das Hochzeitsgeschenk bringen.«[279]

Ein enger Kontakt besteht in diesen Jahren auch mit der Familie des Sprachwissenschaftlers und Sinologen August Conrady (1864–1925), der als Begründer der indochinesischen Sprachwissenschaft gilt. Conrady war 1897 zum außerordentlichen Professor für ostasiatische Sprachen ernannt worden, nachdem sein Vorgänger Georg von der Gabelentz (1840–1893) 1889 einem Ruf nach Berlin gefolgt war. Auf Initiative von Karl Lamprecht erhielt Conrady 1914 ein eigenständiges Seminar für ostasiatische Kulturen und Sprachen, womit Leipzig neben Berlin und Hamburg zum Zentrum der Ostasien-

274 Emilie Bücher an Mathilde, 11. Juni 1902. Vom 6. November 1901 datiert die Bemerkung: »Es war Zeit, daß das Mannderl wieder wohl wurde, denn die Anforderungen an seine Zeit u. Kraft sind in diesem Winter besonders groß, weil er Prokanzler ist, letztes Jahr war es Chun.« PB Lauth.

275 Emilie Bücher an Mathilde, 1. November 1903. PB Lauth.

276 Emilie Bücher an Mathilde, 26. Februar 1904. PB Lauth.

277 Emilie Bücher an Mathilde, 25. August 1905 u. 2. März 1906. PB Lauth.

278 Emilie Bücher an Mathilde, 12. April 1901. PB Lauth.

279 Emilie Bücher an Mathilde, 12. März 1907. PB Lauth.

forschung wurde. Sein Assistent wurde Lamprechts ehemaliger Mitarbeiter, der Historiker und Japanologe André Wedemeyer. Conrady beschäftigte sich nicht nur mit sprachwissenschaftlichen Themen, sondern betrieb auch religions- und kulturgeschichtliche Studien und begründete damit die sogenannte »Leipziger Schule«.[280] Sein kulturgeschichtlicher Ansatz kam sowohl Lamprecht als auch Bücher entgegen, die beide in ihrem Fach kulturhistorisch vergleichend arbeiteten. Lamprecht hatte selbst 1906 eine Ostasiatische Abteilung an seinem Seminar für Kultur- und Universalgeschichte eingerichtet.[281] Seit Oktober 1902 berichtet Emilie Bücher von Einladungen und gemeinsamen Theaterbesuchen und freut sich an den kleinen Töchtern. Am 11. Oktober 1902 berichtet sie ihrer Schwester Mathilde: »Letzten Sonntag hatten wir Conrady's u. noch ein Fräulein zum Cacao u. Zwetschgenkuchen. Unsere Martha war fort, da habe ich alles abgewaschen, Abendessen gemacht, es macht immer viel Arbeit. Aber die kl[einen] Mädchen sind so vergnügt, daß man sich mit freuen muß.« Als August Conrady mit seiner Familie am 15. April 1903 zu einem dreijährigen Aufenthalt nach China aufbricht, um als Lehrer für deutsche Sprache und Literatur in Peking zu wirken, ist Emilie Bücher in Gedanken dabei. Am 26. April 1903 schreibt sie ihrer Schwester Mathilde: »Von Conrady's haben wir nichts mehr gehört, sie haben fast immer stürmisches Wetter seit sie von Bremen abfuhren. Hoffentlich ging es besser als ich denke. Wenn man seekrank ist u. muß noch 4 Kinder versorgen, das Kleinste stillen!« Am 30. Juni 1903 vermeldet sie die Ankunft der Conradys in China. Auch nach der Rückkehr aus China, die aus familiären Gründen schon nach acht Monaten erfolgt, bleibt der Kontakt bestehen. Bis zu ihrer Erkrankung berichtet Emilie Bücher regelmäßig über Theaterbesuche mit den Kindern, Geburtstagsempfänge und Teenachmittage. Noch im Januar 1907 führt sie die Conrady-Töchter, die ihr zum Geburtstag Blumen bringen, ins Theater.[282] Die Heirat der Tochter Anna Babette mit Eduard Erkes (1891–1958), dem Nachfolger Conradys auf dem Lehrstuhl für ostasiatische Sprachwissenschaft und einzigen Sozialdemokraten im Leipziger Lehrkörper,[283] die 1916 stattfindet, erlebt sie nicht mehr.

Mit dem nahezu gleichaltrigen Juristen Peter Spahn (1846–1925), der wie er in Hadamar die Schule besucht hatte, pflegt Bücher eine Duzfreundschaft. Spahn, jahrelanges Zentrumsmitglied des Reichstages, war 1898 zum Reich-

280 Vgl. Griss, Japan und Karl Lamprechts universalgeschichtliche Anschauung 1993, 158 u. Anm. 11–13; Leibfried, Die Entwicklung der Sinologie in Leipzig 2005, 309–340.

281 Leibfried, Sinologie 2005, 329.

282 Emilie Bücher an Mathilde, 6. Januar u. 12. August 1905; 6. Januar 1907. PB Lauth.

283 Leibfried, Sinologie 2005, 336; Morgenstern, Politische Publizistik 2005, 232.

gerichtsrat ernannt worden und deshalb nach Leipzig gezogen. Mit der Familie feiert man 1900 den Übergang ins neue Jahrhundert, »wir allein natürlich«, wie Emilie betont.[284] Als Spahn dann 1905 zum Oberlandesgerichtspräsidenten nach Kiel berufen wird und seinen Abschied feiert,[285] äußert Bücher die Hoffnung, dass Spahn wiederkomme, »wenn Du Deine Flottenvorlage in Kiel genug studiert hast«. »Man glaubt«, so kommentiert die Ehefrau, »daß Spahn deshalb dahin [nach Kiel] gesetzt wird, um Interesse an der Flotte zu kriegen u. im Centrum dafür zu wirken.«[286]

Auch der Aufruhr um die Berufung des Sohnes Martin Spahn, der bei Gustav Schmoller studiert hatte, an die Reichsuniversität Straßburg spiegelt sich in den Briefen Emilies. Martin Spahn (1875–1945) war 1901 auf den dort neu geschaffenen katholischen Lehrstuhl für Geschichte berufen worden. Im Gespräch war auch Aloys Schulte, den die Straßburger Fakultät aber nicht haben wollte.[287] Mit der Neuschaffung des Lehrstuhls sollte das annektierte überwiegend katholische Elsass in das Deutsche Reich integriert werden.[288] Die Berufung Spahns löste einen Proteststurm liberaler Gelehrter protestantischer Prägung aus, die eine Gefährdung der akademischen Freiheit und wissenschaftlichen Objektivität fürchteten. An der Spitze der Kriti-

284 Emilie Bücher an Mathilde, 7. Januar 1901. Auch gemeinsame Spaziergänge, die Einladung zur Hochzeit der Tochter Marie meldet Emilie Bücher ihrer Schwester. 19. Mai 1904: »Als Spahn's Besuche noch hier waren, sind wir öfters zus. spazieren gegangen. Charlottenhof, Connewitz, bot. Garten.« 9. April 1904: »Am 25ten ist Frl. M. Spahn's Hochzeit, wir sind auch eingeladen.« 22. April 1905: »Spahn hatte neulich im Reichstag einen Ohnmachtsanfall, hat sich aber erholt, eine Mahnung scheint es aber zu sein u. wehe, wenn er sie ignoriert!« 12. August 1905: »Spahn's haben eine schöne Reise nach Schweden gemacht, sind wieder zurück.« PB Lauth.

285 Emilie Bücher an Mathilde, 25. November 1905. PB Lauth.

286 Emilie Bücher an Mathilde, 9. Februar 1906. – Einen besonders engen Kontakt scheint Emilie Bücher zu der Mutter Spahns gehabt zu haben, die sie in ihren Briefen ausführlich erwähnt. Während des Umzugs nehmen sie die »Großmama« zeitweise bei sich auf, um ihr die Umzugswirren zu ersparen. 2. März 1906: »Herr Spahn u. Frl. Else aßen bei uns zu Mittag am 16ten. Frau Großmama hingegen wollte absolut ihre Stube nicht verlassen. Ich brachte ihr das zweite Frühstück, schickte das Mittagessen. Schließlich saß sie auf einem geborgten Stuhl wie ein Häufchen Unglück in ihrem Zimmer. Sie wollte absolut nicht getragen sein, deshalb kam sie nicht. Als sie weggingen, lief sie allein ganz schnell die Treppe herunter, so dass ich eigentlich Todesängste hatte, sie würde stürzen. An der Bahn ließ sie sich führen u. wurde dann in den Zug gehoben. Es waren ziemlich viele Leute draußen. Erst ging die Reise bis Berlin u. jetzt ist sie schon in Kiel.« PB Lauth.

287 Braubach, Aloys Schulte 1968, 304.

288 Vgl. Ringer, *Die Gelehrten* 1987, 133; Hübinger, *Gelehrte* 2006, 92ff. u. 144; Rebenich, *Theodor Mommsen und Adolf Harnack* 1997, 396ff. u. 414ff.; Roscher, *Die Kaiser-Wilhelms-Universität Straßburg* 2006, 216–226; Weber, *Der Fall Spahn (1901)* 1980.

ker stand Theodor Mommsen, der in den *Münchner Neuen Nachrichten* das Ideal der »voraussetzungslosen« und damit konfessionell ungebundenen Forschung verteidigte, eine Haltung, der Gangolf Hübinger eine gewisse Unehrlichkeit bescheinigt. »Unausgesprochen bleibt in all diesen konfessionsbeladenen Kulturdiskursen um 1900, wie selbstverständlich an den deutschen Universitäten das Prinzip der freien Wissenschaften mit dem protestantischen Bildungsideal gleichgesetzt wurde.«[289] Diese Doppelbödigkeit schien auch Bücher bewusst gewesen zu sein, wie die Kommentare seiner Ehefrau an die Schwester Mathilde nahelegen, während seine Kollegen Lujo Brentano und Max Weber auf der Seite der Kritiker standen. Am 1. Oktober 1901 fragt Emilie Bücher ihre Schwester Mathilde, die inzwischen in München lebt, ob in Ihrer Zeitung auch so viel vom jungen Spahn stünde? »Die Menschen sind alle wütend auf ihn. Der Kaiser hat nun aber der Sache ein Ende gemacht u. Spahn wird Prof[essor] in Straßburg. Hoffen wir, daß er weiter national denkt u. liest. Ein bisserl Falschheit ist halt alleweil dabei.« Der für diese Zeit typische Zweifel an der nationalen Gesinnung des Katholiken, die auch hier zum Ausdruck kommt, zeigt, dass dem Protestanten Bücher konfessionelle Interessen der Katholiken an der Berufung nicht behagten. Beschwörend fügt Emilie Bücher das Urteil der Großmutter Spahns bei, die »frisch wie immer« sei und von ihrem Enkel sage, »er ist der beste von der Familie«. Die nationale Gesinnung sollte Martin Spahn in der Tat unter Beweis stellen, allerdings in anderer Richtung, als sie vermutlich im Hause Bücher diskutiert wurde. Im Herbst 1920 übernahm der inzwischen mit Unterstützung des Kölner Oberbürgermeisters und Zentrumspolitikers Konrad Adenauer auf einen Lehrstuhl für Neuere Geschichte an der Universität Köln berufene Spahn die Leitung des »Politischen Kollegs für nationalpolitische Schulungs- und Bildungsarbeit« in Berlin. Wurde Martin Spahn zum Zeitpunkt seiner Berufung nach Straßburg zu den Reformkatholiken gezählt, so stand er in dieser Funktion im rechtskonservativen Lager. Von 1924 bis 1933 wirkte er als Reichstagsabgeordneter der Deutschnationalen, von 1933 bis 1945 dann als Reichstagsabgeordneter der NSDAP.[290] Der Vater Peter Spahn hingegen, der im Ersten Weltkrieg zeitweise als Justizminister tätig war, setzte sich trotz seiner monarchischen Gesinnung für die Annahme des Versailler Vertrages und für die Kooperation mit den Sozialdemokraten ein.[291]

289 Hübinger, *Gelehrte* 1906, 93.

290 Gunnar Anger, Martin Spahn, in: *Biographisch-Bibliographisches Kirchenlexikon*, Verlag Traugott Bautz. ULR: www.bautz.de/bbkl/s/spahn_m.shtml [11.11.2008]

291 Fuchs, Peter Spahn 1995, Sp. 865.

Vor allem aber nehmen Berichte über Zusammenkünfte mit der Familie des Theologen Rudolf Kittel (1853–1929) einen breiten Raum in den Briefen Emilie Büchers ein. Kittel, Theologe und Alttestamentler, kam 1898 als Nachfolger von Frants Buhl nach Leipzig und war in den schwierigen Kriegsjahren zwei Jahre lang Rektor der Universität.[292] Die Ehefrauen besuchen gemeinsam den Schülerball der miteinander befreundeten Söhne und gehen zusammen ins Theater. »Am 21. war Schülerball«, lässt sie im Januar 1902 ihre Schwester wissen, »Friedi zum ersten mal im ›Läwe‹ im Frack! Er fand ihn famos. Leider war am gleichen Abend ›Coquelin‹, so war ich erst mit Frau Kittel in tartuffe u. bes. schön waren die ›précieuses ridicules‹. [...] Von dort fuhren wir per Electr. nach dem zoolog. Garten u. sahen von der Gallerie noch ein bisserl auf die geputzte Menge herab. Der Saal ist wundervoll u. so groß, daß trotz m. weitsichtigen Augen der Blick nur bis zur Mitte reichte, da saß auch der neue Frack mit Friedi u. seiner Dame. Nächstes Jahr wollen wir mal ein bisserl länger zuschauen.«[293] Zusammen mit dem Sohn der Kittels beginnt Friedrich Bücher sein Studium in Tübingen und geht mit ihm auf Italienreise.[294] Als die Eltern verreist sind, wird der junge Kittel am Sonntag zum Mittagessen geladen. Von ihm stammt auch die Photographie, die die dreiköpfige Familie auf der Veranda zeigt.[295]

Freundinnen werden diese Kollegenfrauen nie, wie Emilie in einem Anfall von Eifersucht ihrer Schwester Mathilde schreibt, als diese nach dem Tod der Eltern nach München zu ihren »Malweibern« in Schwabing zieht und sie fürchten muss, die Schwester als Vertraute zu verlieren: »Eine nahe Freundin habe ich hier nicht, es sind nur gute Bekannte, von Aussprechen kann keine Rede sein.«[296] Zu sehr vermittelt über die Berufsinteressen des Ehemannes

292 *Deutsches Zeitgenossenlexikon* 1905, Sp. 736/7; Schubert, Die Universität Leipzig und die deutsche Revolution 2005, 177f. u. 531 (Rektoren und Dekane der Universität Leipzig); Krause, *Alma mater Lipsiensis* 2003, 213f. u. 240. Zu Kittel vgl. Smend, Rudolf Kittel 1999, 326–353. Er selbst hat seine Erfahrungen über die Zeit als Rektor festgehalten in: *Die Universität im Jahre der Revolution. Rektoratserinnerungen*, Leipzig 1930.

293 Emilie Bücher an ihre Schwester, 31. Januar 1902. Auch lädt man sich gegenseitig ein. Am 31. Mai 1903 heißt es: »Sonntag den 17 waren wir bei Kittels zum Mittagessen [...]«. 20. April 1906: »Sonntag, als Herr Kittel mit uns zu Mittag aß [...]«. PB Lauth.

294 Friedrich Bücher, *Vorbei* o. J., 18.

295 Emilie Bücher an Mathilde, 25. April 1907: »Denke, Kittels sind verreist in Ägypten u. während dem kommt der j. Dr. K[ittel] u. Dr. Kessler zu uns zum Mittagessen jeden Sonntag. Vorgestern hat er uns 3 in der Veranda photogr. Es ist ganz nett geworden.« PB Lauth. Rudolf Kittel ist es auch, der beim Tode Emilie Büchers »eine tief empfundene Trauerrede« hält, wie Friedrich Bücher in seinen Erinnerungen (*Vorbei* o. J., 26) festhält.

296 Emilie Bücher an Mathilde, 18. April 1904. PB Lauth. Zur Bedeutung von Schwabing vgl. Bauer/Tworek, *Schwabing* 1998.

sind diese Beziehungen, als dass sie eine intime Vertrautheit hätten erzeugen können. Auch ist ihr eigenes bürgerliches Distinktionsverhalten zu dominant. Emilie Bücher erfüllt mit dieser Pflege der Beziehungen zu Kollegenfrauen eine soziale Pflicht, der zu Beginn des 20. Jahrhunderts Marie von Bunsen, Tochter des preußischen Diplomaten und Historikers Christian Krause, mit der Schrift *Die Frau und die Geselligkeiten* eine ganze Abhandlung gewidmet hat, wohl wissend, wie wichtig die »geschmackvolle, gediegene Geselligkeit« als »natürliche Erweiterung des engeren Familienlebens der gebildeten Stände« für die bürgerliche Reputation zu dieser Zeit war.[297] »Das wahre Feld der Geselligkeit ist begrenzt, trägt ein freundlich-freiwilliges Gepräge und gibt sich harmlos und leicht«, urteilt die Autorin.[298] Eben dieses Feld der unterhaltsamen Geselligkeit, so lässt der Tenor der Briefe schließen, hat Emilie Bücher voll und ganz beherrscht. Indem sie mit den ›richtigen Frauen‹ kommunizierte, eben mit den Gattinnen jener Kollegen, mit denen der Ehemann verkehrte, hat sie dazu beigetragen, das wissenschaftliche Netzwerk des Gelehrten dichter zu knüpfen.

Der Ruf nach Heidelberg und erfolgreiche Bleibeverhandlungen

Den im Dezember 1896 erteilten Ruf nach Heidelberg auf den ehemaligen Lehrstuhl von Karl Knies (1821–1898) lehnt Bücher zum Bedauern seiner Frau ab, die schon von Spaziergängen auf dem Heidelberger Schloss geträumt hatte. Im Juni 1893 hatte er wegen der anhaltenden Querelen mit dem Kollegen Miaskowski um das Examensrecht bei den Juristen noch dem Freund Aloys Schulte angekündigt, »wenn Heidelberg einmal frei werden und mir offen stehen sollte, so werde ich mich schwerlich lange besinnen.«[299] Als der Ruf nun eintritt, ist er sich der Entscheidung nicht mehr sicher. Emilie Bücher, die ihren Eltern unverzüglich Mitteilung von dem Ereignis macht, zeigt sich auch in dieser Frage als loyale Ehefrau. »Liebe Eltern, Heute habe ich etwas Wichtiges mitzutheilen, nämlich heute früh kam ein Telegramm vom bad[ischen] Ministerium mit einem Ruf nach Heidelberg. Wir haben zwar schon mündlich viel gehört, daß Karl dahin berufen sei, ja die Sache

297 von Bunsen, *Die Frau und die Geselligkeit* 1916, 17. Dazu Daston, Die wissenschaftliche Persona 2003, 125.

298 von Bunsen, *Die Frau und die Geselligkeit* 1916, 9.

299 Braubach, Aus Briefen 1965, 381.

fing an unangenehm zu werden. Jeder Mensch hier sprach Einen darum an, fragte, ob wir gehen wollten od. nicht. Die Collegen hätten die Nachricht aus den Ferien mitgebracht. Weder über Karl's noch über meine Lippen kam je ein Wort darüber, trotzdem wußten es alle. [...] Der Ruf ist schwarz auf weiß in Karl's Händen. Ob wir freilich gehen werden das ist noch unbestimmt, hängt eigentlich vom Minister in Dresden allein ab. Karl will Gleichstellung mit Miaskowski. Es bleibt nun abzuwarten, ob es gelingt. Die Heidelberger machten sehr annehmbare Bedingungen. Die schöne Natur dort, mir wäre ein[e] Hauptfreude, Euch näher zu sein um eine Tagesreise. Zureden kann ich trotzdem nicht, denn es ist auch hier vieles gut u. schön.«[300] In die Waagschale wirft sie vor allem die Zahl der Hörer und das damit verbundene Hörergeld: »196 Hörer, eingeschriebene, zahlende kann K. an der kleineren Universität nicht haben.«[301] Der Vertreter des Sächsischen Ministeriums gibt in einem abendlichen Gespräch in Büchers Privatwohnung allen seinen Forderungen nach: Gleichstellung mit dem Kollegen Miaskowski, eine Gehaltserhöhung um 2000 Mark und die Dotierung einer Assistentenstelle mit 600 Mark.[302] Damit stehen ihm nun ohne Kolleggelder allein schon 11 000 Mark Jahreseinkommen zur Verfügung; Kolleggelder und Prüfungsgelder kommen hinzu. Mit 196 eingeschriebenen und damit zahlenden Hörern ist sein Seminar sehr gut besucht, so dass weit mehr als nur 3000 Mark Kolleggelder hinzuzurechnen sind. In Heidelberg hätte er mit weniger Hörern und daher mit weniger Hörergeld rechnen müssen.[303] Bücher gehört damit im Sozialgefüge der Stadt Leipzig zu den Großverdienern.[304] Die Er-

300 Emilie Bücher an ihre Eltern, 5. Dezember 1896. PB Lauth.

301 Ebd.

302 In der Personalakte im Universitätsarchiv der Universität Leipzig (PA 362) befindet sich das Schreiben des Sächsischen Ministeriums des Kultus und öffentlichen Unterrichts vom 8. Dezember 1896 an die philosophische Fakultät, das die Aufforderung enthält, den nach Heidelberg berufenen Professor Dr. Karl Bücher in Leipzig zu halten.

303 83 Hörer hat Max Weber, der an Büchers Stelle nach Heidelberg geht, im Sommersemester 1898, 36 dagegen nur im darauffolgenden Wintersemester. Radkau, *Max Weber* 2005, 231. Eberhard Gothein, der Weber 1903 folgt, hat in den ersten Jahren 54 Hörer im Hauptkolleg, in der Handelsgeschichte 26 Hörer. In Bonn hatten seine Hörerzahlen höher gelegen. Maurer, *Gothein* 2007, 206.

304 Schäfer, *Bürgertum* 2003, 139 zählt diejenigen, die mehr als 4000 Mark im Jahr zur Verfügung hatten, zu den Wohlhabenden, diejenigen, die mehr als 10 000 Mark haben, zu den Reichen. Zum Vergleich: Oberlehrer und akademisch gebildete Verwaltungsbeamte bezogen nach seiner Auswertung der Angaben im Verwaltungsbericht der Stadt Leipzig von 1909/13 ein Gehalt von mindestens 3000 Mark. Einblick in das Einkommensgefüge geben auch die Wahlen. Bei den Kommunalwahlen waren die Bürger in drei Steuerklassen eingeteilt. Die oberste Steuerklasse, in der sich etwa 5 Prozent der Bevölkerung befanden,

krankung des Kollegen Miaskowski im Herbst 1896, der 1898 um Entlassung aus dem Dienst ersuchen muss,[305] eröffnet die Aussicht auf weitere Hörer. Den »Hofrathtitel«, der ihm schließlich 1902 verliehen wird,[306] hätte er zu diesem Zeitpunkt gewiss auch schon bekommen können, meint Emilie Bücher, die ihren Eltern genaueste Auskunft über Inhalt und Ablauf der Verhandlungen gibt. Ob ihr von ihrem Mann ein Recht auf Mitentscheidung eingeräumt wurde, geht aus ihren Briefen nicht hervor.

Wegen der ›ethnographischen‹ Einblicke in einen heute nicht mehr denkbaren Verhandlungsstil, sei der Brief vom 7. Dezember 1896, der von dem erfolgreichen Abschluss der Verhandlung berichtet, vollständig zitiert:

»Liebe Eltern, Der Würfel ist schon gefallen, wir bleiben hier an der Pleisse, der Elster u. der Warthe. Meinen Brief vom Samstag werdet Ihr erhalten haben, Ihr habt Euch wohl auch die Für und Wider überlegt für uns, damit Ihr Euch nicht mehr unnöthig den Kopf zerbrechen müßt, will ich es schnell mittheilen. Schneidig, schnell ging die Verhandlung mit der sächs. Regierung, diese hat denn auch gesiegt. Samstag kommt der Ruf, worauf Karl ihn nach Dresden meldet. Der Minister telegrafiert zurück. Lege gr. Werth auf Ihr Bleiben, Referent wird Sie heute noch (Sonntag) aufsuchen um 6 Uhr etwa. [...] heute um 12 kam das entscheidende Teleg. ›Minister v. Seydewitz ist mit allem einverstanden u. freut sich, daß Sie bleiben.‹ – Sie bewilligten die Examensgleichheit mit M. – gaben 2000 Mark vom Frühjahr an mehr als bisher, gaben freiwillig 600 M. für einen Assistenten u. hätten K. gewiß den G. Hofrathtitel nachgeschmissen, wenn er davon geschnauft hätte! – Den Besuch des Referenten G.R. Wendig werden wir ewig gedenken. Karl hatte alles hübsch erleuchthet, blieb zu Hause, wogegen Friedi u. ich nach Gohlis eingeladen waren. Nach 7 Uhr kamen wir wieder, es war uns ganz feierlich zu Muthe, man hörte die Herren sprechen. Friedi u. die Magd gingen auf Zehenspitzen. Da kommt Karl heraus ganz heiter u. sagt: Der Zug des H. W. ginge erst um 10 Uhr, er habe ihm gesagt, er solle bei uns zu Nacht essen [...]. Der Schreck war groß [...]. Na, die Magd, die eben hatte ausgehen wollen, sie hatte unser einfaches Abendessen gerichtet, mußte eine Zungenbüchse öffnen. Wir wärmten dieselbe, legten sie in braune Sauce u. nachher wurde der übrige Hasenbraten verhackt serviert mit Compot als zweiter Gang! Ich deckte den Tisch, Friedi räumte die Stube aus, ein Lehnstuhl u. dergl., der sähe unordentlich aus (heute früh mußte ich meine Sachen erst wieder zusammensuchen.) Um 8 Uhr ging's los, das Abendessen meine ich. Aus der gefürchteten Un-

sah ein Mindesteinkommen von 15 000 Mark vor, die zweite Steuerklasse der 15 Prozent angehörten, ein Mindesteinkommen von 4000 Mark. Vgl. Brandmann, *Leipzig zwischen Klassenkampf und Sozialreform* 1998, 50. Bücher erreichte mit seinem Gehalt also nahezu die oberste Steuerklasse.

305 Von der Entlassung Miaskowskis berichtet Emilie Bücher am 28. Januar 1898 in einem Geburtstagsbrief an ihre Mutter. PB Lauth.

306 Zur Bedeutung des Titelwesens vgl. Ringer, *Die Gelehrten* 1987, 44.

terredung war ein gemüthlicher Theetisch geworden. Ich merkte u. hörte gleich, daß die Herren schnell einig geworden waren. W. erzählte, sie seien schon längst auf diese Stunde vorbereitet gewesen [...]. Der Dekan [Richard Paul Wülker] hätte Sonntag früh schon um eine Audienz gebeten. Der frühere Rektor hatte ihm schon gesagt, B. müsse hierbleiben, kurz von allen Seiten seien sie dazu ermahnt worden. Es ist doch schön, ein so begehrter Mensch [...] zu sein. Ich konnte u. durfte nicht zureden nach H. So großartig ist ja dort die Universität mit ihren Einrichtungen nicht. Das neue prachtvolle Seminar, die vielen neuen Studenten. H. hätte das alles nicht bieten können. Der schönen Gegend wegen u. des l. badischen Ländchens wegen ist's ja schade. Ich lustwandelte in Gedanken schon auf dem Schloß, der Molkenkur etc. herum. Lebt wohl Ihr Berge! Es hat nicht sollen sein.«

Auch der Ehemann fällt den Entschluss »mit schwerem Herzen«, wie er dem Freund Aloys Schulte mitteilt, aber »alles bemühte sich, mich zu halten und mir schön zu tun, und als ich blieb, haben die Studenten getrampelt, ganze 5 Minuten, und ich habe eine rührende Rede gehalten.«[307] Adolph Wagner aus Berlin, mit dem Bücher freundschaftlich verbunden ist, gratuliert und bestätigt, dass nur Berlin als Alternative zu Leipzig denkbar sei.[308] Um den Lehrstuhl in Heidelberg bemüht sich an Büchers Stelle nun sein späterer Kollege Wilhelm Stieda, allerdings vergeblich.[309] Nach der Absage Büchers wird stattdessen Max Weber berufen, der – über seine Ehefrau Marianne finanziell abgesichert – den Heidelberger Lehrstuhl nach nur wenigen Jahren wieder aufgibt.[310] Die Berufung Webers nach Freiburg auf einen Lehrstuhl für Handelsrecht hatte Bücher zwei Jahre zuvor, 1894, noch für einen Fehler gehalten, da er Weber nicht für einen Nationalökonomen hielt.[311] In gewisser Weise lag er mit dieser Einschätzung, die auch andere Nationalökono-

307 Braubach, Aus Briefen 1965, 381.

308 Brief vom 29. Dezember 1896 von Emilie Bücher an ihre Eltern: »Prof. Wagner aus Berlin hat gar köstlich geschrieben. Wenn Sie von Leipzig weggehen, so darf dies nur nach Berlin sein, aber lassen Sie uns [gemeint sind Wagner und Schmoller] noch ein paar Jahre leben!« PB Lauth.

309 UAL, Sondersammlung NL 181 (Karl Bücher), Wilhelm Stieda an Bücher, 15. November 1896.

310 Zu den Hintergründen vgl. jetzt Radkau, *Max Weber* 2005, 405 u. 231.

311 So das Urteil in einem Brief an Aloys Schulte vom 5. Juli 1893: »Max Weber ist mir aus der Arbeit bekannt, die er über die Landarbeiter im nordöstlichen Deutschland gemacht hat – eine rein beschreibende Darstellung aus gegebenem Material, keine wissenschaftliche Leistung. Ich habe ihn in Berlin als Referent über den Gegenstand reden hören und war erschrocken und empört über die hochmütige, absprechende Art, mit der W. von den süddeutschen Agrarverhältnissen sprach. Ich meldete mich zu Wort, um ihm entgegenzutreten, wurde aber durch Schluß der Debatte daran gehindert. Ein Nationalökonom ist der Mann nicht [...]«. Zitiert nach Braubach, Aus Briefen 1965, 390. Positiver stand Bücher Sombart gegenüber. Ebd. 392.

men teilten,[312] nicht ganz falsch. Denn Weber wird inzwischen mehr als Soziologe denn als Nationalökonom wahrgenommen.

Leipziger Positivistenkreis

Den Rang der Leipziger Universität bestätigen auch andere Kollegen wie Büchers Vorgänger Lujo Brentano[313] oder der Chemiker Wilhelm Ostwald (1853–1932), mit dem Bücher die Kenntnis der deutsch-russischen Universität Dorpat teilt. Für den Balten Ostwald, der von 1887 bis 1906 in Leipzig lehrte und 1909 den Nobelpreis für Chemie erhielt, zählte die Universität nicht nur zu den ersten Deutschlands, sondern auch »der Welt«.[314] Der sächsische Minister Johann Paul von Falkenstein (1801–1882) hatte, so Ostwald, »durch glückliche Berufungen« in diesen Jahren »ein blühendes wissenschaftliches Leben in Leipzig zu entwickeln« vermocht.[315] Ostwald meint damit in erster Linie den Ausbau der Naturwissenschaften gegen den Widerstand der »philologischen Priesterschaften«, wie er die Vertreter der Klassischen Philologie nennt, mit denen die Naturwissenschaftler in einer Fakultät zusammen saßen.[316] Gerade in Leipzig waren auch in den geisteswissenschaftlichen Fächern Kollegen berufen worden, die das Interesse der Naturwissenschaften an der Entdeckung von Gesetzmäßigkeiten teilten. Dazu gehörten etwa der Völkerpsychologe Wilhelm Wundt (1832–1920), der von

312 So etwa Joseph Schumpeter. Vgl. dazu Osterhammel, Spielarten der Sozialökonomik: Joseph A. Schumpeter und Max Weber 1988, 156. Auch Wagner und Schulze-Gaevernitz hielten Weber für einen Dilettanten in seinem Fach. Radkau, *Max Weber* 2005, 229.

313 Brentano, *Mein Leben* 1931, 147: »Die Universität Leipzig hat damals die Zeit ihres höchsten Glanzes erlebt. Alle Fächer waren mit wissenschaftlichen Männern ersten Ranges besetzt.«

314 Ostwald, *Lebenslinien* II, 1927, 83. Zu Ostwalds wissenschaftlichem Wirken in Leipzig vgl. Schmithals, Abstrakte Wissenschaft oder gute Lehre? 1999, 23–37; Radkau, *Das Zeitalter der Nervosität* 1998/2000, 262–264.

315 Ostwald, *Lebenslinien* II, 1927, 83.

316 Ostwald, *Lebenslinien* II, 1927, 106–110. Erst nach dem Ersten Weltkrieg wurde die Philosophische Fakultät in eine philologisch-historische und mathematisch-naturwissenschaftliche Abteilung geteilt. Diese Zweiteilung blieb bis zum Ende des Zweiten Weltkriegs bestehen. Nach dem Zweiten Weltkrieg bekamen die Ökonomen eine eigene Fakultät. Krause, *Alma mater Lipsiensis* 2003, 269–273 u. 370–381; Hehl, *Sachsens Landesuniversität* 2005, 532–536. In Heidelberg war dagegen bereits 1895 eine Ausgliederung der Nationalökonomie in eine Rechts- und Staatswissenschaftliche Fakultät erfolgt. Radkau, *Max Weber* 2005, 231.

seiner Ausbildung her Mediziner war, und der Historiker Karl Lamprecht (1856–1915), der »im Gegensatz zur klassischen Schule seiner Kollegen auf die Entdeckung von Entwicklungsgesetzen in der Geschichte aus war«,[317] sowie der Geograph Friedrich Ratzel (1844–1904). In Heidelberg wäre Bücher dagegen in ein neukantianisch geprägtes Umfeld eingebettet gewesen, das ihm kaum gelegen hätte. Die neukantianische Erkenntniskritik, der zufolge Begriffe auf unser Denken, nicht auf das Ding verweisen, stand im Widerspruch zu Büchers Begriffsarbeit, die auf Wirklichkeitserfassung zielte.[318] Bücher habe, so urteilt Dieter Lindenlaub, im Begriff das Wesen der Dinge gesehen und Begriffsrealismus betrieben.[319] Als »Dissident« der Klassischen Philologie verstärkte Bücher diese naturwissenschaftliche Fraktion der Geisteswissenschaften. Leipzig bot für Bücher das intellektuelle Klima, das ihn in seinen eigenen Forschungen anregen und bestätigen konnte. »In einem zwanglosen Kreise, der [...] viele Jahre hindurch wöchentlich einmal nach dem Abendessen ein Stündchen im Theaterkaffee zusammenkam«[320], wie Ostwald schreibt, fanden diese Natur- und Geisteswissenschaftler ein informelles Forum für ihren Gedankenaustausch, das als »Leipziger Kränzchen« und Keimzelle der »Leipziger Schule« in der Wissenschaftsgeschichte firmiert.[321] Da die naturwissenschaftlichen Fächer aufgrund des Raumbedarfs für Laboratorien nicht mehr in der alten Universität am Augustusplatz unterkommen konnten und daher auch der persönliche Kontakt im Univer-

317 So die Formulierung von Ostwald, *Lebenslinien* II, 1927, 103. Oswald bietet in seinen Erinnerungen u. a. ein Porträt von Wilhelm Wundt (88–91), Friedrich Ratzel (97–98) und Karl Lamprecht (103–105), nicht aber von Karl Bücher, den er allerdings zu den »vielen ausgezeichneten Männern« zählt, denen er »nahe stehen durfte« (268). – Zum Verhältnis zwischen Ostwald und Lamprecht vgl. Chickering, *Lamprecht* 1993, 295–297; zu Lamprechts Evolutionismus vgl. Mergel, Evolution, Entropie und Reizsamkeit 2003, 211–227, der den Einfluss von Ostwalds Energielehre auf Lamprechts Geschichtskonzept analysiert. Zum Einfluss der Naturwissenschaften auf die Geisteswissenschaften im 19. Jh. vgl. Mehr, Naturalisierte Kulturgeschichte und politische Geschichtsschreibung 2003, 193–210; Demandt, Natur- und Geschichtswissenschaft im 19. Jahrhundert 1983, 37–66.

318 Vgl. Hübinger, Wertkollisionen im frühen 20. Jahrhundert 2002, 75–83, der Leipzig als modernes Laboratorium dem akademischen Weltdorf Heidelberg gegenüberstellt, die miteinander im Wettlauf um angemessene Theorien moderner Vergesellschaftung gestanden hätten. Zum neukantianischen Umfeld und seine Wirkung auf Max Weber vgl. Radkau, *Max Weber* 2005, 410ff.

319 Lindenlaub, *Richtungskämpfe* 1967, 130f.

320 Ostwald, *Lebenslinien* II, 1927, 90. Gemeint ist das Café Hannes im Gewandhaus. Chickering, *Lamprecht* 1993, 295 u. 374.

321 Zum wissenschaftlichen Profil der Mitglieder des Leipziger Kränzchens (Wundt, Ratzel, Bücher, Ostwald und Lamprecht) vgl. Chickering, Das Leipziger »Positivisten-Kränzchen« 1997, 227–245.

sitätsalltag erschwert war,[322] war die Bildung informeller Zusammenkünfte jenseits der institutionellen Begegnungen unabdingbar, wollten Natur- und Geisteswissenschaftler miteinander kommunizieren.

Als Ostwald nach jahrelangen Verhandlungen ein neues Institutsgebäude erhält, sind an der Eröffnungsfeier des neuen Laboratoriums neben den Honoratioren von Universität und Kultusministerium wie Paul v. Seydewitz (1843–1910) auch »eine Anzahl Freunde und Fachgenossen von Nah und Fern« aus den Geisteswissenschaften beteiligt, von denen er namentlich Karl Lamprecht und Karl Bücher nennt. Auf dem Photo vom Festakt ist neben Bücher auch Wilhelm Wundt zu sehen, der Ostwald zufolge neben Lamprecht »das beständigste Element« des »Kaffeekränzchen[s]« bildete.[323] An den Festakt im neuen Laboratorium, das den Namen »Physikalisch-chemisches Institut« erhält, schließt sich ein festliches Bankett an, an dem auch die Ehefrauen teilnehmen. Emilie Bücher ist wiederum eine getreue Chronistin des Ereignisses: »Da gab es ein prächtiges dîner im Hotel de Russie. Eine Rede nach der anderen wurde gehalten, ich saß zufällig neben einem Professor Knorr[324] aus München, erst wußten wir nicht recht was reden, dann zeigte es sich, daß ich seiner Mutter Villa am Starnberger See kenne, sogar einmal mit Eugenie [eine Tante Emilie Büchers] darin war. Die blonde Piloty, seine Frau, kannte ich vom Sehen etc. Die hat jetzt 5 Kinder im Haus.«[325] Ob Bücher indes Ostwalds Angriffe gegen die Philologie und seine energetische Kulturtheorie mit ihrem hierarchisch geordneten Wissenschaftssystem mit der Soziologie an der Spitze geteilt hat,[326] ist angesichts seiner altphilologisch-althistorischen Ausbildung zweifelhaft. Eine Nähe besteht allerdings zur Lehre Ostwalds vom gegenseitigen Verhalten der Menschen in der Gesellschaft, die von einer utilitaristischen Ethik getragen ist. Sie findet ihren Niederschlag in Büchers Konzept der gegenseitigen Beschenkung als alternative Verkehrsform zum egoistischen Tausch. Auch Ostwalds Vorliebe für die

322 Dazu Ostwald, *Lebenslinien* II, 1927, 33, 81 u. 89.

323 Ostwald, *Lebenslinien* II, 1927, 103 (Zitat), 256 (Photo). Zum Laboratoriumsneubau, der 1894 bewilligt und im Herbst 1897 fertig gestellt war, und zur Eröffnungsfeier vgl. ebd. 265–270 sowie Krause, *Alma mater Lipsiensis* 2003, 174f. Krause zählt darüber hinaus den Hirnforscher Paul Flechsig, den Physiker Otto Heinrich Wiener, den Chemiker Johannes Wislicenus und den Botaniker Wilhelm Pfeffer sowie den Künstler Max Klinger zum Kränzchen (189).

324 Gemeint ist der Chemiker Ludwig Knorr, der seit 1889 in Jena lehrte, aber gebürtiger Münchner war. Verheiratet war er seit 1884 mit Elisabeth Piloty. *Deutsches Zeitgenossenlexikon* 1905, Sp. 756.

325 Emilie Bücher an ihre Eltern, 28. Januar 1898. PB Lauth.

326 Vgl. dazu die Einschätzung von Hübinger, Historikertage 1996, 47.

22. Die Einweihung des Physikalisch-Chemischen Instituts

Entwicklung von Typologien und Erforschung von Gesetzmäßigkeiten, die sich auch auf geisteswissenschaftliche Fragestellungen wie die nach der Forscherpersönlichkeit erstreckte,[327] wird Büchers eigenen Neigungen zum typologisch-systematischen Denken entsprochen haben. Wie er zur energetischen Lehre Ostwalds stand, deren Nähe zum »modischen Spiritismus« Max Weber bemängelte,[328] ist nicht erkennbar. In Büchers *Lebenserinnerungen* hat Ostwald keinen Platz. Eine Distanz zu den wissenschaftlichen Positionen anderer schließt die Mitgliedschaft im »Kränzchen« nicht aus, wie aus seiner verhaltenen Kritik an der Unausgereiftheit von Lamprechts historischem Werk hervorgeht.[329] Von Dauer war dieses gesellige Zusammentreffen im Theaterkaffee ohnehin nicht. Nach dem frühen Tod von Friedrich Ratzel (1904) und dem Rückzug Ostwalds auf sein Landhaus in Großbothen im Jahre 1906 haben wohl die zentrifugalen Kräfte, die in dieser Gruppe bestanden, die Oberhand gewonnen.[330]

327 So versuchte sich Ostwald in einer »Naturgeschichte großer Männer«. Vgl. dazu von Zimmermann, *Biographische Anthropologie* 2006, 192–207.

328 Radkau, *Max Weber* 2005, 438–441; ders., *Zeitalter der Nervosität* 2000, 263.

329 Bücher, Worte zum Gedächtnis an Karl Lamprecht 1916, insb. 11.

330 So die Einschätzung von Middell, *Weltgeschichtsschreibung* 2005, Bd. 1, 168–171 in Anlehnung an Chickering.

Neben dem »Kränzchen« im Theaterkaffee existierten andere informelle Geselligkeiten wie gemeinsame Spaziergänge oder private Abendgesellschaften. Von den informellen Geselligkeiten mit Kollegen schätzte Bücher nach Aussagen seines Sohnes am meisten die Zusammenkünfte in der *Päonie* (»Pfingstrose«), »einer formlosen Vereinigung von Professoren aller Fakultäten mit wohl allmonatlichen gemeinsamen Abendessen wechselnd unter den einzelnen Mitgliedern, bei denen einer munteren und zwanglosen Unterhaltung freien Lauf gelassen werden konnte.«[331] Emilie Bücher erwähnt diese »Herrengesellschaft, die kränzchenartig herumgeht, zweimal schon bei uns war« zum ersten Mal im März 1896, als sie im Hause Lamprecht stattfindet.[332] Ihre Schilderungen an die Schwester Mathilde Mittermaier bestätigen den zwanglosen, ja heiteren Charakter. In einem Brief vom 19. Mai 1904 erzählt sie von der *Päonie* am »letzten Montag«, »die recht gut ausfiel, wir, hätte fast gesagt, Jungen aßen im Studierz[immer] zu Nacht u. lachten fast so viel wie die Herrn im Eßz[immer]. Wir machten uns auch eine Maibowle u. waren sehr lustig!«[333] Im Unterschied zu sonstigen Gesellschaften wird keine Köchin eingestellt,[334] sondern die Hausfrau kocht selbst, wie aus ihrer Schilderung der *Päonie* im August 1905 hervorgeht, als wegen einer »stürmischen Sitzung« der Ehemann erst »nach ½ 10 nach Hause« kam und sie die Herren unterhalten mußte: »Ich fuhr dann um ½ 9 Uhr in meine gute Bluse u. that meine Schuldigkeit, als ein weiterer Herr kam, verduftete ich wieder, u. kochte weiter. Als es nach 9 Uhr wurde u. Karl noch nicht zurück, da fuhr ich noch einmal in die gute Bluse u. forderte die Herrn auf, mit dem Abendessen anzufangen u. setzte mich zu ihnen. Karl war furchtbar erstaunt, mich an seinem Platz zu finden. Unter den Rufen ›Frau Bücher bleiben Sie doch‹

331 Friedrich Bücher, *Vorbei* o. J., 14.

332 Emilie Bücher an ihre Eltern, 12. März 1896. PB Lauth. Emilie Bücher erwähnt die *Päonie* zwischen 1896 und 1905 insgesamt fünfmal und zwar meist im Zusammenhang außergewöhnlicher Vorkommnisse (s. u.).

333 PB Lauth.

334 Emilie Bücher an Mathilde, 21. Dezember 1901: »In der ersten Gesellschaft [...] hatte die Köchin Frau Rothe gut gekocht u. es war alles nett. Dann kam die Päonie, wo das übliche serviert wurde, der Rehrücken recht gut war. Aber gerade als die Leute kommen wollten, erhob sich ein Orkan so, daß in der Küche die Flammen aus der Maschine schlugen, der ganze Raum mit Rauch erfüllt war, von Fenster öffnen konnte keine Rede sein. Karl kam fast in Lebensgefahr, der Hut flog vom Kopfe, der Schirm drehte um, sein Wintermantel war vom Schneeregen so durchweicht, daß es Mühe kostete ihn zum anderen Morgen trocken zu kriegen. Die Herren kamen dann eben mit großer Verspätung nach u. nach an.« PB Lauth.

verschwand ich dann wieder, um nimmer aufzutauchen.«[335] Roger Chickering zählt neben Ostwald, Wundt, Ratzel und Lamprecht die Physiker Theodor Des Coudres (1862–1926) und Otto Heinrich Wiener (1862–1927) sowie den Mediziner Paul Zweifel (1848–1927) zu den Mitgliedern der *Päonie.*[336] Von ihnen erwähnt Emilie Bücher namentlich nur Karl Lamprecht als Teilnehmer an den Treffen der *Päonie*; allerdings fällt in anderen Zusammenhängen auch der Name des Gynäkologen Paul Zweifel.[337] Der Physiker Otto Heinrich Wiener, der 1899 einem Ruf nach Leipzig gefolgt war, nahm auch an den Sonnabendspaziergängen im Rosental teil.[338]

Althistoriker und Klassische Philologen gehören nicht zur *Päonie.* Hinweise auf Kontakt zu althistorischen Kollegen in Leipzig finden sich bis auf das Begrüßungsschreiben von Curt Wachsmuth (1837–1905), der beim Amtsantritt Büchers in Leipzig Dekan war, und einen Brief sowie eine Postkarte von Erich Bethe (1863–1940), dem Dekan der Philosophischen Fakultät von 1919/20, zu den Revolutionswirren vom April 1919 weder in den Briefen Emilies noch im Nachlass der Universität.[339] Bei der Einweihung des neuen Laboratoriums von Ostwald sitzt Bücher neben dem Begründer der Indogermanistik August Leskien (1840–1916),[340] dessen Vorlesungen über Homer ihn in Göttingen begeisterten. August Leskien selbst äußert sich im Herbst 1903 im Zusammenhang der Gründung des Akademischen Schutzvereins über das hohe Ansehen seines Kollegen Bücher als Autor von *Arbeit & Rhythmus* sowie der *Entstehung der Volkswirtschaft*, hinter dem das

335 Emilie Bücher an Mathilde, 12. August 1905. PB Lauth.

336 Chickering, *Lamprecht* 1993, 374. Zum Physikalischen Institut Otto Heinrich Wieners vgl. Krause, *Alma mater Lipsiensis* 2003, 177.

337 So in einem Brief Emilie Büchers vom 23. November 1901 an ihre Schwester Mathilde, als sie von der Vermittlung einer gynäkologischen Operation für eine Kollegengattin (Frau Bruch) durch Zweifel spricht. PB Lauth.

338 In Büchers Nachlass (UBL, Sondersammlung, NL 181) befinden sich sieben Briefe von Otto Wiener, die vornehmlich um Amtsgeschäfte im Zusammenhang der Tätigkeit als Dekan kreisen. Wiener, Dekan der Philosophischen Fakultät des Jahres 1915/16, gratuliert am 26. März 1916 zu Genesungsfortschritten Büchers und reagiert am 17. April 1916 auf Büchers Antrag auf Entpflichtung von den nationalökonomischen Vorlesungen und Enthebung von der Stellung als Direktor der Vereinigten Staatswissenschaftlichen Seminare zum Ende des Semesters. In diesem Zusammenhang erwähnt er die Sonnabendspaziergänge. Im Brief vom 5. April 1918 geht es um Nachfolgefragen in der Leitung der Jablonowskischen Gesellschaft.

339 UBL, Sondersammlung, NL 181 (Karl Bücher), Curt Wachsmuth an Bücher, 10. Mai 1892; Bethe an Bücher, 7. April 1919.

340 August Leskien (1840–1916), Spezialist für Slawische Sprachen, lehrte seit 1871 in Leipzig. Krause, *Alma mater Lipsiensis* 2003, 148.

von Wilhelm Stieda weit zurückstehe, erwähnt aber auch den schwierigen Charakter.[341] Ob er oder der Klassische Philologe Justus Hermann Lipsius (1834–1920), der 1891/92 Rektor der Philosophischen Fakultät war, zu der Runde der Geheimräte gehört, die im Hause Bücher tafelt, geht aus den Briefen Emilies nicht hervor. In seiner Studie *Arbeit & Rhythmus* erwähnt er den Kollegen der Klassischen Philologie Otto Immisch (1862–1936), der ihn auf eine Aristoteles-Stelle aufmerksam gemacht habe (A & R 360). Ladislaus von Bortkiewicz (1868–1931), ein russischer Ökonom und Statistiker polnischer Abstammung, der in Berlin lehrte, schickt ihm einen Artikel zur Veröffentlichung in der *Zeitschrift für die gesamte Staatswissenschaft* und debattiert mit ihm über Aristoteles' Haltung zur Arbeitsteilung.[342] Naheliegend ist ein Kontakt zu Ulrich Wilcken (1862–1944), der zwischen 1906 und 1912 in Leipzig lehrte und in dieser Zeit zwei althistorische Dissertationen zur antiken Wirtschaft anregte, die Kenntnisse der Bücher'schen Sichtweise auf die antike Ökonomie erkennen lassen.[343] Eher unwahrscheinlich ist es, dass Bücher noch Helmut Berve (1896–1979) persönlich kennen gelernt hat, der 1927, gerade 31 Jahre alt, auf den Lehrstuhl für Alte Geschichte nach Leipzig berufen wurde und 1933, im Jahr der Machtergreifung der Nationalsozialisten, Dekan war.[344] Das gleiche gilt vermutlich für die Leipziger Vertreter des Römischen Rechts Ludwig Mitteis (1889–1952), bei dem später der Sohn studiert, und Paul Koschaker (1879–1951), der auch zur altorientalischen Wirtschaftsgeschichte publizierte.[345] Franz Studniczka (1860–1929) indessen, der Kollege der Klassischen Archäologie, gehört zu Büchers Altersko-

341 Sächs. StAL, BV 1 Leipzig Nr. 270, Bl. 316 (Leskien an Brockhaus, Dresden, 14. September 1903). Zitiert nach Haase, Schutzverein 2001/02, 161f. »Deine erste Frage, ob Bücher als Nationalökonom angesehen oder bedeutend ist, kann ich nicht beantworten. In Leipzig hat er neben sich nur den unbedeutenden Stieda, man hört daher in Leibzig über Bücher keine maßgebenden Urteile. Daß er aber im allgemeinen ein sehr angesehener Gelehrter ist, namentlich durch sein Buch über ›Arbeit und Rhythmus‹ und durch ›Entstehung der Volkswirtschaft‹ ist sicher [...] Der Mensch ist nur bei einigen wegen einer gewissen Schroffheit [...] nicht beliebt [...]«.

342 UBL, Sondersammlung, NL 181 (Karl Bücher), Prof. L. von Bortkiewicz, Berlin W. 5, Nachodstr. 6 A an Bücher, 28. Dezember 1905.

343 Wesseling, Ulrich Wilcken 2000, Sp. 1546–1551; Gelzer, Gedächtnisrede auf Ulrich Wilcken 1950, 244–251; Oertel, Ulrich Wilcken 1968, 332–339; Vgl. Kap. *Primitivisten und Modernisten im Widerstreit.*

344 Losemann, Die Standortbestimmung der Altertumswissenschaften in »Umbruchszeiten« 2002, 310–323; Christ, *Klios Wandlungen* 2006, 59–65; Rebenich, Alte Geschichte in Demokratie und Diktatur 2001, 457–496.

345 Koschaker, Zur staatlichen Wirtschaftsverwaltung in altbabylonischer Zeit 1942, 179–180. Allerdings geht Koschacker nicht auf theoretische Konzepte ein.

horte und wird ihm im geselligen Leben der Universität gewiss begegnet sein. Seine wissenschaftlichen Freunde außerhalb der Nationalökonomie fand Bücher nach den Briefen seiner Frau zu urteilen anders noch als in seinen Münchner und Basler Jahren[346] in Leipzig eher unter den Theologen, Mediävisten und Sprachwissenschaftlern als unter Althistorikern und Klassischen Philologen.

Universitäre Ämter und Rektorwahl

Innerhalb der Universität steigt Bücher in den folgenden Jahren auf der akademischen Stufenleiter hinauf, was in dieser Zeit stets mit finanziellen Sonderzuwendungen, aber auch mit Kosten für Empfänge und Bewirtung verbunden ist. Im Studienjahr 1901/02 übernimmt er die Procancellariatsgeschäfte, 1902 wird er Dekan der Philosophischen Fakultät. In diesem Jahr erhält er auch den Titel des Geheimrats verliehen.[347] »Das Procancellariat ist kein schweres [Amt] im Sinne von Geist anstrengendes«, klärt Emilie ihre Schwester auf, »aber eben Körper anstrengend; er muß allen Examina der ganzen Fakultät beiwohnen.«[348] Im Oktober 1903 wird er zum Rektor der Universität Leipzig gewählt. Karl Lamprecht, der ihn nach Leipzig geholt hat, wird dieses Amt erst sieben Jahre später, im Jahre 1910, übernehmen,[349] noch nach dem Fachkollegen Gerhard Seeliger, der 1905 zum Rektor gewählt wird, »was eine große Beleidigung für Lamprecht ist«, wie Emilie Bü-

346 In München freundet sich Bücher mit dem Klassischen Philologen Konrad Bursian, den Pandektisten Alois Brinz und Philipp Lotmar an (L 278); die Freundschaft mit Letzterem hat auch in den nachfolgenden Jahren Bestand (L 352). In Basel pflegt er geselligen Verkehr mit den Sprachwissenschaftlern bzw. Klassischen Philologen Franz Misteli und Jakob Wackernagel (L 327 u. 392). In Dorpat sind es die Klassischen Philologen Georg Löschke und Ludwig Mendelsohn, die im Hause Büchers verkehren. Namentlich seine Frau habe zu Kollegengattinen »vertrauten Verkehr« gepflegt, schreibt er in seinen *Lebenserinnerungen* (L 293).

347 Vgl. das Schreiben des Kämmerers der Majestät des Königs vom 5. Mai 1902. UBL, Sondersammlung, NL 181 (Karl Bücher), S-T (unterschrieben mit »von Schimpff«).

348 Emilie Bücher an Mathilde, 23. November 1901. PB Lauth.

349 Karl Lamprecht, *Rektoratserinnerungen*, Gotha 1917.

cher der Schwester mitteilt.[350] Sein Freund Aloys Schulte gratuliert Bücher zum neuen Amt, von dem er aus der Zeitung erfahren habe.[351]

Während Bücher ihm gegenüber über die Bürde des Amtes klagt, dem er aber auch Befriedigendes abzugewinnen weiß, insofern »[m]an [...] doch die Universität an seinem Ende besser als am Anfang« kenne,[352] hat Emilie mehr Sinn für die repräsentative Seite. Als König Georg im November 1902 der Universität Leipzig einen Besuch abstattet, stellt sie sich gegenüber der Schwester als stolze Dekansfrau dar, die von Balkon und Galerie der Wandelhalle der Universität am Augustusplatz die Aussicht auf Anfahrt und Begrüßung des hohen Gastes genießt[353] und dabei den Gatten im Dekansornat bewundert: »Um den ganzen Augustusplatz fuhren sie herum, [...]. Ein buntes Bild mit all den Fahnen, Gierlanden, Ehrenpforten und der unglaublichen Menschenmenge! Als er herein war, von den Dekanen an der Treppe begrüßt, stürzten wir von da in die Wandelhalle und sahen das Weitere. Am meisten interessierte mich mein Gatte, der im Dekansornat, langer schwarzer Rock und darüber violett samtener Kragen mit Pelz und das dazu passende Barett ganz stattlich und gut aussah. Gelt, das hättest Du auch gerne gesehen?!«[354] Ein Gemälde von Eugen Urban zeigt den Rektor mit den Dekanen im Jubiläumsjahr 1909 im vollen Ornat.[355]

Auch der Rektorwechsel vom 31. Oktober 1903 wird der Schwester mit viel Liebe für's Detail geschildert. »Also, vom großen Tag wollte ich erzählen. Samstag Morgens ½ 9 Uhr kamen 24 Mann Pauliner [vom Gymnasium] und sangen uns was vor, hielten Karl eine Anrede, die dieser erwiderte, bekamen ein Glas Malaga und biscuit, sangen wieder und gingen. Es war eine schöne feierliche Einweihung des Tages. Um ½ 11 Uhr fuhren wir dann in

350 Emilie Bücher an Mathilde, 25. Mai 1905: »Die Rektorwahl fiel auf Herrn Seeliger, was eine große Beleidigung für Lamprecht ist. Es ischt halt nit zu ändern! L. ist schon viel länger hier, ist älter u.s.w.« PB Lauth.

351 UBL, Sondersammlung, NL 181 (Karl Bücher), Aloys Schulte an Karl Bücher, 31. Juli 1903.

352 Braubach, Aus Briefen 1965, 382.

353 Am 7. November 1902 schreibt Emilie Bücher an die Schwester Mathilde: »Wir haben eine bewegte Woche hinter uns. Die Stadt prangt im Festesschmuck. Der König war hier [...]. Als ich [...] am Markt einkaufte, bot mir der Kaufmann natürlich an, den Zug von da aus bequem anzusehen, u. er wunderte sich sehr, als ich es nicht annahm. Dafür sah ich den Zug nachher bequem von der Galerie der Wandelhalle aus in der Universität. Er wurde von sämtl[ichen] Professoren feierlich empfangen u. vom Rector im Ornat mit einer Rede begrüßt. Als Dekansfrau durfte ich mit auf den Balkon, um ihn anfahren zu sehen. Das war das Köstlichste.« PB Lauth.

354 Ebd.

355 Krause, *Alma mater Lipsiensis* 2003, Abb. 5.6.11.

23. Rektor mit Dekanen. In der Mitte ist der Rektor des Jahres 1909, Karl Binding zu sehen, rechts neben ihm stehen die Dekane Adolf Wach und Gerhard Seeliger

die Aula. Fanfaren ertönten beim feierlichen Einzug der Professoren in den Saal. Der alte rector verlas seinen Jahresbericht, dann ließ er Karl schwören, die Verfassung zu achten und überreichte ihm als Zeichen [unleserlich] seiner Würde Mantel, Kette, Hut, Schlüssel etc. Während dem Schwur erhebt sich alles vom Platze, die Studenten in Wichs ziehen den Säbel aus der Scheide, und als Karl den Katheder bestieg, ertönte starkes Beifalltrampeln. Seine Rede [die er ›Über alte und neue Aufgaben der deutschen Universitäten‹ hielt][356] fand viel Anerkennung […]. Befriedigt zogen wir nach Hause, aßen rasch etwas, bis Martha [das Dienstmädchen] in Friedi's Zimmer stürzte und schrie: ›Sie kommen.‹ Nun ging der Empfang los. Immer eine oder mehrere Corporationen im Ganzen 193 Mann kamen sporenklirrend durchs Eßzimmer in den Salon, machten Front, legten die Hand an den Säbel, die andere an die Mütze und einer hielt dann seine Ansprache, die Karl erwiderte, dann wurden sie mit Sekt bewirthet, Karl sprach mit Jedem ein freundliches Wort, ich soweit ich es vermochte auch […], so ging es fast 1 ½ Stunde unausgesetzt fort. Das Schönste ist das Anfahren auf der Straße, je ein Student bleibt

356 Bücher, *Über alte und neue Aufgaben der deutschen Universitäten* 1903.

im Wagen mit seiner Fahne, das ist ein solch lebendiges farbiges Bild, daß natürlich die Straße voll Menschen, die Fenster der Häuser alle besetzt sind. Als alle fort [waren], hatte Karl nur noch Zeit, eine Pfeife zu rauchen, dann um 4 ging sein großes Essen bei Bonorand[357] los, 140 Mann. Zwei Reden hatte er da auch wieder zu halten, und kam ziemlich todt Abends 9 Uhr heim.«[358]

Das neue Amt erhöht auch für die normalen Abendgesellschaften den repräsentativen Aufwand und zeigt, wie sehr die Privatwohnung des Gelehrten öffentlicher Raum war: »Am 1. Dez. öffnen wir unsere Salon's zur ersten Gesellschaft diesen Winter! Es folgen dann noch viele«, meldet Emilie Bücher am 20. November 1903, drei Wochen nach der Rektorwahl, ihrer Schwester Mathilde Mittermaier. Da sich ein Großteil der offiziellen Geselligkeiten in dieser Zeit in der Privatwohnung des Gelehrten abspielte, war der Aufwand an Ausstattung, Personal, Kleidung und Speisen ohnehin beträchtlich. »Wir mußten natürlich viel anschaffen«, berichtet Emilie bereits im Mai 1895 der Mutter, »da ich ja nicht für so viele eingerichtet war, z. B. 12 Stühle im Eßzimmer, 12 Silberbestecke, noch viel Glas u. Porzellan«, und spottet: »Bettelleute haben's gut! Ich muß den Kruscht nun alle unterbringen!«[359] Ein Jahr zuvor war für derartige Gesellschaften Meißener Porzellan angeschafft worden.[360] Während Bücher für seinen Basler Aufenthalt einfache Weichholzmöbel erwirbt, die als nicht standesgemäß galten, wie er selbst bemerkt (L 326), wird für die Ausstattung der Leipziger Wohnung mehr Aufwand betrieben. Die Geldgeschenke der Eltern zu Weihnachten nutzt Emilie Bücher für die Verschönerung der Wohnung; als Ende der 1890er Jahre die Eltern sterben, übernimmt sie einen Teil des elterlichen Mobiliars, der Sohn bekommt den großväterlichen Schreibtisch. Für das häusliche Abendessen anlässlich des Privatkollegs für den Prinzen von Sachsen im Frühjahr 1897 meint sie, die Sessel neu beziehen zu müssen, »namentlich einer ist zerrissen«.[361] Rechtzeitig zur Rektorwahl wird für das Ess-

357 Restaurant im Rosental. Philippson, *Wie ich zum Geographen wurde* 2000, 242.

358 Emilie Bücher an Mathilde, 1. November 1903. PB Lauth. Eine ähnlich lebhafte Schilderung enthalten die *Rektoratserinnerungen* von Karl Lamprecht, die 1917 in Gotha posthum erschienen (5ff.).

359 Emilie Bücher an ihre Mutter, 8. Mai 1895. PB Lauth.

360 Emilie Bücher an ihre Eltern und ihre Schwester, 30. Dezember 1894: »Was das Porzellan betrifft, so hat mir mein l. Männi Meißener gekauft, was mir nun recht gut gefällt und nur für Gesellschaften genommen werden darf. Für die Studenten z. B. nehmen wir das alte weiße.« PB Lauth.

361 Emilie Bücher an die Eltern, 29. Dezember 1896. PB Lauth.

zimmer ein neues Buffet gekauft.[362] Die erste Gesellschaft nach der Wahl zum Rektor im neu ausgestatteten Esszimmer »fiel gut aus«, resümiert Emilie dann zufrieden, »wir machten alles wie sonst, nur daß wir ›Kupferberg Gold‹ gaben, den Arthur [ein Bruder Emilie Büchers] besorgte und der köstlich schmeckte.«[363]

Zu den Aufgaben des Rectors gehörte auch die Teilnahme an den Professorien. Bildete die *Päonie* eine reine Herrengesellschaft, so trafen in den sogenannten Professorien die Leipziger Professoren mit ihren Familien zusammen. Es handelte sich um gesellige Zusammenkünfte mit Essen und Tanz, die mit einem wissenschaftlichen Vortrag aus dem Kreis der teilnehmenden Lehrenden eingeleitet wurden. Friedrich Bücher, der Sohn, hat diese Form der Geselligkeit als Student sehr genossen, wie er in seinen unveröffentlichten Erinnerungen festhält.[364] Gleich zu Beginn seiner Leipziger Zeit wird Karl Bücher zu einem Vortrag im Professorium verpflichtet, den er über das Zeitungswesen hält. Der Vortrag findet am 3. Dezember 1892 im Kristallpalast statt, ein »Colosseumartiges Gebäude in der Nähe des Dresdner Bahnhofs«, wie Emilie Bücher ihren Eltern berichtet. Als sie den Saal betritt und »die kolossale Menge Menschen« sieht, »etwa 300, worunter die Meisten Jünglinge u. Mädchen«, erschrickt sie und fürchtet, »daß Karls Vortrag über das ›Zeitungswesen‹ diesem tanzlustigen jungen Volk nicht zusagen würde. Die Stühle wurden im Halbkreis um ein Katheder gestellt, die Damen u. älteren Herrn saßen, die jungen H. standen auf der Seite. Siehe die Gesellschaft lauschte ganz ruhig u. andächtig, selbst die jüngeren Mädchen schienen aufmerksam [...]. Nun ging die ganze Gesellschaft in den Nebenraum zu Tisch. Die Mehrzahl waren Nichtprofessoren, sondern Eingeführte. Erst sprach der Rektor, dann mußte Karl der Satzung gemäß einen Toast auf die Damen halten, was er aber famos u. witzig fertig brachte. Nach dem Nachtessen stand ich neben Prof. Buhl in der Polonaise, Karl neben dessen Gattin, 2 sehr große Männer, 2 kl. Frauen, es muß possierlich ausgesehen haben. Zu Tisch hatte mich Ratzel geführt, Karl dessen Frau. Diese ging aber gleich nach Tisch fort. Wir blieben nicht lange [...]«.[365] Für Emilie Bücher bieten die Professorien eine willkommene Abwechslung, die nicht so förmlich ab-

---

362 Davon erzählt Emilie Bücher ihrer Schwester Mathilde in ihren Briefen vom 24. September 1903, 13. Oktober 1903 und 1. November 1903. PB Lauth.

363 Emilie Bücher an Mathilde, 9. Dezember 1903. PB Lauth.

364 Friedrich Bücher, *Vorbei* o. J., 20f.

365 Emilie Bücher an ihre Eltern, 13. Dezember 1892. Bereits am 24. November 1892 hatte sie vermeldet: »Nun haben sie Karl gekeilt, um im Professorium am 3. Dez. [...] den Vortrag zu halten.« PB Lauth.

laufen wie die Abendgesellschaften. Belustigt berichtet sie im Juli 1895 über einen sommerlichen Professoriumsausflug nach Grimma mit Jahrmarktbesuch und Karussellfahrt der hohen Herren, der »natürlich zu Unsinn auf[forderte], so müßt Ihr mich hoch zu Roß auf dem Karussell vorstellen, der Rector voran ebenfalls zu Pferde, im Schlitten Karl, Frau Buhl, Geheimrath Heinze, etc. Lamprecht als Kutscher dahinter. Eine schöne Gesellschaft! Andere bestiegen die Pferde im Hippodrom od. schossen nach der Scheibe.«[366] Auch als die Teilnahme am Professorium zum Pflichtprogramm der »Rectorin« gehört, amüsiert sie sich über die »drollige Polonaise« mit »Karl an der Spitze«. »Du hättest lachen müssen«, schreibt sie der Schwester, »Mannhardt mußten wir rammen wie die Kinder, weißt Du als große Kette. Es war sehr lustig.«[367]

Für Karl Bücher sind diese gesellschaftlichen Verpflichtungen wie für viele andere Kollegen auch eine Last. »Sisyphusarbeit« nennt sie Wilhelm Ostwald, der sich ihnen deshalb lieber entzieht und stattdessen seinen eigenen Forschungen nachgeht.[368] Friedrich Bücher zitiert in seinen Erinnerungen den Vater, der »beim Anlegen seines schwarzen Rockes für eine solche Veranstaltung« gesagt habe: »Du hast es gut Bub, Du kannst zu Hause bleiben.«[369] Besuche von Professorien, Wohltätigkeitsveranstaltungen[370] und Bällen,[371] sowie der Empfang des Königs bei dessen alljährlichem Stadteinzug[372] kom-

366 Emilie Bücher an ihre Eltern, 8. Juli 1895. PB Lauth.

367 Emilie Bücher an Mathilde, 6. Februar 1904. In diese Zeit fallen die meisten Berichte über das Professorium. 13. Oktober 1903: »Auf das Professorium muß ich gehen, da kann ich aber sehr früh wieder weg.« 2. November 1903: »Nächsten Samstag Abend ist Professorium, wo ich offiziell zum ersten Mal als rectorin auftrete.« 26. Februar 1904: »Morgen ist letztes Winterprofessorium.« PB Lauth.

368 *Lebenslinien* II, 1927, 82.

369 Friedrich Bücher, *Vorbei* o. J., 14.

370 Dies ist vor allem Sache der »Rectorin«. Am 20. November 1903 schreibt sie der Schwester: »Nächsten Samstag Abend ist Professorium, wo ich offiziell zum ersten Mal als rectorin auftrete; ich will mich frisieren lassen um das Menschenmögliche gethan zu haben, anständig in meinem blauseid. Gewandel auszusehen. Es waren auch schon 2 Wohltätigkeitsconzerte, wo ich anstandshalber hingehen mußte.« PB Lauth.

371 Emilie Bücher an Mathilde, 9. Dezember 1903: »Auf dem Ball habe ich mit den 2 getanzt [gemeint sind der Sohn Friedrich und der Neffe Hermann], u. mich an ihrer Jugend gefreut. Köstlich hat Karl die Polonaise vorgetanzt (als hätte er das ganz in Uebung u. es war das erstemal). Er machte so kleine Schritte, hatte eine hübsche Partnerin, u. sah sehr gut aus. Es geht nämlich ein Festarrangeur vorne her. Ich stand als 2tes Paar mit einem früheren rector […]«. PB Lauth.

372 Emilie Bücher an Mathilde, 26. Februar 1904: »In der Königswoche habe ich nichts mitgemacht als das Gewandhausconzert, wurde mit noch einer anderen Dame s. Majestät vorgestellt. Diese Vorstellung hat aber keinen Werth, denn der König verstand unsere

24. Erster Besuch König Georgs in Leipzig 1902

men im Rektoratsjahr als gesellschaftliche Verpflichtungen hinzu. Ein halbes Jahr nach Ende der Amtsperiode, die vom 31. Oktober 1903 bis zum 30. September 1904 dauert, meldet Emilie ihrer Schwester, dass sich Karl immer noch freue, »nicht mehr rector zu sein.«[373]

Der »Bücher-Streit« von 1903

In die Zeit der universitären Ämter fällt die Gründung des »Akademischen Schutzvereins« zur Wahrung der Rechte der Autoren gegenüber den Verlegern, in dem zahlreiche Leipziger Kollegen vereint waren,[374] und Büchers Veröffentlichung der Denkschrift über den »deutsche[n] Buchhandel und

Namen nicht, sprach nur allgemeines über Musik etc. [...] Es hat mich nicht gereut, beim Gefolge gewesen zu sein, alle Tage macht man so etwas doch nicht mit. Leider sah ich die Parade auf dem Augustusplatz nicht. Ich hätte es doch so schön gehabt vom Rektoratszimmer und statt meiner waren Chun's Mädchen bei Karl u. Friedi.« PB Lauth.

373 Emilie Bücher an Mathilde, 6. Januar 1905. PB Lauth.

374 Vgl. die Zusammenstellung der Mitglieder bei Haase, Schutzverein 2001/02, 225–235.

die Wissenschaft«.[375] Hintergrund der Streitschrift, die eine große Medienresonanz entfachte, bildete die schon seit den 1880er Jahren geführte Kartelldebatte, an der sich Bücher mit Vorträgen auf Tagungen des Vereins für Sozialpolitik und mit Forschungsarbeiten beteiligte.[376] Anlass für die Ausdehnung der Debatte auf den Buchhandel war eine Entscheidung des Börsenvereins des Deutschen Buchhandels. Dieser hatte mit der sogenannten Kröner'schen Reform von 1887/88 fixe Buchpreise durchgesetzt, aber Kundenrabatte zugelassen, von denen sowohl die Universitätsbibliotheken als auch die einzelnen Gelehrten profitierten. Als diese Kundenrabatte 1903 ebenfalls beseitigt werden sollten, regte sich in der Buchhandelsstadt Leipzig in Universitätskreisen heftiger Widerstand gegen den Börsenverein, der zur Einberufung einer reichsweiten Rektorenkonferenz unter Leitung des Strafrechtlers Adolf Wach, des damaligen Rektors der Universität Leipzig, führte. Die Konferenz beschloss die Gründung des Akademischen Schutzvereins, als dessen stellvertretender Vorsitzender Bücher bis in die 1920er Jahre hinein wirkte.

Im April 1903 übernimmt Bücher die Aufgabe, die Denkschrift abzufassen; im September schreibt er schon an der zweiten Auflage, die ihn den Sommerurlaub kostet, wie seine Frau klagt.[377] An der Kartelluntersuchung im April 1904, die in Berlin stattfindet und die Bildung einer Friedenskommission unter dem Vorsitz »des Herrn Reichgerichtsrat Spahn in Leipzig« zur Folge hat, übernimmt Bücher die Führung.[378] Seiner Reputation innerhalb der Universität ist dieses Engagement nur förderlich gewesen. Der Slavist August Leskien, der auf dem Höhepunkt des Streits von einem Kontrahenten des Schutzvereins, Arnold Brockhaus, um eine Bewertung der Position

375 Vgl. neben Haase, Schutzverein 2001/02 auch Thorsten Grieser, Der ›Bücher-Streit‹ des deutschen Buchhandels im Jahre 1903, in: *Buchhandelsgeschichte* 17–18/1, 1996.

376 Lindenlaub, *Richtungskämpfe* 1967, 57ff.

377 Emilie Bücher an Mathilde, 24. September 1903: »Karl hat die II. Aufl. von ›Buchhandel u. Wissenschaft‹ verfertigt.« 13. Oktober 1903: »[…] bis jetzt hat Karl mit der II. Auflage von ›Buchhandel u. Wissenschaft‹ zu thun gehabt. Ohne Aufregungen, Feindschaften u. auch gr. Anerkennung geht diese Buchhändlerfrage nicht ab. Das ist alles nicht so wichtig, wohl aber, daß K. wegen derselben sich keine rechte Sommerfrische u. jetzt auch kein Kirberg gegönnt hat.« PB Lauth.

378 Haase, Schutzverein 2001/2, 187f. Emilie Bücher an ihre Schwester Mathilde am 18. April 1904: »Es war eine interessante Debatte zwischen Verlegern, Buchh. auf der einen Seite u. dem Schutzverein mit Karl als Hauptsprecher auf der anderen. Es fielen scharfe Worte von den ersteren, wofür sie wieder um Verzeihung baten. Schließlich einigten sie sich dahin, daß eine Kommission ernannt wird mit Vertretern von Beiden, die Änderungen, Gesetze feststellen sollen.« PB Lauth.

Büchers angegangen wird, weiß um das Vertrauen, das Bücher aufgrund seiner Tätigkeit als Dekan und als designierter Rektor genießt. »B. hat an unserer Universität starken Anhang oder vielleicht besser gesagt, starken Einfluß. Er ist ein energischer Mensch [...]. Für das nächste Universitätsjahr ist er fast einstimmig zum Rektor gewählt [...]. In der Schutzvereinsangelegenheit, glaube ich, wird ihm in Leipzig so ziemlich die gesamte Universität folgen.«[379]

Vortragstätigkeit und Herausgeberschaft der *Zeitschrift für die gesamte Staatswissenschaft*

Nicht nur die Ämter und das universitäre Alltagsgeschäft fordern seinen Tribut. Zu den Vorlesungen, Seminaren, Prüfungen und Fakultätssitzungen kommt eine umfangreiche Vortragstätigkeit hinzu. Anfragen von Frauenvereinen[380] oder Konsumvereinen[381] häufen sich mit den Jahren. Die Dresdner Werkstätten für Handwerkskunst Schmidt & Müller bitten ihn im Herbst 1903 um einen Vortrag zu »Handwerk und Kunstgewerbe in der Vergangenheit und seine Aufgabe für die Zukunft«.[382] Das Berliner Kultusministerium will ihn im Frühjahr 1911 zu einer vierstündigen Vorlesung zum Handwerk im ländlichen Raum im Rahmen eines staatswissenschaftlichen Fortbildungskurses gewinnen, es sei aber »auch jedes andere Thema, welches Sie wählen würden«, willkommen.[383] »Karl ist immer sehr beschäftigt«, heißt es schon in den Anfangsjahren in den Briefen Emilies, »Donnerstag muß er im Verein der Landwirthe sprechen. Bes. viel zu schaffen macht er sich mit den Seminararbeiten, 32 Jünglinge u. fast jeder liefert eine Arbeit, Untersuchung

379 Sächs. StAL, BV 1 Leipzig Nr. 270, Bl. 316 (Leskien an Brockhaus, Dresden, 14. September 1903). Zitiert nach Haase, Schutzverein 2001/02, 161f.

380 Vgl. die Bitte von Laura Krause (Leipzig, den 7. Februar 1910) um einen Vortrag im »Verein für Familien- und Volkserziehung«. UBL, Sondersammlung, NL 181 (Karl Bücher). Sie beruft sich auf Büchers Vortrag »Das Geld und seine Ersatzmittel«, den sie im Verband kaufmännischer Gehilfinnen gehört hatte.

381 Der Zentralverband deutscher Konsumvereine schickt am 28. Mai 1909 den Jahresbericht von 1908. UBL, Sondersammlung, NL 181 (Bücher Bücher) H-K.

382 UBL, Sondersammlung, NL 181 (Karl Bücher), C-G, Dresdner Werkstätten an Bücher, 24. September 1903.

383 UBL, Sondersammlung, NL 181 (Karl Bücher), A-B, Berlin, Kultusministerium, Schreiben vom 27. Februar 1911.

eines Gewerbes, wie Kürschner, Bäcker, etc. Die j. Leute sind ganz begeistert für die Sache, aber Karl liest und corrigiert jede Abhandlung durch wie ein Schulmeister. Was gut ist, wird vom ›Verein für Socialpolitik‹ gedruckt. Es ist ein furchtbarer Zeitaufwand für Karl, es ist aber nun einmal seine Freude. Ich eifere nur dagegen, wenn ich denke, daß es ihn zu sehr anstrengt.«[384]

Seit 1897 hält Bücher regelmäßig Vorträge für die Gehe-Stiftung in Dresden, in deren Stiftungsrat er sitzt und die er als Institution zur staatsbürgerlichen Erziehung schätzt.[385] Die Gehe-Stiftung war 1885 aus dem Vermögen des pharmazeutischen Großhändlers Franz Ludwig Gehe (1810–1882) gegründet worden, der mit ihr die Weiterbildung der Mitarbeiter seines Unternehmens, aber auch die allgemeine Bildung in den Staats- und Wirtschaftswissenschaften fördern wollte. Die Stiftung unterhielt auch eine Bibliothek mit Büchern zu den Bereichen Politische Handelswissenschaften, Staatswissenschaften, Verwaltung und Volkswirtschaft, deren Restbestände 1951 an die Sächsische Landesbibliothek Dresden übergingen. In den ersten 15 Jahren der Gehe-Stiftung werden 83 Einzelvorträge von Professoren nicht nur der sächsischen Universitäten gehalten, die von rund 3700 Gewerbetreibenden, Arbeitern und Kaufleuten besucht wurden.[386] Daneben hält Bücher Vorträge für die Fürstlich Jablonowskische Gesellschaft, der er von 1895 bis 1930 angehört. Die *Societas Jablonoviana* war 1774 gegründet worden und vergab regelmäßig Preise an Nachwuchsgelehrte.[387]

Diese Vorträge erhöhen neben den Autorenhonoraren die Einkünfte Büchers, verstärken aber die Belastung. Zwar kann er für diese öffentliche Vortragstätigkeit oft auf Bewährtes zurückgreifen, wie Emilie Bücher ihren Eltern versichert, aber dennoch bedeutet sie immer wieder eine Herausfor-

384 Emilie Bücher an die Eltern, 27. Januar 1895. PB Lauth.

385 Vgl. dazu das Schreiben von Dr. Robert Wuttke aus Dresden vom 12. Februar 1902, in dem er Bücher zur Stiftsratssitzung einlädt. Am 2. Mai 1913 dankt er Bücher für dessen »warmes Eintreten für die Idee einer staatsbürgerlichen Erziehung seitens der Gehestiftung.« UBL, Sondersammlung, NL 181 (Karl Bücher). Die Korrespondenz mit Wuttke beginnt am 11. November 1897 mit einer Vortragseinladung und reicht bis zum 20. Oktober 1913. Sie umfasst nicht nur Organisatorisches, sondern kreist auch um Fragen der Karriereplanung. Wuttke war 1893 mit einer Studie zur »Gesindeordnung und Gesindezwangsdienste in Sachsen bis zum Jahre 1835« promoviert worden und lehrte seit 1902 als Professor am Polytechnikum in Dresden.

386 Aus der Gehe AG wurde 2003 die Celesio AG mit Sitz in Stuttgart. Über die Gehe-Stiftung informiert die Homepage der celesio AG unter http://www.celesio.com/ag/?redirect=true&ni=10–70–30–10&lg=de [08.03.2009]

387 Krause, *Alma mater Lipsiensis* 2003, 508ff. Die Gesellschaft stellte 1945/46 zunächst ihr Wirken ein, vergibt aber heute wieder Preise.

derung. »Karl hat wieder mal einen Vortrag vom Stapel gelassen in Dresden in der Gehe-Stiftung, ein Teil von der ›Entstehung der Volkswirthschaft‹, sehr interessant, in ein paar Tagen geschrieben, jetzt aber eine gewisse Nervenanspannung zurücklassend, die sich in Schlafbedürfnis äußert«, schreibt sie im November 1897 am Beginn der Vortragstätigkeit für die Gehe-Stiftung.[388] Anlässlich der Städteausstellung des Jahres 1903 in Dresden spricht Bücher im Rahmen einer Vortragsreihe der Gehe-Stiftung, an der auch seine Leipziger Kollegen Ratzel und Lamprecht teilnehmen, über die Entwicklung der Großstädte.[389] Er geht dabei ausführlich auf die antike Stadt ein, die er im Unterschied zur mittelalterlichen Produzentenstadt als Konsumentenzentrum definiert, ein Konzept, das Max Weber für seine Stadttypologie nutzt und das über die Rezeption durch Moses I. Finley in den 1970er Jahren die althistorische Debatte über das antike Städtewesen bestimmen sollte.[390]

Immer wieder finden sich im Nachlass Mahnschreiben an den säumigen Autor, der Beiträge für öffentlichkeitswirksame Sammelwerke zugesagt hat. So hatte er der Gräfin Bentheim von der Redaktion »Kultur der Gegenwart« Beiträge zur »Verfassung und Verwaltung der primitiven Völker« sowie zu den »Anfänge[n] des Staats und der Gesellschaft« für die geplanten Werke »Allgemeine Verfassungs- und Verwaltungsgeschichte« und »Staat und Gesellschaft des Orients« versprochen.[391] Anfragen der *Frankfurter Zeitung*, seiner alten Wirkungsstätte, nach Beiträgen, so zum Thema »Arbeit«, versagt er sich nicht, auch wenn er termingenau liefern muss.[392]

Zu der zeitlichen Belastung, die diese ›Öffentlichkeitsarbeit‹ bedeutet, kommt ab 1901 die Herausgeberschaft der *Zeitschrift für die gesamte Staatswissenschaft* hinzu. Die Zeitschrift war 1844 von Robert von Mohl gegründet und von 1875 bis 1903 von Albert Schäffle in Kooperation mit Adolph Wagner (1878–1886) und Gustav Schönberg (1887–1891), ab 1901 dann zusammen mit Karl Bücher geführt worden. Als Schäffle 1903 stirbt,

388 Emilie Bücher an die Eltern, 20. November 1897. PB Lauth.

389 Bücher, Die Großstädte in Gegenwart und Vergangenheit 1903, 1–31. Der Vortrag wurde in modifizierter Form aufgenommen in die 5. Auflage von Büchers Aufsatzsammlung, in der auch der Artikel über die Stufentheorien erschienen war. Bücher, Großstadt-Typen aus fünf Jahrtausenden 1906, 355–382.

390 Finley, The Ancient City 1981, 3–23. Vgl. Kap. *Die Debatte über die antike Konsumentenstadt.*

391 UBL, Sondersammlung, NL 181 (Karl Bücher), von Bentheim an Bücher, 24. Oktober 1905, 24. April 1907, 24. November 1909, 27. November 1909.

392 Die Anfrage der *Frankfurter Zeitung* ist vom 1. November 1912 datiert; am 31. Dezember 1912 erfolgt die Zusendung der Ausgabe, in der Büchers Artikel erschienen ist. UBL, Sondersammlung, NL 181 (Karl Bücher), *Frankfurter Zeitung* an Bücher.

führt Bücher die Zeitschrift von 1904 bis zum Jahre 1922/23 alleine weiter.[393] Er selbst nutzt in diesen Jahren die Zeitschrift als Forum für eigene Veröffentlichungen. 1906 erscheint eine Untersuchung über *Haushaltbudgets oder Wirtschaftsrechnungen*,[394] 1910 folgt seine heute noch in den Wirtschaftswissenschaften geschätzte Studie über *Das Gesetz der Massenproduktion*.[395] In den Jahrgängen 1916, 1917 und 1920 erscheinen zeitungswissenschaftliche Studien über die *Anonymität in der Presse*,[396] über *Die wirtschaftliche Reklame*,[397] über die Entwicklung *Vom Arbeitsmarkt zur Tagespresse*[398] und zum *Intelligenzwesen*, eine Untersuchung über die Entstehung des Zeitungswesens.[399] Mit seiner Streitschrift *Eine Schicksalsstunde der akademischen Nationalökonomie* rechnet er im Kriegsjahr 1917 mit den Bestrebungen der Privatwirtschaft ab, an den Hochschulen eigene Lehrstühle einzurichten, und vertritt dezidiert die Unparteilichkeit der wissenschaftlichen Forschung und die Unabhängigkeit des Wirtschaftswissenschaftlers von den Interessen der Industrie.[400] Im letzten von ihm herausgegebenen Band folgt noch einmal eine historische Studie über *Mittelalterliche Handwerksverbände*.[401] Althistorische Studien zu Fragen der antiken Wirtschaft publiziert er in der Zeitschrift nicht. Allerdings wird in seinem Todesjahr noch einmal der Streit um die Modernität der antiken Wirtschaft aufgegriffen. Zwei Rezensionen zu aktuellen Neuerscheinungen sind hier abgedruckt.[402]

---

393 Der erste, von Bücher allein herausgegebene Band 60, 1904 enthält einen Nachruf Büchers auf Albert Schäffle und eine Würdigung von »Albert Schäffle als Soziologe« (204–225) aus der Feder von Dr. Othmar Spann.

394 *ZfGS* 62, 1906, 686–700.

395 *ZfGS* 66, 1910, 429–444.

396 *ZfGS* 72, 1916, 289–327.

397 *ZfGS* 73, 1917, 461–483.

398 *ZfGS* 73, 1917, 221–225.

399 *ZfGS* 75, 1920, 326–345.

400 *ZfGS* 73, 1917, 255–293.

401 *ZfGS* 77, 1922, 295–327. Zu nennen ist darüber hinaus die 1921 in Band 76 publizierte Würdigung *Aus dem Leben Friedrich Lists* (553–559).

402 Vgl. Kap. *Primitivisten und Modernisten im Widerstreit.*

Die Frauenfrage im Mittelalter und in der Gegenwart

Büchers Studie über die *Frauenfrage im Mittelalter* aus dem Jahre 1882[403] bringt ihm immer wieder auch Anfragen zur Frauenemanzipation ein. »Ich würde im Namen der Sache sehr froh sein, wenn Herr Professor noch Einiges, auf die Frauenbewegung Bezügliches vorbringen wollten. Ihre Autorität, ihr berühmter Name, vermöge den angesprochenen Ansichten eine Kraft zu verleihen, die irgend ein armseliges Büchlein, im Dienste dieser Sache geschrieben, wenn es auch noch so richtig wäre, niemals haben kann«, fordert ihn Else Nestoroff im Sommer 1896 auf, nachdem sie ihn vorher über die schlimmen Folgen der Berufslosigkeit der Frau für die Ehe aufgeklärt hat.[404] Ein Frl. M. Klammt von der *Allgemeinen Frauen-Correspondenz* mahnt ihn ein Jahr später, stärker auf die weibliche Textilarbeit einzugehen, und bittet um Unterstützung ihres Projektes zur Förderung selbständiger, auf die Deckung des Eigenbedarfs ausgerichteter Frauenarbeit auf dem Lande.[405] Auch die bekannte österreichische Frauenrechtlerin und Führerin der sozialdemokratischen Frauenbewegung Österreichs, Adelheid Popp (1869–1939), wendet sich unter Berufung auf Büchers Schüler Adolf Braun an Bücher und bittet um Aufklärung, ob er tatsächlich die Jugendschrift einer Arbeiterin in einer Besprechung abfällig beurteilt habe, was sie und vor allem der befreundete Adolf Braun nicht glauben können.[406]

Zu seiner Sache hat Bücher weder das Frauenstudium noch die weibliche Berufstätigkeit gemacht, wenngleich es an Gasthörerinnen in seinen Vorlesungen nicht gefehlt haben wird und er nach der offiziellen Zulassung von Frauen zum Studium auch Schülerinnen gehabt hat.[407] So geht er in einem Neujahrsbrief, den er nach dem abgelehnten Ruf nach Heidelberg an seine Schwiegereltern schreibt, in indirekter Weise auf weibliche Hörerinnen ein,

403 Bücher, *Die Frauenfrage im Mittelalter* 1882. Die zweite verbesserte Auflage, aus der hier zitiert ist, erscheint 1910.

404 UBL, Sondersammlung, NL 181 (Karl Bücher), Else Nestoroff an Bücher, 15. Juli 1896.

405 UBL, Sondersammlung, NL 181 (Karl Bücher), M. Klammt an Bücher, 17. November 1897.

406 UBL, Sondersammlung, NL 181 (Karl Bücher), Adelheid Popp an Bücher, 8. November 1909.

407 Zu den weiblichen Hörerinnen vgl. Eulenburg, *Universität Leipzig* 1909, 33f. Eulenburg listet unter den Hospitanten, die ab 1859 Vorlesungen besuchen durften, neben Offizieren und Kommunalbeamten auch Ausländer und Frauen auf. Zwischen 1901 und 1904 machten Frauen etwa 1/8 der Hörerschaft aus, danach 1/9. – Dass auch Büchers Vorlesungen von weiblichen Hörerinnen aufgesucht wurden, lässt sich aus Briefen von interessierten Frauen schließen, die sich auf das bei ihm Gehörte beziehen.

indem er sich auf die Weisheit des Königs Salomon bei seiner Entscheidung bezieht und spielerisch anschließt: »wenigstens ist zu mir noch keine Königin aus Saba gekommen, um meine Weisheit zu hören. Das höchste, wozu ich's gebracht habe, ist eine Studentin aus Sophia und eine aus Polen, die mit der Königin aus dem Goldland wenigstens die orientalische Abstammung gemeinsam hat.«[408] Bereits 1897 wendet sich eine englische Studentin, Georgia Etchinson, an Bücher mit der Bitte, ihr eine Bescheinigung auszustellen, dass sie bei ihm studiert habe. Sie benötige diese Bescheinigung, um bei Schmoller in Berlin hören zu können.[409] Am 18. November 1897 erfolgt das Dankesschreiben, in dem sie mitteilt, dass sie Simmels »Sociologie und Ethik« sowie Hintzes »Staatsentwicklung in Europa« höre, Schmoller und Wagner seien überlaufen. Als Büchers Schülerin muss Marie Kröhne aus Göttingen gelten. Sie schreibt im Wintersemester 1908/09 bei Bücher ihre Diplomarbeit, die 1909 als Heft 32 der Ergänzungshefte der *Zeitschrift für die gesamte Staatswissenschaft* unter dem Titel *Die Großhandelsversteigerungen* auch gedruckt wird.[410] Damit unterscheidet sich Bücher nicht von seinen nationalökonomischen Kollegen in Berlin oder Heidelberg, die ebenfalls einige Studentinnen unter ihren Hörern haben. Neben Elisabeth Gnauck-Kühne sitzend, »eine der wenigen damals zum Universitätsbesuch zugelassenen Damen«, verfolgt um 1895 der Archäologe Ludwig Curtius die volkswirtschaftlichen Vorlesungen von Schmoller.[411] Georg Simmel nahm bereits

408 Karl Bücher an seine Schwiegereltern, 29. Dezember 1896. PB Lauth.

409 UBL, Sondersammlung, NL 181 (Karl Bücher), Georgia Etchinson an Bücher, 19. Oktober 1897.

410 UBL, Sondersammlung, NL 182 (Karl Bücher), Marie Kröhne an Bücher am 29. Dezember 1908, 6. Januar 1909 (Bitte um Zusendung von Seminarunterlagen), 21. Juli 1909 (Diskussion von Büchers Änderungsvorschlägen zur Arbeit), 5. August 1909 (Dank für Drucklegung). – Am 10. Januar 1922 wendet sich sein Kollege Theodor Plaut vom Hamburger Seminar für Nationalökonomie und Kolonialpolitik an Bücher und kündigt die Zusendung der Dissertation von Fräulein Asbeck über die Entwicklung der Sensenindustrie an und empfiehlt die Publikation in der *Zeitschrift für die gesamte Staatswissenschaft* zu drucken.

411 Curtius, *Deutsche und Antike Welt* 1950, 98f. Das *Deutsche Zeitgenossenlexikon* von 1905 führt Elisabeth Gnauck-Kühne (1850–1917) als Schriftstellerin, die u. a. zur sozialen Lage der Frau publiziert. Mit Marianne Weber tritt sie als Rednerin auf Frauenkongressen auf – so auf dem Bayrischen Frauentag im Mai 1909, wo sie sich zum Befremden von Marianne Weber für die Unauflöslichkeit der Ehe einsetzt (Marianne Weber an Helene Weber vom 11. Mai 1909; Max-Weber-Gesamtausgabe, Arbeitsstelle Heidelberg). Dies ist wohl eine Folge der Hinwendung zum Katholizismus. Vgl. Radkau, *Max Weber* 2005, 332. Eine Gesamtdarstellung dieser Pionierinnen der Wirtschaftswissenschaften steht noch aus. Zur Berliner Situation vgl. jetzt Bertram, Doktorandinnen der Nationalökonomie 2008, 111–133. Zur angelsächsischen Entwicklung liegt vor: Gronert, *Frauen in der Ökonomie* 2001.

vor der allgemeinen Zulassung von Frauen zum Studium an preußischen Universitäten im Jahre 1908 Frauen in seine Seminare auf, so z. B. Else von Richthofen (1874–1973), die 1898/99 seine Vorlesungen und Seminare besucht und 1900 von Max Weber promoviert wird.[412] Bereits 1898 studierte Alexandra Kollontaj, die sich später der russischen Revolution verschrieb, bei Heinrich Herkner in Zürich, der, nachdem er nach Berlin berufen worden war, eine ganze Reihe von Frauen promovierte.[413] In der Korrespondenz Büchers mit Schülern und Kollegen ist die Frauenfrage immer wieder Gegenstand. Ludwig Pohle, dessen Habilitationsschrift er begutachtet, bietet als Probevortrag die Behandlung der Frage des Verbots der Frauenfabrikarbeit an.[414] 1900 wird der Vortrag als eigenständige Schrift veröffentlicht.[415]

Auch finden sich in der von Bücher herausgegebenen *Zeitschrift für die gesamte Staatswissenschaft* vereinzelt Aufsätze von Frauen. Den Auftakt macht 1903 Marie Hellers Studie über *Kleingewerbe, Kleinhandel und die großstädtische Grundrente nach einer statistischen Privatuntersuchung für Berlin.*[416] Ab den Kriegsjahren nehmen Veröffentlichungen von weiblichen Autorinnen zu. Gertrud Hermes schreibt in Band 72 des Jahrgangs 1916 über den *Kapitalismus in der Florentiner Wollenindustrie*;[417] 1921 folgt von ihr eine statistische Untersuchung über den *preußischen Beamtenhaushalt 1859–1890.*[418] Im selben Band ist eine Studie von Dr. Grete Auerbach *Die Luxusumsatzsteuer, ein neuer Weg für die Verbrauchsbesteuerung?* veröffentlicht.[419] Den Abschluss bildet eine historische Arbeit zur *Finanzverwaltung in den deutschen Territorien des Mittelalters (1200–1500)* von Elisabeth Bamberger, die 1922 im letzten

412 Zu Else von Richthofen, die mit dem Nationalökonomen Edgar Jaffé (1866–1921) verheiratet war und später die Geliebte von Max Weber wurde, vgl. Gilcher-Holtey, Modelle »moderner« Weiblichkeit 2004, 29–34.

413 Alexandra Kollontaj, *Ich habe viele Leben gelebt ...*, 2. Aufl., Köln 1981, 109–116; 526; Dietrich Geyer, Eine Klasse für sich. Von der Emanzipation zur Weltrevolution: Die adelige Alexandra Kollontaj und ihr Weg ins Sowjetreich, in: *DIE ZEIT* vom 28. Februar 2002, S. 90; Bertram, Doktorandinnen 2008, 128f. Es waren nach der Untersuchung von Bertram vor allem Gustav Schmoller und Heinrich Herkner, die Frauen promovierten. Adolph Wagner, der dem Frauenstudium wohlwollend gegenüber stand und auch Frauen in seinen Seminaren zuließ, nahm dagegen nur die Rolle des Zweitgutachters ein. Ebd. 129.

414 UBL, Sondersammlung, NL 181 (Karl Bücher), Ludwig Pohle an Bücher, 28. Februar 1898.

415 Pohle, *Frauenfabrikarbeit und Frauenarbeit* 1900.

416 *ZfGS* 59, 1903, 391–425.

417 *ZfGS* 72, 1916, 367–400.

418 *ZfGS* 76, 1921, 478–486.

419 *ZfGS* 76, 1921, 114–146.

von Bücher herausgegebenen Band erscheint.[420] Im Nachlass finden sich allerdings auch eine Reihe von Absagen an junge Frauen, die ihre Dissertationen in den Beiheften der Zeitschrift veröffentlicht wissen wollen.[421] Weder unter der Herausgeberschaft seines Vorgängers Albert Schäffle noch seines Nachfolgers Georg Brodnitz erscheint eine einzige Studie einer weiblichen Autorin. Im Hinblick auf die Frauenfrage steht die Phase von Büchers Herausgebertätigkeit in der Geschichte der Zeitschrift einzigartig dar. Ob dies der inneren Haltung Büchers entsprach, den Dieter Lindenlaub von allen Herausgebern der Zeitschrift für den Liberalsten hält,[422] ist ungewiss. Insgesamt entspricht diese Entwicklung den Gepflogenheiten des *Vereins für Socialpolitik*, in dessen Schriftenreihe ebenfalls Studien von Frauen aufgenommen werden.[423]

Der weiblichen Berufstätigkeit stand Bücher wie viele seiner Kollegen reserviert gegenüber. In seiner Studie über die *Frauenfrage im Mittelalter* von 1882 steht auch noch in der zweiten verbesserten Auflage von 1910 das Urteil, dass es einen Weg zurück in die Barbarei bedeute, »der Frau wieder die Last der Produktion aufzuladen.«[424] Nicht untypisch ist die Haltung des liberal eingestellten Lujo Brentano, für den eine solche weibliche Erwerbsarbeit nur den Verlust der Weiblichkeit zur Folge haben konnte.[425] Gerade die Kollegen, die sich mit der Arbeiterfrage und dem Alltag weiblicher Fabrikarbeit beschäftigten, vertraten ähnliche Auffassungen. In Heinrich Herkners Studie *Die Arbeiterfrage* von 1890 wird das Bild der ungewaschenen, ungekämmten und trunksüchtigen Fabrikarbeiterin beschworen. Weibliche Fabrik-

420 *ZfGS* 77, 1922, 168–255.

421 UBL, Sondersammlung, NL 181 (Karl Bücher): Therese Winkelmann schickt am 5. Oktober 1915 aus Bonn eine Arbeit mit dem Titel »Studien zur Entwicklung der allgemeinen Staats- u. Gesellschaftsanschauung Voltaires«, mit der sie den Doktorgrad erworben hat. Bücher notiert am 13. Oktober 1915: »Abgelehnt«. Rosa Winterstein aus Bern bittet am 2. Dezember 1916 um die Aufnahme ihrer Dissertation *Der Anteil der Frau an der wirtschaftlichen Arbeit des deutschen Volkes* als Beiheft der Zeitschrift. Auch diese Arbeit lehnt Bücher (am 5. Dezember 1916) ab.

422 So Lindenlaub, *Richtungskämpfe* 1967, 184 in Bezug auf die Haltung zur Bismarckschen Arbeiterversicherung.

423 Dazu zählen die Fabrikarbeiterinnenstudien von Webers Schülerin Marie Bernays (Bd. 133), von Rosa Kempf (Bd. 135/II) und von Elise Herrmann (Bd. 135/VI). Auch Erna Meyer-Pollacks statistische Untersuchung zu den Lebenshaltungskosten im Beamtenhaushalt erscheint in der Schriftenreihe des Vereins (Bd. 145).

424 Bücher, *Frauenfrage* 1910, 75. Im Folgenden mit »F« abgekürzt.

425 Vgl. dazu den Überblick bei Canning, Social Policy, Body Politics? 2006, 148.

arbeit geht hier mit moralischem Verfall innerhalb der Familie und in der Fabrik einher.[426]

Auch wenn sich die Ökonomen der Realität der Zunahme der weiblichen Erwerbstätigkeit in der Industrie stellten und mit ihren statistischen Untersuchungen zur Frauenerwerbstätigkeit den Boden für die Mutterschutzgesetzgebung bereiteten,[427] so blieb ihr Wirken der in der Spätaufklärung entwickelten Vorstellung vom »moralischen Geschlecht« verhaftet, demnach Moral und Gefühl mit dem weiblichen Geschlecht, ökonomische Rationalität aber mit männlicher Vernunft assoziiert wurden.[428] Bücher selbst argumentiert streng ökonomisch. Für ihn impliziert weibliche Berufstätigkeit die Auflösung der traditionellen Hauswirtschaft und führt zu einem Verdrängungswettbewerb zwischen teurer Männerarbeit und billiger Frauenarbeit. So drückt er die Befürchtung aus, dass die »billigere Frauenhand« den Sieg davon tragen werde. »Die Folge kann nur eine Umkehr des seitherigen Verhältnisses der Geschlechter in der Wirtschaft sein: erwerbende Frauen – haushaltende Männer, wenn man sich nicht lieber vorstellen will, daß auch der Haushalt in seinen wichtigsten Bestandteilen zum Gegenstande kapitalistischer Unternehmung geworden sein wird.« (F 73) Für das Jahr 1907 konstatiert er einen Zuwachs von drei Millionen berufstätigen Frauen gegenüber dem Jahr 1875 (F 73), was für ihn notwendig zur Verkümmerung der Familienhaushaltung und zur »Zersetzung des Haushalts« führen müsse, »in dem die Frau herrscht und Eingliederung derselben in eine Erwerbsordnung, in der sie nur als dienendes Glied Raum finden kann: es wird schwer, an die Möglichkeit solchen Widersinns zu glauben, schwer, eine Kultur als solche zu verstehen, die eines ihrer kostbarsten Kleinode der Vernichtung preisgibt« (F 75).[429] Allein in wenigen Bereichen, so im Bibliothekswesen, sieht er für »die heute alles Mögliche studierenden Frauen« eine der »weiblichen Veranlagung passende Verwendung«.[430] Offensichtlich hat ihn diese Auffassung anders als seinen Nachfolger aber nicht davon abgehalten, wissenschaftliche Leistungen von Frauen anzuerkennen und ihnen einen Weg in die fachwissenschaftliche Öffentlichkeit zu bahnen. Vielleicht hat er sich im Alter auch von seiner selbstbewussten Schwiegertochter Frieda beeinflus-

426 Herkner, *Die Arbeiterfrage* 1905, 27 u. 38–40. Vgl. Planert, *Antifeminismus im Kaiserreich* 1998.

427 Vgl. Pohle, *Frauenfabrikarbeit und Frauenarbeit* 1900.

428 Zum Niederschlag dieser Auffassung in der zeitgenössischen historischen Forschung vgl. Wagner-Hasel, Rationalitätskritik 1992.

429 Vgl. auch Kap. *Arbeit & Rhythmus*.

430 *Korrespondenzblatt* 4/5, 1910, 59; dazu Haase, Schutzverein 2001/2, 220.

sen lassen, deren Ärger über die mangelnde Geschäftsfähigkeit der Ehefrau – diese musste das eigene Bankkonto nach ihrer Heirat aufgeben – der Enkelin noch heute im Ohr klingt.[431]

Auch Emilie Bücher ist keine Frauenrechtlerin. Die Frauenrechtsbewegung ihrer Zeit nimmt sie aus der Distanz der Zuhörerin wahr. Ein aktives Engagement, wie es Marianne Weber (1870–1954) in den ersten beiden Jahrzehnten des 20. Jahrhunderts entfalten sollte,[432] liegt ihr fern. Im März 1896 berichtet sie ihren Eltern über einen Vortrag von »Frau Dr. Goldschmidt«, einer »70erin«, über »Die Frauenfrage«. Henriette Goldschmidt (1825–1920), die 1871 in Leipzig den Verein für Familien- und Volkserziehung gegründet hatte, trat offensiv für die Mädchenbildung ein und forderte eine Beteiligung von Frauen an verantwortlicher Stelle in der öffentlichen Armenpflege.[433] Über dieses Engagement berichtet Emilie Bücher ihren Eltern allerdings nichts. Sie zeigt sich allein an der Vortragsart, nicht aber am Inhalt interessiert. »Diese Dame sprach ganz famos«, schreibt sie, hat »ein tiefes schönes Organ, die Erscheinung [ist] selbst in erregt gesprochenen Worten immer noch maßvoll und nie eifrig.«[434] Geteilt hat sie das Eintreten der Leipziger Frauenrechtlerin für die Mädchenbildung wohl schon. Denn hin und wieder erkundigt sie sich in ihren Briefen an die Schwester Mathilde, ob es der Ziehtochter Grete in München gelungen sei, »in die hl. Hallen der Alma Mater einzudringen?« Denn sie weiß: »Hier sind die Bedingungen für Damen jetzt sehr streng«.[435] Das Königreich Sachsen öffnete in der Tat den

431 Gespräch mit Dr. Luise Lauth im September 2000 in Bad Liebenstein.

432 Ihr Engagement in Fragen der Frauenbildung – 1897, im Jahr der Berufung Webers nach Heidelberg, gründet sie eine Heidelberger Sektion des Vereins »Frauenstudium – Frauenbildung« – ist ein stetes Thema ihrer Korrespondenz mit ihrer Schwiegermutter Helene Weber und mit Max Weber. Vgl. dazu neben Gilcher-Holtey, Modelle 2004, 42–49 auch Göttert, Gertrud Bäumer und Marianne Weber 2004, 127–153; Radkau, *Max Weber* 2005, 472–477.

433 Im *Deutschen Zeitgenossenlexikon* von 1905, Sp. 459 ist Henriette Goldschmidt als eine engagierte Vertreterin der Mädchenbildung aufgeführt, deren Wirkung unter dem Motto stand: »Der Erziehungsberuf ist der Kulturberuf der Frau«. Sie war seit 1867 zweite Vorsitzende des Allgemeinen deutschen Frauenvereins«. Als zu ihrer Zeit bereits altmodisch schätzt Schäfer, *Bürgertum* 2003, 150f. das Wirken Goldschmidts ein. Noch 1911 gründete sie die Leipziger Hochschule für Frauen. Brandmann, *Leipzig zwischen Klassenkampf und Sozialreform* 1998, 144ff.; Schröder, *Arbeiten für eine bessere Welt* 2001, 122–125.

434 Emilie Bücher an ihre Eltern, 12. März 1896. PB Lauth.

435 Emilie Bücher an Mathilde, 13. Oktober 1903. Am 31. Mai 1903 hatte es geheißen: »Und Grete, nun das ist ein modernes Mädchen! Möge sich ihr Leben so gestalten, wie sie es sich vorstellt. Habe auch kein Bedenken, so lange Du bei ihr bist. Aber dann? Wie unsere gesellschaftl. Begriffe nun mal sind, kann sie unmöglich immer allein bleiben, d. h. wenn sie

Frauen die Pforten seiner *Alma mater* erst 1906; Bayern hatte bereits 1903 das Frauenstudium ermöglicht, Baden schon 1900.[436] Auch das Studium der Geschichte, das ihre Nichte Martha betreibt, unterstützt sie, wobei nicht ganz klar ist, ob dies an der Universität erfolgt.[437] Wirkliche Zustimmung finden bei ihr – das gilt zumindest für ihre eigene soziale Schicht – nur die kunstsinnigen Studien ohne berufliche Verwertung. Dass Marie Spahn, die Tochter des Reichsgerichtsrats Peter Spahn, bei ihrer Heirat die Malstunden bei Lovis Corinth aufgeben muss, findet sie bedauerlich. Aber dass der Ehe der Vorzug zu geben ist, steht außer Frage.[438] Die Berufswahl der Nichte Frieda, der sie erst die nötige »Cultur« beibringen muss,[439] ehe diese eine Ausbildung zur Krankenschwester macht, wird von ihr allerdings nicht moniert. Zu weit entfernt steht diese offensichtlich von Emilies bildungsbürgerlichem Milieu, nicht

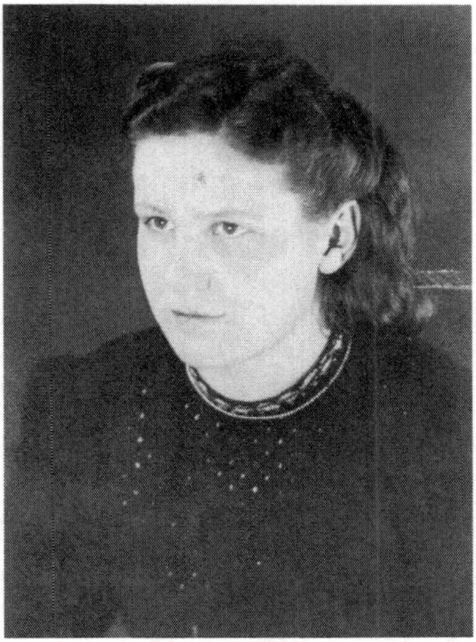

25. Die Enkelin Luise Bücher als Studentin

einigermaßen gesellschaftliches Leben haben will. Geht sie nur in ihre Musikstunden u. übt zu Hause, dann freilich kräht kein Hahn nach ihr, aber schön ist ein solches Leben nicht.« PB Lauth.

436 Huerkamp, *Bildungsbürgerinnen* 1996, 75. Die Leipziger Universität hatte bereits 1873 Hörerinnen zugelassen, diese Praxis aber in den 1880er Jahren wieder eingestellt. Zum Wintersemester 1897/8 waren die Hörsäle den Frauen wieder geöffnet worden. Ein Abschluss war bis 1906 aber nur für medizinische Berufe und für das höhere Lehramt möglich. Schäfer, *Bürgertum* 2003, 151. 1906 waren in Leipzig 35 Frauen immatrikuliert. Eulenburg, *Universität Leipzig* 1909, 35. Allgemein: Budde, Geglückte Eroberung? Frauen an Universitäten des 20. Jahrhunderts 2002, 98–112.

437 Emilie Bücher an ihre Schwester, 11. Oktober 1901: »Und Martha soll recht Geschichte studieren. Ich bereue es so sehr, dass ich es nicht mehr getrieben. Später behält man alles schwerer u. kommt überhaupt nicht mehr dazu.« PB Lauth.

438 Emilie Bücher an Mathilde, 2. November 1903: »Denke, Frl. Marie Spahn hat sich mit Dr. Görres verlobt. Es scheint ihr schwer zu fallen, von der Kunst zu scheiden, sie war so entzückt von dem Unterricht von Corinth in Berlin. Jetzt muß sie [...] an Aussteuer denken. Er sagte aber sehr nett, als ich nach der Kunst fragte, ›Es wird weiter gemalt, hauptsächlich aber musiciert!‹ Sie kommt nach Karlsruhe, wo er Rechtsanwalt ist.« PB Lauth.

439 Vgl. Kap. *Cultur und Humanistische Bildung.*

ahnend, dass diese einmal ihre Schwiegertochter werden sollte. Dass die Straßburger Enkelin ihrer hoch geschätzten Tante Eugenie Tröger »eifrig in Hochschul-Vorlesungen« strebt, wie der mit den Büchers befreundete Kollege Otto von Zwiedineck im Herbst 1905 berichtet,[440] thematisiert sie in ihren Briefen nicht. Dass einer Tochter dieselben Chancen eingeräumt worden wären wie dem Sohn, der 1901 in Tübingen ein Studium der Jurisprudenz aufnimmt, ist kaum anzunehmen. Es ist erst die nachfolgende Generation der Enkelinnen und Großnichten, die in der Bücher'schen Linie von der Öffnung der *Alma mater* für Frauen profitiert. Die Enkelin Marie Luise (geb. 1922) und die Großnichte Maria (geb. 1909), eine Tochter des Neffen Hermann Bücher, studieren in den 1930er bzw. 1940er Jahren erfolgreich Medizin.

Weibliche Wohltätigkeit und moderne Sozialpolitik

Ein angemessenes Tätigkeitsfeld für die Professorengattinnen bildete die Wohltätigkeit. In der Weihnachtszeit sind die Damen des Kränzchens mit »Armenarbeiten« beschäftigt, ein wiederkehrendes Thema in Emilies Weihnachtspost an Eltern und Schwester: Strümpfe stricken für arme Kinder der Gemeinde oder des städtischen Horts, deren Mütter in der Fabrik arbeiten. Im dritten Winter ihrer Leipziger Jahre klärt Emilie Bücher die Eltern über die Funktion der Mädchenhorte auf:

»Ich weiß nicht, hab' ich Euch die Mädchenhorte schon beschrieben. Gestern war ich zum ersten Mal da, weil der Dezember mein Monat ist. Es hat mir sehr gefallen. 42 Kinder im schulpflichtigen Alter von 6–14 Jahren sind von 4–7 Uhr versammelt in einem Schulzimmer, da bekommen sie erst Milch, dann gehen die Einen ins Nebenzimmer u. machen ihre Schularbeiten, die Anderen lesen, spielen, stricken, nähen unter Aufsicht einer Lehrerin. Die Schularbeiten überwacht [...] eine Helferin od. ein junges Mädchen aus den I. Familien hier, die dies natürlich freiwillig thut. Meine Sache ist es nur alle drei Monate, während einem Monat die Geschichte zu beobachten, es genügt, wenn ich einmal die Woche hingehe. Es ist wirklich eine schöne Schöpfung von Frau Geheimrat Windscheid [...]. Ich vergaß zu sagen, es werden nur solche Kinder aufgenommen, deren Mütter auf Arbeit ausgehen, also nicht auf die kl. Mädchen achten können. Es sind allerliebste Kinder dabei, artige, unartige, *sont comme chez nous*. Gestern, als ich mich im Schulzimmer zeigte, ward

440 UBL, Sondersammlung, NL 181 (Karl Bücher), Otto von Zwiedineck an Bücher, 24. Oktober 1905.

ich sogleich umringt von solchen, die etwas vorsagen wollten, ihre Tafeln, Schreibhefte zeigten. Da dies eigentlich nicht meine Sache ist, ließ ich's ein Weilchen geschehen, dann verwies ich sie an die j. Helferin. An Weihnachten soll ihnen eigentlich nicht beschert werden, sondern nur ein Baum u. kl. Geschenke, die die Kinder sich untereinander machen, bes. für einander gearbeitet haben, Taschentücher [...], Arbeitstaschen etc. Man will damit vermeiden, daß die Kinder nur deshalb in den Hort geschickt werden, um beschenkt zu werden.«[441] Ende Dezember 1894 ergänzt sie: »Nun muß ich Euch noch von meinem Kinderhort erzählen. Die Sache hatte einen ganz anderen Anstrich, als die gewöhnlichen Armenbesserungen. Die Kinder waren wieder eingeladen, um da zu spielen u. Schokolade zu trinken. [...] Ich legte jedem ein Körbchen hin, in das die von anderen Damen mitgebrachten Äpfel u. Gutsle [schwäbischer Name für Gebäck] kamen. Spielsachen, die im Hort bleiben müssen, wurden viele geschenkt. Puppenstuben, Küche etc. Die Kinder waren selig. Ich hatte eine Menge kl. Püppchen gekleidet, die, wie mir schien, vorzugsweise so auf einem Finger herum getragen wurden. Eine Dame hielt eine Ansprache über ›Lasset die Kindlein zu mir kommen‹, durchaus nicht bigott. Es war ein schöner Abend von 4–7 diese glücklichen Gesichter zu sehen. Es muß schon sein, daß manche gewinntüchtige Mutter ärgerlich war, daß ihr Kind nicht mehr Sachen nach Hause brachte. Aber solche müssen eben austreten. Das ist nicht Zweck des Horts.«[442]

Emilie bewegt sich mit ihren Auslassungen zur Arbeit im Mädchenhort im Rahmen des bürgerlichen Wohltätigkeitsdiskurses, der von der Ethik der Selbsthilfe und arbeitsamen Pflichterfüllung durchzogen ist. »Erziehung zur Arbeit« bzw. »Hilfe zur Selbsthilfe« stand auch in Leipzig im Mittelpunkt der bürgerlichen Armenpflege. Umfangreiche Sicherungssysteme, so die Einrichtung einer Arbeitslosenversicherungskasse, wie sie die Sozialdemokraten forderten, standen aus der Sicht der traditionellen kommunalen Sozialfürsorge im Geruch der Förderung der Faulheit. Ihr ehrenamtliches Engagement bildete eine standesgemäße Form der »Sozialarbeit«, die im Kreis der ranggleichen Kollegenfrauen Gelegenheit zur persönlichen Statusverortung bot. Auch wenn Frauenrechtlerinnen wie Henriette Goldschmidt oder Louise Otto-Peters schon in den 1870er Jahren die Einrichtung von städtischen Ehrenämtern für Frauen forderten, die in der öffentlichen Armenpflege tätig

441 Emilie Bücher an ihre Eltern, 5. Dezember 1894. PB Lauth.

442 Emilie Bücher an ihre Eltern, 30. Dezember 1894. PB Lauth. Die Einträge, die bis zum Jahr 1907 reichen, werden in den folgenden Jahren knapper, thematisieren aber immer wieder die mit der Tätigkeit verbundenen Emotionen. Vgl. etwa den Brief vom 7. April 1906 an die Schwester Mathilde: »Gestern war Vati's Geburtstag, ich wohnte im Hort der Entlassung der Confirmandinnen bei, d. h. die 3 noch nicht 15 Jahre alte Mädchen nehmen jede eine Stellung ein, damit Austritt aus Hort u. Schule, das ist immer ein thränenreiches Fest. Es ist noch zu rührend, wann die Kinder, ›Lebt wohl, lebt wohl‹ sagen, da die mit 14 Jahren keine Kinder nunmehr sein dürfen.« PB Lauth.

waren, setzte erst die nachfolgende Frauengeneration die Professionalisierung durch. Eine wichtige Rolle spielte in diesem Umfeld die Kunsthändlerin Edith Mendelssohn-Bartholdy geb. Speyer, die ein Jahr jünger war als Emilies Sohn Friedrich und maßgeblich zur Institutionalisierung dieser um die Jahrhundertwende noch privat getragenen Kinderfürsorge beitrug.[443]

Steht Emilie Bücher mit ihrem Engagement in der Tradition bürgerlicher Wohltätigkeit, so mündet die Tätigkeit des Ehemannes im Verein für Sozialpolitik in eine moderne Sozialpolitik. Bücher hat sich zwischen 1884 und 1911 mit mehreren Studien an den empirischen Erhebungen des Vereins beteiligt. Bei der Wahl der Untersuchungsgegenstände orientiert er sich deutlich an den Themen seiner wissenschaftlichen Studien und verlässt auch hier die mittelständische Gewerbeperspektive nicht. Das erste Gutachten Büchers für den Verein aus dem Jahre 1878 handelt vom gewerblichen Fortbildungswesen, das ihn in den Folgejahren auch immer wieder beschäftigt.[444] Auch zur Agrarfrage nimmt er schon früh, 1884, Stellung, wobei er sich nach Aussagen des Chronisten des Vereins, Franz Boese, »recht radikal« gebärdete.[445] Das Urteil über nachfolgende Vorträge fällt hingegen weit positiver aus. Dem Hauptreferat über die Kartelle, das Bücher 1894 auf der Wiener

443 Schäfer, *Bürgertum* 2003, 103–117. Immerhin wurde in den 1880er Jahren die Armenverwaltung in Leipzig auf eine neue institutionelle Grundlage gestellt und ein Armendirektorium, bestehend aus Ratsmitgliedern, Stadtverordneten und hinzu gewählten Bürgern eingerichtet, das die vorhandenen Armenstiftungen verwaltete und dem Rat der Stadt einen jährlichen Haushaltsplan für das Armenwesen vorlegte. Die praktische Durchführung der Armenpflege lag in den Händen ehrenamtlich tätiger Pfleger, die auf Distriktebene wirkten. Sie hatten die Aufgabe, »durch persönliches Nahetreten [...] Sittlichkeit, Arbeitsamkeit und Wirtschaftlichkeit zu wecken«, um die Unterstützung überflüssig zu machen. Versuche der Professionalisierung der Armenpflege, die Anfang 1900 einsetzten, scheiterten allerdings zunächst am Widerstand der ehrenamtlich tätigen Pfleger, die in Leipzig vorwiegend dem Wirtschaftsbürgertum entstammten, aber auch aus akademischen Kreisen kamen. Brandmann, *Leipzig zwischen Klassenkampf und Sozialreform* 1998, 73–88, insb. 76 (Zitat) u. 84 (zur ehrenamtlichen Mitarbeit von Frauen) u. 102, 295ff. (zur Kinderfürsorge und zur Rolle von Edith Mendelssohn-Bartholdy). Allgemein: Schröder, *Arbeiten für eine bessere Welt* 2001, insb. 123 (H. Goldschmidt) u. 145–151 (zum Kampf um die Beteiligung von Frauen an der öffentlichen Armenpflege in Leipzig).

444 Lindenlaub, *Richtungskämpfe* 1967, 129; Gorges, *Sozialforschung in Deutschland* 1986, 429f. Zu den auf den Tagungen des Vereins gehaltenen Reden Büchers vgl. Boese, *Geschichte des Vereins für Socialpolitik* 1939, 71 (Wien 1894: Kartellbildung), 81 (Köln 1897: Handwerkerfrage), 125 (Magdeburg 1907: Die berufsmäßige Vorbildung der volkswirtschaftlichen Beamten). Zur Einschätzung von Büchers Position im *Verein für Socialpolitik* vgl. Lindenlaub, *Richtungskämpfe* 1967, 37 (Handwerk), 57 (Kartelle), 86ff. (Liberalismus), 197 (Landwirtschaftsfragen), 193 (Arbeiterversicherung).

445 Boese, *Geschichte des Vereins für Socialpolitik* 1939, 51.

Vereinstagung hält, bescheinigt Boese »gewissenhafte Objektivität«.[446] Das Referat über »Die berufsmäßige Vorbildung der volkswirtschaftlichen Beamten« von 1907 atme »echt Bücherschen Geist: es war sehr sachlich, nur gelegentlich mit Humor und ketzerischen Gedanken gewürzt, gewandt in Kürze zusammengedrängt und doch erschöpfend.«[447] 1894 wird Bücher beauftragt, die Vereins-Enquete über die Lage des Handwerks in Deutschland zu erstellen, die zwischen 1894 und 1897 in der Schriftenreihe des Vereins erscheint.[448] Bücher muss sich in der Folge einer scharfen Kritik durch die Interessenvertretungen der Befragten stellen, die ihm eine einseitige Darstellung der Tatsachen vorwerfen, und die Objektivität seines Vorgehens verteidigen.[449] 1905 beschließt der Vereinsausschuss eine Untersuchung über die Arbeitgeberverbände unter seiner Leitung.[450] Rund zehn Jahre nach der Veröffentlichung der Handwerker-Enquete wird ihm der Vorsitz einer Unterkommission zur Untersuchung der Lebensläufe von Arbeitern übertragen, an der unter anderem auch Alfred und Max Weber beteiligt sind. Die Kommission tritt im Juni 1908 in Eisenach zusammen und legt Entwürfe für die Fragebögen vor, die im Hauptausschuss im Herbst diskutiert werden. In der Folge übernimmt eine dreiköpfige Kommission mit Alfred Weber, Heinrich Herkner und Gustav Schmoller die Federführung, da Bücher noch im selben Jahr aus Krankheitsgründen vom Vorsitz zurücktritt.[451] Auch zu einer Mitarbeit an der 1909 von Max Weber initiierten Zeitungs-Enquete kommt es dann nicht mehr. Bücher wird im Sommer 1909 zwar von Weber neben Jastrow, Eberhard Gothein, Heinrich Herkner und Ferdinand Tönnies sowie dem Sekretär der neu gegründeten Deutschen Gesellschaft für Soziologie, Hermann Beck, in das Vorbereitungskomitee gebeten; im Ausschuss der Zeitungs-Enquete des Jahres 1911, als er an einem Darmgeschwür erkrankt, ist

446 Ebd. 71.

447 Ebd. 126.

448 Ebd. 70 u. 81f. Zum Nachweis der Veröffentlichung s. Kutsch, *Schriftenverzeichnis* 2000, 44–49, 51–52.

449 Gorges, *Sozialforschung in Deutschland* 1986, 295–305.

450 Ebd. 455.

451 Boese, *Geschichte des Vereins für Socialpolitik* 1939, 130f. Die Erkrankung Büchers führt Gorges (*Sozialforschung in Deutschland* 1986, 458) als Grund an; vermutlich aber ist der Rücktritt auf die Erkrankung der Ehefrau zurückzuführen, die Anfang 1909 stirbt. Vgl. dazu Kap. *Tod der Ehefrau und die Schaffenskrise*. Zur Zusammenarbeit Büchers mit den Brüdern Weber vgl. auch Demm, Max und Alfred Weber im Verein für Socialpolitik 1988, 126.

er nicht mehr dabei.[452] Eine »Untersuchung über die Wirkung der Getreidezölle«, die Bücher auf der Nürnberger Tagung 1911 vorschlägt, findet nicht die Zustimmung der Kollegen. Eine Mitwirkung an dem von Franz Eulenburg eingereichten Antrag über Preisuntersuchungen, die ihm statt dessen vorgeschlagen wird, lehnt er ab und überlässt das Feld Max Weber, der an seiner Stelle gewählt wird.[453] Damit enden Büchers aktive Jahre im *Verein für Socialpolitik*.

Wirtschaftshistorische Forschungen der Leipziger Jahre

In die Leipziger Zeit fallen die wichtigsten Veröffentlichungen Büchers, *Die Entstehung der Volkswirthschaft*, die 1893 bei Laupp in Tübingen erscheint, sowie *Arbeit & Rhythmus*, eine Schrift über Arbeitsgesänge, die beide in mehreren Auflagen erscheinen und in den Folgejahren immer wieder seine Schaffenskraft herausfordern. Hinzu kommen seine Forschungen zur Frankfurter Stadtgeschichte. »Karl hat noch 8 Tage wie ein Droschkengaul zu schaffen, dann Ferien! Da er aber nicht fort will, so wird der Droschkengaul sich wohl nur in ein Rennpferd verwandeln, denn er will die 2. Auflage von ›Arbeit und Rhythmus‹ fertigstellen und wacker an der Frankfurter Arbeit sein«, rapportiert Emilie im März 1899 nach Lugano an die Eltern.[454] Ein Jahr später, im Frühjahr 1900, sitzt Bücher immer noch »über der unseligen Frankfurter Finanzgeschichte«, wie er dem Freund in Bonn klagt.[455] Diese Studie basiert auf bereits in Basel begonnenen Archivstudien, aus denen 1886 die Publikation über *Die Bevölkerung von Frankfurt am Main vom XVI bis zum XIX Jahrhundert* hervorgegangen war, mit der Bücher die Historische Bevölkerungsstatistik begründete.[456] Seitdem hatte Bücher immer nur wenig Zeit gefunden, die Studien fortzusetzen. Erst im Kriegsjahr 1914 kann er dem Freund Vollzug vermelden. Bei Teubner in Tübingen erscheint die

452 Vgl. den editorischen Bericht zum »Vorbericht über eine vorgeschlagene Erhebung über die Soziologie des Zeitungswesens« in: MWG I/13, hg. von Rainer Lepsius in Zusammenarbeit mit Heide-Marie Lauterer (in Vorbereitung). Die Zeitungs-Enquete selbst wurde nie realisiert. Vgl. ebd. sowie Kutsch, Max Webers Anregung zur empirischen Journalismusforschung 1988, 5–31.

453 Boese, *Geschichte des Vereins für Socialpolitik* 1939, 140.

454 Emilie Bücher am 2. März 1899 an ihre Eltern. PB Lauth.

455 Braubach, Aus Briefen 1965, 387.

456 Ehmer, »Historische Bevölkerungsstatistik« 2007, 17–30, insb. 20–22.

Monographie über *Die Berufe der Stadt Frankfurt a. M. im Mittelalter*, 1914/15 dann die Edition der *Frankfurter Amts- und Zunfturkunden bis zum Jahre 1612*, die er mit Benno Schmidt besorgt.[457] Die Hebung des Archivschatzes hält er damit noch bei weitem nicht für abgeschlossen. Bei der Übersendung eines Exemplars bittet er den Freund darum, »die Historiker auf diese reiche Fundgrube aufmerksam zu machen,« und drückt die Hoffnung aus, dass sich im Umkreis von Schulte vielleicht ein junger Mann fände, »der sich der dankbaren Aufgabe unterziehen will, das mittelalterliche Besoldungswesen der Kirche zu bearbeiten, das hier ganz bei Seite bleiben mußte.«[458] In der Tradition seiner althistorischen Ausbildung stehen die Studien zum *Diokletianischen Preisedikt* (1894/1922) und *Zur griechischen Wirtschaftsgeschichte* (1901/1922), mit denen er sein wirtschaftshistorisches Stufenmodell verteidigt, das auf Kritik der Altertumswissenschaftler gestoßen war.[459] Neu sind dagegen die publizistischen Studien Büchers, mit denen er noch einmal an seine journalistischen Erfahrungen anknüpft. Während der Kriegsjahre kritisiert Bücher in mehreren Aufsätzen die Kriegspropaganda der Presse und wird trotz der nationalistischen Einfärbung, die seine eigenen Beiträge aus heutiger Perspektive durchaus tragen, Zielscheibe einer heftigen chauvinistisch gefärbten Polemik.[460]

Die Entstehung der Volkswirtschaft

Es handelt sich bei Büchers Werk *Die Entstehung der Volkswirthschaft* um eine Sammlung von Aufsätzen, von denen die meisten in der Zeit vor der Berufung nach Leipzig entstanden waren. Dazu zählen u. a. die Karlsruher Antrittsvorlesung, die dem Buch den Titel gibt, und sein Gewerbeartikel. Aufgenommen sind darüber hinaus die Leipziger Antrittsvorlesung zur Typologie der Arbeitsteilung, zum Lehrbuchwissen geriet,[461] sowie Vorträge über die Anfänge des Zeitungswesens, über die soziale Gliederung der Frankfurter Bevölkerung im Mittelalter und über das Städtewachstum allgemein.

457 Braubach, Aus Briefen 1965, 387.

458 Ebd.

459 Zusammengefasst in Bücher, *Beiträge* 1922.

460 Abgedruckt in: Bücher, *Gesammelte Aufsätze zur Zeitungskunde* 1926. Dazu Koszyk, Zeitungskunde 1993, 33ff.

461 Vgl. z. B. Pesch, *Lehrbuch der Nationalökonomie* 1922, 427–431 (Das Büchersche Schema der Arbeitsgliederung). Vgl. auch das Urteil von Schefold, Bücher 1988, 263f.

Dennoch plagen ihn Zweifel. »Ich war vielleicht«, so kommentiert er in einem Brief vom 15. März 1893 an seinen Freund Aloys Schulte das Erscheinen des Buches, »etwas leichtsinnig, als ich die Publikation unternahm. Ich bin jetzt mit manchem, was ich früher geschrieben habe, selbst nicht mehr zufrieden, ohne es doch jetzt durch Besseres ersetzen zu können. Ich fühle es auch, daß man von dem Leipziger Professor Vollkommneres erwartet als von dem Karlsruher oder Basler. Und doch ist diese Veröffentlichung, in der ich zum erstenmal das Gebiet der Sozialforschung verlasse, um mich über allgemeine Fragen der Nationalökonomie auszusprechen, für meine wissenschaftliche Stellung und hiesige Wirksamkeit von der größten Bedeutung. Ich bin auch überzeugt, daß ich auf dem rechten Wege bin, ich habe das meiste zehnmal erwogen, ehe ich es niederschrieb. Und doch fürchte ich, dieses oder jenes übersehen oder nicht knapp und klar genug ausgedrückt zu haben. Nun das sind so Autorenschmerzen, die vorübergehen.«[462]

Dass gerade dieses Werk die erste fachwissenschaftliche Kontroverse auslösen sollte, die auf einem Historikertag ausgetragen wurde, ahnt Bücher zu diesem Zeitpunkt nicht. Fachkollegen wie Gustav Schmoller, Julius Pierstorff, Stephan Bauer liefern positive Besprechungen, wenngleich sie auch Kritik äußern und die mangelnde Würdigung von Büchers Vorläufern monieren.[463] Auch bringt die Studie dem Verfasser internationale Reputation ein. Im *Economic Journal*, das von dem britischen Ökonomen Alfred Marshall (1842–1924) begründet worden war, erscheint 1898 ein ausführlicher

462 Zitiert nach Braubach, Aus Briefen 1965, 384.

463 Vor allem Gustav Schmoller fühlt sich von Bücher unzureichend gewürdigt, wie er in seiner Besprechung im *Jahrbuch für Gesetzgebung, Verwaltung und Volkswirtschaft im Deutschen Reich* (17/3, 1893, 301–306) schreibt, und nutzt die Gelegenheit, seine Vorläuferschaft bei der Entwicklung von Stufenmodellen herauszustreichen. Ausführlich geht er auch auf Büchers Kritik an seiner Begründung der Arbeitsteilung ein. Auch Julius Pierstorff moniert, dass Bücher der »Originalität und den Verdiensten der übrigen Vertreter der historischen Richtung, insbesondere denen Schmollers und seiner Schule, zuwenig Rechnung« trage, meint aber, dass Bücher »die inneren Merkmale der Strukturverhältnisse« besser und »glücklicher« als »Kriterium der Entwicklungsepochen zur Geltung gebracht« habe als seine Vorgänger (*Jahrbücher für Nationalökonomie und Statistik*, 3. Folge, 6, 1893, 124–132). Besonderes Lob finden von seiner Seite die Artikel über die gewerblichen Betriebssysteme und über die Arbeitsteilung. Bereits auf den nachfolgenden Streit mit Eduard Meyer geht Stephan Bauer in seiner Rezension ein, die in der *Zeitschrift für Sozial- und Wirtschaftsgeschichte* (4, 1896, 146–152) erscheint. Bauer sieht den Fortschritt für die Sozialwissenschaft durch Büchers Werk darin, dass hier erstmals »durch die Betonung des Gesetzes der Wirthschaftlichkeit, in dem Vorherrschen, dem Kommen und Gehen der Betriebsformen eine biologische Gesetzmäßigkeit in der Wirtschaftsentwicklung festgestellt« worden sei (152).

Bericht über die Politische Ökonomie an deutschen Universitäten, in dem ausführlich auf Büchers Werk eingegangen wird.[464] Der Finanzwissenschaftler Edwin R. Seligman (1861–1939), der die Historische Schule der Nationalökonomie von eigenen Studienaufenthalten in Deutschland kannte und seit 1891 an der *School of Political Science* der Columbia-Universität lehrte, bittet ihn nach der Lektüre der *Entstehung der Volkswirtschaft* um einen Artikel zur Wirtschaftsgeschichte für die Zeitschrift *Political Science Quarterly*.[465] In der von Emile Durkheim herausgegebenen *L'Année sociologique* werden die Neuauflagen des Werkes stets vermerkt und Maurice Simiand schreibt 1898 eine ausführliche Rezension zur zweiten Auflage.[466] Im selben Jahr wird Bücher Mitglied des *Institut International de Sociologie*.[467] 1901 erscheint eine französische Übersetzung der dritten Auflage unter dem Titel *Études d'histoire et d'économie politique*.[468] Förderer des Projekts ist der belgische Mediävist Henri Pirenne (1862–1935), der auch das Vorwort schreibt. Pirenne, der engen Kontakt zu Büchers Kollegen Lamprecht hält und 1909 die Ehrendoktorwürde der Universität Leipzig verliehen bekommt, würdigt Bücher als denjenigen, der die kritische Methode in die Wirtschaftsgeschichte eingeführt habe.[469] Ein kanadischer Schüler Büchers, S. Morley Wickett aus Toronto, besorgt zur gleichen Zeit eine Übersetzung ins Englische, die 1901 unter dem Titel *Industrial Evolution* erscheint.[470] (Teil-)Übersetzungen ins Russische und Italienische (1906) folgen.[471] Bis 1926 werden siebzehn Auflagen mit insgesamt 30 000 Exemplaren gedruckt.[472] Von einer solchen Resonanz können heutige Fachwissenschaftler nur träumen.

464 Der Verfasser ist Büchers Schüler Morley S. Wickett, Political Economy at German Universities, in: *The Economic Journal* 8/29, 1898, 146–150.

465 UBL, Sondersammlung NL 181 (Karl Bücher), Seligman an Bücher, 23. Juni 1897.

466 *L'Année sociologique* 2, 1897/98, 440–448.

467 UBL, Sondersammlung, NL 181 (Karl Bücher), René Worms an Bücher, Paris le 31 Dec. 1898.

468 *Études d'histoire et d'économie politique*. Traduites par Alfred Hansay avec un préface de Henri Pirenne, Brüssel – Paris 1901.

469 Pirenne, Préface 1901, VIII. Zu Pirennes Freundschaft mit Lamprecht vgl. Schöttler, Henri Pirenne 1998, 876.

470 Den Titel *Industrial Evolution* wählt er, weil mit dem Begriff »political economy« nur die Wissenschaft (science), nicht die Realwirtschaft gemeint sei. Weitere Übersetzungsprobleme beziehen sich auf die Begriffe »Wirtschaft«, »Volkswirtschaft« sowie »Preiswerk«. UBL, Sondersammlung NL 181 (Karl Bücher). Morley Wickett an Bücher, 11. September 1896, 2. März 1898, 26. März 1898, 23. November 1898. Vgl. auch Kap. *Der Professor und seine Schüler.*

471 *Storia economica*, ed. G. Luzzatto, Turin 1936, 3–101.

472 Aufgeführt in: Kutsch, *Schriftenverzeichnis* 2000, 42–43.

Arbeit & Rhythmus und das Arbeitsethos des Gelehrten

Noch mehr Aufmerksamkeit als *Die Entstehung der Volkswirtschaft* hat Büchers Studie über *Arbeit & Rhythmus* (im Folgenden A & R) gefunden, die 1896 in der Schriftenreihe der Sächsischen Akademie der Wissenschaften veröffentlicht wird, deren Mitglied Bücher 1894 geworden war.[473] Auch sie basiert auf Vorarbeiten aus der Zeit vor Antritt der Leipziger Professur. Bücher verbindet in dieser Studie sein althistorisches Fachwissen mit den neu erworbenen nationalökonomischen und ethnographischen Kenntnissen zu einer kulturwissenschaftlichen Synthese, die ihm über sein Fach hinaus breite Resonanz verschaffen sollte.[474] Als 1899 die zweite Auflage von *Arbeit & Rhythmus*, erscheint, schreibt Adolph Wagner dem jüngeren Kollegen, er »habe schon seit längerem gesagt, auch im Hörsaal mal ähnlich; der Karl Bücher wird in 10, 15 Jahren den ersten Namen in der wissenschaftlichen Nationalökonomie in Deutschland haben. Aber das ist irrig, er hat ihn ja viel früher und verdient ihn auch ehrlich.«[475] Wagner sollte Recht behalten. Wer unter Nationalökonomen in der Folge Bücher würdigt, erinnert sich in erster Linie dieser Studie über Arbeitsgesänge.[476] Sechs Auflagen hat die Studie

473 Zu Büchers Mitgliedschaft in der Akademie, die 1896 insgesamt 75 Mitglieder hatte, vgl. Krause, *Alma mater Lipsiensis* 2003, 515; Haase, Schutzverein 2001/02, 162.

474 Rezipiert wurde sie in der Volkskunde, in der Ethnographie, in der Soziologie und neuerdings auch in der Kunst- und Musikwissenschaft. Vgl. u. a. Buchheim, *Volksliedhaftes unter Büchers deutschen Arbeitsliedern* 1926; Meyer-Kalkus, Arbeit, Tanz, Rhythmus – Überlegungen im Anschluß an Karl Bücher 2004, 65–70; Spittler, *Founders of the Anthropology of Work* 2008, 81–87 u. 223ff.

475 Wagner, *Briefe* 1978, 345 (Brief vom 2. Juli 1899 an Karl Bücher).

476 Dieser Studie über Arbeitsgesänge sind in dem von Jürgen Backhaus herausgegebenen Tagungsband zu Karl Bücher von 2000 allein vier Studien gewidmet: Peter Senn, Music and Economics: Reflections Inspired by Karl Bücher (73–112); Michael Hudson, Music as Analogy for Economic Order in Classical Antiquity (113–136); Karl-Heinz Schmidt, Innovations and Vocational Training – Karl Bücher's Views and Actual Perspectives (137–154); Shigenri Kanamori, Karl Bücher and Japanese Labour Songs (155–162). Zur Wertschätzung zu Lebzeiten Büchers vgl. Troeltsch, Bücher 1917, 6: »Dieses Werk ist ein ebenso bedeutender Beitrag zur Geschichte der menschlichen Arbeit bis zum Maschinen- und Fabrikwesen, wie es auf ihre Entstehung der Künste ganz neue und fruchtbare Ausblicke gewährt.« Ähnlich Goetz, Nachruf 1932, 8 sowie Schefold, Bücher 1988, 264. Auch Webers Biograph Radkau erwähnt sie lobend und verweist auf die Wertschätzung von Seiten Webers. Radkau, *Max Weber* 2005, 243 u. 341. Zur Wirkungsgeschichte der Studie vor allem in der Wirtschaftsanthropologie vgl. Spittler, *Founders* 2008, 81–87 u. 223ff. Auch in den Literatur- und Kulturwissenschaften ist die Studie neu entdeckt. Vgl. Baxmann, *Arbeit und Rhythmus* 2009.

bis 1924 erfahren.[477] Mehrfach wird um Übersetzungsrechte ins Englische, Französische und Russische angefragt, aber nur eine russische Übersetzung kommt zustande.[478] Im Bücherschrank der Enkelin befindet sich das Handexemplar der letzten Auflage von 1924, in das sorgsam die Rezensionen zur ersten und zweiten Auflage eingetragen sind.[479]

Diese Studie, die von Auflage zu Auflage an Umfang zunimmt, geht auf die Sammlung von Arbeitsliedern Westerwälder Schnitter und Schnitterinnen zurück, die in seiner Kindheit auf den Feldern der Kirberger Bauern arbeiteten. Zusammengetragen sind in ihr Arbeitslieder aus allen Epochen und Teilen der Welt, wobei ihm auch hier seine althistorischen Kenntnisse dienlich sind. Zu den wenigen Abbildungen, die der Studie beigefügt sind, gehört eine Terrakottafigur aus dem antiken Böotien. Sie stellt einen Flötenspieler mit vier Frauen am Brottrog dar und führt auf diese Weise den evo-

477 Kutsch, *Schriftenverzeichnis* 2000, 49.

478 Vgl. den Briefwechsel mit Helen Forster zwischen Juni 1910 und August 1911 (UBL, Sondersammlung, NL 181 Karl Bücher). Helen Forster schreibt, dass eine Schülerin Friedrich Ratzels, Ellen Semple, sie auf die Studie aufmerksam gemacht habe. Sie selbst habe in Berlin und an der Columbia University in New York studiert und den Master of Arts erworben. Nach Zusendung einer Übersetzungsprobe erhält sie im August 1911 von Bücher den Auftrag zur Übersetzung ins Englische. Allerdings zeigt sie sich verwundert über die Aufforderung, eine Übersetzungsprobe zu schicken. Bücher hatte sich für dieses Verfahren vermutlich deshalb entschieden, weil er zwischen zwei Übersetzungsangeboten wählen konnte. Denn gleichzeitig lag eine Anfrage von G. Ainslie Hight um die Übersetzungsrechte ins Englische vor. Vgl. die Briefe vom 19. Mai 1911, 16. Juni 1911 u. 22. Juli 1911. Bereits 1907 hatte der Kollege Charles Gide im Namen der Bibliothèque Sociologique Internationale um die Übersetzungsrechte ins Französische angefragt (Briefe vom 31. November u. 30. Dezember 1907). Realisiert wurde nur eine Übersetzung ins Russische (*Rabota i ritm*, 1899 u. 1923).

479 Insgesamt 18 Rezensionen sind aufgeführt, davon auch mehrere Besprechungen in Tageszeitungen, die zur Verbreitung des Werkes außerhalb der akademischen Welt beitrugen (*Frankfurter Zeitung* Nr. 55, 1897; Beilage zur Allgemeinen Zeitung Nr. 53, 1897, National-Zeitung Nr. 597 u. 599, 1897). Friedrich Paulsen schreibt eine Rezension für die *Preußischen Jahrbücher* (89, 1897, 139–142); die Rezension im *Jahrbuch für Gesetzgebung, Verwaltung und Volkswirtschaft* (21, 1897, 323–324) stammt von Gustav Schmoller. In der *Deutschen Literaturzeitung* (8, 1897, Nr. 31, Sp. 1227–1232) wird das Buch von seinem späteren Schüler Franz Eulenburg besprochen. Weitere Rezensionen stammen von Alfred Vierkandt (*Zeitschrift für Socialwissenschaft* 1, 1898, 75–77), Paul Barth (*Archiv für soziale Gesetzgebung und Statistik* 10, 1897, 321–324) und Ernst Grosse (*Zeitschrift für Socialwissenschaft* 3, 1900, 310–313), die zu den ersten Ethnologen zählen (Spittler, *Founders* 2008, 161–169). Auch im Ausland wird das Buch beachtet; so verfasst Edwin R. A. Seligman eine Rezension für die Zeitschrift *Political Science Quarterly* 13, 1898, 166 ff. Vgl. daneben: *Blätter für Haus- und Kirchenmusik* 2, 1898; *Literarisches Centralblatt* 15, 1897, 495 (A[rmin] T[ille].

zierten Zusammenhang von Musik und Arbeit plastisch vor Augen.[480] An die Sammlung schließen sich theoretische Überlegungen zum Rhythmus als ökonomischem Entwicklungsprinzip an. Büchers These ist, dass die Arbeitslieder der rhythmischen Gestaltung der Arbeit und darüber der Regulierung eines sparsamen Kräfteverbrauchs dienten (A & R 358). Arbeit ist bei ihm vor allem kollektive Arbeit; der Gesang dient der Koordination der Kooperation (A & R 374). Daneben betont er ihre ästhetischen und sinnlichen Qualitäten, denn der »Rhythmus erweckt Lustgefühle; er ist darum nicht bloß eine Erleichterung der Arbeit, sondern auch eine der Quellen des ästhetischen Gefallens und dasjenige Element der Kunst, für das allen Menschen ohne Unterschied der Gesittung eine Empfindung innewohnt« (A & R 358/9). Als einen wichtigen Beitrag zur Psychologie der Arbeit, aber auch zu den Ursprüngen der Poesie preisen seine Rezensenten die Studie.[481]

Ebenso wie in seiner Untersuchung über *Die Entstehung der Volkswirtschaft* operiert Bücher mit einem evolutionstheoretischen Konzept, das u. a. in der Gleichsetzung des Entwicklungstandes der Naturvölker mit dem von Kindern zum Ausdruck kommt, flicht aber immer wieder auch kulturkritische Bemerkungen ein. So meint er in den Arbeitsgesängen »den Niederschlag des ältesten und ursprünglichsten poetischen Schaffens der Völker« zu erkennen, als »ein grosser Theil der produktiven Arbeit den Frauen« oblag (A & R 339). Während er in der Verlagerung der produktiven Arbeit von den Frauen auf die Männer einen Kulturfortschritt sieht, heben sich die Arbeitslieder, so etwa die Reime eines finnischen Bauernmädchens, in seinen Augen positiv von der »bleichsüchtigen Damenpoesie unserer Kulturvölker« ab (A & R 255).[482] Dass die Erfindung der Arbeitsgesänge den Frauen gebührt und damit die Entwicklung der Poesie als weibliche Kulturleistung zu bewerten ist, führt Bücher auf zwei Merkmale zurück, auf den geselligen und auf den monotonen Charakter weiblicher Arbeit. In das Arbeitsgebiet der Frau fielen »von vornherein verschiedene sehr langwierige und mühselige Arbeitsprocesse, wie das Stampfen und Mahlen des Getreides, das Backen des Brotes, das Zubereiten von Speisen und Getränken, die Töpferei, die Verarbeitung der Spinnstoffe.« »Ein großer Theil dieser Thätigkeiten erfordert«, so Bücher, »schon aus technischen Gründen rhythmische Gestaltung, während das Arbeitsgebiet, auf dem der einzelne Mann wirkt, dazu viel weniger Gelegenheit

480 Wiederabgebildet in: Späth/Wagner-Hasel, *Frauenwelten in der Antike* 2000/2006, 344, Q 121.

481 Vgl. u. a. Paulsen, 1897, 139; Barth, 1897, 321; Eulenburg 1897, 1227.

482 Zitiert wird hier nach der 2. stark vermehrten Auflage von 1899.

bietet. Dazu kommt, daß auf früher Entwicklungsstufe die Frauen gesellig bei den Hütten oder in den Feldern arbeiten, während der Mann einsam im Walde das Wild beschleicht. Daraus lässt sich ganz allgemein schliessen, dass die Frau früh in viel umfassenderem Masse auch liederschaffend thätig geworden sein muss als der Mann« (A & R 340). Belegen kann Bücher diese These mit seinem Material nicht. Deshalb endet er mit dem Appell: »Nicht auf den steilen Höhen der Gesellschaft ist der Dichtung Quell entsprungen, sondern aus den Tiefen der reinen und starken Volksseele ist er hervorgequollen. Frauen haben über ihm gewaltet, und wie die Kulturmenschheit ihrer Arbeit viel des Besten verdankt, was sie besitzt, so ist auch ihr Denken und Dichten eingewoben in den geistigen Schatz, der von Geschlecht zu Geschlecht überliefert wird. Es wäre eine lohnende Aufgabe, die Spuren der Frauendichtung weiter zu verfolgen in dem geistigen Leben der Völker« (A & R 355/6). Dieser Aufgabe sollte sich von Seiten der Altertumswissenschaft der Altphilologe George D. Thomson stellen. Sein Versuch der Ableitung der Ursprünge der altgriechischen Dichtung aus Arbeitsliedern aus dem Jahre 1949 fußt in weiten Teilen auf Büchers Überlegungen.[483] Während Thomson in der Bewegung der Körper im Tanz eine Vermittlungsinstanz zwischen einer ursprünglichen Rhythmisierung von kollektiver Arbeit und der Entstehung der Poesie sah, richtet sich heute das Augenmerk der Forschung weniger auf den menschlichen Körper als auf das von ihm benutzte Werkzeug und hergestellte Produkt. Gerade der Zusammenhang von Weben und Singen bzw. Geweben und poetischen Werken, der in der altgriechischen Dichtung deutlich zu Tage tritt, gewinnt vor dem Hintergrund neuer Forschungen zur antiken Musterweberei einen durchaus arbeitstechnischen Sinn. Denn die literarischen Texte sind in ihrer Anlage teilweise Geweben nachgebildet,[484] so dass sich auch im Versmaß eine Information über die zu webenden Muster erhalten haben kann.

483 Thomson, *Prehistoric Aegean*, [4]1978, 445 ff., dt.: *Frühgeschichte Griechenlands und der Ägäis* 1974, insb. 371–390. Die kritischen Rezensenten von Thomson, die den von ihm vertretenen orthodox-marxistischen Standpunkt strikt ablehnen, zollen ihm gerade für diese Seite der Studie Respekt. So etwa Franz Hampl, *Gnomon* 34, 1962, 215. Zur kritischen Einschätzung der Studie von Thomson vgl. Wagner-Hasel, Rationalitätskritik 1992, 320–322.

484 Einen solchen Zusammenhang zwischen dichterischer Komposition und Geweben hat für das Epos Papadopoulou Belmehdi, *Le chant* 1998 aufgezeigt. Zu den Bezügen zwischen der Erstellung einer Gewebeanfangskante und der Dichtung vgl. Nagy, *Plato* 2003. Zur Webmetaphorik allgemein vgl. Wagner-Hasel, Textus 2005. Harlizius-Klück, *Weberei als episteme* 2004.

Dass die Studie, die Bücher seiner Frau widmet, seine Zeitgenossen so sehr überzeugte, liegt nicht nur an der Einzigartigkeit des Materials, das Bücher zusammengetragen hat. Seine Rezensenten aus der Philosophie und Literaturwissenschaft streichen vor allem die neue Fragestellung und die ungewöhnlichen Verbindungslinien heraus, die Bücher zwischen Poesie, Arbeit und Spiel zieht, und stellen sie in die Tradition von Herders Theorie über den Ursprung der Sprache.[485] In der Betonung der lustvollen Seite der Arbeit lag für Büchers Kollegen aus der Historischen Schule der Nationalökonomie ein Ansatzpunkt, die Vorstellungen von der Ursprünglichkeit des egoistischen Erwerbstriebs als Motor wirtschaftlichen Handelns in Frage zu stellen, denen die Neoklassiker anhingen.[486] In der Ethnologie sollte gerade dieser Aspekt der Arbeitslust breite Resonanz finden. So hat sich Bronislaw Malinowski bei seinen Untersuchungen über den Feldbau bei den Bewohnern der Trobriand-Inseln aus den 1930er Jahren von Büchers Einsichten anregen lassen und sein Augenmerk auf rituelle Aspekte von Arbeitsvorgängen gerichtet.[487] Vor allem aber bediente Büchers Studie mit dem Versuch der wissenschaftlichen Herleitung der Musik und ihrer psychologisch-ästhetischen Sicht auf die Arbeit kulturkritische Strömungen der damaligen Zeit. »Darin ist das Leben des Einzelnen ärmer, nüchterner geworden«, resümiert Bücher am Ende des Werkes im Hinblick auf den Wandel der Arbeit durch den Einsatz von Maschinen, »die Arbeit ist ihm nicht mehr Musik und Poesie zugleich; die Produktion für den Markt bringt ihm nicht mehr persönliche Ehre und Ruhm, wie die Produktion für den eignen Gebrauch […]. Die beruflich ausgestaltete Thätigkeit ist nicht heitres Spiel und froher Genuss,

485 *Literarisches Centralblatt* 15, 1897, Sp. 495: »Die Eigenthümlichkeit dieser Arbeit liegt in der Verbindung zweier Gebiete, die weit voneinander zu liegen scheinen, der Physiologie der Arbeit und der urältesten Literaturgeschichte. Auf beiden bringt sie viel Wichtiges und Neues, und so ist es kaum überraschend, daß auch das Ergebnis der Vereinigung beider Felder eine Entdeckung oder Theorie ist, die man getrost neben Herder's Theorie über den Ursprung der Sprache stellen kann.« Vgl. dazu Meyer-Kalkus, Arbeit, Tanz und Rhythmus 2004, 67.

486 Vgl. Barth, 1897, 321 u. 322: »Der primitive Mensch ist anerkanntermaßen der Arbeit abgeneigt, insofern sie dauernde Willensrichtung auf ein Ziel bedeutet. Wie ist aber aus dieser Faulheit der Fleiß des Kulturmenschen entstanden? […] Eine […] Antwort giebt uns der Umstand, daß die primitive Arbeit Bedarfsarbeit, keine Erwerbsarbeit ist, Arbeit, auf die nicht bloß der Besitz, sondern auch der Genuß folgt. Darum wird sie weniger als Last empfunden. Denn die Arbeit ist überhaupt dem Wilden, wie dem Kinde, gleichbedeutend mit Spiel.«

487 Malinowski, *Coral Gardens and Their Magic* 1935 (dt.: *Korallengärten und ihre Magie* 1981). Den Einfluss Büchers streichen heraus: Firth, The Place of Malinowski 1963, 210; Spittler, *Founders* 2008, 223–242.

sondern ernste Pflicht und oft schmerzliche Entsagung« (A & R 382/3). Gerade mit dieser Klage über die Minderung der Arbeitslust durch die moderne Mechanisierung und der Unterwerfung des Menschen unter den Rhythmus der Maschine traf Bücher den Nerv der Zeit. Max Webers Aussage über die Entzauberung der Welt durch das stahlharte Gehäuse der Disziplinierung und Maschinisierung gehört dazu.[488] Die Lebensreformer der Zwanziger Jahre bedienten sich hingegen Büchers Einsichten, um dem rhythmischen Prinzip auch unter den Bedingungen der Industriearbeit Geltung zu verschaffen und den postulierten Gegensatz zwischen dem menschlichen Rhythmus und dem Takt der Maschine aufzuheben.[489]

Wenngleich viele Ergebnisse Büchers heute keinen Bestand mehr haben, so hat er mit ihnen doch die Forschung inspiriert. Bücher habe erstmals, so Gerd Spittler in seiner Studie *Founders of the Anthropology of Work*, die Arbeit »primitiver Völker« als Forschungsgegenstand ernst genommen. Da Bücher nicht nur die produktive Tätigkeit des Bauern oder Handwerkers, sondern auch die Verarbeitung der Produkte und ihre Aufbereitung zur Konsumtion durch die Frauen als produktive Arbeit anerkannt habe, gilt er für Spittler als Feminist *avant la lettre*.[490] Andererseits entspricht Büchers Vorstellung von der sukzessiven Befreiung der Frauen von der produktiven Arbeit der Weltsicht seiner bürgerlichen Standesgenossen, die in der ›Befreiung‹ der Frau von der Last der Produktion einen Kulturfortschritt sahen. Gleichzeitig bediente er mit der Würdigung weiblicher Kulturleistungen am Anfang der Geschichte das zeitgenössische Selbstverständnis der Kultur schaffenden Frau, wie es etwa Marie von Bunsen in ihrer Studie über *Die Frau und die Geselligkeit* von 1909 (1916) propagierte. In den Literatur- und Kulturwissenschaften, in denen dem verborgenen Wissen des Körpers und dem Sinneswissen nachgespürt wird, finden gerade die kulturkritischen Aspekte in Büchers Studie besondere Aufmerksamkeit.[491]

488 Vgl. dazu Radkau, *Max Weber* 2005, 243 u. 341. Auf die Verlustseite der Entwicklung verweisen viele Rezensenten. Eulenburg 1897, 1231; Barth 1897, 324; Paulsen 1897, 140f.

489 Baxmann, *Arbeit und Rhythmus* 2009, 25 im Verweis auf Fritz Giese, *Psychologie der Arbeitshand*, Berlin – Wien 1928.

490 Spittler, *Founders* 2008, 85. Allerdings entsprach dies der Wahrnehmung auch anderer Zeitgenossen Büchers. Vgl. etwa von Dargun, *Soziologische Studien* 1885, der auch die Hausarbeit seiner Zeit zur produktiven Arbeit zählt und die weiblichen Arbeitsleistungen in den Kontext der Gabentauschökonomie stellt.

491 Baxmann, *Arbeit und Rhythmus* 2009, 16; Göschel, ›Drei Finger schreiben, der ganze Körper leidet‹ 2009, 87–96.

Gelesen werden kann die Studie auch als Credo über das Arbeitsethos des Gelehrten. Wenn Emilie Bücher ihrer Schwester klagt, Karl könne nicht genießen,[492] so charakterisiert diese Aussage gewiss den rastlosen Gelehrten, dem die Unterbrechung der Arbeit stets eine Unannehmlichkeit bedeutet; sie verkennt aber, dass für die psychische Konstitution der wissenschaftlichen Persona im 19. Jahrhundert, der Wissenschaft nicht mehr nur Beruf, sondern Berufung ist, Genuss und Arbeit unabdingbar zusammenhängen.[493] »Die Arbeit des Wissenschaftlers war anspruchsvoll, frustrierend, peinlich genau, scheinbar ohne Ende – und war dennoch fast allen Aussagen zufolge eine Quelle großer Befriedigung«, urteilt Daston im Hinblick auf Charles Darwin und auf den Chemiker Ferdinand Cohen.[494] Dieses Urteil lässt sich auch auf das Schaffen Karl Büchers übertragen, der sich über den Mangel an »persönlicher Ehre und Ruhm« nicht beklagen kann, den er dem Arbeiter in der mit Maschinen bestückten Fabrik bescheinigt. Bringt gerade dieses Werk über den Zusammenhang von *Arbeit & Rhythmus* ihm eine über Fachkreise hinausreichende Berühmtheit ein, so sollte er mit der *Entstehung der Volkswirtschaft* auch die Kehrseite, die öffentliche Kritik an seiner Arbeit, kennen lernen.

Historikertag in Leipzig: Streit um die Priorität der Stufenmodelle

Im Jahre 1894, zwei Jahre nach Büchers Umzug nach Leipzig, findet vom 29. März bis zum 1. April 1894 in der Messestadt die zweite Versammlung deutscher Historiker statt. Rund 340 Teilnehmer zählte die Tagung, auch ausländische Gäste, so der belgische Mediävist Henri Pirenne (1862–1935), reisen an, der die französische Übersetzung von Büchers *Entstehung der Volkswirtschaft* besorgen wird. Die Gründung des Standesverbandes stellte eine Reaktion auf die preußischen Lehrpläne für höhere Schulen von 1892 dar, die den gegenwartsnahen Perioden gegenüber den alten Epochen den Vorrang gaben. Auf der Berliner Schulkonferenz von 1890 hatte der Kaiser in seiner Eröffnungsansprache darüber geklagt, dass junge Römer und Grie-

492 Emilie Bücher am 12. April 1901 an ihre Schwester Mathilde. PB Lauth.
493 Daston, Wissenschaftliche Persona 2003, 122.
494 Ebd. 123.

chen, aber nicht Deutsche erzogen würden.[495] Auf der Leipziger Versammlung, mit deren Organisation Lamprecht beauftragt war, entbrennt eine heftige Diskussion um den Stellenwert der humanistischen Bildung gegenüber der »naturwissenschaftlich-empirischen Weltanschauung.« Oskar Jäger, Gymnasiallehrer in Köln, hält eine flammende Rede zur Verteidigung des »ethischen Nährwerts des vorchristlichen Gedankenguts«.[496] Gleichzeitig belegt der Historikertag von 1894 die Kooperation der Historiker mit den in dieser Rede bekämpften Nachbarwissenschaften. So hatte sich Lamprecht auf der ersten Versammlung in München im Jahr zuvor die Vollmacht erbeten, neben Fachkollegen auch Vertreter benachbarter Disziplinen, eben der Nationalökonomie, einzuladen. Für das Hauptreferat des Leipziger Historikertages gewann er Büchers Kollegen Gustav Schmoller, der über ein historisches Thema, über den deutschen Beamtenstaat vom 16. bis zum 18. Jahrhundert, sprach.

In der *Illustrirten Zeitung* erscheint just zu diesem Ereignis eine Porträtsammlung von bekannten Nationalökonomen.[497] Karl Bücher ist unter ihnen, sehr zur Freude seiner Ehefrau, die ihrem Vater stolz berichtet: »Eine große Ehre; er ist ja der jüngste in diesem Kreis, viele sind weggelassen.«[498] Nicht aufgenommen ist zum Beispiel der 17 Jahre jüngere Max Weber (1864–1920), dessen Auftreten im Zusammenhang eines Historikertages heute niemanden verwundern würde – gilt er doch mit seinem Werk für viele Historiker als wissenschaftliche Autorität schlechthin für jedwede theoriegeleitete Auseinandersetzung mit historischen Stoffen. Zum Zeitpunkt des Leipziger Historikertages aber steht er erst am Anfang seiner Karriere und kann noch keinerlei öffentliche Aufmerksamkeit auf sich ziehen. Repräsentiert ist stattdessen die Generation von Nationalökonomen, die vorwiegend der Historischen Schule der Nationalökonomie angehören: Büchers Vorgänger Wilhelm Roscher, der Begründer der Historischen Schule, sein Kollege Adolph Wagner aus Berlin, und Albert Schäffle, sein geschätzter

495 Zur Gründungsgeschichte und zur Leipziger Tagung vgl. Schumann, *Die deutschen Historikertage* 1974, 18–20, 36–54. Zum Institutionalisierungsprozess vgl. Ritter, Die deutschen Historikertage 1953, 513–521; Schulze, Von München über Leipzig nach Berlin? 1994, 551ff.; Middell, Die ersten Historikertage in Deutschland 1996, 21–43. Speziell zur Rolle Lamprechts vgl. Chickering, *Lamprecht* 1993, 166ff.

496 Vgl. Hübinger, Historikertage und Soziologentage vor dem Ersten Weltkrieg 1996, 39–40.

497 *Illustrirte Zeitung*, Nr. 2649, Bd. 102, 7. April 1894, S. 358.

498 So die Formulierung von Emilie Bücher in einem Nachtrag zu einem Geburtstagsbrief an ihren Vater, 6. April 1894. PB Lauth.

26. Porträts bekannter Nationalökonomen

Lehrer und Mentor. An einem der Abende ist der Referent Schmoller im Hause Bücher eingeladen. Gäste sind daneben Büchers späterer Kollege Wilhelm Stieda und der Freund aus Karlsruher Tagen, Aloys Schulte.[499] Für die Hausfrau geht der Abend mit den Kollegen des Ehemannes nicht ohne Aufregung vorüber, zum einen wegen des »berüchtigten Gourmand« Stieda, so sei »das Essen [...] vor lauter Ausdenken etwas trocken geworden«, und wegen eines Konflikts zwischen Schmoller und ihrem Mann, der nun aber begraben scheint. Denn sie stellt im Brief an den Vater zufrieden fest: »Es war ein recht hübscher Abend, ich die einzige Dame. Schmoller hat mich sehr interessiert, ich bin gar zu froh, daß zwischen Karl u. diesem jetzt ein gutes Verhältnis besteht.«[500] Mit dem wiederhergestellten guten Verhältnis bezieht sie sich vermutlich auf die Beilegung des Konflikts um die Urheberschaft des wirtschaftshistorischen Stufenmodells von der geschlossenen Hauswirtschaft zur Stadt- und Volkswirtschaft, der durch das nur ein Jahr zuvor erschienene Werk Büchers über *Die Entstehung der Volkswirtschaft* ausgelöst worden war.[501] Denn Schmoller nahm in seiner Rezension im *Jahrbuch für Gesetzgebung, Verwaltung und Volkswirtschaft im Deutschen Reich* für sich die Urheberschaft für das Konzept der Stadtwirtschaft in Anspruch, bemerkte aber in seiner Antwort auf die öffentliche Erwiderung Büchers, man habe sich über die Differenzen seither »privatim freundschaftlich ausgesprochen«.[502]

499 »Bei uns ging u. geht es noch lebhaft zu [...]. Wir hatten nämlich Besuch von Prof. Schulte, der zur Historikerversammlung hier war. [...] Donnerstag Abends lud Karl [...] noch seine Herrlichkeit Prof. Schmoller aus Berlin, Prof. Löschke, ein alter Dorpater, Prof. W. Stieda aus Rostock ein.« Ebd.

500 Ebd.

501 Bücher, *Die Entstehung der Volkswirtschaft* 1893, 3–78.

502 Daneben ging es auch um jeweils unterschiedliche Auffassungen über den Ursprung der gesellschaftlichen Arbeitsteilung. Während Bücher die Arbeitsteilung mit der Besitzbildung in Zusammenhang brachte, ging Schmoller von einem biologischen Ursprung aus. Gustav Schmoller, Rezension K. Bücher, *Die Entstehung der Volkswirtschaft*, in: *Jahrbuch für Gesetzgebung, Verwaltung und Volkswirtschaft im Deutschen Reich* 17, 1893, 1259–1264; Karl Bücher, Erwiderung, in: ebd. 18, 1894, 318–319; Gustav Schmoller, Antwort, ebd. 319–320. Bücher geht in seiner Antwort nur auf die Prioritätsfrage ein und argumentiert, dass er bereits drei Jahre vor Schmoller mit dem Konzept der Stadtwirtschaft gearbeitet habe. Der Konflikt über die Arbeitsteilung wird in seiner Antwort ausgespart. Möglicherweise war der Meinungsstreit und auch die Art der Konfliktlösung, die Veröffentlichung von Antwort und Gegenantwort, beim Abendessen ausgehandelt worden. Jedenfalls schreibt Schmoller in seiner abschließenden Bemerkung auf Büchers Antwort, dass es nicht notwendig sei, auf die strittige Frage der Ursprünge der Arbeitsteilung weiter einzugehen, da »wir uns darüber seither privatim freundschaftlich ausgesprochen haben.« Schmoller, Antwort, in: *Jahrbuch für Gesetzgebung, Verwaltung und Volkswirtschaft im*

Der Frankfurter Historikertag von 1895: Eduard Meyers Kritik der Stufenmodelle

Handelt es sich bei der Kontroverse zwischen Schmoller und Bücher um einen Streit zwischen historisch arbeitenden Nationalökonomen, die sich in der Anerkennung von Stufenmodellen grundsätzlich einig waren, so entbrannte ein Jahr später, auf der dritten Versammlung deutscher Historiker in Frankfurt, erneut der Streit um Büchers Stufentheorie. Diesmal kreiste der Streit um die grundsätzliche Anerkennung des Stufenmodells und offenbarte eine tiefe Kluft zwischen Historikern und Nationalökonomen. Wieder war ein Nationalökonom geladen, nämlich Karl Bücher, der zwar nicht über seine Stufentheorie, wohl aber über ein wirtschaftshistorisches Thema sprach, über den »*Haushalt der Stadt Frankfurt im Mittelalter*«, das auf eigenen jahrelangen Archivstudien basierte. Den zweiten Fachvortrag hielt der Althistoriker Eduard Meyer, der ebenfalls ein wirtschaftshistorisches Thema gewählt hatte. Sein Vortrag über »*Die wirtschaftliche Entwickelung des Altertums*« enthielt eine kritische Abrechnung mit den Stufentheorien der Nationalökonomen, wobei er Bücher namentlich angriff.[503] Erstmals wurde damit auf einem Historikertag eine fachwissenschaftliche Kontroverse ausgetragen. Meyer, damals Ordinarius an der Universität Halle,[504] stieß sich vor allem daran, dass Bücher die Antike der Phase der geschlossenen Hauswirtschaft zugeordnet und dem Handel nur eine marginale Rolle zugewiesen hatte. Diesem später als ›primitivistisch‹ abgelehnten Modell der geschlossenen Hauswirtschaft setzte er das Diktum von der Modernität der antiken Wirtschaft entgegen.[505]

Deutschen Reich 17, 1894, 320. Zur wissenschaftlichen Einschätzung des Konflikts vgl. Lindenlaub, *Richtungskämpfe* 1967, 131f.

503 Insgesamt wurden drei Vorträge gehalten. Am ersten Tag unternahm der Gymnasiallehrer Ludwig Oelsner eine biographische Würdigung des Historikers Johann Friedrich Böhmer, am zweiten Tag folgte Karl Büchers Vortrag, am dritten Tag der von Eduard Meyer. Hinzu kamen Beratungen über Schulfragen sowie gesellige Veranstaltungen wie Opernbesuch und Festessen. *Bericht über die dritte Versammlung deutscher Historiker 18. bis 21. April 1895 in Frankfurt a. M.* Erstattet im Auftrage des geschäftsführenden Ausschusses von dem Bureau der Versammlung, Leipzig 1895. Beide Fachvorträge wurden in der Tagespresse ausführlich gewürdigt. Schumann, *Historikertage* 1974, 55–86.

504 Eduard Meyer (1855–1930) hatte sich 1879 mit einer Arbeit über das Königreich Pontos in Leipzig für Alte Geschichte habilitiert und war im Herbst 1885 einem Ruf nach Breslau gefolgt. 1889 ging er nach Halle, 1902 dann nach Berlin. Vgl. Wilcken, Gedächtnisrede 1941, 120f.; Christ, *Klios Wandlungen* 2006, 34–37.

505 Meyer, Die wirtschaftliche Entwicklung des Altertums 1910, 6–168.

Eduard Meyer behauptet im Gegensatz zu Bücher eine Übereinstimmung der wirtschaftlichen Verhältnisse von Antike und Moderne, die er geschichtstheoretisch mit einer Kreislauftheorie begründet. Hatte Bücher mit Hilfe eines evolutionstheoretischen Stufenmodells die antike Wirtschaft in gewisser Weise archaisiert, so versucht Meyer die antike Wirtschaft mit seinem Kreislaufmodell gleichsam zu modernisieren. Nicht zufällig sieht er die historische Nähe besonders zur griechischen Antike gegeben, der in der deutschen Tradition eine besondere Vorbildfunktion zukam. In Abgrenzung zur politischen Indienstnahme der römischen Antike in den stärker zentralistisch regierten Nachbarstaaten wie Frankreich und England gab das politisch zersplitterte, aber kulturell vermeintlich homogene Griechenland für die deutschen Kleinstaaten des frühen 19. Jahrhunderts eine geeignetere historische Bezugsgröße ab als das römische Kaiserreich. Mit den Römern kommt es nach Meyer denn auch zum Zerfall der Kultur und zum wirtschaftlichen Rückschritt.

Bezeichnet Meyer das homerische Zeitalter als das griechische Mittelalter, so setzt er die klassische Zeit mit der Neuzeit gleich, wobei er als Bezugspunkt einmal das 16. und 17. Jahrhundert, ein anderes Mal das 18. und 19. Jahrhundert heranzieht.[506] »Modern« ist ein häufig benutztes Adjektiv zur Charakterisierung der Verhältnisse im klassischen Athen.[507] Die Modernität der Wirtschaft der klassischen Zeit zeigt sich in der Entstehung von Seehandel und fortschreitender Arbeitsteilung, in der Fabrikation für den Export, in Kriegen um Absatzgebiete (Peloponnesischer Krieg).[508] Megara wird als »Industriestaat« bezeichnet.[509] Die Schaffung von Handelsimperien und die Entwicklung einer für den Export arbeitenden Industrie setzen Meyer zufolge mit dem Kolonisationszeitalter im 8. Jahrhundert v. Chr. ein. All dies

506 Ebd. 89: »Dem gegenüber kann nicht energisch genug betont werden, daß die Entwicklung der Mittelmeervölker bis jetzt in zwei parallelen Perioden verlaufen ist, daß mit dem Untergang des Altertums die Entwicklung von neuem anhebt, daß sie wieder zurückkehrt zu primitiven Zuständen, die sie einmal schon längst überwunden hatte.« Vgl. auch ebd. 99ff. »Das siebte und sechste Jahrhundert in der griechischen Geschichte entspricht in der Entwicklung der Neuzeit dem vierzehnten und fünfzehnten Jahrhundert n. Chr., das fünfte dem sechzehnten.« 118f. Die Unterschiede zur modernen Entwicklung sieht er allein in der Kleinstaaterei der Griechen.

507 Ebd. 89, 141.

508 Meyer, Entwicklung 1910, 113–117.

509 Ebd. 117.

habe wie in der Neuzeit zur Entstehung eines Bürgertums und zur politischen Entmachtung des alten Adels geführt.[510]

Auch für das antike Rom geht er von einer ähnlichen Entwicklung aus. Hier entstehen nach Meyer wie in der Neuzeit – so in der Landwirtschaft – kapitalistische Strukturen; Landflucht und die Entstehung eines besitzlosen Proletariats sind die Folgen.[511] Dass es dann zum Zerfall des voll ausgebildeten Kapitalismus, der Geldwirtschaft, des kapitalistischen Rechts[512] und zur Rückkehr zur Naturalwirtschaft kommt – nach Meyer schon im 3. Jahrhundert n. Chr. unter dem Kaiser Diokletian –, liegt an Faktoren, die ihn zu seiner Stellungnahme getrieben haben, an der »Demokratisierung« des Bildungswesens, von der er die privilegierte Stellung der Führungsschicht damals wie heute bedroht sieht: »[D]ie allgemeine Bildung wird immer geringer an Gehalt, je universeller sie wird«, »die Folge ist, daß die Gebildeten die Führung verlieren.«[513] Die Beschreibung des daraus folgenden wirtschaftlichen Verfalls mündet in die Lehre: »Denn wenn wir oft beobachten können, wie eine Kultur sich entwickelt und weiter fortschreitet, so kann der Geschichtsforscher nur hier das wunderbare Phänomen studieren, wie eine aufs höchste gesteigerte Kultur sich von innen heraus auflöst und aufs neue der Barbarei den Platz räumt.«[514]

Diese strittigen Ansichten, wie die antike Wirtschaft einzuschätzen sei, sollten nicht im persönlichen Gespräch beim Abendessen geklärt werden. Bücher saß zwar unter den Zuhörern, eine Gelegenheit zur Diskussion aber gab es nicht, wie er in seiner Erwiderung von 1901 schreibt.[515] Auch wenn er hier spottet, in der Rede sei »das ganze Füllhorn einer zitatenreichen Gelehrsamkeit ausgegossen« worden, »um zu beweisen, wie herrlich weit es ihre lieben Alten schon gebracht« hätten,[516] muss ihm der öffentliche Angriff zugesetzt haben. Er besucht zunächst den Bruder in seinem Heimatort Kir-

510 Ebd. 109/110: Die Geldwirtschaft unterhöhlt die alten »patriarchalischen Verhältnisse«, »kapitalistische Gesichtspunkte dringen in die Ökonomie des großen Grundbesitzes ein«, der Wert des Ertrages der Landwirtschaft geht zurück, da die Importe auf die Preise drücken, eine Kaufmannsaristokratie entsteht.

511 Ebd. 132–134; 142ff.

512 Ebd. 156/7.

513 Ebd. 147; vgl. auch 157: »Die Empfindung von der Unnatur der bestehenden Verhältnisse, von dem Todesdaimon, den die über das Maß hinaus gesteigerte, zur höchsten Vollendung gelangte Kultur in sich trägt, haben die besseren Geister der Kaiserzeit empfunden und ihr vielfach ergreifenden Ausdruck gegeben.«

514 Ebd. 160.

515 Bücher, Zur griechischen Wirtschaftsgeschichte 1901, 195.

516 Bücher, *Beiträge* 1922, 2.

berg, von wo er zwei Tage später mit »häßlichen Rückenschmerzen« nach Leipzig zurückkehrt, wie seine Frau den Eltern mitteilt, ärgerlich, weil er nicht auf sie gehört habe, »Frankfurt aufzugeben u. dafür 8 Tage nach Eisenach od. sonst wo[hin] zu fahren. Wer nicht hören will, muß fühlen.«[517] Ein halbes Jahr später, am 15. November 1895, berichtet Emilie Bücher von der Ernennung Büchers »zum correspondierenden Mitglied der Münchner Akademie der Wissenschaften«, »gleichzeitig mit Schmoller,« und ergänzt – vermutlich in Anspielung auf die Angriffe, denen Bücher in Frankfurt ausgesetzt gewesen war: »Gerade in letzter Zeit hatte er auch viel Unangenehmes in seinem Beruf, so daß die Freude wie ein heilsames Pflaster darauf wirkt.«[518]

Immerhin setzte sich Bücher auf dem Historikertag gegen Meyers Angriff auf seine Position auf persönlicher Ebene zur Wehr. Da eine Diskussion nicht möglich gewesen sei, so schreibt er in seinem späteren Beitrag in der Festschrift seines Förderers Albert Schäffle, habe er sich privatim an den Redner gewandt, als dieser die Tribüne verließ, und gefragt, wie er es sich erkläre, dass die Römer bei der von ihm geschilderten Gestaltung der Wirtschaft nie darauf verfallen seien, ihre Staatspost dem privaten Nachrichtenverkehr dienstbar zu machen. Meyer sei ihm, wie Bücher in seiner Erwiderung von 1901 schreibt, die Antwort schuldig geblieben.[519] Als Meyers Beitrag in den *Jahrbüchern für Nationalökonomie und Statistik* gedruckt wird, lehnt Bücher jedoch das Angebot der Herausgeber zu einer Gegenstellungnahme ab. Allerdings geht er in einer Fußnote zur zweiten Auflage der »Entstehung der Volkswirtschaft« von 1897, die 1901 ins Französische übersetzt wurde, auf den Streit ein und verteidigt den systematisch-kategorisierenden Zugang, mit dem keineswegs eine umfassende Würdigung der antiken Wirtschaft beabsichtigt sei. Meyers Attacke sei ein Kampf gegen Windmühlen.[520] Bücher fühlt sich dabei unterstützt von Max Webers Beitrag »Die sozialen Gründe des Untergangs der antiken Kultur«, der 1896 im Maiheft der Zeitschrift *Die*

517 Emilie Bücher am 23. April 1895 an ihre Eltern. PB Lauth.

518 Schmoller war seit 1887 auch Mitglied der Preußischen Akademie der Wissenschaften; seine Anträge auf Zuwahl von Brentano (1905) und Bücher (1911) fielen durch (vom Bruch, Weiterführung der Schmollerschen und Lamprechtschen Traditionen in der Weimarer Republik 1993, 233).

519 *Beiträge* 1922, 2f.

520 Brüssel – Paris 1901, 36, n. 1. Diese Bemerkung fehlt in der englischen Übersetzung, die auf der 3. Auflage von 1901 basiert.

Wahrheit erschienen war.[521] So äußert sich Bücher in seiner zweiten Auflage der *Entstehung der Volkswirtschaft* von 1898 anerkennend über Webers Studie zu den sozialen Gründen für den Untergang der antiken Welt von 1896, die auf dessen Freiburger Antrittsvorlesung zurückgeht, und bescheinigt dem jüngeren Kollegen, er habe gezeigt, wie eine historische Rekonstruktion der antiken Wirtschaft in Umrissen auszusehen habe (V 67). Auch scheint er sich mit seinen Leipziger Kollegen, so mit Friedrich Ratzel, über den Sachverhalt beraten zu haben.[522]

Bereits unmittelbar nach Erscheinen von Meyers Aufsatz hatte sich Ludo Moritz Hartmann von der Sichtweise Meyers distanziert. Für Hartmann, der bei Theodor Mommsen und Lujo Brentano studiert hatte, galt der Umfang der Beschäftigung im agrarischen Sektor als das entscheidende Kriterium, um die von Meyer vertretene These von der Exportorientierung der antiken Wirtschaft ins Reich der Fabel zu verweisen.[523] Kollegen aus der Altertumswissenschaft wie z. B. Georg Wissowa dagegen »imponirt« es, wie Meyer »über die Widerlegung des horrenden Unverstandes der Wirthschaftstheoretiker hinaus zum Positiven und Fruchtbaren gekommen« sei.[524]

Wenn in einer jüngeren Studie zur »Politische[n] Ökonomie des antiken Griechenland« Meyer als derjenige gepriesen wird, der »[i]n einem meisterhaften Vortrag« die Schwächen seines Gegners offen gelegt habe, »indem er reichhaltiges Quellenmaterial zusammenstellte, aus dem vor allem die qualitative Bedeutung des antiken Handels hervorgeht«,[525] dann scheint dieses

---

521 MWG I/6, 2006, 82–127. Vgl. auch Webers Bemerkung in seinem Beitrag zu den »Agrarverhältnissen im Altertum«, im *Handwörterbuch für Sozialwissenschaften* von 1898, in dem er auf seine Stellungnahme in der *Wahrheit* verweist. MWG I/6, 2006, 227. Dazu Deininger, Einleitung 2006, 19.

522 Vgl. etwa das Schreiben Ratzels vom 28. Oktober 1896 zur Lektüre der Meyer'schen Schrift: »Lieber Kollege! Wenn kein Bleistiftzettel von mir in Meyer's Schrift liegt und Ihnen daran liegt, auf das Wirthschaftliche besonders aufmerksam gemacht zu werden, bitte ich mir die Schrift für 2 Tage wiederzugeben. Hier die Zeugnisse. Ich bitte zu beachten, daß die Karte nicht eigentlich zur Arbeit gehört, sondern nur zur vorläufigen Orientierung beigegeben wurde. Mit Gruß! F. Ratzel.« UBL, Sondersammlung, NL 181 (Karl Bücher).

523 So in seiner Rezension des Beitrages von Meyer in der von ihm herausgegebenen *Zeitschrift für Social- und Wirthschaftsgeschichte* 4, 1896, 156. Hartmann betont die staatliche Organisation des Handels mit Getreide und verweist ansonsten auf den Luxuscharakter der importierten Güter (154f.). Zur wissenschaftlichen Verortung Hartmanns, der politisch zur Sozialdemokratie neigte, vgl. Herholt, *Ludo Moritz Hartmann* 1999.

524 So in einer Grußkarte vom 30. Juni 1895 an Eduard Meyer zu lesen. Audring, *Gelehrtenalltag* 2000, 63.

525 Eich, *Politische Ökonomie* 2006, 42/3.

Urteil auf den ersten Blick plausibel. Meyers Vortrag, der noch im selben Jahr in den *Jahrbüchern für Nationalökonomie und Statistik* veröffentlicht wird, ist wesentlich quellengesättigter als Büchers Aufsatz über die Entstehung der Volkswirtschaft, der nur wenige Fußnoten und Verweise auf antike Quellen enthält. Dies aber sollte nicht so bleiben.

Der fachwissenschaftliche Streitwert: Büchers Replik von 1901 auf Julius Beloch

Erst nachdem Julius Beloch (1854–1929) in den Streit eingegriffen und sich auf die Seite Meyers geschlagen hatte, nimmt Bücher zu den Angriffen im gewohnt streitbaren Tenor ausführlich Stellung und liefert detaillierte Quellenbelege nach. In seinem Beitrag »zur griechischen Wirtschaftsgeschichte«, der 1901 in den *Festgaben zum 70. Geburtstag Albert Schäffles* erscheint und 1922 in seine Schrift *Beiträge zur Wirtschaftsgeschichte* aufgenommen wird, wendet sich Bücher gegen das »Märchen von der Exportindustrie,«[526] wie er es von Beloch in einem Aufsatz von 1899 zur *Grossindustrie im Altertum* erneut erzählt findet.[527] Bereits in seiner *Griechische[n] Geschichte* von 1893 war Beloch von Parallelen zwischen der modernen und der antiken wirtschaftlichen Entwicklung ausgegangen.[528] Belochs Beweisführung zielt vor allem auf den Nachweis von Fabriken im antiken Athen ab. Als solche deutet er die in attischen Gerichtsreden des 4. Jahrhunderts v. Chr. erwähnten *ergastêria* (von gr. *érgon* = Werk, Arbeit), die in Büchers gewerblicher Perspektive schlicht »Werkstätten« sind. Er erwähnt den »Leder- und Schuhwarenfabrikanten« Kleainetos [Vater des attischen Politikers und Demagogen Kleon], den »Lampenfabrikanten« Hyperbolos, den »Flötenfabrikanten« Theodoros [Vater des Redners Isokrates]; der Vater des Redners Demosthenes habe eine »Messer- und Möbelfabrik« besessen. »Industriezentren« sind für ihn Megara [Fabrikation von groben Wollstoffen] und Korinth. Die Phoker hätten nach dem heiligen Krieg von 346 v. Chr. »Grossbetriebe« einge-

526 Bücher, *Beiträge* 1922, 38/9.

527 Beloch, Die Grossindustrie im Altertum 1899, 18–26.

528 Julius Beloch (Jg. 1854) betont in seinen *Erinnerungen* (in: *Die Geschichtswissenschaft der Gegenwart in Selbstdarstellungen*, Bd. 2, hg. v. Siegfried Steinberg, Leipzig 1927, 1–6) selbst, dass er in seiner *Griechischen Geschichte* der »Wirtschaftsgeschichte, die noch nie behandelt worden war, [...] den ihr gebührenden Platz« eingeräumt habe.

richtet. Daneben nennt er »Weihrauchfabriken« und »Papyrusfabriken« in Alexandria.[529] In der Darstellung analytischer und weniger narrativ als Meyer, charakterisiert er die attische Wirtschaft insgesamt ebenfalls als Exportindustrie und definiert die oben genannten Werkstätten mit 20 bis 30 Sklaven, die z. B. der Redner Demosthenes als sein Erbe einklagt, als Großfabriken, in denen Betten, Schilde oder Messer hergestellt worden seien. Den Einsatz von Sklaven erklärt er aus dem Mangel an Arbeitskräften.[530]

Bücher versucht dagegen zu zeigen, dass überall dort, wo Handelswaren erwähnt werden, so z. B. die berühmten milesischen *strômata* (Teppiche oder Decken), von denen in Aristophanes *Fröschen* (Vers 542) die Rede ist, oder die milesische Purpurwolle aus der Diokletianischen Taxordnung von 301 n. Chr., diese nicht in »Textilfabriken«, sondern in der erweiterten Hauswirtschaft als Eigenarbeit der weiblichen Mitglieder oder als Lohnwerk entstanden seien.[531] Anstelle von Exportproduktion spricht er von häuslicher Überschussproduktion, anstelle von Fabrik und beruflicher Profession von handwerksmäßigen Betrieben, anstelle von Arbeitsvertrag von häuslicher Arbeit, Dienstmiete, Lohn- und Heimwerk, deren Besonderheit darin liege, dass kein gewerbliches Betriebskapital benötigt werde.[532] Denn Lohnwerker (auch Störer genannt) erhalten Kost und arbeiten im Haus des Konsumenten mit eigenem Werkzeug (G 928). Handwerker können aber auch eigene Werkstätten haben (G 929), werden aber – so die Schmiedehandwerker – nach dem Gewicht des verarbeiteten Metalls (Gold, Kupfer) oder der Wolle bezahlt. In diesem Fall handelt es sich um Heimwerker (G 929). Häusliche Marktproduktion, die er für Megara annimmt, sieht er mit Schafzucht verbunden an.[533] Einen nennenswerten Handel vermag er für den griechischen Raum nur mit der »Ware Mensch« zu erkennen oder mit Rohprodukten – so leugnet er keineswegs die bei Ps.-Xenophon belegten Holz- und Getreideimporte –, niemals aber mit Produkten des »Gewerbefleißes«.[534] Die attischen Verhältnisse – die Versorgung über den Markt – erklärt er aus den einfließenden Tributen der Bündner, also aus politischen und keineswegs

529 Beloch, Grossindustrie 1899, 23–24.

530 Ebd. 20.

531 Bücher, *Beiträge* 1922, 45f.

532 Ebd. 67.

533 Ebd. 47.

534 Ebd. 22 ff., 27, 31. Rückfracht bei Demosthenes 34,10 u. 35,34: Getreide, Häute, Ziegenfelle, Salzfische, Ballen von Wolle (28). In der Definition des antiken Handels als Rohstoffhandel sieht Schefold (Bücher 1988, 252) die Stärke der Argumentation Büchers.

wirtschaftlichen Umständen.[535] Kapitalansammlungen hätte das Liturgienwesen verhindert.[536] Rentabilitätsberechnungen, das Kernstück modernen wirtschaftlichen Handelns, schließt er für die Antike aus. Da Sklaven im Haushalt verblieben, sei über den Markt eine Bewertung ihrer Arbeitsleistung nicht vorgenommen worden. Damit habe die Grundlage für das heutige Lohnsystem und für die Entwicklung des Großgrundbesitzes zum gewinnorientierten Unternehmen gefehlt. Auch habe keine Möglichkeit bestanden, die Rentabilität einer produktivitätsverbessernden Investition in einer Sklavenmanufaktur zu berechnen. Bücher wusste, so das Urteil Bertram Schefolds, dass die Arbeitsteilung in der Antike der Hebung der Qualität, nicht der Steigerung der Produktivität diente.[537]

Die Arbeit an diesem Aufsatz muss Bücher viel Zeit gekostet haben. Er gehört zu den wenigen Untersuchungen, die von der Ehefrau inhaltlich kommentiert werden.[538] Auf Büchers Ausführungen zum Charakter des antiken Handels reagiert Meyer im Gegensatz zu Beloch nicht. Er erwähnt Büchers Replik in der 1910 erschienenen Fassung des Vortrages in einer Fußnote, lehnt es aber ab, auf ihn einzugehen.[539] Beloch hingegen, der Büchers Position zur griechischen Wirtschaft heftig angreift, stützt sich trotz seiner Parteinahme für Meyers Position bei der Einschätzung der römischen Verhältnisse auf Büchers Studie zum Diokletianischen Preisedikt,[540] behauptet aber in seiner Replik auf Büchers Artikel in der Festschrift für Schäffle auch: »[K]ein geringerer als Eduard Meyer hat sich die Mühe unterzogen, die Haltlosigkeit der Rodbertus-Bücher'schen Anschauungen ausführlich darzu-

535 Bücher, *Beiträge* 1922, 31ff.

536 Ebd. 37. Eine ähnliche Auffassung findet sich auch heute noch. Vgl. etwa Isager/Skydsgaard, *Ancient Greek Agriculture* 1992, 202: »We should prefer to characterize the ancient Greek economy as a mixed economy. It never arrived at a higher level, and the reason might well be that the *leitourgiai* took much of the rich man's surplus which in a capitalistic mode of production would have been invested […] The small city-states with an upper class who used conspicuous semi-public consumption to acquire status and a lower class that expected the rich to do so have limits of economic growth.«

537 Schefold, Bücher 1988, 254 im Verweis auf Xenophon, *Kyrupädie* 8, 2, 5–6.

538 Vgl. Kap. *Arbeitshetze und Erholungsreisen.*

539 Meyer, Die wirtschaftliche Entwicklung des Altertums 1910, 85–87, Fußnote 4: »[…] auf seine späteren Phantasien über antike Wirtschaftsgeschichte in der Festschrift für Schäffle einzugehen, wird man mir nicht zumuten.« Allerdings geht Meyer auf die Änderungen Büchers in der zweiten Auflage der *Entstehung der Volkswirtschaft* von 1898 ein und mokiert sich über Büchers Bemerkungen, es ginge ihm um Wirtschaftstheorie, nicht um eine Wirtschaftsgeschichte der Antike. Meyer empört sich vor allem über Büchers Auffassung, die Volkswirtschaft sei nicht älter als der moderne Staat.

540 Beloch, Grossindustrie 1899, 25.

legen.«[541] Ob sich Beloch und Bücher 1912 persönlich ausgesprochen haben, nachdem Beloch einen Ruf nach Leipzig angenommen hatte, den er allerdings nach einem Jahr aufgab, ist unbekannt.[542] Insgesamt hat Beloch die römische Wirtschaft weit weniger modern eingeschätzt als die attische Wirtschaft. Italien sei in der Antike nie zum Industrielande geworden. Er führt dies auf die Konkurrenz mit dem hellenistischen Osten und auf Schutzzölle für einheimische Gewerbe zurück. Er bezieht sich dabei auf Büchers Untersuchung zur Diokletianischen Taxordnung, hält diesem aber vor, er hätte nicht Italien mit den Westprovinzen und dem ganzen Reich verwechseln sollen.[543] Noch 1954 urteilt Eduard Will in einer Forschungsübersicht zur antiken Wirtschaftsgeschichte, dass die Arbeit Büchers aus dem Jahre 1901 bzw. 1922 nicht das Echo erhalten habe, das sie verdient hätte.[544] Denn in der verwendeten Begrifflichkeit ist der nationalökonomisch geschulte Bücher seinen althistorischen Kollegen weit überlegen, die in ihrer Darstellung einer rein phänomenologischen Ebene verhaftet bleiben und die Theorieangebote der Nationalökonomen strikt ablehnen. Nicht in der Reichhaltigkeit der Quellenbelege gegenüber einer mangelnden Einbeziehung antiker Quellen liegt daher die entscheidende Differenz zwischen Meyer und Bücher, wie in dem oben zitierten Urteil von Armin Eich zu lesen ist, sondern in der unterschiedlichen Sicht auf die Quellen.

Diese unterschiedliche Herangehensweise von Meyer und Bücher an die Quellen lässt sich am Beispiel einer Bemerkung des attischen Feldherrn und Historikers Xenophon über die Herstellung von Sklavenkleidung in Megara aus dem 4. vorchristlichen Jahrhundert verdeutlichen. Sie ist für Meyer Beleg für eine florierende Exportindustrie Megaras, für Bücher dagegen ein Hinweis auf eine häusliche Marktproduktion, die aus der naturräumlichen Lage resultiert. Megara, eine Stadt auf der Landbrücke zwischen Mittelgriechenland und der Peloponnes, gehört zur Landschaft Megaris, die den überwiegend gebirgigen Teil der Landbrücke umfasst, die wiederum aus dem west-östlich streichenden Kalkgebirgen von über 1000 Metern Höhe und dem zwischen ihnen liegenden etwa 17 Kilometer breiten jungtertiären Schollenland zusammengesetzt ist. Von ihren naturräumlichen Gegebenheiten her eignet sich die Region für die Schafzucht. Meyer und Bücher bezie-

541 Beloch, Zur griechischen Wirtschaftsgeschichte 1902, 97.

542 Christ, Von Gibbon 1972, 282 verweist auf O. Th. Schulz, Johannes Kromayer, Bursians Jahresber., *Biograph. Jahrb.* 1936, 62ff. zu den Leipziger Vorgängen.

543 Beloch, Grossindustrie 1899, 25 (Fußnote 16).

544 Will, Trois quarts 1954, 11. Vgl. auch Spahn, Die Anfänge der antiken Ökonomik 1984, 302.

hen sich auf zwei Überlieferungen. Nach den Aussagen des athenischen Historikers Thukydides warfen die Athener den Megarern vor, aus Athen entwichene Sklaven aufgenommen zu haben, um attischen Boden an der Grenze zu beackern. Deshalb hätten sie einen Beschluss (*pséphisma*) gefasst, die Megarer von allen attischen Häfen und vom Handel mit Athen auszuschließen.[545] Der Konflikt gehört zur Vorgeschichte des Peloponnesischen Krieges (431–404 v. Chr.) und begründet nach Meyer die Hinwendung Megaras zur Textilwirtschaft. Er stützt sich in der Argumentation auf eine Aussage in Xenophons *Erinnerungen an Sokrates*[546], wo auf die Endphase des Krieges eingegangen wird, als es in Athen zu einem oligarchischen Umsturz kam. In dem von Sokrates wiedergegebenen Gespräch zwischen Sokrates und Aristarch fällt die Bemerkung, dass sich die meisten Megarer von der Herstellung von *exômides* ernähren. Es handelt sich bei der *exômis* um ein Kleidungsstück, das vor allem Sklaven und Arme trugen.[547] Die Bemerkung steht im Zusammenhang mit der Frage, ob auch freie Frauen vom Verkauf ihrer Wollarbeit leben sollen – ob es sich um gesponnene Wolle oder um gewobene Kleidung handelt, wird nicht gesagt. Dieses Problem tritt auf, weil sich während der Unruhen zur Zeit der Herrschaft der ›Dreißig Tyrannen‹ in Athen um 404/3 v. Chr. die weibliche Verwandtschaft des Aristarch in sein Haus geflüchtet hat und er diese nicht ernähren kann. Denn die ›Dreißig‹ hatten ihre Gegner aus der Stadt (*ásty*) und vom Umland (*chôra*) vertrieben,

545 Thukydides 1, 139.

546 Xenophon (um 430–355 v. Chr.), Historiker und Sokratiker aus Athen; die Bekanntschaft mit Sokrates ist in die Jahre nach 410 v. Chr. zu setzen. In Xenophons Schrift *Erinnerungen an Sokrates (Memorabilia)* mischen sich wie in Platons Dialogen Erinnerungen an den Lehrer mit eigenen ethischen Auffassungen. François Lasserre, Xenophon, in: *Der Kleine Pauly. Lexikon der Antike* Bd. 5, 1979, Sp. 1422–1430.

547 LSJ s.v. ἐξωμίς (*exômís*): tunic with one sleeve, leaving one shoulder bare, worn by slaves and the poor. – Bei Xenophon, *Memorabilia* 2, 7, 5–6 heißt es: »Sind denn nun nicht Handwerker Leute, die etwas Nützliches herzustellen verstehen? Durchaus, war die Erwiderung. Ist denn nicht Mehl etwas Nützliches? […] Wie steht es denn, so sagte er alsdann, mit Kleidern (*himátia*) für Männer und Frauen, mit Unterkleidern (*chitonískoi*), Mänteln (*chlamýdes*) und Jacken (*exomídes*)? Auch dies, erwiderte jener, sind sehr nützliche Dinge. Und verstehen nun, so war die weitere Frage, deine Verwandten davon nichts zu verfertigen? Doch gewiß, alles das, wie ich glaube. (6) Und weißt du denn nicht, daß Nausikydes von einer einzigen dieser Tätigkeit, nämlich von der Mehlherstellung, nicht nur sich selbst und seine Hausgenossen ernährt, sondern überdies auch noch viele Schweine und Rinder, und daß er dabei noch soviel erübrigt, daß er oft Liturgien übernehmen kann, und daß […] sich Demeas aus Kollytos vom Mäntelmachen ernährt und Menon vom Röckemachen, und daß die meisten Megarer vom Jackenmachen leben? Diese haben doch, beim Zeus, so war die Antwort, Fremde gekauft und können sie zu jeder Arbeit zwingen, die einträglich ist, ich aber habe Freie und Verwandte bei mir.« Übers. nach P. Jaerisch.

um so in den Besitz von deren Weiden und Äckern zu gelangen.[548] Diese flüchteten in den Peiraieus, den Hafen Athens, sowie nach Megara und Theben. Sokrates nun empfiehlt dem bekümmerten Aristarch mit Verweis auf das Beispiel der Megarer, die Frauen der gewohnten Wollarbeit nachgehen zu lassen. Der Kontext spricht dafür, dass es nicht um Produktion für den eigenen Bedarf, sondern für den Verkauf auf dem Markt geht. Die Arbeit für den Verkauf widerspricht eigentlich dem Selbstverständnis der freien Bürger Athens. Sokrates orientiert sich in seiner Rede daran, kehrt aber das Argument der Höherwertigkeit freier Bürger gegenüber den Sklaven um und veranlasst Aristarch mit dem Hinweis auf eben den höheren Wert der Freien, die weibliche Verwandtschaft mit der Textilarbeit zu betrauen. Aristarch folgt ihm und kauft auf dem Markt Wolle, die er den Frauen zur Verarbeitung gibt. Als Resultat preist der Autor nicht den Gewinn, den Aristarch einstreicht, sondern die gute Stimmung unter den neuen Hausgenossinnen.[549]

Meyer nun folgert aus diesen Quellen: »Als ein Beispiel sei hier noch Megara erwähnt, ursprünglich, nach dem Sturz der starren Adelsherrschaft, ein kleiner Bauernstaat, der seine landwirtschaftlichen Produkte vor allem nach Athen absetzte. Bekannt ist, wie Athen versucht hat, die benachbarte Stadt sich einzuverleiben, und wie der Abbruch der Handelsbeziehungen mit Megara den äußeren Anlaß zum peloponnesischen Kriege gegeben hat. Diese Sperrung seines Absatzgebietes und die weiteren Kämpfe der Folgezeit haben offenbar die Megarer gezwungen, neue Erwerbsmittel aufzusuchen: nach Xenophon memorab. II,7,6 ›lebte die Mehrzahl der Megarer von der Hemdwirkerei (ἐξωμιδοποιία [*exômidopoiía*]‹ ›Anfertigung von Arbeitskitteln‹), die mit eingeführten Sklaven betrieben wird. Natürlich haben sie diese Hemden und Kittel nicht in Megara selbst abgesetzt, sondern exportiert: Megara ist dadurch zum Industriestaat geworden.«[550] Demgegenüber urteilt Bücher in seiner Replik auf Belochs Schriften von 1901:[551] »Das Hauswerk

548 So Xenophon, *Hellenika* 2,3,6 ff., 2,4,1 ff.

549 Xenophon, *Erinnerungen an Sokrates (Memorabilia)* 2,7,12: »Daraufhin wurden dann Mittel beschafft, und es wurde Wolle gekauft; und während der Arbeit (*ergazómenai*) frühstückten sie, nach der Arbeit aber aßen sie zu Abend, und anstatt mürrisch zu sein, waren sie heiter, und anstatt einander böse zu betrachten, sahen sie einander freundlich an, und sie liebten ihn nun als ihren Pflegevater, er aber schätzte sie als nützliche Hausgenossinnen.« Ein vollständiger Abdruck und Diskussion dieses Dialogs findet sich bei Wagner-Hasel, Arbeit und Kommunikation 2000.

550 Meyer, Die wirtschaftliche Entwicklung des Altertums 1910, 116/7.

551 Bücher, *Beiträge* 1922, 47.

ist eine recht eigentlich bodenständige Erscheinung. Anknüpfend an das natürliche Vorkommen gewisser Rohstoffe pflegt es sich ganz den nächstliegenden Bedürfnissen derjenigen anzupassen, die es ausüben, und gelangt dann mit wachsender technischer Fertigkeit leicht zu Produkten von besonderer Güte und örtlicher Eigenart. Kommt es später zu einer Ueberschußproduktion für den Markt, so erlangen diese lokalen Spezialitäten des Hauswerks leicht einen über die ursprünglichen Grenzen ihrer Erzeugung und ihres Gebrauchs weit hinausreichenden Ruf. […] Überall scheint die häusliche Marktproduktion an die Schafzucht anzuknüpfen. Ein sehr bekannter Artikel des Marktes von Athen waren zu Sokrates' Zeit die groben Sklavenröcke (ἐξωμίδες) [*exômídes*], welche die schafezüchtenden Megarer in ihren Häusern von den Unfreien weben ließen.«[552]

Bücher leugnet also keineswegs die Produktion für den Markt. Nur stellt er bei seiner Bewertung den Ort der Produktion in Rechnung, das Haus, während Meyer nicht darauf eingeht und mit dem Begriff des »Industriestaates« ähnliche Produktionsbedingungen suggeriert, wie sie zu seiner Zeit mit der industriellen Fabrikarbeit einhergehen. Diese Unschärfe in der Terminologie lässt Freiraum für Übertragungen, die Bücher meidet. Seine Einschätzung der Aussage Xenophons ist auch heute noch überzeugender als die Meyers.[553]

Der politische Streitwert der Kontroverse über den Charakter der antiken Wirtschaft: Der Kampf der Disziplinen um Deutungsmacht

Meyer und Bücher vertreten nicht nur gegensätzliche Positionen bei der Einschätzung der antiken Wirtschaft; auch hochschulpolitisch kämpfen sie an unterschiedlichen Fronten. Als sich 1903 die Leipziger Professorenschaft hinter Bücher und seinem Kollegen, dem Juristen Adolf Wach, versammelt, um gegen die neue Preispolitik im Buchhandel vorzugehen, sind sich Eduard Meyer und sein Fachkollege Georg Wissowa in der Ablehnung der Position der Leipziger Kollegen einig. Am 27. Mai 1904 verkündet Wissowa dem

552 Anm. Bücher: Xenoph. Mem. II,7,6 […] Vgl. Aristoph. Ach. 510. Frieden 1002 und Blümner, Gewerbl. Tätigk. S. 71.

553 Anders Eich, *Politische Ökonomie* 2006, 49, für den Megara den Typus der Produzentenstadt repräsentiert.

Freund: »Über meinen Anti-Bücher-Artikel haben sich die Herren in Leipzig furchtbar geärgert und Büchers Erwiderung war in der ersten Fassung so unflätig, dass Conrad die Weglassung der schlimmsten Partien veranlasst hat, sehr gegen meinen Wunsch, denn gerade die Ausfälligkeit der Form liess die Schwäche der sachlichen Position für jederman (sic; Hg.) deutlich erkennen.«[554] Im Juli 1904 äußert Meyer sein Bedauern über die Abwesenheit Wissowas auf einer Tagung in Kösen. »Du hättest wenigstens nachkommen sollen, wäre es auch nur, um Bücher in Verlegenheit zu setzen, der über meine Anwesenheit sichtlich consternirt war.«[555] Die persönliche Feindseligkeit gegenüber Bücher, die sich in diesen Bemerkungen niederschlägt, ist wohl kaum verständlich, wenn es in der Kontroverse um den Charakter der antiken Wirtschaft nur um Sachfragen gegangen wäre. Es geht vielmehr um Macht und Politik.

Helmuth Schneider hat in Anlehnung an Mario Mazza die kritische Reaktion Meyers und Belochs aus der Frontstellung gegenüber den immer bedeutsamer werdenden Naturwissenschaften und der damit verbundenen Abwehrhaltung gegen sozialwissenschaftliche Fragestellungen und Methoden heraus erklärt.[556] Den Altertumswissenschaften war Ende des 19. Jahrhunderts durch den Ausbau der Naturwissenschaften, aber auch der neuen Philologien sowie der wirtschaftlichen Fächer wie Nationalökonomie eine bis dahin unbekannte Konkurrenz erwachsen.[557] In Leipzig waren in der Amtszeit von Minister Carl Friedrich Wilhelm von Gerber eine Reihe von neuen Lehrstühlen eingerichtet worden, die dieser Entwicklung Rechnung trugen: Slawische und Englische Philologie, Psychiatrie, Experimentelle Hygiene, Ohrenheilkunde oder Geometrie. Zu dieser neuen Politik zählte nicht zuletzt auch die Schaffung eines zweiten Lehrstuhls für Nationalökonomie,

554 Audring, *Gelehrtenalltag* 2002, 142.

555 Ebd. 146 (Brief von Eduard Meyer an Georg Wissowa vom 12. Juli 1904).

556 Schneider, Kontroverse 1990, 423–430. »Das Resultat der Beratungen war eine Neufassung der Lehrpläne (1891/92), in denen die Stundenzahl der klassischen Sprachen erheblich gekürzt wurde; der lateinische Aufsatz entfiel als Ausbildungsziel, und innerhalb des Geschichtsunterrichts reduzierte man den Anteil der Alten Geschichte zugunsten der Geschichte der Neuzeit« (425/6).

557 So hatte die Klassische Philologie in Tübingen 1870 ein Ordinariat und zwei Extraordinariate; 1933 war die Stellenzahl unverändert. Demgegenüber expandierte in diesem Zeitraum die Neuere Philologie. Hatte sie 1870 einen neuphilologischen Lehrstuhl, so waren es 1933 fünf Ordinariate für Ältere und Neuere Germanistik, für englische und romanische Philologie sowie für Slavistik. Allerdings spaltete sich in Tübingen 1903 die Alte Geschichte von der Klassischen Philologie ab. Vgl. Paletschek, *Die permanente Erfindung einer Tradition* 2001; Baumgarten, *Professoren und Universitäten im 19. Jahrhundert* 1997.

auf dem Bücher saß.[558] Hinzu kamen die Gleichstellung der Realgymnasien mit den traditionellen humanistischen Gymnasien, die auf der Berliner Schulkonferenz von Juni 1900 beschlossen werden sollte, und die Abschaffung des lateinischen Aufsatzes im Abitur.[559] Auch an humanistischen Gymnasien sank aufgrund der Aufwertung des naturwissenschaftlichen Unterrichts, die in preußischen Lehrplänen von 1892 und 1901 vorgenommen wurde, die Stundenzahl des sprachlich-historischen Unterrichts.[560] Nicht nur auf dem neu gegründeten Historikertag, sondern auch auf Tagungen des *Vereins für Socialpolitik* wurden heftige Debatten geführt, ob das humanistische Gymnasium wohl die geeignete Vorbildung für den »Wirtschaftsführer« sei.[561] Ein prominenter Vorkämpfer des Realgymnasiums im Königreich Sachsen war Büchers Kollege Wilhelm Ostwald, der 1909 den Nobelpreis für Chemie erhielt. In seinen Augen war die »gegenwärtige Höhe der deutschen Kultur« den Leistungen der großen Techniker zu verdanken, nicht etwa den Studien der klassischen Philologen. Die Höhe einer Kultur bemaß sich ihm zufolge nicht etwa am Stand der humanistischen Bildung, sondern an der Menge der erzeugten und verwendeten Rohenergie.[562] Bereits 1908/9 gab es im Königreich Sachsen neben den 19 Humanistischen Gymnasien 13 Realgymnasien. Im Jahre 1918 hatten 22 Prozent der Studierenden ihre Hochschulberechtigung an einem Realgymnasium erworben.[563] Ein Widerhall dieser Debatten findet sich auch in den Briefen Emilie Büchers, wenn sie den Wert des Lateinunterrichts in Frage stellt.[564]

Anders als Meyer befürwortete Bücher diesen Wandel des Universitätswesens. In seiner Antrittsrede als Rektor vom 31. Oktober 1903 nimmt er zu der in seinen Augen notwendigen Koppelung der Entwicklung der Universi-

558 Krause, *Alma mater Lipsiensis* 2003, 168ff.

559 Eine Gleichstellung von Realgymnasien und Oberrealschulen mit den Gymnasien erfolgte im November 1900. Die Folge war eine starke Zunahme der Immatrikulationen. 1885 betrug die Zahl der Studenten 27 000, im Jahre 1911 dann 56 000; der Anteil der Studenten, die ihr Abiturzeugnis an einem klassischen humanistischen Gymnasium erhalten hatten, fiel in dieser Zeit von 85% auf 65%. Gleichzeitig stieg die Zahl der Studenten, die nicht aus der klassischen Bildungselite, sondern aus dem Industrie- und Handelsektor stammten, von 25 auf 40 Prozent an. Ringer, *Die Gelehrten* 1983, 51–61. Zur Haltung Meyers in diesem Streit um die Öffnung von Bildung für andere Schichten, der sich nach dem Krieg verstärkte, vgl. ebd. 256 u. 262.

560 Führ, Die preußischen Schulkonferenzen 1980, 189–223. Zu dieser Entwicklung vgl. auch Cancik, Klassische Philologie 1999, 186/7.

561 Boese, *Geschichte* 1939, 50f.

562 Bollenbeck, *Bildung und Kultur* 1996, 253.

563 Krause, *Alma mater Lipsiensis* 2003, 164 u. 250.

564 Vgl. Kap. *»Cultur« und Humanistische Bildung.*

tätsausbildung mit »der Gesamtentwickelung des Gesellschaftskörpers« Stellung und bekennt sich zur notwendigen Anpassung des Anforderungsprofils der universitären Ausbildung an die neuen Verhältnisse. So ist ihm bewusst, dass der Zweck der neu gegründeten Universitäten des 19. Jahrhunderts in nichts anderem lag als in der Vermittlung der »höhere[n] Berufsbildung« für den Staatsdienst.[565] Die aktuelle Neugründung von Technischen Hochschulen und Handelshochschulen, an denen er selbst beteiligt war, führt er hellsichtig auf die Erfordernisse der »beispiellose[n] ökomisch-technische[n] Entwickelung« des letzten Drittels des 19. Jahrhundert zurück, die nun die Ausbildung von Ingenieuren, Architekten, Maschinenbauern, Fabrikchemikern und Wirtschaftsfachleuten verlange. Auch das veränderte Gesicht der philosophischen Fakultät, die zu dieser Zeit noch die Naturwissenschaft beherbergte und im Laufe des 19. Jahrhunderts die Zahl ihrer Ordinariate vervierfachte, ist in seinen Augen diesem Wandel geschuldet.[566] Sein Ziel ist es nicht, die Entwicklung aufzuhalten; ihm geht es um die Integration der neuen Berufe in die universitäre Ausbildung und um die Selbstverpflichtung der neuen Elite für das alte Ideal des »Gemeinwohls«. Im »rücksichtlosen Kampfe der verschiedenen Interessengruppen gegen einander droht unser Parlamentarismus zu einem Zerrbilde zu werden«, warnt er am Ende seiner Rede. Die jungen Leute sieht er einem Widerspruch zwischen der »traurigen Botschaft von der Herrenmoral«, dass der Einzelne »sich ausleben müsse«, und den Erfordernissen des »moderne[n] Leben[s]« ausgesetzt, das »Unterordnung des Individuums unter höhere Gemeinschaftszwecke« verlange. So sehr ihm daran gelegen ist, daß ein Jeder sein »individuelles Selbstinteresse [...] unter das soziale Gesamtinteresse« beugen möge, so wenig ist er am Aufgehen des Individuums in einem großen Ganzen interessiert. Beides, Selbst- und Gemeininteresse, ruht in seinen Augen auf »individueller Tüchtigkeit«: »Denn die ganze Kulturkraft eines Volkes beruht schließlich auf der Tüchtigkeit und Zuverlässigkeit der Individuen, und jede Aristokratie, auch die Geistesaristokratie, muß unrettbar sinken, wenn sie diese Eigenschaften verliert.«[567]

Diese zeitgenössische Kontroverse um die Modernisierung des Bildungswesens bildet einen wesentlichen Schlüssel zum Verständnis der Schärfe, mit der Meyer die Position des Nationalökonomen Bücher angreift. Als Altertumswissenschaftler befindet sich Meyer gegenüber den neuen schulpoliti-

565 Bücher, Über alte und neue Aufgaben der Universitäten 1903, 15 u.18. Dies ist eben der Zweck, der in der jüngeren Forschung zur Universitätsgeschichte herausgestrichen wird. Vgl. Paletschek, *Die permanente Erfindung einer Tradition* 2001.

566 Bücher, Über alte und neue Aufgaben der Universitäten 1903, 21 u. 22.

567 Ebd. 33.

schen Strömungen und universitären Entwicklungen in einer Abwehrposition. Auch entspricht die politische Haltung Meyers dem Konservativismus der Deutschnationalen des Kaiserreichs, während Bücher eher einer liberalen Politik zuneigt. Eben nicht Modernisierung, wie sie Bücher mit seinen öffentlichen Beiträgen und hochschulpolitischen Aktivitäten vertritt, sondern das Festhalten am humanistischen Bildungskanon ist das Credo Meyers, der mit seinen politischen Aktivitäten im Gegensatz zu den sozialpolitischen Reformbewegungen seiner Zeit steht. Gerade seine negative Beurteilung der antiken Demokratie, der er ein kulturzersetzendes Potential zuschreibt, entspricht seiner ablehnenden Haltung gegenüber den demokratischen Strömungen seiner eigenen Zeit, wie Luciano Canfora nachgewiesen hat.[568] Und eben diese politische Position erklärt auch die spezifische Sicht Meyers auf die antike Wirtschaft. Jürgen von Ungern-Sternberg hat gezeigt, wie sich in Meyers Darstellung der römischen Politik des 3. Jahrhunderts v. Chr. die zeitgenössischen Gegensätze zwischen agrarischer Schutzzollpolitik und liberalem Freihandel spiegeln.[569] Auch die Darstellung der antiken Wirtschaft gerät ihm teilweise zu einem Abbild zeitgenössischer wirtschaftlicher Verhältnisse. Das zeigt sich vor allem an seinen Kriterien, an denen er die Modernität der antiken Wirtschaft bemisst. Für Meyer liegt die Modernität der griechischen Wirtschaft der Antike in der Entwicklung von Fabriken, der Entfaltung des Exporthandels und der Entstehung einer Kaufmannsaristokratie, also in wirtschaftlichen Erscheinungen, die zugleich als Kennzeichen der Entwicklung der Neuzeit galten. Gerade in der Orientierung an wirtschaftlichem Wachstum, Export und Absatzgebieten, die in den Schriften Meyers und später auch Belochs hervortritt, ist als Hintergrundfolie die expandierende Wirtschaft des Wilhelminischen Kaiserreiches sichtbar. Meyer, der einem Hamburger Gymnasiallehrerhaushalt entstammt,[570] findet in seinen Quellen genau das, was er in seinem unmittelbaren Umfeld erleben konnte: eine vom Ausbau von Handel und Industrie geprägte Wirtschaft.[571]

568 Dazu Canfora, Die Kritik der bürgerlichen Demokratie durch Eduard Meyer 1986, 46–58; Sösemann, »Der kühnste Entschluss führt am sichersten zum Ziel« 1990, 446–483.

569 von Ungern-Sternberg, Politik und Geschichte 1990, 493. Vgl. auch Will, Trois quarts 1954, 10, der meint, dass ökonomische Theorien, »réservant à l'époque moderne«, von Althistorikern wie Meyer oder Beloch unbedacht auf die antike Welt übertragen worden seien.

570 Den hanseatischen Geist Meyers betont Mazza, Meyer 1985, 525.

571 Zur ökonomischen Situation im Wilhelminischen Kaiserreich vgl. Zorn, Wirtschafts- und sozialgeschichtliche Zusammenhänge der deutschen Reichsgründungszeit 1968, 254–270

Ist der Gegenstand des Konflikts auch die Wirtschaft des klassischen Athens, so geht es für Meyer im Grunde um die Legitimationsfunktion der Alten Geschichte, um ihre Rolle als Deutungswissenschaft für die Gegenwart.[572] Um die Aktualität seines Faches zu behaupten, muss er der Antike ›Modernität‹ auch in wirtschaftlicher Hinsicht bescheinigen. Dieser Spagat gelingt ihm, indem er mit einem Kreislauf- oder besser: Zerfallsmodell operiert, das ihm ermöglicht, antike und moderne Wirtschaft auf eine Stufe zu stellen. Für den Nationalökonomen Bücher hat die Beschäftigung mit der Antike zu diesem Zeitpunkt primär eine heuristische Funktion, nämlich die Gewordenheit der wirtschaftlichen Verhältnisse der Gegenwart nachzuweisen, was ihm mit Hilfe eines evolutionstheoretischen Modells gelingt. Die Antike rückt für ihn entgegen seiner früheren Annahmen in weite Ferne. Noch 1930, im Todesjahr Büchers, hält es sein Nachfolger auf dem Basler Lehrstuhl, der Wirtschaftshistoriker Edgar Salin, für geboten, seinen Spott über die »Sucht« auszugießen, »die Antike zu modernisieren«, was nur dazu führe, dass das von Beloch und anderen gezeichnete Bild der antiken Wirtschaft »als eine unfreiwillige Karikatur der ihnen maßgeblichen Fortschrittswelt« erscheine.[573]

---

und Born, Der soziale und wirtschaftliche Strukturwandel Deutschlands am Ende des 19. Jahrhunderts 1998, 271–284; Berghahn, *Das Kaiserreich 1871–1914. Industriegesellschaft, bürgerliche Kultur und autoritärer Staat* 2006, Nipperdey, *Deutsche Geschichte* 1990.

572 Meyer war wie viele Gelehrte seiner Zeit an »Weltanschauung« interessiert. Zu diesem Ziel bekennt er sich selbst in seiner Kurzbiographie von 1923, abgedruckt in der von Marohl herausgegebenen Sammlung der Schriften Meyers von 1941, 9: »Daneben habe ich aber stark den Trieb, auf Grund der Geschichte zu einer umfassenden und einheitlichen Weltanschauung zu gelangen und daher die Geschichte möglichst universell gerade auch nach der Seite des geistigen Lebens hin zu erfassen.« Zum Verhältnis von Weltanschauung und wissenschaftlicher Erkenntnis im Wilhelminischen Zeitalter vgl. Ringer, *Die Gelehrten* 1969/1983.

573 Edgar Salin, Staat und Handel in Hellas in archaischer und klassischer Zeit, in: *ZfGS* 89, 1930, 353–361. Im selben Band rezensiert Michail Rostovtzeff, zu dem Zeitpunkt Professor in New Haven (USA), Fritz Heichelheims Werk »Wirtschaftliche Schwankungen im Altertum«, 577.

Büchers Städteaufsatz: Die antike Stadt als Konsumtionszentrum

Im Unterschied zu der breit rezipierten und heftig umstrittenen Stufentheorie und Typologie der Gewerbe (vgl. S. 74ff.) ist Büchers Stadttypologie weniger bekannt. Der Aufsatz wurde erst in die 5. Auflage der *Entstehung der Volkswirtschaft* aufgenommen. Der Beitrag basiert auf einem Vortrag über »Die Großstädte in Gegenwart und Vergangenheit« für die Gehe-Stiftung, die 1903 eine Vortragsreihe zur Vorbereitung der deutschen Städteausstellung in Dresden organisiert hatte.[574] Den Ausgangspunkt bildet auch hier eine aktuelle Entwicklung, das Städtewachstum im Deutschen Reich, das er durchaus begrüßt. Die »moderne Stadt, die Stadt der freigewählten Arbeit« bedeutet für ihn eine »höhere Form des sozialen Daseins [...] als alle früheren Städteformen, die griechische Polis nicht ausgenommen.«[575] Sein optimistisches Bild ist geprägt von den technologischen Entwicklungen der Gegenwart, aber auch den Neuerungen auf dem Gebiet der Wissenschaften, der Kunst und nicht zuletzt »der sozialen Wohlfahrtspflege.« Zugleich übt er, wie es viele Zeitgenossen taten, Kritik an der Entwicklung und beklagt den Rückgang des Gemeinsinns in der modernen Großstadt,[576] ohne allerdings im Gegenzug die Vergangenheit zu idealisieren.

In der Abgrenzung der modernen Großstadt von vergangenen Stadttypen dominiert ein rein wirtschaftliches Kriterienraster. Für das Altertum entwickelt er eine ganze Palette von unterschiedlichen Stadttypen: die Städte des Vorderen Orients und Ägyptens fasst er als ummauerte Territorien auf, die er ebenso wie die Städte Nordafrikas als Despotengroßstädte charakterisiert: »Eiserner Zwang hat sie geschaffen [...]. Die Natural-Tribute der unterworfenen Stämme füllen die Vorratshäuser der Gewaltherren und nähren reichlich einen tausendköpfigen Hofstaat und zahlreiche abhängige kleine Leute; von Zeit zu Zeit bringen Kriegszüge ›unermeßliche Beute‹; ein wenig Luxusindustrie und etwas mehr Fremdhandel mögen daneben Platz finden. Aber im ganzen ist eine solche Stadt doch bloßes Schutzorgan und Herrschaftsmittel, wirtschaftlich ein rein konsumtives Gebilde, das zur Gütererzeugung der Nation kaum mehr beiträgt, als die Einwohner ihren Gärten,

---

574 Bücher, Die Großstädte in Gegenwart und Vergangenheit 1903, 1–31 = Bücher, Großstadt-Typen aus fünf Jahrtausenden 1906, 355–382. Weitere Referenten waren: Georg Simmel, H. von Waentig, Friedrich Ratzel und Georg von Mayr.

575 Ebd. 30.

576 Ebd. 30.

Feldern und Fruchtbäumen abgewinnen.«[577] Den Prozess der »Verstadtlichung« bei den Hellenen sieht er »im Interesse der Wehrfähigkeit und der bürgerlichen Eintracht« begründet; einen Stadt-Land-Gegensatz verneint er. Zu wirklichen Großstädten sei es erst im Hellenismus gekommen, auf die er allerdings nicht näher eingeht.[578] Auch die Stadt Rom ordnet er dem Typus der Konsumentenstadt zu: »Die Bevölkerung Roms entbehrte der eigenen Erwerbsquellen; eine Exportindustrie bestand nicht [...]. In der Hauptsache lebte die Bevölkerung Roms, wie diejenige Athens, von ihrem Herrscherberufe«.[579] Im Unterschied zur antiken Stadt ist die mittelalterliche Stadt in seinen Augen »nicht bloßes Konsumtionszentrum, wie die Städte der Griechen und Römer, sondern Sitz der in höherem Sinne güterschaffenden Erwerbsthätigkeit«.[580]

Zum Ende wird der Tenor wieder moralisch. Der Beitrag endet mit einem moralischen Appell an den Gemeinsinn der Bürger »unserer Großstädte« und dem Wunsch, dass diese »Bahnbrecher auf dem Wege einer aufwärts strebenden, wahrhaft sozialen Kulturentwicklung« werden.[581] Bücher kommt mit diesem abschließenden Appell dem staatsbürgerlichen Erziehungsauftrag nach, dem sich die Gehe-Stiftung verpflichtet sieht,[582] erliegt aber nicht der Versuchung, die antiken Bürger als Vorbild hinzustellen, was angesichts der zeitgenössischen Indienstnahme der antiken Schriften für die politische Erziehung nahe gelegen hätte. Einen Vorbildcharakter weist er der Antike trotz seiner moralischen Orientierung nicht zu. Auch hier ist sein Blick auf die antiken Befunde ebenso wie in seinem Aufsatz über Wirtschaftsstufen rein analytisch, die narrativen, auf Nachempfinden angelegten Elemente, die seine erste althistorische Schrift über die Sklavenaufstände prägen, sind nahezu vollständig getilgt.

Anders als sein Konzept der geschlossenen Hauswirtschaft hat diese Klassifizierung der antiken Stadt als Konsumtionszentrum kaum Resonanz in den Altertumswissenschaften gefunden. Wer den konsumtiven Charakter der antiken Stadt herausstreicht, wie es 1903 Bücher tat, bezieht sich in der Regel auf den postum erschienenen Stadt-Aufsatz von Max Weber (1864–

577 Ebd. 13.
578 Ebd. 14–18.
579 Ebd. 19.
580 Ebd. 23.
581 Ebd. 31.
582 Vgl. S. 170.

1920) aus dem Jahre 1921[583] bzw. auf Webers Auslassungen zur Sache in seinem Artikel »Agrarverhältnisse im Altertum« im *Handwörterbuch der Staatswissenschaften* von 1909.[584] Weber folgte hier Bücher in der Auffassung, dass die antiken Bürger aufgrund ihrer politischen und kriegerischen Aufgaben für gewerbliche Tätigkeiten keine Zeit hatten und sich unmöglich »in der Richtung des befriedeten ökonomischen Erwerbs und eines rationalen Wirtschaftsbetriebes« hatten orientieren können.[585] Während Moses I. Finley (1912–1986), der in den 1970er Jahren die These von der antiken Konsumentenstadt in der Alten Geschichte populär gemacht hat, um die Vorläuferschaft Büchers wusste,[586] sieht die nachfolgende Generation von Althistorikern dagegen in Max Weber den Erfinder des Konzepts der Konsumentenstadt.[587]

583 Der Stadtaufsatz erschien erstmals in: *Archiv für Sozialwissenschaft und Sozialpolitik* 48, 1921 und wurde 1999 im Rahmen der *Max-Weber-Gesamtausgabe* neu ediert (MWG I/22 – 5, 1–102).

584 Max Weber, Agrarverhältnisse, in: *Handwörterbuch der Staatswissenschaften*, 3. Aufl., Bd. 1, 1909, 53–188. Der Artikel ist zusammen mit der ersten und zweiten Fassung von 1897 bzw. 1898 abgedruckt in der *Max-Weber-Gesamtausgabe* (MWG I/6, 2006, 128–227, 300–747). Zur antiken Konsumentenstadt vgl. Webers Auslassungen auf den Seiten 225–227. Vereinzelt wird auch auf Werner Sombarts Studie über den Kapitalismus von 1902 bzw. 1916 (2. Aufl.) verwiesen (so etwa von Hansen, The Concept of the Consumption City 2004, 9–47), wo – allerdings in Bezug auf mittelalterliche Städte – vom Typus der »Konsumtionsstadt« die Rede ist: »Wer die Genesis der mittelalterlichen Städte richtig verstehen will, der muß vor allem einsehen lernen, daß diese Städte in ihrer großen Mehrzahl [...] während der ersten Jahrhunderte ihres Bestehens reine Konsumtionsstädte gewesen sind [...]. Eine Konsumentenstadt nenne ich diejenige Stadt, die ihren Lebensunterhalt (soweit sie ihn von außen bezieht, also das Überschußprodukt landwirtschaftlicher Arbeit) nicht mit eigenen Produkten bezahlt, weil sie es nicht nötig hat. So bezieht sie vielmehr diesen Lebensunterhalt auf Grund irgendeines Rechtstitels (Steuern, Rente oder dergleichen) ohne Gegenwerte leisten zu müssen.«

585 MWG I/22 – 5, 25 u. 35 u. 96f.

586 Finley, The ancient city 1977, 316f. Die Vorläuferschaft Büchers haben neben Finley auch Nippel (Nachwort, 1999, 111) und Schott, Die Stadt und ihre Vorläufer 1996, 146 u. 150f. herausgestrichen. Vgl. auch Erdkamp, Beyond the limits of the consumer city 2001, 333.

587 So z. B. Garnsey/Saller, *Das Römische Kaiserreich* 1989, 72; Pleket, Wirtschaft 1990, 35; Kloft, *Die Wirtschaft der griechisch-römischen Welt* 1992, 40; Parkins, The ›consumer city‹ domesticated? 1997, 84: »The concept of consumer city – as resurrected for ancient historians by Moses Finley – is derived from Weber's Agrarian Sociology of Ancient Civilizations.« Auf Weber bezieht sich auch Mattingly, Beyond belief? 1997, 210–218; ders./Salmon, *Economies Beyond Agriculture* 2001, 3–14. Anders Hansen, The Concept of the Consumption City 2004, 9 u. 40–41, der auch Sombart und Bücher nennt. Für Griechenland erkennt er nur Sparta als Konsumentenstadt an.

»Schenkung, Leihe, Bittarbeit«: Büchers Typologie vormoderner Tauschformen

Bücher, der den Handel vermeintlich so gering schätzte, hat der ethnologischen Forschung ein Konzept vormoderner Austauschformen hinterlassen, das nicht minder einflussreich war als die Idee der geschlossenen Hauswirtschaft für die altertumswissenschaftliche Forschung. Im Jahr 1918 erscheint der zweite Band der *Entstehung der Volkswirtschaft*, der unter anderem einen Aufsatz über *Schenkung, Leihe und Bittarbeit* enthält. Wie bereits in seinem Artikel über die *Entstehung der Volkswirtschaft* und wie in seinem Werk *Die Wirtschaft der Naturvölker* (1897)[588] distanziert sich Bücher von der Vorstellung der Ursprünglichkeit des Tausches, die er als »rationalistische Konstruktion« der liberalen klassischen Theorie verwirft.[589] Gemeint ist damit eine gewinnorientierte, am Eigeninteresse ausgerichtete Form des Austauschs – ein Konzept, dessen Entstehung der Wirtschaftshistoriker Werner Plumpe im 16. Jahrhundert verortet und als »Auflösungsprodukt der kosmologischen Ethik Europas« deutet.[590] Diesem egoistischen Tausch stellt Bücher die von Rechtshistorikern als urtümlich anerkannte Form der Schenkung auf Gegenseitigkeit gegenüber.[591] Für die Anfänge der Geschichte geht er von der

588 Die Wirtschaft der Naturvölker, in: *Jahrbuch der Gehe-Stiftung*, Bd. III, Dresden 1899, 51–119. Die Veröffentlichung basiert auf einem Vortrag vom 13. November 1897, der für die Publikation erheblich erweitert wurde und die Ausführungen seines Aufsatzes »Der wirtschaftliche Urzustand« aus seiner *Entstehung der Volkswirtschaft* fortschreibt.

589 Bücher, Schenkung, Leihe und Bittarbeit 1918, 3. Von dieser zweiten Sammlung volkswirtschaftlicher Vorträge erscheinen bis 1925 acht Auflagen. Kutsch, *Schriftenverzeichnis* 2000, 99.

590 Plumpe, Die Geburt des »Homo oeconomicus« 2007, 320.

591 Bücher, Schenkung 1918, 12. In seinen Ausführungen zur *Wirtschaft der Naturvölker* (1899, 75, Anm. 2) stützt sich Bücher auf die Untersuchungen des Germanisten Richard M. Meyer, dessen »Geschichte des Schenkens« (*Zeitschrift für Kulturgeschichte* 5, 1898, 18–29) als ein erster Versuch der Synthesenbildung der vormodernen Formen des Schenkens angesehen werden kann. Meyer muss für ihn vor allem deshalb von Interesse gewesen sein, weil dieser ebenso wie er selbst den Hebel bei der Entwicklung der Eigentumsverhältnisse ansetzte. Meyer unterscheidet dabei zwischen verschiedenen Typen von Gaben, zwischen Gaben auf Widerruf (Leihe), Schenkung auf Gegenschenkung (z. B. Opfer) und pflichtmäßigem Austeilen. Zur letzteren Form zählt er die Freigebigkeit von Königen (z. B. die mittelalterliche ›milte‹) ebenso wie die des Hausvaters sowie die öffentlichen Leistungen, die Liturgien, die in der Antike als Last auf den reichen Athenern ruhten. »Alles ›Schenken‹ der Urzeit«, so resümiert Meyer, »ist entweder widerruflich, oder wenn es unwiderruflich ist, auf Verpflichtung des einen oder anderen Teils gegründet.« Daneben sind vor allem die Studien von Karl von Amira zum altgermanischen Obligationenrecht zu nennen. Vgl. dazu Wagner-Hasel, *Der Stoff der Gaben* 2000, 34f.

»unentgeltlichen Überlassung« als früheste Form aus, »unter der Güter und Leistungen aus einer Wirtschaft in die andere übergetreten« seien.[592] Zu den unentgeltlichen Formen zählt er neben (Gebrauchs-)Leihe und Bittarbeit die Schenkung, aus der sich im Laufe der Zeit Steuer, Zoll, Tribut und Frondienst entwickelt hätten. Obwohl er diese Formen der unentgeltlichen Überlassung auf »altruistischem Gebiete« ansiedelt und »die Mitwirkung altruistischer Motive« nicht ausschließt, geht er gerade für die Anfänge von »eigensüchtigen Beweggründen« aus und betont grundsätzlich die Notwendigkeit von Gegenleistungen.[593] Anders als beim Tausch sei aber eine genaue Wertabschätzung nicht erfolgt. »In allen diesen Fällen handelt es sich nicht um ein Erlangen ohne Gegenleistung, sondern Hingabe mit dem Zwecke, dafür anderes zu gewinnen, dessen Betrag man bis zu einem gewissen Grade selbst zu bestimmen vermag.«[594] Vor allem bei der Leihe betont er den Anspruch auf Gegenseitigkeit, wobei er sich auch auf antike Zeugnisse, so auf das Beispiel Hesiods, beruft.[595] Aber auch andere Formen der unentgeltlichen Überlassung wie die Darreichung von Gastgeschenken oder Brautgaben erforderten nach Bücher Gegenleistungen, zu denen die Annahme der Gaben verpflichtet habe: »Ihre Ablehnung wäre eine schwere Beleidigung des Schenkers; ihre Annahme verpflichtet den Empfänger unbedingt, und das Geschenk ist erst endgültig abgeschlossen, wenn sich der Schenkgeber mit der Gegengabe zufrieden erklärt hat. Bis dahin ist das Anfangsgeschenk widerruflich.«[596] Alle diese Formen der gegenseitigen Beschenkung dienten nach Bücher der Eigenwirtschaft und gehörten der Entwicklungsstufe der geschlossenen Hauswirtschaft an.

Bücher konnte sich bei seinen Ausführungen auf zahlreiche wirtschafts- und rechtsethnologische Studien stützen,[597] die er teilweise selbst in der *Zeitschrift für die gesamte Staatswissenschaft* rezensiert hatte.[598] Sein Beitrag

592 Bücher, Schenkung 1918, 4. In seiner *Wirtschaft der Naturvölker* (1899, 92) heißt es: »Die Verpflichtung, immer und überall zu schenken, die Sitte, Lebensmittel fast als freie Güter zu betrachten, lassen dem Selbstinteresse nur ungenügenden Spielraum.«

593 Bücher, Schenkung 1918, 6.

594 Ebd. 4. Ähnlich bereits die Argumentation in seiner *Wirtschaft der Naturvölker* 1899, 74–79, 90–92.

595 Bücher, Schenkung 1918, 12.

596 Ebd. 6/7. In seinen Ausführungen zur *Wirtschaft der Naturvölker* (1899, 76) zieht er für diesen Typus von Gaben auch das Beispiel Homers heran.

597 So stützt er sich u. a. auf Wilhelm Gaul, *Das Geschenk nach Form und Inhalt, im besonderen untersucht an afrikanischen Völkern*, Braunschweig 1914.

598 In Band 69 des Jahrgangs 1913 der *ZfGS* rezensiert er Max Moszkowski, *Vom Wirtschaftsleben der primitiven Völker* (1911), Waclaw von Brun, *Die Wirtschaftsorganisation der Maori auf*

zur Sache stellt einen der ersten Versuche dar, die Vielfalt der Befunde zu bündeln und einer systematischen Betrachtung zuzuführen, ehe sie von Marcel Mauss zu einer Theorie der Gabe ausgeformt werden sollten. Inhaltlich steht er auch hier in der Tradition der Historischen Schule der Nationalökonomie. Gerade der von ihm geschätzte Kollege Adolph Wagner hatte die »wechselseitige solidarische Hingebung von Gütern und Diensten« als Eigenart kollektivwirtschaftlicher Systeme betrachtet.[599] Auf eine überkommene Konvention, die den »Altruismus bzw. Gemeinsinn als einen gleichwertigen Triebe neben dem Erwerbstrieb gestellt« habe,[600] berief sich auch Gustav Schmoller. Er differenzierte zwischen »altruistischer Hauswirtschaft«, in deren Rahmen das Individuum zwar zu »Dienst und Hülfe« gezwungen werden konnte, »ihm aber auch ohne Entgelt Dienste und Güter« zuflossen, und »egoistischer Tauschwirtschaft«. Letztere verstand er als »freies Spiel der Interessen mit der steten Absicht auf Gegenleistung«.[601] Während Schmoller und Wagner in ihren eher beiläufigen Bemerkungen auf die altruistische Komponente dieser alternativen Verkehrsform abheben, streicht Bücher stärker den Charakter der Gegenseitigkeit heraus, den die Rechtshistoriker betonten, als sie in den 1880er Jahren auch den Begriff »Geschenktausch« prägten, und benutzt auch selbst den Begriff des »Geschenkaustausches« bzw. »Geschenkverkehrs«.[602] Darin drückt sich das Bemühen aus, eine dritte Position zwischen altruistischer Schenkung und egoistischem Tausch zu markieren. Bereits in den 1880er Jahren hatte Rudolf von Jhering dem Alt-

Neuseeland (1911), D. Chasin, *Die Wirtschaft der Bantuneger in Kamerun* (1912), Max Richter, *Die Wirtschaft der südafrikanischen Bantuneger* (1912). Fritz Berolzheimer, der in seinem Werk *System der Rechts- und Wirtschaftsphilosophie*, Bd.4: *Philosophie des Vermögens einschliesslich des Handelsverkehrs* (München 1907, 222–227) ähnlich argumentiert, indem er davon ausgeht, dass ursprünglich die »Darreichung eines Geschenks in Erwartung eines Gegengeschenks« erfolgt sei und dem »friedlichen Austausch zwischen Stämmen« gedient habe (223), gab zusammen mit Josef Kohler das *Archiv für Rechts- und Wirtschaftsphilosophie* heraus und suchte Büchers persönlichen Kontakt. So kündigt er in einem Schreiben vom 20. November 1910 seinen Besuch bei Bücher an. Bereits im Mai 1908 hatte er in seiner Eigenschaft als Mitglied des wissenschaftlichen Beirates des Scherl-Verlages Bücher um einen Beitrag in der Zeitschrift *Die Woche* gebeten. In einem Schreiben vom 24. Mai 1909 bittet er Bücher um Mitwirkung in einer zu gründenden »Internationalen Vereinigung für Rechts- und Wirtschaftsphilosophie samt den Gesetzgebungsfragen«. Am 31. März 1916 schickt er an Bücher das erste Heft der neugegründeten Zeitschrift *Archiv für Wirtschaftsforschung im Orient*. UBL, Sondersammlung, NL 181 (Karl Bücher).

599 Wagner, *Allgemeine und theoretische Volkswirthschaftslehre* 1876, 164.

600 Schmoller, *Grundriss* 1900, 33.

601 Ebd. 2.

602 Bücher, Schenkung 1918, 5 u. 22.

ruismus und dem Egoismus eine weitere Kategorie zur Seite gestellt, den Mutualismus, und argumentiert, dass die wechselseitige Hingabe von Gaben weder als ein Handeln im Selbst- noch im Fremdinteresse zu verstehen sei.[603]

Mit ihren Alternativmodellen zum »egoistischen Tausch« schufen Nationalökonomen wie Bücher oder Rechtshistoriker wie Jhering die Grundlagen für die Entwicklung wirkmächtiger Gegenmodelle zur modernen Ökonomie, die seit den 1920er Jahren unter den Etiketten »Gabentausch« und »Gegenseitigkeit« bzw. »Reziprozität« firmieren. Für die soziologische und wirtschaftsanthropologische Theoriebildung haben sich diese Konzepte als wegweisend erwiesen,[604] während Wirtschaftshistoriker den *homo reciprocans* als Gegentypus zum Nutzen maximierenden *Homo oeconomicus* erst in den letzten Jahren neu für sich entdeckt haben. Sie sind es auch, die dem Gabentausch wieder jene altruistische Komponente zuweisen, welche die Schöpfer dieses Konzeptes zu vermeiden suchten, und die im *homo reciprocans* den auf Gegenseitigkeit bedachten, fair handelnden Menschen sehen.[605]

Arbeitshetze und Erholungsreisen

Friedrich Bücher empfindet das Leben des Vaters als gehetzt, »die Mitternacht [sei] in seiner Arbeitsstube oft [...] weit überschritten« worden.[606] Die Klage, dass Karl abgespannt und müde sei, ist ein immer wiederkehrender Refrain in Emilie Büchers Briefen an die Eltern.[607] Namentlich in den Früh-

603 Rudolf von Jhering, *Der Zweck im Recht* (1877/1883) 1970. Auf Jhering basiert die soziologische Untersuchung von Lothar von Dargun, *Egoismus und Altruismus in der Nationalökonomie*, Leipzig 1885, die wohl den umfangreichsten Beitrag zur Sache aus nationalökonomischer Sicht darstellt, aber heute nahezu unbekannt ist. Vgl. dazu meine Bemerkungen in Wagner-Hasel, *Der Stoff der Gaben* 2000, 36f.

604 Ausführlich Wagner-Hasel, *Der Stoff der Gaben* 2000, Kap. 1, insb. 31ff. – Zur Bedeutung Büchers für die frühen Ethnologen vgl. jetzt Spittler, *Founders* 2008, 94f.

605 Vgl. die Argumentation von Plumpe, Die Geburt des »Homo oeconomicus« 2007, 320.

606 Friedrich Bücher, *Vorbei* o. J., 14.

607 Emilie Bücher an ihre Eltern, 6. Juli 1894: »Gesundheitlich geht es gut bei uns, nur Karl ist wieder einmal abgehetzt u. müde. Ich hoffe, er wird sich in Wernigerode erholen, aber 14 Tage, das ist nicht lang.« Am 27. Februar 1901 schreibt sie an die Schwester: »Karl ist à bout de ses forces; die Ferien beginnen nächste Woche, leider will er aber doch nichts unternehmen, sondern eine Arbeit, die sein ganzes Denken erfüllt, fertig machen. Ich kann nichts thun, sondern muß ruhig ansehen, wie er seine Gesundheit maltraitiert u.

27. Bayrischer Bahnhof 1900

jahrsbriefen fällt ihre Kritik deutlich aus, wenn sie anfängt, die alljährliche Sommerfrische zu planen. »Das Mannderl will aber nichts vom Verreisen wissen«, ist ein Satz, der sich häufig in den Briefen findet.[608] Zwar nimmt sie Anteil an den Inhalten, mit denen er beschäftigt ist, um sie zugleich gegen die Gesundheit oder das Gesellige aufzuwiegen: »Wie er da aus Berichten von Reisenden und Missionaren die Wirtschaft's Geschichte der Naturvölker studiert,«, schreibt sie im Sommer 1897 an die Eltern, »ihm fällt so vieles auf und ein, was auch für seine ›Arbeit und Rhythmus‹ Bezug hat, dass er eigentlich 2 Bücher zugleich schreibt. Auf diese Weise ist er natürlich so beschäftigt, daß er für nichts anderes Interesse hat, nicht einmal, so wie Friedi meint, für seinen Sohn.«[609] Dieser wünscht dem Vater einen Ruf nach Graz, um die Nähe zum Großvater Mittermaier genießen zu können, bei dem es ihm viel besser gefällt als in Leipzig, wo der Vater immer so ernst und still sei. Im

seinem Geist vor der Zeit verbraucht.« Am 14. September 1901 berichtet sie ihr: »Karl arbeitet an der 4. Aufl. von Arbeit und Rhythmus, wenn's fertig, will er nach Pest, Wien vielleicht über Kirberg zurück. Er hat aber wieder so viele neue Gedanken, das gibt neue Kapitel u. viel Zeit, so ist's mit der Reise noch nicht abgemacht, ob's auch dazu kommt.« PB Lauth.

608 Emilie Bücher in einem Schreiben ohne Datum aus dem Jahr 1898 an die Eltern. Am 14. März 1899 schreibt sie an die Eltern: »Vom Fortgehen will er jetzt nun mal nichts wissen.« PB Lauth.

609 Emilie Bücher an ihre Eltern, 27. August 1897. PB Lauth.

März 1901, als Bücher an seinem Beitrag über die antike Wirtschaft für die Festschrift zu Ehren Schäffles sitzt, klagt Emilie der Schwester: »Karl, fürchte ich allerdings, wird wieder nicht verreisen wollen, wenn es bis dahin nicht vielleicht sehr nothwendig wird. Er ist so sehr in seine Arbeit über die Töpferei in Griechenland [vertieft], daß er nichts anderes wissen will. Die Untersuchungen, ob, wie seine Gegner behaupten, es damals schon Fabriken gab, sind sehr interessant. Vom nationalökonomischen Standpunkt muß er es verneinen, es waren vielmehr wandernde Töpfer nach Rom etc., die alle die vielen Vasen zustande brachten. Also interessant ist es, aber ein Reischen wäre halt noch gescheiter.«[610] Eine Rede zu Ehren Wagners, deren Vorbereitung im Frühjahr 1905 die lang ersehnte gemeinsame Ferienreise nach Italien zu gefährden droht, schlägt sie vor, einfach abzusagen. »Jeder vernünftige Mensch wird das thun.«[611]

Erholung im Alltag findet das Ehepaar Bücher bei Spaziergängen im nahen Rosental, von wo »ein ansehnlicher Teil der Leipziger Professoren« an den Sonnabendnachmittagen nach Leutzsch zu wandern pflegte. »Jahrzehntelang nahm mein Vater hieran teil und setzte schließlich noch einige Jahre mit nur wenigen Getreuen diese westlichen Gänge fort, nachdem die große Mehrzahl – im Süden oder Osten der Stadt wohnend – ihre Wanderungen nach der sog. ›Linie‹ verlegt hatte, nämlich dem nach Connewitz führenden Walde.«[612] Auch in den Briefen der Ehefrau finden diese Zusammenkünfte in den ersten Jahren häufig Erwähnung. Kurz vor dem Aufbruch in die Sommerfrische nach Wernigerode meldet sie im Juli 1894 den Eltern: »Heute Abend kommt H. Ratzel ganz einfach mit uns zu Nacht zu essen; seine Frau hat natürlich dem ihr so gräßlichen Leipzig schon den Rücken gekehrt. Um 9 Uhr gehen wir dann mit H. Ratzel in das Rosenthal, da ist jeden Freitag Abend Zusammentrunk von Professorenfamilien.«[613] Gegenüber den Reiseeindrücken, die sie in der »Sommerfrische« gewinnt, kommen ihr diese Spaziergänge aber zunehmend eintönig und reizlos vor.[614]

610 Emilie Bücher an Mathilde, 30. März 1901. PB Lauth.

611 Emilie Bücher an Mathilde, 24. Februar 1905. PB Lauth.

612 Friedrich Bücher, *Vorbei* o. J., 14.

613 Emilie Bücher an ihre Eltern, 6. Juli 1894. Auch später werden diese Wanderungen immer wieder erwähnt. Am 11. Juli 1903 heißt es in einem Brief an die Schwester Mathilde: »Karl ist auf seinem üblichen Samstag Nachmittag Spaziergang nach Leutzsch.« PB Lauth.

614 Emilie Bücher am 27. August 1897 nach der Rückkehr aus Graz an ihre Eltern: »Ja, wenn es hier nur auch so schöne Spaziergänge gäbe, so ein Weg zum Wald, Heubach, zum Stoffbauer, da würde man sich zum Spazierengehen angeregt fühlen, statt dessen laufen wir eben ins Rosenthal, wo es gegenwärtig unglaublich viel Schnacken gibt, so etwas habe ich mein Lebtag nicht gesehen, es soll eine Folge der Ueberschwemmungen sein.« PB Lauth.

In den ersten Jahren reisen Mutter und Sohn im Sommer für mehrere Wochen nach Wernigerode im Harz, auf den Ruckerlberg nach Graz, ein um die Wende zum 20. Jahrhundert beliebtes Ausflugsgebiet der Grazer mit vielen Gasthöfen, wo die Mittermaiers ein eigenes Haus erwerben, nach Kundratitz bei Leitmeritz in Böhmen, in den Bayrischen Wald. Der Vater kommt oft – wenn überhaupt – nur für kurze Zeit nach oder trifft sich – so im Sommer 1893 – mit seinem Freund Aloys Schulte zum Wandern in Tirol.[615] Nach den Ferien in Graz, in denen der Vater daheim an der zweiten Auflage zu seiner *Entstehung der Volkswirtschaft* arbeitet, die noch im selben Jahr, 1897, auf den Markt kommt, erscheint Mutter und Sohn die Stadt Leipzig in einem besonders tristen Licht. »Nun trennen uns schon wieder Berge und Thäler, in unseren Gedanken sind wir aber noch ganz bei Euch und wollten, es wär's auch noch in Wirklichkeit«, schreibt Emilie Bücher an ihre Eltern. »Die grüne Steyermark hat's uns überhaupt angethan. ›Seitdem ich da gewä, gefällt mer Leipzig gar net mäh‹. Es kam mir gar lächerlich vor, als eine Böhmin in der Nähe von Prag beim Anblick eines Steinhaufens mit einigen Gräsern überwachsen ausrief: ›ach wie schön!‹ Richtiger schien mir Friedi's Bemerkung, als er in der Nähe von Leipzig einige große braungebrannte Stoppelfelder sah und meinte: ›Das ist wie die Wüste Sahara!‹ Er wollte damit nicht spotten und sich lustig machen, sondern nur seinen Eindruck wiedergeben.«[616] Als die Mittermaiers im Herbst 1897 von Graz nach Lugano wechseln und von der »gelungenen Heimreise durch die Gletscherwelt u. durch sonnige Gefilde« schwärmen, schreibt Emilie neidvoll: »Der Süden ist halt schön, man darf kaum daran denken, sonst gefällt Einem der Norden gar nicht mehr.«[617]

Als ab der Untersekunda der Sohn dann alljährlich seine Sommerferien in Kirberg bei den väterlichen Verwandten verbringt,[618] reisen die Eltern nun häufiger gemeinsam, an die Nordsee oder nach Italien. Diese Reisen ringt Emilie Bücher ihrem Mann mit Beharrlichkeit ab. Im August 1898 geht es erstmals an die See nach Büsum, von wo Emilie begeistert über die

Der feuchte Auwald ist eine ideale Brutstätte für Insekten und auch heute noch berüchtigt für seine Mückenplage.

615 Braubach, Aus Briefen 1965, 378. Auch mit Adolph Wagner verabredet er sich zum gemeinsamen Wandern, so im Sommer 1896 im Erzgebirge. Ebd. 388.

616 Emilie Bücher an ihre Eltern, 15. August 1893. PB Lauth.

617 Emilie Bücher an ihre Eltern, 16. Oktober 1897. PB Lauth.

618 Friedrich Bücher, *Vorbei* o. J., 12.

28. Der Sohn Friedrich Bücher als Student

neuen Erfahrungen mit Ebbe und Flut berichtet,[619] im August 1901 dann nach Borkum und 1902 zusammen mit der Schwester Mathilde nach Sylt. »Es ist mir eine so große Freude, daß Karl jetzt auch Geschmack daran findet, im [Strand-]Korb zu sitzen«, er sei im Ganzen sehr heiter gewesen, schreibt Emilie im August 1901 an Mathilde.[620] Mitte der 1890er Jahre hatte der Ehemann Seereisen noch abgelehnt.[621] In der Oberprima darf der Sohn mit an die See nach Borkum; nach dem Abitur im Frühjahr 1902 begibt er sich auf die ersehnte Italienreise, die ihn an die ligurische Küste führt, drei Jahre später – Friedrich Bücher studiert inzwischen Rechtswissenschaft[622] – macht er zusammen mit seinem Vetter Hermann und dem Sohn des Leipziger Theologen Rudolf Kittel eine Wanderung durch die Alpen nach Italien.[623] Auch für die Eltern ist in dieser Zeit erstmals Italien Reiseziel, die »Krönung bildungsbürgerlicher Urlaubsambitionen« schlechthin:[624] die Riviera mit Rapallo und S. Margherita im Frühjahr 1903, Rom und Neapel im Frühjahr 1905. Möglicherweise hat die Tatsache, dass der Freund Aloys Schulte zu dieser Zeit das Königlich Preußische Historische Institut in Rom leitete, Einfluss

619 Emilie Bücher an ihre Eltern, 10. August 1898: »Sehr schön ist's die Fluth zu beobachten, die darüberfliegenden Möwen.« PB Lauth.

620 Emilie Bücher an Mathilde, 12. August 1901. PB Lauth. Sylt bleibt auch in den folgenden Jahren – 1904 und 1906 – ein bevorzugtes Reiseziel.

621 Emilie Bücher an ihre Mutter und an ihre Schwester Mathilde, 27. Mai 1894. PB Lauth.

622 Zu Beginn des Studiums lässt er dem Sohn die Wahl zwischen Geschichte und Rechtswissenschaft und schickt ihn die ersten Semester an die Universität Tübingen (Friedrich Bücher, *Vorbei* o. J., 16–18)

623 Emilie Bücher an Mathilde, 12. August 1905: »Nächsten Freitag gehen Friedi, Hermann, Kittel u. noch ein Bekannter mit dem Rucksack auf den Rücken in die Schweiz über den Simplon nach Italien, Brenner zurück. Sie freuen sich sehr, die Jüngelchen!« PB Lauth.

624 Schäfer, *Bürgertum* 2003, 137.

auf die Wahl des Reiseziels gehabt.[625] Begeistert lädt Emilie Bücher im Winter 1903 ihre Schwester Mathilde ein, mit ihnen zu reisen: »Denke Dir […], das Mannderl will endlich mal heraus, dieses Frühjahr. Mitte März nach dem Lande, wo die Citronen blühen […]. Du bist freundlichst gebeten, Dich mit anzuschließen. Na was sagste denn dazu? Es dünkt mich so wunderbar, daß ich immer fürchte, es kommt noch was dazwischen. Bis wohin, das weiß ich noch nicht, mir ist alles neu.«[626] »Lang, lang« verspricht sie nach der Rückkehr im April 1903 von all »den schönen Erinnerungen [zu] zehren!« Von der wohltuenden Wirkung der darauffolgenden Reise nach Rom und Neapel auf die Schaffenskraft ihres rastlosen Ehemannes, die die Schwestern zusammen im Frühjahr 1905 unternehmen, zeigt sie sich überzeugt: »Karl reist kommenden Mittwoch ab, seine Vorträge sind bald fertig, u. necke ich ihn immer, daß er kaum mit solcher Leichtigkeit u. Frische dieselben aus dem Ärmel hätte schütteln können, ohne die herrliche Ausspannung mit den zwei alten Schachteln in Italien!« Im Oktober 1905 ist noch einmal eine gemeinsame Reise in die Schweiz auf dem Programm, zum Mont Blanc und nach Bern.[627] Im April 1907 plant sie mit der Schwester eine Reise ins Wallis.[628] Nach dem Tod Emilies im Januar 1909 bleibt die Schwägerin eine getreue Reisegefährtin des Witwers – so im Sommer 1909 während einer Reise in die Dolomiten. 1911 reist Bücher dann mit seinem Schüler Johannes Plenge nach Sizilien.[629]

Die Reiseziele der Familie Bücher bewegen sich im Spektrum bürgerlicher Gewohnheiten dieser Jahre, wie ein Vergleich mit den Reisen des Pfarrers der Leipziger Thomaskirche, Wilhelm Hölscher, nahelegt. Ihn zog es in

625 Schulte leitete von 1901 bis 1903 das Institut. Goetz, *Historiker in meiner Zeit* 1957, 370; Braubach, Aloys Schulte 1968, 304–305.

626 Emilie Bücher am 26. April 1903, 24. Februar 1905 und 22. April 1905 an ihre Schwester Mathilde. PB Lauth.

627 Emilie Bücher an Mathilde, 19. Oktober 1905: »Wir sind also wohlbehalten gestern Mittwoch Abend 9.35 hier angelangt, abgeholt von den 2 Jünglingen, zu Hause erwartet von Frieda. Man gewöhnte sich so schnell zu Hause wieder an, als sei man nicht fortgewesen. Vor dem geistigen Auge gingen mir schöne Bilder vorüber, Träumen gleich […], der mont Blanc […], Bern. Ja wir waren gerade so entzückt wie Du.« PB Lauth.

628 Emilie Bücher an Mathilde, 25. April 1907. PB Lauth.

629 Friedrich Bücher, *Vorbei*, o. J., 29. – Eine Reise nach Übersee im Jahre 1903 (vgl. die Bitte Ratzels vom 13. August 1903 um Auskunft über »Aussichten dieser Reise und den Charaktereigenschaften des Dr. Plenge«, da der Neffe seines väterlichen Freundes aus frühen Jahren sich gerne anschließen würde) unternimmt Plenge alleine, berichtet aber seinem Lehrer ausführlich. UBL, Sondersammlung, NL 181 (Karl Bücher), Plenge an Bücher, 8. Februar 1904. Vgl. auch das Schreiben von Büchers Kollegen Partsch vom 7. August 1912. UBL, Sondersammlung, NL 182 (Karl Bücher).

den 1890er Jahren ebenfalls in die Mittelgebirge, in den Böhmer Wald; ab 1902 wurde die Schweiz das bevorzugte Reiseziel der Pfarrersfamilie, 1910 fuhr der Pfarrer mit seiner Tochter erstmals nach Italien.[630] Allerdings entsprachen die einfacheren Sommerfrischen in den Mittelgebirgen, die die Büchers zunächst aufsuchten, eher den Reisezielen der mittleren Beamten,[631] während die Kollegen aus dem akademischen Milieu, so der von Bücher geschätzte Adolph Wagner mehr Aufwand betrieben. Wagner reiste, wie aus seinen Briefen hervorgeht, bereits in den 1870er und 1880er Jahren mit seiner Frau für mehrere Wochen nach Italien oder in die Alpen. 500 bis 600 Taler legte er nach seinen Aussagen für die jährliche Sommerfrische zurück, die mit dem Wechsel in die ›Großstadt‹ Berlin im Jahre 1870 »unumgänglich« sei.[632] Einen Sonderfall bilden die Webers, die sich nach der Erkrankung von Max Weber im ersten Jahrzehnt des 20. Jahrhunderts oft für mehrere Monate fern von Heidelberg aufhalten, in Italien, auf Korsika, aber auch an der Nordsee.[633]

Seebäder, die die Büchers Ende der 1890er Jahre aufsuchen, waren dagegen eher großbürgerliche Reiseziele, wobei sich hier um 1900 jedoch eine Veränderung abzeichnete. In dieser Zeit öffneten sich die Badeorte auch mittleren Schichten; zum Teil entstanden neben den alten Bädern neue Seebäder, die sich um die mittelbürgerlichen Schichten bemühten. Während Norderney, das alte Staatsbad der hannoverschen Könige, seine elitäre Ausrichtung behielt, warben die jungen Seebäder wie das benachbarte Borkum, wo die Büchers 1901 logierten, bewusst um eine neue Klientel. Der Saisonführer von 1903 preist das Nordseebad Borkum als einen Ort des »ländlichen Frieden[s] und idyllische[r] Einsamkeit«, wo den Urlauber »Ungezwungenheit im geselligen Verkehr, Unterhaltungen und Vergnügungen in Einfach-

630 Schäfer, *Bürgertum* 2003, 137.

631 Nipperdey, *Deutsche Geschichte* I, 1990, 178.

632 Wagner, *Briefe* 1978, 79 (Brief vom 1. Mai 1870 an seinen Schwager Otto Benndorf). Gegenüber Carl Rodbertus schwärmt er in einem Brief vom 30. Oktober 1875 von einer Reise nach Rom, Pompeji und Capri, auf der ihn Frau und Mutter begleiten. Ebd. 136. Dem Rechtswissenschaftler Rudolf von Jhering wünscht er in einem Brief vom 7. August 1877 »angenehme Ferienerholung«; er selbst »gehe demnächst von hier [Bodenbach in Böhmen] in die österreichischen Alpen«. Ebd. 149. Als Wagner am 8. November 1896 Bücher zum Ruf nach Heidelberg gratuliert, erwähnt er eine sechswöchige Alpenreise, von der er Mitte September zurückgekehrt sei. Ebd. 307.

633 Radkau, *Max Weber* 2005, 367. – Von Werner Sombarts Gewohnheiten zeichnet Lenger (Werner Sombart 1995, 67) ein wiederum anderes Bild. Während die Familie die Sommerfrische an der See verbringt, reist Sombart in die Alpen, wo er sich mit Kollegen trifft.

heit und ohne Aufdringlichkeit« erwarteten – ein klares Indiz für die Ausrichtung auf bürgerliche Schichten, die einen weniger auf Repräsentation bedachten Lebensstil pflegten als adelige Besucher.[634] Zwischen 1880 und 1900 verzehnfachte sich dementsprechend die Zahl der Kurgäste in Seebädern von 23 469 auf 239 403 Personen, bis 1905 erfolgte noch einmal eine Verdoppelung auf 402 155 Gäste. Einen Durchbruch zum Massentourismus bedeutete diese Steigerung nicht. Bis zum Ersten Weltkrieg konnten sich nur etwa elf Prozent der Bevölkerung eine Urlaubsreise leisten.[635] Die Büchers gehörten mit ihren Reisegewohnheiten insofern zu einer privilegierten Schicht, betrieben im Vergleich zu anderen Professorenfamilien in den Anfangsjahren des Leipziger Aufenthaltes aber einen eher bescheidenen Aufwand.

Aufgrund des Privilegcharakters erfüllte die Sommerfrische eine Reihe von gesellschaftlichen Funktionen, die über die bloße Zerstreuung oder persönliche Erholung hinausging. »Als Statussymbol fungierte sie besonders für soziale Aufsteiger als Vehikel der Anerkennung. Der angemessenen ›Repräsentation‹ durch Quartier, Kleidung, Auftreten und Konversation kam daher eine überragende Bedeutung zu«, zumal »die Kur- und Badegäste keine anonyme Masse bildeten, sondern […] sich im ritualisierten Alltag des Badelebens fast ständig begegneten: bei mittäglichen *table d'hôte* im Hotel, in der Lesehalle, auf der Promenade, am Trinkbrunnen […]«.[636] Taucht das Begehren nach repräsentativem Auftreten in eleganter Toilette, wie es für die Aufsteiger in großbürgerlichen Kreisen gilt, in den Briefen Emilie Büchers auch nie auf, so ist ihr doch die Wahl der angemessenen Kleidung in einem Seebad als Problem bewusst. An Borkum schätzt sie, dass »man so unbeachtet leben kann. Die Damen waren ja nicht sehr elegant, fast alle weiß od. in ganz hellen Farben.« Sie selbst findet ihre »guten dunklen Kleider«, die sie mitgenommen hat, für den Ort inzwischen allerdings unangemessen.[637] Deshalb freundet sie sich mit der Blusenmode an, die sie »zu praktisch« findet, »die Leute drinnen sehen bei Tisch so gut aus damit.« [638] Auch ist ihr der Status der Mitbewohner einer Pension oder eines Kurortes der steten Mitteilung

634 Bajohr, *Unser Hotel ist judenfrei* 2003, 35.

635 Tanner, Freizeitgestaltung und demonstrativer Müßiggang im Bürgertum 1995, 113–129; Bajohr, *Unser Hotel ist judenfrei* 2003, 22 f.; Kolbe, Strandurlaub als liminoider (Erfahrungs-)Raum der Moderne? 2005, 187–200; Mai, Die Erfindung und Einrichtung der Sommerfrische 2002.

636 Bajohr, *Unser Hotel ist judenfrei* 2003, 23.

637 Emilie Bücher an Mathilde, 26. August 1901. PB Lauth.

638 Emilie Bücher an Mathilde, 22. August 1898. PB Lauth.

wert. »Unter den Gästen ist eine 84 Jahre alte Frau von Falkenstein«, berichtet sie im Sommer 1895 aus Kundratitz bei Leitmeritz in Böhmen, »die ist noch ganz rüstig. Mehr noch bewundere ich ihre Thatkraft, die Töchter haben eine Pension in Dresden u. die Mutter hat für die 18 Pers. immer noch die ganze Wäsche unter sich, flickt dieselbe u. gibt die Schlüssel für den Weißzeugschrank nicht her. Eigentlich hat sie die Ruhe d. h. das Bedientwerden in diesem Alter verdient. Davon wolle sie aber nicht wissen.« »Die Gesellschaft« ihrer Sommerfrische des Jahres 1896 besteht aus Wienern und Bayern, »aber auch eine Familie aus Leipzig« sei dabei. »Jeder wundert sich vom Andern, wie er dieses Fleckchen Erde gefunden hat.« Ein »Forstassessor, ein Lehrer, der Dr. aus Wien« sind dabei.[639] In Büsum trifft sie bei der »table d'hôte« sogar auf Bekannte aus Graz, »eine Oberstl[eutnant]switwe Endung u. deren Tochter, auch eine Offizierswitwe Bauseyein (?) u. ein Gerichtsrath. Erstere kennt Frau [od. Frieda] Daniek ganz gut.«[640]

Als Privileg versteht Emilie Bücher ihren Aufenthalt in der »Sommerfrische« ganz und gar nicht. Maßstab bilden die Gewohnheiten der Eltern, die ihren Wohnort halbjährlich wechseln und den Sommer in ihrem »Alpenhaus« in Graz, den Winter zunächst in München, ab 1896 dann im Tessin, in Lugano verbringen. An beiden Orten hatten diese Besitz erworben und wohnten komfortabel mit selbst eingestelltem Dienstpersonal.[641] Von Lugano aus unternehmen die Eltern auch gelegentliche Reisen an die Riviera.[642] Während der Ruckerlberg, ein langgezogener Bergrücken im Osten von Graz, mit seinen »Schankenwirtschaften« eher das traditionelle Ausflugsziel der Grazer Bevölkerung bildete, aber auch kaiserliche Gäste aus Wien anzog,[643] wurde in Lugano seit den späten 1880er Jahren bewusste Fremden-

639 Emilie Bücher an ihre Eltern, 28. Juli 1896. PB Lauth.

640 Emilie Bücher an Mathilde, 22. August 1898. PB Lauth.

641 In einem Brief vom 30. September 1896 bedauert sie Eltern und Schwester um das Hausen im »noch ungemüthlichen Lugano«, das »mit Einrichten und Eindrillen der Magd erfüllt sein« dürfte. Am 15. November 1895 heißt es in einem Brief an die Eltern: »Ich hoffe von ganzem Herzen, daß Euch die neue Wohnung gefallen möge. 2 Stockwerke sind ein bißchen unbequem u. kalt, aber man muß es halt nehmen, wie man es haben kann. Der schöne Blick auf den See, die Berge, das ist schon viel werth.« PB Lauth.

642 In einem undatierten Brief aus dem Jahre 1898 schreibt Emilie Bücher an die Eltern: »Wir freuen uns recht herzlich, daß Eurer kl. Aufenthalt an der Riviera so gut ausgefallen ist, so eine kleine Spritztour erfrischt. Ihr solltet es recht oft so machen. Hoffentlich ist das Wetter nun in Lugano aber auch besser, so, daß Ihr von der Riviera verwöhnt, nicht frieren müßt.« PB Lauth.

643 So wirbt die Schankwirtschaft »Der Stoffbauer« auf dem Rosenberg bei Graz, die auch Emilie während ihrer Aufenthalte in Graz besucht (so erwähnt sie Besuche beim »Stoffbauern« am 15. August 1893 in einem Brief an ihre Eltern sowie am 19. Juli und 6. August

verkehrspolitik betrieben. Dazu gehörte die Anlage von Aussichtspunkten und Spazierwegen,[644] die ihre Wirkung auf die Fremden nicht verfehlte. Über die Spaziergänge in Lugano und den herrlichen Blick auf den See, die sie während ihrer Besuche bei den Eltern kennenlernt, gerät Emilie geradezu ins Schwärmen.[645] Als sie nach einem letzten Besuch bei ihrer inzwischen schwer an Krebs erkrankten Mutter in Lugano nach Leipzig zurück kehrt, fällt ihr das Grau des Himmels beim Spaziergang im Rosental besonders bitter auf. »Welch Unterschied musste ich denken mit Lugano [...]«.[646]

Reisen in die Mittelgebirgslandschaften kommen Emilie gegenüber dem eher großbürgerlichen Zuschnitt der elterlichen Lebensweise in den ersten Leipziger Jahren bescheiden vor. Erholungsaufenthalte in der nahe gelegenen, aber »überfüllten« Sächsischen Schweiz werden vom Ehemann als zu »theuer« verworfen.[647] Als sie im Sommer 1894 nach Wernigerode in den Harz reist, streicht Emilie gegenüber den Eltern die geringen Reisekosten heraus. »Das Schönste u. Beste ist ja, daß W. nur 3 Stunden Schnellzug von Leipzig entfernt ist, das kostet hin und her mit Gepäck 10 Mark III.Kl. Wenn das nicht wäre, ging man ja doch lieber in den Süden, Schweiz, bayr. Gebirge, Tirol od. gar zu Euch ins grüne Steyerland.«[648] Nur 20 Mark kostet pro Woche die Miete von zwei Zimmern für Mutter und Sohn in einer Pension in der Salzbergstraße in Wernigerode.[649]

1897 in Briefen an ihren Ehemann), 2006 in ihrem Prospekt mit dem Besuch Kaiser Franz I. im Jahre 1830. Das »Alpenhaus« der Eltern liegt hingegen auf dem Ruckerlberg. Es handelt sich um einen Bergrücken im Osten von Graz, der erst in den 1920er Jahren nach Graz eingemeindet wurde und im 19. Jahrhundert ein beliebter Villenstandort war. Vgl. Geschichte der Stadt Graz, Bd. 4: *Stadtlexikon*. Hg. v. Walter Brunner, verfaßt v. A. Reismann u. F. Mittermüller, Graz 2003, 418. Für diese Informationen danke ich Fredi Schwarzbauer und Henriette Harich-Schwarzbauer.

644 Sulmoni, Pro Lugano 2005, 143–156.

645 Emilie Bücher an ihre Eltern, 29. Dezember 1896: »Nun ade, grüßt mir schön den salvatore, den blauen See u. das herrliche Lugano überhaupt.« Am 28. Januar 1898 heißt es an die Eltern: »Ihr habt ja diese schönen, in keiner Weise anstrengenden Spazierwege. Ich schwärme immer noch davon.« PB Lauth.

646 Emilie Bücher Weihnachten 1900 an ihre Schwester. PB Lauth. Ein Jahr zuvor, 1899, war der Vater, am 17. Dezember 1900 war die Mutter gestorben. Friedrich Bücher, *Vorbei* o. J., 3 und 10 f.

647 Emilie Bücher am 27. Mai 1894 an ihre Mutter und ihre Schwester. PB Lauth. Zum Phänomen der »Überfüllung« vgl. Bausinger, Bürgerliches Massenreisen um die Jahrhundertwende 1995, 131–147.

648 Emilie Bücher an die Eltern, 1. August 1894. PB Lauth.

649 Emilie Bücher an die Eltern, 6. Juli 1894. PB Lauth.

Auch an anderen Orten wohnt man meist in einfachen Pensionen, die zwischen 4 und 5 Mark pro Tag kosten. Im Frühsommer 1895 verbringen die Büchers acht Tage in einer mit »recht viel Schönheitssinn« eingerichteten Pension einer Berliner Professorenwitwe in Bärenfels im Erzgebirge, deren Töchter das Haus mit ihren Malereien ausgestaltet haben. »Das Essen ist gut«, berichtet Emilie im Juni 1895 den Eltern, »allerdings wird es auch pro Person 5 Mark kosten, Friedi vielleicht 4.«[650] Für vier Mark quartiert sie sich im Mai 1897 alleine auf dem Rochlitzerberg im nahe gelegenen Muldental ein, um »einmal 8–10 Tage zu meiner Erholung Natur zu kneipen.«[651] Komfort bieten diese Pensionen nur begrenzt. Das Rochlitzer »Zimmer ist sonnig u. nett, das Essen ist einfach, aber gut u. reichlich. Gestern bekam ich ein ganzes Schweinsfilet, konnte natürlich nur den vierten Theil davon essen. Dazu viele Beilagen. Heute gab's nach roastbeef einen kl. guten Auflauf in der Form, der war so gut, daß ich ihn fast aufaß. Morgens ist die Portion Kaffee so groß, daß ich reichlich 3 Tassen habe zum Butterbrot. Nachmittags bekomme ich Cacao mit Kuchen, das gehört auch zu den 4 M. Pension. Kurz, es ist alles recht u. gut.«[652] Auch die Unterkunft im Bayrischen Wald wird als bescheiden geschildert. »Im Hause ist alles gut billig bäurisch bayrisch«, berichtet sie im Sommer 1896. »Vom Sofa im Zimmer keine Rede. Da ich aber immer in der Hängematte ausruhe u. außer zum Schlafen nie im Zimmer bin, so vermisse ich dieses Möbel nicht.«[653] Einquartierungen in großen Hotels – so im Sommer 1898 im Büsumer Strandhotel – sind eher selten.[654] Im Unterschied aber zu den Reisen in die Mittelgebirge verliert Emilie über die Kosten der Aufenthalte in den Seebädern und in Italien, die

650 Emilie Bücher an die Eltern, 3. Juni 1895. PB Lauth.

651 Emilie Bücher an die Eltern, 5. Mai 1897. PB Lauth.

652 Ebd.

653 Emilie Bücher an ihre Eltern, 28. Juli 1896. PB Lauth.

654 Emilie Bücher an ihre Eltern, 10. August 1898: »Ich lerne zum ersten mal in m. Leben das Dasein in einem Nordseebad kennen. Wir sind auf gut Glück hierher ohne Wohnung zu haben, entschieden uns dann für das Strandhotel, wo jedoch zu Wohnen kein Platz mehr ist, weßhalb der Wirth uns im Privathaus einquartierte, etwa 5 M. vom Hotel. Ein hübsches Zimmer mit offenem Balkon auf die See, dicht am Deichweg, wo alle Menschen vorüber gehen. Es ist schön u. unterhaltend zugleich.« Nur die Pension, die beides, Unterkunft und Essen bietet, erscheint ihr, als es am 24. Februar 1905 um die Planung der Reise nach Rom geht, das Unbehagliche einer Reise zu mildern; einen Aufenthalt in wechselnden Hotels und Restaurants lehnt sie ab, wie sie ihrer Schwester schreibt: »Denke doch, pension ist das einzig richtige, dabei kann man das Ungemüthliche der Fremde, das nicht zu Hause sein, allein etwas vergessen. Jeden Tag, Mittag à Abend elfe, also 2 mal immer wieder wo anders, dazu muß man jung sein […]. Wie ich Karl kenne mit dem ewigen Bezahlen, Trinkgelder etc., das wird ihm nach 8 Tagen schon zuwider.« PB Lauth.

weit höher gelegen haben müssen als die Pensionskosten in den Ferienorten der Mittelgebirge, kein Wort. Dieses Schweigen und der Wandel der Reiseziele hin zu »touristischen Orten« belegt eine sukzessive Anpassung Büchers an den bürgerlichen Lebensstil und die Gewohnheiten des periodischen »Müßiggangs.«

Sehr deutlich tritt in den Reiseschilderungen Emilies der ›liminoide‹, grenzüberschreitende Charakter der Sommerfrische hervor, den jüngere Forschungen herausstreichen. Zu einer Zeit, als es zum bürgerlichen Habitus gehörte, möglichst keinen Zentimeter Haut fremden Blicken preis zu geben, bedeutete die Entblößung auch nur der Beine und Arme, wie das beim Wattwandern üblich war, eine ungewohnte körperliche Grenzerfahrung,[655] an der sie Eltern und Schwestern teilhaben lässt. Zeigt sich Emilie zu Beginn der ersten Seereise im Jahre 1898 noch belustigt über das Wattwandern der Kurgäste in hoch geschürzten Röcken – »Zum Todlachen ist, wenn ganze Familien, Damen mit hochgeschürztem Rock barfuß bei Ebbe weit ins Meer hinaus laufen«,[656] so bekennt sie noch im selben Urlaub ihrer Schwester, dass sie zum Wattwandern ganz »ungeniert« ihre »Schuhe u. Strümpfe im [...] Strandkorb« abgelegt und »die Röcke mit Gummiband hoch bis zum Knie« geschürzt habe. »Nachher hat man ganz heiße Waden u. Füße.«[657] Quasi als Selbstvergewisserung der Schicklichkeit ihres Tuns stellt sie sich im Brief an die Schwester Mathilde vor, »daß, wenn die Eltern hier wären, [...] sie sicherlich auch noch Watten liefen, man sieht die ältesten Männer u. Frauen sich diesem Vergnügen hingeben.«[658] Dem Baden nähert sie sich weit vorsichtiger als dem Wattwandern an, das in dieser Zeit aus medizinischen Gründen propagiert wurde. Sie weiß um die damals üblichen medizinischen Empfehlungen, den Aufenthalt im Wasser kurz zu gestalten.[659] Als es zu Beginn des Büsumer Urlaubs noch »nicht genügend warm [ist] zum Baden«, äußert sie gegenüber den Eltern die Absicht, es ohnehin »nur selten [zu] thun, nur wenn es wirklich warm ist, Karl ebenso«, und fügt belehrend hinzu: »Im Wasser darf man nicht länger als einen Augenblick bleiben, so lohnt es eigentlich nicht, ins Wasser zu gehen.«[660] Auch als sie zwei Wochen später ihrer Schwester vom ersten Badeerlebnis berichtet, verlässt sie die medizinische Diskursebene nicht. Ausführungen über die Badekleidung fehlen

655 Kolbe, Strandurlaub 2005, 193–196.

656 Emilie Bücher an ihre Eltern, 10. August 1898. PB Lauth.

657 Emilie Bücher an Mathilde, 22. August 1898. PB Lauth.

658 Ebd.

659 Kolbe, Strandurlaub 2005, 193.

660 Emilie Bücher an ihre Eltern, 10. August 1898. PB Lauth.

ganz. »Das Wetter ist immer wundervoll, solches Glück hatten wir schon lange nicht mehr. Das Wasser hat 20°, also kann es Einem nicht schaden. Man erschrickt gar nicht, wenn man hineingeht. Ich bade aber doch nicht alle Tage, die Bäder sollen doch angreifen, der Salzgehalt ist sehr hoch. Karl, der Arme, hatte u. hat noch die sogenannten Badefrisel, es juckt ihn die Haut, die von lauter kl. rothen Pünktchen bedeckt war, geradezu scheußlich. Es soll dies oft vorkommen, juckt aber vielleicht nicht jeden so schauderhaft. Ich habe dies m. Tischnachbarn erzählt, der gestand mir am andern Tag, wenn ich ihm es nicht gesagt hätte, wäre er gestern noch abgereist. Nur das Gefühl, daß er nicht allein so leidet, hat ihn getröstet.«[661] Bei der zweiten Seereise im Sommer 1901 gibt sie das Baden ganz auf und überlässt dieses Vergnügen Sohn und Ehemann; sie selbst begnügt sich mit dem Waschen mit Seewasser, dem sie ein kosmisches Vergnügen abgewinnt. »Karl u. Friedi freuen sich über das Bad, ich selbst wasche mich nur mit Seewasser, als ich neulich Abend im dunkeln an meinen Eimer stieß, funkelte u. glitzerte das Wasser, es war Meerleuchten wunderschön!«[662]

Mit ihrer alljährlich wiederkehrenden Reisebegierde bewegt sich Emilie Bücher im Einklang mit den medizinischen Diskursen ihrer Zeit. Seit den 1870er Jahren wurde die »Sommerfrische« in populären Zeitschriften und medizinischen Fachblättern als medizinische Notwendigkeit propagiert, wobei vornehmlich Angehörige von Bildungsberufen, Beamte und Geschäftsleute angesprochen wurden. Der zeitweise Aufenthalt auf dem Lande galt gerade für Städter als Ausdruck hygienischer Selbstverantwortung.[663] Die wohltuende Wirkung der »Staublosigkeit« an der See[664] oder der »guten Luft« vom »Ruckerlberg und von Lugano,«[665] das Ausruhen in »guter stärkender Luft« im heimatlichen Kirberg im Taunus, wo sich Sohn und Ehe-

661 Emilie Bücher an Mathilde, 22. August 1898. PB Lauth.

662 Emilie Bücher an Mathilde, 12. August 1901. PB Lauth.

663 Mai, Die Ordnung des Sommerfrischens als Ordnung bürgerlichen Lebens 2005, 273–286.

664 Emilie Bücher an Mathilde, 26. August 1901: »Die Staublosigkeit am Strande, das ist etwas Herrliches.« Auch an anderen Ferienorten preist sie die staubfreie Luft, so in einem Brief vom 5. Mai 1897 aus Rochlitz an die Eltern. PB Lauth.

665 »Die gute Luft vom Ruckerlberg und von Lugano möge Euch so frisch als Ihr jetzt seid (aber ohne das schlimme Knie, lieber Vater) noch lange lange zu Eurer Kinder Freude erhalten!« wünscht Emilie Bücher am 28. Juli 1898 ihren Eltern. PB Lauth.

mann öfter aufhalten,[666] oder in den Bergen[667] wird in schöner Regelmäßigkeit beschworen und der krankmachenden staubigen und rußigen Großstadtluft gegenüber gestellt. Kein Wort findet sich in den Briefen Emilies indessen über die Angewohnheit des Ehemannes, dem Arbeitsdruck mit dem Zigarrerauchen zu begegnen und somit die Wohnungsluft mit Staubpartikeln anzureichern. Im Gesundheitsdiskurs der Zeit hatte das Rauchen noch keinen Platz. Karl Bücher selbst meint in seinen Erinnerungen, dass ihm »diese leidige Gewohnheit das Arbeiten außerordentlich erleichtert« habe: »ich bin deshalb immer gegen sie nachsichtig geblieben, weiß auch nicht, ob ich ohne sie je meine Arbeit hätte zu Ende bringen können« (L 376).[668] Es ist ohnehin anzunehmen, dass sich hinter Emilies vordergründig auf körperliche Gesundheit ausgerichteten Argumenten für eine Sommerfrische Sehnsüchte verbergen, die jenseits medizinischer Notwendigkeiten standen. Das legt die zunehmende Dringlichkeit nahe, mit der sie Reisen im Laufe der Jahre einfordert. Die Spannungslosigkeit des Alltags, der Mangel an sinnlichen Reizen und intellektuellen Herausforderungen bei der Bewältigung der alltäglichen Pflichten, der nach dem Auszug des Sohnes zunimmt, verleihen den wenigen Wochen der Sommerfrische den Charakter des ›eigentlichen Lebens‹. Der Gegenweltcharakter, der der Sommerfrische in der Tourismusforschung zugeschrieben wird,[669] trifft die Reisesehnsucht Emilie Büchers auf den Punkt. Für Karl Bücher hingegen, der in seinen *Lebenserinnerungen* seine Aufenthalte in der Sommerfrische als ethnographische Studienaufenthalte darstellt (L 392ff.), waren Reisen nichts anderes als die Verlagerung seiner Forschungstätigkeit vom geschlossenen Raum ins Freie.

666 Emilie Bücher an ihre Eltern, 16. Oktober 1897: »Er [Karl] war auch nur in Kirberg nach Köln gewesen. Die Luft ist dort aber gut u. kräftig; die Spaziergänge im Taunus sehr schön.« PB Lauth.

667 Emilie Bücher an Mathilde, 25. August 1905. PB Lauth.

668 Mit dieser Gewohnheit stand Bücher im Übrigen nicht allein. Auch Lamprecht war ein starker Raucher, der den Anspruch auf sein Raucherlebnis in historischen Seminaren gegenüber dem Universitätsrentenamt sogar vehement verteidigte. Diesener, Lamprecht und die Leipziger Universität 1993, 27.

669 Tanner, Freizeitgestaltung 1995, 128; relativierend für Frauen: Kolbe, Strandurlaub 2005.

Der Tod der Ehefrau und die Schaffenskrise

Seit den Herbstmonaten des Jahres 1907 – der Sohn hat die erste juristische Staatsprüfung hinter sich gebracht – ist das Leben Büchers überschattet vom Leiden seiner Frau. Noch im April 1907, kurz vor ihrer eigenen Erkrankung, zeigt sie sich in einem Brief an die Schwester Mathilde besorgt um die Gesundheit ihres Mannes: »Karl liest heute zum ersten mal wieder, die Ferien hat er geschafft, daß es nimmer war. Der zweite Band der Bevölkerung von Frankfurt im Mittelalter soll bis Ende des Jahres fertig werden. Obwohl schon vieles früher fertig gemacht war, so ist es doch noch eine gewaltige Arbeit, mit der ich nicht ganz einverstanden bin, weil es mir eben um Karl's Gesundheit bange ist. Bis jetzt ist er wohl, aber wenn der Bogen zu straff gespannt wird?« Das drohende Unheil trifft indes nicht den rastlosen Ehemann, der seine Gesundheit mit Rauchen malträtiert, sondern sie, die stets gesund zu leben versucht, in die Natur, ins Freie strebt und nicht unter der Bürde der Vorlesungen, der Seminare, der Institutssitzungen, der Publikationsversprechen, der Angriffe von den Kollegen leidet, die eine Kochmamsell hat, wenn Gäste kommen, und ein Dienstmädchen für die täglichen Verrichtungen. Ein Sturz, der die Gehfähigkeit dauerhaft behindert und die erst 54jährige Emilie Bücher an einen »fahrbaren Krankenstuhl« fesselt,[670] leitet eine mehrjährige Leidensperiode ein, die nun auch Büchers Schaffenskraft beeinträchtigt. Noch im Frühjahr 1908 erkundigt sich sein Schüler und Karlsruher Kollege Otto Helmut von Zwiedineck, der die Familie Mittermaier aus Graz kannte, mehrfach nach dem Befinden Emilies, von deren Erkrankung er in Karlsruhe über Eugenie Tröger, eine Tante Emilie Büchers, gehört hatte. »Wie sehr wünschen wir Ihrer verehrten Frau und damit Ihnen rasche Besserung. Aber die Nerven, auf die es ankommt, sind bei uns modernen, meist stark verbrauchten Menschen – auch eine Hausfrau wird gehörig verbraucht – recht wenig dienstwillig, wenn der Konflikt mit ihnen einmal ausgebrochen.«[671] Die Enkelin, eine ausgebildete Chirurgin, weiß es besser. Ein Sarkom an der Wirbelsäule lautet ihre medizinisch korrekte Diagnose.[672] Eine Kur im nahegelegenen Bad Elster bringt keine Besserung, wie

670 Friedrich Bücher, *Vorbei* o. J., 24.

671 UBL, Sondersammlung, NL 181 (Karl Bücher), Zwiedineck an Bücher, 10. Februar 1908. Am 30. März 1908 fragt er wieder nach und weiß inzwischen, daß Mathilde Mittermaier bei ihrer Schwester Emilie ist.

672 Auskunft von Dr. Luise Lauth im November 2002 in Bad Liebenstein.

Bücher dem Kollegen Partsch deprimiert mitteilt.[673] Im Sommer 1908 erfolgt der Umzug in eine Wohnung in der nahe gelegenen Auenstraße, die über einen offenen Balkon verfügt und der Kranken den Aufenthalt im Freien ermöglichen soll.[674] Als Max Weber im Herbst 1908 mit Bücher für die Neugestaltung des Schönberg'schen Handbuchs der Politischen Ökonomie (der später umbenannte *Grundriß der Sozialökonomik*) über einen Beitrag zum Gewerbewesen verhandelt, muss er dem Verleger Paul Siebeck am 15. Oktober 1908 bescheinigen, dass Bücher, »da seine Frau im Sterben liegt, nach wie vor so tief deprimiert« sei und deshalb erklärt habe, »jetzt nichts Andres zusagen zu können, als seinen Rath, wenn er gewünscht wäre.«[675] Auch tritt Bücher von der Leitung der Unterkommission zur Erforschung der Lebensläufe von Arbeitern zurück, der die Brüder Weber sowie Schmoller und Herkner angehören.[676] Büchers Nichte Frieda gibt ihre Stelle an einem Frankfurter Krankenhaus auf und pflegt die Schwerkranke.[677] Die sterbende Emilie erreicht das, was die gesunde nicht erreicht hat: Sie hält ihren Mann von der wissenschaftlichen Arbeit ab.

Nach 27jähriger Ehe, am 11. Januar 1909, stirbt Emilie Bücher. Im August 1909 wäre sie 56 Jahre alt geworden. »Ich muß nun zusehen, wie ich auf der Schattenseite des Lebens mich einrichte, nachdem mir der Sonnenschein genommen ist [...]«, klagt Bücher seinem Freund Aloys Schulte.[678] Max Weber, der dem Kollegen am 13. Januar 1909 kondoliert und ihn wenig später in Leipzig aufsucht, tröstet ihn mit der Aussicht auf viele Schaffensjahre,[679] die

673 Der Kollege reagiert mitfühlend. UBL, Sondersammlung, NL 182 (Karl Bücher), Joseph Partsch an Bücher, 30. August 1908.

674 Friedrich Bücher, *Vorbei* o. J., 26.

675 Weber, *Briefe 1906–1908* (MWG II/5, 1990), 676 (Weber an Paul Siebeck, 15. Oktober 1908).

676 Demm, Max und Alfred Weber im Verein für Sozialpolitik 1988, 128. Vgl. Kap. *Weibliche Wohltätigkeit und moderne Sozialpolitik.*

677 Friedrich Bücher, *Vorbei* o. J., 24.

678 Brief an Aloys Schulte vom 15. Januar 1909. Zitiert nach Braubach, Aus Briefen 1965, 377, Anm. 4.

679 Weber, *Briefe 1909–1910* (MWG II/6, 1990) 28 (Weber an Karl Bücher, 13. Januar 1909). Weber besucht Bücher am 15. Januar, wie aus seinem Schreiben an Marianne Weber vom 27. Januar 1909 hervorgeht: »Montag, 2 Mal, zuletzt bis sehr spät Abends, bei Bücher, der seine Frau (Nichte des H[eidel]b[er]ger Mittermaier verlor u. viel davon [:zu:] sprechen das Bedürfnis hatte.« MWG II/6, 1990, 38. Die Aussage über die eigene begrenzte Lebenszeit fällt in einem Brief vom 16. Mai 1910, in dem es um den Stoffverteilungsplan für das geplante Lehrbuch und um die Karrierechancen von Franz Eulenburg geht (MWG II/6, 1990, 520–534).

ihm selbst, dem jüngeren, nicht vergönnt seien.[680] Aber Bücher verliert die Lebenslust und erkrankt 1911 schwer an einem Darmgeschwür, das in den folgenden Jahren immer wieder aufbricht. Im Februar 1911 muss Bücher deshalb für den Rest des Semesters (bis April) einen krankheitsbedingten Urlaub beantragen.[681] Freunde empfehlen den Rückzug in eine Umgebung, die ihm Ruhe bietet.[682] Im Frühjahr reist er mit Johannes Plenge zur Erholung nach Lugano und Syrakus, im Herbst mit seiner Nichte Frieda nach Bad Gastein.[683] Bei einem Kuraufenthalt im thüringischen Bad Liebenstein im Sommer 1913 erholt er sich und kauft sich dort im darauffolgenden Jahr ein geräumiges Haus mit großem Garten, von dem seine Frau nur hatte träumen können. Ein Umzug ins Grüne in ein eigenes Haus war wegen der Entfernung zur Universität für Bücher nie in Frage gekommen. Der thüringische Kurort wird in den folgenden Jahren zum bevorzugten Sommersitz und nach dem Zweiten Weltkrieg dauerhafter Wohnsitz des Sohnes und der Enkelin Luise.[684] In Leipzig zieht Bücher 1912 in eine universitätseigene Wohnung in der Goethestraße in unmittelbarer Nachbarschaft der Universität und setzt seine Lehrtätigkeit fort. 1916, im Alter von 69 Jahren, lässt er sich von den nationalökonomischen Lehrveranstaltungen entpflichten, nachdem er sich einer zweiten Operation unterzogen hatte. In seinem Schreiben an den Dekan vom 14. April 1916, in dem er seinen Emeritierungsantrag begründet, schildert er die wohltuende Wirkung des Landaufenthaltes und berichtet, dass er wieder im Garten arbeite, »in dem die Obstbäume sehr schön angesetzt haben. Leid tut mir nur, dass ich den Sonnabendspaziergängen fern

680 Diese Äußerung ist wohl unter dem Eindruck seiner Tablettensucht – Weber nahm seit Jahren die Schlafmittel Veronal bzw. Trional – gefallen. Aus den Briefen von Marianne Weber an ihre Schwiegermutter Helene aus dieser Zeit, die von dieser Tablettensucht zeugen (Marianne Weber an Helene Weber, 12. Januar 1909), geht hervor, dass Weber sich im Frühjahr 1909 wenig leistungsfähig fühlte. Am 13. April 1909 schreibt Marianne: »Max ist nun wohl nur durch völliges Vegetieren und Stillliegen in warmer Luft zu helfen, deshalb müssen wir […] doch wohl nach Süden […]. Wir gehen also nach Portofino, wo Max ganz still zu liegen gedenkt.« Sie selbst plant, im Mai zum bayrischen Frauentag zu gehen und einen Vortrag über Probleme der Ehereform zu halten. Andererseits kann nach Radkau (*Max Weber* 2005, 438 u. 549) gerade das erste Jahrzehnt des 20. Jahrhunderts als eine der produktivsten Phasen im wissenschaftlichen Leben Webers bezeichnet werden.

681 UAL, PA 362 (Karl Bücher), Bl. 13, Aufn. 199f. Haase, Schutzverein 2001/2, 167.

682 So Eugen Huber, der Freund aus der Basler Zeit, in einem Schreiben vom 2. Januar 1911. UBL, Sondersammlung NL 181 (Karl Bücher).

683 Dies geht aus der Korrespondenz mit dem Kollegen und Freund Joseph Partsch hervor. UBL, Sondersammlung, NL 182 (Karl Bücher), Josef Partsch an Bücher, 12. und 26. März 1911; 3. April 1911; 8. Oktober 1911.

684 Friedrich Bücher, *Vorbei* o. J., 31.

29. Bad Liebenstein, Postkarte

bleiben muß.«[685] Auch seinen Aufgaben als Leiter des 1916 neu gegründeten Instituts für Zeitungskunde kommt Bücher nur unzureichend nach. Im Sommersemester 1918 und auch in den nachfolgenden Semestern stellt Bücher immer wieder Urlaubsanträge und lässt sich 1923 schließlich auch von der Lehre in den Zeitungswissenschaften entpflichten.[686] Im Sommersitz Bad Liebenstein verfasst Bücher in den Kriegsjahren seine *Lebenserinnerungen*, die 1919 erscheinen. Mit der Beschreibung der Tante Emilies, Eugenie Tröger, setzt er seiner Frau ein Denkmal. »Sie war die Schwester meiner Schwiegermutter und hatte von allen Verwandten die meiste Ähnlichkeit mit meiner Frau. Dasselbe sonnige Wesen, dieselbe Empfänglichkeit für jede Anregung, dieselbe Güte des Herzens« (L 444).

685 UAL PA 362 (Karl Bücher), Bl. 14 f., Aufn. 200 f. (Bücher an den Dekan Wülker, 15. April 1916).

686 Ebd. Bl. 18, Aufn. 203 (Minister Beck an Bücher, 27. April 1918); Bl. 20, Aufn, 204 (Minister Beck an Bücher, 24. September 1918); Bl. 21, Aufn. 205 (Boehme i.A. des Ministers an Bücher, 6. Mai 1919); Bl. 22, Aufn. 206 ([Heyn] i.A. des Ministers an Bücher, 30. September 1919); Bl. 23, Aufn. 207 (Bücher an den Dekan, 31. März 1923). Für diese Angaben danke ich Alexandra Fritzsch.

»Als ob es für eine Hochzeit wäre«: Die Bedeutung der Ehefrau für die Reproduktion der Gelehrtenexistenz

Seitdem die Herausbildung der »wissenschaftlichen Persona«[687] und die häuslichen Bedingungen wissenschaftlichen Arbeitens ins Blickfeld der Forschung geraten sind, gewinnen auch solche Innenansichten, wie sie Emilie Bücher mit ihren Briefen an Eltern und Schwester in den Leipziger Arbeitsalltag bietet, wissenschaftliche Bedeutung. Als Kontrapunkt zur bäuerlichen Weltsicht, die Karl Bücher mit seinen *Lebenserinnerungen* suggeriert, bilden sie allemal ein wichtiges Korrektiv. Die Briefe zeugen von der Modernität und bürgerlichen Prosperität, die in den Haushalt Büchers spätestens seit dem Wechsel nach Leipzig Einzug gehalten haben. Zugleich geben sie Einblick in ein besonderes ›Produktivkapital‹ des Wissenschaftlers: die Anerkennung durch die Ehefrau. Lorraine Daston bezeichnet in ihrer Analyse der wissenschaftlichen Persona diese weibliche Rolle als »Ökonomie der Aufmerksamkeit«. Karl und Emilie Bücher bilden kein wissenschaftliches Arbeitspaar wie dies für Max und Marianne Weber gilt oder für die Historikerin Selma Stern und den Althistoriker Eugen Täubler.[688] Ihre Ehe wurde auch nicht durch erotische Abenteuer und Dreiecksbeziehungen erschüttert, die für manchen Biographen das Faszinosum der Beziehung zwischen Max und Marianne Weber ausmachen.[689] Der wissenschaftliche ›Nährwert‹, den Emilie einbringt, ist dennoch nicht gering zu veranschlagen. Emilie Bücher war die uneingeschränkte Bewunderin der Werke ihres Ehemannes, sie bot mit ihrem Vermögen und ihrem ästhetischen Sinn die für die ungestörte wissenschaftliche Arbeit unabdingbare Häuslichkeit und den Rahmen für die professorale Geselligkeit. Ihre ständigen Forderungen nach Zerstreuung und Erholung bestätigen die in der Literatur seit dem 18. Jahrhundert propagierte Rolle der Ehe als Heilmittel gegen die Gefährdung der Gesundheit, die von einer uneingeschränkten Versunkenheit in die wissenschaftliche Arbeit ausgeht.[690] Die Nachteile der Ehe, der Verlust an Arbeitszeit, die Charles Darwin in einer Rechnung über das Für und Wider der Ehe aufmacht,[691] scheinen auch in Emilie Büchers Briefen als Argument auf, das sie jedoch als

687 Daston, Die wissenschaftliche Persona 2003, 109–136.

688 Sassenberg, *Selma Stern* 2004.

689 Das gilt vor allem für Radkaus Weberbiographie, die im Sexuellen in Webers Leben eine entscheidende Produktivkraft sieht und ausführlich auf dessen erotische Beziehungen zu Mina Tobler und Else Jaffé eingeht.

690 Daston, Die wissenschaftliche Persona 2003, 116–130.

691 Ebd. 123.

Anerkennung für sich zu wenden weiß. »Meine lieben Eltern, u. Schwesterlein«, schreibt Emilie im August 1897 nach einem Ferienaufenthalt mit dem Sohn bei den Eltern in Graz aus dem ungeliebten Leipzig: »Wohlbehalten u. recht befriedigt kamen wir gestern Abend ½ 10 Uhr hier an. Heute gibt's in einem fort zu erzählen, Karl meinte schon, ›was so eine Familie doch Zeit nimmt‹, heute könne er ja gar nichts arbeiten. Er ist aber doch froh, daß wir wieder da sind, hat die Veranda so voll Blumen geschmückt, als ob es für eine Hochzeit wäre.«[692]

692 Emilie Bücher an ihre Eltern, 15. August 1897. PB Lauth.

III. Wissenschaftliche und politische Wirksamkeit

Kriegsschriften: Der Kampf gegen die Pressepropaganda

Als 1914 der Erste Weltkrieg ausbricht, unterliegt Bücher weniger als viele seiner Kollegen dem Sog des Nationalismus.[1] Während sich etwa Eduard Meyer, sein Kontrahent in der Frage des Charakters der antiken Wirtschaft, öffentlich mit polemischen Attacken gegen die Kriegsgegner zu militärischen Fragen äußert und für den uneingeschränkten U-Boot-Krieg gegen England plädiert,[2] gehört Bücher zu denjenigen, die auch in dieser Zeit wissenschaftlich besonnenes Denken einfordern, wenngleich sich dieses aus heutiger Perspektive als nicht frei von nationalen Klischees erweist. Zwei Kriegsschriften zur Presse sind 1915 erschienen, in denen er die Objektivität der Presse einfordert und Falschmeldungen anprangert, die von den großen Nachrichtenagenturen Frankreichs und Englands über die Kriegsführung des Deutschen Reichs verbreitet worden seien.[3] Die deutsche Presse bleibt von Kritik nicht ausgespart; ihr bescheinigt Bücher aber dennoch eine größere Wahrheitstreue. Besonders scharf fällt seine Polemik gegen die englische Presse aus, der er vorwirft, »mit bewußter Bosheit die abscheulichsten Lügen« zu verbreiten, während die französische Presse »in eine Art von hysteri-

1 Vor einer Militarisierung Deutschlands warnte der liberale *Brentano*, Mein Leben 1931/2004. Vgl. die Rezension von Bertram Schefold zum Ndr. in: *Vierteljahresgeschichte für Sozial- und Wirtschaftsgeschichte* 4, 2007, 61–62. Werner Sombart hingegen findet sich auf der Seite der Kriegstreiber. Vgl. Joas, Die Sozialwissenschaften und der erste Weltkrieg 1996, 17–29 sowie Lenger, Werner Sombart als Propagandist eines deutschen Krieges 1996, 65–76. Auch Büchers Schüler Johannes Plenge begrüßt den Kriegsausbruch, den er aus einem »Gegensatz des deutschen und westeuropäischen Wesens« ableitet. Flasch, *Die geistige Mobilmachung* 2000, 280.

2 Meyer, England 1915, 213; dazu Christ, *Von Gibbon zu Rostovtzeff* 1989, 327f.; Christ, *Klios Wandlungen* 2006, 37.

3 Bücher, *Unsere Sache und die Tagespresse* 1915; ders., *Die deutsche Tagespresse und die Kritik* 1915. Zur Entwicklung der Pressekritik in den 1920er Jahren vgl. Daniel, Medientheorie 2008.

schem Wutzustand« verfallen sei »und in diesem alle Haltung und Selbstbeherrschung« verloren habe.[4] Die Schrift trägt ihm von Seiten der katholischen Jugendorganisation, des Bundes »Neues Deutschland«, die Aufforderung ein, sich einer Gegenaktion zum Aufruf der 93 »An die Kulturwelt« anzuschließen, »wozu wir schon verschiedene namhafte Gelehrte herangezogen haben, so Professor Einstein, Berlin, Professor Sieper, München, Ingenieur Graf Georg von Arco u. a. Wir fragen an, ob Sie uns in einem solchen Vorgehen zur Seite stehen würden.«[5] Den Kriegsaufruf »An die Kulturwelt« vom 4. Oktober 1914 hatten zahlreiche Nationalökonomen, so auch Gustav Schmoller und Lujo Brentano, sowie Künstler wie Max Liebermann unterzeichnet. Auch Eduard Meyer unterstützte den Aufruf.[6] Er diente der Zurückweisung der Vorwürfe der Entente gegen den deutschen Militarismus und der kursierenden Berichte über Gräueltaten der deutschen Armee im überfallenen Belgien.[7] Die Aufforderung, einen Gegenaufruf zu unterstützen, zeigt, dass Bücher eher zu den Pazifisten als zu den Kriegstreibern gezählt wurde. Der linksliberale Brentano hat sich denn auch später von dem Aufruf »An die Kulturwelt« distanziert, als er der politischen Stoßrichtung gewahr wurde.[8]

In keiner anderen Schrift arbeitet Bücher so stark mit religiösen und moralischen Wertbegriffen wie in diesen Polemiken gegen die Tagespresse. Die nüchterne Analyse der Rolle der Presseagenturen geht in eine allgemeine Polemik über, die Aussagen über den jeweiligen Volkscharakter einschließt. »Man wird es einem Nationalökonomen wohl nicht zutrauen, daß er die Verdienste Englands um die moderne Kultur verkennen könnte«, verkündet

4 Bücher, Der Krieg und die Presse, in: *Unsere Sache und die Tagespresse* 1915, 20 (im Folgenden mit »P« abgekürzt). Zur Bewertung der deutschen Presse, der er »sensationslüsterne Marktschreierei« vorhält, vgl. ebd. 47ff.

5 UBL, Sondersammlung, NL 181 (Karl Bücher), A-B, Bund Neues Vaterland an Bücher, 14. Juni 1915. Auch andere Kriegsgegner wenden sich in der Folge an Bücher. Eine Nichte des Ethnologen Pater Wilhelm Schmidt, M. Schünemann aus Bremen, fragt bei Bücher um den Nachweis von zwei Artikeln zur Kriegsberichterstattung an, die dieser in »einem auswärtigen Blatte« veröffentlicht habe. Sie möchte beide Artikel ihrem Onkel nach Basel schicken. Sie verwahrt sich in ihrem Schreiben gegen Volksverhetzung und berichtet, dass sie regelmäßig die *Frankfurter Zeitung*, seltener die *Vossische* und *Kölnische Zeitung* lese. Sie hat vier Söhne im Felde und spricht vom unseligen Krieg. UBL, Sondersammlung, NL 181 (Karl Bücher), Schünemann an Bücher, 7. Juni o. J. Zwei Tage später, am 9. Juni, dankt sie Bücher für seine Antwort.

6 Ungern-Sternberg, Deutsche Altertumswissenschaftler im Ersten Weltkrieg 2006, 245.

7 vom Bruch, Geistige Kriegspropaganda 2006, 162–166; von Ungern-Sternberg, *Der Aufruf »An die Kulturwelt«* 1996.

8 vom Bruch, Geistige Kriegspropaganda 2006, 164.

Bücher an die englische Adresse. »Aber heute müssen wir sagen, daß es sich so weit von dem sittlichen Empfinden der gebildeten Menschheit entfernt hat, daß wir an seiner Besserungsfähigkeit verzweifeln müssen. Das Maß seiner Sünden ist voll [...] Das sichtbare Zeichen seines Verfalls ist die Presse. Es ist, als ob sie die Flammenschrift an der Wand erblickte, die König Belsazar seinen Untergang verkündete und durch lautes Geschrei das Gewissen eines Volkes zu betäuben suchte, das kein Volk in unserm Sinne mehr ist« (P 39). Die Pariser Presse geißelt er als einen großen »Pfuhl der Verderbnis«. »Wer in diese Presse eintritt, befindet sich in einem Bordell, in dem man um des Gelderwerbs wegen seinen Geist prostituiert« (P 45). Der russischen Presse bescheinigt er den »Juchtengeruch, welcher allem anhaftet, was diesem Lande entstammt« (P 45). Die Tendenz zur »sensationslüsternen Marktschreierei« in der deutschen Presse führt Bücher auf englische und amerikanische Neuerungen zurück, da dort die Journalisten in akademischen Übungen an den Universitäten für die Praxis gedrillt würden, Überschriften für beliebige Texte zu erfinden. »Man kann sich leicht denken, wie oft dabei die Wahrheit und die Ehrlichkeit zu kurz kommen« (P 49). Für die Zeit nach dem Krieg hofft er auf einen gänzlichen Verzicht auf den mit englischen Fachausdrücken durchzogenen Sportteil der Zeitung, der kriegsbedingt inzwischen stark eingeschränkt sei, und schließt den Wunsch an, es mögen »aus unserem Straßenbilde gewisse Sportanzüge und aus dem Sonntagsvergnügen der städtischen Bevölkerung die Meisterkämpfe und Spielwetten verschwinden [...]. Auch wäre es kein großer Schade, wenn Tennisplätze und Radfahrbahnen durch Kartoffel- und Gemüsefelder ersetzt würden und die Jünglinge und Jungfrauen, welche auf ihnen die Zeit totschlugen, diese nützlicher zum Gemeinwohl verwenden lernten.« Von der Wandervogelbewegung und von den Pfadfindern erhofft er sich, dass sie »uns von der drohenden Verengländerung und ihren Verfallserscheinungen befreit« (P 51).

Solche stereotypen Bilder vom Nationalcharakter sind durchaus zeittypisch. Gerade die anti-englischen Ressentiments waren unter Büchers jüngeren Kollegen weit verbreitet. Für Werner Sombart gelten Komfort und Sport als Ausdruck der englischen »Krämerkultur«, der die Ideale fehlten.[9] Allerdings ist es verwunderlich, dass die zivilisationskritischen Ressentiments, denen sich Bücher hier verhaftet zeigt, den Radsport einschließen, da das Fahrrad im zeitgenössischen Diskurs auch als Heilmittel zur Lösung der Sozialen Frage herangezogen wurde. In seiner *Philosophie des Fahrrads* von 1900

9 Zur Sombartschen Kriegspublizistik vgl. Lenger, Propagandist 1996, 66.

lobt der Schriftsteller Eduard Bertz den Mobilitätsgewinn durch das Fahrrad, der den Arbeitern erlaube, der Misere der Mietskasernen zu entkommen – hier beruft er sich sogar auf Karl Büchers Kritik der wucherischen Ausbeutung der Notlage des Proletariats durch Wohnungseigentümer – und in die Vorstädte oder aufs Land zu ziehen, wo sie bessere Lebensbedingungen vorfänden.[10] Möglicherweise richtet sich Büchers Kritik am Fahrrad gegen die Mechanisierung der Bewegungsabläufe und damit gegen die Aufhebung der Einheit von Arbeit und Rhythmus, die er in seiner Sammlung von Arbeitsliedern beschworen hatte. Denn das Fahrrad gilt in dieser Zeit als Symbol der Beschleunigung des Lebens und des Verlustes an Muße.[11] Seine Benutzung verlangte einen neuen Habitus der Eile und Zeitnot anstelle der gemessenen Ruhe, den auch jüngere Zeitgenossen beklagten. Für den Studenten Max Weber läuft »die Zeit wie auf einem Velopozid« davon.[12]

Kriegsende: Die Frage der Sozialisierung

Als nach Kriegsende der Sächsische König Friedrich August abdankt, in Leipzig Soldatenräte die Macht übernehmen und linke Gruppierungen an der Universität die Gründung eines sozialistischen Staates fordern, meldet sich Karl Bücher öffentlich zu Wort. »Die Sozialisierung«, ein Vortrag, den er am 6. Januar 1919 in der Vereinigung höherer Beamter und Beamtinnen zu Chemnitz hält, stellt eine nüchterne Analyse der Folgen einer umgehenden Umsetzung dieser Vorstellungen dar, die er vor allem den Schriften Rudolf Hilferdings entnimmt. Von der »Unausbleiblichkeit eines schließlichen Sieges des Sozialismus« zeigt er sich in Berufung auf die Schrift »Die Quintessenz des Sozialismus« seines Mentors Albert Schäffle überzeugt, warnt aber vor einer »obrigkeitlichen« Umsetzung.[13] Sozialismus, das ist für ihn Kollektivismus in der Wirtschaft bzw. Vergesellschaftung der Betriebe und damit

10 Bertz, *Philosophie des Fahrrads* (1900) 1997, 24–28.

11 Vgl. Borscheid, *Das Tempo-Virus* 2004, insb. 186–189.

12 Radkau, *Max Weber* 2005, 211. Anders aber als Bücher hat Weber das Fahrrad zeitweise durchaus benutzt. Ebd. 585. Ein passionierter Radfahrer – er hatte es im Alter von 29 Jahren begonnen – war Eberhard Gothein, der 1923 an den Folgen eines Fahrradunfalls starb. Maurer, *Gothein* 2007, 297.

13 Bücher, *Die Sozialisierung* 1919, 16f. (im Folgenden mit »S« abgekürzt) Auch andere Leipziger Professoren nahmen zu den aktuellen Problemen Stellung. Vgl. Morgenstern, Politische Publizistik 2005, 226f.; Krause, *Alma mater Lipsiensis* 2003, 245.

»Beseitigung des Privatkapitals und Ersetzung desselben durch Kollektivkapital, durch eine Produktionsweise, die auf Grund gesellschaftlichen Eigentums an den Produktionsmitteln eine einheitliche Gütererzeugung durchführt« (S 17). Vor allem im Bereich des Kohlen- und Kalibergbaus sowie der Privatwaldungen liegt für ihn eine Verstaatlichung auf der Hand. Bereits auf der Wiener Tagung des *Vereins für Socialpolitik* von 1894 hatte Bücher die Überführung der Bergwerke in Gemeineigentum vorgeschlagen.[14] Auch die Verstaatlichung der »Industrie, soweit sie kartelliert ist oder in der Unternehmungsform der Aktiengesellschaft betrieben wird«, namentlich der Kohle- und Eisenindustrie (S 24), sowie des Versicherungswesens sei möglich und durch die Gesetzgebung des alten Staates bereits vorbereitet und volkswirtschaftlich ohne Bedenken umzusetzen. Dass die Verstaatlichung der Exportindustrie, die zu diesem Zeitpunkt bereits vielfach in Aktiengesellschaften organisiert war, und des auswärtigen Handels von der Sozialdemokratie nicht gefordert werde, leuchtet ihm nicht ein. Die Sozialisierung des Kleingewerbes und der Hausindustrie, der Landwirtschaft und der Banken hält er für töricht (S 24), allerdings ist er in der Landwirtschaft für die Abschaffung des privaten Bodeneigentums (S 30). Zug um Zug macht er klar, was eine vollständige Verstaatlichung praktisch bedeuten und wie sich ihre Umsetzung auf die gegenwärtige Situation auswirken würde: Stillstand des technischen Fortschritts, wenn kein Ersatzmittel für das »Selbstinteresse des Unternehmers« gefunden werde, Rückgang der Arbeiterlöhne (S 35). Den Unternehmerstand, »dessen Umsicht, Tatkraft und Klugheit wir so viel zu verdanken haben«, möchte er auf keinen Fall ausgeschaltet wissen (S 43). Der Glaube an die Durchsetzung des Sozialismus ist dem Fortschrittsdenken geschuldet, das auch sein Wirtschaftsstufenmodell trägt. Er geht von einer evolutionären Entwicklung ohne Erschütterungen aus. Andererseits zeigen seine Warnungen vor der unmittelbaren Umsetzung der Sozialisierungsvorschläge Hilferdings auch, dass er ein Mann der praktischen Tat war, kein Ideologe.

Bücher erweist sich auch in der Zeitdiagnose wie bereits in seinen wirtschaftshistorischen Schriften als Verteidiger des mittelständischen Unternehmertums; seine eigene Weltsicht aber entspricht der des beamteten Bildungsbürgertums. Der Sozialismus hat für ihn nur Sinn, wenn er alle, die Arbeiter und Handwerker gleichermaßen, »mit dem gleichen Pflichtbewußtsein durchdringt, wie es den Beamtenstand beseelt«, das eigene Arbeitsethos also allgemein wird (S 33 u. 47). Vertrauen in eine sachgerechte Analyse der politischen Lage durch die an die Macht strebende Sozialdemokratie hat er

14 Lindenlaub, *Richtungskämpfe* 1967, 197, Anm. 1.

nicht: »Wie sollten Männer der schwierigsten aller Lagen gerecht werden können, welche die Welt mit den Augen eines Sattlers, Schriftsetzers, Holz- und Metallarbeiters ansehen«, schreibt er im Blick auf die soziale Zusammensetzung des Rates der Volksbeauftragten (S 48), der zum Zeitpunkt der Rede die provisorische Regierung bildete.

Eine antidemokratische Haltung nimmt Bücher angesichts der gesellschaftlichen Umgestaltungen nach 1918 trotz dieser deutlichen Kritik nicht ein; seine Loyalität zur Republik scheint er trotz der abqualifizierenden Äußerungen gegenüber Sozialdemokraten nicht aufgekündigt zu haben. Sein Nachfolger am Institut für Zeitungskunde, Erich Everth, zählt ihn neben Johannes Volkelt und Walter Goetz zu den wenigen linksstehenden Dozenten der Weimarer Republik innerhalb der Leipziger Professorenschaft.[15]

Politische Verortungen

Parteipolitisch ist Bücher schwer einzuordnen. Aussagen zu seinem Verhalten bei politischen Wahlen finden sich in den Briefen der Ehefrau nicht. Einen »radikalen Demokraten« nennt ihn Gustav Schmoller in seiner Rezension der *Entstehung der Volkswirtschaft* und fühlt sich von ihm als »konservativen Aristokraten« abgestempelt.[16] Das Urteil entspricht der öffentlichen Wahrnehmung der *Frankfurter Zeitung* als Sprachrohr der Demokraten, an der Bücher lange Zeit als Redakteur arbeitete und deren Position er in einzelnen Sachfragen vertrat. Als einen Liberalen erinnert ihn die Enkelin.[17] Das ist auch die Einschätzung der Soziologen, die seine Tätigkeit im *Verein für Socialpolitik* kennen.[18] Gegenüber der Sozialdemokratie wahrt Bücher Distanz. Als es bei einem Treffen des *Vereins für Socialpolitik* im Herbst 1912

15 Erich Everth, Politische Professoren, in: *Vossische Zeitung* vom 25.4.1922, Abendausgabe. Morgenstern, Politische Publizistik 2005, 228. Zu Everth, der unter den Nationalsozialisten seinen Lehrstuhl verlor – ihm folgte der nationalsozialistisch eingestellte Hans Amandus Münster (1934–1945) – vgl. Hehl, Stand der Leipziger Universitäts- und Wissenschaftsgeschichte 2005, 44; Bormann/Kutsch, Pressegeschichte 1979.

16 Zu Schmollers Urteil über Bücher vgl. Lindenlaub, *Richtungskämpfe* 1967, 129–131.

17 Gespräch mit Dr. Luise Lauth im November 2003 in Bad Liebenstein.

18 Lindenlaub, *Richtungskämpfe* 1967, 86 zählt Bücher zusammen mit Brentano und Herkner (mit Einschränkungen) zu den Liberalen, Wagner und Schmoller dagegen, mit denen Bücher im freundschaftlichen Kontakt steht, zu den Konservativen, gibt aber auch zu, Bücher im Unterschied zu Brentano, Schmoller und Wagner nicht wirklich fassen zu können.

in Leipzig um einen Antrag geht, die Sozialdemokraten zu einem Treffen einzuladen, ist Bücher bei der Abstimmung zufällig nicht anwesend. Seine Kollegen Lujo Brentano und Ferdinand Tönnies stimmten für den Antrag; Max Weber hatte stattdessen die Zentrums-Leute einladen wollen.[19]

Insgesamt vertritt Bücher im *Verein für Socialpolitik* ähnlich wie in seinen wirtschaftshistorischen Schriften eine Mittelstandsposition, ficht aber für die Verbesserung der Lebens- und Ausbildungsverhältnisse der unteren Schichten. Es sind meist Sachfragen, zu denen Bücher Stellung nimmt, keine Richtungsfragen: zur Gewerbefreiheit, zur Kartellbildung, zur Einführung einer obligatorischen Alters- und Invalidenversicherung.[20] Auch Ausbildungsfragen interessierten ihn. So setzt er sich auf der Magdeburger Tagung des *Vereins für Socialpolitik* von 1907 für die universitäre Ausbildung praktizierender Volkswirte ein und fordert für den zukünftigen Volkswirt unbedingt den Erwerb geschichtlicher Kenntnisse.[21] Zu Programmen, die eine Rückkehr zu alten Verhältnissen verheißen, neigt er nicht. In der Frage der Schutzzollpolitik ist er im Gegensatz zu Gustav Schmoller gegen jegliche Beschränkung und lehnt eine protektionistische und staatsinterventionistische Politik zugunsten der Interessen der Großagrarier ab, die sich mit Getreidezöllen vor Importen aus dem Ausland schützen wollen.[22] Auch in der Gewerbepolitik ist Bücher wie Brentano durch und durch liberal eingestellt und spricht sich gegen eine Wiedereinführung der Zünfte und gegen die Schaffung jeglicher gewerblicher Zwangsorganisation aus (L 239ff.). Zwar verteidigt er Kleingewerbe und Hausindustrie wegen ihrer sozialpolitischen Bedeutsamkeit, verficht aber mit Nachdruck die Gewerbefreiheit.[23] Die Schutzzollpoli-

19 Dies geht aus einem Schreiben Brentanos an den Kollegen Bücher vom 22. Oktober 1912 hervor. UBL, Sondersammlung NL 181 (Karl Bücher). Die Korrespondenz mit Brentano reicht vom 4. Juni 1888 bis zum 27. Oktober 1912.

20 Boese, *Geschichte* 1939, 51f. Vgl. Kap. *Weibliche Wohltätigkeit und moderne Sozialpolitik*.

21 Boese, *Geschichte* 1939, 125ff. (zur berufsmäßigen Vorbildung der volkswirtschaftlichen Beamten auf der Magdeburger Tagung von 1907).

22 So auf der Kölner Tagung von 1897. Trotz seiner anderen Beurteilung lobt Schmoller die korrekte »Tatsachenvorstellung Büchers«. »Die größeren Abweichungen in der Debatte bei der Beurteilung der Schutzmaßnahmen erklärte er aus den Verschiedenheiten der Temperamente und der politischen Grundanschauungen.« Boese, *Geschichte* 1939, 82.

23 So Lindenlaub, *Richtungskämpfe* 1967, 168. Zur politischen Orientierung Büchers vgl. auch Schefold, Bücher 1988, 245f., 260, der zudem das Fehlen einer schwärmerischen Verherrlichung früherer Kulturen konstatiert. Ebd. 250. Goetz, der selbst politisch engagiert und zeitweise Reichstagsabgeordneter der Deutschen Demokratischen Partei war (Weigand, *Walter Wilhelm Goetz* 1992, 219–268), schätzt ihn in seinem Nachruf als sozialliberal, freihändlerisch und arbeiterfreundlich ein (1932, 5). Auch betont er die kritische

tik, darin stimmt er seinem Kollegen Lujo Brentano zu, war für den Ausbruch des Ersten Weltkrieges verantwortlich.[24]

An diesem Urteil, das dem Freihandelstandpunkt der *Frankfurter Zeitung* entspricht, hält er auch in späteren Jahren fest. Auf der Kölner Jubiläumstagung des *Vereins für Socialpolitik* von 1897 zum Thema »Handwerkerfrage« nimmt Bücher zum Problem der Konkurrenz von Handwerk und Fabrik Stellung und lehnt es ab, dem Gang der wirtschaftlich-technischen Entwicklung mit staatlichen Maßnahmen zu begegnen.[25] Nicht nur hier, sondern auch in anderen wirtschaftspolitischen Positionen schlägt sich seine gewerbliche Herkunft und süddeutsche Prägung nieder. In Landwirtschaftsfragen, wo sich Vertreter des Anerbenrechts und Verfechter der Realteilung gegenübertraten, steht er an der Seite der süddeutsch geprägten Kollegen Brentano und Schulze-Gaevernitz, die das in Preußen verbreitete System ablehnten.[26]

Allerdings koaliert Bücher in sozialpolitischen Fragen oft mit den eher sozialprotektiv ausgerichteten Kollegen. So tritt er zusammen mit Adolph Wagner für eine obligatorische Alters- und Invalidenversicherung ein. Bereits 1880 hatte er in einem Leitartikel der *Frankfurter Zeitung* vom 17. November Bismarck die Unterstützung für eine Zwangsversicherung zugesagt und sich damit auf die Seite der konservativen Befürworter eines starken Staates gestellt.[27] Vertrauen in die politische Urteilskraft der Massen hat er nicht. Allerdings spricht er sich auf der Magdeburger Tagung des *Vereins für Socialpolitik* von 1907 für das allgemeine Wahlrecht für Kommunen aus, das er als Erziehungsmittel für die Massen betrachtet.[28]

Noch in die Anfangsjahre seiner Leipziger Zeit fällt der kurze Ausflug in die kommunale Tagespolitik. 1894 hatte Bücher das Bürgerrecht erworben; auf Anraten eines geschätzten Freundes[29] kandidiert er noch im selben Jahr für das Amt des Stadtverordneten, das er für zwei Jahre in der Klasse der »unangesessenen« Bürger ausübt,[30] ohne zuvor einer Partei beigetreten zu

Haltung gegenüber der hochagrarischen Richtung und der Schutzzollpolitik Bismarcks (ebd. 10).

24 Krüger, *Nationalökonomen* 1983, 178.

25 Boese, *Geschichte* 1939, 81f.; vgl. auch Lindenlaub, *Richtungskämpfe* 1967, 170.

26 Lindenlaub, *Richtungskämpfe* 1967, 197. Ein Vergleich zwischen Büchers und Schmollers Haltung in der Gewerbefrage findet sich bei Lenger, *Sozialwissenschaft* 2009, 31–40.

27 Lindenlaub, *Richtungskämpfe* 1967, 169f. u. 193.

28 Lindenlaub, *Richtungskämpfe* 1967, 170 u. 261; Boese, *Geschichte* 1939, 129.

29 So seine Aussage in seinem Antwortschreiben an Minister v. Seydewitz nach Abschluss der Bleibeverhandlungen am 10. Dezember 1896. UAL, PA 362 (Karl Bücher).

30 Karl Bücher war vom 2. Januar 1895 bis zum 31. Dezember 1896 Stadtverordneter in der Klasse der »unangesessenen« Bürger. Auskunft Dr. Beate Berger, Stadtarchiv Leipzig (12.11.2009).

sein. Dies war nicht ungewöhnlich, denn seit »den 1870er Jahren spielte sich die Auswahl der Kandidaten für das Stadtparlament« informell »im Umkreis der ›Gemeinnützigen Gesellschaft‹ ab, in der sich die Spitzen der Stadtverwaltung mit großbürgerlichen Honoratioren und (national-)liberalen Parteiführern trafen. Die Gesellschaft verstand sich als Forum der Diskussion ›über die wichtigsten Fragen des staatlichen, wirthschaftlichen und Gemeindelebens‹, als informelles Gremium, über das stadtplanerische, soziale und kulturelle Projekte angeregt und die ›mannigfaltigen gemeinnützigen Bestrebungen‹ in der Leipziger Bürgerschaft koordiniert werden sollten.«[31] Als 1894 bei der Kommunalwahl das Dreiklassenwahlrecht eingeführt wurde, das bis 1918 wirksam blieb, gelang es einem exklusiven Teil dieses Honoratiorenkreises, der sogenannten »Harmonie«, über das neu gebildete »Comité für die Stadtverordneten-Wahlen der 1. Abteilung« die Kandidaten in den beiden ersten Wählerabteilungen zu bestimmen. Diese wurden in Wahlaufrufen »als unabhängige, sachkundige, nicht von persönlichen Interessen und wirtschaftlichen Rücksichten geleitete Persönlichkeiten« dargestellt, »denen das Wohl der Stadt besonders am Herzen liege«, obwohl das Comité eine deutlich nationalliberale Färbung trug.[32] Sozialdemokraten waren ab 1890 erstmals bei der Stadtverordnetenwahl dabei, bei der nur Männer ab dem 25. Lebensjahr mit einem Mindesteinkommen von 600 Mark wahlberechtigt waren; 1894 waren sie mit vier Abgeordneten im Stadtparlament vertreten.[33] Kopf der vermeintlich überparteilichen »Gemeinnützigen Gesellschaft« war der spätere Oberbürgermeister Otto Georgi (1831–1918), der dem Typus des sachlichen Verwaltungsbeamten entsprach, der die administrative Modernisierung vorantrieb.[34] Möglicherweise wurde auch Bücher von dieser Gruppierung aufgestellt, wenngleich er nicht als ihr Mitglied geführt wurde.[35]

---

31 Schäfer, *Bürgertum* 2003, 55.

32 Schäfer, *Bürgertum* 2003, 55f.

33 Bei den Reichstagswahlen bildeten die Sozialdemokraten in den Vororten mit über 60 Prozent die Mehrheit, während innerhalb der alten Stadtgrenzen die Nationalliberalen dominierten. 1903 erlangte die Sozialdemokratie dann auch in Leipzig-Stadt die Mehrheit. Brandmann, *Leipzig zwischen Klassenkampf und Sozialreform* 1998, 46–52.

34 Ebd. 42–45.

35 Eine Bemerkung von Emilie Bücher vom 16. Januar 1904 gegenüber ihrer Schwester lässt auf eine lockere Zugehörigkeit Büchers zu diesem Kreis schließen. »Wir waren seit Neujahr einmal aus, eine brillante Gesellschaft von Strohal (?) gegeben in der Harmonie. Der Tisch mit Veilchen, die auf einem grünen Läufer lagen übersät, jede Dame bekam einen prachtvollen Blumenstrauß, ich saß zwischen dem Präsidenten des Reichsgerichts Exzellenz u. dem Oberreichsanwalt!« PB Lauth. 1886/87 hatte der Leipziger Architekt Arwed Rossbach am Rossplatz ein Gesellschaftshaus für die »Harmonie« gebaut, auf das hier

Vom Sächsischen Kultusministerium wurde dieses politische Engagement nicht gern gesehen. Als Minister v. Seydewitz im Zuge der Bleibeverhandlungen in einem Brief vom 9. Dezember 1896 noch einmal alle Forderungen Büchers bestätigt, drückt er zugleich die Erwartung aus, dass dieser seine Tätigkeit als Stadtverordneter überdenken und seine ganze Kraft der Hochschule zur Verfügung stellen möge.[36] In seinem Antwortschreiben vom 10. Dezember 1896 erklärt sich Bücher zwar zum Rücktritt vom Amt des Stadtverordneten bereit, verwahrt sich aber gegen die Annahme, dass sein akademisches Lehramt unter dieser Tätigkeit gelitten habe. Vielmehr verteidigt er noch nachträglich sein politisches Engagement mit den Erfordernissen des nationalökonomischen Lehramtes, Studierende mit der kommunalen Finanz- und Sozialpolitik vertraut zu machen, und verweist auf seine Vorlesung über Kommunalverwaltung im Wintersemester 1895/96. Auch habe er seinen fachmännischen Rat in die Kommunalpolitik besonders bei der Steuerreform einbringen wollen.[37] Zugleich gesteht er öffentliche Anfeindungen ein, die möglicherweise auf mangelndes diplomatisches Geschick zurückgehen, welches Walter Goetz als den eigentlichen Grund für Büchers Rücktritt vom Amt des Stadtverordneten ausmacht, der zum 31. Dezember 1896 erfolgte.[38] So erinnert der Stadtamtsrat Walter Schöne, ein ehemaliger Schüler Büchers, in seinem Nachruf auf den Lehrer an die »rustikale Kampfesweise« des »alten Kämpen« im Stadtrat.[39] Das wohl aus dieser Zeit der Tätigkeit als Stadtverordneter stammende Zerwürfnis mit dem Leipziger Oberbürgermeister Otto Georgi spricht Emilie Bücher im November 1902

möglicherweise angespielt wird. Im Mitgliederverzeichnis, das in der Festschrift »Die Gesellschaft der Harmonie in Leipzig 1776 bis 1926« enthalten ist, ist der Name Karl Bücher allerdings nicht aufgeführt. Auskunft Dr. Beate Berger, Stadtarchiv Leipzig (12.11.2009).

36 Minister Paul v. Seydewitz am 9. Dezember 1896 an Bücher. UAL, PA 362 (Karl Bücher).

37 Karl Bücher an Minister Paul v. Seydewitz am 10. Dezember 1896. UAL, PA 362 (Karl Bücher). Die Begründung der politischen Tätigkeit aus dem Interesse an den Aufgaben der Verwaltung gilt auch für andere Nationalökonomen. Vgl. Lindenlaub, *Richtungskämpfe* 1967, 20.

38 Goetz, Nachruf 1932, 5/6: »Seine kurze öffentliche Tätigkeit als Politiker fand dadurch ein rasches Ende, daß er als Mitglied des Leipziger Stadtparlaments gutgläubig eine ihm zugetragene Anklage gegen die Stadtverwaltung vorbrachte; als sie sich rasch als irrig erwies, zog er aus dieser Niederlage sofort die ehrenvolle Konsequenz, auf sein Amt als Abgeordneter zu verzichten und der politischen Tätigkeit für immer zu entsagen. Er war nicht genügsam kühl und überlegen in der Menschenbehandlung, als daß er sich in einer politischen Führerrolle oder in disziplinierter Zusammenarbeit hätte behaupten können – wo er das Recht verletzt glaubte, stürzte er sich ohne Bedenken in den hitzigen Kampf.«

39 W. Schöne, Professor Karl Bücher †, in: *Tägliche Rundschau* vom 12.11.1930.

in einem Brief an ihre Schwester über das Rektoratsessen an, an dem sie als Dekansfrau teilnimmt: »Als ich Dir das letzte mal schrieb, war Nachmittags das Rektoratsessen bei Bonorand. Karl hatte als Dekan das Amt, auf die Stadt Leipzig zu toasten. Das war nun köstlich, daß alles mäuschenstill war, als er sprach. [Sie] dachten, er würde einige Spitzen bringen u. waren überhaupt begierig [zu erfahren], wie er sich aus der Affaire ziehen würde. Zum Schluß sprachen sie ihm gr[oßen] Beifall aus, wie schön u. gut er es gemacht hatte. Neben ihm saß der Bürgermeister, der alte O. Georgi reichte ihm die Hand. Dieser Friedensschluß freut mich sehr.«[40] Büchers tagespolitisches Engagement beschränkt sich in der Folge auf Beratertätigkeit. Das Auswärtige Amt beruft ihn schließlich für die Wahlperiode vom 1. April 1912 bis zum 31. März 1914 zum Mitglied des Beirates für das Auswanderungswesen.[41]

Der Professor und seine Schüler

Auch die Zusammensetzung von Büchers Schülerschaft lässt keine politischen Präferenzen erkennen. Immerhin hat er Teile der politischen Elite geprägt. Der spätere Außenminister Gustav Stresemann (1878–1949) wurde von ihm mit einer Untersuchung über den Flaschenbierhandel promoviert. Ein weiterer prominenter Vertreter der Weimarer Republik, der sozialdemokratische Justizminister Karl Radbruch (1878–1949), studierte ebenfalls bei Bücher, ehe er sein Studium mit einer strafrechtlichen Dissertation in Berlin abschloss.[42] Bemerkenswert ist vor allem die Internationalität der Studentenschaft, mit der Bücher in diesem Umfang nicht hätte rechnen können, wenn er 1896 dem Ruf nach Heidelberg gefolgt wäre. Studenten aus Europa, Amerika und Japan fühlten sich in diesen Jahren vom Ruf der Universität Leipzig und vor allem vom »Leipziger Positivistenkreis« angezogen.[43] Nach seiner Promotion verbrachte Bronislaw Malinowski (1884–1942), der Be-

40 7. November 1902. PB Lauth.

41 UBL, Sondersammlung, NL 181 (Karl Bücher) A-B, Auswärtiges Amt an Bücher, 1. März 1912.

42 Karl Radbruch hat zwischen 1898 und 1900 in Leipzig studiert. Krause, *Alma mater Lipsiensis* 2003, 457. Zu Stresemann vgl. Hübinger, Gustav Stresemann und Max Weber 1988, 449; Peter Ufer im Gespräch mit Kurt Koszyk 1991, 42.

43 Middell, Französische Studenten und Wissenschaftler an der Universität Leipzig 2000, 41–45.

gründer der ethnologischen Feldforschung, einige Semester in Leipzig. Aus Frankreich reiste Marc Bloch an, der zusammen mit Lucien Febvre die historische Zeitschrift *Annales* ins Leben rief, die dem Studium der materiellen Lebensbedingungen Vorrang vor der Geschichte politischer Ereignisse gab. In seinem Nachruf auf Bücher erinnert Marc Bloch an die Faszinationskraft, die von Büchers Seminar ausging: »Diejenigen von uns, die vor ungefähr zwanzig oder fünfundzwanzig Jahren bei ihrer Deutschland-Tour die Universität Leipzig besuchten, haben das Seminar von Karl Bücher nie vergessen. Das Bild des hochgewachsenen Mannes mit seiner herben Redeweise haftet im Gedächtnis. Seine kritische Verve traf Schlag auf Schlag sowohl den Referenten wie dessen Widersacher und verwandelte die Korrektur von Hausarbeiten in ein ebenso lehrreiches wie genußvolles Spektakel.«[44]

Auch Ökonomen kommen aus dem französischen Sprachkreis. Der französische Kollege Raphael Georges Levy empfiehlt seinem Kollegen Bücher seinen Schüler Eug. J. Boislandry Dubern, »qui s'occupe de recherches économiques«.[45] Aus Gent unterrichtet ihn im Herbst 1911 Hendrik de Man während eines Aufenthaltes am dortigen Stadtarchiv über die Fortschritte seiner Dissertation zur sozialen Lage der im Tuchgewerbe tätigen Bevölkerung.[46] Aus den USA ergehen schon zu Beginn seiner Leipziger Zeit Anfragen von Studierenden an Bücher. Unter ihnen befinden sich auch Absolventen der Harvard Universität, die ihre akademische Ausbildung mit einer Promotion in Leipzig zu krönen beabsichtigen.[47] Oftmals bildet Berlin die erste Station dieser amerikanischen Studierenden, ehe sie nach Leipzig zu Karl Bücher wechseln, wie etwa Charles R. Henderson vom Department of Sociology an der University of Chicago.[48]

Auch die Kollegen Büchers sind gefragt. Die geographischen Ansätze, die in Leipzig verfolgt wurden, fanden im angelsächsischen Sprachraum breite

44 *Annales* 4, 1932, 65/6. Die Übersetzung des Zitats stammt aus: Baxmann, *Arbeit und Rhythmus* 2009, 29. Marc Bloch war zwischen 1908 und 1909 Mitglied in Büchers Seminar. Zu Malinowski vgl. Kap. *Verborgene Genealogien.*

45 Raphael Georges Levy an Bücher, Paris, 4. Oktober 1910. UBL, Sondersammlung, NL 181 (Karl Bücher).

46 Hendrik de Man, Gent, an Bücher, 24. November 1909. UBL, Sondersammlung, NL 181 (Karl Bücher).

47 Vgl. die Anfrage von Morton A. Aldrich vom 15. Juli 1896. UBL, Sondersammlung NL 181 (Karl Bücher).

48 So berichtet Charles R. Henderson am 9. Januar 1901, dass er 1895 in Berlin studiert habe und nun ein bis zwei Semester in Leipzig verbringen wolle; am 29. August 1902 schickt er sein Dankesschreiben, in dem er Bücher »for all your kindness during the past year« seinen Dank ausspricht. UBL, Sondersammlung, NL 181 (Karl Bücher).

Resonanz. Bei Friedrich Ratzel studierte beispielsweise die Amerikanerin Ellen Semple, Pionierin der Historischen Geographie der Alten Welt, die in den 1920er Jahren einige grundlegende Werke zur Geographie des Mittelmeerraumes in der Antike publizierte.[49] Clementina Black, eine britische Schriftstellerin und Sozialreformerin, übersetzte das Werk »Mitteleuropa« von Ratzels Nachfolger Joseph Partsch ins Englische.[50] Amerikanische Schüler des Psychologen Wilhelm Wundt waren G. Stenley Hall, der spätere Präsident der Clark-Universität in Worcester (Mass./USA), und James Mac Keen Cattel, der Direktor des Psychologischen Instituts an der Columbia-Universität in New York werden sollte.[51]

Dankesschreiben ehemaliger Schüler zeugen von der Anziehungskraft, die Büchers Seminar besaß. »Die schöne dort verbrachte Zeit war für mich eine Schule, die gewissenhaft zu studieren lehrte, und ich gestatte mir Ihnen, Herr Geheimrat, dafür meinen tiefsten Dank auszusprechen«, versichert ihm H. Fraenkel aus Warschau.[52] »Junge Leute aus aller Herren Länder, ein Engländer, Russe, Pole, Serbe, Armenier u. ein echter Japaner mit europ. Kleidung zwar, aber geschlitzten Augen«, zählt Emilie Bücher als Besucher der Studentenabende in ihrer Wohnung auf. »Wenn Mathilde hier wäre, müßte sie ihn malen, den schönen Hakujirp Yamasaki. Er bemerkte sogleich seine Landsmännin auf dem Ofenschirm. Er spricht ganz gut deutsch, macht bei jedem Wort furchtbare Bücklinge.«[53] Zu den japanischen Studenten gehörte beispielsweise Fukuda Tokuzô (1874–1930), der das Sommersemester 1898 in Leipzig verbrachte, bevor er nach München zu Lujo Brentano wechselte, wo er 1903 mit einer Arbeit über »Die gesellschaftliche und wirtschaftliche Entwicklung in Japan« promoviert wurde.[54] Die japanischen Studen-

49 Semple, *The Influence of Geographic Conditions upon Ancient Mediterranean Stock-Raising* 1922, 3–38; dies., *The Geography of the Mediterranean Region* 1931.

50 Glage, *Clementina Black* 1981, 16.

51 Krause, *Alma mater Lipsiensis* 2003, 181f.

52 UBL, Sondersammlung, NL 181 (Karl Bücher), H. Fraenkel an Bücher, 11. Januar 1910.

53 Emilie Bücher am 5. Dezember 1895 an ihre Eltern. PB Lauth. – Möglicherweise sammelte Bücher über seine japanischen Studenten Arbeitslieder. Vgl. Kanamori, Karl Bücher and Japanese Labour Songs 2000, 155–162. Übersetzt sind die Lieder von Dr. Inazo Nitobe (1862–1933).

54 Schwentker, Fremde Gelehrte 1993, 190; Nach Griss, Karl Lamprecht und Japan 1993, 165f., studierte Fukuda 1899 in Leipzig und wechselte 1900 nach München. Weitere japanische Studenten waren Shinshichi Miura (1877–1947) und Hikataro Nichi, die beide 1906 bei Bücher und Lamprecht studierten (Griss, Karl Lamprecht und Japan 1993, Anm. 61) und auch später noch mit ihren Lehrern korrespondieren. UBL, Sondersammlung, NL 181 (Karl Bücher), Hikataro Nichi an Bücher vom 15. November 1910 u. 15. April 1911.

ten interessierten sich vor allem für die sozialpolitischen Reformen der Bismarckzeit, die die Vertreter der Historischen Schule der Nationalökonomie angestoßen hatten, zumal diese in ihrer paternalistischen Ausrichtung mit der konfuzianischen Ethik vereinbar waren. Fukuda Tokuzô, der in Japan die Universitätslaufbahn einschlug, ließ sich von der freihändlerischen Position seiner Lehrer anstecken und wird heute zum linksliberalen Flügel der japanischen Wirtschaftswissenschaftler und Sozialreformer gezählt.[55] Diese japanischen Studenten, die in Leipzig bei Bücher studierten, dürften auch die Übersetzung seines Werkes *Die Entstehung der Volkswirtschaft* ins Japanische[56] und den Verkauf seiner Bibliothek an die Kyoto-Universität nach Büchers Tod veranlasst haben.[57] Noch 1927, zu seinem 80. Geburtstag, erreicht ihn aus Japan die Bitte um eine biographische Notiz und ein Photo, die für einen Gedenkartikel über drei weltbekannte Nationalökonomen Verwendung finden sollen.[58] Karl Bücher steht hier neben J. B. Clark aus den USA und Charles Gide aus Frankreich, den er seit einer Einladung zum »Congrès international de l'enseignement des sciences sociales«, der 1900 in Paris stattfand, persönlich kannte.[59]

Die internationale Schülerschaft trägt zur Verbreitung von Büchers Schriften bei und sorgt für den Rückfluss an Informationen, die Bücher für seine Forschungen benötigt. Das gilt insbesondere für seinen kanadischen Schüler S. Morley Wickett, der *Die Entstehung der Volkswirtschaft* ins Englische übertrug. Wickett war 1897 von Bücher promoviert worden und strebte

55 Schwentker, Fremde Gelehrte 1993, 185–190. Vgl. auch das Beispiel des japanischen Wirtschaftswissenschaftlers Kuwata Kumazô (1878–1932), der bei Adolph Wagner und Gustav Schmoller in Berlin studiert hatte und sich an den sozialkonservativen Ansichten seiner Lehrer orientierte. Als Berater der japanischen Regierung in Fragen der Gewerbepolitik und Fabrikgesetzgebung neigte er in der Schutzzollfrage der protektionistischen Politik der Agrarier zu.

56 Der Vorschlag, *Die Entstehung der Volkswirtschaft* ins Japanische zu übersetzen, erreicht ihn im März 1911 aus Nagasaki. UBL, Sondersammlung, NL 181 (Karl Bücher), R. Kumasaki an Bücher, 10. März 1911. Die japanische Übersetzung, die Yasunosuke Gonda besorgt, erscheint 1917. Yamada, Einige Bemerkungen zum Einfluß deutscher Akademiker auf die japanischen Wirtschaftshistoriker vor dem Zweiten Weltkrieg 1978, 546. Auch Sombarts *Der moderne Kapitalismus* wird ins Japanische übertragen. Ebd.

57 Vgl. Backhaus, A Visit in Bücher's Library: Insights into his Working Habits 2000, 409–411.

58 Brief vom 3. März 1927 von Dr. T. Miyajima, Professor für Volkswirtschaftslehre und Mitglied des Verwaltungskomitees der Kansai-Universität zu Osaka, Japan. UBL, Sondersammlung, NL 181 (Karl Bücher).

59 Vgl. das Einladungsschreiben vom 15. August 1899, das u. a. von Charles Gide unterschrieben ist. UBL, Sondersammlung NL 181 (Karl Bücher) N-R.

wie sein Lehrer zunächst in die Wissenschaft. Allerdings entschied er sich nach einigen Jahren der Dozententätigkeit 1900 für einen besser bezahlten Posten in der Wirtschaft.[60] Die Korrespondenz mit Wickett fällt in die Jahre 1896 bis 1917 und ist von Vertrautheit und Herzlichkeit geprägt. Wickett diskutiert mit Bücher nicht nur Übersetzungsfragen – so hat er Probleme mit der Übersetzung der Begriffe »Preiswerk« (23. November 1898) und »Mutterrecht« (4. Mai 1899) – und tauscht sich mit ihm über die Titelwahl aus (4. Dezember 1900). Darüber hinaus informiert er seinen Lehrer über wirtschaftliche Entwicklungen, so über die Arbeitsverhältnisse im kanadischen Agrarwesen (1. März 1896). Auch ist Wickett ein Vermittler des deutschen Seminarsystems an nordamerikanischen Universitäten (9. August 1897 u. 23. November 1898). Nach Erscheinen der Übersetzung informiert er Bücher, dass die Übersetzung viel gelesen und oft zitiert werde (20. Mai 1907), und vermittelt Kontakte zu Kollegen auf den Philippinen (18. September u. 24. Oktober 1911). Auf Empfehlung von Morley Wickett sendet ihm Hugo H. Miller, Director of education in Manila, im Dezember 1911 Material über die dortigen ökonomischen Verhältnisse.[61] Von einem russischen Schüler erhält Bücher Informationen über Russlands Landwirtschaft.[62] J. Jetkiewiez, ein Student der Krakauer Universität, schlägt 1907 eine Übersetzung von *Arbeit & Rhythmus* ins Polnische vor.[63] Auf Ellen Semple beruft sich Helen Forster, die selbst an der Columbia University in New York und in Berlin studiert hat, als sie ihm die Übersetzung von *Arbeit & Rhythmus* ins Englische anbietet.[64]

60 Wickett bemüht sich 1897 noch um ein »Lectureship« in Toronto (2. Januar 1897), geht aber nach einigen Jahren der Dozententätigkeit in die Wirtschaft, da er dort, wie er schreibt, sehr viel mehr verdiene. Als Gehalt für einen Assistent Professor nennt er 1800–2500, für einen Professor 2500–3200 $. Sein Vater, ein Lederfabrikant, stelle ihm dagegen 15 000 $ in Aussicht (25. November 1900). UBL, Sondersammlung, NL 181 (Karl Bücher).

61 Hugo H. Miller, Manila, Department of public instruction. Bureau of Education. 27. Dezember 1911 an Bücher. UBL, Sondersammlung, NL 181 (Karl Bücher).

62 J. Hirschmann am 29. September 1910 u. 5. November 1910 an Bücher, der ihm gedankt und sich nach seinem Wohlergehen erkundigt hatte. UBL, Sondersammlung, NL 181 (Karl Bücher).

63 J. Jetkiewiez am 8. Februar 1907 an Bücher. UBL, Sondersammlung, NL 181 (Karl Bücher).

64 UBL, Sondersammlung, NL 182 (Karl Bücher), Helen Forster an Bücher: Am 28. Dezember 1910 schreibt sie, dass sie von Miss Semple, Mitarbeiterin von Prof. Ratzel, auf Büchers Studie *Arbeit & Rhythmus* aufmerksam gemacht worden sei. Am 14. Mai 1911 schickt sie erste Proben der Übersetzung; am 1. August 1911 bedankt sie sich dann für die Bestätigung des Auftrages. Eine englische Übersetzung ist m.W. nie erschienen.

Zu den prominentesten Schülern gehören die Mitglieder des Sächsischen Königshauses. Im Königreich Sachsen war es üblich, dass sich der König alljährlich in den Vorlesungen der neu berufenen Hochschullehrer einfand. »Er kommt wie jedes Jahr, um die neuen Professoren lesen zu hören«, meldet Emilie Bücher am Ende des ersten Leipziger Semesters ihren Eltern. »Es ist Karl schon angesagt ungefähr auf den 10ten März. Trotzdem soll es aber aussehen, als sei der König ein gewöhnlicher Hospitant, für den keine Umstände gemacht werden. Er will nicht einmal begrüßt sein.«[65] Der königliche Besuch findet schließlich am 6. März 1893 statt und wird von der Ehefrau ausführlich beschrieben: »Heute ist ein ziemlich wichtiger Tag für ihn, von 4–5 ist Vortrag für den König [Albert]. Von 6–8 ist er zur Tafel geladen, um ½ 10 will er noch Friedi den Fackelzug zeigen. Karl spricht über consumtion, ein Thema, das er den Studenten nun doch erklären würde, u. das dem König hoffentlich gefällt. Zu einem Mathematiker sagte er früher einmal, ›Nehmen sie mir's nicht übel, ich habe gar nichts verstanden', dann wandte er sich zum Minister v. Gerber u. fragte den, ›Haben Sie es verstanden?‹ ›Ja bewahre kein Wort‹.«[66]

Da die Nationalökonomen vor allem Juristen ausbildeten – im Königreich Sachsen war die volkswirtschaftliche Prüfung Gegenstand der juristischen Prüfung an den Universitäten –, finden sich unter den Teilnehmern in Büchers Seminar auch zukünfte Rechtsanwälte, die ihm danken, dass er sie gelehrt habe, »über juristische Stachelzäune« hinwegzublicken.[67] Daneben sind es vor allem Lehrer an Realgymnasien und den neu gegründeten Handelsschulen, die bei Bücher studieren,[68] später vermehrt Redakteure und

65 Emilie Bücher am 14. Februar 1893 an ihre Eltern. PB Lauth.

66 Auch der Prinz von Sachsen, für den Bücher im Frühjahr 1897 ein Privatkolleg hält, kommt in den Augen der Gattin nicht gut weg. »Der Prinz sei nun leider gerade nicht geistreich, er ist auch noch sehr jung. Seine Adjutanten seien angenehm, sie hören mit. Karl hat alle schon in Gesellschaft getroffen.« Emilie Bücher an die Eltern, 29. Dezember 1896. PB Lauth.

67 So Otto Wellmann und Franz Gehrke in einem Schreiben vom 24. Februar 1907 an Bücher. UBL, Sondersammlung, NL 181 (Karl Bücher).

68 Eine gründliche Auswertung des Nachlasses zu dieser Frage steht noch aus. Nur zwei Beispiele: Dr. Lamberto Paoletti bittet am 31. Juli 1907 aus Italien um Zeugnis über Teilnahme an den Übungen Büchers für die Bewerbung um eine Anstellung als Lehrer der Staatsökonomie an einem ital. Realgymnasium. Er hat Erfolg: Am 17. Dezember 1908 schreibt er aus Brescia, dass er jetzt zum Lehrer der Nationalökonomie in der »Regia Scuola media di Commercio« ernannt worden sei. Vorher war er sieben Monate in Rom beim Sekretariat des Italienischen Handelstages angestellt. Ernst Pape entschuldigt sich am 5. Dezember 1905 mit einer Postkarte aus Cassel, dass er sich nicht von Bücher habe verabschieden

Zeitungswissenschaftler.[69] »Die berufsmäßige Vorbildung der volkswirtschaftlichen Beamten« lautet der Titel eines Hauptreferates auf der Jahrestagung des *Vereins für Socialpolitik* im Januar 1907 in Magdeburg, das ein Plädoyer für die Vermittlung historischer Kenntnisse an angehende Volkswirte enthält.[70]

Dass Bücher indirekt auch als Ziehvater einiger Ethnologen wirkte, lässt sich nicht nur den ethnologischen Studien der 1920er Jahre, sondern auch seiner Korrespondenz entnehmen. Für die erste Generation der Rechts- und Wirtschaftsethnologen ist Bücher mit seinen Studien zur *Wirtschaft der Naturvölker* und zu *Arbeit & Rhythmus* eine Autorität. Im Jahre 1898 stellt sich Richard Thurnwald (1869–1954), »einer der ersten sozialwissenschaftlich ausgebildeten Völkerkundler«,[71] in einem Brief aus Sarajewo »als einer jener jungen Nationalökonomen« vor, »von welchen Sie in Ihrer ›Entstehung der Volkswirtschaft‹ den Wunsch aussprechen, sie mögen die primitiven und kulturarmen Völker der Gegenwart nach der wirthschaftlichen Seite ihres Lebens hin beobachten.«[72] Thurnwald stand zu diesem Zeitpunkt als Conceptions-Praktikant im Dienst der bosnisch-herzegowinischen Landesregierung und hatte den Auftrag, lokale Handwerkstraditionen zu studieren. Die Regierung meinte, mit der Pflege solcher Traditionen das bosnische Nationalgefühl fördern zu können.[73] Heinrich Schurtz (1863–1903), dem Verfasser einer Untersuchung über die *Entstehung des Geldes* (1898) und der einflussreichen Publikation über Altersklassen und Männerbünde (1902),[74] spricht Bücher 1899 für dessen Studie über *Das afrikanische Gewerbe* den

können, weil er kurz nach seinem Examen per Eilbrief zum Handelslehrer berufen worden sei. UBL, Sondersammlung, NL 181 (Karl Bücher).

69 Koszyk, Karl Büchers Weg zur Zeitungskunde 1993.

70 Boese, *Geschichte* 1939, 126. Der Vortrag ist in Bd. 125 der Schriften des *Vereins für Socialpolitik* erschienen.

71 So Melk-Koch, *Richard Thurnwald* 1989, 5.

72 UBL, Sondersammlung, NL 181 (Karl Bücher), Richard Thurnwald an Bücher, 21. Januar 1898.

73 Melk-Koch, *Richard Thurnwald* 1989, 19–22. Ab 1899 war Thurnwald an der Handels- und Gewerbekammer in Graz tätig, wo er Büchers Schüler Otto von Zwiedineck kennenlernte (ebd. 23); 1901 wechselte er an das Berliner Museum für Völkerkunde. Im Auftrag des Museums unternahm er erste Reisen in die Südsee, wo er mit seiner ethnologischen Feldforschung begann. Zu Thurnwalds Werdegang und Tätigkeit als Ethnologe vgl. auch Köcke, Some Early German Contributions 1979, 119–167.

74 Schurtz hatte bei Ratzel Geographie studiert und sich bei ihm habilitiert. Zum Zeitpunkt der Korrespondenz hatte er eine Assistentenstelle am Städtischen Museum für Natur-, Völker- und Handelskunde in Bremen inne. Zu seinem Werdegang und zu seiner wissenschaftlichen Wirkung vgl. Bruns, *Politik des Eros* 2008, 79–106.

Preis der Jablonowskischen Gesellschaft zu.[75] Die Schrift erscheint 1900 im Leipziger Teubner-Verlag. Angehende Ethnologen, die sich in Leipzig habilitieren wollen, suchen Büchers Rat in Fragen »der soziologischen Seite der Völkerkunde«.[76] Einer der frühen Sozialwissenschaftler, Franz Karl Müller-Lyer (1857–1916), schickt ihm seine evolutionstheoretisch angelegte Studie *Phasen der Kultur*[77] und dankt ihm für die »wertvollen Belehrungen und Anregungen, die ich aus Ihrer wissenschaftlichen Arbeit geschöpft habe und die mir bei der Abfassung meines Buches in so reichlichem Maße zustatten gekommen sind.«[78] Von Eduard Hahn (1856–1928) erhält er dessen Werk *Die Entstehung der Pflugkultur.*[79] Hahns Studie fußt auf Büchers Schriften zur Wirtschaft der Naturvölker, stellt aber eine Weiterentwicklung dar, insofern Hahn zwischen verschiedenen Formen der Ökonomie der »Wilden« differenzierte. Vor allem seine Unterscheidung zwischen Hackbau- und Pflugbaukulturen hat das Bild der außereuropäischen Agrargesellschaften jener Jahre maßgeblich geprägt.[80]

75 UBL, Sondersammlung, NL 181 (Karl Bücher), Heinrich Schurtz an Bücher, 12. Juli 1899: »Sehr geehrter Herr Professor! Nachdem ich anderweitige dringende Arbeiten erledigt habe, kann ich mich nunmehr endlich einer gründlichen Durchsicht und Umarbeitung der Preisschrift widmen und möchte die gütigst erteilte Erlaubnis benutzen, auch wegen einiger Einzelheiten mich an Sie zu wenden. Es ist mir gleichzeitig eine angenehme Pflicht, Ihnen für die Zuerkennung des Preises, die doch in der Hauptsache auf Ihren Vorschlag hin erfolgt ist, meinen verbindlichsten Dank auszusprechen.«

76 UBL, Sondersammlung, NL 181 (Karl Bücher); Karl Sapper an Bücher, 13. u. 27. August 1900. Sapper betrieb Forschungen in Mittelamerika, Java und am Bismarckarchipel.

77 Die Studie erscheint in zwei Auflagen und basiert weitgehend auf Bücher, Schurtz und Sombart, weicht aber in der Bewertung antiker Verhältnisse von Büchers Sichtweise ab. Müller-Lyer, *Phasen der Kultur und Richtungslinien des Fortschritts* 1908, 163; 2. überarb. Aufl. 1923, 173.

78 UBL, Sondersammlung, NL 181 (Karl Bücher), Müller-Lyer an Bücher, 5. Dezember 1908.

79 UBL, Sondersammlung, NL 181 (Karl Bücher), Eduard Hahn an Bücher, 10. November 1909. In einem undatierten Brief fragt er, ob Bücher eine neue Auflage von *Arbeit und Rhythmus* vorgesehen habe.

80 Vgl. auch Hahn, *Die Hausthiere und ihre Beziehung zur Wirthschaft des Menschen* 1886. Die nachfolgend publizierten Werke Hahns (*Das Alter der wirtschaftlichen Kultur* 1905; *Von der Hacke zum Pflug* 1914) befanden sich in Büchers Bibliothek. – Zu den Bezügen zwischen Büchers und Hahns Sicht auf die Wirtschaft der »Primitiven« vgl. Köcke, German Contribution 1979, 122–126. Hahns Untersuchung stellt einen Bruch mit der alten Dreiteilung in Jäger-, Hirten- und Ackerbaukulturen dar, die aus der Antike stammt. Hahn argumentiert, dass Viehzucht sich nicht aus der Jagd, sondern aus dem Ackerbau entwickelt habe und Hirtenkulturen eine Sonderentwicklung darstellen. Diese Auffassung wird bis heute geteilt. Vgl. Khazanov, *Nomads of the Outside World* 1984 (russ. 1983).

Auch seine althistorischen Arbeiten, so die Studien über das Diokletianische Preisedikt (1894) oder über den antiken Handel (1901) finden, wenngleich nicht in diesem Maße, Resonanz.[81] Aus Wien erreicht ihn 1918 eine Anfrage des Rechtshistorikers Rudolf Köstler, ob er grundsätzlich geneigt sei, eine rechtshistorische Schrift in der *Zeitschrift für die gesamte Staatswissenschaft* aufzunehmen.[82] Köstler ist es auch, der neben dem Niederländer Hendrik Bolkestein, der ursprünglich bei Eduard Meyer in Berlin studierte, Büchers Vorstellungen vom Geschenketausch in die Altertumswissenschaft trägt und zur Deutung homerischer Befunde anwendet.[83] Ein Lehrer-Schüler-Verhältnis aber mit Studierenden der Altertumswissenschaft ist in der Korrespondenz nicht zu greifen.

Anders als die meisten anderen Vertreter der historischen Schule der Nationalökonomie wie Schmoller, Brentano oder Weber bildete Bücher keine Schule aus.[84] So jedenfalls sieht es Büchers Festredner zum siebzigsten Geburtstag, der Marburger Nationalökonom Walter Troeltsch (1866–1933).[85] Er macht für die geringe Schülerschar die »knorrige, oft vulkanische Art« von Büchers Charakter verantwortlich, aber auch die Aufrichtigkeit und Be-

81 UBL, Sondersammlung, NL 181 (Karl Bücher), Maxime Kovalesky an Bücher, Beaulieu 1. Mai 1897: »Hochverehrter Herr Professor, Ich habe soeben Ihren Aufsatz über Diocletian's economische Gesetzgebung erhalten und bringe Ihnen meinen innigsten Dank dafür.« Einen ausführlichen Kommentar zu Büchers Vorstellungen des antiken Handels schickt am 2. Oktober 1908 Eugen Jaeger. Erst spät, 1926, erreicht ihn die Anfrage einer Studentin der Alten Geschichte, die für ihre Dissertation zur Griechischen Geschichte des 4. Jahrhunderts v. Chr. Rat bei ihm sucht. UBL, Sondersammlung, NL 182 (Karl Bücher), Antoni Jungkunz an Bücher, 22. Dezember 1926.

82 UBL, Sondersammlung, NL 182 (Karl Bücher), Köstler an Bücher, 22. August 1918.

83 Köstler, *Homerisches Recht* 1950. Dazu Wagner-Hasel, *Der Stoff der Gaben* 2000, 61.

84 Troeltsch, Bücher 1917, 5. Bücher selbst lehnte Schulenbildung ab und rechnete seinem Kollegen Adolph Wagner das Fehlen eines festen Schülerkreises als Ehre an. Bücher, Adolph Wagner 1905, 15: »Auch in seiner Wissenschaft hat Adolph Wagner nicht eigentlich Schule gemacht. Eine wissenschaftliche Schule braucht einen Meister, der ex cathedra ›unfehlbare Wahrheiten‹ verkündet, auf welche seine Jünger schwören. Wagner aber ist nichts so zuwider, als das ›jurare in verba magistri‹. Dogmen hat er niemals verkünden wollen.« Dessen Schüler sahen dies allerdings anders. Aufgrund der von ihm beherrschten sokratischen Methode habe Wagner im Unterschied zu Schmoller, so sein Schüler Herrmann Bahr, »eine Schule« gehabt, »während, was Schmoller um sich versammelte, mehr nach einer Klientel aussah.« Wagner, *Briefe* 1978, 229 (H. Bahr, *Selbstbildnis*, Berlin 1923, 173ff.).

85 Walter Troeltsch war 1899 Heinrich Herkner auf dem Karlsruher Lehrstuhl gefolgt, den einst Bücher inne gehabt hatte. Seit 1902 lehrte Troeltsch in Marburg. *Deutsches Zeitgenossenlexikon* 1905, Sp. 1476. Zu den Schülern von Troeltsch gehören der spätere Bundespräsident Gustav Heinemann und der Nationalökonom Wilhelm Röpke. Vgl. Walter Braeuer, Walter Troeltsch 1977, 553–568.

scheidenheit, die Schüleranbetung und Cliquenwirtschaft ausgeschlossen habe.[86] Als Universitätslehrer schätzt Walter Troeltsch ihn dennoch: »Er lehrte seine Schüler nicht nur Akten excerpieren und verstehen; er erzog sie auch dazu, in den bestimmten Erscheinungen der Gegenwart das Wesentliche, Wirksame zu erkennen, dem Unscheinbaren und Versteckten nachzuspüren und im Beobachteten bestimmte Richtlinien zu erkennen.«[87]

Troeltschs Urteil ist möglicherweise auch der Tatsache geschuldet, dass Bücher Schüler ganz unterschiedlicher politischer Couleur hatte. Manche ihrer Briefe geben nicht nur Auskunft über die Entwicklung der privaten wie beruflichen Verhältnisse, sondern auch über politische Haltungen, die ein breites Meinungsspektrum erkennen lassen. Wilhelm Bartels, der zwischen 1912 und 1922 eine Reihe von Artikeln zur Pressepolitik in Büchers *Zeitschrift für die gesamte Staatswissenschaft* verfasst, beklagt sich nach dem Ersten Weltkrieg über den »Raub von Oberschlesien«, der einen »vor Wut erstarren lassen« müsse.[88] Ein anderer Schüler, der Journalist Adolf Braun aus Wien, wiederum stellt sich als vehementen Verfechter der »ungeheuren Leistung der Sozialdemokratie« dar, wohl wissend, dass er mit diesen Ausführungen nicht auf Gegenliebe stoßen würde: »[W]as wäre die Menschheit infolge der Raffgier des jungen Kapitalismus geworden, wenn nicht die Sozialdemokratie als politische und wirtschaftliche, als kulturelle und insbesondere intellektuelle Macht all den mannigfachen Formen der Versklavung Widerstand geleistet hätte [...]. Sie werden jammern, dass nun auch der Adolf Braun Ihnen gegenüber zu agitieren beginnt [...]. Sie beklagen sich über die Lieblosigkeit der Sozialdemokratie, über den Hass, der von uns ausgeht. Ich will kein Wort verlieren über den Klassenhass der Herrschenden, über den Österreich zerfressenden Nationalhass [...]«.[89] Zu disparat sind zudem Büchers Forschungsgebiete, als dass er einen Schülerkreis um sich hätte sammeln können, der nur einer Sache verpflichtet gewesen wäre. Die Dissertationsthemen, die er betreute, waren breit gestreut und umfassten neben aktuellen Wirtschaftsfragen auch die Wirtschaftsgeschichte und Völkerkunde sowie

86 Troeltsch, Bücher 1917, 1–6.

87 Troeltsch, Bücher 1917, 6. Vgl. auch Goetz, Nachruf 1932, 4.

88 So in einem Schreiben vom 3. Oktober 1921. Der Briefwechsel mit Dr. jur. Wilhelm Bartels reicht vom 12. Januar 1912 bis zum 10. Februar 1922. UBL, Sondersammlung, NL 181 (Karl Bücher).

89 UBL, Sondersammlung, NL 181 (Karl Bücher), Adolf Braun an Bücher, 13. November 1909.

die Zeitungskunde.[90] Vielleicht hat auch der Streit, den er mit seinem Schüler Johannes Plenge ausfocht, dazu beigetragen, dass es nicht zu einer »Karl Bücher-Schule« kam.

Johannes Plenge und Franz Eulenburg

Johannes Plenge (1874–1963), der einer protestantischen Patrizierfamilie Bremens entstammte, hatte 1893 in Leipzig sein Studium der Jurisprudenz aufgenommen, daneben aber auch bei Lamprecht und Bücher Geschichte und Nationalökonomie gehört. Bücher begeisterte ihn schließlich für die Nationalökonomie und vergab das Dissertationsthema: »Westerwälder Hausierer und Landgänger«. 1897 wurde er von ihm mit dieser Studie, die 1898 als Band 78 in der Schriftenreihe des *Vereins für Socialpolitik* erschien, promoviert. Stand diese Studie noch in der Tradition der Historischen Schule der Nationalökonomie, so orientierte sich Plenge mit der Habilitation, die er gleichwohl in Leipzig betrieb, stärker in Richtung Soziologie und entwickelte sich in der Folge zu einem dezidierten Gegner des nationalökonomischen Historismus. Angeregt von Heinrich Dietzel, an den er sich nach der Promotion wandte, beschäftigte er sich mit dem französischen Sozialtheoretiker Henri de Saint-Simon, auf dessen Konzept der zentralistisch formierten Volkswirtschaft seine eigene Vorstellung vom autoritären Staatssozialismus aufbaute. Mit ihnen stellte er nicht nur Sozialdemokraten – Kurt Schumacher studierte bei ihm[91] – sondern auch Nationalsozialisten Theorieangebote bereit.

Bemerkenswert an Plenges Gesellschaftsmodell ist eine eigenartige Mischung von Kulturkritik und Modernitätseuphorie: Ein strikter Anti-Indivi-

90 Eine Sammlung der bei Bücher verfassten Dissertationen steht noch aus. Deshalb hier nur einige Beispiele. Mit einer Studie über den *Frondienst als Arbeitssystem. Seine Entstehung und seine Ausbreitung im Mittelalter* promovierte er beispielsweise 1904 den Verlegersohn Oskar Siebeck (Tübingen 1904, *Zeitschrift für die gesamte Staatswissenschaft*. Ergänzungsheft 13). Überhaupt sind es nach Durchsicht seines Nachlasses häufig Themen zu aktuellen wirtschaftlichen Verhältnissen, die er seinen Schülern vorschlägt, selten wirtschaftstheoretische Fragen. Hans Schlosser, Ingenieur aus Meißen, arbeitet über *Die moderne Tonplatten-Industrie* (19. November 1911); ein anderer promovierte über den Holzhandel (vgl. die Briefe von Arno Schade vom 29. November 1909 und 28. September 1910).

91 Vgl. Schober, *Der junge Kurt Schumacher* 2000, 116–122. Den Werdegang Plenges fasst zusammen: Haase, Schutzverein 2001/2, 219.

dualismus und Anti-Parlamentarismus paart sich im Werk Plenges mit einem begeisterten Technik-Optimismus und einer Rationalitätsgläubigkeit, die ihn sowohl als einen konservativen Kulturkritiker als auch als Apologeten der Moderne erscheinen lassen.[92] Barbara Beßlich hat in ihrer Analyse der zivilisationskritischen Elemente im Werk Plenges die Kapitalismuskritik dem Einfluss Büchers zugeschrieben, während sie das Credo der Unterwerfung des Einzelnen unter das Ganze auf Dietzels Dichotomie von Sozial- und Individualprinzip zurückführt.[93] Tatsächlich aber enthält auch Büchers Credo für die Orientierung des Einzelnen am Gemeinwohl Elemente dieser Ganzheitsideologie, jedoch verschrieb er sich nie einem dezidierten Anti-Individualismus. Zum Bruch mit Plenge kam es 1912, als dieser sich mit seinem Lehrer in einen öffentlich ausgetragenen Streit über die Priorität von Büchers Wirtschaftsstufenmodell einließ – ein merkwürdiger Anachronismus, da zu diesem Zeitpunkt die Blütezeit der Stufenmodelle bereits vorbei war.[94] Hatte Bücher Plenge noch 1912 zusammen mit Eulenburg für den Berliner Lehrstuhl vorgeschlagen, so entzog er ihm nach dessen öffentlich vorgetragenen Vorwürfen seine Unterstützung und bezog ebenfalls öffentlich mit mehreren Artikeln in der *Zeitschrift für die gesamte Staatswissenschaft* gegen Plenge Stellung.[95]

92 Als Mittler zwischen Konservativismus und Präfaschismus charakterisiert ihn daher Krüger, *Nationalökonomen* 1983, 24. Vgl. auch Schildt, Ein konservativer Prophet moderner nationaler Integration 1987, 565, der Plenge zu den Vertretern konservativen Denkens zählt, die eine »hohe Sensibilität für gesellschaftliche Modernisierungsprozesse und für die Notwendigkeit der Integration der Arbeiterbewegung« hatten, aber diese mit einem dezidierten Antiliberalismus und Antiparlamentarismus verbanden (524). Auch betont er Plenges anti-individualistische Position (527) und dessen Antisemitismus (558). Gangolf Hübinger verortet ihn als »weit entfernt von völkischen Ideen« und »konservativen Revolutionären«, zählt ihn allerdings zu denjenigen, die das Konzept der »Volksgemeinschaft« hoffähig gemacht hätten. Hübinger, *Gelehrte* 2006, 176/7.

93 Nach Beßlich, *Wege in den ›Kulturkrieg‹* 2000, 273. Für den Hinweis auf Beßlichs Studie danke ich Friederike Teszarz.

94 Schmoller beanspruchte in einer Rezension des Werkes von Bücher die Autorschaft an dessen Stufenmodell. Dieser nahm indes für sich die Urheberschaft nicht in Anspruch, sondern verwies auf Gustav von Schönberg, der bereits in den 1860er Jahren zwischen Haus-, Stadt- und Volkswirtschaft unterschieden hatte (Hildebrandsche Jahrbücher 9, 1867, 14). Eben dies, geistigen Diebstahl an Schönberg begangen zu haben, warf ihm 1916 sein Schüler Johannes Plenge vor: *Wirtschaftsstufen und Wirtschaftsentwicklung*. Berlin 1916, rez. Bücher, *ZfGS* Bd. 72, Heft 3, 1916/17.

95 Bücher, Eine Schicksalsstunde der akademischen Nationalökonomie 1917, 255–293. In seinen *Lebenserinnerungen* (1919, 357f.) geht Bücher nur auf die Prioritätsdebatte ein, die sich um die Originalität seines ökonomischen Stufenmodells (Haus-, Stadt-, Volkswirtschaft) entspann. Zum Verhältnis zwischen Bücher und Plenge vgl. die Korrespondenz

Diese Gegnerschaft zum Historismus brachte Plenge wiederum die Protektion von Max Weber ein, der aber Plenge zur Mäßigung »seines Zornes« gegen Bücher mahnte. Mit Max Webers und Hans Delbrücks Unterstützung erhielt Plenge 1913 einen Lehrstuhl in Münster.[96] Einen weiteren Streitpunkt bildeten Plenges industriefreundliche und nationalistische Parolen. Teilte Bücher mit Brentano die Auffassung, dass die Schutzzollpolitik für den Kriegsausbruch verantwortlich gewesen sei,[97] war Plenge dagegen mit Sombart auf der Seite der Propagandisten der deutschen Sendung zu finden,[98] die er allerdings nicht persönlich »realisieren« mochte. Seine Einberufung an die Front hintertrieb er erfolgreich.[99] Das Erstarken der nationalsozialistischen Bewegung beobachtete Plenge mit Wohlwollen und betrachtete sich selbst als geschmähten Ahnvater nationalsozialistischer Wirtschaftskonzepte. Seinen Schülern gegenüber brüstete er sich ob seiner persönlichen Bekanntschaft mit Joseph Goebbels. Allerdings ging sein Kon-

zwischen 1904 und 1910. UBL, Sondersammlung, NL 181 (Karl Bücher), Plenge an Bücher. In einem Brief an Hans Delbrück vom 17. März 1913 (Staatsbibliothek Preußischer Kulturbesitz zu Berlin, NL Hans Delbrück, Fasz. Plenge, Bl. 33f.) beschwert sich Plenge über die Missachtung, die er von Bücher auf der gemeinsamen Sizilienreise erfahren habe. Gegenüber Weber meint er, dass Bücher ihn als ungeliebten Nebenbuhler verfolge (Plenge an Weber, 19. März 1913, UB Bielefeld, NL Johannes Plenge). Möglicherweise liegt hier ein Fall von Projektion vor. Denn Plenge hatte das Promotionsrecht für Nichtordinarien gefordert und sich damit tatsächlich auf eine Stufe mit seinem Lehrer stellen wollen. Weber antwortet ihm, dass er mit dieser Forderung »90% der Ordinarien vor den Kopf« stoße. Weber an Plenge, 22. März 1913 (MWG II/8, 2003, 138). In der Tat äußert sich Bücher in einem Gutachten an die Gießener Berufungskommission, das nach dem Zerwürfnis angefertigt wird und sich im Nachlass Delbrücks befindet, positiv über die wissenschaftliche Leistung Plenges, verhehlt aber auch das Zerwürfnis und seine Voreingenommenheit nicht. Ein Auszug ist abgedruckt in: Weber, *Briefe 1913–1914*, MWG II/8, 2003, 130.

96 Nach Beßlich, *Wege in den ›Kulturkrieg‹* 2000, 272 schätzte Weber die bankwissenschaftlichen Arbeiten Plenges, Delbrück hingegen dessen konservative Hegelrezeption. Zu Webers Protektion und Versuch der mäßigenden Einwirkung auf Plenges Zorn vgl. auch Krüger, *Nationalökonomen* 1983, 23f.

97 Vgl. Krüger, *Nationalökonomen* 1983, 178.

98 Plenge, *Der Krieg und die Volkswirtschaft* 1915, 187–188. Einen Auszug aus Plenges Kriegsschrift, die schnell Verbreitung fand, bietet Ringer, *Die Gelehrten* 1987, 170: »Wenn wir einmal diesen Krieg in einem Erinnerungsfeste feiern werden, so wird es das Fest der Mobilmachung sein. Das Fest des 2. August! […]. Da ist unser neuer Geist geboren: der Geist der stärksten Zusammenfassung aller wirtschaftlichen und aller staatlichen Kräfte zu einem neuen Ganzen […]. Der neue deutsche Staat! Die Ideen von 1914!« Zur Auseinandersetzung mit Plenges Haltung vgl. Beßlich, *Wege in den ›Kulturkrieg‹* 2000, 36/7 u. 261–326; Flasch, *Geistige Mobilmachung* 2000, 280–282.

99 Krüger, *Nationalökonomen* 1983, 19f. u. 105 mit Anm. 40.

zept vom Staat als anonymem rational gegliedertem Anstaltsstaat, zu dem ein Beamtenapparat mit festen Kompetenzen gehört, mit dem nationalsozialistischen Führerstaat nicht konform. Plenges Staat war, so das Urteil Beßlichs, zu rational angelegt. Sein Forschungsinstitut für Organisationslehre und allgemeine und vergleichende Soziologie an der Universität Münster, das ihm nach dem Entzug der Leitung des Staatswissenschaftlichen Instituts 1923 zugewiesen worden war, wurde daher 1934 geschlossen.[100]

Anders als Plenge trat Franz Eulenburg (1867–1943), der Verfasser zweier statistischer Untersuchungen über die universitäre Entwicklung,[101] in die Fußstapfen seines Lehrers Karl Bücher. Eulenburg hatte ursprünglich bei Gustav Schmoller in Berlin studiert, sich aber wohl aufgrund seiner jahrelangen Tätigkeit am statistischen Amt der Städte Berlin und Breslau 1898 an Bücher gewandt und um die Möglichkeit der Habilitation in Leipzig nachgesucht. Als Habilitationsschrift bot er eine Studie über die Frage der Lohnermittlung an. Bücher unterstützte Eulenburgs Habilitationsbegehren und bescheinigte dem Habilitanden sowohl theoretisches Wissen als auch technisch-statistisches Können.[102] Im Jahre 1905 wurde Eulenburg zum außerordentlichen Professor ernannt. Aufgrund seiner jüdischen Herkunft wurde er trotz intensiver Bemühungen von Karl Bücher und Max Weber[103] erst als 50jähriger 1917 auf einen Lehrstuhl nach Aachen berufen, nachdem eine vom sächsischen Ministerium geplante Berufung nach Leipzig am Widerstand der Philosophischen Fakultät gescheitert war. Nach einem Intermezzo in Aachen wechselte Eulenburg 1921 an die Berliner Handelshochschule, wo er bis Ende 1935 lehrte. Seine Ehe mit einer »Arierin« schützte ihn nach Beginn der nationalsozialistischen Judenverfolgung zunächst vor der Deportation. Seine Todesumstände sind dennoch tragisch. 1943, kurz nach seinem 76. Geburtstag, wurde er von der Gestapo verhaftet. Am 28. Dezember 1943 starb er in Gestapohaft oder – die Überlieferungslage ist unklar – in einem jüdischen Krankenhaus.[104]

100 Beßlich, *Wege in den ›Kulturkrieg‹* 2000, 323.

101 Eulenburg, *Die Entwicklung der Universität Leipzig in den letzten hundert Jahren* 1909/1995. Vorausgegangen war der Untersuchung die Studie über *Die Frequenz der deutschen Universitäten von ihrer Gründung bis zur Gegenwart* (1904/1994).

102 UAL, PA 446 (Franz Eulenburg), Bl. 6–6v: Gutachten Karl Büchers vom 11.3.1899. Zum Werdegang Eulenburgs vgl. das Nachwort von Wiemers zu Eulenburgs Studie über *Die Frequenz der deutschen Universitäten* 1994, 329/330.

103 Vgl. Max Webers briefliche Stellungnahme zu Eulenburg vom 4. Mai 1907. Weber, *Briefe 1906–1908* (MWG II/5, 1990).

104 Vom Tod in einem jüdischen Krankenhaus spricht Gerald Wiemers in seinem Nachwort zu Eulenburgs Leipziger Universitätsgeschichte (1995, 217–222); in seinem zusammen mit

Hochschulpolitik und die Nachfolgefrage

In Fragen der Hochschulpolitik vertritt Bücher das Credo einer ökonomischen Rationalität, das radikaler nicht ausfallen könnte. Als es 1911 um die Gründung der Universität in Frankfurt a. M. geht, spricht er sich dagegen aus und plädiert aus Gründen der Qualitätssicherung für eine Konzentration der Universitätsausbildung auf wenige Standorte. Dieses Urteil geht zweifellos mit der Akzeptanz von Massenveranstaltungen einher. Bücher, der in seinen eigenen Seminaren und Vorlesungen zahlreiche Hörer hatte, argumentiert mit dem von ihm selbst aufgestellten »Gesetz der Massenproduktion«, demzufolge die Herstellungskosten mit der Masse der erzeugten Produkte stetig abnehmen. »Das Produkt ist hier der auszubildende Jurist, Philologe, Theologe, Chemiker, Volkswirt usw. Mit je geringeren Kosten der Bedarf des Staates und der Gesellschaft an derartig qualifizierten Arbeitskräften geliefert werden kann, um so besser für die Staatsfinanzen. Und daß er an wenigen großen Universitäten nicht nur billiger, sondern in vielen Fällen auch besser ausgebildet werden kann als an vielen kleinen, unterliegt kaum einem Zweifel.«[105] Hinter diesem Urteil steht ein Vertrauen in die pädagogische Wirksamkeit von Massenveranstaltungen und ein Glaube an die Macht der Rede des Hochschullehrers, das von keinerlei didaktischen Selbstzweifeln erschüttert ist, zumal er glaubt, dass die Einführung des Epidiaskops, mit dem Abbildungen und Tabellen aus Büchern direkt an die Wand projiziert werden konnten, die Technik des Massenunterrichts »vervollkommnet« habe.

Elisabeth Lea verfassten Nachwort von 1994 zu Eulenbergs Studie über die Frequenz der deutschen Universitäten ist vom Tod in Gestapohaft die Rede (1994, 325–341). Wiemers stützt sich in seinen Angaben auf die Gedächtnisrede von Georg Jahn, Franz Eulenburg zum Gedächtnis, in: *Forum. Zeitschrift für das geistige Leben der Hochschulen* 1, 1947, 12–13 sowie auf eine Würdigung von Gottfried Eisermann, Franz Eulenburg, Persönlichkeit und Werk, in: *Die Einheit der Sozialwissenschaften. Franz Eulenburg zum Gedächtnis*, hg. v. Wilhelm Bernsdorf u. Gottfried Eisermann, Stuttgart 1955, 252. – Zum Verhältnis zwischen Bücher und Eulenburg vgl. die Korrespondenz zwischen 1898 und 1916, die am 25. Mai 1898 mit einer Anfrage Eulenburgs – zu diesem Zeitpunkt am Statistischen Amt in Berlin tätig – beginnt, ob eine Habilitation in Leipzig möglich sei. Die nachfolgenden Briefe (6. Juni 1898, 21. September 1898, 26. September 1898) kreisen um das Problem der Finanzierung, da Eulenburg ein kleines Privatvermögen hat, von dessen Zinsen er aber nicht leben könne. Auch will er abklären, ob sein »Judentum« ein Hindernisgrund sei. UBL, Sondersammlung, NL 181 (Karl Bücher), Eulenburg an Bücher.

105 Karl Bücher, Ein Votum zur Universitätsfrage, in: *Frankfurter Zeitung* Jg. 55, Nr. 111. Erstes Morgenblatt, vom 22. April 1911.

So angepasst an staatliche Nützlichkeitserwägungen sein Urteil ausfällt, so vehement verteidigt Bücher die eigene Freiheit als Hochschullehrer von staatlicher und wirtschaftlicher Einflussnahme. Die Finanzierung von Lehrstühlen durch die Industrie lehnt er mit Nachdruck ab.[106] Auch ist er nach seinen Aussagen gegenüber Aloys Schulte kein Freund des »Systems Althoff«, wenngleich er dessen Leitideen, Humanität und Toleranz, durchaus geteilt haben wird. Bezüglich der Besetzungspolitik klagt Bücher über die Bevorzugung preußischer Protestanten[107] und streitet besonders mit den Kollegen der Geschichtswissenschaft um die Besetzung der historischen Lehrstühle. Ein Widerhall dieser Auseinandersetzungen findet sich in den Briefen Emilie Büchers, die gleich zu Beginn der Leipziger Jahre von dem Streit um die Nachfolge des Lehrstuhls von Maurenbrecher berichtet. Im November 1892 schreibt sie an ihren Vater: »Im Augenblick sitzt Karl in der Kommissionssitzung, zu der er gewählt wurde wegen der Besetzung des Lehrstuhls Maurenbrecher. Die Herren wollen absolut immer Preußen […], Katholiken, die frei denken wie Schulte od. Seipel (?) wollen sie nicht. Karl schlug letztere vor u. ärgerte sich, daß sie nicht berücksichtigt werden.«[108] Berufen wird Erich Marcks (1861–1938),[109] der eine strikt politikgeschichtliche Geschichtswissenschaft betreibt und Lamprechts kulturgeschichtliche Ausrichtung ablehnt. 1901 verlässt Marcks Leipzig jedoch wieder und folgt einem Ruf nach Heidelberg. Als es um die Beratung seiner Nachfolge geht, ist Bücher neben dem Kunsthistoriker August Schmarsow, dem Althistoriker Curt Wachsmuth, den Germanisten Eduard Sievers und Albert Köster sowie dem Historiker Gerhard Seeliger erneut beteiligt; Lamprecht indessen, der aus gesundheitlichen Gründen ein Freisemester beantragt hatte, ist nicht dabei.[110] Persönliche Sympathien scheinen von diesen Kontroversen unberührt. Mit dem 1895 neu berufenen Vertreter der Historischen Hilfswissen-

106 Gemeint ist der Fall Ehrenberg. vgl. dazu Kap. *Eine gradgewachsene knorrige Eiche.*

107 So das Urteil von Braubach, Aus Briefen 1965, 392–394. Zum System Althoff, das die Förderung von Katholiken und Juden keineswegs ausschloß, vgl. vom Brocke, Hochschul- und Wissenschaftspolitik 1980, 9–118; ders., Friedrich Althoff 1987, 206. Vgl. auch S. 59, Anm. 80.

108 Emilie Bücher an ihre Eltern, 24. November 1892. PB Lauth.

109 Nordalm, *Erich Marcks* 2003, 12–17. Marcks war von Hause aus Althistoriker und hatte seine Dissertation zum Thema »Die Überlieferung des Bundesgenossenkrieges 91–89 v. Chr.« verfasst. Erst nach der Promotion wechselte er zur Neueren Geschichte über. 1893 erhielt er einen Ruf nach Freiburg, ging aber bereits ein Jahr später nach Leipzig. In Heidelberg blieb er 12 Jahre; 1913 wurde er nach München berufen, wo er bis 1922 lehrte.

110 Zur Zusammensetzung der Kommission und zum Verlauf der Sitzungen vgl. Middell, *Weltgeschichtsschreibung* 2005, Bd. 1, 152–156.

schaften, Gerhard Seeliger (1860–1921), mit dem sich Lamprecht bald zerstreitet,[111] pflegt Bücher familiären Kontakt.[112] Den Ausschluss von Lamprecht aus der Kommission mag er dennoch nicht hinnehmen und setzt sich, folgt man den Aussagen seiner Ehefrau, mit großem Engagement für den Abwesenden ein. Im Juni 1901 kommentiert sie in einem Brief an die Schwester Mathilde Mittermaier den Vorgang: »Vorgestern war eine Sitzung, in der es wegen Lamprecht etwas heiß herging. Nur 4 Herren, deren Sprecher Karl war, waren für Aufschub der Nachfolgerfrage für Marcks, alle u. viele (sic!) sind der Ansicht, gerade die Sache in Abwesenheit von L[amprecht] zu machen, das ist doch eine Gemeinheit! Karl hat ihnen ordentlich die Meinung gesagt. L[amprecht] wird sich wohl selbst seiner Haut wehren [...], dann, wenn Aufschub von höchster Stelle kommt, haben die Herren in dem Feuereifer sich recht blamiert. Wir hoffen, es kommt so. Solch eine große Universität ist eine kl. Welt für sich.«[113] Büchers Einsatz für Lamprechts Interessen stellt sich entgegen der Hoffnung auf Blamage der Gegner als vergebliche Mühe heraus. Lamprecht wird nur eine schriftliche Stellungnahme zugestanden. Gegen das Minderheitenvotum von Wachsmuth und Bücher wird schließlich mit Erich Brandenburg (1868–1946) ein ehemaliger Schüler von Erich Marcks berufen, der in dessen politikgeschichtliche Fußstapfen tritt und mit Seeliger eine Koalition gegen Lamprechts universalgeschichtliche Ambitionen bildet.[114] Als Lamprecht 1915 überraschend stirbt, wünscht Bücher erneut den inzwischen 58jährigen Freund Aloys Schulte als Nachfolger zu gewinnen. Aber die beiden Fachvertreter der Geschichtswissenschaft, Erich Brandenburg und Gerhard Seeliger, mögen den »Zentrumsmann« Schulte nicht und setzen den liberalen Walter Goetz (1867–1958) durch,[115] der 15 Jahre später die Gedächtnisrede auf Bücher halten wird. Es werden die gemeinsamen wirtschaftshistorischen Interessen gewesen sein, die Bücher für Schultes Berufung haben kämpfen lassen. Schultes Werk zum mittelalterlichen Handel zwischen Deutschland und Italien gilt heute als

111 Zu den Kontroversen, die u. a. um die Institutsleitung kreisten, vgl. Middell, *Weltgeschichtsschreibung* 2005, Bd. 1, 116–129.

112 Vgl. Kap. *Leipziger Gelehrtennetzwerk.*

113 Emilie Bücher an Mathilde, 7. Juni 1901. Die Parteinahme für Lamprecht im Hause Bücher zeigt sich auch bei der Wahl in universitäre Ämter. Als 1905 die Rektorwahl auf Seeliger fällt, kommentiert sie in einem Brief vom 12. August 1905 an die Schwester, dass dies »eine große Beleidigung für Lamprecht« sei, denn »L. ist schon viel länger hier, ist älter u.s.w.« PB Lauth.

114 Middell, *Weltgeschichtsschreibung* 2005, Bd. 1, 157; Friedrich, Brandenburg 1998.

115 Vgl. Gibas, Walter Goetz 1993, 31–41; Weigand, *Walter Wilhelm Goetz* 1992.

Standardwerk.[116] Immerhin erreicht es Bücher zusammen mit Wilhelm Wundt, dass das 1909 von Lamprecht gegründete Institut für Kultur- und Universalgeschichte räumlich selbständig und ungeteilt bleibt.[117]

Auch bei der Besetzung nationalökonomischer Lehrstühle ist Büchers Meinung gefragt. Erfolgreich ist er vor allem dann, wenn es um die Besetzung seiner ehemaligen Positionen geht. Dabei tritt er für Fachkollegen ganz unterschiedlicher politischer Couleur ein, für den liberalen Heinrich Herkner ebenso, dessen Berufung nach Karlsruhe und Zürich er betreibt,[118] wie für den konservativen Otto von Zwiedineck aus Graz. Dieser hatte bei ihm studiert, sich aber 1901 in Wien bei Carl Menger und Eugen von Philippovich habilitiert, nachdem ihn Richard Hildebrand, der Sohn von Bruno Hildebrand, wegen der allzu großen Nähe zu Büchers Leipziger Schule abgelehnt hatte.[119] Als Bücher im Sommer 1897 um sein Votum für die Beset-

116 Zu Büchers vergeblichen Versuchen, Schulte durchzusetzen, vgl. Braubach, Aus Briefen 1965, 400–402. Zur Debatte in der Kommission vgl. Middell, *Weltgeschichtsschreibung* 2005, Bd. 2, 443–445. Schulte wurde als Erster ausgeschlossen. Er habe als aktiver Zentrumsmann für eine protestantisch geprägte Universität nicht gepasst. Nach Paletschek, *Die permanente Erfindung einer Tradition* 2001, 284 war Leipzig katholikenfeindlicher als andere Universitäten, berief aber durchaus jüdische Wissenschaftler. 1838 durfte erstmals ein Jude, 1842 ein Katholik an der Universität Leipzig lehren. Krause, *Alma mater Lipsiensis* 2003, 180.

117 Middell, *Weltgeschichtsschreibung* 2005, Bd. 1, 411/412. Vorausgegangen war dieser Institutsgründung 1905 die Aufspaltung des Historischen Seminars in vier Abteilungen, in eine Abteilung für alte Geschichte, in eine Abteilung für mittlere Geschichte und geschichtliche Hilfswissenschaft (Seeliger), in eine Abteilung für neuere Geschichte (Brandenburg) und schließlich in eine Abteilung für Kultur- und Universalgeschichte (Lamprecht).

118 Herkner dankt Bücher im Schreiben vom 24. Juni 1892 für die Empfehlung nach Karlsruhe (UBL, Sondersammlung, NL 181, Karl Bücher) und informiert ihn am 28. Juni 1892 über das Resultat der Verhandlungen. 1899 folgt ihm Walter Troeltsch auf den Karlsruher Lehrstuhl, während er selbst 1898 nach Zürich geht. Herkner fragt in späteren Jahren immer wieder um Rat in Berufungsfragen, so im November 1912, als er um Büchers Urteil über Eulenburg und Plenge bittet.

119 Im Schreiben vom 5. Februar 1898 zitiert von Zwiedineck eine Bemerkung Hildebrands: »Sie stecken mit der Arbeit immer und überall in den Bücherschen Ideen und das ist doch alles unbewiesen. Sie glauben, daß Lohnwerk und Preiswerk bestimmte Entwicklungsstufen im gewerblichen Leben sind und sprechen davon, als ob das zweifellos sei. Das ist flüchtig.« UBL, Sondersammlung, NL 181 (Karl Bücher). – Da Zwiedinecks Probevortrag in Wien bei den Kollegen offensichtlich keinen guten Eindruck machte, fragt Bücher um das Urteil seines Schülers Hans Sperl nach, der sich zu diesem Zeitpunkt in Wien aufhält. Sperl bestätigt den negativen Eindruck: »Ich selbst fand, daß Zw. wenig schlagfertig, unsicher im Erfassen der ihm gestellten Fragen und schwerfällig in den Erwiderungen war. Der Probevortrag war etwas besser, aber temperamentlos«, konstatiert er, lobt aber die Vorlesung, die er anschließend bei ihm besucht. UBL, Sondersammlung, NL 181 (Karl Bücher), Sperl an Bücher, 19. Januar 1901. Zwiedineck selbst macht keinen Hehl aus seiner Befan-

zung des Greifswalder Lehrstuhls gebeten wird, will er seinen späteren Leipziger Kollegen Wilhelm Stieda auf Platz eins sehen, während der Kollege Georg Friedrich Knapp (1842–1926) Carl Grünberg haben will, den späteren Direktor des Frankfurter *Instituts für Sozialforschung* und Mitherausgeber der *Zeitschrift für Social- und Wirtschaftsgeschichte*, aus der die *Vierteljahrschrift für Sozial- und Wirtschaftsgeschichte* hervorging. Diesem spricht Bücher jedoch die Eignung ab; sein Kollege Gustav Schmoller hält nach Rücksprache mit Althoff eine Berufung Grünbergs ohnehin für aussichtslos.[120] Die Kommission spricht schließlich Stieda den ersten, Grünberg den zweiten Platz zu; berufen wird allerdings keiner von beiden, sondern Julius Wolf, der Verfasser einer Marx-kritischen Schrift über »Sozialismus und kapitalistische Gesellschaftsordnung« (1892), der zu diesem Zeitpunkt in Zürich lehrt.[121] Auch an der Besetzung von Wolfs Nachfolge in Zürich ist Bücher beteiligt, wo er sich erfolgreich für Heinrich Herkner einsetzt.[122] Im Frühjahr 1900, als es um die Nachfolge Étienne Laspeyres (1834–1913) in Gießen geht,[123] wird Bücher um die Begutachtung der Kollegen Werner Sombart, Ludwig Pohle und Walter Troeltsch gebeten und schlägt Ludwig Pohle für den ersten Platz vor. Im Anschreiben an ihn wird ausdrücklich darauf verwiesen, dass ein Vorschlag von Persönlichkeiten »jüdischer Abstammung oder ultramontaner Richtung« in der Fakultät und im Senat Schiffbruch erleiden würde.[124]

genheit bei Vorlesungen und berichtet seinem Lehrer am 20. Dezember 1901, dass er von Stunde zu Stunde freier spräche. UBL, Sondersammlung, NL 181 (Karl Bücher).

120 Grünberg war der erste Institutsdirektor der 1923 gegründeten Einrichtung. Die Verwicklungen um die Auszahlung der Pension des emeritierten Direktors nach der Schließung des Instituts durch die Nationalsozialisten, die aufgrund seiner jüdischen Herkunft gefährdet war, schildert Schivelbusch, *Intellektuellendämmerung* 1982, 94–100.

121 UBL, Sondersammlung, NL 181 (Karl Bücher), Anfrage von Carl Johannes Fuchs an Bücher, 16. und 18. Mai sowie 29. Juni 1897. – Die Studie von Wolf wird von Sombart kritisch im *Archiv für soziale Gesetzgebung und Statistik* 5, 1892, 487–498 besprochen. Dazu Lenger, *Sozialwissenschaft* 2009, 44f.

122 Vgl. dazu das Schreiben von G. Vogt vom 21. September 1897, in dem dieser um eine Bewertung Herkners bittet. Zur Diskussion steht auch Werner Sombart, aber Vogt würde Herkner den Vorzug gegenüber Sombart geben, falls dieser Interesse anmeldete. »Ich erschrecke nicht über den ›Marxismus‹ Sombarts, aber es scheint mir, ein akademischer Lehrer sollte nicht so sehr, wie er es ist, ›homme à système‹ sein. UBL, Sondersammlung, NL 181 (Karl Bücher).

123 Étienne Laspeyres hatte wie Bücher in Dorpat, Basel und Karlsruhe gelehrt, ehe er 1874 nach Gießen berufen wurde. Horst Linné, Ernst Louis Etienne Laspeyres, 1834–1913, in: *Jahrbücher für Nationalökonomie und Statistik* 196, 1981, 194–215.

124 Vgl. die Briefe von G. Gundermann vom 29. Januar 1900, 21. Februar 1900, 14. April 1900. UBL, Sondersammlung, NL 181 (Karl Bücher).

Ob es persönliche Sympathien oder die Unabhängigkeit des Geistes waren, die Bücher wichtiger schienen als die Nähe zur eigenen wissenschaftlichen Position, ist schwer zu fassen. Auf jeden Fall spielt, so im Falle Grünberg, die Nähe zur Menger-Richtung für die Ablehnung eine Rolle. »Ein fertiger Mann, mit festen Überzeugungen, mit großer Arbeitskraft [...]. Er würde die realistische, historische Richtung fortsetzen, er wäre der Mann mit Menger fertig zu werden, während Sering ihm nicht gewachsen wäre« – dieses Urteil Schmollers über seinen Kollegen Bücher aus dem Jahre 1891, als es um die Besetzung des Wiener Lehrstuhls geht,[125] könnte auch den Maßstab gebildet haben, den Bücher an die Berufbarkeit von Fachkollegen anlegte. Wie sehr solche Aussagen über die Persönlichkeit zum Inhalt der Beurteilungen gehörten, zeigt der Bericht Carl Mengers über Robert Meyer, um den ihn Bücher 1890 im Zusammenhang der Regelung seiner Nachfolge in Basel gebeten hatte. »Dr. Meyer ist von tadellosem bürgerlichem Charakter, seit kurzem verehelicht und in ordentlichen (?) Vermögensverhältnissen. Er gehört einer katholischen Familie an und ist von stattlicher und gewinnender Erscheinung«.[126]

Als es 1917 – Bücher ist inzwischen 70 Jahre alt – um die Nachfolge für seinen eigenen nationalökonomischen Lehrstuhl geht, setzt er sich, allerdings vergeblich, für Joseph Schumpeter (1883–1950) ein, der heute als einer der originellsten Köpfe der Nationalökonomie gilt.[127] Bücher habe, so urteilt Max Braubach, »die Bedeutung Joseph Schumpeters früher erkannt als mancher andere: nach dem Krieg zeitweise österreichischer Finanzminister, hat er dann ›sieben Jahre als Stern erster Größe am Bonner Universitätshimmel gestrahlt‹, um später in den Vereinigten Staaten zu hohem Ansehen zu gelangen.«[128] Schumpeter, Sohn eines Tuchfabrikanten aus Triersch in Mähren, hatte in Wien bei Friedrich von Wieser und Eugen von Philippovich (1858–1917) studiert und zunächst den Doktor der Rechte erworben, ehe er eine nationalökonomische Karriere einschlug und sich 1909 in Wien habilitierte. Gegen den Widerstand von Richard Hildebrand, der die Fahne des Historismus hochhielt, wurde er nach einem Aufenthalt als Research Student an der »London School of Economics« (1907) und einer außerordentli-

125 Zitiert nach Lindenlaub, *Richtungskämpfe* 1967, 130.

126 UBL, Sondersammlung, NL 181 (Karl Bücher), Carl Menger an Bücher, 29. Juni 1900.

127 Schumpeters historiographische Untersuchungen finden heute wieder das Interesse der Wissenschaft, wie die Neuauflage seiner Schriften zeigt: Josef Schumpeter, *Geschichte der ökonomischen Analyse*, Göttingen 2007, rez. *FAZ* v. 6.8.2007 (Gerald Braunberger, Alte Ökonomik. Schumpeters Meisterwerk ist wieder erhältlich).

128 Braubach, Aus Briefen 1965, 392.

chen Professur in Czernowitz in der Bukowina (1909) bereits im Alter von 29 Jahren (1912) auf den Lehrstuhl für Politische Ökonomie nach Graz berufen. Ebenso wie Bücher verfolgte Schumpeter historische Interessen und beschäftigte sich mit Fragen der wirtschaftlichen Entwicklung. Ihm ging es dabei allerdings weniger um Typologisierungen und Systematisierungen, als vielmehr um die Rolle der wirtschaftlichen Innovation und um die Erklärung und Erfassung von wirtschaftlichen Krisen, die er als notwendige Phase im Verlauf von Konjunkturzyklen deutete (*Theorie der wirtschaftlichen Entwicklung* 1911, *Bussiness Cycles* 1934).[129] Politisch ist Schumpeter auf der Seite der sozialdemokratischen Reformer jener Jahre zu finden. Im Winter 1918/1919 wird er auf Empfehlung von Rudolf Hilferding und Emil Lederer Mitglied einer Sozialisierungskommission der neuen sozialdemokratischen Regierung im Deutschen Reich. Auch wenn er in Einzelfällen die Sozialisierung von Schlüsselindustrien begrüßt, warnt er davor, die finanziellen Probleme des Staates mittels Sozialisierung lösen zu wollen. Im Frühjahr 1919 wird er als »Staatssekretär der Finanzen« (Finanzminister) ins Kabinett Karl Renner berufen, aus dem er nach nur wenigen Monaten wieder ausscheidet. Nach einem Ausflug in die Privatwirtschaft kehrt er 1925 an die Universität zurück und wird mit Unterstützung seines Freundes Arthur Spiethoff nach Bonn berufen. Als eine Berufung auf den ehemaligen Schmoller-Lehrstuhl nach Berlin misslingt, entschließt Schumpeter sich 1932, einen Ruf nach Harvard anzunehmen.[130] Diese Umorientierung und seine Konkurrenz mit John Maynard Keynes, von dessen Geldtheorie (*Treatise on Money*, 1930) Schumpeter seine eigenen Forschungen zur Sache entwertet sieht, zeigt, wie sehr der US-amerikanische Wissenschaftsbetrieb bereits in den Jahren nach dem Ersten Weltkrieg die Vorreiterrolle eingenommen hatte – eine Entwicklung, die sich durch den Exodus deutschsprachiger Wissenschaftler jüdischer Herkunft in den Jahren der nationalsozialistischen Herrschaft verstärken sollte.

Auch Heinrich Dietzel (1857–1935) und Hermann Schumacher (1868–1952) sind für die Leipziger Professur im Gespräch. Bücher selbst hatte ne-

129 Der kapitalistische Unternehmer und das Phänomen der Innovation stehen im Mittelpunkt der Betrachtung Schumpeters. Dazu McCraw, *Prophet of Innovation* 2007 (dt.: *Joseph A. Schumpeter* 2008, 9)

130 Vgl. Kurz, *Joseph A. Schumpeter* 2005, 13–32. Dort erhielt Schumpeter das Höchstgehalt für Harvard-Professoren. McCraw, *Joseph A. Schumpeter* 2008, 249–251. Mit dem Ruf nach Harvard beginnt die Biographie von Schäfer, *Joseph A. Schumpeter* 2008, 11ff. Die Biographen gehen auf die Prägung durch Schmoller und Weber ein, nicht aber auf Verbindungen zu Karl Bücher.

ben Schumpeter auch seinen Schüler Otto von Zwiedineck-Südenhorst vorgeschlagen, der Nachfolger von Max Weber und Lujo Brentano in München wird. Auch Max Weber stand als Nachfolger zur Debatte. Im Juli 1917 fragt Gerhard Seeliger bei seinem Heidelberger Kollegen Karl Ludwig Hampe (1869–1936) an, ob sich der erkrankte Max Weber wieder im Vollbesitz seiner Kräfte befinde. »Ich frage ganz persönlich. Die Beratungen über Vorschläge der Besetzung von Büchers Professur sind trostlos.«[131] Eine Berufung von Franz Eulenburg, der zu dieser Zeit einen Ruf nach Aachen erhält, lehnt die Fakultät unter ihrem Dekan Des Coudres ab. Zum Zuge kommt stattdessen der Kandidat des Kollegen Wilhelm Stieda, der von Bücher als »mittelmäßig« und »Agrarier« eingeschätzte Ludwig Pohle (1869–1926).[132] Pohle, der Bücher im Dezember 1917 über die Berufungsverhandlungen mit dem Sächsischen Kultusministerium unterrichtet, hatte sich 1898 in Leipzig habilitiert. 1903 war er einem Ruf an die Handelshochschule in Frankfurt gefolgt, von der er nur ungern weggehe, wie er Bücher mitteilt.[133] Pohle gehört zur neuen Generation von Nationalökonomen, die – der »Forderung nach wertfreier Wissenschaft« folgend – »gegen die akademische Sozialpolitik Front machte.«[134] Er war deshalb 1907 aus dem *Verein für Socialpolitik* ausgetreten.[135] Unterstützung fand er mit seiner Haltung bei Max Weber, der mit seiner Gründung der *Deutschen Gesellschaft für Soziologie* selbst Stellung gegen die enge Verknüpfung von Wissenschaft und Sozialpolitik bezogen hatte.[136] 1921 wurde schließlich Bruno Moll (1885–1968) zum Nachfolger Büchers berufen,[137] aber im Zuge der nationalsozialistischen Machtergrei-

131 Universitätsarchiv Heidelberg, Nachlass Hampe, Hs. 4067. Für diesen Hinweis danke ich Heide-Marie Lauterer und Sybille Ostwald-Bargende von der Heidelberger Arbeitsstelle der Max-Weber-Gesamtausgabe.

132 Krüger, *Nationalökonomen* 1983, 18 mit Nachweis der Berufungskorrespondenz. Zur Ablehnung von Franz Eulenburg vgl. Wiemers, Nachwort 1994, 334.

133 Am 14. Dezember 1917 teilt ihm Pohle mit, dass ihn das Sächsische Kultusministerium zu Verhandlungen wegen der Übernahme »der durch Ihren Rücktritt erledigten Professur« eingeladen habe. Allerdings äußert er auch Zweifel, ob er seine derzeitige Wirkungsstätte in Frankfurt am Main verlassen solle, wo er sich sehr wohl fühle. UBL, Sondersammlung, NL 181 (Karl Bücher). Die Korrespondenz zwischen Bücher und Pohle reicht vom 27. April 1897 bis zu eben diesem Brief vom 14. Dezember 1917.

134 Krüger, *Nationalökonomen* 1983, 18.

135 Boese, *Geschichte* 1939, 125.

136 Zu Webers Anliegen einer Trennung zwischen Fachwissenschaft und Politik vgl. Hübinger, *Gelehrte* 2006, 64.

137 Wiemers, Nachwort zu Eulenburgs Studie über *Die Frequenz der deutschen Universitäten* 1994, 334, Anm. 30.

fung wieder seines Lehrstuhls verwiesen und 1934 durch den Deutschbalten Hans-Jürgen Seraphim (1899–1962) ersetzt.

Diese Erfahrung der Einflusslosigkeit auf die Wahl des Nachfolgers und auch die schmerzliche Einsicht, Nachwuchswissenschaftler gefördert zu haben, die ihren Lehrer nicht nur wissenschaftlich, sondern auch menschlich attackierten, gehört sicher zu den nicht ungewöhnlichen Begleiterscheinungen des Hochschullehrerdaseins. Für Büchers Rang als Wissenschaftler spricht, dass sich unter den potentiellen Nachfolgern, die er und sein Kollege Seeliger in den Blick nahmen, die aus heutiger Sicht berühmtesten Vertreter des Faches befinden.

Büchers wissenschaftliche Erben: Max Weber und die Frage des antiken Kapitalismus

Dass in den Augen eines Historikers wie Gerhard Seeliger der Nationalökonom Max Weber als geeigneter Nachfolger für Karl Bücher erschien, entbehrt nicht einer gewissen Folgerichtigkeit, betrachtet man den Fortgang der Debatte über den Charakter der antiken Wirtschaft. Denn unter den Nationalökonomen der nachfolgenden Generation war es gerade Max Weber, der die Debatte maßgeblich prägen sollte In vielerlei Hinsicht folgte er der Position Büchers, lenkte aber mit seiner Frage nach einem antiken Kapitalismus die Diskussion in eine neue Richtung.

Es sind vor allem die begrifflichen Unterscheidungen zwischen gewerblichen Betriebsarten, die Weber bereits in der ersten Fassung seines Artikels »Agrarverhältnisse im Altertum« von 1897 für das *Handwörterbuch der Staatswissenschaften* von Bücher übernimmt, während er an Meyer die fehlende Schärfe der ökonomischen Begriffe kritisiert.[138] Auch das Konzept der geschlossenen Hauswirtschaft verwirft Weber nicht, fasst dieses aber in der dritten Fassung des Artikels von 1909 als »idealtypische Konstruktion einer Wirtschaftsverfassung, die im Altertum [zwar] in spezifisch starker Annäherung an die begriffliche Reinheit mit ihren spezifischen Konsequenzen auftrat, ohne daß jedoch das ganze Altertum, räumlich oder zeitlich, von ihr

138 Weber, Agrarverhältnisse 1897 = MWG I/6, 2006, 225–227. Vgl. auch Tenbruck, Max Weber und Eduard Meyer 1988, 341, der meint, dass Weber die Problematik der Begriffsbildung in der Auseinandersetzung um die Oikos-Theorie Büchers deutlich geworden sei.

beherrscht wurde.«[139] Die »organisierte naturale Deckung des Bedarfs des Herrn« und damit Vermögensnutzung, nicht Kapitalverwertung, betrachtet er als das »formende Prinzip« des antiken Haushalts in seinen verschiedenen Erscheinungsformen. Mit dieser Einschätzung unterscheidet er sich nicht von der Büchers, dessen Replik auf Meyer er rezipiert. Anders aber als Bücher verneint Weber eine Beschränkung der Oikenwirtschaft auf die Eigenproduktion. »Rein eigenwirtschaftlich ist aber der Oikos in all diesen Formen [›der Königswirtschaften des Orients‹ oder ›des homerischen Typus‹] niemals gewesen.«[140]

Ebenso wie Bücher geht es Weber in seiner Analyse der »Agrarverhältnisse im Altertum« darum, die »spezifische Eigentümlichkeit« der alten Kulturen, »welche sie von der mittelalterlichen wie der neuzeitlichen scharf unterscheiden«, herauszuarbeiten.[141] Eine Gleichsetzung mit der Moderne, wie sie Meyer behauptet hatte, weist er mit Nachdruck zurück; die Verwendung des Begriffs ›Fabrik‹ lässt er aufgrund der Dominanz der unfreien Arbeit für antike Produktionsstätten nicht gelten: »Von gewerblichen Betrieben [...] wissen die Quellen [...] nichts«. Die Arbeitsstätten, so das *ergastêrion*, das Meyer und Beloch als Beleg für den Nachweis von Fabriken angeführt hatten, definiert Weber in Anlehnung an Bücher als Gesindestube eines begüterten Mannes.[142]

Webers Interesse an der Debatte um den Charakter der antiken Wirtschaft aber weicht trotz offensichtlicher Übernahmen in einem entscheidenden Punkt von dem seines Vorgängers ab. Für Weber geht es in erster Linie um die Frage, ob die antike Wirtschaft als kapitalistisch bezeichnet werden könne, bzw. um die Eigenart eines antiken Kapitalismus.[143] In seinen älteren

139 Weber, Agrarverhältnisse 1909, 55 = MWG I/6, 328. Weber erklärt explizit, dass Bücher sich in diesem Sinne verstanden wissen wollte und verweist auf dessen Einwurf gegen die Mißinterpretion seiner Auffassung durch Meyer. So auch die Rezeption durch den Mommsen-Schüler Max Moszkowski, *Vom Wirtschaftsleben der primitiven Völker*, Jena 1911, 3: »Aber man darf nie vergessen, daß solche Schemata nicht historische Realitäten, sondern logische Abstraktionen sind, also nicht Wirklichkeiten, sondern Hilfsmittel unseres Verstandes.«

140 Weber, *Wirtschaft und Gesellschaft* 1972, 230/231 = Weber, MWG I/22–2, 2001, 156.

141 Weber, Agrarverhältnisse 1909, 53 = MWG I/6, 2006, 324.

142 Weber, Agrarverhältnisse 1909, 56 = MWG I/6, 2006, 330. Weber folgt hier Büchers Polemik gegen Hugo Blümners Verwendung des Begriffs »Fabrik«, der sich in Büchers Artikel über das Diokletianische Preisedikt findet. Vgl. dazu Deininger, Einleitung 2006, 13–14 u. 40.

143 Dies betonen Deininger, Einleitung 2006, 27f. u. 41ff. und Nippel, Einleitung 1999, 2. Vgl. auch Capogrossi Colognesi, *Max Weber und die Wirtschaft der Antike* 2004, insb.

Schriften hatte Bücher ganz unbefangen von einer antiken kapitalistischen Wirtschaft gesprochen, diesen Begriff aber kaum in seine theoretischen Überlegungen einbezogen, obwohl er die Schriften von Karl Marx zur Sache kannte. Eine intensive Auseinandersetzung mit dem Werk von Karl Marx fand in der Historischen Schule der Nationalökonomie ohnehin erst nach 1894, dem Jahr des Erscheinens des dritten Bandes von *Das Kapital* statt, auch wenn einzelne Aspekte seiner Lehre schon vorher kritisch rezipiert worden waren.[144] Im kulturkritischen Klima der Jahrhundertwende erschien die Lehre von Marx dann in einem neuen Licht. Es waren vor allem Ferdinand Tönnies, Werner Sombart und Max Weber, die »in Anlehnung an Marx' Kapitalismuskritik Leitbegriffe der sozialen und politischen Gegenwartsdeutung« ausbildeten und die Suche nach einer spezifisch kapitalistischen Wirtschaftsgesinnung betrieben. Auch erkannten sie »den ›Kapitalismus‹ als eine historisch gewordene, nicht mehr rückgängig zu machende Tatsache an und verwandten diesen Begriff erstmalig als universalhistorischen Epochenbegriff.«[145]

In Bezug auf die Debatte über den Charakter der antiken Wirtschaft zielt Webers Bemühen nunmehr darauf ab, die Unterschiede zwischen antikem und modernem Kapitalismus herauszuarbeiten und zu klären, warum es nicht bereits in der Antike zur Durchsetzung des Kapitalismus gekommen sei. Das Interesse von Max Weber gerade an der Ermittlung einer spezifisch kapitalistischen Geistesverfassung, deren Erklärungswert heute auf dem Prüfstand steht,[146] steht im Zusammenhang seiner Suche nach den Entstehungsbedingungen eines sich selbst verwaltenden Bürgertums in der okzidentalen Stadt. Die Länge des Weges, den ein Gut vom Produzenten zum Konsumenten nimmt, wie sie Bücher im Blick hatte, war für diese Generation von Nationalökonomen kein geeigneter Maßstab mehr, um die Unterschiede zwischen Wirtschaftstypen zu fassen. Allerdings entsprechen Büchers

15–23 (zu den Vorläufern und zur Fragestellung); 198–202 (zu Wesen und Schwäche des antiken Kapitalismus nach Weber).

144 Während der liberale Lujo Brentano die Wirtschaftstheorie von Marx als Ideologie ablehnte, hielt der »Kathedersozialist« Schmoller Karl Marx zugute, auf die Schattenseiten der Industrialisierung aufmerksam gemacht zu haben. Er ließ daher in seinen Seminaren Arbeiten zur Marx'schen Wertlehre verfassen. »In Schmollers staatswissenschaftlichem Seminar an der Friedrich-Wilhelm-Universität in Berlin stand die Lektüre von Marx regelmäßig auf dem Stundenplan.« So Aldenhoff, Kapitalismusanalyse und Kulturkritik 1993, 80f.

145 Aldenhoff, Kapitalismusanalyse und Kulturkritik 1993, 85.

146 Vgl. Schröder, Max Weber und der Puritanismus 1995, 459–478 sowie Steinert, *Max Webers unwiderlegbare Fehlkonstruktionen* 2010.

Maßstäbe zur Abgrenzung der antiken Wirtschaft von der modernen Volkswirtschaft – er nennt u. a. Rentabilitätsberechnungen, die Entwicklung von gewinnorientierten Unternehmen, die Ausbildung von Berufsständen bzw. einer volkswirtschaftlichen Arbeitsteilung, Kapitalakkumulation und die Entwicklung von Industrie-, Handels-, Leih- und Nutzkapital – durchaus den Kriterien, mit denen seine nationalökonomischen Kollegen den Kapitalismus zu fassen suchten. Für Weber und Sombart gehören die privatwirtschaftliche Organisation bzw. die rationale Unternehmensführung, die Differenzierung von Berufstypen bzw. die Arbeitsteilung, das Vorhandensein einer Marktregulation, die klassenspezifische Verfügung über Kapital und Arbeit bzw. das Vorhandensein von stehendem Kapital ebenso dazu wie das Vorhandensein einer spezifischen Seelenverfassung. Gilt sowohl für Weber als auch für Sombart die technische Rechenhaftigkeit, fassbar in der Entwicklung der doppelten Buchführung, als Kennzeichen dieser kapitalistischen Wirtschaftsgesinnung, so rückt bei Sombart die Entgrenzung des Erwerbsstrebens zunehmend in den Mittelpunkt der Betrachtung.[147] Eben dieses Gewinnstreben sollte in der Folge eine prominente Rolle in der Debatte um einen antiken Kapitalismus spielen.

Zur Einschätzung der antiken Wirtschaft als kapitalistisch war Weber vor allem über die Beschäftigung mit der römischen Agrarwirtschaft gekommen, die Gegenstand seiner Habilitationsschrift gewesen war. So schätzt Weber die römischen Latifundien vor allem deshalb als kapitalistisch organisiert ein, da hier für den Markt produziert worden sei und man die Mittel zur Produktion – Land, Sklaven, Rohstoffe – über den Markt bezogen habe.[148] Aber erst nach Erscheinen von Sombarts Studie zum modernen Kapitalismus im Jahre 1902 spricht Weber generell von einem antiken Kapitalismus. Hatte er in den ersten Fassungen seines Handwörterbuch-Artikels nur vereinzelte Erscheinungen als kapitalistisch bezeichnet, geht Weber trotz des von ihm konstatierten Fehlens von Fabriken und des Elements der Lohnar-

147 Dazu Lenger, *Sozialwissenschaft* 2009, 31–40, insb. 38f. (Vergleich Bücher – Sombart) u. 125–146, insb. 136f. u. 143 (Vergleich von Webers und Sombarts Auffassung vom kapitalistischen Geist). Während Weber gerade in der protestantischen Ethik Grundlagen für eine dem Kapitalismus angemessene rationale Lebensführung zu finden meinte, suchte Sombart diese zunehmend im Judaismus. Zur Rolle des Gewinnstrebens in Sombarts Auffassung vom Kapitalismus vgl. auch Reith, Abschied vom »Prinzip der Nahrung«? 2004, 40–45.

148 Max Weber, *Die römische Agrargeschichte und ihre Bedeutung für das Staats- und Privatrecht* (1891). Studienausgabe der Max-Weber-Gesamtausgabe Bd. I/2, hg. v. Jürgen Deininger, Tübingen 1988, 73f. (agrarischer Kapitalismus), 89 (kapitalistischer Geist der Gesetze).

beit sowie eines Unternehmertums in der dritten Fassung von einem antiken Kapitalismus aus. Zwar weiß er, dass »unter den Bestandteilen des Kapitalbesitzes [...] natürlich alle jene Produktionsmittel [fehlen], welche durch die technische Entwicklung der letzten beiden Jahrhunderte geschaffen sind und das heutige ›stehende Kapital‹ ausmachen.« Aber Kapital, das stets Erwerbskapital gewesen sei und der Gewinnerzielung gedient habe, sieht er für fast alle Epochen als gegeben an; die spezifisch römische Kapitalverwertung liegt in seinen Augen in der Staatspacht.[149] Die römische Wirtschaft qualifizierte er daher im Rückgriff auf die Studien von Michail Rostovtzeff zum römischen Pachtwesen von 1902 als »Staatspachtkapitalismus«.[150] Ebenso wie Bücher geht er allerdings davon aus, dass eine Weiterentwicklung der antiken Wirtschaft am Liturgienwesen gescheitert sei.[151] Eben diese neue Fragestellung nach einem antiken Kapitalismus hat dazu beigetragen, dass in der Folge der jüngere Weber gegenüber dem älteren Bücher an Prominenz in der Debatte über die antike Wirtschaft gewinnen sollte.

Von den Bücher'schen Wirtschaftstufen zu den Weber'schen Idealtypen

Zur Zurückdrängung von Büchers Ansichten zugunsten von Webers Auffassungen hat auch die Rezeption der Wirtschaftsstufen als idealtypische Kons-

149 Weber, Agrarverhältnisse 1909, 59 = MWG I/6, 2006, 338.

150 Zu den Bezügen zwischen Rostovtzeff und Weber vgl. jetzt Bruhns, Max Weber und M. I. Rostovtzeff 2004, 150–171. – Sombart hingegen betrachtete es als unsinnig, die Publikanenwirtschaft dem Kapitalismus zuzurechnen, solange diese den Gang des wirtschaftlichen Alltagslebens nicht beeinflusst (*Der moderne Kapitalismus* Bd. II/1, 5. Aufl. 1922, 5). Auch Webers Nachfolger auf dem Münchner Lehrstuhl, Otto von Zwiedineck, schränkte dessen Beurteilung der antiken Ökonomie als kapitalistisch wieder ein. In seinem Nachruf auf Bücher meint er zwar, dass für die Antike kaum von einem geschlossenen System der Hauswirtschaft ausgegangen werden könne, in dem der Handel nur zur Ergänzung der Eigenwirtschaft betrieben worden sei. Aber Büchers Thesen zur mangelnden Kapitalbildung sieht er durch nachfolgende althistorische Studien von Francotte, Salvioli, Oertel und Hasebroek bestätigt und lehnt deshalb im Unterschied zu seinem Vorgänger die Charakterisierung der antiken Wirtschaft als kapitalistisch ab. Zwiedineck, Gedenkworte 1930, 8 (UAL, PA 362, Karl Bücher, Bl. 30). Zu Zwiedineck vgl. jetzt Bruhns, L'histoire économique 2003, 589.

151 Vgl. Nippel, Methodenentwicklung 1990, 369f. Zum Kapitalismusbegriff bei Weber vgl. Bruhns, À propos de l'histoire ancienne et de l'économie politique chez Max Weber 1998, 43–52.

truktionen beigetragen. Hatten sich die nationalökonomischen Rezensenten der *Entstehung der Volkswirtschaft* noch bemüßigt gefühlt, den Anteil der Vorgänger Büchers an der Entwicklung der Stufentheorie herauszustreichen,[152] so wurde das Denken in Stufenmodellen nicht nur unter Nationalökonomen, sondern auch unter Historikern und Ethnologen zunehmend obsolet. Bereits um 1900 war der Fortschrittsglaube ins Wanken geraten und hatte kulturpessimistischen Strömungen Platz gemacht, die vor allem in den 1920er Jahren ihre Wirkung in Politik und Wissenschaft entfalteten.[153] Während Büchers Schüler Johannes Plenge noch 1916 mit seinem Lehrer um die Frage der Urheberschaft stritt,[154] lehnten die meisten Nationalökonomen zu dieser Zeit die Stufentheorie ab und rezipierten Büchers Wirtschaftsstufen nur noch als Idealtypus, der die Wirklichkeit nicht beschreibt, sondern interpretiert.[155] So streicht Otto von Zwiedineck in seinem Nachruf den idealtypischen Charakter des Bücher'schen Modells heraus, und auch der Wirtschaftshistoriker Edgar Salin hält in seiner Würdigung der althistorischen Forschungen der 1920er Jahre alle Stufenlehren »wohl als Erkenntnismittel brauchbar«, »doch niemals als Abbilder der Wirklichkeit«.[156] In diesem Sinne, als Idealtypen, wurden Büchers Wirtschaftsstufen auch von Mediävisten wie Georg von Below im Hinblick auf die mittelalterliche Stadtwirtschaft rezipiert. »Als Schilderung des Idealtypus eines eng begrenzten Wirtschaftsgebiets lassen wir eine vorsichtige Zeichnung der Hauswirtschaft ebenso gelten wie eine solche der Stadtwirtschaft«.[157] Noch in den 1930er Jahren, im Nachruf auf Karl Bücher, konstatiert der Kollege Georg Jahn (1885–1945), dass Bücher in seiner Strukturanalyse vergangener Wirtschaftsepochen »das Normale, Typische, Wesentliche jeder Stufe und jedes Systems

152 So etwa Julius Pierstorff in: *Jahrbücher für Nationalökonomie und Statistik* 3. Folge, Bd. 6, 1893, 124–132. Die Besprechung der 2. Auflage übernahm Werner Sombart (Bd. 12, 1896, 736 u. 740–743), der sich vor allem mit Büchers Gewerbeartikel auseinandersetzt, da er sich von Bücher in dessen Urteil über die Hausindustrie nicht angemessen gewürdigt fühlt.

153 Vgl. dazu die Beiträge in dem 1989 von Rüdiger vom Bruch herausgegebenen Sammelband *Kultur und Kulturwissenschaft um 1900*.

154 Vgl. Kap. *Johannes Plenge und Franz Eulenburg*.

155 In diesem Sinne hatte bereits Ludo Moritz Hartmann in seiner Rezension von Eduard Meyers Studie »Die wirthschaftlichen Entwicklung des Alterthums« (*Zeitschrift für Social- und Wirthschaftsgeschichte* 4, 1896, 153–157) die Bücher'schen Wirtschaftsstufen rezipiert.

156 Salin, Staat und Handel 1930, 355.

157 von Below, *Probleme der Wirtschaftsgeschichte* 1920, 196. Zu Belows Kritik an Büchers Stufentheorie vgl. Cymorek, *Georg von Below* 1998, 136–144.

mit Schärfe herausgearbeitet und das Arteigene jeder Epoche sehen gelernt« habe.[158]

Diese Umsetzung in reine Idealtypen hat Bücher selbst nicht mehr geleistet. Im ersten Band des Handbuches *Grundriß der Sozialökonomik*, der 1914 in erster und 1924 in zweiter Auflage erscheint, greift er für seinen Artikel zu den »Volkswirtschaftlichen Entwicklungsstufen« noch einmal auf seine alten Formulierungen aus der *Entstehung der Volkswirtschaft* zurück und belässt es bei der Verknüpfung von Haus-, Stadt-, und Volkswirtschaft mit historischen Epochen.[159] Max Weber, der im Januar 1909 bei Bücher in Leipzig Rat gesucht hatte, ob er für das neue Handbuch als Herausgeber fungieren solle,[160] zeigt sich über diese »Minderleistung«[161] des von ihm geschätzten älteren Kollegen tief enttäuscht. Da die Anfrage nach einem Beitrag für den *Grundriß der Sozialökonomik* in Büchers Schaffenskrise nach dem Tod seiner Frau Emilie fällt, wäre das Festhalten Büchers an seinen alten Konzepten menschlich verständlich.[162] Ob er ohne diese Krise ein anderes Ergebnis vorgelegt hätte, ist allerdings ungewiss. Als Bücher 1922 noch einmal seine wirtschaftshistorischen Arbeiten in einem Band zusammen fasst, ergänzt er seine bisherigen Arbeiten um weitere althistorische Detailforschungen, nicht aber um neue theoretische Überlegungen. Die fällige historiographische Einord-

158 *Vierteljahrschrift für Sozial- und Wirtschaftsgeschichte* 24, 1931, 119.

159 Bücher, Volkswirtschaftliche Entwicklungsstufen 1914, 2–18. Die zweite Auflage von 1924 enthält Ergänzungen von E. Heimann und Eugen von Philippovich.

160 Max Weber an Marianne Weber, 27. Januar 1909. Weber, *Briefe 1908–1909* (MWG II/6, 1994, 38).

161 So die Formulierung in einem Schreiben Webers an den Verleger Siebeck vom 3. November 1913, wo es heißt: »Ich selbst habe meinen Beitrag [Wirtschaft und Gesellschaft] zu einer Soziologie ausgearbeitet; um Ersatz für Bücher's Minderleistung zu bieten, habe daran noch zu thun.« (MWG II/8, 2003, 344). In einem Schreiben an Büchers Schüler Johannes Plenge vom 13. Januar 1909 (MWG II/6, 1994, 57–58) hatte er sich bereits über Bücher beschwert: »Bücher, um dessentwillen und auf dessen immer wiederholtes Ersuchen hin allein ich das verfl... Geschäft übernahm, hat diese Sache sehr gewissenlos behandelt [...]. Aber – er ist krank und sieht dem öden Alter entgegen, wer weiß, wie man selbst wird, wenn das kommt und so kommt.« Büchers »Minderleistung« ist für Weber ein starkes Motiv für die Entwicklung eigener Strukturtypen, die in eine soziologische Staats- und Herrschaftstypologie münden. Da er Büchers »Entwicklungsstufen« für ganz und gar »unzulänglich« hält, entscheidet er sich für die Ausarbeitung einer geschlossenen soziologischen Theorie, die alle großen Gemeinschaftsformen in Beziehung zur Wirtschaft setzt. So Weber in einem Schreiben an den Verleger Paul Siebeck, 30. Dezember 1913 (MWG II/8, 2003, 449). Vgl. dazu auch die einleitenden Bemerkungen von Wolfgang J. Mommsen zur neuen Ausgabe von *Wirtschaft und Gesellschaft* 2001, 17–34 sowie Radkau, *Max Weber* 2005, 653f.

162 Vgl. Kap. *Der Tod der Ehefrau und die Schaffenskrise.*

nung des Denkens in Stufenmodellen und die Würdigung der Grenzen und Leistungen der Historischen Schule der Nationalökonomie ist im *Grundriß der Sozialökonomik* einem Vertreter der jüngeren Generation von Nationalökonomen, dem erst dreißigjährigen Joseph Schumpeter überlassen, so dass der Band damit zugleich Zeugnis von dem Perspektivenwechsel in der Nationalökonomie von den 90er Jahren des 19. Jahrhunderts bis in die zwanziger Jahre des 20. Jahrhunderts ablegt.

Modernisten und Primitivisten im Widerstreit: Die althistorische Debatte der 1920er Jahre

In den Altertumswissenschaften verlor Büchers Konzept der geschlossenen Hauswirtschaft auch nach dem Ersten Weltkrieg nichts von seiner Provokation. Keine Frage könne es heute mehr sein, so urteilt der Kölner Althistoriker Johannes Hasebroek (1893–1957) in seiner Studie über *Staat und Handel im Alten Griechenland*, die 1928, zwei Jahre vor Büchers Tod, erschien, »daß doch Bücher das Richtige sah, wenn er mit aller Schärfe auf die Unmöglichkeit des in der Altertumswissenschaft für kanonisch geltenden Bildes der antiken Wirtschaft hinwies. Die relative Primitivität der Wirtschaft des fünften und vierten Jahrhunderts ist heute nicht mehr zu leugnen.«[163] Erstmals wird hier das Diktum der »Primitivität« der antiken Wirtschaft formuliert, unter dem Büchers Position heute firmiert. Hasebroeks Fachkollege Michail Rostovtzeff (1870–1952) sah es indes anders. Er setzte nur vier Jahre später zum fachwissenschaftlichen Todesstoß an und bescheinigte in einer Rezension von Hasebroeks Werk *Griechische Wirtschafts- und Gesellschaftsgeschichte* (1931) Bücher in eben jener Zeitschrift, die dieser jahrelang herausgegeben hatte, »nur wenig von der Geschichte des Altertums« gewusst zu haben.[164]

An Büchers Position, die erst mit Hasebroek das Etikett »primitivistisch« erhielt, während seine Gegner nunmehr als »Modernisten« galten, weil sie

163 Hasebroek, *Staat und Handel im Alten Griechenland* 1928/1966, VIII.

164 So in seiner Rezension des Werkes von Johannes Hasebroek, *Griechische Wirtschafts- und Gesellschaftsgeschichte*, Tübingen 1931, in: *ZfGS* 92, 1932, 333–339, hier: 335. Das Urteil beruht auf der Reduktion der Bücher'schen Position auf das Konzept der primitiven Hauswirtschaft; Kenntnis der Schriften Büchers spricht aus Rostovtzeffs Urteil nicht. Vgl. auch die Rezension von Friedrich Oertel in: *Deutsche Literaturzeitung* 49, 1928, 1618–1628.

moderne Vorstellungen auf die Antike übertrugen, schieden sich auch in den 1920er Jahren die Geister. Nur waren es verstärkt die Althistoriker selbst, die miteinander stritten. 1900 war mit Henri Francottes *L'industrie de la Grèce ancienne* die erste monographische Studie zur antiken Wirtschaft erschienen, die Büchers Position unterstützte.[165] Giuseppe Salvioli bestätigte in seiner Studie über den Kapitalismus im Altertum, die 1906 aus dem Italienischen ins Französische und 1912 von Karl Kautsky aus dem Französischen ins Deutsche übersetzt worden war, dass die Antike das Stadium des Handels- bzw. Wucherkapitalismus nicht überschritten hatte, bezog sich jedoch nicht auf Bücher, sondern auf Marx.[166] 1923 veröffentlichte der niederländische Althistoriker Hendrik Bolkestein (1877–1942) eine Wirtschaftsgeschichte des archaischen Griechenlands, die in den 1950er Jahren ins Englische übersetzt wurde. Bolkestein hatte in Berlin bei Eduard Meyer gehört, ihn aber wenig überzeugend gefunden und sich der Position Büchers angeschlossen.[167]

Mit dem Wiederaufleben der Bücher-Meyer-Debatte in den 1920er Jahren änderten sich die Fragen. Im Mittelpunkt stand nicht mehr der Gegensatz von Haus- und Exportwirtschaft, sondern die Frage nach dem Stellenwert des Handels und der Händler in antiken Gesellschaften, vor allem aber die von Weber eingebrachte Frage nach einem antiken Kapitalismus.[168] Hasebroeks Beitrag zur Sache lag in der Neubewertung des Handels und in der Reflexion des Verhältnisses von Politik und Wirtschaft. Hasebroek schätzte den Umfang des Handels in der Antike keineswegs gering ein, schloss aber

165 Brüssel 1900. Am 20. Januar 1913 richtet Francotte an Bücher die Bitte um einen Artikel zum Gewerbe für den *Dictionnaire des Antiquités* und drückt seine Bewunderung für dessen Ausführungen zur Sache in der Entstehung der Volkwirtschaft aus. UBL, Sondersammlung, NL 181 (Karl Bücher). Auch Weber, Agrarverhältnisse 1909 (MWG I/6, 2006, 530/119) rezipiert Francotte, meint aber, dass er in Bezug auf die ökonomische Struktur der Antike eigentlich nur weiter ausführe, »was schon Bücher u. a. gezeigt hatten«. Francotte ist auch der Verfasser des Artikels »Industrie und Handel bei den Griechen«, der 1916 in der *Realencyclopädie der classischen Altertumswissenschaften* erscheint. Francotte geht hier auch auf die Bücher-Meyer-Debatte ein (IX, 2, Sp. 1381–1382).

166 Salvioli, *Le capitalisme dans le monde antique* 1906; dt.: *Der Kapitalismus im Altertum* 1912. Dieses Buch befindet sich in Büchers Bibliothek. *Katalog* 1970, 24.

167 Bolkestein, *Economic Life in Greece's Golden Age* 1958 (holländ. 1923). Deininger, Einleitung 2006, 61f. streicht die Abhängigkeit von Max Weber heraus, da das von Bolkestein gezeichnete Bild »in seinen Grundzügen dem von Weber gezeichneten« Bild entspreche, »dessen ›Agrarverhältnisse‹ in der kurzen Literaturübersicht auch zitiert« würden.

168 Großhandel und Kapitalismus (grand commerce et capitalisme) auf der einen Seite und Stadtwirtschaft auf der anderen Seite stehen sich nach Gernet (Comment charactériser l'économie de la Grèce ancienne 1933, 561) in der Debatte gegenüber.

die Entwicklung einer staatlichen Handelspolitik aus, von der die Vertreter einer merkantilen Perspektive zu Beginn des 19. Jahrhunderts ausgegangen waren. Handelspolitik war nach Auffassung von Hasebroek in der griechischen Antike Nahrungs- und Finanzpolitik; einen nationalen Handel habe es nicht gegeben. Ebenso wie Bücher und Weber ging er davon aus, dass sich in der Antike kein Unternehmertum habe herausbilden können. Die Rentenorientierung der Elite habe zur Ablehnung der Erwerbswirtschaft geführt. In der Trennung von Geldbesitz und Handelstätigkeit sieht er das besondere Merkmal des antiken Handels; der Status der Handeltreibenden sei deshalb gering gewesen. Hasebroek initiierte damit eine bis heute währende fachwissenschaftliche Kontroverse um den Status der Händler, die zunächst um die Aussagen des homerischen Epos und der Werke Hesiods kreiste,[169] inzwischen aber auch die Befunde der klassischen und hellenistischen Zeit einschließt.[170]

Hasebroeks Studien wurden sowohl von den Nationalökonomen als auch von einer Reihe von althistorischen Fachkollegen positiv rezensiert. So rechnet der althistorisch vorgebildete Nationalökonom Edgar Salin seinem ehemaligen Kommilitonen Hasebroek, wie er ein Schüler von Wilhelm Weber und Alfred von Domaszewski,[171] in einer Rezension von *Staat und Handel im antiken Griechenland* hoch an, dass dieser nicht nur das »phantastische Bild« von einer »Kommerzialisierung« und »Industrialisierung« der vorhellenistischen Welt, sondern auch die »nicht minder haltlose Auffassung von der entwicklungslosen Hauswirtschaft« endgültig zerstört habe.[172] Aber er lehnt Hasebroeks Deutung des Kolonisationszeitalters ab, das Meyer mit dem Beginn einer neuen kommerziell geprägten Epoche in Verbindung gebracht hatte. Die Gründung von Kolonien sah Hasebroek aufgrund der geographischen Situierung in Fruchtebenen nicht vom Interesse an Handel, sondern von der Suche nach Ackerland motiviert. Eben diese Folgerung bezweifelt

169 Bravo, Remarques sur les assises sociales, les formes d'organisation et la terminologie du commerce maritime grec à l'époque archaïque 1977, 1–59; ders., Le commerce des céréales chez les Grecs de l'époque archaïque 1983, 17–29; ders., Commerce et noblesse en Grèce archaïque 1984, 99–160; Mele, Il commercio greco arcaico 1979; Cartledge, Trade and Politics Revisited 1983, 1–15; Foxhall, Cargoes of the heart's desire 1998, 295–309.

170 Bresson, Merchants and politics in ancient Greece 2003, 139–163; Reger, Aspects of the role of merchants in the political life of the Hellenistic World 2000, 165–197; Möller, Distribution 2007.

171 Zum wissenschaftlichen Werdegang von Hasebroek vgl. Pack, Johannes Hasebroek und die Anfänge der Alten Geschichte in Köln 1987, 5–41; ders., Johannes Hasebroek 1990, 142–151.

172 Salin, Staat und Handel 1930, 361.

Salin, der die fiskalische Sichtweise von August Boeckh präferiert, wie sie zur gleichen Zeit erneut von dem griechischen Althistoriker A. M. Andreades vertreten wurde. Dieser schloss sowohl aus der Isthmoslage vieler Kolonien als auch aus den historisch belegten Abgaben, die an Orten wie Korinth vom Durchgangsverkehr erhoben wurden, auf eine weite Verbreitung des Handels und auf eine merkantile Politik griechischer Städte, die auf die Ausbeutung des Handels zu rein fiskalischen Zwecken – durch Zölle, Abgaben, Monopole – gezielt habe.[173] Ganz andere Einwände hatte hingegen Louis Gernet, ein Vertreter der Durkheim-Schule, der in der Zeitschrift *Annales* auf die Debatte einging. Neben zustimmenden Bemerkungen findet sich hier eine Kritik an dessen mangelndem Verständnis für alternative Tauschformen wie den »Schenkhandel«, den er von althistorischer Seite von Bernhard Laum und Eberhard Bruck gewürdigt sieht. Büchers Beitrag zur Sache nennt Gernet nicht.[174]

Eine Zwischenposition nimmt Friedrich Oertel (1884–1975) ein, der in Leipzig bei Ulrich Wilcken (1862–1944)[175] studiert hatte und Bücher persönlich begegnet sein muss. Auf jeden Fall ist ihm die Terminologie Büchers bekannt, die er in seinen eigenen Studien zu den öffentlichen Lasten im ptolemäischen Ägypten nutzt.[176] Auch stimmt Oertel seinem Kollegen Ha-

173 Andreades, *Geschichte der griechischen Staatswirtschaft* 1931 (griech. 1926/7). Zur aktuellen Debatte über die Kolonisation, in der wieder die Handelsperpektive dominiert, ohne dass damit Meyers modernistische Sichtweise bestätigt wird, vgl. auswahlweise Wilson, The nature of Greek overseas settlements in the archaic period 1997, 199–207; de Polignac, Mythes et modèles culturels de la colonisation grecque archaïque 1998, 167–187; Osborne, Early Greek colonization? 1998, 251–269; Crielaard, Honour and value as discourse for early Greek colonialism 2000, 499–509.

174 Gernet, Comment charactériser l'économie de la Grèce antique 1933, 565. Zu Gernet, Laum und Bruck vgl. Wagner-Hasel, *Der Stoff der Gaben* 2000, 62.

175 Ulrich Wilcken hatte von 1906 bis 1912 den Lehrstuhl für Alte Geschichte an der Universität Leipzig inne. Zuvor, von 1891 bis 1900, war er Ordinarius für Alte Geschichte in Breslau; 1900 wurde er nach Würzburg, 1903 nach Halle, 1906 nach Leipzig, 1912 nach Bonn, 1915 nach München und 1917 schließlich nach Berlin berufen. Neben Friedrich Oertel, der 1912 mit »Studien zur ptolemäischen Verwaltung Ägyptens« promoviert wurde, zählen Matthias Gelzer, Elias Bickermann und Walter Otto zu Wilckens Schülern. Wesseling, Ulrich Wilcken 2000, Sp. 1546–1551; Christ, *Klios Wandlungen* 2006, 47–48. – Wilcken selbst hatte sich mit einer 1899 in Leipzig erschienenen Studie über *Griechische Ostraka aus Ägypten und Nubien. Ein Beitrag zur antiken Wirtschaftsgeschichte* auf das Gebiet der Wirtschaftsgeschichte begeben und – wie Hans Kloft (Makroökonomik 2002, 68) urteilt – eine vorbildliche quellengesättigte Studie aus mikroökonomischer Perspektive vorgelegt.

176 So in seiner 1917 erschienenen Habilitationsschrift *Die Liturgie. Studien zur ptolemäischen und kaiserlichen Verwaltung Ägyptens*. Hier bedient sich Oertel des von Bücher eingeführ-

sebroek in der Einschätzung zu, dass es in der Antike keine Handelspolitik größeren Stils und keine Konkurrenz um Absatz gegeben habe, lehnt aber die Beurteilung der Handeltreibenden als Fremde oder Statusniedrige ab.[177] Seine Rezensionen auch anderer wirtschaftshistorischer Werke lassen eine aus heutiger Sicht gemäßigt modernistische Position erkennen. In seiner Besprechung der *Beiträge zur Geschichte des Seeraubs und Seehandels im alten Griechenland* von Erich Ziebarth[178] geht er, wie auch in seiner Einleitung zu Pöhlmanns Studie zur sozialen Frage im Altertum,[179] explizit auf den Bücher-Meyer-Streit ein und sucht die »Wahrheit« in der Mitte der beiden Anschauungen. »Die extremen Behauptungen Büchers lassen sich nicht aufrechterhalten […], eine auch auf Export arbeitende Industrie kann schwerlich geleugnet werden.« Als »kapitalistisch« bezeichnet er diese »Exportindustrie« indes nicht. Mit detaillierten Rentabilitätsberechnungen führt er Ende der 1920er Jahre gegen W. Schwahn den Nachweis, dass diese Werkstätten, in denen Exportgüter hergestellt wurden, keine Fabriken waren, da sie nicht kapitalistisch produzierten. Wesentlich ist für ihn, dass das größere Kapital »die Industrie in Form der industriellen Unternehmung nicht bevorzugt, vielmehr suchte es […] eine recht differenzierte Anlage von ganz Sicherem –

ten Begriffs des »Lohnwerks« (8): »Greift auch allmählich eine berufliche Differenzierung Platz und ist der Berufszutritt im Prinzip frei, und zeigt in besonderem das ›freie Handwerk‹ (Lohnwerk) und die Garantie des Besitzrechtes eine fortschreitende Entwicklung, so bleibt doch der gemeine Mann ein willenloses Werkzeug der Beamten […]«. Auch an anderer Stelle wird auf den Begriff des »Lohnwerkers« (23) zurückgegriffen. Allerdings scheut sich Oertel nicht, den Terminus »Fabrik« für antike Produktionsstätten zu verwenden (»Othonionfabriken«) und von einer »Tempelindustrie« zu sprechen (28). Andererseits folgt Oertel Büchers Verständnis der Liturgie, bezieht sich aber nicht direkt auf ihn, sondern auf Max Weber, der das »Leiturgieprinzip als ›Bindung des Besitzes an die staatliche Funktion, des Besitzers an Funktion und Besitz‹« verstanden habe (ebd. 3). Zur Einschätzung des Einflusses von Weber auf Oertel vgl. Deininger, Einleitung 2006, 57. – Auch in der bei Wilcken verfaßten Dissertation von Theodor Beil, *Beiträge zur Kenntnis des Gewerbes im hellenistischen Ägypten* (1913, 2) finden sich solche expliziten Bezugnahmen auf Büchers Begrifflichkeit zum Gewerbe.

177 Bespr. v. J. Hasebroek, *Staat und Handel*, in: *Deutsche Literaturzeitung* 49, 1928, 1618–1628 u. Bespr. v. J. Hasebroek, *Griechische Wirtschafts- und Gesellschaftsgeschichte*, in: *Zeitschrift der Savigny-Stiftung für Rechtsgeschichte*, Rom. Abt. 53, 1933, 630–636 = Oertel, *Kleine Schriften* 1975, 150–167.

178 *Zeitschrift der Savigny-Stiftung für Rechtsgeschichte*, Rom. Abt. 50, 1930, 565–576 = Oertel, *Kleine Schriften* 1975, 172–183.

179 Oertel, *Kleine Schriften* 1975, 46. Robert von Pöhlmann, ein Schüler von Wilhelm Roscher, vertrat in seiner *Geschichte der sozialen Frage und des Sozialismus in der antiken Welt* von 1925 eine tendenziell modernistische Position.

dem Thesaurieren – bis hin zum Spekulativen.«[180] Produktivkreditgeschäfte, die Bücher negiert hatte, findet er allerdings im Bergwerksbereich belegt.[181]

Auch für Hasebroeks Kritiker Rostovtzeff ging es um den kapitalistischen Charakter der antiken Wirtschaft. Das Schwergewicht seiner Untersuchungen liegt auf dem Zeitalter des Hellenismus sowie auf dem Römischen Reich.[182] An der Existenz eines antiken Kapitalismus hegte Rostovtzeff keinen Zweifel. Die Unterschiede zwischen antikem und modernem Kapitalismus seien allein gradueller Art: »The liberal economic system of Rome led [...] to a gradual transformation of the peculiar Roman capitalism [...] into a type more or less similar to modern capitalism.«[183] Was Rostovtzeff allerdings unter Kapitalismus versteht, erklärt er den Lesern seiner wirtschaftshistorischen Werke nicht. Aus der Gewissheit seiner althistorischen Fachkompetenz heraus, die eine genaue Kenntnis der Quellen impliziert, mochte er sich an den Bemühungen der Nationalökonomen um die passgenaue Begrifflichkeit nicht beteiligen. Er zog sich, so das Urteil von Hinnerk Bruhns, »auf das letzte Bollwerk des Historikers zurück«, auf die vermeintlich sicheren »Tatsachen«.[184] Wirtschaftstheorie, in seinen Augen identisch mit dem Bücher'schen Wirtschaftsstufenmodell, lehnte er als reine »Worte und Begriffe« ab. Ökonomen jener Jahre und auch heutige Althistoriker rechnen ihm diese Theoriefeindlichkeit mit Recht als Mangel an.[185] Andererseits hat gerade sein Werk neben dem von Fritz Heichelheim dazu beigetragen, dass

180 W. Schwahn, *Demosthenes gegen Aphobos. Ein Beitrag zur Geschichte der griechischen Wirtschaft*, Berlin 1929 rez. F. Oertel in: *Deutsche Literaturzeitung* 51, 1930, 1020ff.; Oertel, Zur Frage der attischen Großindustrie 1929, 251–252.

181 Oertel, Großindustrie 1929, 251.

182 Rostovtzeff war mit einer Studie zur *Geschichte der Staatspacht in der römischen Kaiserzeit bis Diokletian* (1902) bekannt geworden. 1926 erschien seine *Sozial- und Wirtschaftsgeschichte des Römischen Reiches (The Social and Economic History of Roman Empire)*, 1941 dann seine mehrbändige *Wirtschaftsgeschichte des Hellenismus (The Social and Economic History of the Hellenistic World; dt.: Gesellschafts- und Wirtschaftsgeschichte der hellenistischen Welt* 1955/1956, Ndr. 1998).

183 Rostovtzeff, *The Social and Economic History of Roman Empire* 1957, 206.

184 Bruhns, Max Weber und Michail I. Rostovtzeff 2004, 154.

185 So etwa von Zwiedineck, Was macht ein Zeitalter kapitalistisch? 1931, 482–524; Reinhold, Historian of the Classic World: A Critique of Rostovtzeff 1956/2002, 82–100, 132–137; Bruhns, L'histoire économique 2003, 571–595; ders., Max Weber und Michail I. Rostovtzeff 2004, 165f. – Defizite im theoretischen Denken ist denn einer der Vorwürfe, die Heinz Heinen im Vorwort zur Neuausgabe von Michail Rostovtzeff, *Gesellschafts- und Wirtschaftsgeschichte der hellenistischen Welt*, 3 Bde. Darmstadt 1998 (Org. 1941), Bd. 1, III konstatiert.

wirtschaftshistorische Fragestellungen in den Altertumswissenschaften Verbreitung fanden.

Eine solche strikte Verweigerungshaltung gegenüber den theoretischen Konzepten der Nationalökonomen lag Fritz Moritz Heichelheim (1901–1968)[186] fern, der zum Teil mit Büchers Kategoriensystem operiert, aber dessen evolutionstheoretisches Konzept ablehnt. Auch folgt Heichelheim Meyers Forderung, den Vorderen Orient einzubeziehen. Ein Vorwurf Meyers an die Adresse Büchers hatte dessen Vernachlässigung der orientalischen Stadtkulturen gegolten. Den Entwicklungsstand der Städte des Vorderen Orients schätzte Meyer fast noch als moderner ein als den des klassischen Athen. Dieses Argument hatte bereits Max Weber beeindruckt, der deshalb in die dritte Fassung seines Handwörterbuchartikels über die »Agrarverhältnisse im Altertum« von 1909 ein neues Kapitel über den Hellenismus einfügte, in dem er auf die wirtschaftlichen Verhältnisse im Vorderen Orient und ptolemäischen Ägypten einging. Die athenische Entwicklung erklärt Weber hier mit dem Eindringen orientalischer Kulturelemente.[187] Eben diese vorderorientalischen Kulturen spielen nun für Heichelheim eine wichtige Rolle.

Kennzeichnend für diesen Paradigmenwandel ist sein Vortrag über »Welthistorische Gesichtspunkte zu den vormittelalterlichen Wirtschaftsepochen«, den er zwei Jahre nach Büchers Tod, auf dem 18. Historikertag von 1932, in Göttingen hielt. Heichelheim verwahrt sich grundsätzlich gegen jede Art von Fortschrittsmodellen. Der Glaube an die »Vorwärtsentwicklung der Welt etwa in darwinistischem oder auch marxistischem Sinne« sei ebenso gebrochen wie das Vertrauen in »eine Wiederkehr der einmalig heutigen Lebensformen in der Vergangenheit als sinngebendes Dogma«. Auch wenn sich Heichelheim explizit dagegen wendet, die Quellen nach den

186 Heichelheim, Sohn eines jüdischen Bankiers, wurde 1901 in Gießen geboren und starb 1968 in Toronto. Er promovierte bei Richard Laqueur mit einer demographischen Studie zum ptolemäischen Ägypen (Die auswärtige Bevölkerung im Ptolemäerreich) und habilitierte sich mit einer Untersuchung der *Wirtschaftliche(n) Schwankungen der Zeit von Alexander bis Augustus*. Bis 1933 war er Privatdozent in Gießen. Nach der nationalsozialistischen Machtergreifung emigrierte er nach Cambridge; 1940 wurde er britischer Staatsbürger. 1946 erhielt er den Posten eines »lecturer« an der University of Nottingham, ab 1948 war er als »lecturer« in Toronto tätig, wo er 1953 zum »assistent professor« und 1960 »associate professor« ernannt wurde. Von 1962 bis zu seinem Tode war er Professor für Griechische und Römische Geschichte. Die Universität Gießen verlieh ihm 1948 eine Honorarprofessur für Wirtschaftsgeschichte. Vgl. Losemann, *Nationalsozialismus und Antike* 1997, 37–38; Ehling, Fritz Heichelheim 2004, 446–449; Benario, German-speaking Scholars in the United States and Canada 2001, 462.

187 MWG I/6, 2006, 545–597. Dazu Deininger, Einleitung 2006, 47.

Zuständen des 19. und 20. Jahrhunderts zu interpretieren, so zweifelt er nicht an dem hohen Niveau der Stadtkulturen des 3. Jahrtausends v. Chr., wo er bereits alles vorzufinden meint, was Bücher für das Mittelalter als typisch ansah: Berufskaufmannschaft, Markthandel, Bankwesen, Aufspaltung des Handwerks in Berufe, Preiswerk, kapitalistische Nutzung von Gärten, Fischereigebieten, Ackerböden und Weiden. Ebenso wie Meyer argumentiert Heichelheim mit einer Verfallsperiode, die er in der Spätantike ansiedelt. Sie geht mit einem allgemeinen Wirtschaftsabschwung, mit dem Rückgang von Massenproduktion und Geldwirtschaft, einher und führt zur Rückkehr zur Naturalwirtschaft. Sein Vortrag endet mit dem Credo: »Möge der Maschinenkultur das strukturelle Niveau der Stadtkulturen und die strukturelle Stabilität der Bauernkulturen und nicht das heroische und tragische Schicksal Spätroms beschieden sein.«[188] Entsprechend seinem antievolutionistischen Impetus streicht Heichelheim die Rolle Webers für die Erforschung der antiken Wirtschaft heraus und untertreibt die Bedeutung Büchers.[189]

In Bezug auf die antike Wirtschaft bedeutete diese Perspektivenverschiebung vom antiken Griechenland auf die vorderorientalischen Stadtkulturen, dass der Orient zum Ausgangspunkt der kapitalistischen Entwicklung bestimmt wurde. Lujo Brentano, der sich anders als die meisten seiner nationalökonomischen Kollegen völlig ins modernistische Fahrwasser begab – sein Werk über *Das Wirtschaftsleben der Antiken Welt* von 1929 liest sich wie eine Wiederauflage der Meyer'schen Thesen[190] –, hielt die kapitalistische Wirtschaft gar für eine Entwicklung der Assyrer, denen er seit den Anfängen des 3. Jahrtausends v. Chr. eine hoch entwickelte Industrie bescheinigt.[191]

188 Heichelheim, Welthistorische Gesichtspunkte zu den vormittelalterlichen Wirtschaftsepochen, 1932, 156/7 u. 154/5. Vgl. auch ders., *Wirtschaftsgeschichte des Altertums vom Paläolithikum bis zur Völkerwanderung* 1938. Im Jahre 1931 erscheint in *Schmollers Jahrbuch* (Bd. 55, 37–62) eine Studie Heichelheims zur »Ausbreitung der Münzgeldwirtschaft und der Wirtschaftsstile im archaischen Griechenland«. In seinem Forschungsbericht zur griechischen Staatskunde in den Jahren 1902 bis 1932 von 1935 (erschienen in: *Jahresbericht über die Fortschritte der klassischen Altertumswissenschaft*, Supplementband 250, 1935, 160ff.), hebt er den Einfluß Webers auf Oertel, Bolkestein und Hasebroek hervor (vgl. Deininger, Einleitung 2006, 63). – Zu Heichelheims Einfluß auf Finley vgl. Shaw, The Early Development of M. I. Finley's Thought 1992, 182.

189 Vgl. Deininger, Einleitung 2006, 63. Zur Würdigung von Heichelheims wirtschaftshistorischen Forschungen vgl. Kloft, *Die Wirtschaft der griechisch-römischen Welt* 1992, 253ff.

190 Vgl. dazu den Briefwechsel Brentanos mit Weber. Deininger, Einleitung 2006, 8.

191 Brentano, *Das Wirtschaftsleben der antiken Welt* 1929, 13. Brentano setzt sich hier vor allem mit der Position von Francotte, *L'industrie* 1900 auseinander, der Büchers Thesen

Die Einführung des Kapitalismus in Europa schreibt er den Phöniziern zu, die aufgrund der Kargheit der »Natur ihres Landes« zur Auswanderung gezwungen gewesen seien, ehe sie ihr Auskommen in Handel und Industrie gefunden hätten. Vor allem die Griechen betrachtet er neben den Juden als Träger des kapitalistischen Geistes, der bei ihm tendenziell die Bedeutung von Gewinnstreben annimmt: »denn der hellenistische Geist hat die ganze Welt überflutet, und, wo er einzog, kamen mit ihm der Kapitalismus und das Streben nach dem größtmöglichen Gewinn.«[192]

Der Fortgang der Debatte zeigt sehr klar, wie sehr die Protagonisten der 1920er und 1930er Jahre dem Zeitgeist verhaftet waren. Seit Sombarts Werk über den Kapitalismus hatte die Wirtschaft der Gegenwart ein neues Etikett, das nun auch zur Bezugsgröße der althistorischen Urteile über die antike Wirtschaft wurde. In der Konzentration der Debatte auf die Frage nach einem antiken Kapitalismus, die mit Weber und Rostovtzeff einsetzt, spiegelt sich deutlich ein Paradigmenwechsel von einer Produzentenperspektive, die Bücher noch eingenommen hatte, zur Verwertungsperspektive. Das Vorhandensein von Gewinnorientierung und Rentabilitätsberechnungen bilden seitdem die Meßlatte zur Beurteilung der Modernität nicht nur der antiken Wirtschaft. Von einer neuen Antithese »Nahrungsprinzip oder Gewinnstreben« spricht der Wirtschaftshistoriker Reinhold Reith.[193] Die Frage nach dem Ort der Fertigung der Produkte, ob sie in häuslicher Produktion oder in der Fabrik erfolgte, worüber noch Meyer und Bücher stritten, verlor an Bedeutung. Entsprechend der Etikettierung der modernen Ökonomie als »Kapitalismus« änderte sich in der Folge auch die Alternative, die einer solchen modernen kapitalistischen Wirtschaft gegenübergestellt wurde. Zum Gegenbild einer auf Rentabilität und Gewinnmaximierung ausgerichteten kapitalistischen Wirtschaft wurde in den zeitgenössischen ethnologischen Entwürfen einer primitiven Ökonomie anstelle der geschlossenen Hauswirtschaft nun die Ökonomie des Gabentauschs erhoben. Den Gabentausch

aufgegriffen hatte. Er lehnt sowohl die Oikentheorie von Rodbertus als auch Büchers Stufentheorie ab (47).

192 Ebd. 66.

193 Reith, Abschied vom »Prinzip der Nahrung«? 2004, 49. Diese Kriterien legt beispielsweise noch Eich, *Politische Ökonomie* 2006, 5 an, der in der Antike eine profitorientierte Konkurrenzökonomie gegeben sieht. Vgl. auch das Urteil von Kloft, *Die Wirtschaft des Imperium Romanum* 2006, 20: »Die römische Landwirtschaft bündelt also unterschiedliche Typen, sie ist von regionalen Vorausssetzungen abhängig und bietet vielfältige Entwicklungsmöglichkeiten für Handel und Gewerbe mit Aussicht auf pekuniären Gewinn; mit anderen Worten: auf sie passen die Etikette archaisch und traditionalistisch in keiner Weise.«

zeichnet in den Augen der Ethnologen vor allem eine Eigenschaft aus: das Fehlen eines auf Gewinn ausgerichteten Denkens. Ohne eine Spur von Gewinnsucht, so formulierte Marcel Mauss in seinem berühmten *Essai sur le don* von 1924, seien in archaischen Gesellschaften Überschüsse angehäuft und mit reinem Verlust ausgegeben worden.[194] Vor allem über die Rezeption durch Moses I. Finley sollte dieses Konzept vom Gabentausch als eine Tauschform, die nicht auf Gewinnmaximierung zielt, in den 1980er Jahren in den Altertumswissenschaften seine Wirkung entfalten.[195]

Verborgene Forschungsgenealogien: Bücher und die frühen Wirtschafts- und Sozialanthropologen

Angelegt war dieses Gegenmodell zum Kapitalismus allerdings schon im Werk Büchers, ohne dass es in seinem Denken die prominente Rolle einnahm, die es in der ethnologischen Wirtschaftsforschung der 1920er Jahre gewinnen sollte. Karl Bücher hatte bereits in der *Entstehung der Volkswirtschaft* von 1893 die Universalität des Tausches – verstanden als ein Handeln im Selbstinteresse – relativiert und die hauswirtschaftliche Ökonomie mit Praktiken des Schenkens in Verbindung gebracht. Sein 1918 ausformuliertes Konzept der Gabe, das er in seinem Aufsatz über »Schenkung, Leihe und Bittarbeit« niedergelegt hatte, bildet eine wichtige Transmissionsstelle von der nationalökonomischen Kritik am egoistischen Tausch zur ethnologischen Theorie des Gabentauschs als ein Handeln ohne Gewinninteresse.[196]

Zum Teil stand Bücher in direktem Kontakt mit seinen Nachfolgern. Das gilt insbesondere für Richard Thurnwald (1869–1954),[197] der für den Austausch von Gaben den Begriff der Gegenseitigkeit prägte. Anders als Bücher und auch als Ferdinand Tönnies, der in den 1880er Jahren das Konzept einer Stufenfolge von der Gemeinschaft zur Gesellschaft entwickelt und dabei die Gegenseitigkeit der Stufe der Gemeinschaft, den Tausch und den

194 Mauss, *Gabe* 1978, 130.

195 Zur Debatte vgl. Wagner-Hasel, *Der Stoff der Gaben*, Kap. I.

196 Vgl. Kap. *»Schenkung, Leihe und Bittarbeit«*. Eine ausführliche Darlegung der inhaltlichen Positionen der Protagonisten der ethnologischen Debatte befindet sich in: Wagner-Hasel, *Der Stoff der Gaben* 2000, 41–52. Die folgenden Bemerkungen konzentrieren sich daher auf die Offenlegung der Forschungsbeziehungen.

197 Vgl. Kap. *Der Professor und seine Schüler.*

Individualkontrakt aber der Gesellschaft zugeordnet hatte,[198] hielt Thurnwald den Tausch für universell und uralt, ohne ihn mit dem Handeln im Dienst des ökonomischen Selbstinteresses gleichzusetzen. Vielmehr erkannte er gerade in frühen Gesellschaften auch soziale Zwecke an. So verstand er Tauschakte bei »Naturvölkern« als »Handlungen persönlicher Vergeltung oder einer Vergeltung unter Familien oder Sippen, die noch keine »rationalistische, jeder persönlichen Note entkleidete, nur auf die Sache gerichtete Kaufgeschäfte wie unter uns« darstellten.[199] Diese soziale Lesart der Praktiken der Beschenkung sollte sich gerade unter Soziologen durchsetzen, während Wirtschaftsanthropologen auch ökonomische Zwecke im Sinne der gegenseitigen Partizipation an Gütern annehmen.

Auch Bronislaw Malinowski (1884–1942), der Begründer der ethnologischen Feldforschung, muss Bücher persönlich kennengelernt haben.[200] Der Sohn eines Krakauer Slawisten hatte in Krakau Naturwissenschaften und Philosophie studiert und eine philosophische Doktorarbeit über den Empiriokritizismus, eine Extremform des Positivismus, geschrieben. Nach der Promotion im Jahre 1908 studierte er drei Semester in Leipzig bei dem Experimental- und Völkerpsychologen Wilhelm Wundt. Danach ging er mit einem Habilitationsstipendium seiner Heimatuniversität Krakau an die »London School of Economics«, wo er schließlich zur Ethnologie überwechselte. Sein Förderer war hier vor allem Edwin Seligman, mit dem auch Bücher in den 1890er Jahren korrespondierte.[201] In seiner Studie über den berühmten Ringtausch der Bewohner der Trobriand-Inseln von 1922, die er nach der antiken Argonautensage *Argonauts of the Pacific* nannte, erkennt Malinowski Büchers Pionierleistung auf dem Gebiet der Wirtschaftsethnologie an, distanziert sich jedoch teilweise von dessen Einschätzung des Handels: »Trotz vieler Verkürzungen findet sich die beste Analyse des Problems der Ökonomie der Wilden in K. Büchers ›Die Entstehung der Volkswirt-

198 Tönnies, *Gemeinschaft und Gesellschaft* (1887) 1991, 10, 24, 35. Zur Problematik dieses Gegensatzes von Gemeinschaft und Gesellschaft für eine historische Analyse vgl. Oexle, Kulturwissenschaftliche Reflexionen über soziale Gruppen in der mittelalterlichen Gesellschaft: Tönnies, Simmel, Durkheim und Max Weber 1994, 118–125.

199 Thurnwald, Gegenseitigkeit 1936, 282.

200 Zum Einfluss von Bücher auf Malinowski vgl. Köcke, German Contribution 1979, 152ff., der ihn einen Studenten Büchers nennt (153); Firth, Methodological Issues in Economic Anthropology 1972, 467; ders., The Place of Malinowski in the History of Economic Anthropology 1963, 209–227. – Zum Werdegang Malinowskis vgl. Vgl. Stagl, Malinowskis Paradigma 1991, 91–105.

201 UBL, Sondersammlung, NL 181 (Karl Bücher), Edwin R. Seligman an Bücher, 22. Juni 1897.

schaft‹, 1893 [...]. Seine Grundansichten zum primitiven Handel sind jedoch unzureichend. Entsprechend seiner Grundannahme, daß Wilde keine Nationalökonomie besitzen, behauptet er, daß jede Verbreitung von Gütern unter Eingeborenen durch nichtökonomische Mittel, wie Raub, Tribute und Gaben, zustande kommt. Die Angaben im vorliegenden Buch sind mit Büchers Ansichten unvereinbar, und er hätte sie auch nicht vertreten können, wäre er mit Bartons Beschreibung der Hiri (enthalten in Seligmans ›Melanesien‹) vertraut gewesen«.[202] Malinowski geht zwar von der Universalität des Tausches aus, den Bücher als Handeln im Selbstinteresse verstand, relativiert aber die Gewinnorientierung des Austauschs von Gütern.[203] Deshalb rechnet ihm sein Mentor James G. Frazer als Verdienst an, den Beweis erbracht zu haben, dass individuelles Gewinnstreben und Kosten-Nutzen-Erwägungen eben nicht immer und überall den Güterverkehr bestimmt hätten.[204]

Die Verbindung zwischen Marcel Mauss (1872–1950), der in seinen Studien zur Sache ebenfalls die mangelnde Gewinnorientierung bei der gegenseitigen Darbietung von Gaben in frühen Kulturen herausstrich, und Karl Bücher ist über Emile Durkheim (1858–1917) vermittelt. Dieser hatte bei Schmoller in Berlin studiert und war mit der deutschsprachigen Debatte bestens vertraut.[205] Auch kannte er Büchers Werke zur Sache, die in der von ihm herausgegebenen *L'Année sociologique* bis zum Ausbruch des Ersten Weltkrieges regelmäßig angezeigt und rezensiert wurden.[206] Zudem hatte er

202 Malinowski, *Argonauten* 1979, 118, Anm. 1.

203 Malinowski, *Argonauten* 1979, 129f.

204 So Frazer in der Vorrede zu Malinowski, *Argonauten* 1979, 9/10: »In der vorliegenden Abhandlung beschäftigt sich Malinowski hauptsächlich mit etwas, das auf den ersten Blick eine rein ökonomische Aktivität der Trobriander sein könnte, aber mit seinem gewohnten Weitblick und seinem geschärften Wahrnehmungsvermögen achtet er stets darauf zu zeigen, daß die ungewöhnliche Zirkulation von Wertgegenständen, die zwischen den Bewohnern der Trobriand-Inseln und anderen Inseln stattfindet, obwohl von gewöhnlichem Handel begleitet, auf keinen Fall selbst eine kommerzielle Transaktion ist; er zeigt, daß sie nicht auf einer einfachen Kostenrechnung von Gewinn und Verlust beruht, sondern emotionale und ästhetische Bedürfnisse befriedigt, die einer höheren Ordnung als die Befriedigung animalischer Bedürfnisse angehören.«

205 Giddens, Die klassische Gesellschaftstheorie und der Ursprung der modernen Soziologie (1976) 1981, 96–136.

206 *L'Année sociologique* Bd. 2 (1897–1898), 440–448 (Besprechung der 2. Aufl. der *Entstehung der Volkswirtschaft* 1898 von M. Simiand); Bd. 8 (1903–1904), 541 (Anzeige der 4. Aufl.); Bd. 11 (1906–1909), 589 (Anzeige der 5. stark vermehrten und verbesserten Auflage von 1906). In Bd. 6 (1901–1902) 73–122 findet eine ausführliche Auseinandersetzung mit Büchers Theorie der Arbeitsteilung statt (M. Bouglé, Revue générale des théories récentes sur la division du travail). In Bd. 7 (1902–1903) 643 wird auf Büchers Studie *Die Allmende in ihrer wirtschaftlichen Bedeutung*, Berlin o. J. verwiesen. Auch eine Arbeit von

Bücher im Frühjahr 1900 um einen Artikel für die Zeitschrift gebeten.[207] Stärker als Malinowski distanzierte sich Mauss von Büchers evolutionstheoretischem Ansatz. Das hatte zur Folge, dass der zeitkritische Tenor, der bei Bücher noch von Fortschrittsoptimismus eingehegt wird, bei Mauss sehr viel stärker zum Tragen kommt. Sein modernitätskritischer Impetus richtet sich sowohl gegen den Utilitarismus als auch gegen den Geist des Individualismus.[208]

Sowohl von Bücher als auch von Thurnwald ist das Werk des hungaro-amerikanischen Wirtschaftshistorikers Karl Polanyi (1886–1964) geprägt, dessen Unterteilung von Tauschformen in Reziprozität, Redistribution und Marktaustausch die nachfolgende ethnologische wie althistorische Forschung stark beeinflusst hat.[209] Während bis in die 1940er Jahre noch auf Karl Büchers Schenkungsartikel verwiesen wurde,[210] wenn es um den Nachweis des

Eduard Meyer (*Zur Theorie und Methodik der Geschichte. Geschichtsphilosophische Untersuchungen*, Halle 1902), wird in diesem Band (147) – allerdings äußerst kritisch – besprochen.

207 UBL, Sondersammlung, NL 181 (Karl Bücher), Durkheim an Bücher, 7. April 1900.

208 Mauss, *Die Gabe* 1978, 130–142

209 Der Verweis auf sein Konzept fehlt in keinem ethnologischen Handbuch. Vgl. etwa den Artikel »Wirtschaft« (Klaus Hesse) in: Bernhard Streck (Hg.), *Wörterbuch der Ethnologie*, Köln 1987, 258–261 sowie die Ausführungen über »Wirtschaftliche Organisationen« in: Frank Robert Vivelo, *Handbuch der Kulturanthropologie. Eine grundlegende Einführung*. Hg. und mit einer Einleitung v. Justin Stagl., übersetzt v. Erika Stagl, München 1988, 185–192. Zur anhaltenden Bedeutung Polanyis in der Ethnologie vgl. Kurt Beck, Karl Polanyi, in: Christian F. Feest, Karl-Heinz Kohl (Hg.), *Hauptwerke der Ethnologie*, Stuttgart 2001, 347–352. In den Altertumswissenschaften fiel die Rezeption zunächst zögerlicher aus, nachdem Fritz Heichelheim (*Journal of the Economic and Social History of the Orient* 3, 1960, 108–110) und G. E. M. de Ste Croix (*Economic History Review* 12, 1960, 510) ein negatives Urteil über Polanyis Werk *Trade and Market* (1957) gefällt hatten. Polanyi selbst hat auf die dort vorgebrachten kritischen Einwürfe mit einem Beitrag »Ports of Trade in Early Societies« reagiert (*Journal of Economic History* 23, 1963, 30–45). Eine verstärkte Auseinandersetzung begann in der Vorderasiatischen Altertumskunde, wo Polanyis Konzept der »Distribution« für die Deutung der Ökonomie der Palastkulturen Anwendung fand. Vgl. Renger, Trade and market in the ancient Near East 2003, 15–39; Liverani, The influence of political institutions on trade in the ancient Near East 2003, 119–137. Den aktuellen Stand zeichnet nach: Wilcke, Markt und Arbeit im Alten Orient am Ende des 3. Jahrtausends v. Chr. 2007, 72–76.

210 So beispielsweise Rudolf Köstler im Zusammenhang seiner Überlegungen zu homerischen Gastgeschenken (*Homerisches Recht* 1950, 23). Für die Zeit der frühen Griechen argumentiert er, dass man »im täglichen Verkehr mit der Schenkung und Gegenschenkung« ausgekommen sei. Erst in nachhomerischer Zeit habe sich daraus Tausch entwickelt, urteilt er unter Berufung auf Bücher und Bernhard Laum. Hendrik Bolkestein verweist in seiner Studie über *Wohltätigkeit und Armenpflege im vorchristlichen Altertum* von 1939 auf Büchers Aufsatz zur Schenkung, um das Vergeltungsprinzip zu erläutern (157).

Gegenseitigkeitscharakters von Gaben in der Antike ging, so bildet heute Polanyis Werk die entscheidende Referenzliteratur.[211] Mehr als die Übersetzung von Büchers *Die Entstehung der Volkswirtschaft* ins Englische, von der heute kaum ein Althistoriker etwas weiß, hat die Rezeption der Bücher'schen Position durch Karl Polanyi zum Transfer der anti-modernistischen Sichtweise der antiken Wirtschaft in den angelsächsischen Raum beigetragen (vgl. Kap. IV).

Polanyi hat Büchers Arbeiten zur Sache breit rezipiert. In seinem Nachlass befindet sich ein ausführliches Exzerpt von Büchers *Entstehung der Volkswirtschaft*.[212] Auch ist er Autor eines Artikels über Karl Bücher in der *International Encyclopedia of the Social Sciences*.[213] Seine Kenntnisse der Bücher'schen Ansichten sind vermutlich über seinen Lehrer Felix Somló vermittelt. Polanyi hatte in Budapest Recht und Philosophie studiert[214] und war in Kolozsvár/Klausenburg (heute: Cluj-Napoca) von dem Juristen Felix (Bódog) Somló (1873–1920) promoviert worden.[215] 1909 hatte Somló eine Studie über den Güterverkehr in der Urgesellschaft vorgelegt, die eine Modifikation von Büchers Konzept der geschlossenen Hauswirtschaft darstellt. Somló argumentiert hier, dass bereits auf der untersten Entwicklungsstufe von einer zusammengesetzten und nicht von einer geschlossenen und damit autarken Wirtschaftseinheit auszugehen sei. Stärker noch als Bücher betont er die Rolle des Schenkens für den frühen Güterverkehr, wie nicht nur sein Rezensent in den *Jahrbüchern für Nationalökonomie und Statistik*, sondern

211 Vgl. etwa von Reden, *Exchange* 1995; Gill/Postlewaithe/Seaford, *Reciprocity in Ancient Greece* 1998. Möller, *Naukratis* 2000; Möller, Zur Aktualität der Wirtschaftsanthropologie von Karl Polanyi 2004, die alle mit dem Polanyi'schen Konzept arbeiten. Vgl. auch Kap. IV mit Fußnote 41.

212 Nachweis bei Maucourant, Échange 2000, 34, Anm. 118. Ich danke Jean Maucourant für die Kopie des Exzerptes. Maucourant betont vor allem den Einfluss von Bücher auf Polanyis Wirtschaftskonzept. Ähnlich Köcke, German contribution 1979, 121f., der für Polanyis wirtschaftsanthropologische Theoriebildung auch auf die prägende Rolle Thurnwalds verweist. Polanyi selbst bezeichnet Schmoller, Bücher, Weber, Pirenne und Rostovtzeff als seine Vorgänger. Nafissi, *Ancient Athens & Modern Ideology* 2005, 127.

213 Bd. 1/2, 1968, 163–165.

214 Zum wissenschaftlichen Werdegang Polanyis vgl. Polanyi-Levitt, *The Life and Work of Karl Polanyi* 1990, insb. 18–25 (Vezér), 26–29 (Múcsi), 78–84 (Congdon) sowie Zeisel, Polanyi 1972, 172–174; Humphreys, Geschichte 1979, 7–59.

215 Zu Somló, der in Kolozsvár, Leipzig und Heidelberg studiert hatte und in Kolozsvár und Budapest (1918–1919) als Hochschullehrer tätig war, vgl. Stolleis, *Juristen* 2001, 590 s.v. Somló (Katalin Gönczi).

auch Marcel Mauss positiv hervorhob, der Somló nach seinen eigenen Worten wesentliche Einsichten verdankte.[216]

Polanyi, der sich nach dem Studium zunächst mit wirtschaftspolitischen Fragen der Gegenwart beschäftigte und unter anderem in dem von Max Weber und Werner Sombart herausgegebenen *Archiv für Sozialwissenschaft und Sozialpolitik* einen Beitrag zur Sozialistischen Rechnungslegung veröffentlichte,[217] wandte sich erst nach seiner Emigration in die USA verstärkt wirtschaftshistorischen Themen zu.[218] Sein großes Werk über die gesellschaftliche und ökonomische Transformationsphase des 19. und 20. Jahrhunderts erschien 1944 unter dem Titel *The Great Transformation* (dt. 1977). Polanyi hielt an der Auffassung Büchers fest, dass in antiken Gesellschaften die Bedarfsdeckung alltäglicher Güter nicht über den Markt, sondern auf der Ebene persönlicher reziproker Beziehungen erfolgt sei.[219] Polanyi leugnet nicht die Bedeutung des Marktes in der Antike, bestreitet aber die Existenz eines Systems selbstregulierender Märkte.[220] »Embeddedness«, »Einbettung«, ist ein zentraler Begriff seiner Theorie, der den Erfahrungen der Krisenjahre nach dem Ersten Weltkrieg Rechnung trägt. Denn die Entfesselung der Ökonomie von ihren ehemals vorhandenen sozialen und politischen Bindungen bildet für ihn die eigentliche Ursache für die Wirtschaftskrise der 1920er Jahre. In der strukturellen Einbettung der Wirtschaft in das Politische sieht er die entscheidende Differenz zwischen antiker und moderner Ökonomie. Seinen Einlassungen ist es zuzurechnen, dass im Fokus aktu-

216 Somló, *Güterverkehr* 1909, 177. – Allerdings hebt der Rezensent J. C. in den *Jahrbüchern für Nationalökonomie und Statistik* 3, F. 39, 1910, 269–270 Büchers Pionierarbeit zum Studium der wirtschaftlichen Verhältnisse »der primitiven Völkerschaften« hervor. Keine Entkräftigung der Theorie Büchers durch Somlós Einlassungen vermag der Rezensent Jan St. Lewinski in der *ZfGS* 66, 1910, 178–182 erkennen. Zur Rezeption des Werkes von Somló durch Mauss vgl. Wagner-Hasel, *Der Stoff der Gaben* 2000, 30f., 39.

217 49, 1922, 377–420. Vorwiegend schrieb Polanyi in den Jahren nach dem Ersten Weltkrieg für die Zeitschrift *Der Österreichische Volkswirt*, die in Wien erschien. Als er 1933 nach London emigrierte, war er zunächst weiter für die Zeitschrift tätig.

218 Von 1947 bis 1953 lehrte er als »visiting professor of economics« an der Columbia Universität in New York Wirtschaftsgeschichte.

219 Polanyi, *The Great Transformation* 1990, 76: »Der Vollzug sämtlicher Tauschakte in Form von Geschenken [...]«. Vgl. auch Polanyi, The Economy as Instituted Process 1957, 243–270.

220 Für seine These des Fehlens eines Systems selbstregulierender Märkte zitiert Polanyi, *The Great Transformation* (1944), 2. Aufl. 1990, 247 aus Büchers *Entstehung der Volkswirtschaft*: »Weder in der Antike noch im frühen Mittelalter – und dies muß besonders betont werden – wurden die Güter des täglichen Lebens regelmäßig gekauft und verkauft.«

eller Debatten um den Charakter der antiken Wirtschaft inzwischen eher der Marktaustausch als der Kapitalismus steht (vgl. Kap. IV).

Büchers Abkehr von der Nationalökonomie und die Hinwendung zur Zeitungskunde

Auf all diese wirtschaftshistorischen und wirtschaftsethnologischen Debatten der 1920er Jahre reagiert Bücher nicht mehr. In seiner Bibliothek finden sich die Werke der frühen Ethnologen und Soziologen aus den 1890er und 1910er Jahren, Felix Somlós *Begründung einer beschreibenden Soziologie* (1909), Heinrich Schurtz' *Grundriß einer Entstehungsgeschichte des Geldes* (1898), ein Aufsatz von Richard Thurnwald zu *Staat und Wirtschaft im alten Ägypten*, der bereits 1901 in der *Zeitschrift für Socialwissenschaft* erschien, einige Bände der von Emile Durkheim herausgegebenen Zeitschrift *L'Année sociologique*, nicht aber die althistorischen Schriften von Johannes Hasebroek, der ihm folgte, oder die ethnologischen Werke von Bronislaw Malinowski oder von Durkheims Neffen Marcel Mauss.[221] Dass seine Vorstellungen vom »Geschenkeaustausch« von Bronislaw Malinowski in seinen Untersuchungen zu den *Argonauten des Pazifiks* 1922 so umfangreich bestätigt und von Marcel Mauss kurze Zeit später zu einer Theorie der Gabe geformt wurden, hat er nicht mehr registriert. Zu groß war wohl der Bruch zwischen den französischen und deutschen Wissenschaftskulturen, der mit Ausbruch des Ersten Weltkriegs eintrat.[222] Er machte sich nicht nur in Bezug auf die Rezeption der französischen Forschungen in Deutschland bemerkbar, sondern betraf auch den geistigen Austausch in umgekehrter Richtung. Waren die deutschen Nationalökonomen und Historiker bis zum Ersten Weltkrieg in Frankreich ausgiebig rezipiert worden, richtete sich von französischer Seite das Augenmerk in den Nachkriegsjahren in Richtung USA.[223] Eine französische Abrechnung mit Büchers Stufentheorie, die Dissertation von Oliver

221 Katalog 1970.

222 Manche persönliche Freundschaften, wie die zwischen Karl Lamprecht und Henri Pirenne, zerbrachen in diesen Jahren. Vgl. Schöttler, Henri Pirenne 1998, 875–883.

223 Dies zeigt sehr deutlich die Rezensionspolitik der Zeitschrift *L'Année sociologique.* Werden bis 1914 vorwiegend Bücher aus dem deutschsprachigen Bereich rezensiert, richtet sich nach dem Ersten Weltkrieg das Interesse zunehmend auf Publikationen aus dem angelsächsischen Sprachraum, das sich nach dem Zweiten Weltkrieg noch deutlich verstärkt. Zur Entwicklung nach dem Zweiten Weltkrieg vgl. Schöttler, Zur Geschichte der Anna-

Leroy, *Essai d'introduction critique à l'étude de l'économie primitive. Les théories de K. Bücher et l'ethnologie moderne* von 1925, fand kaum Resonanz.[224] Sie lag im Jahre 1999 noch unaufgeschnitten in der ehrwürdigen Bibliothek der *Ecole Normale Superieure* in der Pariser rue d'Ulm.

Statt der Auseinandersetzung mit denjenigen, die auf seinen Spuren wandelten, kehrt Bücher zu seinen journalistischen Anfängen zurück. Seine publizistischen Aktivitäten in den Kriegsjahren münden 1916 in der Einrichtung eines Instituts für Zeitungskunde an der Universität Leipzig, die mit Hilfe einer Stiftung des Leipziger Zeitungsverlegers Edgar Herfurth gelingt.[225] Das Institut wird in fußläufiger Entfernung zu Büchers damaliger Wohnung in der Goethestraße 6 im Fridericianum am Augustusplatz untergebracht und erhält Archiv, Bücherei, Übungsräume und Verwaltungsräume. Der Aufbau des Instituts und die 1903 von Albert Schäffle übernommene und bis 1923 ausgeübte Herausgeberschaft der *Zeitschrift für die gesamte Staatswissenschaft* füllen ihn in den letzten Jahren seiner Universitätskarriere ganz aus. Auch muss er in den Inflationsjahren nach dem Ersten Weltkrieg für die Beibehaltung der Zeitungskunde kämpfen, nachdem die Stiftungsmittel Herfurths fast vollständig verfallen waren.[226] Die eigene Forschungstätigkeit tritt dahinter zurück. »Nachdem mein ›Arbeit und Rhythmus‹ die 6. und ›Die Entstehung der Volkswirtschaft‹ die 16. Auflage erlebt hat, habe ich die wissenschaftliche Arbeit vollständig aufgegeben. Nur die Vorlesungen über Zeitungskunde fordern noch hier und da Nachbesserungen des Durchdachten«, schreibt der Siebenundsiebzigjährige im Mai 1924 resigniert an Schulte.[227] Allerdings hatte er zwei Jahre zuvor noch einmal in einem Sammelband seine wirtschaftshistorischen Untersuchungen veröffentlicht, die sicherlich auch zur Renaissance der Debatte über den Charakter der antiken Wirtschaft in den 1920er Jahren beitrugen.[228] 1926 erscheinen die letzten Beiträge zu Fragen der Zeitungswissenschaft; im selben Jahr übernimmt der demokratisch gesinnte Erich Everth (1878–1934) den Lehrstuhl für Zei-

---

les-Rezeption in Deutschland 1994, 40–60; Jordan/Kortländer, *Nationale Grenzen und internationaler Austausch* 1995; Cornelißen, *Gerhard Ritter* 2001, 476–483.

224 Köcke, German Contribution 1979, 129 erwähnt sie.

225 Koszyk, Karl Büchers Weg zur Zeitungskunde 1993, 33ff.; Hehl, *Sachsens Landesuniversität* 2005, 44 mit Fußnote 132.

226 Bormann/Kutsch, Pressegeschichte 1979, 389.

227 Braubach, Aus Briefen 1965, 383f., 387. Haase, Schutzverein 2001/2, 164ff.

228 Bücher, *Beiträge* 1922.

tungskunde.[229] Büchers Versuch, seinen Assistenten Johannes Kleinpaul (1870–1944) als Nachfolger aufzubauen, war zuvor am Widerstand der Philosophischen Fakultät gescheitert, die dem Institut für Zeitungskunde reserviert gegenüberstand. Sie hatte die preisgekrönte Arbeit Kleinpauls über »Die Fuggerzeitungen 1568–1605« als Habilitationsschrift abgelehnt.[230] Was ihn in diesen Jahren nach seinen eigenen Worten interessiert, ist allein noch die Vermittlung: »Was wir tun können, ist doch für weitere Kreise zu schreiben, und ich meine, daß alles, was wissenschaftlich genügend durchdrungen ist, sich so müsse darstellen lassen, daß es jedermann interessiert.«[231] Dass sich hinter diesem Vermittlungsinteresse die resignative Abkoppelung von einer nationalökonomischen Debatte verbirgt, die über seine im Historischen verankerten nationalökonomischen Theoreme hinweggegangen war, ist nicht auszuschließen.

Andererseits ist das Vermittlungsinteresse, das Büchers Aufmerksamkeit auf sich zieht, auch eine Reaktion auf die neuen Fragen der Zeit. Im Übergang von der Industriegesellschaft zur »vorrangig informationsbasierten Gesellschaft der Zukunft« veränderte sich, wie Margit Szöllösi-Janze in ihrer Analyse der neuen Institutionen der Wissensproduktion zwischen 1880 und 1930 gezeigt hat, auch die Wissenschaftslandschaft. Arbeit und Produktion, die im Zentrum der nationalökonomischen und wirtschaftshistorischen Schriften standen, verloren zu dieser Zeit ihre gesellschaftsstrukturierende und organisierende Kraft; ein neuer Modernisierungsschub im Sinne der »Extension von individuellen und gesellschaftlichen Handlungsmöglichkeiten auf der Basis von wissenschaftlichem Wissen« war nun das aktuelle Anliegen. Dazu gehörten eben auch die Verwissenschaftlichung technischer Berufe, die Professionalisierung der Ausbildung der Betriebswirte und die Gründung von Handelshochschulen, die ein Anliegen Büchers wurden.[232] Von daher lässt der stete Wechsel der Arbeitsfelder ein feines Gespür für die jeweiligen Zeitprobleme erkennen und bestätigt den eminent politischen Charakter seines Wissenschaftsverständnisses.

229 Morgenstern, Politische Publizistik 2005, 227. Zu Everth vgl. Bormann/Kutsch, Pressegeschichte 1979, 386–403.

230 Bormann/Kutsch, Pressegeschichte 1979, 389 werten dies »als Versuch der Liquidation der Leipziger zeitungskundlichen Einrichtung.«

231 Braubach, Aus Briefen 1965, 387.

232 Szöllösi-Janze, Die institutionelle Umgestaltung der Wissenschaftslandschaft 2002, 60–74. – Die Gründung der Leipziger Handelshochschule erfolgte 1898. Krause, *Alma mater Lipsiensis* 2003, 167 u. 320–326. Zur Handelshochschulbewegung allgemein vgl. Franz, *Zwischen Markt und Profession* 1998, 28–67.

Dem Urteil Rüdiger vom Bruchs, dass von der Generation der Nationalökonomen, der Bücher angehörte, in der Zeit nach dem Ersten Weltkrieg nur noch der linksliberale Lujo Brentano meinungsbildend wirkte,[233] da weder Wagners christlich-konservativer Staatssozialismus noch Schmollers gouvernementale Sozialpolitik, die auf ein konstitutionell-monarchisches Beamtenregiment setzte, für die Probleme der Weimarer Republik ein Lösungsangebot enthielten,[234] hätte Bücher vielleicht zugestimmt. Er hat ohnehin nur zu einzelnen Sachfragen Stellung bezogen und nie ein umfassendes Wirtschaftsmodell entworfen wie Wagner und Schmoller. Aber die Bedingungen, wie Meinungen gebildet werden, hat er bis ins hohe Alter mit gestalten wollen.

»Eine gradgewachsene knorrige Eiche«: Bilanz eines Gelehrtenlebens im Kaiserreich

Zu seinen Lebzeiten gehört Bücher zu den Berühmten seines Faches. Das zeigen nicht nur die Auflagen, die seine Publikationen bis in die 1920er Jahre erreichten, oder die Wertschätzung, die ihm ältere wie jüngere Kollegen wie Adolph Wagner oder Max Weber[235] entgegenbrachten. Auch Preise und Ehrendoktorwürden werden ihm verliehen. 1901 hatte er den in den Augen seiner Ehefrau in der Öffentlichkeit viel zu wenig beachteten *Prix Emile de Laveleye* erhalten,[236] für den Lujo Brentano 1913 seinen Kollegen Max Weber vorschlägt.[237] Drei deutsche Hochschulen verleihen Bücher die Ehrendoktorwürde, die Universität Gießen den Dr. iur. h. c., die Universität Bonn den Dr. rer. pol. h. c., die Universität München den erst seit 1899 existieren-

233 vom Bruch, *Gelehrtenpolitik* 2006, 79.

234 Ebd. 41f. und 237f.

235 Weber schätzte Bücher als »Führer« der jüngeren Nationalökonomen. UBL, Sondersammlung, NL 181 (Karl Bücher), Max Weber an Bücher, 16. Mai 1910.

236 Am 12. April 1901 schreibt Emilie Bücher an ihre Schwester Mathilde: »Kannst Du's verstehen, daß ich mich schrecklich ärgere, wenn die Leute, sei es Unverstand, sei es Neid, nicht der Mühe werth erachten, Karl zu gratulieren. Belgien, das ist solch ein kl[eines] Land, wenn aber das kl[eine] Land unter allen Nationalökonomen der Welt Karl am würdigsten findet, so ist das doch eine große Ehre. 2.600 Fr. ist der Preis! Da Karl nicht versteht, sein Leben zu genießen, könnte es auch eine gold[ene] Medaille sein im Werth von einigen hundert Fr[ancs], es wäre uns ebenso lieb. Doch das nur unter uns.« PB Lauth.

237 Lindenlaub, *Richtungskämpfe* 1967, 424, Anm. 5.

den Titel des Dr. ing. h. c.[238] Bereits 1894 war er Mitglied der philologisch-historischen Klasse der Sächsischen Akademie der Wissenschaften geworden, als deren Sekretär Roschers Schwiegersohn Ernst Windisch von 1898 bis 1914 wirkte.[239] Ab dem 70. Geburtstag erscheinen in Tageszeitungen Würdigungen, die vor allem dem Verfasser von *Arbeit & Rhythmus* und der *Entstehung der Volkswirtschaft* gelten, sowie dem Pionier der Zeitungswissenschaft.[240] Sein Nachfolger Erich Everth, »Professor der Zeitungskunde an der Universität Leipzig«, dankt ihm zum achtzigsten Geburtstag, die Erforschung der Presse gegen die »konservativen Warner« an der Universität verankert zu haben.[241] Selbst Kollegen seiner früheren Wirkungsstätten erinnern sich. Der Dekan der Universität Basel schickt zum 80. Geburtstag Glückwünsche in die Leipziger Goethestraße und würdigt Bücher als »unvergeßlichen Lehrer«.[242] Noch zu seinen Lebzeiten werden eine Reihe von Dissertationen in Angriff genommen, die sich mit unterschiedlichen Aspekten von Büchers Werk beschäftigen, mit seinen statistischen Arbeiten, mit seinen Vorstellungen zur tauschlosen Wirtschaft, mit den zeitungswissenschaftlichen Arbeiten und mit seinen Studien zu den Arbeitsliedern.[243] Zwei Festschriften werden dem Gelehrten dargeboten: 1927 wird eine Festschrift zum achtzigsten Geburtstag in der *Zeitschrift für die gesamte Staatswissenschaft* publiziert; zwei Jahre später, zum 82. Geburtstag, erscheint eine weitere Fest-

238 Rede zur Trauerfeier gehalten von Professor Gerhard Keßler am 15. November 1930 an der Universität Leipzig.

239 Wiemers, Nachwort 1994, 341 u. 333, Anm. 25.

240 Robert Wilbrandt, Karl Bücher. Zu seinem siebzigsten Geburtstag: 10. Februar, in: *Frankfurter Zeitung* vom 16.2.1917, 1; Arno Günther, Dem 75jährigen Karl Bücher, in: *Leipziger Neueste Nachrichten* vom 16.2.1922; O.S., Karl Bücher zu seinem achtzigsten Geburtstag, in: *Tägliche Rundschau* vom 16.2.1927; Karl Jaeger, Dem Nationalökonomen und Zeitungskundler Karl Bücher zum 80. Geburtstag, in: *Mitteldeutsche Monatshefte* 10, 1927, 302–304; Otto Jöhlinger, Dem Altmeister der Zeitungskunde, in: *Vossische Zeitung* Nr. 79 vom 16.2.1922, 2–3; Wilhelm Kapp, Karl Bücher zum 80. Geburtstag, in: *Frankfurter Zeitung* vom 16.2.1927, 1–2; Emil Dovifat, Karl Bücher 80 Jahre alt, in: *Deutsche Presse* 17, 1927, 54–55.

241 Karl Bücher zum 80. Geburtstag von Dr. Erich Everth, in: *Leipziger Neueste Nachrichten* vom 16.2.1927.

242 Schreiben des Dekans der Philosophischen Fakultät der Universität Basel vom 16.2.1927. Staatsarchiv Basel-Stadt; Universitätsarchiv Akten IX,3,3.

243 Burgbacher, *Karl Büchers Bedeutung für die Statistik* 1921; Schramm, *Karl Büchers tauschlose Wirtschaft bei den Germanen* 1925; Buchheim, *Volksliedhaftes unter Büchers deutschen Arbeitsliedern* 1931; Weidenbach, *Die Büchersche Zeitungsreform* 1931. Zu seinem Konzept der Wirtschaftsstufen liegt eine französische *Thèse d'État* vor: Leroy, *Essai d'introduction critique à l'étude de l'économie primitive* 1925.

schrift im *Archiv für Frankfurts Geschichte und Kunst.*[244] Auf der Königsberger Tagung des *Vereins für Sozialpolitik* vom 24./26. September 1930 wird Bücher neben Ferdinand Tönnies zum Ehrenmitglied des Hauptausschusses gewählt.[245]

Nur einen Monat später, am 12. November 1930, stirbt Bücher in Gegenwart seines Sohnes und der Schwiegertochter Frieda.[246] Ein Duodenalgeschwür nennt die medizinisch fachkundige Enkelin als Todesursache.[247] Als am 14. November 1931 eine akademische Trauerfeier zu Ehren von Karl Bücher und dem zuvor verstorbenen Lujo Brentano stattfindet, wird Büchers Lebenswerk von Lamprechts Nachfolger Walter Goetz (1867–1958) gewürdigt. Er streicht die liberale Grundhaltung Büchers in politischen Fragen heraus, unterlässt es aber nicht, an die Kritik seines Kollegen Georg von Below an Büchers Stufentheorie zu erinnern, die er teilt.[248] Goetz selbst gehört zu den demokratisch gesinnten Professoren, die 1933 entlassen werden.[249] Vom Zeitgeist jener Jahre infiziert, hält dagegen Büchers Kollege, Wilhelm Stieda, dem weltläufigen, durch und durch liberalen Brentano die mangelnde Einsicht in die Schwächen der Demokratie vor. Als die Reden ein Jahr später in den *Verhandlungen der Sächsischen Akademie der Wissenschaften* veröffentlicht werden,[250] wird die Ansprache des Nationalökonomen Gerhard Kessler (1883–1963) zur ersten Trauerfeier vom 15. November 1930 zusammen mit einer Münchner Rede von Büchers Schüler Otto von Zwiedi-

244 In der *Zeitschrift für die gesamte Staatswissenschaft* (82, 1927) erscheinen wirtschaftswissenschaftliche Beiträge von Freunden und Schülern, im *Archiv für Frankfurts Geschichte und Kunst* (4. Folge, Bd. 2, 1929), eine Veröffentlichung des Vereins für Geschichte und Altertumskunde zu Frankfurt am Main, Beiträge zur Geschichte Frankfurts.

245 Boese, *Geschichte* 1939, 226.

246 Friedrich Bücher, *Vorbei* o. J., 60.

247 Peter Ufer im Gespräch mit Dr. Luise Lauth 1993, 42.

248 von Below, *Probleme der Wirtschaftsgeschichte* 1920. Zur Debatte in der Mediävistik vgl. auch Weiß, Otto Brunner 2001, 358.

249 Walter Goetz gehört zu wenigen Warnern vor dem Erstarken des Nationalsozialismus und veröffentlicht zwischen 1932 und 1933 in der *Neuen Leipziger Zeitung* eine Reihe von entsprechenden Artikeln. Morgenstern, *Politische Publizistik* 2005, 222. Im Frühjahr 1933 reichte Goetz seinen Antrag auf Emeritierung ein, dem zunächst stattgegeben wurde. Im Herbst 1933 wurde die Emeritierung in eine Zwangspensionierung umgewandelt, die Goetz das Recht nahm, weiterhin zu lehren. Weigand, *Walter Wilhelm Goetz* 1992, 311–341; Morgenstern, Politische Publizistik 2005, 229; Krause, *Alma mater Lipsiensis* 2003, 287; Hehl, *Sachsens Landesuniversität* 2005, 39. Kessler emigriert 1933 in die Türkei. Ebd. 235. Vgl. S. 301, Anm. 252.

250 *Berichte über die Verhandlungen der Sächsischen Akademie der Wissenschaften, phil.-hist. Kl.*, Bd. 84, 1932, 3–24.

30. Das Karl Bücher-Denkmal in Bad Liebenstein

neck unter den Mitgliedern der Fakultät in Umlauf gebracht.[251] Während Zwiedineck vor allem auf Büchers wirtschaftstheoretische Konzepte eingeht, thematisiert Kessler, der seine akademische Ausbildung an der Universität Leipzig erhalten hatte,[252] ebenso wie Goetz das politische Profil Büchers. So streicht er lobend dessen lebenslange Treue zu den »Grundgedanken eines sozialen Liberalismus« heraus und betont das Eintreten des Verstorbenen »für die Freiheit der selbstverantwortlichen Persönlichkeit«.[253] In der von

251 UAL, PA 362 (Karl Bücher), Bl. 30.

252 Kessler war in Leipzig mit einer historischen Arbeit zur Tradition über Germanicus promoviert worden und hat sich erstmals am 2. Juni 1911 an Bücher wegen einer möglichen Habilitation gewandt. Der letzte Brief an Bücher datiert vom 14. Februar 1927. UBL, Sondersammlung, NL 181 (Karl Bücher). Die Habilitation erfolgte jedoch an der Technischen Universität Braunschweig; von 1912 bis 1919 war er als außerordentlicher Professor für Sozialpolitik und Nationalökonomie an der Universität Jena tätig; 1927 erhielt er einen Ruf an die Universität Leipzig, wo er bis 1933 lehrte. Die Zeit der nationalsozialistischen Herrschaft verbrachte er an der Universität Istanbul. Orhan Tuna, *Prof. Dr. Gerhard Kessler. Persönlichkeit und Werke*, Istanbul 1964; Hehl, *Sachsens Landesuniversität* 2005, 235.

253 Kessler, Zum Gedächtnis von Karl Bücher 1931, 2. Zur Wertschätzung der »Persönlichkeit« in diesen Jahren vgl. Barlösius, *Naturgemäße Lebensführung* 1997, 281 mit Verweis auf Lepsius, *Zur Soziologie des Bürgertums und der Bürgerlichkeit* 1987, 79–100, sowie Bollenbeck, *Bildung und Kultur* 1996, 282.

Bücher lange Zeit geleiteten *Zeitschrift für die gesamte Staatswissenschaft* erscheint ein Nachruf seines Nachfolgers Georg Brodnitz, der die »Wirklichkeitsnähe« und Kämpfernatur des Verstorbenen hervorhebt.[254] Die Neffen Theodor, Christian und Hermann, denen Bücher eine berufliche Karriere jenseits der väterlichen Möglichkeiten geboten hatte, lassen in der Nähe des Bad Liebensteiner Hauses einen Gedenkstein errichten, der Wanderer zur Rast einlädt.[255] 1936 wird das 20jährige Bestehen des von ihm gegründeten Zeitungswissenschaftlichen Instituts gefeiert. Danach wird es still um den Gelehrten, dessen Werk aber, wie sein Schüler Otto von Zwiedenick voraussagt, »das Andenken an die Persönlichkeit weit überlebt«.[256] Lucien Febvre und Marc Bloch, die Gründerväter der *Annales*-Tradition, teilen diese Ansicht. Anders als aus den Schriften Brentanos könnten aus dem Werk Karl Büchers auch zukünftige Wirtschaftshistoriker noch lernen, schreiben sie 1932.[257]

Büchers Lebensspanne umfasst die Geschichte des Deutschen Kaiserreiches von den Anfängen bis zum Ende und das erste Jahrzehnt der Weimarer Republik. Seine berufliche Schaffensperiode fällt mit der Ausbauphase der Industrialisierung zwischen 1873 und 1914 zusammen, die auch als Aufbruch Deutschlands in die Moderne gelten kann. Diesen Prozess der Modernisierung hat er mit moderater Sozialkritik begleitet und auf vielfältige Weise gestaltend mitgetragen; von der Prosperität der Aufbruchjahre hat er in seinem unmittelbaren Lebensumfeld profitiert, wie die Briefe seiner Ehefrau bezeugen. Elektrisches Licht, Badeofen und Wasserspülung, »Büchsengemüse«, all diese zivilisatorischen Errungenschaften der Moderne haben Einzug in seinen Haushalt gefunden. Einem bürgerlichen Lebensstil mit Konzert- und Theaterbesuchen sowie Abendgesellschaften und der alljährlichen »Sommerfrische« hat er sich trotz der Reserve, von der die Briefe seiner Ehefrau erzählen, nicht versagt. Auch wenn in den Nachrufen immer wieder auf die politischen und persönlichen Erschwernisse seines Karriereweges hingewiesen wird und Büchers Erwerbsbiographie zahlreiche Brüche aufweist, so ist doch eine bemerkenswerte Konsistenz und Gradlinigkeit seiner politischen

254 Bd. 90/1, 1931, 1–7.

255 Auskunft von Dr. Luise Lauth im September 2000.

256 Zwiedineck, Gedenkworte 1930. Zwiedineck ist in den 1920er Jahren Gast in Büchers Haus in Bad Liebenstein, wie ein Blick in das Fotoalbum der Enkelin belegt.

257 Bloch, Karl Bücher 1932, 66. Den negativen Vergleich zwischen Bücher und Brentano zieht Febvre, Lujo Brentano 1932, 66: »On lui doit de nombreux traveaux, dont aucun n'a eu la portée ni la valeur exemplaire de ceux que Karl Bücher nous a laissés«.

wie wissenschaftlichen Haltungen festzustellen, die ihn von der jüngeren Generation der Nationalökonomen, die ihm folgte, unterscheidet.

Drei Jahre nach seinem Tod begann das »Tausendjährige Reich«, zu dessen Apologeten viele Nationalökonomen seiner Nachfolgegeneration gehörten. Sein Schüler Johannes Plenge und der Kollege Werner Sombart zählen dazu. Sombart repräsentiert mit seinem Weg von der in der kameralistischen Tradition wurzelnden Idee des Staatssozialismus zur Soziologie eines romantisierenden Antikapitalismus einen »sozialwissenschaftlich nicht untypischen Denkweg, der mit einer Analyse des Klassenkampfes beginnt und mit dem Wunsch nach der organischen Volksgemeinschaft endet.«[258] Auch wenn sich in Büchers öffentlichen Vorträgen immer wieder zeitkritische Bemerkungen mit nostalgischem Einschlag finden, so ist doch eine solche Tendenz in seinem Werk nicht auszumachen. Die Gemeinwohlorientierung, die Bücher nicht müde wurde, in öffentlichen Reden einzufordern, ruht nicht auf dem Gedanken der organischen oder gar rassisch fundierten Volksgemeinschaft, sondern der Verteilungsgerechtigkeit. Die Idee der Gemeinschaft ist bei Bücher an die Arbeitskooperation gebunden; die Realität der Individualisierung der Arbeitsprozesse in der kapitalistischen Wirtschaft hat er scharfsinnig analysiert und niemals als umkehrbar begriffen. Zukünftige Gesellschaftsentwürfe waren seine Sache nicht.

Wie Bücher zu den politischen Parteien und zum Nationalsozialismus mit seinem mörderischen Antisemitismus stand, wissen wir nicht. Einen Repräsentanten der liberalen Professorenwelt des 19. Jahrhunderts nennt ihn Walter Goetz, von seinem »unbestechlichen Rechtlichkeitssinn«, der »tiefen Güte seines Herzens« sprechen seine Nachfolger und Schüler.[259] Die jüdi-

258 So die Einschätzung von Hübinger, Historikertage und Soziologentage vor dem Ersten Weltkrieg 1996, 47/8, die auf Lengers Sombart-Studie basiert.

259 Goetz, Nachruf auf Karl Bücher 1931, 5 u. 10: »Büchers sozialpolitische Haltung ist am besten mit dem Wort sozialliberal zu kennzeichnen; [...] Er stand übrigens im ganzen seiner Anschauungswelt Brentano nahe; er war wie dieser durchaus demokratisch eingestellt und deshalb ebenso kritisch gegenüber Bismarck, wie Brentano es war; er lehnte die hochagrarische Richtung ebenso bestimmt ab, war Freihändler und arbeiterfreundlich, freigesinnt auch im Religiösen und in allen seinen Lebensanschauungen – durchaus ein Typus der liberalen Professorenwelt des 19. Jahrhunderts.« Brodnitz, Karl Bücher 1931, 5–6: »Karl Bücher gehörte zu denen, die keine Bedenken tragen, in der Minorität zu sein. Das schätzte er auch an den anderen, weil er gelernt hatte, daß der Mut hierzu nicht allgemein verbreitet ist. Aber sein Weg ist ihm dadurch nicht erleichtert worden, daß er als Richtschnur nur seinen unbestechlichen Rechtlichkeitssinn anerkannte. [...] Er glaubte an die sittliche Persönlichkeit, er glaubte an die höhere Gerechtigkeit, die die Menschen immer vollkommeneren Daseinsformen entgegenführe.« Kessler, Zum Gedächtnis von Karl Bücher 1931, 3–4: »Mancher ist dem großen strengen Lehrer wohl mit scheuem Za-

sche Glaubenszugehörigkeit war für ihn kein Hindernis, wissenschaftliche Karrieren zu unterstützen; geärgert hat ihn deutlich die Benachteiligung von Katholiken an preußischen Universitäten. In seinen *Lebenserinnerungen* sieht er sich genötigt, dem Vorwurf entgegenzutreten, er habe während seiner Tätigkeit an der Wöhlerschule jüdische Schüler benachteiligt.[260] Das war 1919, weit vor den apologetischen Jahren nach dem Zweiten Weltkrieg. In seinen Frankfurter Jahren pflegt er Kontakt zu seinem ehemaligen Mitschüler Moritz Oppenheimer, den er zu »jenen achtbaren Juden« zählt, »die streng an den alten Gebräuchen festhalten«, und nimmt am Fest der Beschneidung des ältesten Sohnes teil (L 186f.). Jüdische Wissenschaftler wie Franz Eulenburg konnten auf seine Unterstützung zählen. Das Ansinnen, eine »Einleitung in die Methodologie der jüdischen Geschichtsschreibung« zu verfassen, lehnt er ab.[261] Gleichwohl finden sich in den Briefen seiner Ehefrau Hinweise auf den Ärger über die Bevorzugung von Preußen und Juden im System Althoff; jedoch geschieht dies nur im Zusammenhang mit Aussagen über die Benachteiligung von Katholiken. Viele seiner engeren Bekannten und Freunde sind Katholiken: Aloys Schulte, Otto von Zwiedineck, der von dem Freigeist und vehementen Kritiker des Päpstlichen Unfehlbarkeitsdogmas Lujo Brentano als Nachfolger in München heftig abgelehnt wird,[262]

gen begegnet; manchem unter seinen Amtsgenossen wie Schülern hat er sein tiefstes Wesen wohl niemals geöffnet. Aber hie und da in der Vorlesung oder im Seminar, wohl auch in einer Anmerkung zu einem wissenschaftlichen Aufsatz, öfter im Sprechzimmer und am häufigsten bei stillen Spaziergängen in kleiner Schar oder zu zweit – da fanden wir auch den anderen Karl Bücher; dann flog ein Lächeln über das sonst ruhige Gesicht, und unter der ernsten Stirne und über dem bartumbuschten Munde leuchtete die tiefe Güte seines Herzens auf. Aber wen er einmal so ansah und ansprach, der wußte, daß er noch mehr war als ein großer Denker, Forscher und Lehrer, daß er alle Freude der Jungen am Werke mitfühlte und alle Sorge ringender und suchender Menschen, alles Leid der Armen, Verachteten und Rechtlosen mittrug, daß nicht nur wissenschaftliches Denken und harte Arbeitszucht bei ihm zu lernen war, sondern auch sittliche Verpflichtung gegen den Geringsten und phrasenlose echte Menschlichkeit.« Zwiedineck, Gedenkworte 1931, 9–10: »Und war doch ein grundgütiger Mensch – und ein weicher Mensch mit zarten Regungen; ich kann es nicht vergessen, wie er mir von den Schmerzen seiner leidenden Frau sprach. Nicht selten war er gewiß auch zu weich. Und als ich ihn einmal in einer ganz einsam mit ihm verbrachten Silvesterstunde an die vielen Unterstützungen erinnerte, [...] da bekannte er mir, daß die Güte nicht immer Segen stiftet [...]«.

260 Bücher, *Lebenserinnerungen* 1919, 173–176.

261 UBL, Sondersammlung, NL 182 (Karl Bücher), Anfrage von M. Chan aus Krakau an Bücher, 4. Februar 1907.

262 Brentano, *Mein Leben* 1931, 330/1: »Die staatswissenschaftliche Fakultät hat als meinen Nachfolger an erster Stelle Max Weber, einen großen Menschen, von erstaunlicher Vielseitigkeit des Wissens und reich an Ideen vorgeschlagen. Aber erst nach der Revolution, erst

der Zentrumsabgeordnete Peter Spahn, manche davon auch zu Freigeistern mutiert wie der Theologe Franz Overbeck. Wissenschaftlich hat er sich in seiner Frankfurter Bevölkerungsgeschichte zur jüdischen Bevölkerung geäußert, wo er das klischeehafte Bild vom Juden als Wucherer mit vermeintlich objektiven statistischen Daten bedient. In der »furchtbare(n) Einseitigkeit«, mit der »die mittelalterlichen Juden das Geldleihgeschäft gepflegt haben«, sieht er »den Schlüssel in der Hand zur Erklärung der Verfolgungen, denen dieses unglückliche Volk namentlich vom XI. bis zum XVI. Jahrhundert ausgesetzt gewesen ist.«[263] Mit der Fokussierung auf das Geldleihgeschäft bzw. den »Wucher« widerspricht er Roscher, der die Judenverfolgungen als »Produkt der Handelseifersucht« ansah.[264] Die Juden befinden sich damit auf der Seite der von ihm immer wieder in seinen historischen Schriften gegeißelten Geldoligarchie. Jüdisches Kulturleben erwähnt er nicht, wie ohnehin das bürgerliche Kulturleben seine Sache nicht ist.[265] Er ist weit entfernt von den antisemitischen Ausfällen seines ehemaligen Schülers Johannes Plenge, der den Liberalismus seines Lehrers ablehnt und den Juden in den 1920er Jahren eine »gierige und ausschweifende Sexualität« vorwirft, »die den Germanen

am 6. April 1919, ist er ernannt worden, und erst, nachdem er am 14. Juni 1920 der Wissenschaft und dem Vaterland durch einen unzeitigen Tod entrissen worden war, hat eine Reaktion der Katholiken gegen den Willen der Fachvertreter in der Fakultät durchgesetzt, daß wieder ein Anhänger des von mir und dem Kathedersozialismus seit 1872 bekämpften Bastiats meinen Lehrstuhl einnahm.«

263 Bücher, *Die Bevölkerung von Frankfurt am Main* 1886, 589.

264 Ebd. 589–591. Vgl. auch seine Rezension der Studie von Felix A. Theilhaber, *Der Untergang der deutschen Juden. Eine volkswirtschaftliche Studie*, München 1911, in: *ZfGS* 70, 1914, 755–57, die eine nüchterne Wiedergabe der statistischen Untersuchung zum demographischen Wachstum des jüdischen Bevölkerungsanteils in der Zeit zwischen 1871 und 1905 darstellt.

265 Vgl. Kap. *Bürgerlicher Lebenszuschnitt.* Gleichwohl ist er nicht frei von alltäglichen Vorurteilen gegenüber Juden. Will Emilie Bücher ihren ungeselligen Mann ins Theater »lotsen«, fällt auch die abfällige Bemerkung: »Der Jud, das wird was sein«. »Gejüdel« und »Geschachere« nennt Emilie Bücher die Kinderspiele mit Spielmarken und Geld. In einem Brief vom 27. Januar 1895 an die Mutter heißt es: »Wir haben heute Nachmittag Jungensvisite, die 3 Professorenbuben, Friedi, Hjalmar, Rudi Sievers, wenn sie mir nichts kaputt schlagen durch Wildheit. So habe ich es gar zu gern, wenn Friedi Gesellschaft hat; ein einziges Kind wird zu leicht eigen. Könnt Ihr's glauben, daß sie fast den ganzen Nachmittag Poch Poch spielten. Ich spielte etwa 2 Stunden mit, nun war mir's aber etwas zu langweilig geworden, deshalb ließ ich sie allein. Das Geld, die Dantes von Messing u. Papier u. die Spielmarken in Horn spielen nämlich die Hauptrolle dabei. Das ist ein Gefeilsche, Geschacher u. Gejüdel dazwischen unglaublich! Ich meine manchmal, es ist die Zeit, das Zeitalter des Geldes, was aus ihnen spricht. Vielleicht aber auch waren wir als Kinder gerade so. Die neuen darunter, die wie Goldstückchen aussehen, sind auch gar zu schön!« PB Lauth.

abstößt«.[266] Die Prüfung des Einzelfalles, nicht das Pauschalurteil über eine Volksgruppe oder Konfession, die in Büchers *Lebenserinnerungen* immer wieder als Credo durchscheint, macht eine derartige Parteinahme für den kollektiven Judenhass und für den antiliberalen und antiindividualistischen Zeitgeist kaum vorstellbar.

Von Resignation und Einsamkeit der letzten Jahre weiß Georg Brodnitz, von der Sorge um die Entwicklung der Wissenschaft, dass »das Institut über die Persönlichkeit siegen könne.«[267] Am Ende seiner wissenschaftlichen Schaffenszeit, so scheint es, bewegt sich Bücher, der stets für die ›Modernisierung‹ der Gesellschaft eingetreten war, im Fahrwasser der Kulturpessimisten, deren antimoderne Ressentiments gerade gegen den »Mangel an Persönlichkeit« gerichtet waren.[268] Allerdings ist das bürgerliche Ideal des sittlich selbständigen Individuums, das dahinter aufscheint, nicht mit einem antimaterialistischen Zeitgeist verbunden, der sich in diesen Jahren Bahn bricht. Den Materialismus des Wirtschaftsbürgertums, der zur Zielscheibe modernitätskritischer Angriffe wird, lehnt er eben nicht ab. Sein Bild vom selbsttätigen Individuum ist arbeitsethisch fundiert. Immer wieder fordert er die Unterordnung des »subjektiven Beliebens« unter einen höheren sozialen Zweck. Den Idealtypus einer derartigen Persönlichkeit stellt für ihn der mittelständische Unternehmer alten Schlags dar. Den auf »Eigennutz« und auf »Gewinnstreben« gerichteten Sinn des Unternehmers respektiert er. Aber er fordert zugleich »ethisches Feingefühl« und ein »Bewußtsein der sozialen Verantwortlichkeit«. Handeln im Selbstinteresse und Unterordnung unter das Gemeinwohl halten sich bei ihm die Waage. Wenn er – wie in seiner Rektoratsrede von 1903 – von den Anforderungen an die Studierenden spricht, ihr »individuelles Selbstinteresse« unter das »soziale Gesamtinteresse« zu beugen, so impliziert dies nicht ein Aufgehen des Einzelnen in einem staatlichen Ganzen. Es ist die individuelle Leistungsfähigkeit, die in seinen Augen die eigentliche Basis für die Realisierung des Gemeinwohls bildet.[269] Eben diese Anerkennung des Eigeninteresses und dieses Vertrauen in die individuelle Leistungsfähigkeit legen Rezipienten seiner Auffassungen über vormoderne Tauschformen in den 1920er Jahren nicht mehr an den Tag, wenn sie wie der französische Soziologe Marcel Mauss Klage darüber führen,

266 Plenge, *Über den politischen Wert des Judentums* 1920, 16. Dazu Schildt, Plenge 1987, 559.

267 Brodnitz, Bücher 1930, 6.

268 Bollenbeck, *Bildung und Kultur* 1996, 282f. verweist auf das Beispiel Karl Jaspers, dessen 1931 erschienene Schrift *Die geistige Situation der Zeit* er von eben diesem antimodernen Ressentiment getragen sieht.

269 Bücher, Über alte und neue Aufgaben der Universitäten 1903, 33.

dass die Begriffe »Profit und Individuum« zunehmend Geltung verlangten.[270]

Auch wenn er in der Tagespolitik nur kurze Zeit aktiv war, so gilt für Bücher noch die Einheit von Politik und Wissenschaft, gegen die sich die Nachfolgegeneration verwahrte. Nicht zufällig sind es häufig Gegenwartsprobleme, die er als Motiv für seine Beschäftigung mit vergangenen Praktiken nennt. Mit seinen nationalökonomischen Schriften wie auch mit seinem Engagement für den *Verein für Socialpolitik* verbleibt Bücher ganz in der Tradition des politischen Professors, der mit seinen Forschungen Einfluss auf die Verbesserung der Lebensverhältnisse nehmen wollte. Für eine wertfreie Wissenschaft trat Bücher insoweit ein, als er der Wirtschaft keinen Einfluss auf die Wissenschaft einräumen wollte. So zog er mit Max Weber an einem Strang, als Bestrebungen bekannt wurden, den Rostocker Kollegen Richard Ehrenberg auf einen von der sächsischen Industrie finanzierten Lehrstuhl an der Universität Leipzig zu berufen. Beide gaben mit zahlreichen Zeitungsartikeln ihren Unmut über eine derartige Interessenpolitik kund, hinter der Büchers ehemaliger Schüler Gustav Stresemann, Syndikus des Verbandes Sächsischer Industrieller, als Drahtzieher vermutet wurde.[271] Der Werturteilsstreit aber, wie er in den Jahren 1909 bis 1914 zwischen Schmoller und Weber ausgefochten wurde,[272] ging an seinen Interessen vorbei. Als ihm Schmoller im Streit über die Ursprünge der Arbeitsteilung vorhält, seine radikal-demokratischen Prinzipien hätten ihn auch in seinem wissenschaftlichen Urteil beeinflusst, geht Bücher in der öffentlichen Erwiderung auf die-

270 Mauss, *Die Gabe*, 1978, 135f. Solche antimodernistischen Affekte finden sich auch bei Bernhard Laum, dem Verfasser der Studie über *Heiliges Geld* (1924). Vgl. dazu Wagner-Hasel, *Der Stoff der Gaben* 2000, 27ff.

271 Vgl. dazu den am 21. Oktober 1909 im Abendblatt der *Frankfurter Zeitung* namentlich nicht gezeichneten Artikel, der einen Auszug aus einem Brief Büchers zur Absicht seines Rostocker Kollegen Richard Ehrenberg enthält, einen von der sächsischen Industrie finanzierten Lehrstuhl an der Universität Leipzig anzunehmen. Auch im *Leipziger Tageblatt und Handelszeitung* äußert sich Bücher mit einem Artikel »Zum Fall Ehrenberg« (2.10.1909). Weber verwahrte sich ebenfalls mit einer Reihe von Leserbriefen und Zeitungsartikeln – so z. B. in der *Saale-Zeitung* vom 25. November 1908 – gegen dieses Ansinnen. Vgl. Radkau, *Max Weber* 2005, 619; Lauterer, »Für die Freiheit der Wissenschaft« 2007, 36–41. Eine Zusammenstellung der Quellen zum Fall Ehrenberg findet sich bei Krüger, *Nationalökonomen* 1983, 18, Anm. 14.

272 Zu den gegensätzlichen Wissenschaftskonzeption von Schmoller und Weber vgl. zuletzt Lavranu, Deskription 2007, 186f., 197f., 200ff. Eine in der Persönlichkeit Webers begründete Erklärung zieht Radkau, *Max Weber* 2005, 614–618 heran, der meint, Webers Polemik gegen Werturteile sei auch vom »Bewusstsein der eigenen Leidenschaftlichkeit und der Notwendigkeit ihrer Abkühlung getragen«.

sen Kritikpunkt nicht ein.[273] Er nimmt vielmehr für sich in Anspruch, den Regeln »streng wissenschaftlicher Behandlung« zu folgen. Die Forderung nach einer klaren Trennung zwischen der erkennenden und wertenden Betrachtung, wie sie Weber einforderte, hätte er sicher unterschrieben, auch wenn er anders als sein Schüler Franz Eulenburg theoretisch dazu nicht Stellung bezog. Wenn Dieter Lindenlaub meint, dass Bücher »im Glauben, im Besitze gesicherter Erkenntnisse zu sein, aus dem Sein ein Sollen gefolgert« habe, so ist dieses Urteil eine Konsequenz aus Büchers evolutionstheoretischem Denken.[274] Im Unterschied zu Weber ging Bücher von einem evolutionären Fortschreiten der wirtschaftlichen Verhältnisse aus, die beschrieben und gedeutet, nicht aber gehemmt oder beschleunigt werden könnten.[275]

Die wissenschaftliche Auseinandersetzung mit Gegenwartsproblemen bildet auch den Hintergrund für die fortschrittskritischen Bemerkungen in seinen *Lebenserinnerungen*, in denen er die entschwundene Welt seines gewerblich-bäuerlichen Umfeldes, in dem er seine Kindheit verbracht hatte, immer wieder der neueren Entwicklung in positiver Weise gegenüberstellt und das bäuerliche Leben als seine eigentliche Bestimmung vorgibt. Seine Festredner nehmen dieses in den *Lebenserinnerungen* entworfene Selbstbild des Bauern, dem es eigentlich bestimmt gewesen sei, das Feld zu bestellen, als biographische Tatsache; für sie liegt darin ein Schlüssel zur Erklärung seiner »knorrigen« Persönlichkeit.[276] »Um ihn herum ist die Atmosphäre der Scholle noch heute, nach einem Gelehrtenleben von einem halben Jahrhundert«, bescheinigt ihm sein Nachfolger auf dem Lehrstuhl für Zeitungskun-

273 So Schmoller in seiner Rezension von Büchers *Entstehung der Volkswirtschaft*. Seine Kritik bezieht sich auf Büchers Ableitung der Arbeitsteilung aus Besitzunterschieden. Vgl. dazu Kap. *Historikertag in Leipzig*.

274 Lindenlaub, *Richtungskämpfe* 1967, 132. Allerdings zählt Lindenlaub Bücher zu denjenigen, die explizit gegen die Verwendung von wissenschaftlichen Urteilen Stellung bezogen. Ebd. 435.

275 So Büchers Einlassungen auf der Kölner Vereinstagung von 1897. *Schriften des Vereins für Sozialpolitik* 76, 1898, 125. Zu den Beteiligten am Werturteilsstreit vgl. Lindenlaub, *Richtungskämpfe* 1967, 433–443.

276 Goetz, Nachruf 1931, 6; Brodnitz, Bücher 1930, 6. – Das gilt auch für die heutige Forschung. Vgl. etwa das Urteil von Cymorek, *Georg von Below* 1998, 141, der Büchers wissenschaftlichen Habitus auf den »Bruch zwischen Herkunftsmilieu und akademischer Sozialisation« zurückführt und meint, dass der »Bauernsohn Bücher« zu Eigenwilligkeiten im Umgang mit den Spielregeln der ›Mandarine‹, d. h. zu »schroff kränkender Überreaktion« geneigt habe. Kraus, *Kultur* 2008, 28 zählt in seiner Wissenschaftsgeschichte des 19. Jahrhunderts Bücher neben Paulsen gar zu den wenigen Abkömmlingen »der bäuerlich-proletarischen Unterschichten«, die »bedeutende Universitätskarrieren absolvieren konnten«.

31. Karl Bücher mit Schwägerin Mathilde Mittermaier und den Enkeln Karl Friedrich und Hans Helmut vor der Bad Liebensteiner Villa um 1919

de, Erich Everth, zum achtzigsten Geburtstag.[277] »Eine gradgewachsene knorrige Eiche aus den Taunuswäldern« nennt ihn der Journalist Arno Günther.[278] Dennoch mutet diese Selbststilisierung des über Siebzigjährigen als Bauern angesichts seiner nahezu großbürgerlichen Lebensumstände bei der Abfassung der autobiographischen Schrift geradezu nostalgisch, wenn nicht anachronistisch an. Seit seinem 35. Lebensjahr lebt Bücher in einem wohlbestellten bürgerlichen Umfeld. Ein Photo aus dem Jahre 1919, dem Erscheinungsjahr seiner *Lebenserinnerungen*, zeigt ihn vor der Liebensteiner Villa

277 *Leipziger Neueste Nachrichten* vom 16.2.1927, S. 2.

278 Dr. Arno Günther, Professor Karl Bücher †, in: *Leipziger Neueste Nachrichten* vom 12.11.1930.

zusammen mit den beiden Enkeln und seiner Schwägerin Mathilde Mittermaier. Wenn es einen biographischen Bezugspunkt von Büchers Selbstbild als Bauern gibt, mag dieser vielleicht weniger in der Herkunft, als vielmehr in dem Rückzug aus Leipzig in das ländliche Bad Liebenstein im Thüringer Wald begründet sein, wo er den Garten bestellt. Dort hängt auch das überlebensgroße Altersporträt Büchers, das den Nachruf schmückt, der anlässlich seines Todes in den *Leipziger Neuesten Nachrichten* veröffentlicht wird. Verlieren Gelehrte großbürgerlicher Herkunft wie Sombart in den Inflationsjahren nach dem Ersten Weltkrieg einen Großteil ihres Vermögens,[279] so scheint es Bücher in der Zeit der Weimarer Republik zumindest nicht schlechter gegangen zu sein. Von der geschickten Mehrung seines Vermögens mittels Aktienkäufen hat noch die Enkelin profitiert.[280]

In Abgrenzung zu den Selbstentwürfen eines Lujo Brentano oder Wilhelm Ostwald – der Nationalökonom Brentano stellt sich als weltläufiger Freigeist, der Naturwissenschaftler und Nobelpreisträger Ostwald als Vorreiter einer neuen Wissenschaftskultur dar – wird im Bild des Bauern eine Weltsicht beschworen, die eine scheinbare Bodenhaftung suggeriert. Wenn Thomas Nipperdey die Welt von 1900 als »eine Welt der Arbeit (oder des Lernens)« und als »eine Welt der Knappheit, nicht eine Welt der Freizeit und des Konsums« charakterisiert, so trifft dies das Lebensgefühl Büchers.[281] Imaginiert wird im Selbstbild des Bauern die konkrete Arbeitsmühe, die als Signum seiner wissenschaftlichen Arbeit und auch seines Lebensstils gewertet werden kann, in dem bewusst genossener Komfort und ästhetischer Kunstgenuss keinen angestammten Platz haben. So ist es eben das Fehlen der genauen Kenntnis der bäuerlichen Lebenswirklichkeit, die er seinem Kollegen Max Weber unterstellt, der just zu der Zeit, als Bücher seine Erinnerungen veröffentlicht, von Gerhard Seeliger als Nachfolger Büchers auf dessen Leipziger Lehrstuhl gewünscht wird.[282] »Er hielt es immer mit den Mühseligen und Beladenen«, weiß Georg Brodnitz, »und war verletzt, als einer seiner bedeutendsten und auch von ihm hochgeschätzten Fachgenossen Agrargeschichte schrieb [gemeint ist Max Weber], ohne das Leben auf dem Lande zu kennen.«[283] Büchers Bemühungen um Typologisierung und Kategorisierung kreisen stets um Arbeitsabläufe und Organisationsformen von Arbeit, sei es

279 Vgl. dazu die detaillierten Aufstellungen von Lenger, *Sombart* 1995, 259–278, der Sombart einen »Inflationsverlierer« nennt.

280 Gespräch mit Dr. Luise Lauth im November 2002.

281 Nipperdey, *Deutsche Geschichte* I, 1990, 171.

282 Vgl. Kap. *Hochschulpolitik und die Nachfolgefrage.*

283 Brodnitz, Nachruf 1931, 5.

32. Altersporträt von Karl Bücher

in Form einer Typologie von Gewerben, sei es in Gestalt einer Differenzierung von Typen der Arbeitsteilung oder Produktionsformen. Ästhetik gerät ihm nur im Zusammenhang mit Arbeit in den Blick. Zugleich klingt dieses Bücher'sche Selbstverständnis geradezu als Antwort auf das Bild des »Kulturmenschen«, das Weber in seiner Münchner Antrittsvorlesung »Wissenschaft als Beruf« von 1919 zeichnet. Nur der »Bauer der alten Zeit«, so meint Weber im Rückgriff auf Leo Tolstoi, »starb ›alt und lebensgesättigt‹, weil er im organischen Kreislauf des Lebens stand«, ein »Kulturmensch aber, hineingestellt in die fortwährende Anreicherung der Zivilisation mit Gedanken, Wissen und Problemen, der kann ›lebensmüde‹ werden, aber nicht: lebensgesättigt. Denn er erhascht von dem, was das Leben des Geistes stets neu gebiert, ja nur den winzigsten Teil, und immer nur Vorläufiges, nichts Endgültiges, und deshalb ist der Tod für ihn eine sinnlose Begebenheit.«[284] Dass Bücher sich mit seinem Selbstbild als Bauer in einem zeitgenössischen Diskursfeld bewegt, zeigt auch die Bemerkung des Philosophen und Pädagogen Friedrich Paulsen, der ebenso wie Bücher einem ländlichen Umfeld entstammt und in seinen Erinnerungen von 1909 nur zwei Berufsgruppen im Deutschen Kaiserreich bescheinigt, wirklich frei zu sein: Professoren und Bauern.[285]

Es ist ohnehin weniger eine bäuerliche Perspektive, von der aus Bücher vergangene Ökonomien betrachtet, als vielmehr eine gewerbliche: Der Gang der Verfertigung des Produkts und der Weg, den das Produkt zum Konsumenten nimmt, bestimmen sein kategoriales Denken. Sein wirtschaftshistorisches Stufenmodell und seine Gewerbetypologie sind von dieser Fragestellung ebenso geprägt wie seine Typologie von verschiedenen Formen der Arbeitsteilung. Diachroner Strukturvergleich und entwicklungsgeschichtliche Sichtweise halten sich in seinem Denken die Waage. Im Vergleich zu älteren Vertretern der Historischen Schule der Nationalökonomie gilt Bücher mit seinen Versuchen der Typologisierung von wirtschaftlichen Phänomenen als der theoretischere Kopf. Mehr als andere Vertreter dieser Schule, so bescheinigt ihm Bertram Schefold, sei Bücher damit beschäftigt gewesen, seine geschichtlichen Kenntnisse zu einer wirtschaftswissenschaftlichen Theorie zusammenzufügen.[286] Anstelle der induktiven Verfahren, wie sie sein Kollege Gustav Schmoller anwandte, habe er in seinen wirtschaftshistorischen und nationalökonomischen Arbeiten methodisch isolierende Abstrak-

284 Weber, Wissenschaft als Beruf 1919, 209. Vgl. dazu Radkau, *Max Weber* 2005, 396.

285 Paulsen, *Aus meinem Leben* 1909. Vgl. dazu *FAZ* Nr. 19 vom 23.1.2001, S. 10. Mit Paulsen stand Bücher im persönlichen Kontakt und tauschte mit ihm Schriften aus. Friedrich Paulsen an Bücher, 18. Juli 1909, UBL, Sondersammlung, NL 181 (Karl Bücher).

286 Krüger, *Nationalökonomen* 1983, 13; Schefold, Bücher 1988, 262.

tion und logische Deduktion bevorzugt. Eben diese Neigung zur Abstraktion machte ihn von Seiten der Altertumswissenschaft und Mediävistik angreifbar, wie die Einwürfe von Meyer und Beloch sowie – von mediävistischer Seite – von Below zeigen, während ihm die jüngeren Kollegen der Nationalökonomie die historische Konkretheit und Anbindung der idealtypischen Modelle an historische Epochen vorhielten. Für die Verbindung von historischer und theoretischer Nationalökonomie stehen heute eher die Namen Max Weber und Joseph Schumpeter als der Name Karl Bücher. Aber die von Büchers Nachfolgern vorgenommene Lesart seiner Wirtschaftsstufen als Idealtypen im Sinne von Max Weber wäre ohne vorherige theoretische Begriffsarbeit durch Bücher nicht denkbar gewesen.[287] Dass Bücher die Enthistorisierung seiner kategorialen Schemata wie Haus-, Stadt- und Volkswirtschaft, die er an historische Epochen des Altertums, Mittelalters und der Neuzeit band, nicht mehr in der Konsequenz vollzogen hat, wie dies seine Nachfolger taten, hat zu seinem Vergessen beigetragen.

Die Diskreditierung der Stufenmodelle in den Jahren vor dem Ersten Weltkrieg und die Durchsetzung von diffusionistischen und funktionalistischen Denkmodellen, wie sie sich vor allem in der ethnologischen Wirtschaftsforschung abzuzeichnen begann, findet in Büchers Werk keinen Niederschlag mehr. Seine wissenschaftliche Meßlatte fand er bei seiner Vorgängergeneration und den Kollegen seiner Alterskohorte: Schäffle, Roscher, Schmoller, Wagner. Ihr Urteil und ihre Anerkennung, so lassen die Briefe seiner Ehefrau erkennen, waren ihm viel wert. Dem Paradigmenwechsel, dem sich die Nachfolgegeneration verschrieb, mochte er nicht mehr folgen. Das ist nicht nur ein Nachteil. Indem Bücher die von ihm entwickelten Wirtschaftstypen mit historischen Epochen verband, ist er der Wirtschaftsgeschichte verhaftet geblieben. Das Faktum der Gewordenheit war sein Credo, alle ökonomischen Vorgänge trugen in seinen Augen historisch-relativen Charakter.[288]

---

287 Vgl. dazu Spahn, Die Anfänge der antiken Ökonomik 1984, 302: »Zu dem späten Erfolg hat einen großen Teil Max Weber beigetragen, der Büchers Kategorien einiges verdankte, ihren idealtypischen Charakter hervorhob und sie von den Schwächen einer evolutionistischen Deutung zu befreien versuchte, die übrigens Bücher bereits bewußt waren.« Vgl. auch Nippel, Methodenentwicklung 1990, 364: »Weber ging es darum, die Möglichkeit des heuristischen Gebrauchs der Bücherschen Kategorien zu retten, indem er sie als Idealtypen verstand und somit von der Assoziation mit Stufentheorien zu entlasten suchte«.

288 Brodnitz, Bücher 1931, 4.

Repräsentiert Max Weber, der diese historische Konkretion mied und dessen Idealtypenbildung heute noch als methodisch relevant erachtet wird, den Wandel von der historisch geprägten Nationalökonomie zur Soziologie, so steht Bücher mit seinem Werk an der Nahtstelle zwischen Altertumswissenschaft und Nationalökonomie und kann daher als Ahnvater für Wirtschaftshistoriker und Wirtschaftsethnologen gelten. Seine ökonomischen Kategorien sind bis heute nicht überholt. Für die Erforschung der Wirtschaft vergangener wie rezenter Völker ist sein kategoriales Raster vormoderner Tauschformen in Teilen übernommen worden, von dem französischen Soziologen Marcel Mauss, von Althistorikern wie Johannes Hasebroek, von Wirtschaftsanthropologen und Wirtschaftshistorikern wie Richard Thurnwald, Bronislaw Malinowski und Karl Polanyi. Sie alle haben Büchers althistorische Konzepte auch nach dem Ersten Weltkrieg, wenn auch keineswegs ohne Kritik am Evolutionismus, weiterhin rezipiert. Wenn Jürgen Deininger die Aktualität Webers an dessen Forderung nach genauer Begriffsbildung und historischen Strukturvergleichen festmacht, die »gerade in einem Zeitalter der – kapitalistischen – ›Globalisierung‹ ein besonders anregendes Paradigma althistorischer Erkenntnisgewinnung« böte,[289] dann hätte er daneben auch Bücher nennen müssen. Denn eben diese präzise Begriffsbildung und der Strukturvergleich ist es, was die ›Mitgift‹ Büchers für die Wirtschaftsgeschichte ausmacht.[290] Weber hat davon ausführlich Gebrauch gemacht.

289 Deininger, Einleitung 2006, 65; grundlegend: Capogrossi Colognesi, *Max Weber und die Wirtschaft der Antike* 2004.

290 So auch Spahn, Max Weber et la typologie des modes d'activités industrielles de Karl Bücher 2004.

IV. Epilog: Antike Wirtschaftsgeschichte im 21. Jahrhundert

Die Wiederbelebung der Debatte um den Charakter der antiken Wirtschaft nach dem Zweiten Weltkrieg

Haus-, Stadt-, Volks- und Globalwirtschaft – so lautet die jüngste Reihung der Abfolge von Wirtschaftsstufen, die der norwegische Entwicklungsökonom Erik Reinert 1998 auf einer Karl Bücher-Tagung vorgeschlagen hat. Das neue Interesse an Stufenmodellen ist angesichts der Vehemenz, mit der sich Büchers Rezipienten in Soziologie und Ethnologie seit den 1920er Jahren gegen sein Denken in Wirtschaftsstufen aussprachen, verblüffend. Für Erik Reinert bietet das Stufenmodell Büchers eine Möglichkeit, die Produzentenperspektive zurückzugewinnen und die Kehrseite des Globalisierungsprozesses, ökonomische Unterentwicklung und nationale Desintegration, als Retrogression analytisch zu fassen. Der aktuellen Wirtschaftspolitik wirft Reinert vor, sich der neoliberalen Weltsicht zu bedienen, die den Menschen eher als ein Wesen betrachte, das zu tauschen, nicht aber zu produzieren gelernt habe.[1] Eben diesen produzierenden Menschen habe Bücher im Blick gehabt. Für Reinert stellt die Fokussierung der Wirtschaftspolitik im Zeitalter des digitalisierten Kapitalismus auf »*monetary* and *consumption* aspects« anstatt auf die Realwirtschaft mit Gütern und Dienstleistungen eine Einladung zur Verschleierung von Ungleichzeitigkeit im ökonomischen Entwicklungsstand dar, die mit Büchers produktionsorientiertem Stufenmodell zu fassen wäre.[2]

---

1 »By re-introducing what Bücher saw as the ›indispensable tool‹ of stage theories – *of production based (as opposed to barter-based) economic theories* – will we be able to better understand why globalisation on the one hand is producing unprecedented wealth in some nations, but also has the power to create ›one, two, many Somalias‹.« Reinert, Karl Bücher and the geographical dimension of techno-economic change 2000, 220.

2 Ebd. 219/220.

Diese Einschätzung bedeutet nicht, dass gerade Wirtschaftswissenschaftler heute wieder an Büchers Konzept der geschlossenen Hauswirtschaft anknüpfen, wenn sie auf vergangene Ökonomien blicken. In einer unlängst vorgelegten Analyse der römischen Wirtschaft aus der Feder des Wirtschaftswissenschaftlers Peter Temin wird mit aktuellen Wachstumsmodellen operiert, als ob es nie eine kritische Infragestellung der Anwendbarkeit moderner Kategorien auf die Antike gegeben hätte. Nach Temin war die Wirtschaft des Römischen Reiches weit stärker marktorientiert als die des Mittelalters. Das Durchschnittseinkommen hält er für vergleichbar mit dem des 17. und 18. Jahrhunderts. Der Markt für Güter, Kapital und Arbeit sei weit entwickelt gewesen und das damalige Wirtschaftswachstum sei erst 2000 Jahre später wieder erreicht worden.[3] Seine Einschätzung macht deutlich, was in der Wirtschaftsgeschichte heute als zentral angesehen wird: Der Markt und seine Institutionen.[4]

In den Altertumswissenschaften, wo nach dem Zweiten Weltkrieg die Sichtweise Büchers unter dem Label ›primitivistisch‹ bzw. ›anti-modernistisch‹ wieder aufgegriffen wurde, haben ökonomische Stufenmodelle keine Konjunktur mehr. Als in den 1970er Jahren die Debatte in der angelsächsischen und französischen Altertumswissenschaft wiederbelebt und erneut für eine anti-modernistische Perspektive gestritten wurde, geschah dies nicht mehr unter evolutionstheoretischen Vorzeichen. Zwar wurde an das Konzept der geschlossenen Hauswirtschaft und der antiken Konsumentenstadt wieder angeknüpft, diese jedoch nicht mehr als Teil eines Stufenmodells rezipiert. Moses I. Finley (1912–1986), der mit seiner Studie zur antiken Wirtschaft von 1973 eine erneute Debatte um den Charakter der antiken Wirtschaft entfachte, nahm Webers Fragestellung wieder auf. Auch er beschäftigte sich mit den Bedingungen, die eine der Moderne vergleichbare Entwicklung verhindert habe, folgte ihm aber nicht in der Einschätzung der antiken Wirtschaft als kapitalistisch. Vielmehr ähnelt seine Bewertung der antiken Wirtschaft eher der von Karl Bücher, insofern er die Bedeutung der Schatzbildung gegenüber der Kapitalbildung herausstrich und auch ansonsten viele Argumente Büchers wie das Fehlen von Rentabilitätsberechnung und eines gewinnorientierten Unternehmertums übernahm. Aufgrund seiner Suche nach Entwicklungshemmnissen spielt in seiner Argumentation der geringe technologische Entwicklungsstand in der Antike eine entschei-

3 Temin, The economy of the early Roman empire 2006, 133–151, ders., A market economy 2001, 169–181.

4 Plumpe, Ökonomisches Denken und wirtschaftliche Entwicklung 2009, 27.

dende Rolle, auf den die marxistisch orientierte Forschung ihr Hauptaugenmerk legte, weil für sie die Produktivkraftentwicklung ein wesentlicher Faktor des ökonomischen Wandels darstellt.[5]

Steht Finleys Werk noch klar in der Tradition der Weber'schen Frage nach der Genese des modernen Kapitalismus, so hat sich unter seinen Schülern ein Perspektivenwechsel vollzogen. Die Debatten kreisen nicht mehr um das Problem der Stagnation und der Hemmnisse einer kapitalistischen Entwicklung, sondern um Fragen des ökonomischen Wachstums[6] und der Dynamik von Marktbeziehungen in der antiken Welt.[7] Entwicklungsprozesse innerhalb antiker Ökonomien, nicht die ökonomischen Unterschiede zwischen Antike und Moderne stehen zur Diskussion. Zwar hat Richard Saller die Kritik an Finley, ein zu statisches Modell entwickelt und Unterschiede innerhalb der antiken Welt zu wenig berücksichtigt zu haben,[8] inzwischen als überzogen zurückgewiesen.[9] Jedoch ist auch unter seinen Anhängern der makrohistorische Blick einer weit differenzierteren Sichtweise antiker Wirtschaftsformen gewichen. Finleys Nachfolger beziehen sich dabei weniger auf Karl Bücher[10] als vielmehr auf dessen Erben, auf Max Weber vor allem und Karl Polanyi sowie auf Marcel Mauss und dessen Nachfolger. Erst in allerjüngsten Studien wird auf Bücher Bezug genom-

5 Finley, *The Ancient Economy* 1973; dt.: *Die antike Wirtschaft* 1977; ders., Technical innovations 1965.

6 Hopkins, Economic growth and towns in classical Antiquity 1978, 35–77; Engels, *Roman Corinth* 1990; Whittaker, Do theories of the ancient city matter? 1993, 9–26; Millett, Productive to some purpose 2001, 17–48; Hitchner, »The advantages of wealth and luxury« 2005, 207–222; Saller, Framing the debate over growth in the ancient economy 2005, 223–238; Bresson, *L'économie* I, 2008, 210–212.

7 Bresson, *La cité marchande* 2000, 283–307; Morley, *Trade in Classical Antiquity* 2007; Bang, *The Roman Bazaar* 2008; Roman/Dalaison, *L'économie antique, une économie de marché?* 2008

8 So etwa Andreau, Vingt ans après *L'économie antique* de M. I. Finley 1995, 947–960; engl: Twenty Years After Moses I. Finley's ›The Ancient Economy‹ 2002, 33–49; Mattingly/Salmon, *Economies Beyond Agriculture* 2001, 1–11; Cartledge, The economy (economies) of ancient Greece 2002, 18; Bresson, *La cité marchande* 2000, 304–307.

9 So betont Saller, dass Finley Differenzen benannt, Wachstum nicht geleugnet, sondern lediglich Begrenzungen des Handels oder die Langsamkeit technologischen Wandels herausgestellt habe. Saller, Framing the debate over growth in the ancient economy 2005, 224–227.

10 Vgl. etwa den Forschungsüberblick bei Davies, Ancient economies 1998, 225–256, der auch auf Büchers Beitrag zur Debatte eingeht, während Cartledge, The economy (economies) 2000, 14 als Gegner von Eduard Meyer nur Johannes Hasebroek kennt.

men.[11] Eine zentrale Frage gilt dem Verhältnis von Steuererhebung und Handelstätigkeit: Förderten die Steuern den Handel und die landwirtschaftliche Produktivität oder schöpften sie die bäuerlichen Überschüsse soweit ab, dass sie auf diese Weise ökonomischen Fortschritt verhinderten?[12] Welche Rolle spielen Märkte bei der Abschöpfung von agrarischen Überschüssen, wenn diese fern von den Produktionsorten konsumiert werden wie etwa im Römischen Reich?[13] Inwiefern existierte ein interdependentes System preisbildender Märkte, das Karl Polanyi als typisch für die Neuzeit ansah?[14] Auch verlagert sich das Interesse zunehmend von der Untersuchung agrarischer Betriebe auf die Analyse der städtischen Ökonomie, womit das Konzept der antiken Konsumentenstadt wieder in den Fokus des Interesses gerückt ist, das nach Paul Erdkamp den eigentlichen Kern des Streits über den Charakter der antiken Wirtschaft bildet.[15] Anstelle der Bücher'schen Produzentenperspektive, die Reinert einfordert, dominiert heute eine Konsumentenperspektive, mit der sich auch die Beurteilungsmaßstäbe verschoben haben.

Ich möchte zum Abschluss diesem Rezeptionsprozess nachgehen und einige Facetten des Perspektivenwechsels auf die antike Wirtschaft skizzieren, um anhand der jüngsten Debatte um die antike Konsumentenstadt die Überzeichnungen, aber auch die Kontinuitäten sichtbar zu machen, die Büchers Bild von der antiken Wirtschaft erfahren hat.

Internationale Rezeptionswege

Dass die Wiederbelebung der Debatte von Moses I. Finley ausging, einem amerikanischen Historiker, der seit den 1950er Jahren in Großbritannien lehrte, ist nicht zuletzt das Resultat der Emigration geistiger Eliten während der nationalsozialistischen Herrschaft. Eine wichtige Schaltstelle in diesem Rezeptionsprozess bilden Fritz Heichelheim und Karl Polanyi, die beide in

11 Vgl. etwa den Forschungsüberblick bei Bang, *The Roman Bazaar* 2008, 19f., sowie Bresson, *L'économie* I, 2008, 7–10, dessen Ausführungen zu Bücher auf Wagner-Hasel, Le regard de Karl Bücher 2004 basieren.

12 Vgl. z. B. Hopkins, Economic growth and towns in classical Antiquity 1978, 35–77 und Whittaker, Do theories of the ancient city matter? 1993, 9–26.

13 So die Frage von Bang, *The Roman Bazaar* 2008.

14 So die Debatte zwischen Cartledge, Trade and politics revisited 1983, 1–15 und Osborne, Pots, trade and the archaic economy 1996, 31–44.

15 Erdkamp, Beyond the limits of the ›consumer city‹ 2001, 336.

den 1930er Jahren nach England und Kanada bzw. in die USA emigriert waren und Büchers Arbeiten gut kannten. Mit Heichelheim stand Finley bereits vor dessen Emigration im brieflichen Kontakt, als er gerade seinen M.A. in »public law« gemacht hatte und »research assistent« bei dem Rechtshistoriker A. A. Schiller an der Columbia University in New York wurde.[16] Polanyis Forschungen hat er wahrscheinlich während dieser Tätigkeit als Forschungsassistent kennengelernt, als dieser ebenfalls an der Columbia Universität lehrte.[17] Eine direkte Linie von Max Weber über Karl Polanyi zu Moses I. Finley, wie sie unlängst Mohammed Nafissi gezogen hat,[18] unterschlägt allerdings den Beitrag Büchers auf das Denken von Karl Polanyi und auch auf Finley selbst. Büchers Forschungen waren Finley bereits über die Studien von Johannes Hasebroek bekannt, dessen Werk über den Handel Anfang der 1930er Jahre ins Englische übersetzt wurde und 1933 unter dem Titel *Trade and Politics in Ancient Greece* erschien. Zwei Jahre später veröffentlichte Finley eine Studie zu den altgriechischen Termini für »Händler«, mit der er in Hasebroeks Fußstapfen trat.[19] Eine weitere Verbindungslinie zu den Forschungen Büchers ergibt sich über Edwin R. A. Seligman, der Büchers Werk rezipiert hatte. So arbeitete Finley zwischen 1930 und 1933 in der Redaktion der *Encyclopaedia of the Social Sciences* mit, die Seligman herausgab.[20] Finleys Beschäftigung mit Max Webers Ansichten über die antike Wirtschaft beginnt erst Ende der 1940er Jahre, wie aus seinen Briefen an Fritz Heichelheim hervorgeht. In ihnen schildert er den Eindruck, den Webers Studie über die antiken Agrarverhältnisse auf ihn gemacht habe.[21] Für Finleys Konzept der Konsumentenstadt, das er in seiner Studie über die an-

16 Der Beginn des Briefwechsels fällt in die Jahre 1932/1933 und wird nach dem Krieg, 1947, wieder aufgenommen, als Finley an seiner Studie über *Land and Credit in Ancient Athens* arbeitet, die ihm den PhD einbringt. Shaw, The early development of M. I. Finley's thought 1992, 178. Zur rechtshistorischen Ausbildung von Finley vgl. auch Shaw/Saller, Editor's introduction 1981, IX–XXVI, die daneben auch auf Finleys Studium bei William Linn Westermann (1873–1954) verweisen, eines Schülers von Eduard Meyer.

17 Neben Polanyis Einfluss ist auch die Prägung durch die »Frankfurter Schule« zu nennen. So war Finley von 1937 bis 1939 am Institut für Sozialforschung als Hilfskraft tätig, das 1934 unter der Leitung von Max Horkheimer von Frankfurt nach New York emigriert war. Shaw/Saller, Editor's introduction 1981, IX–XXVI.

18 Nafissi, *Ancient Athens & Modern Ideology* 2005.

19 Die Studie wurde noch unter seinem Namen Finkelstein (Emporos, naukleros and kapelos 1935, 320–336) veröffentlicht.

20 Shaw, The early development of M. I. Finley's thought 1992, 195f.

21 Ebd. 182 sowie Christ, *Neue Profile* 1990, 295–337.

tike Wirtschaft darlegt, ist Weber auf jeden Fall prägender als Bücher, dessen Beitrag zur Sache er aber kannte.[22]

In Frankreich ist Bücher vor allem von Edouard Will rezipiert worden, dessen Forschungsüberblick zur antiken Wirtschaft aus dem Jahre 1954 ein erstes Resümee der Debatte bot,[23] dem inzwischen weitere gefolgt sind.[24] Will, der aus dem Elsass stammt, war mit der Bücher-Meyer-Debatte der Jahrhundertwende gut vertraut. In seiner eigenen moderat ›primitivistischen‹ Auffassung folgte er der Position von Otto Erb, der einen Widerspruch zwischen dem Entwicklungsstand des Handels und dem Archaismus der Produktion betont hatte. Das Handwerk habe für einen nur begrenzten Bedarf produziert, der Handel dagegen, der der Versorgung der Stadt gedient habe, sei gewinnorientiert angelegt gewesen. Den Status der Händler schätzte er konsequenterweise als bedeutender ein, als es noch Hasebroek getan hatte, eine Position, der inzwischen viele gefolgt sind.[25] Auch relativierte er die Einheitlichkeit der antiken Wirtschaft und verwies auf unterschiedliche Bedingungen in den einzelnen Städten. Insgesamt strich Will den Widerspruch zwischen kosmopolitischer und autarker Mentalität in den griechischen Städten heraus.

Wills Resümee bereitete den Boden für eine Rezeption in Frankreich, löste aber keine Debatte aus. Dies geschah erst ein Jahrzehnt später, als Pierre Vidal-Naquet die antimodernistische Position aufgriff. Vidal-Naquet gehört dem von Louis Gernet (1882–1962) nach dem Zweiten Weltkrieg begründeten *Centre de recherches sur les sociétiés anciennes* an, dessen Leitung er zusammen mit Jean-Pierre Vernant nach Gernets Tod übernahm. Bei der Analyse sozialer und wirtschaftlicher Konflikte dominierten im Centre Louis Gernet zunächst marxistische Ansätze und Fragestellungen.[26] Eben eine solche marxistische Zugangsweise, von der Claude Mossés Analyse vom Ende der attischen Demokratie im 4. Jahrhundert geprägt war, bot für Pierre Vidal-

22 Finley, The ancient city 1977, 316f.; ders. Max Weber and the greek city state 1985, dt.: Max Weber und der griechische Stadtstaat 1986, 90–106. Vgl. dazu den Kommentar von Nippel, Die Kulturbedeutung der Antike 1986, 112–118; ders., Finley und Weber 1987–1989, 43–50. Vgl. auch Kap. *Büchers Städtetypologie.*

23 Will, Trois quarts 1954, 7–22.

24 Vgl. zuletzt Bang, *The Roman Bazaar* 2008, 17–60; Wagner-Hasel, Hundert Jahre Gelehrtenstreit 2009. Vgl. auch S. 322, Anm. 32.

25 Nippel, Argonauten 1982; Bresson, *La cité marchande* 2000, 139–163; Reger, Aspects of the role of merchants in the political life of the Hellenistic world 2000, 165–197.

26 Gespräch mit Jean-Pierre Vernant im Oktober 1999 in Paris. Zur wissenschaftlichen Sozialisation von Vernant und Vidal-Naquet vgl. auch Schmitt Pantel/Wittenburg, Historische Anthropologie und Alte Geschichte in Frankreich 2007.

Naquet Anlass, die antimodernistische Sichtweise Hasebroeks aufzugreifen. Er lehnte es in Berufung auf Hasebroek ab, diese Entwicklung auf eine Exportkrise zurückzuführen, die zur Verarmung der Massen geführt habe.[27] Zur gleichen Zeit hatte sich Paul Veyne gegen die Auffassung von Michail Rostovtzeff verwahrt, in dem Freigelassenen Trimalchio, wie er in Petrons *Satyrikon* aus dem 1. Jahrhundert n. Chr. geschildert wird, einen Repräsentanten der Industrialisierung des antiken Italiens zu sehen.[28] Als Pierre Vidal-Naquet zusammen mit Michel Austin 1972 das Studienbuch *Société et Économie de la Grèce ancienne* veröffentlichte, das 1984 ins Deutsche übersetzt wurde, stellte er seinen Ausführungen einen Überblick über die Forschungsdebatte von Bücher über Weber und Polanyi voran und sorgte damit für eine breite Rezeption der Bücher-Meyer-Kontroverse.[29]

Vorausgegangen war diesem Werk eine Reihe von Tagungen zur Wirtschaftsgeschichte und zur Geschichte des Landbesitzes, bei denen sich Pierre Vidal-Naquet und Moses I. Finley persönlich kennengelernt hatten.[30] 1972 folgte eine Tagung über Sklaverei, die auch italienischsprachige Althistoriker einbezog und in Tarent stattfand. Pierre Vidal-Naquet veranlasste in der Folge die Übersetzung von Finleys Studie über die *Antike Wirtschaft* (1975) und zur Sklaverei ins Französische (1981). Die Tagungen und Übersetzungen lösten eine Konjunktur wirtschaftshistorischer Forschungen aus, die sich in Frankreich zunächst stärker auf Rom als auf Griechenland konzentrierten.[31] Es sind dabei nicht die theoretischen Entwürfe, sondern auch empirische Einzelstudien, die seitdem den Gang der Debatte prägen. Einen nicht unerheblichen Einfluss schreibt Jean Andreau, der den Fortgang der Debatte seit

27 Mossé, La fin de la démocratie athénienne 1962; Vidal-Naquet, Athènes au IVe siècle 1963, 346–351.

28 Veyne, Vie de Trimalcion 1961, 13–247; dt.: Das Leben des Trimalchio 1988, 43–96.

29 Austin/Vidal-Naquet, *Economies* 1972. Der deutschen Übersetzung von 1984 liegt die 2. Aufl. von 1973 zugrunde. Weitere Auflagen sind angeführt in Schmitt Pantel/Wittenburg, Historische Anthropologie und Alte Geschichte in Frankreich 2007.

30 1962: Aix en Provence: *Conférence internationale de l'Histoire économique*; 1969: Chantilly: *Problèmes de la Terre en Grèce.* An der Tagung in Chantilly nahmen neben Pierre Vidal-Naquet und Moses I. Finley auch Jean Pierre Vernant, Alan Schnapp, Yves Garlan, Philippe Gauthier, Claude Mossé und Marcel Detienne teil. Persönliches Gespräch mit Jean Andreau im Oktober 1999 in Paris.

31 Vgl. insb. die Studien von Andreau, *Banking and Business in the Roman World* 1999, ders., Markets 2001, 113–220, ders., Sur les choix économiques des notables Romans 2004, 71–85. Zu Griechenland vgl. Bresson, *La cité marchande* 2000, 283–307; ders., *L'économie de la Grèce des cités* 2007/2008.

Wills Aufsatz von 1954 in zwei Studien zusammengefasst hat,[32] der Studie von Claude Nicolet über die Ritter zu, die mit der weit verbreiteten, auch von Weber vertretenen Deutung dieser Statusgruppe als Kapitalisten- und Händlerklasse brach und die Ritter als eine politische Klasse definierte.[33]

Im deutschsprachigen Raum ist Moses I. Finleys Sicht auf die antike Wirtschaft trotz der bereits 1977 erfolgten Übersetzung zunächst weniger prägend gewesen. Hier dominieren seit dem Zweiten Weltkrieg tendenziell Zwischenpositionen, wie sie Friedrich Oertel und Fritz Heichelheim eingenommen hatten,[34] wenngleich eine Auseinandersetzung mit der Debatte inzwischen an Breite gewonnen hat und gerade hier die historiographische Aufarbeitung der Bücher-Meyer-Debatte betrieben wird.[35] Noch 1976 bescheinigte Ingomar Weiler in seiner *Griechische[n] Geschichte* Eduard Meyer und Max Weber, »die Unhaltbarkeit der These von einer das gesamte Altertum kennzeichenden Wirtschaftsform hervorgehoben« zu haben. An Finley schätzte er immerhin, dass dieser das Grundproblem der Übertragung »moderner nationalwirtschaftlicher Begriffe und Modelle auf das griechisch-römische Altertum« thematisiert habe.[36] Auch die jüngste Studie zur antiken Wirtschaft von Armin Eich zur *Politischen Ökonomie im antiken Griechenland* von 2006 reiht sich ein in die von Meyer angeführte ›Phalanx gegen die Oikentheorie‹, enthält aber auch eine Kritik an der unreflektierten Übertragung ökonomischer Kategorien der Gegenwart auf die antike Wirtschaft. An Finley moniert er, »ein vereinfachtes und in einigen wesentlichen Aspekten

32 Andreau, Vingt ans de recherches sur l'archaïsme et la modernité des sociétés antiques 1984, ders.,Vingt ans après *L'économie antique* de M. I. Finley 1995, 947–960.

33 Nicolet, *Censeurs et publicains* 2000. Zu Webers Verständnis der Ritter vgl. Deininger, Einleitung 2006, 49.

34 Vgl. Kloft, Makroökonomik 2002, 67–85, der seine eigenen Studien in die Tradition von Fritz Heichelheim stellt.

35 Schneider, Die Bücher-Meyer Kontroverse 1990; Wagner-Hasel, Le regard de Karl Bücher 2004; dies., Hundert Jahre Gelehrtenstreit 2009. Zu Büchers Einfluss auf Weber vgl. Spahn, Max Weber et la typologie des modes d'activités industrielles de Karl Bücher 2004. Vgl. daneben die historiographischen Studien von Tschirner zu Moses I. Finley von 1994 sowie von Bruhns, Zur Wirtschaftsgeschichte der römischen Republik in der deutschen Forschung 1997, 169–184; ders., L' histoire et l' économie politique en Allemagne 2003; ders., L'histoire économique de l'Antiquité a-t-elle besoin de la théorie économique? 2003, 571–595: ders., Max Weber und M. I. Rostovtzeff 2004, 150–171.

36 Weiler, *Griechische Geschichte* 1976, 72ff. Weiler bezieht sich in seinem Urteil vor allem auf die Oikentheorie von Rodbertus und erwähnt Bücher nur am Rande. Seine Argumentation richtet sich gegen den Gedanken der Entwicklungslosigkeit der antiken Wirtschaft und gegen eine grundsätzliche Trennung zwischen vormoderner und moderner Wirtschaft.

unzutreffendes Konzept der ökonomischen Moderne« verwendet zu haben. Damit meint er, dass dieser zu sehr die Eigenständigkeit der Wirtschaft gegenüber anderen Bereichen betont und die Vorherrschaft der »Rationalität« bzw. die »ausschließliche Orientierung an der Maximierung geldwerter Vorteile ohne Rücksicht auf ökonomiefremde Normen oder Bezugssysteme« überbewertet habe.[37] Er selbst legt als Maßstab Profitorientierung, ökonomische Konkurrenz und gesellschaftliche Arbeitsteilung an. Nach Eich indizierte die »Fiskalisierung des Krieges« im antiken Griechenland die Ausbildung »einer profitorientierten Konkurrenzökonomie«, innerhalb derer »sich die Vorformen neuzeitlicher Modi der gesellschaftlichen Arbeitsteilung entfalteten (Kapital, kreditbasiertes Unternehmertum, schöpferische Arbeit).«[38]

Hinnerk Bruhns erklärt die zunächst geringe Rezeption der ›primitivistischen‹ Position von Moses I. Finley in der deutschsprachigen Altertumswissenschaft mit dem Fehlen der marxistisch beeinflussten Forschung, die traditionsgemäß ein starkes Interesse an ökonomischen Strukturen habe. Die anti-marxistische, humanistische Orientierung der bundesdeutschen Altertumswissenschaft habe kaum zu Versuchen geführt, die Marxisten mit soziologischen Analysen argumentativ zu schlagen.[39] Allerdings sind es gerade die Marxisten unter den Althistorikern, die die modernistische Position eines Eduard Meyer weiterführten und etwa für die Zeit der griechischen Tyrannis von der Entstehung einer Händlerklasse sowie von der Entwicklung einer an Tauschwerten orientierten Warenökonomie ausgehen und ohne Bedenken vom antiken Kapitalismus sprechen, dessen Weiterentwicklung dann durch die Sklavenhaltung behindert worden sei.[40] Deshalb scheint mir weniger die geringe Rezeption marxistischer Positionen für diese Entwicklung verantwortlich zu sein als vielmehr ein allgemeines Theoriedefizit, das mit dem Verlust des Wissens um die wissenschaftshistorischen Wurzeln der antimodernistischen Einschätzung der antiken Wirtschaft einhergeht. Dieser Mangel ist gewiss ein spätes Erbe des großen Exodus von Wissenschaftlern in der Zeit des Nationalsozialismus, mit dem im deutschsprachigen Raum Traditi-

37 Eich, *Die politische Ökonomie des antiken Griechenland* 2006, 47 u. 48.

38 Ebd. 5 u. 42–47.

39 Bruhns, Zur Wirtschaftsgeschichte der römischen Republik in der deutschen Forschung 1997, 169–184. Als Ausnahme nennt Bruhns den niederländischen Althistoriker Henri Willy Pleket, der sich ernsthaft mit Finleys Positionen auseinandergesetzt habe. Vgl. Pleket, Wirtschaft der römischen Kaiserzeit 1990, 25–160. Vgl. neuerdings Kloft, Makroökonomik 2002, 72–74.

40 Vgl. etwa Thomson, *Die ersten Philosophen* 1968, 143ff.

onsbildungen abrissen und konzeptionelle Weiterentwicklungen von theoretischen Positionen erschwert wurden, die eben nicht im Marxismus wurzeln. Das gilt vor allem für die Auseinandersetzung mit den wirtschaftsanthropologischen Konzepten von Karl Polanyi, die erst seit einigen Jahren in der deutschsprachigen Althistorie stattfindet.[41]

Die Debatte über die antike Konsumentenstadt: Wachstum statt Stagnation

Karl Bücher war vom Städtewachstum seiner Gegenwart ausgegangen und hatte über die Abgrenzung von antiken Städten die Besonderheiten der modernen Großstadt herausgestellt. Im Unterschied vor allem zur mittelalterlichen Stadt stellte sich ihm die Stadt in der Antike als Konsumtionszentrum dar. Eben dieser Position war Max Weber gefolgt, dessen postum veröffentlichter Stadtaufsatz in den aktuellen Debatten stets zitiert wird,[42] während Büchers Beitrag zur Sache nahezu unbekannt ist. Auch Finley schloss sich dieser Auffassung an. Die Fähigkeit antiker Städte, »für ihre Ernährung, Metalle, Sklaven und andere Bedarfsgüter zu zahlen« basierte ihm zufolge eben nicht auf der Produktion von handwerklichen Gütern oder Manufakturwaren, sondern auf der »Höhe der lokalen landwirtschaftlichen Produktion, d.

41 Am Beginn der deutschsprachigen Rezeption steht der Aufsatz von Nippel, Argonauten 1982, 1–39, der auch ausführliche Bemerkungen zur Person Polanyis enthält. Ende der 1990er Jahren griff Helmuth Schneider Polanyis Austauschkonzepte auf (Das Imperium Romanum 1999). Mit dem Polanyi'schenKonzept des »port of trade« arbeitet Möller, *Naukratis* 2000. Polanyis Frage nach der Existenz von preisbildenden Märkten behandelt Eich, *Die politische Ökonomie des antiken Griechenland* 2006. Sein historiographischer Rückblick geht ebenso wie der von Weiler bis auf Rodbertus (11–13) zurück. Er streift Bücher (22, 43) im Zusammenhang mit seinen Ausführungen zu Max Weber (13–30) und Moses I. Finley nur kurz, thematisiert aber ausführlich Polanyis Werk (30–42) und den »Finley'sche Primitivismus« (42–63) sowie Marx (63–94). Auch weniger theorieorientierte Althistoriker beziehen sich zunehmend auf Polanyi. Vgl. etwa Graßl, Marktorganisation 2004, 352, der entgegen Polanyi die Bedeutung der freien Preisbildung bereits seit dem 5. Jh. v. Chr. hervorhebt.

42 Vgl. Kap. *Büchers Städtetypologie.* Zur Rezeption von Webers Stadtaufsatz in den Altertumswissenschaften vgl. Finley, The ancient city 1977; ders., Max Weber and the Greek City State 1985, dt.: Quellen und Modelle in der Alten Geschichte 1987, 107–125; Capogrossi Colognesi, The limits of the ancient city 1995, 27–37; Nippel, Max Weber's »The City« revisited 1991, 19–30; Bruhns, La cité antique de Max Weber 1987–1989, 2–42; Bruhns/Nippel, *Max Weber und die Stadt im Kulturvergleich* 2000.

h. des Ertrages in dem zu der Stadt gehörigen ländlichen Gebiet« oder auf dem »Vorhandensein besonderer Metall-Ressourcen, also vor allem Silber, aber auch anderer Metalle oder besonders begehrter Weine oder Ölfrüchte«, was Bücher den Produktionsvorteil des Wohnortes genannt hatte. Hinzu kommen bei Finley die »unsichtbaren Exporte« durch Handel und Pilgerwesen sowie »das Einkommen aus Landbesitz und aus dem Reich, d. h. Pachten, Steuern, Tributen, Geschenken von Klientelstaaten oder Unterworfenen.« Es handelt sich bei letzteren um Einkünfte, die über den Einsatz struktureller Gewalt verfügbar waren und Büchers Diktum bestätigten, die antike Stadt lebe vom Herrscherberufe.[43]

Im Jahre 1978 antwortete Keith Hopkins mit seinen Aufsatz »Economic growth and towns in classical antiquity« auf die von Finley initiierte Debatte.[44] Er lenkte den Blick weg von den Hemmnissen hin zu den Entwicklungspotentialen der antiken Wirtschaft. So betonte Hopkins den Wechsel von Bronze zu Eisengebrauch zu Beginn des 1. Jahrtausends, vor allem die Einführung des Eisenpfluges, mit dem sich die landwirtschaftliche Produktivität erhöht habe. Die größten Entwicklungspotentiale bestanden ihm zufolge zwischen dem 5. vorchristlichen und dem 2. nachchristlichen Jahrhundert. Damit meinte er in erster Linie das Städtewachstum. 900 Städte, manche davon mit 100 000 Einwohnern wie Ephesos, zählte er allein im Osten des römischen Reiches. Neben der Bevölkerungszahl bilden berufliche Differenzierung, die Ausdehnung der Geldwirtschaft und des Fernhandels sowie die Entwicklung des Transportwesens, der Schiffsbautechnik auf der einen Seite, die er für vergleichbar mit der des 15. Jahrhunderts hielt, und des – weit kostenintensiveren – Straßenbaus auf der anderen Seite Merkmale dieser Stadtentwicklung.[45] Hopkins verwirft in seinen Einlassungen das Konzept der Konsumentenstadt selbst für die Zeit der römischen Herrschaft keineswegs. Er bezieht sich in seiner Einschätzung auf die Sombart'sche Definition, wonach eine Konsumentenstadt sich dadurch auszeichnet, dass ihre Bewohner für das, was sie konsumieren, keine Gegenwerte in Form von Manufakturwaren erzeugen, sondern diese Güter mit Mitteln aus Renten (der ländlichen Bevölkerung an die Großgrundbesitzer) oder Steuern (Kopfsteuern in der Spätantike, Waren- und Hafenzölle in klassischer Zeit) bezahlen,

43 Finley, *Die antike Wirtschaft* 1977, 166/7.
44 Hopkins, Economic growth 1978, 35–77.
45 Ebd. 69–71. Vgl. auch ders., Rome, taxes, rents and trade 1995/96, 41–75. – Zur Gegenposition vgl. Hopper, *Handel und Industrie* 1982 (engl. 1979), Cohen, *Athenian Economy & Society* 1992.

die ihnen aufgrund von Rechtstiteln zustehen.[46] Diese Bedingungen erachtete er für das römische Reich als gegeben, da die meisten Großgrundbesitzer in Städten lebten und den Löwenanteil ihres Vermögens aus der Grundrente bzw. aus den eigenen landwirtschaftlichen Gütern bezogen.[47] Zugleich betonte Hopkins den idealtypischen, der historischen Wirklichkeit nur angenäherten Charakter des Konzeptes. Denn antike Städte seien auch administrative Zentren, Garnisonsstädte oder Handelsstädte gewesen.[48]

Was Hopkins interessierte, ist die Frage, was Bauern für das, was sie an Renten oder Steuern leisten, zurückbekommen. Hier argumentierte er anders als Finley und vertrat die Meinung, dass der Zwang, Steuern zu zahlen, die ländliche Bevölkerung gezwungen habe, Überschüsse zu produzieren und zu verkaufen, um an Mittel für das Begleichen von Steuern zu kommen. Auf diese Weise habe das Steuersystem stimulierend auf die Steigerung der Produktivität gewirkt und ökonomisches Wachstum erzeugt.[49] Im Unterschied zu der besonders von Marxisten vertretenen Position meinte er, dass Wachstum und Produktivität nicht durch die Sklaverei behindert worden seien.[50] Vielmehr sicherte nach Hopkins die Sklaverei in einer Gesellschaft ohne Arbeitsmarkt (a) die Mobilität der Arbeit über weite Entfernungen und schuf eine Klasse ausbeutbarer Fremder, sie beförderte (b) eine Stratifizierung der Gesellschaft mit einem differenzierten Konsumbedarf und erlaubte (c) eine größere Ausbeutung, da die Subsistenzkosten für Sklaven geringer anzusetzen seien als für freie Bauern. Sklavenarbeit führte nach Hopkins zu einer Erhöhung der Arbeitsproduktivität in der Landwirtschaft.[51]

Der These von der Kommerzialisierung der ländlichen Überschüsse sind auch andere gefolgt, wenngleich der Wachstumsbegriff inzwischen einer kritischen Revision unterzogen worden ist.[52] So geht Donald Engels für das

46 Hopkins, Economic growth 1978, 72.

47 Ebd. 73.

48 Ebd. 73–75.

49 Ebd.

50 Vgl. etwa die Argumentation des britischen Altphilologen George D. Thomson, *Die ersten Philosophen* 1968, 161f.: »Die beiden Jahrhunderte vor den Perserkriegen sahen die Einführung der Schafschere, der handbetriebenen Mahlmühle, der Kelter und des Krans. Nach ihnen sind keine weiteren Erfindungen vor der hellenistischen Zeit bezeugt. Somit war das fünfte Jahrhundert ein Wendepunkt in der industriellen und kommerziellen Aufwärtsentwicklung. Was brachte diese Bewegung zum Stillstand? Die Antwort lautet, daß dies das Jahrhundert war, in dem sich ›die Sklaverei der Produktion ernsthaft bemächtigt hat‹.«

51 Hopkins, Economic growth 1978, 64–66.

52 Millett, Productive to some purpose? 2001, 17–48; Saller, Framing the debate over growth 2005, 228–237. So verneint Saller die Möglichkeit, Wachstum im Sinne von Pro-

römische Korinth von einer Überschussproduktion von bis zu 50 Prozent aus,[53] eine Zahl, die wiederum C. R. Whittaker, ein Schüler Finleys, für völlig unrealistisch hält.[54] Für Whittaker erklärt die Kommerzialisierung der bäuerlichen Überschüsse keinesfalls, warum beispielsweise in Italien die Zahl der Städte gerade in der Zeit stieg, als ganz Italien steuerfrei war [Transportdienste – *vecturae* –, Holzleistungen – *ligna* – etc. waren der ländlichen Bevölkerung auferlegt] und Städte zerfielen, als das diokletianische Steuersystem des 3. nachchristlichen Jahrhunderts alle Bewohner des Reiches einbezog. Für Whittaker ist in römischer Zeit die ländliche *villa* und nicht die Stadt der Ort der handwerklichen Produktion und damit der Ort, wo die Güter entstehen, die ein Bauer gegen seine Überschüsse einzutauschen begehrt. So erinnert Whittaker daran, dass die Agrarschriftsteller der späten Republik und frühen Kaiserzeit empfehlen, dass alle Handwerker auf einem Gut vorhanden sein sollen, so dass es keinen Grund gäbe, die Stadt aufzusuchen.[55] In den meisten Städten – wie z. B. auch in der gut erforschten kampanischen Stadt Pompeji – seien, so Whittaker, die städtischen Haushalte ohnehin von ländlichen Besitzungen ernährt worden, d. h. die Bewohner von Stadthäusern lebten von ihren Landgütern in der Umgebung.[56]

Eine Sonderrolle weisen sowohl Whittaker als auch Andreau der Stadt Rom zu, wo eine Vermarktung von landwirtschaftlichen Gütern in der Stadt eindeutig nachgewiesen sei. So beklage sich der römische Senator Plinius der Jüngere im ersten nachchristlichen Jahrhundert über den Anstieg der Boden-

---

duktivitätswachstum pro Kopf dingfest machen zu können. Parameter des Wachstums, wie sie etwa Hitchner, The advantages of wealth 2005 anwendet, Produktivitätssteigerungen in der (Land-)Wirtschaft infolge neuer Technologien (z. B. der Wassermühle), Investitionen in produktives Kapital oder in Humankapital (Erziehungswesen) oder ein stabiler institutioneller Rahmen (z. B. Rechtssicherheit) lassen sich entweder nicht verifizieren oder sind in ihrer Auswirkung nicht messbar.

53 Engels, *Roman Corinth* 1990, Kap. 3.

54 Whittaker, Do theories of the ancient city matter? 1995, 12.

55 Ebd., 21. Vgl. auch Capogrossi Colognesi, The limits of the ancient city 1995, 27–37.

56 Whittaker, Do theories of the ancient city matter? 1995, 18–19. Whittaker folgt hier Andrew Wallace-Hadrill (Public honour and private shame: The urban texture of Pompeii 1995, 39–62), der für Pompeji eine big house-Struktur ermittelt hat und von einer Vermischung von ländlichem und städtischem Eigentum ausgeht. Vgl. auch Andreau, *Banking and Business in the Roman World* 1999, der ebenfalls die ökonomische Funktion der Städte relativiert hat und darauf aufmerksam macht, dass manche *villa* in Etrurien einen eigenen Hafen hatte. Auch verweist er auf Funde von Amphoren von der nahe gelegenen Oplontis-Villa B in Südfrankreich und schließt daraus, dass Besitzer von ländlichen Gütern nicht nur lokal agierten, wie dies z. B. für Agrippa Postumus oder Poppaea Sabina nachgewiesen ist.

preise in der Umgebung von Rom, für beide ein klares Indiz für den Vorteil der stadtnahen Lage: »Wie Du weißt, sind die Bodenpreise gestiegen, besonders in der Umgebung der Stadt.«[57] Aber Plinius verkaufte seinen Wein direkt auf seinem Hof,[58] allerdings verschiffte er seine Amphoren auch direkt nach Rom. Den insgesamt hohen Grad der Urbanisierung im römischen Reich erklärt Whittaker mit der politischen Funktion der Städte.[59] Die *civitas*- und *municipia*-Organisation des römischen Reiches sei kein natürlicher Prozess, sondern Instrument der Eroberung der Römer gewesen. Nach Whittaker blühte das Städtewesen, solange das Liturgien- bzw. das *munera*-System funktionierte, das von der Elite einen Großteil der finanziellen Mittel zur Ausstattung der Städte abschöpfte. Als in der Spätantike das Liturgiensystem zerfiel, sei es auch zum Zerfall des Städtewesens gekommen.

Was aber die politische Elite trotz dieser Belastungen, die ihr auferlegt waren, in die Stadt zog, damit beschäftigt sich Helen Parkins in ihrer Studie »The ›consumer city‹ domesticated? The Roman city in elite economic strategies.«[60] Im Zentrum ihrer Betrachtung stehen städtische Einkünfte und Investitionen römischer Senatoren. Als Beispiel zieht sie Cicero heran, der nicht nur mehrere Landgüter in Tusculanum, Pompeji, am Lacrinersee und in Cumae besaß, sondern auch Einkünfte (*fructus*) aus städtischem Besitz, aus der Verpachtung oder Vermietung von *tabernae* in der kampanischen Hafenstadt Puteoli, bezog. Dieser brachte ihm, wie er seinem Freund Atticus mitteilt, mit dem er im regen Briefverkehr stand, 80 000 Sesterzen jährlich ein.[61] Städtischer Besitz war allerdings mit Risiken behaftet. »Mir sind zwei Baracken (*tabernae*) eingestürzt«, schreibt Cicero an seinen Freund Atticus am 17. April 44 v. Chr., »und die übrigen ziehen Risse. Daraufhin haben nicht nur die Mietsleute, sondern auch die Ratten das Weite gesucht«.[62] Auch Feuersbrünste gefährdeten die aus Holz und Lehm errichteten Wohnbauten, ein Risiko, dem der Rhetor Julianus mit dem Einsatz von Alaunsalz begegnete, mit dem er das Holz behandelte. Denn er hielt städtischen Besitz für ertragreicher als landwirtschaftliche Güter.[63]

57 Plinius, *Epistulae (Briefe)* 6, 19. Vgl. auch Petronius, *Satyrikon* 76.

58 Plinius, *Epistulae (Briefe)* 8, 2: »Ich habe meine Weinernte an Händler verkauft, die sich um die Ware rissen.« Übers. Helmut Kasten.

59 Whittaker, Do theories of the ancient city matter? 1995, 22.

60 Parkins, The ›consumer city‹ domesticated? 1997, 83–11.

61 Cicero, *epistulae ad Atticum (Briefe an Atticus)* 14, 16, 1 u. 15, 1, 5.

62 Cicero, *epistulae ad Atticum (Briefe an Atticus)* 14, 9, 1. Übers. Helmut Kasten.

63 Aulus Gellius, *Noctes Atticae (Attische Nächte)* 15, 1, 1–3. Übers. Fritz Weiss.

Diese Elite, die begierig auf städtische (Renten-)Einkünfte war, ist auch für Parkins kein Bürgertum und repräsentiert keine Unternehmerschicht. Zu einer Trennung zwischen städtischer und ländlicher Elite kam es nach Parkins nicht. Wirtschaftspolitische Konflikte um Freihandel und Schutzzollpolitik, wie sie zwischen ostelbischen Rittergutsbesitzern und Industriemagnaten zu Lebzeiten Büchers im Deutschen Reich ausgetragen wurden, konnte es daher nicht geben. Die antike römische Stadt war nach Parkins strukturell eine Ansammlung ökonomisch individuell agierender Haushalte mit ländlichen und städtischen Einkünften. Entsprechend konsumtiv orientiert war auch der Einsatzbereich der städtischen Einkünfte: Oftmals wurden gerade die Einkünfte aus Vermietung und Verpachtung, wie Parkins zeigt, für die Finanzierung der Mitgift genutzt oder für konsumtive Aufwendungen im Rahmen der politischen Karriere ausgegeben.[64] Um mit Bordieu'schen Kategorien zu sprechen: Die stete Verwandlung von ›ökonomischem‹ in ›symbolisches‹ Kapital kann als entscheidendes Merkmal dieser mangelnden Trennung zwischen politischer und ökonomischer Elite angesehen werden.[65]

Antike Marktwirtschaft und interdependente Märkte

Dreh- und Angelpunkt dieser neuen Debatten ist das Ausmaß der Marktorientierung der antiken Wirtschaft.[66] Dieser Perspektivenwechsel geht auf Karl

64 Gerade Einkünfte aus städtischen Besitztümern wurden oft als Mitgift vergeben. Das konnten *tabernae*, d. h. Läden sein, oder Gärten, *horti*. Ciceros Gattin Terentia bezog aus den *insulae* auf dem Aventin in Rom 400 000 Sesterzen an Einkünften; an seine Tochter Tullia gab Cicero den Nießbrauch (*fructus praedia*) der städtischen Besitztümer als Mitgift. Cicero, *epistulae ad Atticum (Briefe an Atticus)* 11, 2, 2. Vergleichbare Finanzmittel waren nach Rosenstein, Aristocrats and agriculture 2008, 24 über die Vermarktung von agrarischen Erzeugnissen nicht zu erzielen.

65 Vgl. dazu die Überlegungen von Flaig, Mit Kapitalismus keine antike Stadtkultur 2007, 154, der als Handlungsmaxime der Elite das Bestreben nach Maximierung sozialer Gewinne ausmacht.

66 So geht Harris, Between Archaic and Modern 1993, 11–29, von Marktaustausch und Welthandel aus, über den Städte ihren Bedarf an Nahrungsmitteln befriedigten. Allerdings impliziert Welthandel keineswegs ein Weltmarktsystem, das er nicht gegeben sieht. Aber ein integrierendes Marktsystem und überregionaler Handel, nicht nur lokale Handelszonen, prägten nach Harris das Marktgeschehen in der Antike. Bauern aber seien nicht in dieses System integriert gewesen. Vgl. auch ders., Roman Governments and Commerce 2000, 275–305. Nach Jeremy Paterson gab es zu Beginn der Kaiserzeit in Rom zwar keine

Polanyi zurück, der im Fehlen eines selbstregulierenden Systems von Märkten die entscheidende Differenz zwischen antiker und moderner Wirtschaft sah.[67] Für Moses I. Finley hatte sich die antike Ökonomie noch durch das Fehlen einer solchen »Konglomeration interdependenter Märkte« ausgezeichnet.[68] Im Unterschied dazu zielt das Bestreben seiner Kritiker darauf ab, die Existenz interdependenter Märkte auch für die Antike nachzuweisen. Robin Osborne hat in den 1990er Jahren mit Verweis auf archäologische Quellen argumentiert, dass bereits im archaischen Griechenland ein komplexes Austauschnetz voneinander abhängiger Märkte vergleichbar dem neuzeitlichen System existiert habe.[69] Dagegen hat wiederum Lin Foxhall Einspruch erhoben. Ihr zufolge liefern archäologische Quellen zwar Hinweise auf überregionale Austauschbeziehungen, bieten jedoch keinerlei Beleg für die Existenz solcher überregionaler Märkte, auf denen Güter hätten gewinnbringend abgesetzt werden können. Sie schlägt vor, den Handel weniger aus der Perspektive von Nachfrage (demand) und Angebot zu betrachten, als vielmehr vom Begehren (desire) auszugehen. Sie stellt sich die Frage, warum nach literarischen Quellen gerade solche Güter ›importiert‹ wurden, die auch am eigenen Ort verfügbar waren wie Getreide, Wein oder Kleidung. Ihrer Meinung nach handelt es sich um »semi-luxuries«, die vor allem in rituellen Kontexten konsumiert worden seien und zur Herausbildung einer überregionalen Wertegemeinschaft beigetragen hätten.[70]

---

kapitalistische Wirtschaft, wohl aber die Konkurrenz freier Märkte und einen dynamischen Merkantilismus. Paterson, Trade and Traders in the Roman World 1998, 162. Zur Funktionsweise von nicht integrierten Märkten vgl. Reger, Aspects 2003.

67 Polanyi, *Trade and Market in the Early Empire* 1957. Vgl. dazu Wilcke, Markt 2007, 114, der für das sumerische Mesopotamien von einem Wirtschaftssystem mit stark redistributiven Strukturen ausgeht. Dieses sieht er mit einem System gewinnorientiert wirtschaftender Pfründe verbunden.

68 Finley, *Die antike Wirtschaft* 1977, 14. Er bezieht sich in seiner Einschätzung, dass eine »marktwirtschaftliche« Analyse auf die Antike nicht anwendbar sei, auf Weber, Hasebroek und Polanyi. Ebd. 18.

69 Osborne, Pots, trade and the archaic economy 1996, 31–44. Er wendet sich damit gegen die Position des Finley-Schülers Paul Cartledge, der vor allem mit literarischen Befunden (Homer, Hesiod) argumentiert. Cartledge, Trade and politics revisited 1983, 1–15.

70 Foxhall, Cargoes of the heart's desire 1998, 295–309. Die Position von Foxhall greift auf: Morley, *Trade* 2007, 13. u. 36–49. Er macht vor allem auf den Wandel dessen aufmerksam, was als notwendig verstanden wurde, und betont die soziale und mentale Dimension des Konsums. Zu den Grenzen antiker Globalisierung vgl. ebd. 14f. u. 90–102.

Diese Reflexion der Konsumbedürfnisse ist eine der jüngsten Neuerungen, die sich auch in den Debatten um die Bedeutung von Märkten im klassischen Athen und im römischen Reich abzeichnet. Gerade die Getreideversorgung griechischer Städte, die über den Markt verlief, wird im Kontext einer solchen Konsumentenpolitik eingeordnet, ohne dass daraus auf die Durchsetzung der Marktwirtschaft in allen Bereichen geschlossen wird.[71] Während vielfach die moderne Marktwirtschaft als Vergleichsfolie vor Augen steht, die tendenziell zu einer modernistischen Einschätzung führt, hat der dänische Althistoriker Peter Fibiger Bang sich in seiner Analyse römischer Märkte von den Marktpraktiken im Moghul-Reich in Indien anregen lassen. Für ihn stellt das Tributsystem den eigentlichen Schlüssel zum Verständnis römischer Märkte dar, die einem orientalischen Basar glichen.[72] Das Weltreich erzwang in beiden Fällen nicht die ökonomische Integration, sondern veränderte den Fluss der begrenzten agrarischen Überschüsse. Der Markt diente nach Bang als Transformator von politisch erzeugtem Surplus, d. h. er ermöglichte es, Überschüsse fern von den agrarischen Produktionsbereichen zu konsumieren. Der Markt in Form des Bazars integriert den Fernhandel, die Auktion, den Geldverleih, nicht aber – wie der moderne Handel – getrennte Märkte. Die Märkte selbst deutet er als ein kompliziertes Netzwerk sozialer Beziehungen, das wie ein Klientelsystem funktioniert habe.[73]

71 So Bresson, *La cité marchande* 2000, 306: »En réalité, la Grèce ancienne a constitué la première économie à marché monétarisé qui ait existé de manière organisée et sur plusieurs siècles. Cela ne signifie nullement que l'on doive réduire l'économie de la Grèce des cités au marché«. Vgl. auch Eich (*Politische Ökonomie* 2006, 37 u. 175–256), der Polanyi zwar Quellenferne vorwirft, ihn aber dennoch nicht widerlegt. Er kommt in seiner Untersuchung zum Preisverhalten im 5. u. 4. Jh. v. Chr. zu dem Schluss, »daß einige tausend lokale Märkte nebeneinander existierten, deren jeweiliges Preisverhalten nahezu unbeeinflußt von dem Preisverhalten anderer Märkte fluktuierte und oszillierte« (608).

72 Bang, *The Roman Bazaar* 2008.

73 Vgl. auch die Argumentation von Kloft, Makroökonomik 2002, 82, der eben diese Einbeziehung sozialer Faktoren fordert. Zum Teil stehen derartige Forderungen unter dem Einfluss der neuen Institutionenökonomik des Marktes. Vgl. North, *Institutions, Institutional Change and Economic Performance* 1990, der rechtlichen wie politischen Institutionen sowie Moralvorstellungen einen nicht unerheblichen Einfluss auf das Marktgeschehen bzw. auf ökonomisches Handeln zuweist. Mit diesem Ansatz arbeitet Bresson, *L'économie* I 2008, 23–35. Kritisch zur Institutionenökonomik äußert sich Bang, *The Roman Bazaar* 2008, 49f. Vgl. auch Maucourant, Échange 2000, der den Ansatz Polanyis gegenüber der Institutionenökonomik verteidigt.

Auf dem Prüfstand: Gewinnorientierung und Rentabilitätsberechnungen

Mit diesen neuen Fragen geht eine Verschiebung der Maßstäbe zur Beurteilung der antiken Wirtschaft einher. Obwohl immer wieder Gewinnstreben als Argument gegen eine ›primitivistische‹ Deutung der antiken Wirtschaft in die Waagschale geworfen wird,[74] kann heute Gewinnmaximierung oder Profitorientierung nicht mehr als trennscharfes Kriterium zur Einschätzung der antiken Wirtschaft als ›modern‹ oder ›primitiv‹ bzw. ›archaisch‹ gelten. Jean Andreau, der die Finanzaktivitäten von Freigelassenen und Senatoren untersucht hat, hat gerade für das Wirtschaftshandeln der römischen Elite gezeigt, dass der Amortisationsgedanke selbst in *amicitia*-Beziehungen weit verbreitet war, die auf Gegenseitigkeit basierten und eigentlich gewinnorientiertes Verhalten ausschließen müssten. Als kapitalistisch bezeichnet er die römische Wirtschaft indes nicht, weil ein Unternehmertum gefehlt und es kaum Produktivkredite gegeben habe.[75] Moderne Steuerungselemente des Marktaustausches wie »Nachfrage – Angebot«, »Kapital – Arbeit« stehen nach William V. Harris nicht im Gegensatz zu Praktiken des Gabentauschs.[76]

---

74 So argumentiert beispielsweise Kloft, *Die Wirtschaft des Imperium Romanum* 2006, 20, dass ein auf Handel und Gewerbe gerichteter Sinn mit Aussicht auf pekuniären Gewinn nicht als archaisch und traditionalistisch etikettiert werden könne. Als profitorientierte Konkurrenzökonomie charakterisiert Eich, *Politische Ökonomie* 2006, 5 die Wirtschaft des antiken Griechenlands. Nach Neesen, Die griechische Polis – nur ein Import- und Konsumzentrum? 1985, 63, hatte die Polis »weitgehend geldwirtschaftlich-profitorientierte Formen der Erwerbstätigkeit und entsprechend ökonomisch soziale Verhaltensmuster« ausgebildet.

75 Andreau, *Banking and Business* 1999, 9–29, 139–154; ders., Vingt ans d'après *L'économie antique* 1995, 957. Vgl. auch D'Arms, *Commerce and Social Standing in Ancient Rome* 1981, dem Andreau das Verdienst zuschreibt, die Untersuchung der ökonomischen Aktivitäten der Elite angeregt zu haben. Er hält zwei Schlussfolgerungen D'Arms für überzeugend, erstens, dass Einkünfte der Elite aus nicht-agrarischen Bereichen bedeutend waren, und zweitens, dass die soziale Mobilität im Rom hoch war. Auch folgt er ihm in der Annahme, dass im Streben der Elite nach Konsum und Gewinn (*quaestus*) kein Widerspruch lag. Andreau, John D'Arms 2004, 139–140.

76 Harris, Between Archaic and Modern: Some Current Problems in the History of the Roman Economy 1993, 11–29. Eine ähnliche Zwischenposition nimmt ein: Schneider, Das Imperium Romanum. Subsistenzproduktion – Redistribution – Markt 1998, 654–673. Dies entspricht den Erkenntnissen der jüngeren ethnologischen Forschung. So etwa Bloch/Parry, *Money and Morality* 1989. Vgl. dazu Wagner-Hasel, *Der Stoff der Gaben* 2000, 51.

Überhaupt verliert der Gabentausch als eine Form des Austauschs, die nicht dem egoistischen Eigeninteresse dient, zunehmend seine Gegenmodellfunktion zur Marktwirtschaft bzw. zum Kapitalismus.[77] Moses I. Finley hatte den Markt noch mit Gewinn- und Profitstreben, den Austausch von Gaben aber mit der Idee des gegenseitigen Nutzens in Verbindung gebracht.[78] Zu beobachten ist unter sozialanthropologisch arbeitenden Altertumswissenschaftlern nunmehr die Tendenz, sich einer Terminologie zu bemächtigen, die dem Handeln in Selbstinteresse, das Karl Bücher mit seinen Auslassungen zur antiken Wirtschaft als historisch geworden zu relativieren versuchte, wieder universelle Geltung verschafft. So hat sich im Rückgriff auf die Studien von Pierre Bourdieu über die Gesellschaft der Kabylen in Nordafrika inzwischen ein erweiterter Kapitalbegriff eingebürgert, der ökonomische Rechenhaftigkeit auch im sozialen Handeln unterstellt. Dem ökonomischen Kapitalbegriff wird der Begriff des sozialen bzw. symbolischen Kapitals zur Seite gestellt, der nicht die Akkumulation von Kapital zur Re-Investition in die Erzeugung neuen Kapitals meint, sondern die Akkumulation von sozialen Beziehungen (z. B. von Klientelbeziehungen) bzw. die Anhäufung von Ehre und Prestige. Nach Bourdieu werden in der von ihm untersuchten Gesellschaft »die ökonomischen Beziehungen nicht als solche erfasst und konstituiert, d. h. als Beziehungen, die von dem Gesetz des Interesses geprägt werden, sondern sie bleiben immer unter dem Schleier der von Prestige und Ehre geprägten Beziehungen verborgen.« Entsprechend seien die Austauschbeziehungen von einer strukturellen Mehrdeutigkeit geprägt: »Man spielt immer auf zwei Ebenen zugleich, der des Interesses, die uneingestanden bleibt, und der der Ehre, die proklamiert wird.« Daran anknüp-

77 Dazu passt, dass das Gabentauschkonzept zunehmend für die Analyse von Praktiken in modernen Gesellschaften benutzt wird. Vgl. etwa Pielhoff, Stifter und Anstifter 2007, der das Gabentauschkonzept auf Stiftungsverhalten und Mäzenatentum im 19. Jahrhundert anwendet.

78 Finley, *Odysseus* 1979, 68: »Hinter dem Markt stand nämlich das Motiv des Profits, und wenn etwas tabu war bei den homerischen Tauschgeschäften, so war es der Gewinn. Sei es beim Handel, sei es bei einer anderen wechselseitigen Beziehung, der Grundsatz blieb stets Gleichheit und gegenseitiger Nutzen […]«. Unter Berufung auf Bronislaw Malinowski urteilt er: »[…] ihm lag der Tausch von Geschenken zugrunde. Dieser war keine griechische Erfindung. Er war vielmehr ein bei vielen primitiven Völkern tief eingewurzelter Brauch, wie etwa auf den Trobrianderinseln, wo ›die meisten, wenn nicht alle wirtschaftlichen Akte Glieder einer Kette wechselseitiger Geschenke und Gegengeschenke sind‹« (84). Für die späteren Epochen, so vor allem für die Zeit der späten Republik, ging Finley indes von einem ungeschönten Streben gerade römischer Senatoren nach Gewinn aus. Finley, *Die antike Wirtschaft* 1977, 61. Allerdings bescheinigte er diesen ein mangelndes Amortisationsdenken.

fend stellt sich Bourdieu die rhetorische Frage, ob »die Logik des Schenkens«, in den Augen Büchers eine dem egoistischen Tausch entgegen gesetzte Handlung, »nicht eine Form« sei, »den rechnerischen Charakter des Interesses zu überwinden oder zu verschleiern?«[79] Eben diese Haltung der Maximierung sozialer Gewinne hat Egon Flaig in Anlehnung an Bourdieu in einer jüngsten Studie zur antiken Stadtkultur als Handlungsmaxime der römischen Elite ausgemacht und diese Einsicht als Argument in die Waagschale gegen die Existenz eines antiken Kapitalismus geworfen.[80]

Auch im Hinblick auf das Argument der fehlenden Rentabilitätsberechnung, das ebenfalls Bücher eingebracht hatte, haben sich einstige Gewissheiten verflüchtigt. Da Sklaven im Haushalt verblieben, sei, so meinte Bücher, eine Bewertung ihrer Arbeitsleistung nicht über den Markt vorgenommen worden. Damit habe die Grundlage für das heutige Lohnsystem und für die Entwicklung des Großgrundbesitzes zum gewinnorientierten Unternehmen gefehlt; auch habe es an der Möglichkeit gemangelt, die Rentabilität einer produktivitätsverbessernden Investition in einer Sklavenmanufaktur zu berechnen.[81] Nach Moses I. Finley fehlten Verfahren, um verschiedene Möglichkeiten des Anbaus etwa von Gerste oder Wein durchzurechnen. Auch habe es keine klaren Vorstellungen vom Unterschied zwischen Kapitalkosten und Arbeitskosten gegeben. Der landwirtschaftliche Ertrag eines Weinbergs, den der Agrarschriftsteller Columella mit konkreten Zahlen benennt, beziehe nur den Kaufpreis des Bodens, der Sklaven und der Reben sowie den Ertragsausfall in der Wachstumsperiode der Rebstöcke ein. In seiner Kalkulation aber fehle die Berechnung der Kosten der landwirtschaftlichen Gebäude und der Geräte sowie des Unterhalts für die Sklaven.[82] »Kurz gesagt, Investition in Grund und Boden war in der Antike niemals eine Frage dessen, was Max Weber ökonomischen Rationalismus nannte.«[83] Allerdings folgt er Weber nicht in der Einschätzung der antiken Wirtschaft als kapitalistisch. »Man besaß«, so Finley, »auch kein überschüssiges Kapital, für das man gewinnträchtige Investitionsmöglichkeiten suchte«.[84] Soweit es um

79 Bourdieu, *Entwurf einer Theorie der sozialen Praxis* 1979, 45f. Mit dieser Einschätzung hat sich Bourdieu dem Utilitarismusvorwurf ausgesetzt. Vgl. Pielhoff, Stifter und Anstifter 2007, 13 mit Literaturverweisen.

80 Flaig, Mit Kapitalismus keine antike Stadtkultur 2007.

81 Vgl. Kap. *Der gewendete Blick auf die Vergangenheit: Wirtschaftsstufen und Typologie der Gewerbe.*

82 Finley, *Die antike Wirtschaft* 1977, 128, 137f.

83 Ebd. 138.

84 Ebd. 188.

ländliche Güter geht, wird dieses Argument auch heute noch vorgebracht.[85] Inzwischen geht man aber davon aus, dass nicht die Vermarktung landwirtschaftlicher Erträge, sondern die städtischen Einkünfte aus Verpachtung und Vermietung die eigentliche Quelle des monetären Reichtums gerade der römischen Elite bildeten.[86] Nach Jean Andreaus Untersuchung des Finanzgebarens römischer Senatoren schließt das Fehlen der doppelten Buchführung und konkreter Rentabilitätsberechnung ein ausgeprägtes Amortisationsdenken nicht aus.[87]

Die Frage, die sich heute stellt, ist eher, welche Art von ökonomischer Rechenhaftigkeit für die Antike angenommen werden muss. Denn jüngste Forschungen zur Entwicklung der Buchhaltung im mittelalterlichen Italien machen deutlich, dass selbst die Einführung der doppelten Buchführung nicht unbedingt einen Hinweis auf tatsächlich vorgenommene Rentabilitätsberechnungen gibt. So hat unlängst Franz-Joseph Arlinghaus in einer Studie zur Schriftpraxis einer italienisch-provencalischen Handelsgesellschaft »Datini/de Berto, 1367–1373« das erstaunliche Ergebnis vorgelegt, dass die exzessive, vielgliedrige Buchführung kein aufs Profitziel ausgerichteter bewusster Prozess war, sondern ein gewachsenes, kleinschrittiges Reskriptionssystem zur Ordnung und Memorierung von kurzfristigen Ein- und Ausgängen, besonders aber von Ausständen, und daher vor allem dem Bedürfnis nach monetärer Sicherheit diente. Der gängigen Lehre von der Profitrationalität der Buchführung ist damit, wie der Mediävist Ludolf Kuchenbuch urteilt, ein gut abgesicherter Stolperstein in den Weg gelegt, der ganz neue Fragen nach

85 Eine ähnliche Schlussfolgerung wie Finley zog John Love, der in den 1980er Jahren eine kritische Auseinandersetzung mit der Weber'schen Auffassung vom antiken Kapitalismus vorgelegt hat. Über die Beschäftigung mit den Aussagen der römischen Agrarschriftsteller kommt Love zu dem Ergebnis, dass nicht »profitability«, sondern »physical output« das agrarwirtschaftliche Handeln in der Antike bestimmt und der Markt nur eine Mittlerfunktion besessen habe. Das im antiken Schrifttum verbreitete Ideal der Autarkie, das im Übrigen die Bücher'sche These von der geschlossen Hauswirtschaft trägt, sei nie verworfen worden, auch wenn es in der Realität nie vollständig praktiziert worden sei. Er gelangt deshalb zu der Einschätzung, dass die römische Wirtschaft nicht als kapitalistisch bezeichnet werden könne. Love, The character of Roman agricultural estate 1986, 119–124; ders., *Antiquity and Capitalism* 1991. Vgl. auch Kehoe, Investment, profit, and tenancy 1997.

86 Rosenstein, Aristocrats and agriculture 2008, 1–26. Mit einer Marktausrichtung kleinbäuerlicher Betriebe wird ohnehin selten argumentiert. Allerdings ist auch nicht davon auszugehen, dass sie vom Marktgeschehen völlig abgekoppelt waren, da allein schon die unterschiedlichen ökologischen Bedingungen den Bezug etwa von Salz über den Markt erzwangen. Vgl. dazu Morley, *Trade* 2007, 45f.

87 Andreau, Vingt ans d'après *L'économie antique* 1995, 952–959.

dem Zustandekommen der ökonomischen Rechenhaftigkeit aufwirft.[88] Ob es sinnvoll ist, mit differenzierten Rationalitätsbegriffen der modernen Wirtschaftswissenschaften wie »instrumental rationality«, »procedural rationality«, »expressive rationality« zu arbeiten, um das Spezifische antiker Berechnungsweisen zu erfassen, wie dies Paul Christesen für die athenische Wirtschaft versucht hat,[89] oder auf die Analyse der Eigenbegrifflichkeit antiker Autoren zu setzen,[90] muss sich erst noch erweisen. Denn immerhin führt der historiographische Zugang deutlich vor Augen, dass es *die* ökonomische Rationalität nicht gibt.

Resümee: Von der Produzenten- zur Konsumentenperspektive

Unabhängig von den hier vorgestellten Revisionen in den Fragestellungen und Positionen lassen sich aber auch Kontinuitäten feststellen. Als beständigstes Argument in der nun mehr als hundertjährigen Debatte über den Charakter der antiken Wirtschaft fungiert der Hinweis auf das Liturgien- und Wohltäterwesen. Nicht nur für Karl Bücher und Max Weber, sondern auch für derzeitige Teilnehmer an der Debatte über die antike Wirtschaft besteht kein Zweifel an der Tatsache, dass das Liturgiensystem ein entscheidendes Merkmal städtischer Ökonomien war und Kapitalakkumulation zur Investition im Gewerbe verhindert hat. Die Einschätzung der Wirkung des Liturgienwesens auf die antike Wirtschaft hat sich allerdings geändert. Das

88 Für den Verweis auf die Studie von Franz-Joseph Arlinghaus danke ich Ludolf Kuchenbuch, dessen unpubliziertes Urteil ich hier referiere.

89 Christesen, Economic rationalism in fourth-century BCE Athens 2003, 31–56. Ausgangspunkt seiner Argumentation bildet das von ›Primitivisten‹ wie Bücher, Weber und Finley angeblich negierte Interesse an »income-maximizing« (31 u. 35), was eine deutliche Verkürzung der sehr unterschiedlichen Positionen der drei Forscher darstellt. Indem Christesen jedoch zwischen verschiedenen Rationalitätstypen unterscheidet, setzt er sich von Forschern wie Rathbone (Economic rationalism 1991, 401) ab, der anhand des Heroninos-Archivs die ökonomische Realität eines Landgutes im Ägypten des 3. Jahrhunderts rekonstruiert und ein Bestreben nach Profitmaximierung zu erkennen meinte (gegen Rathbone vgl. die Argumentation von Maucourant, Figures du néomodernisme 2008, 17–47). Christesens Begriffe haben immerhin den Vorteil, dass sie das soziale Wertesystem einbeziehen. Für das klassische Athen geht er von der Koexistenz verschiedener Rationalitätsformen aus.

90 Vgl. dazu meine Untersuchung des Begriffs *kérdos* (»Gewinn«, »Ertrag«) bei den frühen Griechen. Wagner-Hasel, *Der Stoff der Gaben* 2000, 234–246. Zum lateinischen Begriff des Ertrages und Gewinns, *quaestus*, vgl. Andreau, Remarques sur le quaestus 2007.

Liturgiensystem, so die neue Sichtweise, wirkte durchaus dynamisierend: Es führte nach Hopkins und Osborne zur Kommerzialisierung ländlicher Überschüsse, da für die Übernahme von Liturgien »cash« benötigt wurde.[91] Diese Logik gilt auch nach der Verwandlung des Liturgienwesens in ein Wohltäterwesen, die im 4. vorchristlichen Jahrhundert in den griechischen Städten einsetzte und in dem die Leistungen der Elite mit Ehrungen vergolten wurden.[92] Auf dem Zugang zum *surplus* basierte nach Erdkamp in antiken Städten die politische und soziale Macht, nicht auf dem Zugang zum Markt.[93] An das Liturgiensystem gekoppelt ist nach Whittaker wiederum die Stadtentwicklung. Denn die Aufwendungen der Elite wurden sowohl in Griechenland als auch in Rom zur Ausstattung der Stadt benutzt, für den Bau von Rathäusern, Theatern, Markthallen, Gymnasien, Tempeln, Brunnenhäusern, Wasserleitungen. In der Kaiserzeit waren es vor allem die Ansprüche der *plebs urbana* auf Teilhabe an den Ressourcen des Weltreiches, die dazu führten, dass Überschüsse in die Getreideversorgung und in den Unterhalt der Amphitheater flossen, wo der ritualisierte Konsens zwischen Kaiser und Volk zelebriert wurde.[94] Bestätigung hat auch die Bücher'sche Beobachtung erfahren, dass die antike Stadt nicht der Ort fabrikmäßiger und selten der gewerblichen Produktion ist. Gewerbliche Produktion ist weniger an die Stadt, als vielmehr an ländliche Güter gekoppelt.[95]

Dass trotz der Bestätigung vieler Einsichten Büchers auch von Vertretern einer tendenziell antimodernistischen Position heute ein anderes Bild von

91 So auch die Argumentation von Osborne, Pride and prejudice 1991, 119–145, der ursprünglich der Position von Finley gefolgt war. Liturgien fördern nach Osborne die landwirtschaftliche Marktproduktion, führen aber nicht zur Entwicklung eines Manufakturwesens. Vgl. neuerdings Harris, Workshop 2001, 88, der aufgrund der Sammlung von Bezeichnungen für Spezialistentätigkeiten die Bedeutung von Marktbeziehungen für das antike Athen herausstreicht, aber auch meint, dass die im Handel erzielten Gewinne in symbolisches Kapital umgesetzt worden seien. »The polis took advantage of the market by means of the liturgy system which encouraged the wealthy to spend their gains on the public good in exchange for fame and political office.«

92 Zum Wohltäterwesen, dessen Erforschung mit Bolkestein, *Wohltätigkeit* 1939 beginnt, vgl. Veyne, *Le pain et le cirque* 1976, dt. *Brot und Spiele* 1988; Gauthier, *Les cités grecques et leurs bienfaiteurs* 1985; van Bremen, *Limits of Partizipation* 1996.

93 Erdkamp, Beyond the limits of the ›consumer city‹ 2001, 339ff.

94 Vgl. dazu Flaig, Mit Kapitalismus keine antike Stadtkultur 2007, 133–157.

95 Natürlich gibt es nach Whittaker auch Ausnahmen: Walkereien sind in großer Zahl in einer Stadt wie Pompeji, die in der Nähe des kaiserlichen Kriegshafens Misenum liegt, oder in einer Garnisonsstadt wie Sabratha in Afrika zu finden. Vgl. etwa Jongman, *The Economy and Society of Pompeji* 1988; Mattingly et al., Leptiminus (Tunisia): A ›producer‹ city? 2001, 66–89.

der antiken Wirtschaft gezeichnet wird, als er es entworfen hatte, ist nicht zuletzt Ausdruck eines Wechsels der Perspektiven. Nicht etwa anhand der Maschinisierung der Stoffformung, die Technikhistoriker heute im Blick haben, oder am Umfang der im Agrarsektor beschäftigten Erwerbstätigen, den Wirtschaftshistoriker um 1900 als wesentlich erachteten, sondern am Weg, den das Produkt vom Produzenten zum Konsumenten nimmt, hatte Bücher den Grad der Entwickeltheit der antiken Wirtschaft bemessen. Dies ist als seine spezifische Sichtweise zu betrachten, die zum Teil in seinem Erfahrungshaushalt wurzelt, während die einzelnen Argumente, die er aufbot, um das Vorherrschen der hauswirtschaftlichen Produktion zu belegen, dem nationalökonomischen Begriffsrepertoire entstammen und theoriegetränkt sind. In diesem Maßstab spiegelt sich seine Produzentenperspektive, mit der zugleich eine Reflexion der räumlichen Verflechtung ökonomischer Prozesse einherging, die heute wieder aktuell ist. Wenn in der Folge Gewinnorientierung und ökonomische Rationalität den Maßstab bildeten, dann drückt sich darin der Wandel von der Produzenten- zur Verwertungsperspektive aus, die nicht zuletzt der Verallgemeinerung kapitalistischer Prinzipien seit der Gründung großer Kapitalgesellschaften am Ende des 19. Jahrhunderts geschuldet ist. Auch in der gegenwärtigen Fokussierung der Debatte auf Fragen des Wachstums und auf die Existenz interdependenter Märkte lässt sich unschwer die globale Perspektive der Gegenwart erkennen, ohne dass den Protagonisten der Debatte eine naive Projektion moderner Vorstellungen vorgeworfen werden kann. Nicht zuletzt hat die Herausbildung der modernen Konsumgesellschaft[96] mit ihrer Verallgemeinerung der Konsumoptionen nach dem Zweiten Weltkrieg das Ihre dazu beigetragen, dass neue Fragen an alte Befunde gerichtet werden. Bezeichnend ist die Eingangsbemerkung von Lin Foxhall zu ihrer Untersuchung über Austauschbeziehungen und Städtewachstum: »My perspective starts not with ›trade‹ or ›exchange‹ but with the notion of consumption.«[97]

96 Vgl. Prinz, *Der lange Weg in den Überfluss* 2003, 11–34, sowie neuerdings Baumann, *Leben als Konsum* 2007, 21, der zwischen der festen Moderne um 1900 unterscheidet, die nach dauerhaften Konsumgütern verlangt habe, und einer flüchtigen Moderne, in der der Konsument selbst zur Ware geworden sei und einem ständigen Druck unterstünde, seinen Marktwert zu erhöhen.

97 Foxhall, Village to City: Staples and Luxuries? 2007, 233. Sie kommt zu dem Schluss: »The economies of urban centres emerge out of, and come to reside in, the consumption of goods driven by fashion, as many people in fluid political aims and construct social ambitions. The increasing numbers of communities which might seriously be called urban by the sixth century could be dubbed in the most literal sense, ›consumer cities‹« (246). Vgl. dazu auch von Reden, Consumption 2007.

Eine solche Konsumentenperspektive hätte außerhalb des Horizonts von Karl Bücher gelegen, wenngleich sie für die Zeit um 1900 nicht undenkbar war, wie Thorstein Veblens Studie zur sozialen Bedeutung des Müßiggangs oder Werner Sombarts Untersuchung zu Luxus und Kapitalismus zeigen.[98] Dem Reich der Notwendigkeit, nicht der Welt des ostentativen Konsums galt das wissenschaftliche Interesse Büchers. Darin, in der Sorge um das Auskommen durch eigener Hände Arbeit, nicht im Sinnieren über den repräsentativen Aufwand, lag das Arbeitsethos des Gelehrten begründet, auch wenn ihm die Bedeutung des demonstrativen Konsums für den eigenen Statuserhalt keine unbekannte Größe gewesen sein kann, wie dies die Briefe seiner Ehefrau aus den Leipziger Jahren nahelegen. Für die analytische Erfassung der Arbeitswelt hat der »Anthropologe der Arbeit«, wie ihn Gerd Spittler nennt, zukunftsweisende Begriffsarbeit geleistet. Mit seinen Hinweisen auf den Mangel an Rentabilitätsberechnungen, der die Entwicklung von gewinnorientierten Unternehmen unmöglicht gemacht habe, auf die fehlende Ausbildung von Berufsständen bzw. einer volkswirtschaftlichen Arbeitsteilung, auf die geringe Kapitalakkumulation und auf das Fehlen von Industrie-, Handels-, Leih- und Nutzkapital stellte er Kriterien bereit, an denen sich auch heute noch die Vertreter ›modernistischer‹ wie ›primitivistischer‹ Positionen zur antiken Wirtschaft abarbeiten, ohne dass ihnen dies bewusst zu sein scheint.

Wenn aus der historiographischen Beschäftigung mit Büchers Schriften für die althistorische Wirtschaftsgeschichte eine Lehre zu ziehen ist, dann steht die Einsicht in den Nutzen präziser Begrifflichkeiten und Kategorien sicher an erster Stelle. Die Lebensgeschichte des einst aus den Altertumswissenschaften abgewanderten Nationalökonomen aber lehrt mehr: nämlich, wie ertragreich die Grenzgängerschaft zwischen den Fachdisziplinen für innovative Forschung sein kann. Mit seinen Einlassungen zur antiken Wirtschaft beginnt die theoriegeleitete Auseinandersetzung mit Phänomenen des Arbeitslebens in der Antike und setzt eine Historisierung wirtschaftlicher Sachverhalte ein. Der damit einhergehende Paradigmenwechsel von der merkantilen Perspektive eines August Boeckh zur Produzentenperspektive ist nicht ohne Büchers Ausbildung zum Althistoriker, aber auch nicht ohne den Wechsel von der Altertumswissenschaft in die Nationalökonomie denkbar. Von den Altertumswissenschaften hat er die Quellenkritik übernommen, in der Nationalökonomie hat er sein theoretisches Instrumentarium erworben. Die innovativsten Konzepte werden auch heute immer noch von

98 Veblen, *Theory of the Leisure Class* 1899; Sombart, *Liebe, Luxus und Kapitalismus* 1913.

denjenigen vorgestellt, die diesen Blick über die Fächer- und Forschungsgrenzen hinaus wagen und vergleichende Perspektiven einnehmen.[99] Der biographische Rückblick bietet darüber hinaus auch Einsichten in die Produktionsbedingungen wissenschaftlichen Arbeitens, die um 1900 noch stark hauswirtschaftlich geprägt waren. Ob die Arbeit des Gelehrten die hier geschilderte Reichweite erzielt hätte, wenn sie nicht von der hauswirtschaftlichen Ökonomie getragen worden wäre, die das Netz persönlicher Austauschbeziehungen unter Wissenschaftlern bediente, und es an der ›Ökonomie der Aufmerksamkeit‹ gemangelt hätte, die als Leistung der Ehefrau an Büchers Werk zu veranschlagen ist – ich möchte es nach dieser biographischen Reise bezweifeln.

99 Das gilt etwa für das Buch von Bang, *The Roman Bazaar* 2008.

Abbildungsverzeichnis

Abkürzungen

A	Aufstände der unfreien Arbeiter 1874
A & R	Arbeit & Rhythmus 1899
B	Beiträge zur antiken Wirtschaftsgeschichte 1922
G	Gewerbe 1892
F	Die Frauenfrage im Mittelalter 1910
HZ	Historische Zeitschrift
JRA	Journal of Roman Archaeology
L	Lebenserinnerungen 1919
P	Der Krieg und die Presse 1915
S	Sozialisierung 1919
StadtAL	Stadtarchiv Leipzig
NL	Nachlass
PB Lauth	Privatbesitz Dr. Luise Lauth, Bad Liebenstein
UAL	Universitätsarchiv Leipzig
UBL	Universitätsbibliothek Leipzig
V	Die Entstehung der Volkswirtschaft 1893
ZfGS	Zeitschrift für die gesamte Staatswissenschaft

Bibliographie

Verzeichnis der archivalischen Quellen

Universitätsarchiv Leipzig (UAL)

- Nachlass Karl Bücher 1868–1929
- Personalakte Karl Bücher (PA 362)

Universitätsbibliothek Leipzig (UBL), Sondersammlung

- Nachlass 181 Karl Bücher
- Nachlass 182 Karl Bücher (im Zusammenhang mit der Herausgabe der Zeitschrift für die gesamte Staatswissenschaft)

Staatsarchiv Basel-Stadt

- Erziehungsakten der Phil. Fak. CC 21: Professur Nationalökonomie 1855–1927

Privatbesitz Dr. Luise Lauth, Bad Liebenstein (PB Lauth)

- Friedrich Bücher, *Vorbei. Erinnerungen* o. J.
- Briefe von Emilie Bücher geb. Mittermaier an ihren Vater Philipp Mittermaier und an ihre Mutter Laura Mittermaier geb. Bekk (1892–1900)
- Briefe von Emilie Bücher geb. Mittermaier an ihre Schwester Mathilde Mittermaier (1892–1907)
- Vorlesungsmanuskript Karl Bücher, »Geschichte der Familie«

Universitätsbibliothek Heidelberg

– Heid. Hs. 4067 Nachlass Karl Ludwig Hampe

Max-Weber-Gesamtausgabe, Arbeitsstelle Heidelberg

– Briefe von Marianne Weber an Helene Weber
– Briefe von Marianne Weber an Max Weber

Schriften von Karl Bücher

Aufgenommen sind hier nur die zitierten und benutzten Schriften. Für eine vollständige Sammlung der 439 Veröffentlichungen Büchers sei auf das von Arnulf Kutsch herausgegebene Schriftenverzeichnis (Leipzig 2000) verwiesen, das auch die zahlreichen Zeitungsartikel und Rezensionen enthält, die hier nur in Ausnahmefällen aufgeführt sind.

de gente Aetolica amphictyoniae participe, phil. Diss. Bonn 1870

Die Aufstände der unfreien Arbeiter 143–129 v. Chr., Frankfurt a. M.: Adelmann 1874 (= A)

Die gewerbliche Bildungsfrage und der industrielle Rückgang, Wien – Leipzig: Verlag von A. Pichler's Witwe & Sohn 1877

Emile de Laveleye, *Das Ureigenthum.* Hg. und vervollständigt v. Dr. Karl Bücher, Leipzig: F. A. Brockhaus 1879. Zusätzlich erweitert von Karl Bücher um die Kap. VI (Überreste der alten Agrarverfassung und Deutschland), IX (Die Allmende im südwestlichen Deutschland), XV (Das Eigenthum bei den Urbewohnern Amerikas) und um Teile von Kap. XIV (Die Feldgemeinschaft bei Völkern verschiedener Erdtheile).

Frauenfrage im Mittelalter, Tübingen: H. Laupp'sche Buchhandlung 1882; zweite verbesserte Auflage, Tübingen 1910 (= F)

Die Bevölkerung von Frankfurt am Main im XIV. und XV. Jahrhundert. Socialstatistische Untersuchungen, Bd. 1, Tübingen: H. Laupp'sche Buchhandlung 1886

Bevölkerung des Kantons Basel-Stadt am 1. Dezember 1888. Im Auftrage des Regierungsrates bearbeitet. Mit acht Karten, Basel: Kommissionsverlag H. Georg 1890

Die Wohnungs-Enquete in der Stadt Basel vom 1.-19. Februar 1889. Im Auftrage des Regierungsrates bearbeitet. Basel: H. Georg 1891

Gewerbe, in: *Handwörterbuch für Staatswissenschaften* Bd. 3, 1892, 922–950 (erweiterte Fassungen: Bd. 4, 1898, 360–393 u. Bd. 5, 1909, 847–880)

Die Entstehung der Volkswirtschaft. Sechs Vorträge, Bd. 1, Tübingen: H. Laupp'sche Buchhandlung 1893 (2. stark vermehrte Aufl. 1898; 3. verm. und verb. Auflage 1901; 4. Aufl. 1904, 5. stark verm. und verb. Aufl. 1906; 6. Aufl. 1908; 7. Aufl. 1910; 8. Aufl. 1911; 9. Aufl. 1913; 10. Aufl. 1917; 11. Aufl. 1919, 12. und 13. Aufl. 1919; 14. und 15. Aufl. 1920; 16. Aufl. 1922; 17. Aufl. 1926 (= V)

Arbeitsteilung und soziale Klassenbildung, in: ders., *Die Entstehung der Volkswirtschaft.* Sechs Vorträge, Tübingen 1893, 119–168 (Vortrag, gehalten beim Antritt des Lehramtes an der Universität Leipzig den 5. November 1892)

Wilhelm Roscher †. In: *Preußische Jahrbücher* 77/1, 1894, 104–123

Die Diokletianische Taxordnung vom Jahre 301, in: *ZfGS* 50, 1894, 189–219, 672–717 (= *Beiträge* 1922, 179–242)

Untersuchungen über die Lage des Handwerks in Deutschland mit besonderer Berücksichtigung auf seine Konkurrenzfähigkeit gegenüber der Großindustrie, Bd. 1: Königreich Preußen, Teil 1, hg. von Karl Bücher, Leipzig: Duncker & Humblot 1895 (= Schriften des Vereins für Socialpolitik 62)

Untersuchungen über die Lage des Handwerks in Deutschland mit besonderer Berücksichtigung auf seine Konkurrenzfähigkeit gegenüber der Großindustrie, Bd. 2: Königreich Sachsen: Arbeiten aus dem Volkswirtschaftlich-Statistischen Seminar der Universität Leipzig, Teil 1, hg. v. Karl Bücher, Leipzig: Duncker & Humblot 1895 (= Schriften des Vereins für Socialpolitik 63)

Untersuchungen über die Lage des Handwerks in Deutschland mit besonderer Berücksichtigung auf seine Konkurrenzfähigkeit gegenüber der Großindustrie, Bd. 3: Süddeutschland, hg. v. Karl Bücher, Leipzig: Duncker & Humblot 1895 (= Schriften des Vereins für Socialpolitik 64)

Untersuchungen über die Lage des Handwerks in Deutschland mit besonderer Berücksichtigung auf seine Konkurrenzfähigkeit gegenüber der Großindustrie, Bd. 2: Königreich Preußen, Teil 2, hg. v. Karl Bücher, Leipzig: Duncker & Humblot 1895 (= Schriften des Vereins für Socialpolitik 65)

Arbeit & Rhythmus, Leipzig: S. Hirzel 1896 (= Abhandlungen der philologisch-historischen Classe der Königlich-Sächsischen Gesellschaft der Wissenschaften Bd. 17, Nr. 5); 2. stark verm. Aufl. Leipzig: B. G. Teubner 1899; 3. stark verm. Aufl. 1902; 4. neubearb. Aufl. Leipzig u. Berlin: B. G. Teubner 1909; 5. verb. Aufl. Leipzig: Emmanuel Reinicke 1919: 6. verb. u. erw. Aufl. 1924 (= A & R)

Untersuchungen über die Lage des Handwerks in Deutschland mit besonderer Berücksichtigung auf seine Konkurrenzfähigkeit gegenüber der Großindustrie, Bd. 5: Königreich Sachsen: Arbeiten aus dem Volkswirtschaftlich-Statistischen Seminar der Universität Leipzig, Teil 2, hg. v. Karl Bücher, Leipzig: Duncker & Humblot 1896 (= Schriften des Vereins für Socialpolitik 66)

Untersuchungen über die Lage des Handwerks in Deutschland mit besonderer Berücksichtigung auf seine Konkurrenzfähigkeit gegenüber der Großindustrie, Bd. 7:

Königreich Preußen, Teil 3, hg. v. Karl Bücher, Leipzig: Duncker & Humblot 1895 (= Schriften des Vereins für Socialpolitik 68)

Untersuchungen über die Lage des Handwerks in Deutschland mit besonderer Berücksichtigung auf seine Konkurrenzfähigkeit gegenüber der Großindustrie, Bd. 8: Süddeutschland, Teil 2, hg. v. Karl Bücher, Leipzig: Duncker & Humblot 1897 (= Schriften des Vereins für Socialpolitik 69)

Untersuchungen über die Lage des Handwerks in Deutschland mit besonderer Berücksichtigung auf seine Konkurrenzfähigkeit gegenüber der Großindustrie, Bd. 9: Verschiedene Staaten, hg. v. Karl Bücher, Leipzig: Duncker & Humblot 1897 (= Schriften des Vereins für Socialpolitik 70)

Gewerbe, in: *Wörterbuch der Volkswirtschaft in zwei Bänden*. Hg. v. Ludwig Elster, Jena: Gustav Fischer 1898, Bd. 1, 850–864; 2. Aufl. 1906, Bd. 1, 1002–1017; 3. Aufl. 1911, Bd. 1, 1066–1082

Die Wirtschaft der Naturvölker, in: *Jahrbuch der Gehe-Stiftung* Bd. III, Dresden 1899, 51–119

Études d'histoire et d'économie politique. Traduites par Alfred Hansay avec un préface de Henri Pirenne, Brüssel – Paris 1901

Zur griechischen Wirtschaftsgeschichte, in: *Festgaben für Albert Schäffle zur siebenzigsten Wiederkehr seines Geburtstages am 24. Februar 1901*, dargebracht v. K. Bücher, K. B. Fricker et al., Tübingen: H. Laupp'sche Buchhandlung 1901, 191–254

Industrial Evolution, translated from the third German edition by S. Morley Wickett, London: D. Bell & Sons 1901

Über alte und neue Aufgaben der deutschen Universitäten. Rektoratswechsel an der Universität Leipzig am 1. Oktober 1903, Leipzig: Alexander Edelmann 1903, 15–33

Die Großstädte in Gegenwart und Vergangenheit, in: *Jahrbuch der Gehe-Stiftung zu Dresden* Bd. 9: Die Großstadt. Vorträge und Aufsätze zur Städteausstellung, Dresden 1903, 1–31

Der deutsche Buchhandel und die Wissenschaft. Denkschrift im Auftrage des Akademischen Schutzvereins, Leipzig: B. G. Teubner 1903; 2. stark verm. u. verb. Aufl. 1903; 3. verm. u. verb. Aufl. 1904

Schäffle †. In: *ZfGS* 60, 1904, o. S.

Adolph Wagner. Eine Festrede, in: Adolf Damaschke (Hg.), *Soziale Zeitfragen. Beiträge zu den Kämpfen der Gegenwart* 24, Berlin 1905, 9–17

Großstadt-Typen aus fünf Jahrtausenden, in: ders., *Die Entstehung der Volkswirtschaft*, 5., stark vermehrte und verbesserte Aufl. Tübingen 1906, 355–382

Haushaltbudgets oder Wirtschaftsrechnungen, in: *ZfGS* 62, 1906, 686–700

Storia economica, ed. G. Luzzato, Turin 1906, 1936

Das Gesetz der Massenproduktion, in: *ZfGS* 66, 1910, 429–444

Ein Votum zur Universitätsfrage, in: *Frankfurter Zeitung* Jg. 55, Nr. 111. Erstes Morgenblatt, vom 22. April 1911

Die Berufe der Stadt Frankfurt a. M. im Mittelalter, Leipzig: B. G. Teubner 1914 (= Abhandlungen der philologisch-historischen Klasse der Königlich-Sächsischen Gesellschaft der Wissenschaften Bd. 30, Nr. 3)

Volkswirtschaftliche Entwicklungsstufen, in: *Grundriß der Sozialökonomik*, bearbeitet von K. Bücher, J. Schumpeter, Fr. Freiherrn von Wieser, Tübingen: J. C. B. Mohr (Paul Siebeck) 1914, 2–18

Unsere Sache und die Tagespresse, Tübingen: J. C. B. Mohr (Paul Siebeck) 1915

Die deutsche Tagespresse und die Kritik, Tübingen: J. C. B. Mohr (Paul Siebeck) 1915

Worte zum Gedächtnis an Karl Lamprecht. Gesprochen am 14. November 1915, in: *Berichte über die Verhandlungen der Königlich-Sächsischen Gesellschaft der Wissenschaften zu Leipzig, Philologisch-historische Klasse,* Bd. 67, 1915, Leipzig 1916, 1–27

Die Anonymität in der Presse, in: *ZfGS* 72, 1916, 289–327

Die wirtschaftliche Reklame, in: *ZfGS* 73, 1917, 461–483

Vom Arbeitsmarkt zur Tagespresse, in: *ZfGS* 73, 1917, 221–225

Eine Schicksalsstunde der akademischen Nationalökonomie, in: *ZfGS* 73, 1917, 255–293

Die Entstehung der Volkswirtschaft. Vorträge und Versuche. 2. Sammlung, Tübingen: H. Laupp'sche Buchhandlung 1918; 2. Aufl. 1918; 3. u. 4. verm. u. verb. Aufl. 1920; 5. u. 6. verm. u. verb. Aufl. 1921; 7. Aufl. 1922; 8. Aufl. 1925

Schenkung, Leihe und Bittarbeit, in: ders., *Die Entstehung der Volkswirtschaft. Vorträge und Versuche.* 2. Sammlung, Tübingen: H. Laupp'sche Buchhandlung 1918, 3–34

Lebenserinnerungen. Erster Band 1847–1890, Tübingen: H. Laupp'sche Buchhandlung 1919 (= L)

Die Sozialisierung. Vortrag, gehalten in der Vereinigung höherer Beamter und Beamtinnen zu Chemnitz am 6. Januar 1919, Tübingen: H. Laupp'sche Buchhandlung 1919; 2. stark erw. Aufl. 1919 (= S)

Intelligenzwesen, in: *ZfGS* 75, 1920, 326–345

Rez. Below, Georg von, Probleme der Wirtschaftsgeschichte, Tübingen 1920, in: *ZfGS* 76, 1921, 535–542

Der Handel, in: Karl Bücher, *Die Entstehung der Volkswirtschaft. Vorträge und Versuche.* 2. Sammlung, 3. u. 4. Aufl. Tübingen: H. Laupp'sche Buchhandlung 1920, 218–244

Aus dem Leben Friedrich Lists, in: *ZfGS* 76, 1921, 553–559

Mittelalterliche Handwerksverbände, in: *ZfGS* 77, 1922, 295–327

Beiträge zur Wirtschaftsgeschichte, Tübingen: H. Laupp'sche Buchhandlung 1922 (= B)

Nassauisches Dorfleben (= Hessen-Nassauische Bücherei, Heft 4/5, hg. v. Otto Stückrath), Melsungen 1924

Gesammelte Aufsätze zur Zeitungskunde, Tübingen: H. Laupp'sche Buchhandlung 1926

Mälestuded. Übersetzt von Sirje Laud, in: Mälestusi Tartu Ülikoolist (17.–19. Sajand). Hg. v. Sergei Issakov, Tallinn 1986, 318–331

Sekundärliteratur

Aldenhoff, Rita: Nationalökonomie und Kulturwerte um 1900, in: Rüdiger vom Bruch et al. (Hg.), *Kultur und Kulturwissenschaft um 1900*, Stuttgart 1989, 45–62

Aldenhoff, Rita: Kapitalismusanalyse und Kulturkritik. Bürgerliche Nationalökonomen entdecken Marx, in: Gangolf Hübinger, Wolfgang Mommsen (Hg.), *Intellektuelle im Deutschen Kaiserreich*, Frankfurt 1993, 78–94

Andreades, Andreas M.: *Geschichte der griechischen Staatswirtschaft*, Bd. 1, München 1931 (griech. 1926/27)

Andreau, Jean et Etienne, Roland: Vingt ans de recherches sur l'archaïsme et la modernité des sociétés antiques, in: *Revue des Études Anciennes* 86,1–4, 1984, 55–83

Andreau, Jean: Vingt ans après *L'économie antique* de M. I. Finley. Présentation du dossier ›L'économie antique‹, in: *Annales H.S.S.* 50, 1995, 947–960 = Twenty years after Moses I. Finley's ›The Ancient Economy‹, in: Walter Scheidel, Sitta von Reden (Hg.), *The Ancient Economy*, Edinburgh 2002, 33–49

Andreau, Jean: *Banking and Business in the Roman World*, Cambridge 1999 (frz. 2001)

Andreau, Jean: Markets, fairs and monetary loans. Cultural history and economic history in Roman Italy and Hellenistic Greece, in: Paul Cartledge, Edward E. Cohen, Lin Foxhall (Hg.), *Money, Labour and Land*, London – New York 2001, 113–220

Andreau, Jean: Sur les choix économiques des notables Romans, in: ders., Jérôme France, Sylvia Pittia (Hg.), *Mentalites et choix économiques des Romains*, Paris 2004 (= Scripta Antiqua 7), 71–85

Andreau, Jean: John H. D'Arms and the economic interests of the Roman élite, in: A. Gallini Zevi, J. H. Humphreys (Hg.), *Ostia, Cicero, Gamala, Feasts & the Economy. Papers in Memory of John H. D'Arms.* (= Journal of Roman Archaelogy. Suppl. 57), Portsmouth 2004, 137–141

Andreau, Jean: Remarques sur le quaestus, in: ders., Véronique Chankowski (Hg.), *Vocabulaire et expression de l'économie dans le monde antique*, Pessac 2007, 233–251

Audring, Gert (Hg.): *Gelehrtenalltag. Der Briefwechsel zwischen Eduard Meyer und Georg Wissowa (1890–1927)*, Hildesheim 2000

Austin, Michel u. Vidal-Naquet, Pierre: *Économies et sociétés en Grèce ancienne*, Paris 1972, 2. durchgesehene Aufl. 1973, dt.: Wirtschaft und Gesellschaft im alten Griechenland. Aus dem Franz. v. Andreas Wittenburg, München 1984

Baasner, Rainer: Briefkultur im 19. Jahrhundert. Kommunikation, Konvention, Postpraxis, in: ders. (Hg.), *Briefkultur im 19. Jahrhundert*, Tübingen 1999, 1–36

Bachofen, Johann Jakob: *Gesammelte Werke* Bd. X, Basel 1967

Backhaus, Jürgen (Hg.): *Karl Bücher. Theory, History, Anthropology, Non Market Economies*, Marburg 2000

Backhaus, Jürgen: A visit in Bücher's library: Insights into his working habits, in: ders., *Karl Bücher* 2000, 409–411

Bajohr, Frank: *Unser Hotel ist judenfrei. Bäder-Antisemitismus im 19. und 20. Jahrhundert*, Frankfurt a. M. 2003

Bang, Peter Fibiger: *The Roman Bazaar. A Comparative Study of Trade and Markets in a Tributary Empire*, Cambridge 2008

Barlösius, Eva: *Naturgemäße Lebensführung. Zur Geschichte der Lebensreform um die Jahrhundertwende*, Frankfurt/M. 1997

Barth, Paul: rez. K. Bücher, Arbeit & Rhythmus, in: *Archiv für soziale Gesetzgebung und Statistik* 10, 1897, 321–324

Bauer, Helmut u. Tworek, Elisabeth (Hg.): *Schwabing, Kunst und Leben um 1900*, München 1998

Baumann, Zygmunt: *Leben als Konsum*, aus dem Engl. v. Richard Barth, Hamburg 2009

Baumgarten, Marita: *Professoren und Universitäten im 19. Jahrhundert*, Göttingen 1997

Bausinger, Hermann: Bürgerliches Massenreisen um die Jahrhundertwende, in: Ueli Gyr (Hg.), *Soll und Haben. Alltag und Lebensformen bürgerlicher Kultur*, Zürich 1995, 131–147

Baxmann, Inge: Arbeit und Rhythmus. Die Moderne und der Traum von der glücklichen Arbeit, in: dies. et al. (Hg.), *Arbeit und Rhythmus. Lebensformen im Wandel*, München 2009, 15–35

Beloch, Julius: Die Grossindustrie im Altertum, in: *Zeitschrift für Socialwissenschaft* 2, 1899, 18–26

Beloch, Julius: Zur griechischen Wirtschaftsgeschichte, in: *Zeitschrift für Socialwissenschaft* 5, 1902, 95–103 u. 169–179

Julius Beloch, in: *Die Geschichtswissenschaft der Gegenwart in Selbstdarstellungen*, Bd. 2, hg. v. Siegfried Steinberg, Leipzig 1927, 1–6

Below, Georg von: *Probleme der Wirtschaftsgeschichte. Eine Einführung in das Studium der Wirtschaftsgeschichte*, Tübingen 1920

Beil, Theodor: *Beiträge zur Kenntnis des Gewerbes im hellenistischen Ägypten*, Borna – Leipzig 1913

Benario, H. W.: German-speaking scholars in the United States and Canada from the 1930', in: *Klio* 83, 2001, 451–472

Benker, Gertrud: *Bürgerliches Wohnen. Städtische Wohnkultur in Mitteleuropa von der Gotik bis zum Jugendstil*, München 1984

Berghahn, Volker: *Das Kaiserreich 1871–1914. Industriegesellschaft, bürgerliche Kultur und autoritärer Staat*, Gebhardt. Handbuch der deutschen Geschichte Bd. 16, 10., völlig neu bearbeitete Auflage, Stuttgart 2003, Ndr. 2006

Bertram, Sabine: Doktorandinnen der Nationalökonomie an der Berliner Universität 1906–1936, in: *Jahrbuch für Universitätsgeschichte* 11, 2008, 111–133

Bertz, Eduard: *Philosophie des Fahrrads* (1900). Mit einem Anhang neu hg. v. Wulfhard Stahl, Paderborn 1997

Beßlich, Barbara: *Wege in den ›Kulturkrieg‹. Zivilisationskritik in Deutschland 1890–1914*, Darmstadt 2000

Binding, Karl u. Hoche, Alfred: *Die Freigabe der Vernichtung lebensunwerten Lebens. Ihr Maß und ihre Form*, Leipzig 1920

Blanning, T. C. W.: *Das Alte Europa 1660–1787. Kultur der Macht und Macht der Kultur.* Aus dem Engl. v. Monika Carbe, Darmstadt 2006 (engl. *The Culture of Power and the Power of Culture*, Oxford 2002)

Bleker, Johanna (Hg.): *Der Eintritt der Frauen in die Gelehrtenrepublik: Zur Geschlechterfrage im akademischen Selbstverständnis und in der wissenschaftlichen Praxis am Anfang des 20. Jahrhunderts*, Husum 1998

Bloch, Marc: Karl Bücher, in: *Annales d'Histoire, Économie, Société* 4, 1932, 65–66

Bloch, Maurice u. Parry, Jonathan (Hg.): *Money and the Morality of Exchange*, Cambridge 1989

Bödeker, Hans Erich: Biographie. Annäherungen an den gegenwärtigen Diskussionsstand, in: ders. (Hg.), *Biographie schreiben*, Göttingen 2003, 9–63

Boeckh, August: *Encyclopädie und Methodologie der philologischen Wissenschaften*, hg. v. E. Bratuschek und R. Klussmann, Leipzig 1886, 376–427

Boese, Franz: *Geschichte des Vereins für Sozialpolitik 1872–1932.* Im Auftrage des Liquidationsausschusses verfaßt vom Schriftführer, Berlin 1939

Bolkestein, Hendrik: *Economic Life in Greece's Golden Age*, new edition, revised and annotated, Leiden 1958 (= *Het economisch leven in Griekenlands bloeitijid*, Haarlem 1923)

Bolkestein, Hendrik: *Wohltätigkeit und Armenpflege im vorchristlichen Altertum*, Utrecht 1939

Bollenbeck, Georg: *Bildung und Kultur. Glanz und Elend eines deutschen Deutungsmusters*, Frankfurt a. M. 1996

Bonß, Wolfgang u. Hartmann, Heinz (Hg.): *Entzauberte Wissenschaft. Soziale Welt*, Sonderband 3, Göttingen 1985

Bormann, Hans u. Kutsch, Arnulf: Pressegeschichte und Pressetheorie: Erich Everth (1878–1934), in: *Publizistik* 24, 1979, 386–403

Born, Karl Erich: Der soziale und wirtschaftliche Strukturwandel Deutschlands am Ende des 19. Jahrhunderts, in: Hans-Ulrich Wehler (Hg.), *Moderne deutsche Sozialgeschichte*, 5. Aufl. Köln – Berlin 1981, 271–284

Borscheid, Peter: *Das Tempo-Virus. Eine Kulturgeschichte der Beschleunigung*, Frankfurt – New York 2004

Bourdieu, Pierre: *Entwurf einer Theorie der Praxis auf der ethnologischen Grundlage der kabylischen Gesellschaft.* Übersetzt v. Cordula Pialoux u. Bernd Schwibs, Frankfurt a. M. 1979 (frz. 1972)

Bourdieu, Pierre: Die biographische Illusion, in: *Bios* 1, 1990, 75–81

Brandmann, Paul: *Leipzig zwischen Klassenkampf und Sozialreform. Kommunale Wohlfahrtspflege zwischen 1890 und 1929*, Köln 1998

Brandt, Robert u. Buchner, Thomas (Hg.): *Nahrung, Markt oder Gemeinnutz. Werner Sombart und das vorindustrielle Handwerk*, Bielefeld 2004

Bravo, Benedetto: Remarques sur les assises sociales, les formes d'organisation et la terminologie du commerce maritime grec à l'époque archaïque, in: *Dialogues d'Histoire Ancienne* 3, 1977, 1–59

Bravo, Benedetto: Le commerce des céréales chez les Grecs de l'époque archaïque, in: Peter Garnsey, C. R. Whittaker (Hg.), *Trade and Famine in Classical Antiquity*, Cambridge 1983, 17–29

Bravo, Benedetto: Commerce et noblesse en Grèce archaïque. À propos d'un livre d'Alfonso Mele, in: *Dialogues d'Histoire ancienne* 10, 1984, 99–160

Braubach, Max: Aus Briefen Karl Büchers an Aloys Schulte. Ein Beitrag zur deutschen Wissenschaftsgeschichte zwischen 1890 und 1925, in: *Festschrift Hermann Aubin*, hg. v. Otto Brunner, Hermann Kellenbenz, Erich Maschke, Wolfgang Zorn, Bd. 1, Wiesbaden 1965, 374–402

Braubach, Max: Aloys Schulte, in: *Bonner Gelehrte. Beiträge zur Geschichte der Wissenschaften in Bonn*, Bd. 7: Geschichtswissenschaften, Bonn 1968, 299–310

Bräuer, Karl: Wilhelm Stieda 1852–1933. Ein deutsches Gelehrtenleben, in: *Schmollers Jahrbuch* 61/1, 1937, 1–42

Braeuer, Walter: Walter Troeltsch, in: Ingeborg Schnack (Hg.), *Marburger Gelehrte der ersten Hälfte des 20. Jahrhunderts*, Marburg 1977, 553–568

Bremen, Riet van: *The Limits of Partizipation. Women and Civic Life in the Greek East in the Hellenistic and Roman Period*, Amsterdam 1996

Brentano, Lujo: *Das Wirtschaftsleben der antiken Welt. Vorlesungen.* Gehalten als Einleitung zur Wirtschaftsgeschichte des Mittelalters, Jena 1929

Brentano, Lujo: *Mein Leben im Kampf um die soziale Entwicklung Deutschlands*, Jena 1931, Ndr. 2004

Bresson, Alain: Merchants and politics in ancient Greece, in: Carlo Zaccagnini (Hg.), *Mercanti e Politica nel Mondo Antico* (= Saggi di storia antica 21), Rom 2003, 139–163

Bresson, Alain: *La cité marchande*, Bordeaux 2000

Bresson, Alain: *L'économie de la Grèce des cités*, 2 Bde., Paris 2008

Brocke, Bernhard vom: Hochschul- und Wissenschaftspolitik in Preußen und im Deutschen Kaiserreich 1882–1907: das System Althoff, in: Peter Baumgart (Hg.), *Bildungspolitik in Preußen zur Zeit des Kaiserreichs*, Stuttgart 1980, 9–118

Brocke, Bernhard vom: Friedrich Althoff, in: Wolfgang Treue, Karlfried Gründer (Hg.), *Wissenschaftspolitik in Berlin. Minister, Beamte, Ratgeber*, Berlin 1987, 195–214

Brodnitz, Georg: Karl Bücher, Worte zu seinem Gedächtnis, in: *ZfGS* 90/1, 1931, 1–7

Bruch, Rüdiger vom: Gustav Schmoller, in: *Deutsche Geschichtswissenschaft um 1900*, hg. v. Notker Hammerstein, Wiesbaden 1988, 219–238

Bruch, Rüdiger vom (Hg.): *Kultur und Kulturwissenschaft um 1900*, Stuttgart 1989

Bruch, Rüdiger vom: Weiterführung der Schmollerschen und Lamprechtschen Traditionen in der Weimarer Republik, in: Gerald Diesener (Hg.), *Karl Lamprecht weiterdenken. Universal- und Kulturgeschichte heute*, Leipzig 1993, 225–241

Bruch, Rüdiger vom: Verengung und Erweiterung. Die deutschen Staatswissenschaften um 1900 im Kulturdiskurs, in: Christoph König, Eberhard Lämmert (Hg.), *Kultur, Wissen und Universität um 1900*, Frankfurt a. M. 1999, 94–104

Bruch, Rüdiger vom: Gustav Schmoller: Zwischen Nationalökonomie und Geschichtswissenschaft, in: ders., *Gelehrtenpolitik, Sozialwissenschaft und akademische Diskurse in Deutschland im 19. und 20. Jahrhundert*, hg. v. Björn Hofmeister u. Hans-Christoph Liess, Stuttgart 2006, 230–249

Bruch, Rüdiger vom: Geistige Kriegspropaganda. Der Aufruf von Wissenschaftlern und Künstlern an die Kulturwelt, in: ders., *Gelehrtenpolitik* 2006, 162–166

Bruch, Rüdiger vom u. Karderas, Brigitte (Hg.): *Wissenschaften und Wissenschaftspolitik. Bestandsaufnahmen zu Formationen, Brüchen und Kontinuitäten im Deutschland des 20. Jahrhunderts*, Stuttgart 2002

Bruhns, Hinnerk: De Werner Sombart à Max Weber et Moses I. Finley: La typologie de la ville antique et la question de la ville de consommation, in: Philippe Leveau (Hg.), *L'origine des richesses dépensées dans la ville antique*. Publications de l'Université de Provence, 1985, 255–269

Bruhns, Hinnerk: La cité antique de Max Weber, in: *Opus* 6–8, 1987–1989, 2–42

Bruhns, Hinnerk: Verwandtschaftsstrukturen, Geschlechterverhältnisse und Max Webers Theorie der antiken Stadt, in: Christian Meier (Hg.), *Die okzidentale Stadt nach Max Weber*, München 1994, 59–94

Bruhns, Hinnerk: Max Weber, L'économie et l'histoire, in: *Annales HSS*, novembre-décembre 6, 1996, 1259–1287

Bruhns, Hinnerk: Zur Wirtschaftsgeschichte der römischen Republik in der deutschen Forschung. Kommentar zum Beitrag von Jean Andreau, in: *Die Späte Römische Republik (La Fin de la République Romain). Un Débat Franco-Allemand d'Histoire et d'Historiographie*, éds. Hinnerk Bruhns, Jean-Michel David, Wilfried Nippel, Ecole Française de Rome 1997, 169–184

Bruhns, Hinnerk: À propos de l'histoire ancienne et de l'économie politique chez Max Weber. Préface: Max Weber, *Économie et société dans l'Antiquité*, Paris 1998, 43–52

Bruhns, Hinnerk (Hg.): *L'histoire et l'économie politique en Allemagne autour de 1900*, Paris 2003

Bruhns, Hinnerk: L'histoire économique de l'Antiquité a-t-elle besoin de la théorie économique? Interrogations à partir de l'œuvre de M. I. Rostovtzeff, in: *Mediterraneo Antico. Economie, Società, Culture* VI 2, 2003, 571–595

Bruhns, Hinnerk: Max Weber und M. I. Rostovtzeff. Oder: braucht (antike) Wirtschaftsgeschichte (moderne) ökonomische Theorie? In: Raphaela Averkorn et al. (Hg.), *Europa und die Welt in der Geschichte. Festschrift zum 60. Geburtstag von Dieter Berg*, Bochum 2004, 150–171

Bruhns, Hinnerk: L'histoire des économistes et l'économie des historiens: à propos de l'école historique allemande de l'économie nationale et son héritage, in: Alain Alcouffe, Claude Diebolt (Hg.), *La pensée économique allemande*, Paris 2010, 91–111

Bruhns, Hinnerk: Otto Hintze, lo spirito del capitalismo e il moderno sistema degli stati, in: *Contemporanea* 13/1, 2010, 155ff. (= Storia e sociologia nell'opera di Otto Hintze. Un dibattito a cura di Daniela Luigia Caglioti e Cristiane Liermann)

Bruhns, Hinnerk u. Nippel, Wilfried (Hg.): *Max Weber und die Stadt im Kulturvergleich*, Göttingen 2000

Brunner, Otto: Die alteuropäische Ökonomik, in: *Zeitschrift für Nationalökonomie* 13, 1950/52, 114–139, Ndr. unter dem Titel: Das »ganze Haus« und die alteuropäische Ökonomik, in: ders., *Neue Wege der Sozialgeschichte*, Göttingen 1956, 33–61, Wiederabdruck in: ders., *Neue Wege der Verfassungs- und Sozialgeschichte*, 2. erw. Aufl., Göttingen 1968, 103–127

Brunner-Schubert, Isolde: »[...] aus verschiedenen Ständen und Berufsarten vereint.« Die kleinen Beamten, in: Heinz Schmitt, Ernst Otto Bräunche (Hg.), *Alltag in Karlsruhe. Vom Lebenswandel einer Stadt durch drei Jahrhunderte*, Karlsruhe 1990, 162–179

Bruns, Claudia: *Politik des Eros. Der Männerbund in Wissenschaft, Politik und Jugendkultur (1880–1934)*, Köln 2008

Buchheim, Lotte: *Volksliedhaftes unter Büchers deutschen Arbeitsliedern. Eine Untersuchung an Hand der deutschen Arbeitslieder in Karl Büchers ›Arbeit und Rhythmus‹*, Diss. phil. Leipzig 1926

Budde, Gunilla F.: Geglückte Eroberung? Frauen an Universitäten des 20. Jahrhunderts. Ein Forschungsüberblick, in: *Feministische Studien* 51, 2002, H. 1, 98–112

Budde, Gunilla F.: »Stützen« der Bürgergesellschaft. Varianten der Rolle von Dienstmädchen in deutschen und englischen Bürgerfamilien des 19. Jahrhunderts, in: H. Berghoff, D. Ziegler (Hg.), *Pionier oder Nachzügler? Komparative Studien zur Geschichte Englands und Deutschlands im Zeitalter der Industrialisierung*, Bochum 1995, 255–284

Bürgin, Alfred u. Maissen, Thomas: Zum Begriff der politischen Ökonomie heute, in: *Geschichte und Gesellschaft* 25, 1999, 177–200

Bulmer, Martin u. Bales, Kevin u. Kish Sklar, Kathryn (Hg.): *The Social Survey in Historical Perspective 1880–1940*, Cambridge 1991

Bunsen, Marie von: *Die Frau und die Geselligkeit*, Leipzig 1916

Burgbacher, Fritz: *Karl Büchers Bedeutung für die Statistik*, Diss. rer. pol. Frankfurt a. M. 1921

Busset, Thomas u. Le Dinh, Diana: Les enquêtes sociales et l'émergence de l'expertise statistique au 19e siècle en Suisse, in: *Traverse* 2001/2, 57–69

Calder III, William M. u. Demandt, Alexander (Hg.): *Eduard Meyer. Leben und Leistung eines Universalhistorikers*, Leiden 1990 (= Supplements to Mnemosyne), Leiden 1990

Calov, Carla: *Leipzig. Ein verlorenes Stadtbild*, 5. Aufl. Gudensberg-Gleichen 2000

Cancik, Hubert: Klassische Philologie: Graecistik, Latinistik, in: Christoph König, Eberhard Lämmert (Hg.), *Konkurrenten in der Fakultät. Kultur, Wissen und Universität um 1900*, Frankfurt a. M. 1999, 181–190

Canfora, Luciano: Die Kritik der bürgerlichen Demokratie durch Eduard Meyer, in: R. W. Müller, G. Schäfer (Hg.), *Arthur Rosenberg zwischen Alter Geschichte und Zeitgeschichte, Politik und politischer Bildung*, Göttingen 1986, 46–58

Canning, Kathleen: Social policy, body politics: recasting the social question in Germany 1875–1900, in: dies., *Gender History in Practise. Historical Perspectives on Bodies, Class and Citizenship*, Cornell 2006, 139–167

Capogrossi Colognesi, Luigi: *Max Weber und die Wirtschaft der Antike*. Aus dem Italienischen von Brigitte Szabó-Bechstein, Göttingen 2004

Capogrossi Colognesi, Luigi: The limits of the ancient city and the evolution of the medieval city in the thought of Max Weber, in: T. J. Cornell, Kathryn Lomas (Hg.), *Urban Societies in Roman Italy*, London 1995, 27–37

Cartledge, Paul: Trade and politics revisited: archaic Greece, in: Peter Garnsey u. Keith Hopkins u. C. R. Whittaker (Hg.), *Trade in the Ancient Economy*, London 1983, 1–15

Cartledge, Paul: The economy (economies) of ancient Greece, in: *Dialogos* 5, 1998, 4–24, Wiederabdruck in: Walter Scheidel, Sitta von Reden (Hg.), *The Ancient Economy*, Edinburgh 2002, 11–32

Cartledge, Paul u. Cohen, Edward E. u. Foxhall, Lin (Hg.): *Money, Labour and Land. Approaches to the Economies of Ancient Greece*, London – New York 2001

Chickering, Roger: *Karl Lamprecht. A German Academic Life 1856–1915*, Atlantic Highlands 1993

Chickering, Roger: Das Leipziger »Positivisten-Kränzchen«, in: Gangolf Hübinger, Rüdiger vom Bruch, Friedrich Wilhelm Graf (Hg.), *Kultur und Kulturwissenschaft um 1900*, Bd. II: Idealismus und Positivismus, Stuttgart 1997, 227–245

Christ, Karl: *Von Gibbon zu Rostovtzeff. Leben und Werk führender Althistoriker der Neuzeit*, Darmstadt 1972

Christ, Karl: *Neue Profile der Alten Geschichte*, Darmstadt 1990

Christ, Karl: *Klios Wandlungen. Die deutsche Althistorie vom Neuhumanismus bis zur Gegenwart*, München 2006

Christesen, Paul: Economic rationalism in fourth-century BCE Athens, in: *Greece & Rome* 50/1, 2003, 31–56

Cohen, Edward W.: *Athenian Economy & Society. A Banking Perspective*, Princeton 1992

Cornelißen, Christoph: *Gerhard Ritter. Geschichtswissenschaft und Politik im 20. Jahrhundert*, Düsseldorf 2001

Crielaard, J. P.: Honour and value as discourse for early Greek colonialism, 8th – 7th centuries B.C., in: *Die Ägäis und das westliche Mittelmeer. Beziehungen und Wechselwirkungen 8. bis 5. Jh. v. Chr. Akten des Symposions*, Wien 24. bis 27. März 1999, Wien 2000, 499–509

Curtius, Ludwig: *Deutsche und Antike Welt. Lebenserinnerungen*, Stuttgart 1950

Cymorek, Hans: *Georg von Below und die deutsche Geschichtswissenschaft um 1900*, Stuttgart 1998

Czok, Karl: Der Höhepunkt der bürgerlichen Wissenschaftsentwicklung 1871 bis 1917, in: *Alma Mater Lipsiensis. Geschichte der Karl-Marx-Universität Leipzig*, hg. v. Lothar Rathmann, Leipzig 1984, 191ff.

Dahme, Heinz-Jürgen: Der Verlust des Fortschrittsglaubens und die Verwissenschaftlichung der Soziologie. Ein Vergleich von Georg Simmel, Ferdinand Tönnies und Max Weber, in: Ottheim Rammstadt (Hg.), *Simmel und die frühen Soziologen. Nähe und Distanz zu Durkheim, Tönnies und Max Weber*, Frankfurt a. M. 1988, 222–249

Daniel, Ute: *Hoftheater. Zur Geschichte des Theaters und der Höfe im 18. und 19. Jahrhundert*, Stuttgart 1995

Daniel, Ute: Die Geburt der Medientheorie aus dem Geist der Propaganda: Entstehungskontexte der Medienforschung in der ersten Hälfte des 20. Jahrhunderts, in: Jürgen Reulecke u.Volker Roelcke (Hg.), *Wissenschaften im 20. Jahrhundert: Universitäten in der modernen Wissenschaftsgesellschaft*, Stuttgart 2008, 41–54

Daniels, Mario: *Geschichtswissenschaft im 20. Jahrhundert. Institutionalisierungsprozesse und Entwicklung des Personenverbandes an der Universität Tübingen 1918–1964*, Stuttgart 2009

Dargun, Lothar von: *Soziologische Studien I: Egoismus und Altruismus in der Nationalökonomie*, Leipzig 1885

D'Arms, John: M. I. Rostovtzeff and M. I. Finley: The status of traders in the Roman world, in: *Melanges G. F. Else*, Ann Arbor 1977, 157–179

D'Arms, John: *Commerce and Social Standing in Ancient Rome*, Cambridge/Mass. 1981

Daston, Lorraine: Die wissenschaftliche Persona. Arbeit und Berufung, in: Theresa Wobbe (Hg.), *Zwischen Vorderbühne und Hinterbühne. Beiträge zum Wandel der Geschlechterbeziehungen in der Wissenschaft vom 17. Jahrhundert bis zur Gegenwart*, Bielefeld 2003, 109–136

Dausien, Bettina: Die biographische Konstruktion von Geschlecht, in: Notger Schneider, RamAdhar Schneider, Dieter Lohmar (Hg.), *Einheit und Vielfalt. Das Verstehen von Kulturen*, Amsterdam 1998, 257–277

Davies, John K.: Ancient economics: models and muddles, in: Helen Parkins, Christopher Smith (Hg.), *Trade, Traders, and the Ancient City*, London 1998, 225–256

Deininger, Jürgen: Einleitung, in: Max Weber, *Zur Sozial- und Wirtschaftsgeschichte des Altertums. Schriften und Reden 1893–1908*, Tübingen 2006 (= MWG I/6).

Demade, Julian: Grundrente, Jahreszyklus und monetarisierte Zirkulation, in: *Historische Anthropologie* 16/2, 2009, 222–244

Demandt, Alexander: Natur- und Geschichtswissenschaft im 19. Jahrhundert, in: *HZ* 237, 1983, 37–66

Demm, Eberhard: Max und Alfred Weber im Verein für Socialpolitik, in: Wolfgang J. Mommsen, Wolfgang Schwentker (Hg.), *Max Weber und seine Zeitgenossen*, Göttingen – Zürich 1988, 119–136

Depkat, Volker: Autobiographie und die soziale Konstruktion von Wirklichkeit, in: *Geschichte und Gesellschaft* 29, 2003, 441–476

Derks, Hans: Über die Faszination des »Ganzen Hauses«, in: *Geschichte und Gesellschaft* 22, 1996, 221–242

Deutsches Zeitgenossenlexikon. Biographisches Handbuch deutscher Männer und Frauen der Gegenwart, Leipzig 1905

Dickmann, Jens-Arne: *domus frequentata*. Anspruchsvolles Wohnen im Pompeijanischen Stadthaus, München 1999

Diesener, Gerald: Karl Lamprecht und die Leipziger Universität, in: ders. (Hg.), *Karl Lamprecht weiterdenken. Universal- und Kulturgeschichte heute*, Leipzig 1993, 17–30

Donnert, Erich: *Die Universität Dorpat-Jurév 1802–1918. Ein Beitrag zur Geschichte des Hochschulwesens in den Ostseeprovinzen des Russischen Reiches*, Frankfurt/M. u.a. 2007

Drechsler, Wolfgang u. Kattel, Rainer: Karl Bücher in Dorpat, in: Jürgen Backhaus (Hg.), *Karl Bücher. Theory, History, Anthropology, Non Market Economies*, Marburg 2000, 11–72

Drexhage, Hans-Joachim et al.: *Die Wirtschaft des Römischen Reiches (1.–3. Jahrhundert). Eine Einführung*, Berlin 2002

Ehling, Kay: Fritz Heichelheim, in: R. Todd (Hg.), *The Dictionary of British Classicists*, Bd. 2, London – New York 2004, 446–449

Ehmer, Josef: »Historische Bevölkerungsstatistik«, Demographie und Geschichtswissenschaft, in: ders., Ursula Ferdinand, Jürgen Reulecke (Hg.), *Herausforderung Bevölkerung. Zur Entwicklung des modernen Denkens über die Bevölkerung vor, im und nach dem »Dritten Reich«*, Wiesbaden 2007, 17–30

Eich, Armin: *Die politische Ökonomie des antiken Griechenland (6.–3. Jahrhundert v. Chr.)*, Köln – Weimar – Wien 2006

Eimer, Brigitta: *Steinscher Hof Kirberg. Ein Nassauisches Burgmannenhaus im Besitz des Freiherrn vom Stein*. Nach den Urkunden dargestellt v. Brigitta Eimer und Mitarbeitern. Köln – Berlin 1982

Ellwanger, Karen u. Meyer-Renschhausen, Elisabeth: Kleidungsreform, in: Diethard Krebs, Jürgen Reulecke (Hg.), *Handbuch der deutschen Reformbewegungen 1880–1933*, Wuppertal 1998, 87–102

Engels, Donald: *Roman Corinth. An Alternative Model for the Classical City*, Chicago – London 1990

Erdkamp, Paul: Beyond the limits of the ›consumer city‹. A modul of the urban and rural economy in the Roman world, in: *Historia* 50/3, 2001, 332–356

Etzemüller, Thomas: *Sozialgeschichte als politische Geschichte. Werner Conze und die Neuorientierung der westdeutschen Geschichtswissenschaft nach 1945*, München 2001

Eulenburg, Franz: *Die Frequenz der deutschen Universitäten von ihrer Gründung bis zur Gegenwart*. Ndr. der Ausgabe von 1904. Mit einem Nachwort von Elisabeth Lea und Gerald Wiemers, Berlin 1994

Eulenburg, Franz: *Die Entwicklung der Universität Leipzig in den letzten hundert Jahren. Statistische Untersuchungen.* Fotomechan. Nachdruck der Ausgabe von 1909. Mit einem Nachwort von Gerald Wiemers, Stuttgart 1995

Eulenburg, Franz: rez. K. Bücher, Arbeit & Rhythmus, in: *Deutschen Literaturzeitung* 8, 1897, Nr. 31, Sp. 1227–1232

Febvre, Lucien: Lujo Brentano, in: *Annales d'Histoire, Économie, Société* 4, 1932, 66

Fertig, Georg: *Äcker, Wirte, Gaben. Ländlicher Bodenmarkt und liberale Eigentumsordnung im Westfalen des 19. Jahrhunderts*, Berlin 2007

Finkelstein, Moses I.: Emporos, naukleros and kapelos. Prolegomena to the study of Athenian trade, in: *Classical Philology* 30, 1935, 320–336

Finley, Moses I.: *The World of Odysseus*, London 1954. Dt.: *Die Welt des Odysseus*. Aus dem Engl. v. Anna-Elisabeth Berve-Glaunig, Darmstadt 1968/München 1979/ Frankfurt – New York 2005

Finley, Moses I.: Technical innovations and economic progress in the ancient world, in: *Econ. Hist. Rev.*, 2nd ser., 18, 1965, 29–45 = ders., *Economy and Society in Ancient Greece*, London 1981, 176ff.

Finley, Moses I.: *The Ancient Economy*, London 1973; revidierte Aufl. 1985, 1999 und 2003. Dt.: Die antike Wirtschaft. Aus dem Engl. v. Andreas Wittenburg, München 1977

Finley, Moses I.: *The Bücher-Meyer-Controversy*, New York 1979

Finley, Moses I.: The ancient city: From Fustel de Coulanges to Max Weber and beyond, in: *Comparative Studies in Society and History* 19, 1977, 305–327 (Wiederabdruck in: ders., *Economy and Society in Ancient Greece*, hg. v. B. D. Shaw, R. P. Saller, London 1981, 3–23)

Finley, Moses I.: Max Weber and the Greek City State, in: ders., *Ancient History: Evidence and Models*, London 1985. Dt.: Max Weber und der griechische Stadtstaat, in: Jürgen Kocka (Hg.), *Max Weber, der Historiker*, Göttingen 1986, 90–106 = Moses I. Finley, *Quellen und Modelle in der Alten Geschichte*, Frankfurt a. M. 1987, 107–125

Firth, Raymond: The place of Malinowski in the history of economic anthropology, in: ders. (Hg.), *Man and Culture. An Evaluation of the World of Bronislaw Malinowski*, 4. Aufl., London 1963, 209–227

Firth, Raymond: Methodological issues in economic anthropology, in: *Man* 7/3, 1972, 465–475

Flasch, Kurt: *Die geistige Mobilmachung. Die deutschen Intellektuellen und der Erste Weltkrieg. Ein Versuch*, Berlin 2000

Flaig, Egon: Mit Kapitalismus keine Stadtkultur. Überlegungen zum Euergetismus, in: Wolfgang Reinhard, Justin Stagl (Hg.), *Menschen und Märkte. Studien zur historischen Wirtschaftsanthropologie*, Wien – Köln – Weimar 2007, 133–157

Foxhall, Lin: Cargoes of the heart's desire. The character of trade in the archaic Mediterranean world, in: Nick Fisher, Hans van Wees (Hg.), *Archaic Greece. New Approaches and New Evidence*, London 1998, 295–309

Foxhall, Lin: Village to city: staples and luxuries? Exchange networks and urbanization, in: Robin Osborne, Barry Cunliffe (Hg.), *Mediterranean Urbanization 800–600 B.C.*, Oxford 2007, 233–248

Francotte, Henri: *L'industrie dans la Grèce ancienne*, Brüssel 1900

Francotte, Henri: Industrie und Handel, in: *Realencyclopädie der classischen Altertumswissenschaften* IX 2, 1916, Sp. 1381–1439

Franz, Heike: *Zwischen Markt und Profession. Betriebswirte in Deutschland im Spannungsfeld von Bildungs- und Wirtschaftsbürgertum 1900–1945*, Göttingen 1998

Freudenthal, Margarete: *Gestaltwandel der städtischen, bürgerlichen und proletarischen Hauswirtschaft zwischen 1760 und 1910* (1934). Hg. und mit einem Vorwort v. Katharina Rutschky, Frankfurt/M. – Berlin 1986

Friedrich, Cathrin: *Erich Brandenburg – Historiker zwischen Wissenschaft und Politik*, Leipzig 1998

Fuchs, Konrad: Peter Spahn, in: *Biographisch-Bibliographisches Kirchenlexikon* X, 1995, Sp. 865.

Führ, Christoph: Die preußischen Schulkonferenzen von 1890 und 1900. Ihre bildungspolitische Rolle und bildungsgeschichtliche Bewertung, in: Peter Baumgart (Hg.), *Bildungspolitik in Preußen zur Zeit des Kaiserreiches. Preußen in der Geschichte*, Bd. 1, Stuttgart 1980, 189–223

Füssel, Marian: *Gelehrtenkultur als symbolische Praxis. Rang, Ritual und Konflikt an der Universität der Frühen Neuzeit*, Darmstadt 2006

Garleff, Michael: *Die baltischen Länder. Estland, Lettland, Litauen vom Mittelalter bis zur Gegenwart*, München 2001

Garleff, Michael: Dorpat als Universität der Baltischen Provinzen im 19. Jahrhundert, in: Gert von Pistohlkors, Toivo U. Raun, Paul Kaegbein (Hg.), *Die Universitäten Dorpat/Tartu, Riga und Wilna/Vilnius 1579–1979. Beiträge zu ihrer Geschichte und ihrer Wirkung im Grenzbereich zwischen Ost und West*, Bd. 9, Köln – Wien 1987, 143–150

Garnsey, Peter u. Saller, Richard: *Das Römische Kaiserreich. Wirtschaft, Gesellschaft, Kultur.* Aus dem Englischen von Hans-Joachim Maass, Reinbek 1989 (engl. 1987)

Garnsey, Peter u. Whittaker, C. R. (Hg.): *Trade in the Ancient Economy*, Cambridge 1983

Gauthier, Philippe: *Les cités grecques et leurs bienfaiteurs*, Paris 1985

Gehrke, Hans-Joachim u. Möller, Astrid (Hg.): *Vergangenheit und Lebenswelt. Soziale Kommunikation, Traditionsbildung und historisches Bewußtsein*, Tübingen 1996

Gelzer, Matthias: Gedächtnisrede auf Ulrich Wilcken, in: *Jahrbuch der Deutschen Akademie der Wissenschaften 1946–1949*, Berlin 1950, 244–251

Gernet, Louis: Comment caractériser l'économie de la Grèce antique, in: *Annales d'Histoire, Économie, Société* 5, 1933, 561–566

Gestrich, Andreas (Hg.): *Biographie – sozialgeschichtlich*, Göttingen 1988

Gestrich, Andreas: Einleitung: Sozialhistorische Biographieforschung, in: ders. (Hg.), *Biographie – sozialgeschichtlich*, Göttingen 1988, 5–28

Gibas, Monika: Walter Goetz und das Institut für Kultur- und Universalgeschichte, in: Gerald Diesener (Hg.), *Karl Lamprecht weiterdenken. Universal- und Kulturgeschichte heute*, Leipzig 1993, 31–41

Giddens, Anthony: Die klassische Gesellschaftstheorie und der Ursprung der modernen Soziologie (1976), in: Wolf Lepenies (Hg.), *Geschichte der Soziologie. Studien zur kognitiven, sozialen und historischen Identität einer Disziplin*, Bd. 1, Frankfurt a. M. 1981, 96–136

Gilcher-Holtey, Ingrid: Modelle »moderner« Weiblichkeit. Diskussionen im akademischen Milieu Heidelbergs um 1900, in: Bärbel Meurer (Hg.), *Marianne Weber. Beiträge zu Werk und Person*, Tübingen 2004, 29–58

Glage, Liselotte: *Clementina Black. A Study in Social History and Literature*, Heidelberg 1981

Glotz, Gustave: *Le travail dans la Grèce ancienne*, Paris 1920

Göschel, Sebastian: »Drei Finger schreiben, der ganze Körper leidet«. Arbeit zwischen Horror Laboris und Macht der Gewohnheit, in: Inge Baxmann et al. (Hg.), *Arbeit und Rhythmus,* München 2009, 79–99

Göttert, Margit: Gertrud Bäumer und Marianne Weber, Kampfgefährtinnen im Bund deutscher Frauenvereine, in: Bärbel Meurer (Hg.), *Marianne Weber. Beiträge zu Werk und Person*, Tübingen 2004, 127–153

Goetz, Walter: Nachruf auf Karl Bücher, in: *Berichte über die Verhandlungen der Sächsischen Akademie der Wissenschaften zu Leipzig*, 83/3, Leipzig 1932, 2–12 = ders., *Historiker in meiner Zeit. Gesammelte Aufsätze*, Köln – Graz 1957, 277–285

Goetz, Walter: Aloys Schulte, in: *Jahrbuch der Bayrischen Akademie der Wissenschaften* 1949, 122–124

Goetz, Walter: *Historiker in meiner Zeit. Gesammelte Aufsätze*, Köln – Graz 1957

Gohrisch, Jana: *Bürgerliche Gefühlsdispositionen in der englischen Prosa des 19. Jahrhunderts*, Heidelberg 2005

Gorges, Irmela: *Sozialforschung in Deutschland 1872–1914*, 2. Aufl. Frankfurt a. M. 1986
Gorges, Irmela: The social surveys in Germany before 1933, in: Martin Bulmer, Kevin Bales, Kathryn Kish Sklar (Hg.), *The Social Survey in Historical Perspective 1880–1940*, Cambridge u. a. 1991, 316–339
Gossman, Lionel: Basel, Bachofen and the critique of modernity in the second half of the nineteenth century, in: *Journal of the Warburg and Courtauld Institute* 47, 1984, 136–185
Gossman, Lionel: *Basel in der Zeit Jakob Burckhardts. Eine Stadt und vier unzeitgemäße Denker*. Aus dem Amerik. von Reinhard Brenneke und Barbara von Reibnitz, Basel 2005
Gradmann, Christoph: Geschichte, Fiktion und Erfahrung – kritische Anmerkungen zur neuerlichen Aktualität der historischen Biographie, in: *Internationales Archiv für Sozialgeschichte der deutschen Literatur* 17,2, 1992, 1–16
Gramer, Georg u. Schepers, Wolfgang: *Das Mittermaiersche Haus Karlstraße 8 in Heidelberg*, Heidelberg 1973
Graßl, Herbert: Marktorganisation und Preisbildung in der römischen Kaiserzeit, in: Robert Rollinger, Christoph Ulf (Hg.), *Commerce and Monetary Systems in the Ancient World: Means of Transmission and Cultural Interaction.* Proceedings of the Fifth Annual Symposium of the Assyrian and Babylonian Intellectual Heritage Project held in Innsbruck, Austria, October 3rd-8th 2002, Stuttgart 2004, 352–365
Gretener, Eduard: *Die Kritik der Wirtschaftsstufentheorie*, Diss. rer. pol. Breslau 1922
Grieser, Thorsten: Der ›Bücher-Streit‹ des deutschen Buchhandels im Jahre 1903, in: *Buchhandelsgeschichte* 17–18/1, 1996
Griss, Peter: Japan und Karl Lamprechts universalgeschichtliche Anschauung 1900–1914, in: Gerald Diesener (Hg.), *Karl Lamprecht weiterdenken. Universal- und Kulturgeschichte heute*, Leipzig 1993, 156–176
Groebner, Valentin: *Ökonomie ohne Haus. Zum Wirtschaften armer Leute in Nürnberg am Ende des 15. Jahrhunderts*, Göttingen 1993
Gronert, Anka (Hg.): *Frauen in der Ökonomie. Die Anfänge in Großbritannien*, Marburg 2001
Grosse, Ernst: rez. K. Bücher, Arbeit & Rhythmus, in: *Zeitschrift für Socialwissenschaft* 3, 1900, 310–313
Haase, Alexandra: Karl Bücher und der Akademische Schutzverein, in: *Leipziger Jahrbuch zur Buchgeschichte* 11, 2001/2002, 141–235
Habermas, Rebekka: *Frauen und Männer des Bürgertums*, Göttingen 2000
Hahn, Eduard: *Die Hausthiere und ihre Beziehung zur Wirthschaft des Menschen. Eine geographische Studie*, Leipzig 1886
Hahn, Eduard: *Das Alter der wirtschaftlichen Kultur der Menschheit*, Heidelberg 1905
Hahn, Eduard: *Von der Hacke zum Pflug*, Leipzig 1914

Hämmerle, Christa u. Saurer, Edith (Hg.): *Briefkulturen und ihr Geschlecht. Zur Geschichte der privaten Korrespondenz vom 16. Jahrhundert bis heute* (= L' Homme Schriften 7), Wien – Köln – Weimar 2003

Hammerstein, Notker (Hg.): *Deutsche Geschichtswissenschaft um 1900*, Wiesbaden 1988

Handbuch österreichischer Autoren und Autorinnen jüdischer Herkunft 18. bis 20. Jahrhundert, hg. v. der österreichischen Nationalbibliothek Bd. 3, S-Z, München 2002

Hansen, Mogens H.: The concept of the consumption city as applied to the Greek polis, in: Thomas H. Nielsen (Hg.), *Once Again: Studies in the Ancient Greek Polis*. Papers from the Copenhagen Polis Centre 7, Stuttgart 2004, 9–47

Harlizius-Klück, Ellen: *Weberei als episteme und die Genese der deduktiven Mathematik. In vier Umschweifen entwickelt aus Platons Dialog Politikos*, Berlin 2004

Harris, Edward M.: Workshop, marketplace and household. The nature of the technical specialization in classical Athens and its influence on economy and society, in: Paul Cartledge, Edward E. Cohen, Lin Foxhall (Hg.), *Money, Labour and Land. Approaches to the Economies of Ancient Greece*, London – New York 2001, 67–99

Harris, William V.: Between archaic and modern: some current problems in the history of the Roman economy, in: ders., *The Inscribed Economy: Production and Distribution in the Roman Empire in the Light of Instrumentum Domesticum*, Ann Arbor 1993, 11–29

Harris, William V.: Roman governments and commerce 300 B. C. – A. D. 300, in: Carlo Zaccagnini (Hg.), *Mercanti e Politica nel Mondo Antico*, Rom 2000, 275–305

Hartmann, Ludo Moritz: Rez. Eduard Meyer, Die wirthschaftliche Entwicklung des Alterthums, in: *Zeitschrift für Social- und Wirthschaftsgeschichte* 4, 1896, 153–157

Hasebroek, Johannes: *Staat und Handel im Alten Griechenland. Untersuchungen zur antiken Wirtschaftsgeschichte*, Tübingen 1928, Ndr. Hildesheim 1966

Hasebroek, Johannes: *Griechische Wirtschafts- und Gesellschaftsgeschichte*, Tübingen 1931

Hausen, Karin: *Deutsche Kolonialherrschaft in Afrika. Wirtschaftsinteressen und Kolonialverwaltung in Kamerun vor 1914*, Zürich – Freiburg i. Br. 1970

Hausen, Karin: »... eine Ulme für das schwankende Efeu«. Ehepaare im Bildungsbürgertum. Ideale und Wirklichkeiten im späten 18. und 19. Jahrhundert, in: Ute Frevert (Hg.), *Bürgerinnen und Bürger. Geschlechterverhältnisse im 19. Jahrhundert*, Göttingen 1988, 85–117

Haushofer, Karl: Friedrich Ratzel im raumpolitischen Umbruch seiner und unserer Zeit. Nach persönlichen Jugenderinnerungen, in: *Geographische Zeitschrift* 50, Heft 3/4, 1944, 81–87

Heeren, Arnold H. L.: *Ideen über die Politik, den Verkehr und den Handel der vornehmsten Völker der alten Welt*, 3. Theil: Europäische Völker, 1. Abteilung: Griechen, Göttingen 1812

Hehl, Ulrich von: Stand der Leipziger Universitäts- und Wissenschaftsgeschichte, in: ders. (Hg.), *Sachsens Landesuniversität in Monarchie, Republik und Diktatur*, Leipzig 2005, 19–50

Heesen, Anke te u. Spray, E. C. (Hg.): *Sammeln als Wissen*, Göttingen 2001

Heichelheim, Fritz: Welthistorische Gesichtspunkte zu den vormittelalterlichen Wirtschaftsepochen, in: *Schmollers Jahrbuch* 56, 1932, 154–195

Heichelheim, Fritz: *Wirtschaftsgeschichte des Altertums vom Paläolithikum bis zur Völkerwanderung der Germanen, Slaven und Araber*, 2 Bde., Leiden 1938

Heichelheim, Fritz: Ausbreitung der Münzgeldwirtschaft und der Wirtschaftsstile im archaischen Griechenland, in: *Schmollers Jahrbuch* 55, 1931, 37–62

Herholt, Volker: *Ludo Moritz Hartmann, Alte Geschichte zwischen Darwin, Marx und Mommsen*, Berlin 1999

Herkner, Heinrich: *Die Arbeiterfrage. Eine Einführung*, 4. Aufl., Berlin 1905

Heuß, Alfred: Max Webers Bedeutung für die Geschichte des griechisch-römischen Altertums, in: *HZ* 201, 1965, 529–556

Hildebrand, Bruno: Naturalwirthschaft, Geldwirthschaft und Creditwirthschaft, in: *Jahrbücher für Nationalökonomie und Statistik* 2, 1864, 1–24

Historisch-Biographisches Lexikon der Schweiz, Bd. 4, hg. v. Heinrich Türler, Victor Atteniger, Marcel Godet, Neuenburg 1927

Hitchner, R. Bruce: »The advantages of wealth and luxury«: The case for economic growth in the Roman Empire, in: J. G. Manning, Ian Morris (Hg.), *The Ancient Economy. Evidence and Models*, Stanford 2005, 207–222

Hopkins, Keith: Economic growth and towns in classical antiquity, in: Philip Abrams, E. A. Wrigley (Hg.), *Towns in Societies. Essays in Economic History and Historical Sociology*, Cambridge 1978, 35–77

Hopkins, Keith: Rome, taxes, rents and trade, in: *Kodai* 6/7, 1995/96, 41–75

Hopper, R. J.: *Handel und Industrie im klassischen Griechenland*, aus dem Engl. übertragen v. Karl-Eberhardt u. Grete Felten, München 1982 (engl. 1979)

Hudson, Michael: Music as analogy for economic order in classical antiquity, in: Jürgen Backhaus (Hg.), *Karl Bücher. Theory, History, Anthropology, Non Market Economies*, Marburg 2000, 113–136

Hübinger, Gangolf: Gustav Stresemann und Max Weber. Interessenpolitik und Gelehrtenpolitik, in: Wolfgang J. Mommsen, Wolfgang Schwentker (Hg.), *Max Weber und seine Zeitgenossen*, Göttingen – Zürich 1988, 448–461

Hübinger, Gangolf: Max Weber und die historischen Kulturwissenschaften, in: Notger Hammerstein (Hg.), *Deutsche Geschichtswissenschaft um 1900*, Stuttgart 1988, 269–282

Hübinger, Gangolf: Kapitalismus und Kulturgeschichte, in: Rüdiger vom Bruch et al. (Hg.), *Kultur und Kulturwissenschaft um 1900*, Stuttgart 1989, 25–43

Hübinger, Gangolf: Historikertage und Soziologentage vor dem Ersten Weltkrieg. Kommunikation und institutionelle Abgrenzung, in: *Comparativ* 6, 1996, 44–57

Hübinger, Gangolf: Wertkollisionen im frühen 20. Jahrhundert. Die Kompetenz der Geisteswissenschaften zur Deutung sozialer Wirklichkeit, in: Rüdiger vom

Bruch, Brigitte Kaderas (Hg.), *Wissenschaften und Wissenschaftspolitik: Bestandsaufnahmen zu Formationen, Brüchen und Kontinuitäten im Deutschland des 20. Jahrhunderts*, Stuttgart 2002, 75–83

Hübinger, Gangolf: *Gelehrte, Politik und Öffentlichkeit. Eine Intellektuellengeschichte*, Göttingen 2006

Huerkamp, Claudia: *Bildungsbürgerinnen. Frauen im Studium und in akademischen Berufen 1900–1945*, Göttingen 1996

Humphreys, Sally C.: History, Economics and Anthropology: The Work of Karl Polanyi, in: dies., *Anthropology and the Greeks*, 2. Aufl., London 1983, 31–75. Dt. in: Karl Polanyi, *Ökonomie und Gesellschaft*. Aus dem Engl. v. Heinrich Jelinek, Frankfurt a. M. 1979, 7–59

Isager, Signe u. Skydsgaard, Jens Erik: *Ancient Greek Agriculture*, London 1992

Issing, Otmar (Hg.): *Geschichte der Nationalökonomie*, 2. überarbeitete und ergänzte Aufl., München 1988

Jansen, Christian: *Vom Gelehrten zum Beamten. Karriereverläufe und soziale Lage der Heidelberger Hochschullehrer 1914–1933*, Heidelberg 1992

Jansen, Christian: Die soziale Lage der Hochschullehrerschaft im Kaiserreich und in der Weimarer Republik im Vergleich, in: Werner Buchholz (Hg.), *Die Geschichte der deutschen Universität im 19. und 20. Jahrhundert*, Wiesbaden 2004, 95–114

Jhering, Rudolf von: *Der Zweck im Recht*, Bd. 1 (1877) u. 2 (1883), hg. mit einem Vorwort und zwei bisher unveröffentlichten Ergänzungen aus dem Nachlaß Jherings versehen v. Christian Helfer, Hildesheim – New York 1970 (= Nachdruck der 4. Aufl., Leipzig 1904/5)

Joas, Hans: Die Sozialwissenschaften und der erste Weltkrieg: Eine vergleichende Analyse, in: Wolfgang J. Mommsen (Hg.), *Kultur und Krieg. Die Rolle der Intellektuellen, Künstler und Schriftsteller im Ersten Weltkrieg*, München 1996, 17–29

Jongman, Willem: *The Economy and Society of Pompeii*, Amsterdam 1988

Jordan, Lothar u. Kortländer, Bernd (Hg.): *Nationale Grenzen und internationaler Austausch. Studien zum Kultur- und Wissenschaftstransfer in Europa*, Tübingen 1995

Joris, Elisabeth: Gemeinschaft der Gefühle. Praktiken sozialer Einbindung in den Briefen einer liberalen Bildungsbürgerin, in: *Traverse* 14/2, 2007, 47–64

Kaller, Gerhard: Aloys Schulte, in: *Biographisch-Bibliographisches Kirchenlexikon* IX, 1995, Sp. 1115–1118

Kanamori, Shigenri: Karl Bücher and Japanese Labour Songs, in: Jürgen Backhaus (Hg.), *Karl Bücher. Theory, History, Anthropology, Non Market Economies*, Marburg 2000, 155–162

Katalog der Karl Bücher Bibliothek in der wirtschaftswissenschaftlichen Fakultät der Universität Kyoto, Kyoto 1970

Khazanov, A. M.: *Nomads of the Outside World*. Aus dem Russ. v. Julia Crookenden, mit einen Vorwort von Ernest Gellner, Cambridge u. a. 1984 (russ. 1983)

Kehoe, Dennis P.: *Investment, Profit, and Tenancy. The Jurists and the Roman Agrarian Economy*, Ann Arbor 1997

Kessler, Gerhard: *Zum Gedächtnis von Karl Bücher*. Rede zur Trauerfeier am 15. November 1930, Leipzig 1931, 1–4

Keßler, Mario: *Arthur Rosenberg. Ein Historiker im Zeitalter der Katastrophen (1889–1943)*, Köln 2003

Kittel, Rudolf: *Die Universität im Jahre der Revolution. Rektoratserinnerungen*, Leipzig 1930

Klein, Christian: Einleitung: Biographik zwischen Theorie und Praxis. Versuch einer Bestandsaufnahme, in: ders., (Hg.). *Grundlagen der Biographik. Theorie und Praxis des biographischen Schreibens*, Stuttgart 2002, 1–22

Klingenstein, Grete u. Lutz, Heinrich u. Stourzh, Gerald (Hg.): *Biographie und Geschichtswissenschaft*, München 1980

Kloft, Hans: *Die Wirtschaft der griechisch-römischen Welt. Eine Einführung*, Darmstadt 1992

Kloft, Hans: Politische Geschichte versus Wirtschaftsgeschichte. Von Beloch zu Berve: Ein Paradigmenwechsel? In: Beat Näf (Hg.), *Antike und Altertumswissenschaft in der Zeit von Faschismus und Nationalsozialismus*. Kolloquium Universität Zürich 14.–17. Oktober 1998, Cambridge 2001 (Text and Studies in the History of Humanities 1), 379–398

Kloft, Hans: Makroökonomik, Mikroökonomik und Alte Geschichte. Ein alter Hut und neue Fransen, in: Karl Strobel (Hg.), *Die Ökonomie des Imperium Romanum. Strukturen, Modelle und Wertungen im Spannungsfeld von Modernismus und Neoprimitivismus*, Münster 2002, 67–85

Kloft, Hans: *Die Wirtschaft des Imperium Romanum*, Mainz 2006

Koch, Hans-Albrecht: *Die Universität. Geschichte einer europäischen Institution*, Darmstadt 2008

Köcke, Jasper: Some early German contributions to economic anthropology, in: *Research in Economic Anthropology* 2, 1979, 119–167

König, Christoph u. Lämmert, Eberhard (Hg.): *Konkurrenten in den Fakultäten. Kultur, Wissen und Universität um 1900*, Frankfurt a. M. 1999

Köstler, Rudolf: *Homerisches Recht*, Wien 1950

Kolb, Gerhard: *Geschichte der Volkswirtschaftslehre. Dogmenhistorische Positionen ökonomischen Denkens*, 2. Aufl., München 2004

Kolbe, Wiebke: Strandurlaub als liminoider (Erfahrungs-)Raum der Moderne? Deutsche Seebäder im späten und frühen 20. Jahrhundert, in: Hans-Jörg Gilomen, Beatrice Schumacher, Laurent Tissot (Hg.), *Freizeit und Vergnügen vom 14. bis zum 20. Jahrhundert (Temps libre et loisirs)*, Zürich 2005, 187–200

Koschaker, Paul: Zur staatlichen Wirtschaftsverwaltung in altbabylonischer Zeit, insbesondere nach Urkunden von Larsa, in: *Zeitschrift für Assyrologie* N.F. Bd. 13 (Bd. 47), 1942, 179–180

Kost, Klaus: *Die Einflüsse der Geopolitik auf Forschung und Theorie der Politischen Geographie von ihren Anfängen bis 1945*, Bonn 1988

Koszyk, Kurt: Karl Büchers Weg zur Zeitungskunde, in: *Unser Jahrhundert in den Medien. 75 Jahre Universitätsstudium*. I. Internationale Leipziger Hochschultage für Medien und Kommunikation 1991, hg. v. Friedrich Reimers, Leipzig 1993, 24–36

Kraus, Hans-Christof: *Kultur, Bildung und Wissenschaft im 19. Jahrhundert*, München 2008

Krause, Konrad: *Alma mater Lipsiensis. Geschichte der Universität Leipzig – von der Gründung 1409 bis zur Gegenwart*, Leipzig 2003

Krüger, Dieter: *Nationalökonomen im wilhelminischen Deutschland*, Göttingen 1983

Krüger, Dieter: Max Weber und die »Jüngeren« im Verein für Socialpolitik, in: Wolfgang J. Mommsen, Wolfgang Schwentker (Hg.), *Max Weber und seine Zeitgenossen*, Göttingen – Zürich 1988, 98–118

Kurke, Leslie: *Coins, Bodies, Games, and Gold. The Politics of Meaning in Archaic Greece*, Princeton 1999

Kurz, Heinz D.: *Joseph A. Schumpeter. Ein Sozialökonom zwischen Marx und Walras*, Marburg 2005

Kutsch, Arnulf: Max Webers Anregung zur empirischen Journalismusforschung. Die Zeitungs-Enquête und eine Redakteurs-Umfrage, in: *Publizistik* 33, 1988, 5–31

Kutsch, Arnulf: Der Krieg und die Presse. Vor 80 Jahren begann Karl Bücher mit der Zeitungswissenschaft in Leipzig, in: *transparent* 2/1, 1995, 8–10

Kutsch, Arnulf (Hg.): *Karl Bücher. Schriftenverzeichnis*, Leipzig 2000

Lackmann, Thomas: *Das Glück der Mendelssohns. Geschichte einer deutschen Familie*, Berlin 2007

Lässig, Simone: Die historische Biographie auf neuen Wegen, in: *Geschichte in Wissenschaft und Unterricht* 60, 2009, 540–553

Lamprecht, Karl: Zur Sozialstatistik der dt. Stadt im Mittelalter, in: *Archiv für soziale Gesetzgebung und Statistik* 1, 1888, 485–532

Lamprecht, Karl: *Rektoratserinnerungen*, Gotha 1917

Lasserre, François: Xenophon, in: *Der Kleine Pauly. Lexikon der Antike* Bd. 5, 1979, Sp. 1422–1430

Lauterer, Heide Marie: »Für die Freiheit der Wissenschaft«. Max Weber als Hochschulpolitiker und Wissenschaftsorganisator, in: *Akademie Aktuell. Zeitschrift der Bayrischen Akademie der Wissenschaften* 01/2007, 36–41

Laveleye, Emile de: *Das Ureigenthum*. Hg. und vervollständigt v. Dr. Karl Bücher, Leipzig: F. A. Brockhaus 1879

Lavranu, Aliki: Deskription, Kausalität und Teleologie. Zu Gustav Schmollers methodologischen und wissenschaftstheoretischen Positionen im Anschluß an den ›Methodenstreit‹, in: Otto Gerhard Oexle (Hg.), *Krise des Historismus – Krise der Wirklichkeit. Wissenschaft, Kunst und Literatur 1880–1932*, Göttingen 2007, 181–206

LeGoff, Jacques: Wie schreibt man eine Biographie? In: Ferdinand Braudel et al. (Hg.), *Der Historiker als Menschenfresser. Über den Beruf des Geschichtsschreibers*, Berlin 1990, 103–112

Leibfried, Christina: Die Entwicklung der Sinologie in Leipzig bis 1925, in: Ulrich von Hehl (Hg.), *Sachsens Landesuniversität in Monarchie, Republik und Diktatur. Beiträge zur Geschichte der Universität Leipzig vom Kaiserreich bis zur Auflösung des Landes Sachsen 1952*, Leipzig 2005, 309–340

Lenger, Friedrich: *Werner Sombart 1863–1941. Eine Biographie*, München 1995

Lenger, Friedrich: Werner Sombart als Propagandist eines deutschen Krieges, in: Wolfgang J. Mommsen (Hg.), *Kultur und Krieg. Die Rolle der Intellektuellen, Künstler und Schriftsteller im Ersten Weltkrieg*, München 1996, 65–76

Lenger, Friedrich (Hg.): *Handwerk, Hausindustrie und die Historische Schule der Nationalökonomie. Wissenschafts- und gewerbegeschichtliche Perspektiven*, Bielefeld 1998

Lenger, Friedrich: *Sozialwissenschaft um 1900. Studien zu Werner Sombart und einigen seiner Zeitgenossen*, Frankfurt a. M. – Berlin – Bern – Brüssel – New York – Oxford – Wien 2009

Lepsius, Rainer M.: Zur Soziologie des Bürgertums und der Bürgerlichkeit, in: Jürgen Kocka (Hg.), *Bürger und Bürgerlichkeit im 19. Jahrhundert*, Göttingen 1987, 79–100

Leroy, Oliver: *Essai d'introduction critique à l'étude de l'économie primitive. Les théories de K. Bücher et l'ethnologie moderne*, Paris 1925

Ligt, L. de u. Neeve, P. W. de: Ancient periodic markets: festivals and fairs, in: *Athenaeum* N.S. 66, 1988, 391–416

Lindenlaub, Dieter: *Richtungskämpfe im Verein für Sozialpolitik: Wissenschaft und Sozialpolitik im Kaiserreich vornehmlich zu Beginn des »neuen Kurses« bis zum Ausbruch des Ersten Weltkrieges (1890–1914)*, Wiesbaden 1967

Liverani, Mario: The influence of political institutions on trade in the ancient Near East – Late Bronze to Early Iron Age, in: Carlo Zaccagnini (Hg.), *Mercanti e Politica nel mondo antico*, Rom 2003, 119–137

Losemann, Volker: *Nationalsozialismus und Antike*, Hamburg 1997

Losemann, Volker: Die Standortbestimmung der Altertumswissenschaften in »Umbruchszeiten«, in: Rüdiger vom Bruch, Brigitte Kaderas (Hg.), *Wissenschaften und Wissenschaftspolitik. Bestandsaufnahmen zu Formationen, Brüchen und Kontinuitäten im Deutschland des 20. Jahrhunderts*, Stuttgart 2002, 310–323

Love, John: The character of Roman agricultural estate in the light of Max Weber's economic sociology, in: *Chiron* 16, 1986, 99–146

Love, John: *Antiquity and Capitalism: Max Weber and the Sociological Foundations of Roman Civilization*, London – New York 1991

Luckmann, Thomas: Persönliche Identität und Lebenslauf – gesellschaftliche Voraussetzungen, in: Grete Klingenstein et al. (Hg.), *Biographie und Geschichtswissenschaft*, München 1979, 29–46

Mai, Andreas: Die Ordnung des Sommerfrischens als Ordnung bürgerlichen Lebens. Ärzte und Hygieniker als Ferienmacher im 19. Jahrhundert, in: Hans-Jörg Gilomen, Beatrice Schumacher, Laurent Tissot (Hg.), *Freizeit und Vergnügen vom 14. bis zum 20. Jahrhundert (Temps libre et loisirs)*, Zürich 2005, 273–286

Malinowski, Bronislaw: *Argonauts of the Western Pacific. An Account of Native Enterprise and Adventure in the Archipelagoes of Melanesian New Guinea*, London 1922. Dt.: *Argonauten des westlichen Pazifik. Ein Bericht über Unternehmungen und Abenteuer der Eingeborenen in den Inselwelten von Melanesisch-Neuguinea.* Mit einem Vorwort v. James G. Frazer. Aus dem Engl. v. Heinrich Ludwig Hardt. Hg. v. Fritz Kramer, Frankfurt a. M. 1979

Malinowski, Bronislaw: *Coral Gardens and Their Magic* (1935), dt.: *Korallengärten und ihre Magie.* Aus dem Englischen von Gertraud Marx, hg. v. Fritz Kramer, Frankfurt a. M. 1981

Mangold, Fritz: *Die Statistisch-Volkswirtschaftliche Gesellschaft zu Basel 1870–1930*, Basel 1931

Manning, J. G. u. Morris, Ian (Hg.): *The Ancient Economy. Evidence and Models*, Stanford 2005

Mattingly, David J.: Beyond belief? Drawing a line beneath the consumer city, in: Helen Parkins (Hg.), *Roman Urbanism. Beyond the Consumer City*, London – New York 1997, 210–218

Mattingly, David J. u. Salmon, John (Hg.): *Economies Beyond Agriculture in the Classical World*, London – New York 2001

Mattingly, David J. u. Stone, David u. Stirling, Lea u. Lazreg, Nejib Ben: Leptiminus (Tunisia): A ›producer‹ city? In: David J. Mattingly, John Salmon (Hg.), *Economies Beyond Agriculture in the Classical World*, London – New York 2001, 66–89

Maucourant, Jérôme: Échange, commerce et monnaie dans les économies non modernes. Un réexamen de l'approche de Karl Polanyi, in: *Transeuphratène* 20, 2000, 9–43

Maucourant, Jérôme: Figures du néomodernisme : Le « marché » est-il un « signifiant vide » ? In: Yves Roman u. Julie Dalaison (Hg.), *L'économie antique, une économie de marché?* Actes des deux tables rondes tenues à Lyon les 4 février et 30 novembre 2004, Paris 2008, 17–57

Maurer, Michael: *Eberhard Gothein (1853–1923). Leben und Werk zwischen Kulturgeschichte und Nationalökonomie*, Köln – Weimar – Wien 2007

Mauss, Marcel: Essai sur le don. Forme et raison de l'échange dans les sociétés archaïques, in: *L'Année sociologique* n. s. 1, 1923/24, 30–196. Dt.: *Die Gabe. Form und Funktion des Austauschs in archaischen Gesellschaften*, in: ders., *Soziologie und Anthropologie*. Bd. II. Mit einem Vorwort von Claude Lévi-Strauss. Aus dem Franz. v. Eva Moldenhauer, Hennig Ritter und Axel Schmalfuß. Hg. v. Wolf Lepenies und Hennig Ritter, Frankfurt/M. – Berlin – Wien 1978, 9–144 (= Paris 1950/1975)

Mazza, Mario: Meyer vs Bücher: Il Dibattito sull'economia antica nella storiografia tedesca tra otto e novecento, in: *Società e storia* 29, 1985, 507–546

McCraw, Thomas K: *Joseph A. Schumpeter. Eine Biographie*. Übers. v. Doris Gerstner und Michael Hein, Hamburg 2008 (= *Prophet of Innovation – Joseph Schumpeter and Creative Destruction*, Cambridge – London 2007)

Mehr, Christian: Naturalisierte Kulturgeschichte und politische Geschichtsschreibung, in: Ulrich Mulack (Hg.), *Historisierung und gesellschaftlicher Wandel in Deutschland im 19. Jahrhundert*, Berlin 2003, 193–210

Meier, Christian: Max Weber und die Antike, in: Chr. Gneuss, Jürgen Kocka (Hg.), *Max Weber – Ein Symposion*, München 1988, 11–24

Mele, Alfonso: *Il commercio greco arcaico*, Neapel 1979

Melk-Koch, Marion: *Auf der Suche nach der menschlichen Gesellschaft: Richard Thurnwald*, Berlin 1989

Mergel, Thomas: Evolution, Entropie und Reizsamkeit. Naturwissenschaftliche Kategorien im Lamprecht-Streit, in: Ulrich Muhlack (Hg.), *Historisierung und gesellschaftlicher Wandel in Deutschland im 19. Jahrhundert*, Berlin 2003, 211–227

Mettele, Gisela: Der private Raum als öffentlicher Ort. Geselligkeit im bürgerlichen Haus, in: Dieter Hein, Andreas Schulz (Hg.), *Bürgerkultur im 19. Jahrhundert. Bildung, Kunst und Lebenswelt*, München 1996, 166–169 u. 336–339

Meyer, Eduard: Die wirtschaftliche Entwicklung des Altertums, in: ders., *Kleine Schriften. Zur Geschichtstheorie und zur wirtschaftlichen und politischen Geschichte des Altertums*, Halle 1910, 6–168 (= Vortrag, gehalten auf der dritten Versammlung deutscher Historiker in Frankfurt a. M. am 20. April 1895; zuerst veröffentlicht in den *Jahrbüchern für Nationalökonomie und Statistik* Bd. IX sowie gleichzeitig als Broschüre im Verlage von Gustav Fischer)

Meyer, Eduard: *Zur Theorie und Methodik der Geschichte. Geschichtsphilosophische Untersuchungen*, Halle 1902

Meyer, Eduard: *England. Seine staatliche und politische Entwicklung und der Krieg gegen Deutschland*, Stuttgart 1915

Meyer, Richard M.: Geschichte des Schenkens, in: *Zeitschrift für Kulturgeschichte* 5, 1898, 18–29

Meyer-Kalkus, Reinhart: Arbeit, Tanz, Rhythmus – Überlegungen im Anschluß an Karl Bücher, in: *Kulturrevolution. Zeitschrift für angewandte Diskurstheorie* 48/2, 2004, 65–70

Meyer-Pollack, Erna: Der Haushalt eines höheren Beamten in den Jahren 1880–1906, untersucht an Hand von Wirtschaftsrechnungen, in: *Kosten der Lebenshaltung in deutschen Großstädten*, hg. v. Franz Eulenburg (Schriften des Vereins für Sozialpolitik Bd. 145, Vierter Teil), München – Leipzig 1915

Middell, Matthias: Die ersten Historikertage in Deutschland 1893–1913, in: ders., Gerald Diesener (Hg.), *Historikertage im Vergleich. Comparativ. Leipziger Beiträge zur Universalgeschichte und vergleichenden Gesellschaftsforschung* 6, 1996, Heft 5–6, 21–43

Middell, Matthias: *Weltgeschichtsschreibung im Zeitalter der Verfachlichung und Professionalisierung: Das Leipziger Institut für Kultur- und Universalgeschichte 1890–1990*, 3 Bde., Leipzig 2005

Middell, Matthias: Französische Studenten und Wissenschaftler an der Universität Leipzig 1860 bis 1914, in: *Franzosen in Leipzig. Damals – heute*, Leipzig 2000, 41–45

Middell, Matthias u. Sammler, Steffen (Hg.): *Alles Gewordene hat Geschichte. Die Schule der Annales in ihren Texten 1929–1922*, Leipzig 1994

Millett, Paul: *Lending and Borrowing in Ancient Athens*, Cambridge 1991

Millett, Paul: Productive to some purpose: The problem of ancient economic growth, in: David J. Mattingly, John Salmon (Hg.), *Economies Beyond Agriculture in the Classical World*, London – New York 2001, 17–48

Mitzmann, Arthur: Historische Identität und die Identität des Historikers, in: Hedwig Röckelein (Hg.), *Biographie als Geschichte*, Tübingen 1993, 89–116

Möller, Astrid: *Naukratis. Trade in Archaic Greece*, Cambridge 2000

Möller, Astrid: Zur Aktualität der Wirtschaftsanthropologie Karl Polanyis, in: Robert Rollinger, Christoph Ulf (Hg.), *Commerce and Monetary Systems in the Ancient World: Means of Transmission and Cultural Interaction.* Proceedings of the Fifth Annual Symposium of the Assyrian and Babylonian Intellectual Heritage Project held in Innsbruck, Austria, October 3rd-8th 2002, Stuttgart 2004, 218–232

Möller, Astrid: Distribution, in: *The Cambridge Economic History of the Greco-Roman World*, hg v. Walter Scheidel, Ian Morris, Richard Saller, Cambridge 2007, 362–384

Momigliano, Arnaldo: Alte Geschichte und antiquarische Forschung, in: ders., *Ausgewählte Schriften*, Bd. 2: *Spätantike bis Aufklärung*, Stuttgart – Weimar 1999, 1–32

Momigliano, Arnaldo: Max Weber und die Althistoriker, in: ders., *Ausgewählte Schriften*, Bd. 3: *Die moderne Geschichtsschreibung der alten Welt*, Stuttgart – Weimar 2000, 274–281

Mommsen, Adelheid: *Mein Vater. Erinnerungen an Theodor Mommsen*, München 1992 (1. Aufl. 1936)

Mommsen, Wolfgang u. Schwentker, Wolfgang (Hg.): *Max Weber und seine Zeitgenossen*, Göttingen – Zürich 1988

Morgan, Lewis Henry: *Die Urgesellschaft (Ancient Society). Untersuchungen über den Fortschritt der Menschheit aus der Wildheit durch die Barbarei zur Zivilisation.* Einführung v. Hans-Jürgen Hildebrandt, Lollar/Lahn 1979, Ndr. der Ausgabe Stuttgart 1908

Morgenstern, Ulf: Politische Publizistik Leipziger Ordinarien in der Weimarer Republik, in: Ulrich von Hehl (Hg.), *Sachsens Landesuniversität in Monarchie, Republik und Diktatur. Beiträge zur Geschichte der Universität Leipzig vom Kaiserreich bis zur Auflösung des Landes Sachsen 1952*, Leipzig 2005, 220–237

Morley, Neville: Cities in context. Urban systems in Roman Italy, in: Helen Parkins (Hg.), *Roman Urbanism: Beyond the Consumer City*, London 1997, 42–58

Morley, Neville: *Trade in Classical Antiquity*, Cambridge 2007

Mossé, Claude: *La fin de la démocratie athénienne*, Paris 1962

Moszowski, Max: *Vom Wirtschaftleben der primitiven Völker*, Jena 1911
Müller, Klaus O. W.: Karl Bücher und die Wirtschaftsstufen, in: *Universität Leipzig. Mitteilungen und Berichte*, Jg. 1992, Nr. 3, 16–17
Müller-Lyer, Franz: *Phasen der Kultur und Richtungslinien des Fortschritts. Soziologische Überblicke*, München 1908, 2. überarb. Aufl. 1923
Muhlack, Ulrich (Hg.): *Historisierung und gesellschaftlicher Wandel in Deutschland im 19. Jahrhundert*, Berlin 2003
Musiolek, Peter: August Boeckh und die antike Wirtschaftsgeschichte, in: *Wissenschaftliche Zeitschrift der Humboldt-Universität zu Berlin, Gesellschaftswissenschaftliche Zeitschrift* 36/1, 1987, 26–28
Näf, Beat: Eduard Meyers Geschichtstheorie. Entwicklung und zeitgenössische Reaktionen, in: William M. Calder III., Alexander Demandt (Hg.), *Eduard Meyer. Leben und Leistung eines Universalhistorikers*, Leiden 1990 (= Supplements to Mnemosyne), 285–310
Nafissi, Mohammed: *Ancient Athens & Modern Ideology. Value, Theory & Evidence in Historical Sciences: Max Weber, Karl Polanyi & Moses I. Finley*, London 2005
Nagy, Gregory: *Plato's Rhapsody and Homer's Music*, Cambridge/Mass. – London 2002
Nau, Heino Heinrich: Von der historischen Nationalökonomie zur Wirtschaftswissenschaft. Neuere Forschungsliteratur zur Geschichte der deutschsprachigen Ökonomie, in: *Neue Politische Literatur* 42, 1993, 70–99
Neesen, Lutz: Die griechische Polis – nur ein Import- und Konsumzentrum? In: *Münstersche Beiträge zur antiken Handelsgeschichte* IV/1, 1985, 49–66
Neidhardt, Friedhelm: Kultur und Gesellschaft, in: ders. et al. (Hg.), *Kultur und Gesellschaft*, Opladen 1986, 10–18
Nicolet, Claude: *Censeurs et publicains. Économie et fiscalité dans la Rome antique*, Fayard 2000
Niethammer, Lutz: Kommentar zu Pierre Bourdieu: Die biographische Illusion, in: *Bios* 1, 1990, 91–93
Nippel, Wilfried: Die Heimkehr der Argonauten aus der Südsee. Ökonomische Anthropologie und die Theorie der griechischen Gesellschaft in klassischer Zeit, in: *Chiron* 12, 1982, 1–39
Nippel, Wilfried: Die Kulturbedeutung der Antike. Marginalien zu Weber, in: Jürgen Kocka (Hg.), *Max Weber, der Historiker*, Göttingen 1986, 112–118
Nippel, Wilfried: Finley und Weber. Some comments and theses, in: La cité antique? A partir de l'œuvre de M. I. Finley. *Opus* 6–8, 1987–1989, 43–50
Nippel, Wilfried: Prolegomena zu Eduard Meyers *Anthropologie*, in: William M. Calder III., Alexander Demandt (Hg.), *Eduard Meyer. Leben und Leistung eines Universalhistorikers*, Leiden 1990 (= Supplements to Mnemosyne), 311–328
Nippel, Wilfried: Methodenentwicklung und Zeitbezüge im althistorischen Werk Max Webers, in: *Geschichte und Gesellschaft* 16/3, 1990, 355–374

Nippel, Wilfried: Max Weber's »The City« revisited, in: Anthony Molho, Kurt Raaflaub, Julia Emlen (Hg.), *City States in Classical Antiquity and Medieval Italy*, Stuttgart 1991, 19–30

Nippel, Wilfried: Max Weber, Eduard Meyer und die »Kulturgeschichte«, in: Manfred Hettling et al. (Hg.), *Was ist Gesellschaftsgeschichte?* München 1991, 323–330

Nippel, Wilfried: *Max Weber und die Althistorie seiner Zeit. Antrittsvorlesung 30. Juni 1992. Humboldt-Universität zu Berlin*, Berlin 1993, 3–24

Nippel, Wilfried: Max Weber, »Nationalökonom und Politiker«, in: *Geschichte und Gesellschaft* 20/2, 1994, 274–298

Nippel, Wilfried: Max Weber zwischen Althistorie und Universalgeschichte: Synoikismos und Verbrüderung, in: Christian Meier (Hg.), *Die Okzidentale Stadt nach Max Weber. Zum Problem der Zugehörigkeit in Antike und Mittelalter*, München 1994, 35–57

Nippel, Wilfried: Nachwort, in: Max Weber, *Wirtschaft und Gesellschaft. Die Wirtschaft und die gesellschaftlichen Ordnungen und Mächte*. Nachlaß. Teilband 5: Die Stadt. Hg. von Wilfried Nippel, Tübingen 1999 (MWG I/22 – 5), 103–122

Nippel, Wilfried: From agrarian history to cross-cultural comparisons: Weber on Greco-Roman antiquity, in: Stephen Turner (Hg.), *The Cambridge Companion to Weber*, Cambridge 2000, 240–255

Nippel, Wilfried: Marx, Weber und die Sklaverei, in: Elisabeth Herrmann-Otto (Hg.), *Unfreie Arbeits- und Lebensverhältnisse von der Antike bis in die Gegenwart*, Hildesheim 2005, 317–456

Nipperdey, Thomas: *Deutsche Geschichte 1866–1918. Erster Band: Arbeitswelt und Bürgergeist*, München 1990

Nordalm, Jens: *Historismus und moderne Welt. Erich Marcks (1861–1938) in der deutschen Geschichtswissenschaft*, Berlin 2003

North, Douglass C.: *Institutions, Institutional Change and Economic Performance*, Cambridge 1992

North, Douglass C.: *Theorie des institutionellen Wandels. Eine neue Sicht der Wirtschaftsgeschichte*, Tübingen 1988 (engl. 1981)

Oestreich, Gerhard: Die Fachhistorie und die Anfänge der sozialgeschichtlichen Forschung in Deutschland, in: *HZ* 208, 1969, 320–363

Oertel, Friedrich: *Die Liturgie. Studien zur ptolemäischen und kaiserlichen Verwaltung Ägyptens*, Leipzig 1917

Oertel, Friedrich: Zur Frage der attischen Großindustrie, in: *Rheinisches Museum für Philologie* N. F. 78, 1929, 230–252

Oertel, Friedrich: Bespr. von Erich Ziebarth, *Beiträge zur Geschichte des Seeraubs und Seehandels im alten Griechenland*, in: *Zeitschrift der Savigny-Stiftung für Rechtsgeschichte*, Rom. Abt. 50, 1930, 565–576. Wiederabdruck in F. Oertel, *Kleine Schriften zur Wirtschafts- und Sozialgeschichte des Altertums*, hg. v. Horst Braunert, Bonn 1975, 172–183

Oertel, Friedrich: *Kleine Schriften zur Wirtschafts- und Sozialgeschichte des Altertums*, hg. v. Horst Braunert, Bonn 1975

Oertel, Friedrich: Ulrich Wilcken 1862–1944, in: Max Braubach (Hg.), *150 Jahre Rheinische Friedrich-Wilhelm-Universität zu Bonn. Bonner gelehrte Beiträge zur Geschichte der Wissenschaft in Bonn. Geschichtswissenschaft*, Bonn 1968, 332–339

Oexle, Otto Gerhard: Die Geschichtswissenschaft im Zeitalter des Historismus. Bemerkungen zum Standort der Geschichtsforschung, in: *HZ* 238, 1984, 17–55

Oexle, Otto Gerhard: Kulturwissenschaftliche Reflexionen über soziale Gruppen in der mittelalterlichen Gesellschaft: Tönnies, Simmel, Durkheim und Max Weber, in: Christian Meier (Hg.), *Die okzidentale Stadt nach Max Weber. Zum Problem der Zugehörigkeit in Antike und Mittelalter*, München 1994, 115–159 (= HZ Beiheft 17)

Oexle, Otto Gerhard: Auf dem Wege zu einer Historischen Kulturwissenschaft, in: Christoph König, Eberhard Lämmert (Hg.), *Konkurrenten in der Fakultät. Kultur, Wissen und Universität um 1900*, Frankfurt a. M. 1999, 105–123

Oexle, Otto Gerhard (Hg.): *Krise des Historismus – Krise der Wirklichkeit. Wissenschaft, Kunst und Literatur 1880–1932*, Göttingen 2007

Opitz, Claudia: Neue Wege der Sozialgeschichte? Ein kritischer Blick auf Otto Brunners Konzept des ›ganzen Hauses‹, in: *Geschichte und Gesellschaft* 20, 1994, 88–98

Osborne, Robin: Pride and prejudice, sense and subsistence: exchange and society in the Greek city, in: Rich, John u. Wallace-Hadrill, Andrew H. (Hg.): *City and Country in the Ancient World*, London 1991, 119–145

Osborne, Robin: Pots, trade and the archaic economy, in: *Antiquity* 70, 1996, 31–44

Osborne, Robin: Early Greek colonization? The nature of Greek settlement in the west, in: Nick Fisher, Hans van Wees (Hg.), *Archaic Greece. New Approaches and New Evidence*, London 1998, 251–269

Osterhammel, Jürgen: Spielarten der Nationalökonomik: Joseph A. Schumpeter und Max Weber, in: Wolfgang J. Mommsen, Wolfgang Schentker (Hg.), *Max Weber und seine Zeitgenossen*, Göttingen – Zürich 1988, 147–195

Osterhammel, Jürgen: Raumerfassung und Universalgeschichte, in: ders., *Geschichtswissenschaft jenseits des Nationalstaates. Studien zu Beziehungsgeschichte und Zivilisationsgeschichte*, Göttingen 2001, 151–169

Osterhammel, Jürgen: *Die Verwandlung der Welt. Eine Geschichte des 19. Jahrhunderts*, 2. Aufl., München 2009

Ostwald, Wilhelm: *Lebenslinien. Eine Selbstbiographie*. Zweiter Teil: Leipzig 1887–1905, Berlin 1927

Pack, Edgar: Johannes Hasebroek und die Anfänge der Alten Geschichte in Köln. Eine biographische Skizze, in: *Geschichte in Köln* 21, 1987, 5–41

Pack, Edgar: Johannes Hasebroek 14. April 1893–17. Februar 1957, in: Ward W. Briggs, William M. Calder III (Hg.), *Classical Scholarship. A Biographical Encyclopedia*, New York – London 1990, 142–151

Paletschek, Sylvia: *Die permanente Erfindung einer Tradition. Die Universität Tübingen im Kaiserreich und in der Weimarer Republik*, Stuttgart 2001

Papadopoulou-Belmehdi, Ioanna: *Le chant de Pénélope. Poétique du tissage féminin dans l'Odyssée*, Paris 1994

Parkins, Helen (Hg.): *Roman Urbanism: Beyond the Consumer City*, London 1997

Parkins, Helen: The ›consumer city‹ domesticated? The Roman city in elite economic strategies, in: dies. (Hg.), *Roman Urbanism: Beyond the Consumer City*, London 1997, 83–11

Parkins, Helen: Time for change? Shaping the future of the ancient economy, in: dies., Christopher Smith (Hg.), *Trade, Traders, and the Ancient City*, London 1998, 1–15

Paterson, Jeremy: Trade and traders in the Roman world: Scale, structure, and organisation. In: Helen Parkins, Christopher Smith (Hg.), *Trade, Traders, and the Ancient City*, London 1998, 149–224

Paulinyi, Akos: Die Entwicklung der Stoffformungstechnik als Periodisierungskriterium der Technikgeschichte, in: *Technikgeschichte* 57/4, 1990, 299–314

Paulsen, Friedrich: *Aus meinem Leben*, Jena 1909

Paulsen, Friedrich: rez. K. Bücher, Arbeit & Rhythmus, in: *Preußische Jahrbücher* 89, 1897, 139–142

Pesch S. J., Heinrich: *Lehrbuch der Nationalökonomie*, 4. Bd.: Allgemeine Volkswirtschaftslehre III, Freiburg 1922

Philippson, Alfred: *Wie ich zum Geographen wurde. Aufgezeichnet im Konzentrationslager Theresienstadt zwischen 1942–1945*, hg. v. Hans Böhm u. Astrid Mehmel, Bonn 2000

Picks, Daniel: *Faces of Degeneration*, Cambridge 1989

Pielhoff, Stephen: Stifter und Anstifter. Vermittler zwischen »Zivilgesellschaft«, Kommune und Staat im Kaiserreich, in: *Geschichte und Gesellschaft* 33, 2007, 10–45

Pistohlkors, Gert von u. Raun, Toivo U. u. Kaegbein, Paul (Hg.): *Die Universitäten Dorpat/Tartu, Riga und Wilna/Vilnius 1579–1979. Beiträge zu ihrer Geschichte und ihrer Wirkung im Grenzbereich zwischen Ost und West*, Bd. 9, Köln – Wien 1987

Planert, Ute: *Antifeminismus im Kaiserreich*, Stuttgart 1998.

Pleket, Henri Wilhelm: Wirtschaft der römischen Kaiserzeit, in: Friedrich Vittinghoff (Hg.), *Europäische Wirtschafts- und Sozialgeschichte in der römischen Kaiserzeit*, Stuttgart 1990 (= Handbuch der europäischen Wirtschafts- und Sozialgeschichte, hg. v. Wolfram Fischer, Bd. 1), 25–55

Plenge, Johannes: *Der Krieg und die Volkswirtschaft. Kriegsvorträge der Universität Münster i. W. 11/12*, Münster 1915, 187–188

Plenge, Johannes: *Über den politischen Wert des Judentums*, Essen 1920

Plessen, Marie-Louise: *Die Wirksamkeit des Vereins für Socialpolitik von 1872–1890. Studien zum Katheder- und Staatssozialismus*, Berlin 1975

Plumpe, Werner: Gustav Schmoller und der Institutionalismus. Zur Bedeutung der Historischen Schule der Nationalökonomie für die moderne Wirtschaftsgeschichtsschreibung, in: *Geschichte und Gesellschaft* 25, 1999, 252–275

Plumpe, Werner: Die Geburt des »Homo oeconomicus«. Historische Überlegungen zur Entstehung und Bedeutung des Handlungsmodells der modernen Wirtschaft, in: Wolfgang Reinhard, Justin Stagl (Hg.), *Menschen und Märkte. Studien zur historischen Wirtschaftsanthropologie*, Wien – Köln – Weimar 2007, 319–352

Plumpe, Werner: Ökonomisches Denken und wirtschaftliche Entwicklung. Zum Zusammenhang von Wirtschaftsgeschichte und historischer Semantik der Ökonomie, in: *Jahrbuch für Wirtschaftsgeschichte/Economic History Yearbook* 1, 2009, 27–52

Pöhlmann, Robert von: *Geschichte der sozialen Frage und des Sozialismus in der antiken Welt*, 3. durchgesehene Aufl. und um einen Anhang vermehrt v. Friedrich Oertel, München 1925

Pohl, Karl Heinrich: Gustav Stresemann: Zur Konstruktion einer neuen Biographie, in: *Geschichte in Wissenschaft und Unterricht* 10, 2009, 554–567

Pohle, Ludwig: *Frauenfabrikarbeit und Frauenarbeit: Eine prinzipielle Antwort auf die Frage der Ausschliessung der verheirateten Frauen aus der Fabrik*, Leipzig 1900

Polanyi, Karl: The economy as instituted process, in: ders., Conrad M. Arensberg, Harry W. Pearson (Hg.), *Trade and Market in the Early Empires. Economies in History and Theory*, New York – London 1957, 243–270

Polanyi, Karl: *Ökonomie und Gesellschaft*. Aus dem Amerik. v. Heinrich Jelinek. Mit einer Einleitung von S. C. Humphreys, Frankfurt a. M. 1979

Polanyi, Karl: Die funktionelle Theorie der Gesellschaft und das Problem der sozialistischen Rechnungslegung, in: ders., *Ökonomie und Gesellschaft*. Mit einer Einleitung v. S. C. Humphreys. Aus dem Amerik. v. Heinrich Jelinek, Frankfurt a. M. 1979, 81–90 u. 433–436

Polanyi, Karl: *The Great Transformation. Politische und Ökonomische Ursprünge von Gesellschaften und Wirtschaftssystemen*. Aus dem Amerik. v. Heinrich Jelinek, 2. Aufl., Frankfurt a. M. 1990

Polanyi-Levitt, Kari (Hg.): *The Life and Work of Karl Polanyi. A Celebration*, Montréal – New York 1990

Polignac, François de: Mythes et modèles culturels de la colonisation grecque archaïque, in: *Mito e storia in Magna Grecia. Atti del Trentaseiesimo convegno di studi sulla Magna Grecia*, Tarento 4 – 7 ottobre 1996, Tarent 1998, 167–187

Priddat, Birger P.: *Theoriegeschichte der Wirtschaft*, München 2002

Prinz, Michael (Hg.): *Der lange Weg in den Überfluss. Anfänge und Entwicklung der Konsumgesellschaft seit der Vormoderne*, Paderborn u. a. 2003

Purcell, Nicholas: The Roman villa and the landscape of production, in: T. J. Cornell & Kathryn Lomas (Hg.), *Urban Society in Roman Italy*, London 1995, 151–179

Purcell, Nicholas: Statics and dynamics: ancient Mediterranean urbanism, in: Robin Osborne, Barry Cunliffe (Hg.), *Mediterranean Urbanization 800–600 B.C.*, Oxford 2007 (2005), 249–272

Purcell, Nicholas u. Horden, Peregrine (Hg.): *The Corrupting Sea. A Study in Mediterranean History*, Oxford 2001

Radkau, Joachim: *Das Zeitalter der Nervosität. Deutschland zwischen Bismarck und Hitler*, München 1998, 2. Aufl. 2000

Radkau, Joachim: *Max Weber. Die Leidenschaft des Denkens*, München – Wien 2005

Raphael, Lutz: Historikerkontroverse im Spannungsfeld zwischen Berufshabitus, Fächerkonkurrenz und sozialen Deutungsmustern: Lamprecht Streit und französischer Methodenstreit der Jahrhundertwende in vergleichender Perspektive, in: *HZ* 251, 1990, 325–363

Raphael, Lutz: *Die Erben von Bloch und Febvre.* Annales-*Geschichtsschreibung und* nouvelle histoire *in Frankreich 1945–1980*, Stuttgart 1994

Raphael, Lutz: Lebenswelten und Felder. Implizite Vorannahmen über das soziale Handeln von Kulturproduzenten im 19. und 20. Jahrhundert, in: W. Hardtweg, H. U. Wehler (Hg.), *Kulturgeschichte heute*, Göttingen 1995, 165–181

Rathbone, Dominic: *Economic Rationalism and Rural Society in the third century A.D. Egypt: The Heroninos Archive and the Appianus Estate*, Cambridge 1991

Ratzel, Friedrich: *Erdenmacht – Völkerschicksal.* Eine Auswahl aus seinen Werken, hg. u. eingel. v. Karl Haushofer, Stuttgart 1940

Ratzel, Friedrich: *Jugenderinnerungen.* Hg. v. Friedhelm Kemp, München 1966

Raulff, Ulrich: Das Leben – buchstäblich. Über neuere Biographik und Geschichtswissenschaft, in: Christian Klein (Hg.), *Grundlagen der Biographik. Theorie und Praxis des biographischen Schreibens*, Stuttgart 2002

Raun, Toivo U.: The Role of Tartu University in Estonian Society and Culture 1860–1914, in: Gert von Pistohlkors, Toivo U. Raun, Paul Kaegbein (Hg.), *Die Universitäten Dorpat/Tartu, Riga und Wilna/Vilnius 1579–1979. Beiträge zu ihrer Geschichte und ihrer Wirkung im Grenzbereich zwischen Ost und West*, Bd. 9, Köln – Wien 1987, 123–142

Rebenich, Stefan: *Theodor Mommsen und Adolf Harnack. Wissenschaft und Politik im Berlin des ausgehenden 19. Jahrhunderts.* Mit einem Anhang: Edition und Kommentierung des Briefwechsels, Berlin 1997

Rebenich, Stefan: Alte Geschichte in Demokratie und Diktatur. Der Fall Helmut Berve, in: *Chiron* 31, 2001, 457–496

Rebenich, Stefan: *Theodor Mommsen. Eine Biographie*, München 2007

Reden, Sitta von: *Exchange in Ancient Greece*, London 1995

Reden, Sitta von: Consumption, in: *The Cambridge Economic History of the Greco-Roman World*, hg v. Walter Scheidel, Ian Morris, Richard Saller, Cambridge 2007, 385–406

Reger, Gary: Aspects of the role of merchants in the political life of the Hellenistic world, in: Carlo Zaccagnini (Hg.), *Mercanti e Politica nel Mondo Antico*, Rom 2003, 165–197

Reichert, Folker: *Gelehrtes Leben. Karl Hampe, das Mittelalter und die Geschichte der Deutschen*, Göttingen 2009

Reinert, Erik S.: Karl Bücher and the geographical dimension of techno-economic change, in: Jürgen Backhaus (Hg.), *Karl Bücher. Theory, History, Anthropology, Non Market Economies*, Marburg 2000, 177–222

Reinhard, Wolfgang u. Stagl, Justin (Hg.): *Menschen und Märkte. Studien zur historischen Wirtschaftsanthropologie*, Wien – Köln – Weimar 2007

Reinhold, Meyer: Historian of the classic world: A critique of Rostovtzeff, in: *Science and Society* 10, 1956, 361–391, Wiederabdruck in: ders., *Studies in Classical History*, Oxford 2002, 82–100, 132–137

Reith, Reinhold: Lohn und Leistung aus der Perspektive der Historischen Schule der Nationalökonomie. Zum Problem von Wirtschaftsmentalitäten, in: Friedrich Lenger (Hg.), *Handwerk, Hausindustrie und die Historische Schule der Nationalökonomie. Wissenschafts- und gewerbegeschichtliche Perspektiven*, Bielefeld 1998, 78–104

Reith, Reinhold: Lohn und Leistung. Lohnformen und Gewerbe 1450–1900, Stuttgart 1999

Reith, Reinhold: Abschied vom »Prinzip der Nahrung«? Wissenschaftshistorische Reflexionen zur Anthropologie des Marktes, in: Robert Brandt, Thomas Buchner (Hg.), *Nahrung, Markt oder Gemeinnutz. Werner Sombart und das vorindustrielle Handwerk*, Bielefeld 2004, 37–66

Renger, Johannes: Trade and market in the ancient Near East. Theoretical and factual implications, in: Carlo Zaccagnini (Hg.), *Mercanti e Politica nel Mondo Antico*, Rom 2003, 15–39

Renkhoff, Otto: *Nassauische Biographie. Kurzbiographien aus 13 Jahrhunderten*, Wiesbaden [2]1992

Reulecke, Anne-Kathrin: Die Nase der Lady Hester. Überlegungen zum Verhältnis von Biographie und Geschlechterdifferenz, in: Hedwig Röckelein (Hg.), *Biographie als Geschichte*, Tübingen 1993, 117–142

Reulecke, Jürgen u. Roelke, Volker (Hg.): *Wissenschaften im 20. Jahrhundert: Universitäten in der modernen Wissensgesellschaft*, Stuttgart 2008

Riehl, Wilhelm Heinrich: *Die Familie. Die Naturgeschichte des Volkes als Grundlage einer deutschen Sozialpolitik*, Bd. 3, Stuttgart [11]1897 ([1]1855)

Rieter, Heinz: Alfred Marshall, in: *Klassiker des ökonomischen Denkens*, hg. v. Joachim Starbatty, München 1989, 135–174

Ringer, Fritz K.: *Die Gelehrten. Der Niedergang der deutschen Mandarine 1890–1933*, Aus dem Engl. v. Klaus Laermann, München 1983 (amerik. 1969)

Ritter, Gerhard: Die deutschen Historikertage, in: *Geschichte in Wissenschaft und Unterricht* 9, 1953, 513–521

Rodbertus, Carl: Untersuchungen auf dem Gebiet der Nationalökonomie des klassischen Alterthums, in: *Jahrbücher für Nationalökonomie* 4, 1865, 341–427

Röckelein, Hedwig: Der Beitrag der neueren psychohistorischen Methode zur ›neuen historischen Biographie‹, in: dies. (Hg.), *Biographie als Geschichte*, Tübingen 1993, 17–38

Roman, Yves u. Dalaison, Julie (Hg.): *L'économie antique, une économie de marché ? Actes des deux tables rondes tenues à Lyon les 4 février et 30 novembre 2004*, Paris 2008

Roscher, Wilhelm: Leben, *Werk und Zeitalter des Thukydides* (1842), Ndr. Hildesheim 2003

Roscher, Wilhelm: *Politik. Geschichtliche Naturlehre der Monarchie, Aristokratie und Demokratie*, Stuttgart 1892

Roscher, Stephan: *Die Kaiser-Wilhelm-Universität Straßburg 1872–1902*, Frankfurt a. M. u. a. 2006, 216–226

Rosenberg, Hans: *Große Depression und Bismarckzeit*, Berlin 1967

Rosenstein, Nathan: Aristocrats and Agriculture in the Middle and Late Republic, in: *Journal of Roman Studies* 98, 2008, 1–26

Rosenmayr, Leopold: Lebensalter, Lebenslauf und Biographie, in: Grete Klingenstein et al. (Hg.), *Biographie und Geschichtswissenschaft*, München 1979, 47–67

Rostovtzeff, Michail: *The Social and Economic History of the Hellenistic World*, 3 Bde., Oxford 1941, dt.: *Gesellschafts- und Wirtschaftsgeschichte der hellenistischen Welt.* Aus dem Engl. übersetzt v. Gertrud und Erich Bayer, 3 Bde., Darmstadt 1955/1956, Ndr. 1998

Rostovtzeff, Michail: *The Social and Economic History of Roman Empire* (1926), 2. Aufl., Oxford 1957, dt.: *Gesellschaft und Wirtschaft im Römischen Kaiserreich*, 2 Bde., Leipzig 1931

Rudin, Harry R.: *Germans in the Cameroons 1884–1914*, New Haven 1938

Salin, Edgar: Staat und Handel in Hellas in archaischer und klassischer Zeit, in: *ZfGS* 89, 1930, 353–361

Saller, Richard: Framing the debate over growth in the ancient economy, in: J. G. Manning, Ian Morris (Hg.), *The Ancient Economy. Evidence and Models*, Stanford 2005, 223–238

Salvioli, Giuseppe: *Le capitalisme dans le monde antique. Études sur l'histoire de l'économie romaine*. Traduit sur le manuscrit italien par Alfred Bonnet, Paris 1906; dt.: Joseph Salvioli, *Der Kapitalismus im Altertum. Studien über die römische Wirtschaftsgeschichte*. Aus dem Franz. übersetzt v. Karl Kautsky jun., Stuttgart 1912

Sarasin, Philipp: Basel – Zur Sozialgeschichte der Stadt Bachofens, in: *Johann Jakob Bachofen (1815–1887). Eine Begleitpublikation zur Ausstellung im Historischen Museum Basel 1987*. Redaktion Barbara Huber-Greub, Basel 1987, 28–39

Sassenberg, Martina: *Selma Stern (1890–1981). Das Eigene in der Geschichte*, Tübingen 2004

Schäfer, Annette: *Die Kraft der schöpferischen Zerstörung: Joseph A. Schumpeter. Die Biografie*, Frankfurt – New York 2008

Schäfer, Michael: *Bürgertum in der Krise. Städtische Mittelklasse in Edinburgh und Leipzig von 1890–1930*, Göttingen 2003

Schäfer, Ulla G.: *Historische Nationalökonomie und Sozialstatistik als Gesellschaftswissenschaft. Forschungen zur Vorgeschichte der theoretischen Soziologie und der empirischen Sozialforschung in Deutschland in der zweiten Hälfte des 19. Jahrhunderts*, Köln – Wien 1991

Schäffle, Albert E.: *Aus meinem Leben*, 2 Bde., Berlin 1905

Schefold, Bertram: Karl Bücher und der Historismus der Deutschen Nationalökonomie, in: Notker Hammerstein (Hg.), *Deutsche Geschichtswissenschaft um 1900*, Stuttgart 1988, 239–267

Schefold, Bertram: Geschichte der Wirtschaftstheorie und Wirtschaftsgeschichte, in: *Jahrbuch für Wirtschaftsgeschichte/Economic History Yearbook* 1, 2009, 9–25

Scheidel, Walter u. Reden, Sitta von (Hg.): *The Ancient Economy*, Edinburgh 2002

Schildt, Axel: Ein konservativer Prophet moderner Integration. Biographische Skizze des streitbaren Soziologen Johannes Plenge (1874–1963), in: *Vierteljahreshefte für Zeitgeschichte* 35, 1987, 523–570

Schivelbusch, Wolfgang: *Intellektuellendämmerung. Zur Lage der Frankfurter Intelligenz in den zwanziger Jahren*, Frankfurt a. M. 1982

Schivelbusch, Wolfgang: *Lichtblicke. Zur Geschichte der künstlichen Helligkeit im 19. Jahrhundert*, Frankfurt a. M. 1986

Schleier, Hans: Kulturgeschichte zwischen 1830 und 1900, in: Ulrich Muhlack (Hg.), *Historisierung und gesellschaftlicher Wandel in Deutschland im 19. Jahrhundert*, Berlin 2003, 137–157

Schmidt, Karl-Heinz: Innovations and vocational training – Karl Bücher's views and actual perspectives, in: Jürgen Backhaus (Hg.), *Karl Bücher. Theory, History, Anthropology, Non Market Economies*, Marburg 2000, 137–154

Schmithals, Friedemann: Abstrakte Wissenschaft oder gute Lehre? Der Chemiker Wilhelm Ostwald. Lehre jenseits einer fragwürdigen Tradition, in: *Jahrbuch für Universitätsgeschichte* 2, 1999, 23–37

Schmitt, Jean-Claude: Die Geschichte des Rhythmus. Vortrag am 14.12.2010 im Wissenschaftskolleg zu Berlin

Schmitt Pantel, Pauline u. Wittenburg, Andreas: Historische Anthropologie und Alte Geschichte in Frankreich. Zum Tode von Jean-Pierre Vernant (1914–2007) und Pierre Vidal-Naquet (1930–2006), in: *Historische Anthropologie* 15/3, 2007, 372–394

Schmoller, Gustav: *Grundriss der Allgemeinen Theorie der Volkswirtschaftslehre*, Bd.1, Leipzig 1900

Schmoller, Gustav: rez. K. Bücher, Arbeit & Rhythmus, in: *Jahrbuch für Gesetzgebung, Verwaltung und Volkswirtschaft* 21, 1897, 323–324

Schnack, Ingeborg (Hg.): *Marburger Gelehrte der ersten Hälfte des 20. Jahrhunderts*, Marburg 1977

Schneider, Helmuth: August Boeckh, in: Michael Erbe (Hg.), *Geisteswissenschaftliche Lebensbilder*, Berlin 1989, 37–53

Schneider, Helmuth: Die Bücher-Meyer Kontroverse, in: William M. Calder III, Alexander Demandt (Hg.), *Eduard Meyer. Leben und Leistung eines Universalhistorikers*, Leiden 1990 (= Supplements to Mnemosyne), Leiden 1990, 417–445

Schneider, Helmuth: Das Imperium Romanum. Subsistenzproduktion – Redistribution – Markt, in: Peter Kneissl, Volker Losemann (Hg.), *Imperium Romanum. Studien zur Geschichte und Rezeption. Festschrift für Karl Christ zum 75. Geburtstag*, Stuttgart 1998, 654–673

Schober, Volker: *Der junge Kurt Schumacher 1895–1933*, Bonn 2000

Schöttler, Peter: Zur Geschichte der Annales-Rezeption in Deutschland (West), in: Matthias Middell, Steffen Sammler (Hg.), *Alles Gewordene hat Geschichte. Die Schule der Annales in ihren Texten 1929–1992*, Leipzig 1994, 40–60

Schöttler, Peter: Das ›Annales Paradigma‹ und die deutsche Historiographie im Umbruch, in: Lothar Jordan, Bernd Kortländer (Hg.), *Nationale Grenzen und internationaler Austausch. Studien zum Kultur- und Wissenstransfer in Europa*, Tübingen 1995, 205–217

Schöttler, Peter: Henri Pirenne, historien européen, entre la France et l'Allemagne, in: *Revue Belge de Philologie et d'Histoire* 76, 1998, 875–883

Schorn-Schütte, Luise: Stadt und Staat. Zum Zusammenhang von Gegenwartsverständnis und historischer Erkenntnis in der Stadtgeschichtsschreibung der Jahrhundertwende, in: *Die Alte Stadt* 10, 1983, 228–266

Schorn-Schütte, Luise: *Karl Lamprecht. Kulturgeschichtsschreibung zwischen Wissenschaft und Politik*, Göttingen 1984

Schorn-Schütte, Luise: Karl Lamprecht, Wegbereiter einer historischen Sozialwissenschaft, in: Gangolf Hübinger, Rüdiger vom Bruch, Friedrich Wilhelm Graf (Hg.), *Kultur und Kulturwissenschaften um 1900. Krise der Moderne und Glaube an die Wissenschaft*, Stuttgart 1989, 153–192

Schorn-Schütte, Luise: Nachwirkungen der Lamprechtschen Geschichtsschreibung. Rezeptionen im Ausland und in der deutschen Geschichtswissenschaft und Soziologie, in: Gerald Diesener (Hg.), *Karl Lamprecht weiterdenken. Universal- und Kulturgeschichte heute*, Leipzig 1993, 272–294

Schott, Reinmar: Die Stadt und ihre Vorläufer. Zu den Quellen der Stadttypologie Max Webers, in: *Geschichte und Gegenwart* 15/3, 1996, 141–153

Schramm, Georg: *Karl Büchers tauschlose Wirtschaft bei den Germanen*, Diss. rer. pol. Breslau 1925

Schröder, Hans-Christoph: Max Weber und der Puritanismus, in: *Geschichte und Gesellschaft* 21, 1995, 459–478

Schröder, Iris: *Arbeiten für eine bessere Welt. Frauenbewegung und Sozialreform 1890–1914*, Frankfurt – New York 2001

Schröder, Iris u. Höhler, Sabine (Hg.): *Welt-Räume. Geschichte, Geographie und Globalisierung seit 1900*, Frankfurt – New York 2005

Schroeder, Klaus-Peter: *»Eine Universität für Juristen und von Juristen«. Die Heidelberger Juristische Fakultät im 19. und 20. Jahrhundert*, Tübingen 2010

Schubert, Anja: Die Universität Leipzig und die deutsche Revolution 1918/19, in: Ulrich von Hehl (Hg.), *Sachsens Landesuniversität in Monarchie, Republik und Diktatur. Beiträge zur Geschichte der Universität Leipzig vom Kaiserreich bis zur Auflösung des Landes Sachsen 1952*, Leipzig 2005, 171–191

Schulze, Winfried: Von München über Leipzig nach Berlin? Zur Entstehung des Historikertages vor 100 Jahren, in: *Geschichte in Wissenschaft und Unterricht* 45, 1994, 551ff.

Schumann, Peter: *Die deutschen Historikertage von 1893–1937. Die Geschichte einer fachhistorischen Institution im Spiegel der Presse*, Marburg 1974

Schumpeter, Joseph: Epochen der Dogmen- und Methodengeschichte, in: *Grundriss der Sozialökonomik*, 2. erweiterte Auflage, Tübingen 1924

Schumpeter, Joseph: *Geschichte der ökonomischen Analyse*, Göttingen 2007

Schurtz, Heinrich: *Grundriss der Entstehungsgeschichte des Geldes*, Weimar 1898

Schwahn, W.: *Demosthenes gegen Aphobos. Ein Beitrag zur Geschichte der griechischen Wirtschaft*, Berlin 1929

Schwentker, Wolfgang: Fremde Gelehrte. Japanische Nationalökonomen im Kaiserreich, in: Gangolf Hübinger, Wolfgang J. Mommsen (Hg.), *Intellektuelle im Kaiserreich*, Frankfurt a. M. 1993, 172–197

Seaford, Richard: Introduction, in: ders., C. Gill, N. Postlethwaite (Hg.), *Reciprocity in Ancient Greece*, Oxford 1998, 1–11

Seligman, Edwin R. A.: rez. K. Bücher, Arbeit & Rhythmus, in: *Political Science Quarterly* 13, 1898, 166 ff.

Semple, Ellen C.: The Influence of Geographic Conditions upon Ancient Mediterranean Stock-Raising, in: *Annuals of the Association of American Geographers* 12, 1922, 3–38

Semple, Ellen C.: *The Geography of the Mediterranean Region. Its Relation to Ancient History*, New York 1931

Senn, Peter: Music and economics: reflections inspired by Karl Bücher, in: Jürgen Backhaus (Hg.), *Karl Bücher. Theory, History, Anthropology, Non Market Economies*, Marburg 2000, 73–112

Shaw, Brendan D.: The early development of M. I. Finley's thought: The Heichelheim Dossier, in: *Athenaeum. Studi di Letteratura e Storia dell'Antichità* 81, 1992, 177–199

Shaw, Brent D. u. Saller, Richard P.: Editor's introduction, in: Moses I. Finley, *Economy and Society in Ancient Greece*, London 1981, IX-XXVI

Shortland, Michael u. Yeo, Richard (Hg.): *Telling Lives in Science. Essays on Scientific Biography*, Cambridge 1996

Siilivak, Karl: Die Universität Tartu und die Wissenschaft, in: Gert von Pistohlkors, Toivo U. Raun, Paul Kaegbein (Hg.), *Die Universitäten Dorpat/Tartu, Riga und Wilna/Vilnius 1579–1979. Beiträge zu ihrer Geschichte und ihrer Wirkung im Grenzbereich zwischen Ost und West*, Bd. 9, Köln – Wien 1987, 105–119

Smend, Rudolf: Rudolf Kittel (1853–1929), in: *Theologische Zeitschrift* 55, 1999, 326–353

Smyth, Ethel: *Ein stürmischer Winter. Erinnerungen einer streitbaren englischen Komponistin*. Deutsch von Michael Huber, hg. v. Eva Rieger, Basel 1988

Snyder, Jane McIntosh: The web of song. Weaving imagery in Homer and the lyric poets, in: *Classical Journal* 76, 1980/81, 193–196

Sösemann, B.: »Der kühnste Entschluss führt am sichersten zum Ziel«. Eduard Meyer und die Politik, in: William M. Calder III, Alexander Demandt (Hg.), *Eduard Meyer. Leben und Leistung eines Universalhistorikers*, Leiden 1990, 446–483

Sombart, Werner: *Der moderne Kapitalismus*, 2 Bde., München – Leipzig 1902, ²1916

Sombart, Werner: *Liebe, Luxus und Kapitalismus* (1913), Frankfurt a. M. 1989

Sombart, Nicolaus: *Jugend in Berlin 1933–1943*, Frankfurt/M 1986

Somló, Felix: *Der Güterverkehr in der Urgesellschaft*, Brüssel – Leipzig 1909

Spahn, Peter: Die Anfänge der antiken Ökonomik, in: *Chiron* 14, 1984, 301–323

Spahn, Peter: Max Weber et la typologie des modes d'activités industrielles de Karl Bücher (mit Kommentar von Dominic Rathbone: Weber et la comptabilité, Bücher et l'industrie), in: Hinnerk Bruhns, Jean Andreau (Hg.), *Sociologie économique et économie de l'antiquité. À propos de Max Weber*, Paris 2004 (= Cahiers du centre de recherches historique 34), 115–142

Spielvogel, Jörg: Die universalhistorische Perspektive bei Justus Möser und Arnold Herrmann Ludwig Heeren. Reflexionen über Facetten norddeutscher Antikerezeption im 18. Jahrhundert, in: Rainer Wiegels, Winfried Woesler (Hg.), *Antike neu entdeckt*. Kolloquium Osnabrück, 16–18. Februar 2000, Möhnesee-Wameln 2002, 89–101

Spittler, Gerd: *Founders of the Anthropology of Work. German Social Scientists of the 19th and Early 20th Centuries and the First Ethnographers*, Berlin 2008

Stagl, Justin: Malinowskis Paradigma, in: *Geschichte und Gegenwart* 10/2, 1991, 91–105

Steinert, Heinz: *Max Webers unwiderlegbare Fehlkonstruktionen. Die protestantische Ethik und der Geist des Kapitalismus*, Frankfurt – New York 2010

Stern, Fritz: *Kulturpessimismus als politische Gefahr. Eine Analyse nationaler Ideologie in Deutschland*, Bern – Stuttgart – Wien 1963

Stieda, Wilhelm: *Die Universität Leipzig in ihrem tausendsten Semester*, Leipzig 1909

Stolleis, Michael (Hg.): *Juristen – Ein biographisches Lexikon von den Anfängen bis zum 20. Jahrhundert*, 2. Aufl., München 2001

Sulmoni, Stefano: Pro Lugano: une société au service de l'aménagement d'espaces de loisirs (1888–1919), in: Hans-Jörg Gilomen, Beatrice Schumacher, Laurent Tissot (Hg.), *Freizeit und Vergnügen vom 14. bis zum 20. Jahrhundert (Temps libre et loisirs)*, Zürich 2005, 143–156

Szöllösi-Janze, Margit: *Fritz Haber, 1868–1934. Eine Biographie*, München 1998

Szöllösi-Janze, Margit: Lebens-Geschichte – Wissenschafts-Geschichte. Vom Nutzen der Biographik für Geschichtswissenschaft und Wissenschaftsgeschichte, in: *Berichte zur Wissenschaftsgeschichte* 23, 2000, Heft 1, 17–35

Szöllösi-Janze, Margit: Die institutionelle Umgestaltung der Wissenschaftslandschaft im Übergang vom späten Kaiserreich zur Weimarer Republik, in: Rüdger vom Bruch, Brigitte Kaderas (Hg.), *Wissenschaften und Wissenschaftspolitik. Bestandsaufnahmen zu Formationen, Brüchen und Kontinuitäten im Deutschland des 20. Jahrhunderts*, Stuttgart 2002, 60–74

Tanner, Albert: Freizeitgestaltung und demonstrativer Müßiggang im Bürgertum, in: Ueli Gyr (Hg.), *Soll und Haben. Alltag und Lebensformen bürgerlicher Kultur*, Zürich 1995, 113–129

Temin, Peter: The economy of the Early Roman Empire, in: *Journal of Economic Perspectives* 20/1, 2006, 133–151

Temin, Peter: A market economy in the Early Roman Empire, in: *The Journal of Roman Studies* XCI 2001, 169–181

Tenbruck, Friedrich H.: Max Weber und Eduard Meyer, in: Wolfgang J. Mommsen, Wolfgang Schwentker (Hg.), *Max Weber und seine Zeitgenossen*, Göttingen – Zürich 1988, 337–379

Thomson, George D.: *Prehistoric Aegean*, 4. Aufl., London 1978; dt.: *Frühgeschichte Griechenlands und der Ägäis*, aus dem Engl. v. Hans-Georg Heidenreich u. Reiner Pflug, Berlin 1974

Thomson, George D.: *Die ersten Philosophen. Forschungen zur altgriechischen Gesellschaft II.* Aus dem Engl. v. Hans-Georg Heidenreich und Erich Sommerfeld, Berlin (Ost) 1968

Thurnwald, Richard: Gegenseitigkeit im Aufbau und Funktionieren der Gesellungen und deren Institutionen, in: *Reine und angewandte Soziologie. Eine Festgabe für Ferdinand Tönnies zu seinem achtzigsten Geburtstag am 26. Juli 1935*, Leipzig 1936, 275–297

Tönnies, Ferdinand: *De jove Ammone questionum specimen*, Tübingen 1877

Tönnies, Ferdinand: *Gemeinschaft und Gesellschaft. Grundbegriffe der reinen Soziologie* (1887), Darmstadt 1991 (= Ndr. der 8. Aufl. 1935)

Troßbach, Werner u. Zimmermann, Clemens: *Die Geschichte des Dorfes. Von den Anfängen im Frankenreich zur bundesdeutschen Gegenwart*, Stuttgart 2006

Troeltsch, Walter: Zum siebzigsten Geburtstag von Karl Bücher, in: *Evangelisches Gemeindeblatt* 1917, Nr. 15, Wiesbaden, 15. April 1917, 1–6

Tschirner, Martina: *Moses I. Finley. Studien zu Leben, Werk und Rezeption*, phil. Diss., Marburg 1994

Peter Ufer im Gespräch mit Dr. Luise Lauth, in: Unser Jahrhundert in den Medien, in: *75 Jahre Universitätsstudium. I. Internationale Leipziger Hochschultage für Medien und Kommunikation* 1991, hg. v. Friedrich Reimers, Leipzig 1993

Üner, Elfriede: Soziologie als »geistige Bewegung«. Hans Freyers System der Soziologie und der »Leipziger Schule«, in: *Acta humanoria* 1992, 22f.

Unger, Dagmar: *Adolf Wach (1843–1926) und das liberale Zivilprozeßrecht*, Diss. jur. Leipzig 2003

Ungern-Sternberg, Jürgen von: Politik und Geschichte. Der Althistoriker Eduard Meyer im Ersten Weltkrieg, in: William M. Calder III, Alexander Demandt (Hg.), *Eduard Meyer. Leben und Leistung eines Universalhistorikers*, Leiden 1990, 484–504

Ungern-Sternberg, Jürgen von u. Ungern-Sternberg, Wolfgang von: *Der Aufruf »An die Kulturwelt«. Das Manifest der 93 und die Anfänge der Kriegspropaganda im Ersten Weltkrieg.* Mit einer Dokumentation, Stuttgart 1996

Ungern-Sternberg, Jürgen von: Deutsche Altertumswissenschaftler im Ersten Weltkrieg, in: Trude Maurer (Hg.), *Kollegen – Kommilitonen – Kämpfer. Europäische Universitäten im Ersten Weltkrieg*, Stuttgart 2006, 239–254

Veblen, Thorstein: *Theorie der feinen Leute. Eine ökonomische Untersuchung der Institutionen*. Aus dem Amerik. v. Suzanne Heintz u. Peter von Haselberg, Frankfurt a. M. 1997 (*The Theory of Leisure Class* 1899, dt. Erstübersetzung 1958)

Veyne, Paul: Vie de Trimalcion, in: *Annales E.C.S.* 16, 1961, 13–247. Dt.: Das Leben des Trimalchio, in: ders., *Die Originalität des Unbekannten. Für eine andere Geschichtsschreibung*, Frankfurt 1988, 43–96

Veyne, Paul: *Le Pain et le cirque. Sociologie historique d'un pluralisme politique*, Paris 1976, dt. gekürzte Fassung: *Brot und Spiele. Gesellschaftliche Macht und politische Herrschaft in der Antike*. Aus dem Franz. v. Klaus Laermann und Hans-Richard Brittnacher, Frankfurt/M – New York 1988

Vidal-Naquet, Pierre: Athènes au IVe siècle: fin d'une démocratie ou crise de la cité? In: *Annales E.S.C.* 18, 1963, 346–351

Vierkandt, Alfred: rez. K. Bücher, Arbeit & Rhythmus, in: *Zeitschrift für Socialwissenschaft* 1, 1898, 75–77

Vlassopoulos, Kostas: *Unthinking the Greek Polis. Ancient Greek History Beyond Eurocentrism*, Cambridge – New York 2007

Wagner, Adolph: *Briefe – Dokumente – Augenzeugenberichte 1851–1917*, hg. v. Heinrich Rubner, Berlin 1978

Wagner, Adolph: *Allgemeine oder theoretische Volkswirtschaftslehre. Erster Theil: Grundlegung* (1876). Vademecum zu einem Klassiker der Finanzwissenschaft, Düsseldorf 1991

Wagner-Hasel, Beate: Rationalitätskritik und Weiblichkeitskonzeptionen. Anmerkungen zur Matriarchatsdiskussion in den Altertumswissenschaften, in: dies. (Hg.), *Matriarchatstheorien der Altertumswissenschaft*. Wege der Forschung Bd. 651. Darmstadt 1992, 295–373

Wagner-Hasel, Beate: Le privé n'existe pas. Quelques remarques sur la construction du privé par l'Altertumswissenschaft au XIXe siècle, in: *Ktema* 23, 1998, 25–35

Wagner-Hasel, Beate: *Der Stoff der Gaben. Kultur und Politik des Schenkens und Tauschens*, Frankfurt – New York 2000

Wagner-Hasel, Beate: Arbeit und Kommunikation, in: dies., Thomas Späth (Hg.), *Frauenwelten in der Antike*, Stuttgart – Weimar 2000, 311–349

Wagner-Hasel, Beate: Verschwendung und Politik. Zur politischen Semantik des Luxuskonsums in aristokratischen Häusern der späten Republik und frühen Kaiserzeit, in: *Historische Anthropologie* 10/3, 2002, 325–353

Wagner-Hasel, Beate: Streit um Troia. Eine wirtschaftsanthropologische Sicht, in: *Historische Anthropologie* 11/2, 2003, 263–277

Wagner-Hasel, Beate: Le regard de Karl Bücher sur l'économie antique et le débat sur théorie économique et histoire, in: Hinnerk Bruhns (Hg.), *L'histoire et l'économie politique en Allemagne autour de 1900*, Paris 2004, 159–183

Wagner-Hasel, Beate: Textus und texere, hýphos und hyphaínein: Zur metaphorischen Bedeutung des Webens in der griechisch-römischen Antike, in: Ludolf Kuchenbuch, Uta Kleine (Hg.), *Textus im Mittelalter*, Göttingen 2005, 15–43

Wagner-Hasel, Beate: Hundert Jahre Gelehrtenstreit über die antike Wirtschaft: Zur Aktualität von Karl Büchers Wirtschaftsanthropologie, in: *Historische Anthropologie* 17/2, 2009, 178–201

Wagner-Hasel, Beate: Im Hause Karl Büchers. Leipziger Gelehrtenleben um 1900, in: Detlef Döring (Hg.), *Stadt und Universität Leipzig*, Leipzig 2010, 297–321

Wallace-Hadrill, Andrew: The social structure of the Roman house, in: *Papers of the British School of Rome* 56, 1988, 43–97

Wallace-Hadrill, Andrew: Houses and households. Sampling Pompeii and Herculaneum, in: Beryl Rawson (Hg.), *Marriage, Divorce, and Children in Ancient Rome*, Oxford 1991, 191–243

Wallace-Hadrill, Andrew: *Houses and Society in Pompeii and Herculaneum*, Princeton 1994

Wallace-Hadrill, Andrew: Public honour and private shame: The urban texture of Pompeii, in: T. J. Cornell, Kathryn Lomas (Hg.), *Urban Societies in Roman Italy*, London 1995, 39–62

Wapnewski, Peter: *Mit dem anderen Auge. Erinnerungen 1959–2000*, Berlin 2006

Wargenda, Ute: Die Erde im Buch: Geographische Länderkunde um 1900, in: Iris Schröder, Sabine Höhler (Hg.), *Welt-Räume. Geschichte, Geographie und Globalisierung seit 1900*, Frankfurt – New York 2005, 120–144

Warnke, Camilla: Warum hat August Boeckh die ›Staatshaushaltung der Athener‹ geschrieben? Wissenschaftshistorische Fakten und Überlegungen, in: *Wissenschaftliche Zeitschrift der Humboldt-Universität zu Berlin, Gesellschaftswissenschaftliche Zeitschrift* 36/1, 1987, 34–40

Weber, Christoph: *Der Fall Spahn (1901), ein Beitrag zur Wissenschafts- und Kulturdiskussion im ausgehenden 19. Jahrhundert*, Rom 1980

Weber, Max: *Die römische Agrargeschichte in ihrer Bedeutung für das Staats- und Privatrecht*, 1891. Studienausgabe der Max-Weber-Gesamtausgabe Bd. I/2, hg. v. Jürgen Deininger, Tübingen 1988

Weber, Max: Agrarverhältnisse, in: *Handwörterbuch der Staatswissenschaften*, 3. Aufl., Bd. 1, 1909, 53–188. Der Artikel ist zusammen mit der ersten und zweiten Fassung von 1897 bzw. 1898 abgedruckt in: Max Weber, *Zur Sozial- und Wirtschaftsgeschichte des Altertums. Schriften und Reden 1893–1908*, hg. v. Jürgen Deininger, Tübingen 2006, 128–227, 300–747 (MWG I/6).

Weber, Max: *The Agrarian Sociology of Ancient Civilizations*, translated by R. I. Frank, London 1976

Weber, Max: *Storia economica e sociale dell'antichita. I rapporti agrari.* Prefazione di Arnaldo Momigliano, Rom 1981

Weber, Max: *Économie et société dans l'Antiquité*, éd. Hinnerk Bruhns, Paris 1998

Weber, Max: *Wirtschaft und Gesellschaft. Grundriß einer verstehenden Soziologie*, hg. v. Johannes Winckelmann, 5. Aufl., Tübingen 1972; Wiederabdruck in: Weber, Max: *Wirtschaft und Gesellschaft. Die Wirtschaft und die gesellschaftlichen Ordnungen und Mächte*. Nachlaß. Teilband 1: Gemeinschaften, hg. v. Wolfgang

J. Mommsen in Zusammenarbeit mit Michael Meyer, Tübingen 2001 (MWG I/22 – 2)

Weber, Max: Die Stadt. Eine soziologische Untersuchung, in: *Archiv für Sozialwissenschaft und Sozialpolitik* 48, 1920/21, 621–772. Wiederabdruck in: Max Weber, *Wirtschaft und Gesellschaft. Die Wirtschaft und die gesellschaftlichen Ordnungen und Mächte.* Nachlaß. Teilband 5: Die Stadt. Hg. v. Wilfried Nippel, Tübingen 1999 (= MWG I/22 – 5)

Weber, Max: Wissenschaft als Beruf (1919), in: Wolfgang Hardtwig (Hg.), *Über das Studium der Geschichte*, München 1990, 195–227

Weber, Max: *Briefe 1906–1908*, hg. v. M. Rainer Lepsius u. Wolfgang Mommsen in Zusammenarbeit mit Birgit Rudhard u. Manfred Schön, Tübingen 1990 (MWG II/5)

Weber, Max: *Briefe 1909–1910*, hg. v. M. Rainer Lepsius u. Wolfgang Mommsen in Zusammenarbeit mit Birgit Rudhard u. Manfred Schön, Tübingen 1994 (MWG II/6)

Weber, Max: *Briefe 1911–1912*, hg. v. M. Rainer Lepsius u. Wolfgang Mommsen in Zusammenarbeit mit Birgit Rudhard, Tübingen 1998 (MWG II/7)

Weber, Max: *Briefe 1913–1914*, hg. v. M. Rainer Lepsius u. Wolfgang Mommsen in Zusammenarbeit mit Birgit Rudhard u. Manfred Schön, Tübingen 2003 (MWG II/8)

Weber, Wolfgang: *Priester der Klio. Historisch-sozialwissenschaftliche Studien zur Herkunft und Karriere deutscher Historiker und zur Geschichte der Geschichtswissenschaft 1800–1970*, 2. durchgesehene und durch ein Vorwort ergänzte Auflage, Frankfurt a. M. – Bern – New York – Paris 1987

Weech, Friedrich von (Hg.): *Badische Biographien*, Heidelberg 1875

Weidenbach, Karl: *Die Büchersche Zeitungsreform*, Heidelberg 1931

Weigand, Wolf Volker: *Walter Wilhelm Goetz (1867–1958). Eine biographische Studie über den Historiker, Politiker und Publizisten*, Boppard 1992

Weiler, Ingomar: *Griechische Geschichte. Einführung, Quellenkunde, Bibliographie*, Darmstadt 1976

Weiß, Stefan: Otto Brunner und das Ganze Haus oder: Die zwei Arten der Wirtschaftsgeschichte, in: *HZ* 273, 2001, 335–369

Wesseling, Klaus-Gunter: Ulrich Wilcken, in: *Biographisch-Bibliographisches Kirchenlexikon* XVII, 2000, Sp. 1546–1551

Whittaker, C. R.: *Land, City and Trade in the Roman Empire*, Hampshire 1993

Whittaker, C. R.: The consumer city revisited: The vicus and the city, in: *JRA* 3, 1990, 110–118

Whittaker, C. R.: Do theories of the ancient city matter? In: T. J. Cornell, H. Kathryn Lomas (Hg.), *Urban Societies in Roman Italy*, London 1995, 9–26 (= C. R. Whittaker, *Land, City and Trade in the Roman Empire*, Hampshire 1993, 1–20)

Wickett, Morley S.: Political Economy at German Universities, in: *The Economic Journal* 8/29, 1898, 146–150

Wierling, Dorothee: *Mädchen für alles. Arbeitsalltag und Lebensgeschichte städtischer Dienstmädchen um die Jahrhundertwende*, Berlin 1987

Wilcke, Claus: Markt und Arbeit im Alten Orient am Ende des 3. Jahrtausends v. Chr., in: Wolfgang Reinhard, Justin Stagl (Hg.), *Menschen und Märkte. Studien zur historischen Wirtschaftsanthropologie*, Wien – Köln – Weimar 2007, 71–132

Wilcken, Ulrich: Gedächtnisrede, in: Heinrich Marohl, *Eduard Meyer. Bibliographie*, Stuttgart 1941, 117–130

Will, Edouard: Trois quarts de siècle de recherches sur l'économie grecque antique, in: *Annales E.S.C* 9, 1954, 7–22

Wilson, J. P.: The nature of Greek overseas settlements in the archaic period. Emporion or apoikia? In: *The Development of the Polis in Archaic Greece*, London 1997, 199–207

Winkel, Harald: *Die historische Schule der Nationalökonomie im 19. Jahrhundert*, Darmstadt 1977

Winkel, Harald: Gustav von Schmoller (1838–1917), in: Joachim Starbatty (Hg.), *Klassiker des ökonomischen Denkens*, München 1989, 97–118

Winterling, Aloys: Die römische Republik im Werk Max Webers. Rekonstruktion – Kritik – Aktualität, in: *HZ* 273, 2001, 595–635

Wolf, Jochen: *Das Leben und das strafrechtliche Werk Wolfgang Mittermaiers*, Frankfurt a. M. u. a. 1997

Yamada, Tetsuo: Einige Bemerkungen zum Einfluß deutscher Akademiker auf die japanischen Wirtschaftshistoriker vor dem Zweiten Weltkrieg, in: *Wirtschaftskräfte und Wirtschaftswege, Bd. IV. Übersee und allgemeine Wirtschaftsgeschichte. Festschrift für Hermann Kellenbenz*, hg. v. J. Schneider et al., Stuttgart 1978, 543–548

Zaccagnini, Carlo (Hg.): *Mercanti e Politica nel Mondo Antico*, Rom 2000

Zeisel, Hans: Polanyi, Karl, in: *International Encyclopaedia of the Social Sciences* 11/12, 1968, 2. Aufl., 1972, 172–174

Ziebarth, Erich: *Beiträge zur Geschichte des Seeraubs und des Seehandels im alten Griechenland*, Hamburg 1929

Zimmermann, Christian von: *Biographische Anthropologie. Menschenbilder in lebensgeschichtlicher Darstellung (1830–1940)*, Berlin – New York 2006

Zorn, Wolfgang: Wirtschafts- und sozialgeschichtliche Zusammenhänge der deutschen Reichsgründungszeit 1850–1879, in: Hans-Ulrich Wehler (Hg.), *Moderne deutsche Sozialgeschichte*, 2. Aufl., Köln – Berlin 1968, 254–270

Zwahr, Hartmut u. Topfstedt, Thomas u. Bentele, Günter (Hg.): *Leipzigs Messen 1497–1997. Teilband 1: 1497–1914*, Köln – Weimar – Wien 1999

Zwiedineck-Südenhorst, Otto von: *Gedenkworte. Zum Gedächtnis von Karl Bücher. Gestorben den 12. November 1930*, Leipzig 1931, 5–11

Zwiedineck-Südenhorst, Otto von: Was macht ein Zeitalter kapitalistisch? *ZfGS* 90, 1931, 482–524

Dank

Die Studie wäre ohne Unterstützung von Fachkollegen, aber auch ohne die Begegnung mit Kollegen und Kolleginnen anderer Fachdisziplinen nicht möglich gewesen. An erster Stelle habe ich der Gerda Henkel-Stiftung zu danken, die mir in den Jahren 2000/2001 ein großzügiges Stipendium gewährt hat, das mir erlaubte, die notwendigen Archivreisen zu unternehmen, und die auch den Druck finanziell unterstützt hat. Hans-Joachim Gehrke hat die Anregung zu dieser Studie gegeben. Ein Aufenthalt an der *Maison des Sciences de l'Homme* in Paris auf Einladung von Hinnerk Bruhns im Herbst 1999 hat mir ermöglicht, rasch Zugang zu den wirtschaftshistorischen Debatten in der französischsprachigen Altertumswissenschaft zu finden. Den Gesprächen mit Hinnerk Bruhns und mit Jean Andreau verdanke ich viele Anregungen zur Einschätzung der aktuellen französischsprachigen Debatten über die antike Wirtschaft und der Max Weber-Forschung. Für Hinweise auf gegenwärtige Debatten in der englischsprachigen Forschung danke ich Astrid Möller und Sitta von Reden. Danken möchte ich auch Jürgen von Ungern-Sternberg, der mich auf die »Lebenserinnerungen« Büchers aufmerksam gemacht hat, als ich während meiner Basler Gastdozentur für Wissenschafts- und Geschlechtergeschichte Mitte der 1990er Jahre erste Schritte in Richtung Biographieforschung machte. Erste Ideen konnte ich auf Einladung von Josef Ehmer und Ludolf Kuchenbuch 1999 bei Vorträgen in Salzburg und Hagen vorstellen. Ludolf Kuchenbuch, Kenner der bäuerlichen Welt des Mittelalters, brachte mir die Gewerbeperspektive nahe, aus der Bücher auf die mittelalterliche und antike Wirtschaft blickt. Den vergnüglichen Gesprächen mit den wissenschaftlichen Freundinnen aus der Neueren Geschichte, Sylvia Schraut, einer Kennerin der Sozialgeschichte des 19. und 20. Jahrhunderts, Sylvia Paletschek, Verfasserin einer Universitätsgeschichte Tübingens, und Heide-Marie Lauterer von der Arbeitsstelle Max-Weber-Gesamtausgabe in Heidelberg, verdanke ich unschätzbare Hinweise auf aktuelle Forschungsergebnisse der neueren Sozial- und Wissenschaftsgeschichte. Sie haben mich bei der Archivforschung unterstützt, erste Fassungen des Manuskripts gelesen und meine Entdeckerfreude mit mir geteilt. Rainer M. Lepsius, Herausgeber der Max-Weber-Gesamtausgabe, danke ich für seine Gesprächsbereitschaft zum Verhältnis von Max Weber und Karl Bücher und für den Einblick in unpublizierte Briefe und Schriften von Max und Marianne Weber, den er mir gewährte. Erste Schneisen in das Dickicht der Biographieforschung hat mir dankenswerterweise Margit Szöllösi-Janze geschlagen, die ich während einer Vertretungsprofessur in Salzburg kennenlernte. Für seine Unterstützung danke ich auch Mikael Hård, dessen wohlwollende Skepsis, einen allzu engen Konnex zwischen Werk und Leben herzustellen, mir beim Schreiben immer gegenwärtig war. Verschiedene Phasen der Entstehung hat Hans-Christoph Schröder begleitet, dessen Belesenheit und kritischem Sachverstand ich zahllose Anregungen und Hilfestellungen verdanke. Für die kritische Lektüre der letzten Fassungen des Manuskripts danke ich Rebekka Habermas und Cornelia Rauh, von deren Kenntnissen der Bürgertumsforschung und Wirtschaftsgeschichte der Neuzeit ich sehr profitiert habe. Liselotte Glage hat mit ihrem literaturwissenschaftlich geschulten Blick beim ›Feinschliff‹ der Schlussfassung beratend zur Seite gestanden und noch zu mancher Präzision beigetragen. Für letzte Korrekturen und Hinweise danke ich Gerhard Wirth, dem ein glücklicher Zufall das nahezu druckfertige Manuskript in die Hände gespielt hat. In der Sondersammlung der Leipziger Universitätsbibliothek lernte ich Alexandra Haase (verh. Fritzsch) kennen, die im Jahre 2000 ebenfalls den Nachlass von Karl Bücher studierte. Ihre von Arnulf Kutsch angeregte Studie über den Buchhandelstreit von 1903 hat mir die zeitungskundliche Dimension des Schaffens von Karl Bücher nahe gebracht. Auch hat sie mich auf so manchen Fund aufmerksam gemacht, der mir entgangen wäre. Vor allem aber war sie eine wunderbare Gesprächspartnerin für alle Fragen des Verhältnisses zwischen Karl und Emilie Bücher. Danken möchte ich auch Arnulf Kutsch; als Kommunikationswissenschaftler war er ein wichtiger Gesprächspartner für die Einschätzung der Schriften Büchers zum Pressewesen. Beate Berger vom Leipziger Stadtarchiv danke ich für Bildmaterial und Informationen zu Büchers Tätigkeit als Stadtverordneter. Mein Dank gilt auch den freundlichen Helfern in der Leibziger Universitätsbibliothek, vor allem Steffen Hoffman, der mir Einblick in den gesamten Umfang des Nachlasses gewährt und mich in Einzelfragen beraten hat. Fredi Schwarzbauer und Henriette Harich-Schwarzbauer haben für mich das Wohnhaus der Familie Mittermaier in Graz ausfindig gemacht. In Wernigerode hat Wolfgang Grave für mich nach dem Feriendomizil der Familie Bücher geforscht. Ihnen allen gilt mein Dank. Den größten Teil der Photographien hat mein Mann, Klaus Hasel, angefertigt, der mich auch auf meinen Reisen auf den Spuren von Emilie und Karl Bücher begleitet und über Jahre Anteil am Schicksal der Familie Bücher genommen hat, was ich sehr zu schätzen weiß. Für ihre Unterstützung meiner ersten Versuche der Entzifferung der Sütterlinschrift danke ich Erika Richter und Dorothea Zöbl, die mit viel Empathie den Schilderungen Emilie Büchers aus dem Gelehrtenalltag gefolgt sind, sowie meiner Nichte Claudia Wagner, die sich für die Entzifferungsarbeit begeistern ließ; für neugierige Nachfragen danke ich ihren Eltern, Reinhard Wagner und Hildegard Hegeler, die sich zu der ethnographischen Reise in das Innere eines Gelehrtenhaushalts verlocken ließen und weite Teile des Manuskripts gelesen haben. Das Lesen der Druckfahnen haben dankenswerterweise Marion Pfeifer und Christine Lück übernommen. Tanja Hommen vom Campus Verlag danke ich für ihr nie nachlassendes Interesse an dem Buchprojekt und für ihre Umsicht bei der Drucklegung. Ohne die Unterstützung von Dr. Luise Lauth, der Enkelin von Emilie und Karl Bücher, wäre dieser lebensgeschichtliche Zugang nicht möglich gewesen. Sie hat mir großzügig den Zugang zu dem verbliebenen Nachlass ihrer Großeltern im großväterlichen Haus in Bad Liebenstein geöffnet. Ihre Gastfreundschaft, die vielen Gespräche mit ihr, waren das Wertvollste, was mir auf dieser Reise in die Vergangenheit begegnet ist. Ihr ist deshalb diese Studie gewidmet.

Personenregister